中國古典文學基本叢書

戴名世集

上册

王樹民 編校

中華書局

圖書在版編目(CIP)數據

戴名世集/(清)戴名世撰;王樹民編校. —北京:中華書局,2019.7(2023.8 重印)
(中國古典文學基本叢書)
ISBN 978-7-101-13871-9

Ⅰ.戴… Ⅱ.①戴…②王… Ⅲ.戴名世(1653~1713)-全集 Ⅳ.Z424.9

中國版本圖書館 CIP 數據核字(2019)第 080231 號

責任編輯:劉　明
責任印製:管　斌

中國古典文學基本叢書
戴名世集
(全二册)
〔清〕戴名世 撰
王樹民 編校
*
中華書局出版發行
(北京市豐臺區太平橋西里 38 號　100073)
http://www.zhbc.com.cn
E-mail:zhbc@zhbc.com.cn
大廠回族自治縣彩虹印刷有限公司印刷
*
850×1168 毫米 1/32・24⅜印張・4 插頁・540 千字
2019 年 7 月第 1 版　2023 年 8 月第 2 次印刷
印數:2001-2700 册　定價:98.00 元

ISBN 978-7-101-13871-9

戴名世集序

楊向奎

王樹民教授新編戴名世集是一部費了許多功夫，兼取南山文集各種版本之優而成的整理本。樹民教授工作細緻，凡研究戴名世的學者，於此可以各取所需，而不必東尋西探矣。

戴名世是清代文字獄中一個犧牲者。文字獄多是冤案，而冤案羅織完成後，往往形成「瓜蔓抄」，以致人人緘口，鑽入古籍中尋求自己的終生事業，於是萬馬齊喑而考據之學興。樸學或考據是整理古代文獻的必要手段，至今日仍受重視。但因其缺乏思想內容，有清一代，除早年尚有諸大思想家争鳴，其後二百餘年遂呈枯寂狀況。常州學派長於微言大義，而拘限於公羊，其初影響尚微，迨康有爲出，枝葉扶疏，結合變法，方使絶學發出光輝。但此新芽未能衝出舊的土壤，於是今文學衰而清社屋矣！

中國的明清兩代，在精神文明的領域中實在是小説世界，紅樓夢出而達到頂峰，文學的其它領域，未免相形見絀。桐城派出，方使唐宋以來發展起來的散文重見光輝。而戴名世與方苞在當時文壇實同執牛耳，後因南山集事發，名世身敗名裂，文集被燬，談桐城者遂集於方苞、姚鼐。

桐城派文章雅淡，戴名世文取法於自然，更具特色。及其末流，雅淡之極，以致無生氣，於是章太炎出，超越六朝，取法東漢，遂有其古樸簡煉之文，於是在古樸中寓生氣，以之談玄説理，論民族民主革命，都虎虎有生氣。而同時之康梁，更以其恣肆的思想，發爲磅礴一世的文章。今古學派經學大師，表現在文學上，亦如雙峰峙立，涇渭分流。五四運動起，陳胡文學革命、文學改良之説興，遂盡掃桐城、選學並太炎古樸之文，而國語文學興，文學與語言一致，歸真返樸，不廢江河萬古流矣。戴名世長於文學，因其文遂及於文章流派，而名世之地位可見。質之樹民教授，然耶，否耶？

一九八三年六月二十六日於南窗下

前 言

一

戴名世，字田有，一字褐夫，江南桐城人。晚年置宅於縣之南山，又著憂庵記以述懷，世人遂尊稱之爲南山先生或憂庵先生。生於順治十年（公元一六五三年），世以耕讀爲業，爲中産之家。

康熙二十五年（公元一六八六年），戴氏三十四歲，方游太學，得結交太學與在京諸名士，如劉齊、徐念祖、汪份、劉巖、朱書、方苞、王源、萬斯同、劉獻廷等。其後足迹遠涉冀豫、齊魯、吴會、越閩等地，一生以賣文授徒爲業。青少年時即以擅長古文，名噪於世，自游學四方，其文名益盛，以諸生身份與達官貴人分庭抗禮。對官場社會之齷齪虚僞，深惡痛絶，士人以文域詩壇爲争名奪利之具，更爲戴氏所深斥，故其一生行事，與現實社會常持對立態度，在太學時即得「狂士」之稱，在社會上則有「好駡人」之譽。平生不喜時文，既以授徒爲業，不能不勉强爲之。五十歲以後方應科舉，五十三歲得中舉人，五十七歲得中進士，授職爲翰林院編修。二年後即發生南山集案，又二年伏刑而死，其書板亦遭燬禁。

然世人之同情，因其枉死而益重，以宋潛虚之假名保存其文稿，其鄉里後學尤多致力，故於長期專制之淫威下，其著作依然得以流傳不絕。

二

戴氏之學術思想，在哲學方面實平平無足道。清初統治者大力提倡程朱理學，戴氏不過人云亦云，無所建樹。四書集注爲士子習作科舉時文必讀之書，戴氏自述其爲時文之經驗云：「每一題入手，静坐屏氣，默誦章句者往復數十過，用以尋討其意思神理脈絡之所在，其於集注亦如之；於是喉吻之際略費經營，振筆而書，不加點竄，此二三子之所見而知者也。」（意園制義自序）故戴氏用數年之力編輯四書朱子大全一書，甚至在獄中時還一再修訂，其序文云：「四書歷漢及唐，至宋諸儒出而其義乃大明。蓋自二程子始發孔孟之祕於千載廢墜之餘，至朱子出而其學尤爲純粹以精，其闡明四書之義者，尤爲詳密完備，雖其精義微言時時見於他書，而集注則朱子以爲稱量而出，增損一字不得者。」尊崇四書集注至於一字不可易，即因從事於時文有此需要。所以戴氏之推尊孔孟程朱，不過爲便於著文，而無獨到確切之思想内容可言。

清代爲少數民族建立之王朝，爲鞏固其政權，於清初廣泛存在之民族思想意識打擊甚厲，爲此發生多次文字獄，南山集案即爲其中之一。然戴名世生於清初，不同於明末遺老，亦無排斥滿族之思想，其中心所崇仰者，不過爲忠孝節義等封建道德，在涉及明遺民時，不免處於清朝之對立地位，而於現實社會不滿之言，則暗中樹敵甚多，成爲招忌之的。趙申喬奏參戴氏，原謂其「狂妄」或「狂悖」，意在稍殺其鋒，在鞫訊過程中，進而爲「悖逆」，最後説成爲「大逆」，其實皆强加鍛鍊之辭，藉反清思想爲口實，以置之死地而已，非戴氏本人所有之思想也。

在史學方面，戴氏之志趣甚高。平生以修撰明史爲己任，自稱：「二十年來，蒐求遺編，討論掌故，胸中覺有百卷書，怪怪奇奇，滔滔汩汩，欲觸喉而出。」（與劉大山書）可惜其藏於胸中之百卷書，始終未能出世。今可見者，有傳記五十餘篇，又記明末桐城被兵之孑遺録一篇，南明黨禍及揚州、榆林、保定等城守紀略四篇，皆叙事有法，文筆生動，確爲具有史才者。又史論一篇，特别提出「史之難作」與「作史之難其人」。關於史之難作，着重分析國史與野史之優缺點。關於作史之難其人，則於史館中衆人修史漫無統紀之情況，深致其憾。以巨匠作室及大將治軍爲喻，以爲從事一役者雖有多人，而指揮調度必出於一人，方可收其實效。所陳各點均不失爲確有所見。

戴氏之主要成就在文學方面。清代主要古文流派盛稱桐城派，世人以方苞、姚鼐爲其主將。戴氏年長於望溪，與之同執文壇牛耳，後因南山集案發，導致身敗名裂，書亦遭燬禁，然其在文學方面之影響，則久而彌固，故以戴氏爲桐城派之先驅，決非過分之言。其論文之言有云：「君子之文，淡焉，泊焉，略其町畦，去其鉛華，無所有乃其所以無所不有者也。僕嘗入乎深林叢薄之中，荆榛罥吾之足，土石封吾之目，雖咫尺莫能盡焉，余且惴惴焉懼跬步之或有失也。及登覽乎高山之巔，舉目千里，雲烟在下，蒼然，茫然，與天無窮。頃者游於渤海之濱，見夫天水渾淪，波濤洶湧，惝怳四顧，不復有人間。嗚呼！此文之自然者也。文之爲道如是，豈不難哉。」（與劉言潔書）又云：「文之爲道，雖變化不同，而其旨非有他也，第在率其自然而行其所無事。」（同上）平易輕淡爲桐城派古文特點，戴氏乃取法於自然，因而有創造性之成就。

戴氏擅長古文，亦即散文，而科場所用者爲八股文，亦稱時文，或經義、制義。時文有禁錮思想，虚耗精神之作用，爲害甚大，而有利於封建統治者鞏固其統治地位，故定爲仕宦進身必由之程式，而世人亦即應之以其道，如云：「以經義求舉，譬若叩門之石然，門開而石即棄去。」（劉光禄墨卷序）戴氏則爲之説云：「世之學者，從數千載之後而想像聖人之意，代爲立言，而爲之摹寫其精神，彷佛其語氣，發皇其義理，若是者謂之經義。其體爲古文之所未有，發端於宋，至明而窮極變態，斯亦文章中之一奇也。」（有明歷朝小題文選序）

可知其於時文之本質並無所覺，惟以其不若古文能得自然之趣而深惡之，其説云：「自科舉取士而有所謂時文之説，於是乎古文乃亡。」（甲戌房書序）又云：「文章風氣之衰也，由於區古文時文而二之也。」（小學論選序）於是有以古文改造時文之設想，即以古文爲時文之最高標準，其説云：「世俗之言既舉古文時文區畫而分别之，則其法必自有所爲時文之法，然而其所爲時文之法者陋矣，謬悠而不通於理，腐爛而不適於用，此豎儒老生之所創，而三尺之童子皆優爲之。……然則何以救之？亦救之以古文之法而已矣。」（甲戌房書序）戴氏無視時文存在之客觀條件，其主張自無從成爲事實。

戴氏自稱不長於詩，然於詩壇則有所指陳。如云：「余游四方，往往聞農夫細民倡情冶思之所歌謡，雖其辭爲方言鄙語，而亦時有義意之存，其體不出於比、興、賦三者，乃知詩者出於心之自然者也。世之士多自號爲能詩，而何其有義意者之少也。蓋自詩之道分爲門户，互有訾謷，意中各據有一二古人之詩以爲宗主，……而所爲自然者已汩没於分門户争壇坫之中，反不若農夫細民倡情冶思之出於自然，而猶有可觀者矣。」（吴他山詩序）此説自無可易，而與時論則不相容。漫游齊魯各地時，間以歌咏紀其見聞，輯爲齊謳集，爲生前唯一編定之詩集，未傳於後世。今可見者，有王孝子詩一篇，長達五十餘韻，非等閒所能作者。

戴氏早享文名，可謂實至名歸，而當時之文壇詩壇皆爲争名奪利之地，對此歪風邪氣，則極力斥責。如章泰占文稿序云：「以文諛人者，其文可知也。好人諛己之文者，其文亦可知也。古者贈人以言，必取其所不足而規之，委曲開導，務期其有成，此古人忠厚之道也。自世風之靡，一切皆趨於浮薄，而獨諛人之文不嫌其過。……夫稱其人之所長而時時聒於耳，以求其悦也，此非小人，其孰能爲之。」甚至出以忿慨之辭，如與何屺瞻書云：「今夫文章之陋久矣，妄庸相授，日日已甚。……彼妄庸人者，如今之所謂名士，開口説書，執筆屬文，天下之人皆其流輩，以故從而稱之，雖語以是非之故皆不省。」又云：「其於當世之故不無感慨忿懟，而其辭類有稍稍過當者。世且以僕爲罵人，僕豈真好罵人哉，而世遂争罵僕以爲快。」日後南山集案之發作，遠因實伏於此。

戴名世爲清初文字獄之犧牲者，在專制淫威壓力下，其遺文竟流傳二百餘年而不絶，桐城派得享盛名，戴氏實與有力焉，其歷史地位自應肯定。今日視之，除因時代與階級局限構成之明顯糟粕外，其遺著仍不失爲重要文化遺産之一。除上舉各點外，其記景記游之文，讀之彷彿身臨其境。又如左氏辨一篇，斷言作左傳之左氏決非爲孔子所稱道之左丘明，甚至主張孔廟中從祀之左丘明應改爲左氏。又如書許榮事記元末皖中起兵事，爲一般史書所未詳。沈壽民、楊維嶽、一壺先生、畫網巾先生、曹先生、朱銘德、温濼、吴江二節婦等傳，記明遺民堅持鬬争事，雖其目的在宣揚封建社會之忠節，而予人以正氣懔然之感，非齷齪鑽營之輩所可比。又王氏墓表一文，揭露封建社會中婦女之不幸，至爲真切，惟戴氏以儒生妄解詩之二南之義論之，則爲糟粕矣。

三

戴氏生前自編文集，有蘆中集、困學集、天問集、柳下集、巖居川觀集、周易文稿等，又有時文全集、意園制義等時文集，齊謳集詩集。方苞云：「世所見潛虚文多率爾應酬之作，其稱意者，每櫝而藏之。……其家人言，櫝藏之文近尺許，淮陰某人持去，或曰尚存，或曰已失之矣。」（望溪集書先君子家傳後）其盈尺之稿，上舉各編殆均在内，今已不可得見。惟其門人尤雲鶚於康熙四十年刊行南山集偶鈔，收文百十餘篇，不分卷，而略以類相從，雖因此書招致殺身之禍，而重要文章多賴以保存。又孑遺録一篇，曾單獨刊行。戴氏著作雖多，生前刊行者惟限於此，别有鈔本百餘篇流傳，尚得爲後人所見，其餘則皆散佚矣。

桐城戴鈞衡，字存莊，號蓉洲，合南山集偶鈔與傳鈔本編成潛虚先生文集十四卷，收文二百五十六篇，並寫有叙録，輯撰年譜，編成於道光二十一年（公元一八四一年）。今有桐城耆舊相傳之本，存於北京圖書館善本室，得爲世人所見。又有清鈔本稱「硯莊藏本」，題爲「褐夫先生集」，並標明「歲次甲申」，即光緒十年（公元一八八四年），文雖手鈔而題簽及扉頁均爲木板印製，北京圖書館收藏二部。以上三本雖出同源，而以鈔寫之故，歧異甚多。桐城耆舊相傳之本，多批改之處，故異文更多，今稱之爲批校本。硯莊二本，一用藍格紙，一用紅格紙，今以甲、乙本區别之。

徐宗亮，字晦甫，亦桐城人，就戴編本詳加校録，改正訛誤甚多，並附加四篇紀略爲補遺。徐氏參幕於湘軍與淮軍中，曾爲李鴻章捉刀，故其校録本刻印較精，但校刊人與年月地點等均付闕如，其時似猶有所顧忌，由此可知其書最晚當印行於光緒初年以前。徐氏寫有戴先生傳及南山集後序，收於善思齋文續鈔中，後張仲沅重刊南山先生古文全集，即以此本爲據，收載二文，且署徐名，而毅夫鈔本取徐氏所寫傳略，署名爲「同里後學洪恩波述」，當以徐氏原未署名，故有此誤傳。其書中有道光年間戴鈞衡之叙文，世人或誤以爲道光年間所刊，則失之矣。

合肥王哲，字鏡堂，於光緒初年校刊戴編本，所據者爲别行之鈔本，與硯莊本多有不同。初刊於光緒六年（公元一八八〇年），重刊於光緒十六年，時王氏已卒，由其子廷彦等刊成，題爲「南山全集」，共十六卷，收文二百四十九篇。

與王氏刻本内容相近者，有巾箱本，題爲「潛虚先生文集」，内署「光緒二十一年歲在乙未仲秋日印鴻堂重刊」，列目二百三十五篇，亦爲十六卷。又有秀野軒本，題爲「戴南山先生全集」，扉頁内又題爲「潛虚先生集」，注明「庚戌二月重刊」，販書偶記著録爲道光三十年（公元一八五〇年），實應爲宣統二年（公元一九一〇年），民國初年多翻刻此本者，改爲「甲寅仲秋月重刊」，内容全同於印鴻堂本，而訛誤較多。二本皆不知爲何人所刊，其文雖少，而間有勝於他本者，可供參證。

清末鄧實主持國學保存會，鉛字印行戴褐夫集，以南山集偶鈔爲基礎，别取偶鈔本未收者爲補遺與續補遺，共爲三卷，收文二百七十六篇，而以戴編本目録、年譜及徐氏所作之傳與後序並張仲沅跋文等，均收爲附録。其正編直接出於南山集偶鈔，排印訛誤雖不能免，而猶可以校正一般傳鈔本之誤。

光緒二十六年至二十八年間（公元一九〇〇至一九〇二年），桐城人張仲沅，以徐刻戴編本爲正編，增加遺文數篇並徐刻補遺，别爲三卷，以木活字刊行戴南山先生古文全集，共收文二百七十七篇，爲清末以來流行之戴氏文集内容最豐者，故民國時期翻刻此本者甚多。如民國七年時還書屋刊本，特標「龍眠增訂」，實則全據張本。民十一年皖黄寶文書局更重刊民七本。此後上海大達書局、大中書局、新文化書社等印行之標點本戴南山集，亦皆以張本或民七本爲依據，可知張本流行之廣泛。然翻刻各本校印皆粗疏，甚至不如鄧氏國學本猶有可供偏取者。

四

康熙年間尤雲鶚所刻之南山集偶鈔，雖有傳本而多殘缺，其經後人鈔補者，則已非刻本原文，今北京圖書館善本室收藏者，尚存原刻本八十九篇，另外二十二篇爲精鈔配補者。鄧實所據之南山集偶鈔，似亦非完善之本。

流傳之精鈔戴編本，多出於硯莊本。與之相異者，北京圖書館善本室藏有毅夫鈔本，題爲「皖桐宋潛虚遺文」，分訂四册，共收文一百五十九篇。注稱：「癸巳夏五，借東瀛本斠看一遍。」癸巳爲光緒十九年（公元一八九三年）。書前有記語云：「先生以文字獄見法，集經官焚，列爲禁書，以故傳世極稀。」節烈傳之前，記云：「卷九，桐城宋潛虚著，湘鄉李支瑞編次。」湘軍首領曾國藩夙推重桐城文章，故湘人多傳鈔其文。李氏編次者，稍異於戴編本而大體相同。書後附有「同里後學洪恩波述」之戴先生傳，實即徐宗亮之文，可知此本編定時間，或與徐氏校刊本略同時。又首都圖書館藏有一部節取戴編本者，鈔寫甚精，題爲「宋潛虚先生集」，與硯莊本略有出入。

杭州邵章，字伯絅，與桐城馬其昶，字通伯，曾共同校定南山集，選録一百六十四篇，未見其書，似未付梓，惟存馬氏序文一篇，見抱潤軒文集。漢陽周貞亮，字子幹，號退舟，有校定本，所據者爲民國初年覆刻之秀野軒本，不足數，但周氏寫有題記，頗可取，又録存馬氏序文。題記稱有袖珍本南山集，未言何人所刊，據稱遠勝於民國初年翻刻者。此外有通行之選録本，如戴南山文鈔等，更無新内容可言。

戴氏遺文既以隱祕形式保存流傳，脱漏訛誤，勢無可免，或因鈔寫倉卒致誤，魯魚亥豕，别風淮雨，隨處可見。而尤爲嚴重者，則爲鈔存者注重文采，凡記事較詳而文采不足者，即肆加删汰，甚者直接改動原文，今猶多有形迹可尋。如老子論上篇：「儒若是易也，則爲聖道害者不止此兩家矣。」硯莊二本、毅夫鈔本、徐氏校刻本皆同，而批校本墨筆抹去「則」字以下十二字，朱筆改上文「也」字爲「耶」，並於眉上作朱批云：「去之似有味。」是此文極明顯爲經後人改動，而張氏本與王哲本、印鴻本、秀野本等均從之。又如李烈婦傳贊（李元焕之妻），批校本有眉批云：「此贊太無味，就卜吉爲補數言。」所補之文爲：「元焕之死，以世俗言之，烈婦亦可謂大不祥矣，而其先父母卜之乃吉，此不可以知聖人之言吉凶哉。」戴氏本意在宣揚封建道德，夫喪以成其婦之「烈」，補贊則已違其意，而首都圖書館精鈔本即全從之。又如嚮雪亭記，文中明言亭之得名由於銘文中有「不陰常雨，盛暑猶雪」

之句，而徐氏校刻本改作暑雪亭記，則「不陰常雨」四字將無着落，其後張氏本承用此名，後世翻刻張本者更承用不絶。四篇紀略，以荆駝逸史本相較，亦可發現其横遭删節者多處。諸如此類之事，爲本書編校工作帶來不少困難，凡能識别者，皆儘量予以改正，並在校記中説明之。

五

南山集偶鈔爲戴氏生前刊行之本，收文雖少而可靠性最大，其編制爲以類相從，首爲書，次爲序、記、傳、論、説及雜著，共爲七類而不分卷。類别分明爲其優點，然具體分類則頗混亂，如「序」中實有詩序、文序、贈序之别，「記」中亦有記景、記物以及雜記之分，今祇以字面相同即列爲一類，轉傷於亂。戴編本匡救其失，重爲分類且分卷，卷一論説，卷二詩序，卷三、卷四文序，附書後，卷五書，卷六贈序，卷七、卷八傳，卷九節烈傳，附書事，卷十墓誌，卷十一記，卷十二雜著，卷十三紀行，卷十四孑遺録。此種分類分卷，雖有所改進，缺陷仍不能免，如文序内容最豐富，實可以古文時文區别之，又論説與雜著實無重大區别，偶鈔分爲三類，已屬過舉，而猶列於全書之後，戴編本則以「論説」置於首卷，而列「雜著」於諸文之後，更屬無謂。

今重編戴氏全集，體例方面，於舊有二本，取其長而捨其短。内容方面，以張刻本收文最多，即用爲基礎，而兼取散見於各本爲張本所未收者，又家藏戴氏手迹王孝子詩一篇，亦以附入，共得文二百八十二篇，編爲十五卷。計爲：書札一卷，詩序、文序、時文序、贈序各一卷，忠義傳二卷，節孝傳一卷，誌銘墓表一卷，記景記物文一卷，紀行一卷，紀事二卷，論辨雜著二卷。每卷之内，以偶鈔本所收者列於前，未收者次之，代作者殿焉。凡見於偶鈔本及散見於各本者，皆在校記中注明，未注者則皆出於張本。篇章編次，略以時間先後爲序，時間不明者，則照張本次序或性質相近者排列。陳衍石遺室詩話記載戴南山送張相國敦復師致仕詩八首，爲馬其昶所藏戞庵墨蹟，摘引數節，無法列於正文，故編入附録，又收有署名褐夫氏之古史詩鍼七絶百餘首，戴集之版本序跋、戴氏之傳記資料及與南山集案有關之記載等，又本書後另收有戴文繫年及戴南山先生年譜（訂補），都可供讀者參考。

戴集文字取捨，凡偶鈔刻本具存者皆從之，偶鈔本所無者則從張刻本，偶鈔本鈔補者與張刻本並取，須改正者皆出校。散見於各本之文，則取擇善而從之原則，並在校記中注明其依據。參校之本，主要爲批校本、硯莊本、毅夫鈔本、徐氏本、王氏本、秀野本、國學本等。參校各本之異文，除關係較大或有可供比較者外，概不出校，以省篇幅。附録中有須說明者則加附注。

戴氏之文多用古體或異體字，如「汝」作「女」，「早」作「蚤」，「往」作「迋」，「纂」作「纘」，「陵」作「淩」，「裝」作「莊」，「混」作「溷」，「繯」作「環」，「嘗」作「常」，「謂」作「爲」，「悵」作「倀」等等，後刊各本，有改用通行體者，亦有仍其舊者。今就易致誤解者改爲通行體，如「汝」不作「女」，「陵遲」不作「淩遲」等，其不影響文義者，則隨舊刻本，或改或不改，而均不出校。又張氏本爲木活字版，多誤植之文，一般者徑予改正而不出校，以免煩瑣。

先八世祖名坦，康熙中爲中書舍人，時李光地爲相，戴氏會試出其門下，先祖得與之相交，寫出王孝子詩一篇，同時題咏者，除李光地外，有查慎行、陳廷敬、王蘭生等二十餘人，合爲長幅手卷。不久即發生南山集案，家人祕之，不敢以示人，得以保存無損。今日展視，可稱稀世珍品矣。

戴鈞衡氏編定全集時，稱有未收之文六十餘篇；蕭穆氏亦稱在戴編本之外又收得遺文百餘篇，詩三十餘首；又鈞衡氏稱桐城許氏藏有南山手迹，不知今日尚在世間否。日後如有幸遇之，當另作補編。今以囿於見聞，惟就北京各圖書館所藏者稍加董理，疏漏爲勢所必然。補此缺憾，惟有期諸異日耳。

本書承中華書局文學編輯室大力協助，又承楊向奎同志撰寫序文，藉此並致謝忱。書中編排點校不當之處，更望讀者不吝指教。

王樹民

一九八三年十月於北京

編者按：二〇〇二年我局出版戴名世遺文集，今就所收遺文編成戴名世集卷十六。因遺文集附録年譜係戴名世集附録年譜增訂本，故存新省舊，以避重複。

目録

戴名世集卷三

戴名世集卷四

戴名世集卷五

戴名世集卷六

戴名世集卷七

戴名世集卷八

戴名世集卷十五

戴名世集卷一

答某書[一]

辱書具言時文風氣之説，而欲決之不肖以定其所從。夫足下之勤勤用力於時文者，豈非爭一時之進取，而亟亟求得舉耶？而欲決之不肖，又豈非以素相愛且稍有知識，言或可採，必不誤足下之舉耶？不肖草鄙之人，抱膝荒江，絶意世事，況區區者既不能爲，而世俗所謂得舉之文且又不諳，至於以生平之所知識告足下，將萬萬不得舉，非所以愛足下也。

昔伯樂教其所憎者相千里馬，教其所愛者相駑馬。夫千里馬不常有，其利緩，而駑馬日日售之，其利急。以不肖與足下平生相愛，則請相駑馬。足下試觀，今之選爲上乘編以皂棧者，有一千里馬乎，知此則所從定矣。風氣卑下，如不肖輩放逸自廢之人，始得以出其機杼，聊自馳騁，足下方從事於其間，而必與之左，是誤足下也。足下書又極稱僕文字，以爲難及，夫足下所稱者時文耳，往時嘗喜作之，於今已不復作。蓋不肖之所好而學之有得者又不在此，吾子遽奬許過當，是亦猶見驥之偶一長鳴，舉步蹀躞，遂以其絶塵之足盡在是矣，此不肖之所以不敢教足下相千里馬也。文章一道，終當爲吾子一言之，以非吾子今日所急，故輒布區區，惟勉旃自愛！

〔一〕自答某書至與劉大山書共九篇，見於南山集偶鈔。

與余生書

余生足下：前日浮屠犂支自言永曆中宦者，爲足下道滇黔間事。余聞之，載筆往問焉，余至而犂支已去，因教足下爲我書其語來，去年冬乃得讀之，稍稍識其大略。而吾鄉方學士有滇黔紀聞一編，余六七年前嘗見之，及是而余購得此書，取犂支所言考之，以證其同異。蓋兩人之言各有詳有略，而亦不無大相懸殊者，傳聞之間，必有訛焉。然而學士考據頗爲確核，而犂支又得於耳目之所覩記，二者將何所取信哉？

昔者宋之亡也，區區海島一隅如彈丸黑子，不踰時而又已滅亡，而史猶得以備書其事。今以弘光之帝南京，隆武之帝閩越，永曆之帝兩粵，帝滇黔，地方數千里，首尾十七八年，揆以春秋之義，豈遽不如昭烈之在蜀，帝昺之在崖州，而其事漸以滅没。近日方寬文字之禁，而天下所以避忌諱者萬端，其或菰蘆山澤之間，有厪厪誌其梗概，所謂存什一於千百，而其書未出，又無好事者爲之掇拾，流傳不久，而已蕩爲清風，化爲冷灰。至於老將退卒，故家舊臣，遺民父老，相繼澌盡，而文獻無徵，凋殘零落，使一時成敗得失，與夫孤忠效死，亂賊誤國，流離播遷之情狀，無以示於後世，豈不可嘆也哉。

終明之世，三百年無史，金匱石室之藏，恐終淪散放失，而世所流布諸書，缺略不詳，毀譽失實。嗟乎！世無子長、孟堅，不可聊且命筆。鄙人無狀，竊有志焉，而書籍無從廣購，又困於飢寒，衣食日不暇給，懼此事終已廢棄，是則有明全盛之書且不得見其成，而又何況於夜郎、筇、笮、昆明、洱海奔竄流亡，區區之軼事乎。前日翰林院購遺書於各州郡，書稍稍集，但自神宗晚節，事涉邊疆者，民間汰去不以上，而史官所指名以購者，其外頗更有潛德幽光，稗官碑誌，紀載出於史館之所不及知者，皆不得以上，則亦無以成一代之全史，甚矣其難也！

余夙昔之志，於明史有深痛焉，輒好問當世事，而身所與士大夫接甚少，士大夫亦無有以此爲念者，又足跡未嘗至四方，以故見聞頗寡，然而此志未嘗不時時存也。足下知犁支所在，能召之來，與余面論其事，則不勝幸甚！

與王静齋先生書〔一〕

前日謁先生，往復議論，竟至終日，然此終日尚有未盡厥懷者。不肖往時之苦，如人之溺於江河，未即死而漂浮於水上，假有拏舟而來者，猶可以援之而起也。雖無其事，然猶不肯絶望，以庶幾長年三老之見而哀之也。近者則如沉淪於千尋之淵，鯨鱷之窟，而水族萬怪争來吞噬，雖有漁師水工欲憐而救之，而困於力之無所施，其勢非得習於泅水者，濡没而下，挾之以起，則終不可復出。此則非先生之是望而誰望哉！蓋世有見小兒之盜取玉巵以爲戲者，曰待我明日來以錢易之，明日至而巵已毁。今不肖之所急者不過一餬口之地，奮飛遠去以速脱於泥塗，而先生輩猶曰，徐徐吾圖之，則終已毁於小兒之手耳。伏維少加垂念，不宣。

〔一〕南山集偶鈔目録，此篇之上有與方靈皋書一文，已佚。

答伍張兩生書〔一〕

人來，承示近日所爲文數首，並以爲文之道殷殷下問。余學殖荒落，安有以發足下者耶，顧其平日頗有志，不肯爲世間言語，既辱二生之問，其曷敢以匿。蓋余昔嘗讀道家之書矣，凡養生之徒從事神仙之術，滅慮絶欲，吐納以爲生，咀嚼以爲養，蓋其説有三，曰精，曰氣，曰神。此三者鍊之，凝之，而渾於一，於是外形骸，凌雲氣，入水不濡，入火不爇，飄飄乎御風而行，遺世而遠舉，其言云爾。余嘗欲學其術而不知所從，乃竊以其術而用之於文章。嗚呼，其無以加於此矣！

古之作者未有不得是術者也。太史公纂五帝本紀，「擇其言尤雅者」，此精之説也。蔡邕曰：「鍊余心兮浸太清。」夫惟雅且清則精，精則糟粕、煨燼、塵垢、渣滓，與凡邪僞剽賊，皆刊削而靡存，夫如是之謂精也。而有物焉，陰驅而潛率之，出入於浩渺之區，跌宕於杳靄之際，動如風雨，静如山岳，無窮如天地，不竭如江河，是物也，傑然有以充塞乎兩間，而蓋冒乎萬有。嗚呼，此爲氣之大過人者，豈非然哉！今夫語言文字，文也，而非所以文也。行墨蹊徑，文也，而非所以文也。文之爲文，必有出乎語言文字之外而居乎行墨蹊徑之先。蓋昔有千里馬牝而黄，伯樂使九方皋視之，九方皋曰：「牡而驪。」伯樂曰：「此真知馬者矣。」夫非有聲色臭味足以娱悦人之耳目口鼻，而其致悠然以深，油然以感，尋之無端而出之無迹者，吾不得而言之也。夫惟不可得而言，此其所以爲神也。

今夫神仙之事，荒忽誕漫不可信，得其術而以用之於文章，亦足以脱塵埃而游乎物外矣。二生好學甚篤，其所爲文章，意思蕭然，既閑且遠，蓋有得於吾之云云者，而世俗之人不識也，吾故書以告焉。吾聞爲方仙道，形解銷化，其術祕不傳，即傳，其術不能通。嗚呼，遇之而傳，傳之而通者，非二生吾誰望之！

〔一〕「答伍張兩生書」，各本「伍張」均作「張伍」，從南山集偶鈔。

與劉言潔書

言潔足下：僕平居讀書，考文章之旨，稍稍識其大端。竊以爲文之爲道，雖變化不同，而其旨非有他也，第在率其自然而行其所無事，即至篇終語止，而混茫相接，不得其端。此自左、莊、馬、班以來，諸家之旨未之有異也。蓋文之爲道難矣！

今夫文之爲道，未有不讀書而能工者也，然而吾所讀之書而吾舉而棄之，而吾之書固已讀而吾之文固已工矣。夫是故一心注其思，萬慮屏其雜，直以置其身於埃壒之表，用其想於空曠之間，游其神於文字之外，如是而後能不爲世人之言。不爲世人之言，斯無以取世人之好，故文章者莫貴於獨知。今有人於此焉，衆人好之，則衆人而已矣；君子好之，則君子而已矣。是故君子恥爲衆人之所好者，以此也。彼衆人者，耳剽目竊，徒以雕飾爲工，觀其菁華爛熳之章，與夫考據排纂之際，出其有惟恐不盡焉，此其所以枵然無有者也。君子之文，淡焉，泊焉，略其町畦，去其鉛華，無所有乃其所以無所不有者也。僕嘗入乎深林叢薄之中，荆榛罥吾之足，土石封吾之目，雖咫尺莫能盡焉，余且惴惴焉懼跬步之或有失也。及登覽乎高山之巔，舉目千里，雲烟在下，蒼然，茫然，與天無窮。頃者游於渤海之濱，見夫天水渾淪，波濤洶湧，惝怳四顧，不復有人間。嗚呼！此文之自然者也。文之爲道如是，豈不難哉。

僕自行年二十即有志於文章之事，而是時積憂多愁，神智荒惑，又治生不給，無以托一日之命。自以年齒尚少，可以待之異日，蹉跎荏苒，已踰三十，其爲愧悔慚懼，何可勝言。數年以來，客游四方，所見士多矣，而亦未見有以此事爲志者。獨足下好學甚勤，深有得於古人之旨，且不以僕爲不才，而謂可與於斯文也者，僕何敢當焉。偶料檢篋中文字，自丙辰至於丙寅十年間，所著有蘆中集、天問集、困學集、巖居川觀集，爲删其十之二三，彙爲一集，而以請正於足下。足下以爲可存則存之，不然，即當削去。行且入窮山之中，躬耕讀書，以庶幾稍酬曩昔之志，然而未敢必也。名世頓首。

答趙少宰書

少宰閣下：前日名世出都門，閣下親枉車騎相送，且言：「文集刊已垂成，欲得吾子序之。」名世南行二十餘日而抵家，家貧多事，未遑以爲。閲二月而於郵傳中得閣下書，云序不及待，已使人代爲之矣。名世江淮鄙人，無爵位於朝，無聲譽於天下，爲舉世之所共棄。而閣下出持節鉞，入貳天官，序閣下之文者皆公卿大夫，而閣下猶懃懃懇懇欲得不肖之文，豈非以其人雖賤而其言尚有可取耶。

今夫立言之道莫著於易，家人之象曰：「君子以言有物而行有恒。」夫有所爲而爲之之謂物；不得已而爲之之謂物；近類而切事，發揮而旁通，其間天道具焉，人事備焉，物理昭焉，夫是之謂物也。夫子之釋乾之九三也，曰：「修辭立其誠，所以居業也。」惟立誠故有物，苟其不然，則雖菁華爛熳之章，工麗可喜之作，中庸之所謂「不誠無物」也，君子之所不取也。夫代人而爲之言者，彼之意吾不之知也，彼之聲音笑貌吾不之見也，吾之意非彼之意也，吾之辭非彼之辭也，爲剽，爲僞，爲欺謾而已矣。今以不誠之人而事閣下，以不誠之文而序閣下之文，宜爲閣下之所斥勿收，而閣下顧使人爲之，則非閣下始所取於名世之心矣。區區之誠尚欲自達，而代作之文惟閣下削而去之。幸甚，幸甚！名世再拜。

上大宗伯韓慕廬先生書

布衣窮居之士欲自刊刻其文，念無以取重於世，乃求序於王公大人，王公大人賜之序則欣欣然以之自多，不自多其文而多王公大人之序以爲榮耀。夫文者必待王公大人而重，則是孟子七篇成而必請序於齊宣、梁惠，司馬遷史記成而必請序於丞相公孫弘、大將軍衛青也。且夫意氣不足以孤行而後有所附麗，言語不足以行遠而後思所以炫其名聲，彼乞序於王公大人而欣欣然遂以之自多，不待觀其文而已知其不足重矣。彼王公大人不能却其請之堅也，亦不知其文之工拙果何如，率爾命筆，不無過情之言，人之見之者，讀未終篇輒已掩卷而去，而況於其所序之文乎。是則王公大人之序且不能自重，而又安能重士之文？此所以有志之士不求序於王公大人，凡所以自重其文，而王公大人之賢者亦不輕與人以序，亦所以自重其序也。今之大人先生以文章名天下者，獨閣下一人。往在京師，閣下嘗爲不肖言，士之以求序來者比肩接踵，然大抵多所謝絶，於是不能得閣下之序而去者不啻十之九矣。嗟乎！惟閣下不輕與人以序，而乃可以序不肖之文，惟不肖不求序於王公大人，而乃可以求序於閣下也。不肖在京師，前後凡五六年，未嘗上書宰相，獻文當塗。賢公卿弘獎士類，其所爲大書深刻標榜窮士之言，充几盈案，而不肖不與焉。獨閣下見其所爲文而以爲可與於斯文也者，一日偶序不肖舉業之文若干篇，不肖歸而刊刻之於金陵，天下讀閣下之序者，往復諷誦，詠歎咨嗟，初非以閣下名位之故，而讀不肖之文者謬相引重，亦初非以閣下之序故也。惟如是而閣下乃可以序不肖之文，而不肖乃可以求序於閣下矣。

嗚呼！文章之事，雖非有用於世，而未可以爵位勢分緣飾於其間，亦視乎求序者之人與文何如，與序之者之人與文何如而已。頃者金陵一二人士取不肖所爲古文刊刻其十之二三，用是潔誠齋慮，北面叩首，而求閣下以序之。夫舉業之文非閣下之所好而亦非不肖之所好也，閣下猶肯執筆而爲之序，而況不肖之古文，固閣下素所咨賞以爲可與於斯文者乎。知閣下之不與他人而一概謝絶之者，蓋他人之所求者乃尚書之序，學士之序，而不肖之所求者，乃慕廬先生之序也。俯伏候命，不勝至願。謹再拜。

再上韓慕廬大宗伯書

名世再拜。名世平居讀書，考文章升降之際，竊見夫文章之事，未有不上與下合而能至於極盛者也。上與下合而風氣之權操之自上，上之人懸其令以倡率之，而下之人莫不奔走恐後而不敢有異議於其間。若夫上之人所操者不足以厭服乎下之心，而下之人紛然囂然各持其説，各挾其技，而有菲薄乎上之心，考校之文一出而心非巷議，嗤點流傳，共指以爲笑，於是乎上之與下，兩相訾謷，齟齬扞格，截然而分爲二，而文體遂不可振。

曩者文章之風氣，亦嘗萎薾卑弱而不振矣，儒先之精義不明，古文之規矩盡裂，上之人所以取於下，下之人所以獻上者，皆雷同相從而已。雖其風氣之不振，而上之與下，皆謷之聲不出於口，齟齬扞格之狀不形於色，而風氣欲變之機固已伏於此矣。當此之時，閣下遂獨以雄奇渾古之文出而大魁天下。天下之人讀閣下之文，恍然如寐之方覺，如醒之忽醒，皆翻然思改其所爲。三十年來，窮巷枯槁之士，被服先民，抱殘守缺，以不自棄於斯文，閣下之力也。

閣下既以古文取高第，爲大官，而天下之人又翕然嚮風，愈久而不衰，則宜上之與下合而爲一矣，乃訾謷而不入，齟齬扞格而不相通，未有甚於今日者，何也？則毋乃下之信且從於閣下者，遍以望於上之人而不克副其望歟，遂直爲此紛然囂然也。

令甲三年而一試士。棘未撤，士或私相許曰，某某者必得售也；又或私相誚曰，某某者必斥勿録也。已而斥之者則其許之者也，録之者則其誚之者也，不能不相顧以駭，以群不遑遂借以行其私，至於詆訐叫號而不可止。上之人患之而未能有以弭之也。竊以爲弭之之道在上之人勿故與下之人相反而已矣。下之人曰「是也」，而上之人必曰「非也」；下之人曰「非也」，而上之人必曰「是也」。參差之見先横據於胸中，其説究無以勝乎下之人，則安能厭服乎其心而使之不敢有異議於其間也哉。且夫下之人其所操未必盡是也，紛然囂然而至於詆訐叫號，即下之人有志者亦未嘗不非之也，然而公論多出於其間。公論者，上與下共之者也。下之人方以公論自張，而上之人故欲反之，非其心也，則毋乃拘於曩者之風氣，而不能以閣下之道爲進退天下士之具歟。

下之人以其信且從於閣下者遍望於上之人，其所以待上之人者甚厚，而上之人不能以閣下之道爲進退天下士之具，於是乎上之與下兩相訾謷，齟齬扞格，截然而分爲二。而閣下以一身居上下之間，則驅之使合，其權仍在閣下而已矣。閣下之文，無論知與不知，莫不肅然起而斂袵退避，以爲不可及，而閣下之名德清望，又爲海内之所嚮仰。謂閣下之道，下之人信且從之，而上之人獨不肯信且從者，必無之事也。轉移之權，則惟在閣下一爲昌言正告之而已矣。

名世往在京師，與閣下游凡一二年，相與縱論當世，獨未嘗言及文章之事。名世身在卑賤，有言不信，故不得不黯黯以居，默默以處。而閣下方在日月之際，經綸密勿，更有重且大者，文章一事遂有所不暇及耳。然而當今文章之責實在閣下，不宜使窮巷枯槁之士觖然失望，坐視上之與下訾謷而不入，齟齬扞格而不相通也。名世南歸數載，不復有志當世，行吟江上，將欲灌園以終老。習見天下之人所以仰望閣下者如此其至，而轉移之權，使上之與下相合而無二，非閣下不能，故輒爲達其區區之情焉。冒瀆尊嚴，無任惶悚，不宣。

與劉大山書

去年春正月，渡江訪足下，留信宿。而足下出所爲古文十餘篇見示，皆有奇氣，足下固不自信而謬以僕之文有合於古人矩矱，因從問其波瀾意度所以然者。僕回秦淮，將欲檢篋中文字，悉致之足下，冀有以教我。會足下北游燕薊之間，而僕亦東走吴越，遂不果。今年冬，有金陵門人欲鋟僕古文於板，僕古文多憤時嫉俗之作，不敢示世人，恐以言語獲罪，而門人遂以彼所藏鈔本百篇雕刻行世，俟其刊成，當於郵傳中致一本於足下。其文皆無絶殊，而波瀾意度所以然者，僕亦未能以告人也。惟足下細加擇别，摘其瑕疵，使得改定，且作一序以冠其首簡。幸甚，幸甚！

當今文章一事賤如糞壤，而僕無他嗜好，獨好此不厭。生平尤留意先朝文獻，二十年來，蒐求遺編，討論掌故，胸中覺有百卷書，怪怪奇奇，滔滔汩汩，欲觸喉而出。而僕以爲此古今大事，不敢聊且爲之，將欲入名山中，洗滌心神，餐吸沆瀣，息慮屏氣，久之乃敢發凡起例〔一〕，次第命筆。而不幸死喪相繼，家累日增，奔走四方以求衣食，其爲困躓顛倒，良可悼嘆。同縣方苞以爲：「文章者窮人之具，而文章之奇者其窮亦奇，如戴子是也。」僕文章不敢當方君之所謂奇，而欲著書而不得，此其所以爲窮之奇也。

秦淮有余叟者，好琵琶，聞人有工爲此技者，不遠千里迎致之，學其術。客爲琵琶來者，終日坐爲滿，久之果大工，號南中第一手。然以是傾其産千金，至不能給衣食，乃操琵琶彈於市，乞錢自活，卒無知者，不能救凍餒，遂抱琵琶而餓死於秦淮之涯。今僕之文章乃余叟之琵琶也。然而琵琶者，夷部之樂耳，其工拙得喪可以無論，至若吾輩之所爲者，乃先王之遺，將以明聖人之道，窮造化之微，而極人情之變態，乃與夷部之樂同其困躓顛倒，將遂碎其琵琶以求免於窮餓，此余叟之所不爲也。嗚呼！琵琶成而適以速之死，文章成而適以甚其窮。足下方揚眉瞬目，奮袂抵掌而效僕之所爲，是又一余叟也。然爲余叟者始能知余叟之音，此僕之所以欲足下之序吾文也。庚辰十二月望日，戴名世頓首。

〔一〕「例」，偶鈔本誤作「倒」，從批校本、硯莊二本、徐本、張本改正。

答朱生書

朱生足下：正月十七日，人來得書，三復之間，何其念我深而責我厚也，且尤惓惓欲僕以近日之狀相告。僕二十餘年憂愁窮苦，皆世所不多有，固吾子之所素知，不必復爲吾子道也。惟是年來好讀書，一日不讀書輒忽忽如有亡失，但一得書，往復觀玩，可以忘寢食。然家貧無買書之資，先世藏書，屢經兵火無復存，存者亦不屬僕。又交游鮮少，無從借觀，就令借得一二，居無幾何，即歸之其人，更增於悒。譬如卒然之間遇異人勝士，相對開懷抱，吐肝膽，有故各散去，不知復何時合。而富家巨室架上所貯，塵埋蠹蝕，已不知歷幾日月。凡造化之不齊，大都類是，是僕之欲讀書而不得，此其所以窮之甚也。而獨其胸中之思，掩遏抑鬱，無所發洩，則嘗見之文辭，雖不求工，頗能自快其志。而鄉黨少年往往詬厲之曰：「是蚩蚩者庸且妄，自謂能文章，文章何益，坐見其窮且老以死耳。」僕本多憂，而人心世道之感復交迫於胸臆。蓋聞有家貧而負債多者，勢無以得償，時時憂念不知所出。或告之曰：「汝亦烏用是戚戚者耶？汝家産盡矣，持券而來者皆爲無用之券，而子憂之，不亦爲無用之憂乎？」其人聞之，恍不知債之在其身也。嗚呼！若僕者，天地間一窮人耳，憂患之至，甚於負債，今且隨俗任運，漫不以爲念，此亦家貧而多債者之術也。自别吾子以來，其狀約略如此。

與趙良冶書

田有白：生平好交游，交游中如趙君極少，在家時日日相過從，不厭其數。今來荒山中，嘗獨念趙君不置，以趙君知我也。蓋懷人之作莫工於國風，不肖之於趙君，殆在雄雉二章之卒言矣，知吾子之心與我同也。嗚呼，友道難矣！僕多誤，良冶亦多誤。倏忽俄頃之間，反覆變更之際，而以落寞之蹤，浮沉上下〔一〕，其安能有以合乎。

名世一妄愚人耳，勞苦困餓，拂亂空乏，人皆笑之，惟吾子深相哀憐，往往爲余泣下，吾何以得此於足下哉！非吾子莫以知我，非我亦無以知吾子之深也。今吾顧有進於足下者，足下愛我甚，豈謂爲不然耶〔二〕？如是則請盡言而不諱，可乎？蓋世有好獵者，一經顛仆而終身不敢乘馬。足下天性誠樸，謂人如己而信之太真，以故常受小人之侮，而一再顛仆。既一再悔矣〔三〕，意足下必且深懲前日之害，謝絶交游，而吾嘗觀之，未見其然也。不及此徐步安行，而猶蹀躞於坑坎之途，馳驟於汙泥之坂，則其害豈特顛仆而已哉。蓋足下之病與余同，而余又加甚焉。凡余之所與友，足下其亦見之矣，其亦太息而痛恨之矣。今不肖已自托爲枯槁無用之人，人曰：「夫夫也，其爲枯槁無用之人也歟。」此余之所以自藏者也。今足下既往之悔已無及矣，將來之悔能不思所以免焉。足下不以吾言爲不然，則吾更有以效於足下者，爲足下盡言之。

〔一〕「浮沉」，張本作「沉浮」，從批校本、硯莊二本、王本。
〔二〕「豈謂」，張本上有「夫」字，從批校本、硯莊二本、徐本、王本。
〔三〕「既一再悔矣」，張本作「一再受侮矣」，從批校本、硯莊二本、徐本。

與弟書

吾家式微，而先人以盛德壯年奄棄我兄弟，斬焉在衰絰之中，困窮轉甚。內外之人見其如此，益用詬侮。嗟乎！人情抑已甚矣，鬼神而又助之，則我兄弟尚能向人言語，且靦顔容足於天地之間耶？夫服仁義，稱先王，世俗所大怪以爲不祥，余嘗嘆之，自今而觀，而後知人言之不謬，而果不可爲祥也。

余生抱難成之志，負不羈之才，處窮極之遭，當敗壞之世，而無數頃之田，一畝之宫，以託其身。乃且以授經客游，乞食於異方，歲得一鍰兩鍰，不足具甘脆以養親，而母子兄弟，累月踰時，音問隔絶，私自生傷乃至此。弟又遠客金陵，金陵自佳麗，弟自苦耳。丈夫雄心，窮而彌固，豈因一跌仆而憂傷憔悴，遂不復振耶！五經二十一史，今之視爲土梗，而天下幾無讀書者矣。宇宙間物，人盡取之，獨讀書一事留遺我輩，此固人之所不能奪，而忌且怒焉固無傷者也，可自棄耶？遠地惓惓，惟此而已。勉旃，勉旃！無怠，無怠！

上劉木齋先生書

正月十九日，桐城戴名世謹再拜獻書木齋先生[一]。名世生於山林巖石之間，獨立無與，徒以年少志大，不肯稍有苟且雷同，所爲文字尤不悅世俗。頃者先生來爲督學，不遺鄙陋，拔之於稠人之中，期許甚至。夫古之君子得一士也，終身不忘於心。其未得也，窮搜遠索，孜孜而若有失；其既得也，長養而教育之，惟恐其無成。夫其所以愛惜人才至於如此者，非以冀士之被其德而私感之也，而士之困於塵埃之中不能自振，一旦有提挈以起而指示以途者，亦豈能一日而忘於心哉。今先生之所以賜於名世者可謂至矣，名世之文先生識之，名世之名先生振之，而先生既去，每遇吾縣士大夫，輒惓惓問名世不置，此以知先生之於名世蓋無日而忘於心，每端居深念，未嘗不感嘆而欲泣也。

然而不肖時命乖蹇，日益加甚。自謁先生於句曲，歸未久而失我先人，斬焉衰絰之中，狼狽顛倒，無所控訴。名世家貧，無擔石之儲，傭書客游，乞食自活，家累二十口，嗷嗷待哺。而鄉邦之間，骨肉之際，橫逆百端，迂愚固陋，莫必其命。憂患怖畏之餘，獨於文章一事不敢稍自廢棄。三四年間，所作制義亡慮三百餘篇，又著書數種，曰困學集，曰柳下集，曰巖居川觀集。道里遼遠，不獲致其一二以請正於先生，而世之人忽近而貴遠，傭耳而賃目，既無明效大驗，誰復以爲工哉。

癸亥之冬，敝邑吴氏使者歸自海上，復傳道先生不忘名世之語。夫以名世之迂疏，世人之所共棄，而先生之去於今數年，向之所取士亦已多矣，而獨惓惓於不肖如此，不肖區區無以爲知己之報，而飢寒衣食之是憂。世無大人君子如先生者爲之振拔，迍邅坎坷，曾不能仰首伸眉，發名成業，以赴先生之望，將抱無窮之志而莫之遂也。先生高卧海濱，天下所共瞻仰，小子不敏，竊在下風，猶冀先生之有以提挈而指示之也。偶因便郵〔二〕，冒瀆威嚴，不勝惶恐之至。

〔一〕「戴名世」，張本作「戴田有」，批校本「戴」字下空二格。從王本、秀野本。

〔二〕「便郵」，張本作「郵便」，從批校本、硯莊二本、徐本、秀野本。

與王雲濤書

田有白：田有自兒時常侍先曾王父，往往爲小子道平生事甚悉，且曰：「吾昔客於定遠。定遠之俗，豪武勁直，不類江淮以南，且屬明高皇帝故鄉，一時從龍之佐如徐、常輩，皆其産也，距今數百年，其人民謡俗猶有曩時之遺烈。」又曰：「縣名士若而人某某吾之友，時又某某吾之弟子也。」復以手計之曰：「如王某者，其吾門之選乎。」蓋即足下之尊府也。時余年雖少，然謹誌之於心不敢忘。蓋生十有八年而曾王父卒，其後每侍大父及先人，其言亦云爾，蓋吾家之交於王氏三四世矣。

去年秋始識足下於秦淮之上，相與道姓名，具述累世之好與夫平生嚮往之意，兩人皆大喜過望，而足下尤愛僕時文，以爲難得。已而足下登賢書入燕京，而鄙人歸自秦淮，沉冥寂寞，所謂時文者，亦不復爲人所識。蓋田有少好左氏、太史公書，亦欲有所譔著，而竊嘗聞程朱氏之緒言，亦不敢自棄於斯文。然往往以此不悅於世，鬼神而助之以降其大罰〔一〕，死喪疾病，無歲無之。平生著書學道之志卒難遂，不得已而隨俗作所謂時文，以之教授子弟，而餬其口於四方，亦足以見其命之窮而志之可悲也已。敝邑江君某歸自燕京，告我曰：「吾與王君抵掌燕市，相得甚歡，然王君意殷殷未嘗不在吾子也。」鄙人自度，無可以當王君存念，然且乍相見而歡，既去而思，即鄙人之於王君亦然，豈非以累世通家之好不能有忘，而況文章意氣之感更有相愛者，而非世俗之所知也。今歲授經於舒城，舒之司訓何君與足下同鄉里，因爲書一通付之以達於左右，冀有以教我。幸甚！不宣〔二〕。

〔一〕「鬼神而助之」，張本作「而鬼神助之」，從批校本、硯莊二本、徐本、王本。

〔二〕「幸甚！不宣」，張本重「幸甚」而無「不宣」二字，從批校本、王本、秀野本。

與白藍生書

前日一見白君，即知白君非常人也。而白君具言往時見僕文章，其嚮往之者且八九年，相見莫由，既相見則歡甚，以爲平生之快。僕不佞，何足以當白君之稱，然私心竊自幸，以爲得賢者之所推許，庶幾終不自棄於庸人，蓋白君愛僕之文章，而不知僕文章之直無用於今也。今之世所習者時文耳，時文之徒未聞有廓然遠見，卓然獨立者也，即其所習之文，不過記誦熟爛之辭，互相鈔襲，恬不爲恥，然亦止用是以爲禽犢而所以邀虛名，而希苟得者又不區區盡恃乎此，而特其心則不無好同而惡異，苟有異己者之出於其間，輒相與誹笑詬厲，不奎蔽遏抑之不已。管子曰：「民知十己則尚與之爭，曰不如吾也，百己則疵其道，千己則讐而不信也。」今夫鳥不皆鳳凰也，然而求鳳凰者必於鳥之中也。馬不皆騏驥也，然而求騏驥者必於馬之中也。乃若鳥無不以鳳凰爲笑，而馬無不以騏驥爲戒，則鳳凰之與騏驥行且絶於世矣。是故文章之事，爲他道者惡之可也，以其不類也；在諸當路者惡之可也，以其無用也；爲時文之徒者惡之，則文章於是乎遂亡。

僕煢煢一書生耳，年少身賤，而慨然有志於文章之事，其見惡於時文之徒且十餘年於今矣。不意足下者僻在邊徼，與僕之相去數千餘里〔一〕，不以僕之不肖而辱以存之胸臆之間，且八九年於兹，嗟乎白君，而豈時文之徒也歟！蔚州二李兄弟告我曰：「白君深情壯氣人也。」微李君言，僕豈不知耶。僕未嘗見白君之文章而固已知白君之文章者，於白君之深情壯氣知之也。白君未嘗見余而即謬以深情壯氣屬之余者，於余之文章知之也。此其故非時文之徒之所能識也。白君賢者，李君兄弟亦賢者。余昔聞之，三晉河山之間，其人類多瑰瑋慷慨。今保德有白君，蔚州又有李君兄弟，而皆與余同貢於太學。聞聲相思，傾蓋如故，余實有幸焉，故敢粗陳其固陋，付李君以達於左右。僕天地間一窮人也，乃者落落風塵，不知所終極，又悼相知如白君輩，乍相語而又别去，不知當何時再見，一竭其惓惓。田有頓首。

〔一〕「與僕之相去數千餘里」，張本「之」下有「居」字，「餘」字無，從批校本、硯莊二本、徐本。

與何屺瞻書

三月十九日，田有頓首。屺瞻足下：往時僕家居，於時文選本中見足下名，然第以吴中名士視足下，未知足下也。及與足下先後至燕山，往來一再晤，始奇足下。亡何，足下別去，僕惘然自失，而汪君武曹爲余稱足下之賢甚具。僕好交游，孶孶求之，惟恐不及。然其於當世之故不無感慨忿懟，而其辭類有稍稍過當者。世且以僕爲駡人，僕豈真好駡人哉，而世遂爭駡僕以爲快，不駡僕者，足下與武曹而已，而世亦以足下與武曹爲好駡人，其於足下也尤甚。嗚呼！若足下者乃可以駡人，然亦可以不駡人，吾駡之謂不當齒之哉，此乃所以齒之也。是故僕以之自戒，亦願足下之稍稍戒之也。

頃者史君千里自吴中以足下所爲行遠集者示余，余讀之，迴翔往復，不能釋去。今夫文章之陋久矣，妄庸相授，日日已甚。僕嘗以爲文章者非一家之私事，至今日而不得不引爲一家之私事，默守其是而已。彼妄庸人者，如今之所謂名士，開口説書，執筆屬文，天下之人皆其流輩，以故從而稱之，雖語以是非之故皆不省。是故如僕者，氣力單弱，視其猖狂恣肆而不敢搘拄其間。足下獨惻然流涕，不但爲之昌言正告，舉向之所爲妄庸相授者，一舉而廓清之，甚善，甚善。然余讀集中所載，有云：「經義始於宋，作者但依傍宋人門徑足矣，唐已不近，況高談秦、漢乎。」足下之言云爾，余以爲非也。夫自周、秦、漢、唐以來〔一〕，文章之家多有，雖其門户阡陌各别，而其指歸未有不一者也。即宋人之門徑未有不本之於周、秦、漢、唐者，今必區而别之，是爲今之名士低就一格以爲其妄庸地也。聖人之道衰，至宋之儒者而發皇恢張，始以大明於天下，故學者終其身守宋儒之説足矣。至於文章之道，未有不縱横百家而能成一家之文者也。今之名士巧爲自飾，拾取宋人語句以欺天下，或竟以古人爲不當學。足下排而斥之，而足下復云爾耶？倘或别有所見，則過而存之可也，不然，願足下改正之。

僕前年冬有送武曹序，近於駡人之作，久而悔之自匿也，然異日當録一通以示足下。平生所爲經義數百篇，今存二百有奇，不敢自信，欲録一副本付足下，爲是非而去取之。適友人吴君游便，輒附狂言云云，不宣。

〔一〕「周、秦、漢、唐」，張本無「唐」字，從毅夫鈔本。

再與王静齋先生書

前日奉教先生，適有他客至，所論文章一事未竟其説，故敢復以書布於執事。蓋文章之衰久矣。夫均是文也，而今之於古，其真與僞之相去不啻若什佰，此豈古之不可學歟？甚不然也。蓋有學古而失之者，亦有背古而馳焉者。學古而失之者，徒從事於格調字句之間，一跬步不敢或失，摹擬彷彿，飾爲聲音笑貌，而以號於人曰，此某家之文，人亦曰，此某家之文也，而古之學廢矣。背古而馳焉者，排偶駢麗之盛行，其節促以亂，其音淫以靡，學者相沿而不知怪，遂儼然以此爲古文之體，而左、國、莊、屈、秦、漢、唐、宋諸大家之文，舉天下而莫之知，而古之學又廢矣。嗚呼，此文之所以衰也。今夫粉白黛黑，女子之所以爲飾也，然而以對毛嬙、西施，有不及其粗服亂頭者矣。今夫毛嬙、西施，天下之至美麗者也，然而無所事於粉白黛黑，今欲以塗脂飾澤之姿相與比擬而誇耀之，適以自增其陋而已矣。是故文章者有真有僞，而僞者常至於亂夫真，非僞者之能亂夫真也，見之者謬也。夫天下之真，能知之者少，而其術安得無售哉。然而居無幾何，忽已澌盡而無遺，泯没而不見，安在其能亂也。故曰，非僞者之能亂夫真也，見之者謬也。

田有自少學古文，不知於古人何如，而於世之號爲能文者，則不能無深嘆焉。竊以爲文章非苟然作也，要在於明其體，平其心，養其氣，捐其近名之心，去其欲速之見，夫如是而其去古也不遠矣。而世之學者或則學古而失焉，又或則背古而馳焉，豈不足以深悲而竊笑矣哉。執事以不肖之文橫絶四海，不肖豈敢當焉。顧早夜悚惕，懼如今之學者云云，其庶幾免焉，而以爲幸，而非敢有求於今人之知之也。雖然，今之世尤可患者，有所爲科第之文，世皆從事於此，而不知更有人生當爲之事，雖患之莫能救止也。此又古之學之所以廢也〔一〕，故輒以附及之云云，不宣。

〔一〕「古之學」，張本無「之」字，從批校本、徐本、毅夫鈔本。

答張氏二生書

不佞自初有知識即治古文，奉子長、退之爲宗師，暇從事於制義之文，於諸家獨好歸太僕、唐中丞，於今十餘年矣。世俗之頹也，文章風氣尤壞甚。鄙人淪落荒山，無與告語，思古之人而不得見，往往悲歌至於泣下，一二文字流傳江南，遂以辱二生之知。不佞自顧，實枵然無有，即有之，不同於世之人所好，苟非卓然自立者，其孰以余之道爲然耶？

二生不遠數百里，躡蹻枉過，且請事函丈，執贄爲弟子。當天下波靡，士不好學問文章，師弟朋友之義缺絶已久，而二生之志卓卓如此，甚幸吾道之猶可行也，故不敢却之，以成二生之義。夫文章之事，學問中之小者，制舉之文，又文章中之微者。今二生以制舉之文來學，而不從事於古文，則制舉之文必不能工也。從事於古文，而不能學問以期於聞道，則古文亦不能工也。生平有論文書及爲友人舉業序數通，略悉其義，録以付二生，試一覽之，知不佞之有者如此，而二生自是亦可以知所以從事。倘猶是沾沾於世人之所好也，則二生不必過吾門而來請矣。

與洪孝儀書

田有頓首。前日過揚州，至足下寓舍，時足下方注杜子美詩，尚未成，而先以所注二三卷示我。蓋近日注杜詩者有二家，皆盛行於世，曰虞山錢氏，曰松陵朱氏。此兩家不無互相牴牾，而自僕觀之，支離傅會，牽强穿鑿之失，向來注杜詩者之所略同，而此兩家亦或有所不免。今見足下此書，考據纂輯，既詳且確，爲此兩家之所不及，甚善，甚善。顧僕尚有請於足下者。

古人有言曰：「夏后氏之璜，不能無瑕；明月之珠，不能無纇。」夫瑕也，纇也，豈有損於玉與珠哉，而或且曲爲之説曰〔一〕：「此非瑕也，非纇也，玉與珠之所以爲美者正在是也。」於是乎玉與珠之真者無以自見於世矣。今夫詩莫盛於唐，而唐詩莫盛於杜，所謂聖於詩者，古今爲子美一人而已。然而自古著述之家，畢一生之力，疲精敝神，爲書數十百卷，勢不能盡無瑕焉，無纇焉。蓋其氣有時而盛衰，其思有時而枯潤，鍛鍊結構或偶有所未盡其力，則亦往往有瑕與纇之錯出於其間，而要皆無損於其全體之美，後之讀之者第得其意思之所在而已矣。乃世之論杜詩者，懾於其久定之名，昧於瑕瑜不相掩之義，概而稱之而不敢有分別，直且指其瑕與纇而以爲美在是也，使讀之者或竟惟其瑕與纇之是學，其貽誤來者不更甚乎哉！且夫毛嬙、西施，其體固無一不悦於目也，而或悦之過甚，至謂其溺爲香澤也而珍而視之，鮮有不以爲狂惑者矣。

昔者朱子謂子美夔州以後之詩頗不佳，雖未必盡然，而大約數十百卷之書，豈能無瑕與纇之錯出，苟能一一爲抉摘以明告後學，則古人之心安，而學之者不至於有所誤，此固讀書之法，不獨注杜詩爲然也。虞山錢氏以詩自豪，其所論斷，人皆信之，而僕以爲珍毛嬙、西施之溺，在錢氏爲甚，使子美而可作也，未有不笑其狂惑而有所不樂受者。僕往者嘗欲取杜詩爲之評點論次，抉摘其瑕纇以明告後學，非敢苛於論古人也，正所以愛古人也，愛古人亦所以愛來者也。顧終歲客游，未及卒業。而足下故工於詩，往見足下辨論風騷，别裁僞體，無所或爽。苟能於此書考據纂輯之外，更加以評點論次，務使瑕瑜不相掩，則子美之真者畢出，不致爲過於推尊者所溷。足下倘有意乎，則僕也一二鄙陋之見可以備商榷者，當俟面論焉，不宣。

〔一〕「玉與珠哉，而或且」，張本「哉」字與「或」字互倒，今正。

戴名世集卷二

濤山先生詩序〔一〕

先生家濤山，手植竹數十箇，老屋三間，僅僅蔽風雨。先生年老矣，家甚貧，陶然自樂，人見先生樂，不知其貧，先生竟亦不自知其貧也。命二子種秫爲酒，酒熟飲客，客醒然先生已醉。客不至，先生獨持杯滿飲，飲亦必醉。每醉輒誦其所賦詩，即不知詩者亦爲誦之。誦已，大呼自豪，往往凌其座人，淋漓酣適，若不可羈禦。其大都如此。

先生曰：「吾家少豪富，居金陵數年，遭喪亂，歸來爲學官弟子。已而不屑也，走窮山中，飲酒賦詩，以此樂而終其世。家人或以粟盡告余，余不聽，曰『姑取酒來』。酒罄，貸之鄰家，或出錢往沽，或無錢，輒脱衣典酒。生平好爲詩，於詩好唐人，於唐人獨好樂天，每爲詩不樂天若，不爲也，每爲詩未有不樂天若也。噫！吾見夫世之逐逐者而不知止也，富貴者多驕矜，貧賤者多悲蹙，輾轉汩没，曾不能得吾之一日，吾哀之，吾又自喜也。吾左手持觴，右手援筆，飲一觴得一句焉，吾醉而詩已就，而曠曠然，而熙熙然，而無所介其懷也，豈不足以高視天下而發笑矣乎？」

名世嘗讀先生之詩，瀟洒不羈如其人，其風味直彷彿樂天不誣也。而先生奇情曠達，與人交無畛域，或有不合，面斥之，事過則已，復歡如平常。人無知其意者，獨時時見其意於詩。先生，余外祖也，故以命小子曰：「今之時，子之文未有雙也，吾詩待子而傳。」小子不敏，謹譔其説而以書之於集之首。

〔一〕自濤山先生詩序至方逸巢先生詩序共八篇，見於南山集偶鈔。

齊謳集自序

余少好誦古人之詩，時時誦之，然輒不復記憶。間爲詩，其於古人之旨不肖也，因遂棄去。自是荏苒浸尋，身在貧困，而曾無吐發憤懣之什，嘗自惜且恨之。數年以來，客游四方，篋中無他書本可以度日，而有所感觸，輒亦偶爲詩一篇兩篇，既成，猶軼不録。蓋余之志欲入山窮居，專精思慮，以務比肩於古人，非是弗爲，爲之亦弗存也。戊辰、己巳之間，自燕踰濟，游於渤海之濱，遍歷齊魯之境。同游者數人，與余皆困不得志，於是多賦詩以自遣，而余故不工詩，勉而爲之，得一百餘章。方擬棄去，而同游者顧謬加賞歎，力勸余存其稿，余俯仰從之，然非余之志也。

嗚呼！詩之衰久矣。世之人粗能識字，即高自誇詡，欲登壇坫以争名聲，其於古人之詩，多能議論短長，分别門户。譬之盲童跛豎，各以其意喜怒主人，而揎腕攘臂於藩籬之外，而主人曾莫之知也，不亦大可悲乎。余行且歸隱故山，終身弗出，縱觀古人之詩，而因以有吐發憤懣之什，或有當乎。而兹集之存者，同游數人者之志，非余之志也。數人者爲無錫劉齊、武進白寶、宿松朱書、溧陽史騏生、常熟翁振翼、華亭畢大生、山陰胡賡昌云。

劉陂千庶常詩序

詩之亡於人間久矣，其故果安在耶？古之人未嘗欲名其詩也，而固已有詩，今之人徒欲名其詩而已，徒欲名夫詩而固已無詩矣。古之人雖田夫野人女子皆能自言其情，情之至而詩自工。今之人以詩爲取名聲争壇坫之具，自汩其情而亡其己之詩，以務摹擬夫古人之詩，此詩之所以衰也。數百年來，詩數變，而其變愈下，彼此訾謷，互起迭仆，陵遲至於今，而世之説詩者其術更黠，而其説更譎詐而不可窮詰。彼蓋知古人之不可非也，於是據其一説而指之曰：「古人在是也。」爲之峻其牆垣，固其藩籬，彷彿其形貌之萬一，以爲己之所獨有而他人之所不能至。又懼天下之不吾信也，於是恫疑虚喝而傲睨顧盼，以濟其術之窮，庶幾天下之可欺，不深察吾之所以而震而驚之，而吾之詩可以名矣。嗚呼！

世之説詩者，此其術也，而豈復有詩哉。

余不能詩也，而於詩之旨猶稍稍能識之。自游學四方，見世之所名之詩不復有詩也，而頗意世所不名之詩其中必有詩焉，而果得庶常劉君陂千之詩。陂千，退讓君子也，其容貌粥粥然，其與人交温温然，其言語辭氣恂恂然。嗚呼！此陂千之詩也。陂千之言曰：「吾惡夫世之名其詩者，吾之詩，吾自抒其情而已，不以名也。」蓋陂千之詩皆深自藏匿，不以示世。余索而讀之，見其情皆陂千之情，而詩皆陂千之詩，按之古人之旨，自不相遠也。使世之説詩者見之，必求其瑕疵而議之曰：「某句不似某家。」即不然，或謬爲稱之曰：「某句似某家，某句又似某家。」必欲盡汩陂千之情，使之輾轉惝恍而無所適從。嗚呼，其亦不仁甚矣！宜陂千之匿不以示世也。

陂千之尊府先生詩最多，亦最工。先生生平不以詩示人，人亦未有以詩名先生者。而吾又嘗見陂千仲弟檢討君詩數章，其旨亦如是。嗚呼！詩亡於人間久矣，而猶存於劉氏之一門，凡其所以存者，皆不汲汲於名者也。彼世之説詩者，其名竟何有也。

李縣圃唱和詩序

余居常誦古人之詩，而嘆杜子美之才氣横絶一世，後有作者未之或及也。子美之秋興八首，尤爲人所傳誦，其依仿而爲之者亦不少也。而余以爲不得子美之所以爲子美，雖依仿而爲之，非子美也。子美當唐室板蕩，憂時感事，無可如何，而托之於詠歌。崎嶇入蜀，爲過客羈人，蜀之人無知子美者。然子美故樂蜀，錦江之上，浣花之濱，時時有子美，時時有子美之詩也。後之人能爲子美之詩者莫如陸務觀。務觀爲吏蜀中，亦樂蜀之風土，蓋其既去，猶惓惓不能忘蜀，其稱蜀中與其思蜀之詩，與子美前後相映也。後之人依仿子美而爲之者不少，而卒莫如務觀，則務觀乃真子美也。而余又因以知蜀中之勝能淹留兩賢，其風土必有可樂者。當子美、務觀之時，蜀非無事之國，然山川城郭、人民謡俗猶不失其佳麗。今自明之末以來，而蜀已非復前日之蜀矣，使子美、務觀見之，當如何太息，而其詩當如何哀怨也。

吾友撫州李君縣圃宦蜀，將行，而擬子美秋興之體爲詩八章，以道其懷，而縣圃之友數人皆和之。既成帙而以示余，且求爲之序。余歎縣圃之能詩，其入蜀也，必能追踪子美、務觀，又嘉縣圃諸友之相應和，得詩人之意也，於是乎書。

朱翁詩序

無錫朱翁，與余同客於宣武門之西偏，曰寄園，蓋且月餘。一日，出其詩示余，多鏗然可誦之句，而其讀史諸作，幽憂激楚，哀音怨亂，余感其意而悲之。翁好游，游輒有詩紀之。翁爲人落落穆穆，而其意念直不可一世，其詩亦不輕以示人，獨行吟燕市中，無所遇。嗚呼！俗之衰久矣，非獨其仁義道德功名之際蕩焉無餘，雖以詩文之末技，而天下皆懵不知其事，宜乎翁之垂老無所遇也。

吾讀杜子美之詩曰：「長嘯宇宙間，高才日陵替。」又曰：「朝扣富兒門，暮隨肥馬塵，殘羹與冷炙，到處潛悲辛。」以子美之才氣，天下無雙，顧潦倒終身，而時時步庸人之後塵，分昏愚之一飽，豈不痛哉！翁之詩雖遠不及子美，而遭逢之略同，則固有可感者。今翁且挾其書並詩以歸，誓終隱於烟水之間不復出。翁至是始悔其出，乃欲爲鴻飛之冥冥，於人世已不復置其一喙，而吾猶諏諏焉爲之悲憐其遇，其猶燕雀之見也夫。吾聞無錫有隱君子曰陸紫宸，方躬耕巖澤之間。而吾友劉言潔窮卧城南，終年不出户外。此兩人皆與翁交，翁歸而以吾言示之，其必有蹶然而興，喟然而嘆者矣。

程偕柳淮南游草序

余性好詩而不工爲詩，其於人之工爲詩者，必求而讀之，涵泳諷誦，嘗循環往復而不厭。然而近者詩學荒蕪，其有當於余心者，或幾乎少矣。往在燕山，嘗爲一二友人作詩序，爲指陳今日詩學之弊，以正告天下。而見而駭之者，皆以爲非是，是故余之戒爲詩序亦數年於今矣。己卯之秋，宣城程偕柳過我於秦淮旅舍，出其詩一卷曰淮南游草示余，余讀之而油然有當於心焉，微偕柳之請，則固余之所樂爲序者也。

書曰：「詩言志。」志者詩之本也。荀子之論小雅曰：「疾今之政以思往者，其言有文焉，其聲有哀焉。」此詩之情也。今之人舉所爲本與情者而無之，相與爲浮淫靡麗之作而以爲工，而作詩之旨失之遠矣。此余向之所嘆爲荒蕪者也。偕柳以今年四月自宛上游邗江，道塗所經，共得詩若干首，所謂淮南游草者也。摹情綴景，婉麗可風，而至於朋友骨肉離别會合之際，其藹然之意，溢於格調之表者，要不足以盡偕柳之志與情，而偕柳之志與情亦從是可知已矣，此固余之所樂爲序者也。夫自廣陵、瓜步至於金、焦、北固，皆余之所常游者，平生不工爲詩，而無以寫其勝概，以寄其憂思。今讀偕柳之詩，不禁其蹶然而起也。偕柳之外舅曰梅君雪坪，江淮間推爲能詩者也，而余未之見焉，偕柳其爲余求而一讀之。

天籟集序

天籟集者，元初白仁甫所作詩餘也。詩餘莫盛於元，而仁甫所作尤稱雋妙，至今流傳人間者無多，而此集乃仁甫自定，藏於家，距今踰四百年，屢經兵火，其子孫皆能守之不失。而今裔孫某懼其磨滅，乃介其鄉人楊君希洛請序於余，而屬爲刊而行之於世。余惟子孫之欲不朽其先人者，其情無所不至，至於文字之可以公之於世者，即殘編斷簡而不忍其没焉，必思所以流傳於不朽。故古之作者，賴有賢子孫爲之表彰，不致泯滅而無聞。如白氏之世守其先人遺書數百年而卒顯於世，此孝子慈孫之所當效法者也。

頃余有志於先朝文獻，欲勒爲一書，所至輒訪求遺編，頗略具。而今僑寓秦淮之上，聞秦淮一二遺民所著書甚富，當其存時，冀世有傳之者而不得，深懼零落，往往悲涕不能自休，死而付其子孫。余詣其家殷勤訪謁，欲得而爲雕刻流傳之，乃其子孫拒之甚堅，惟恐其書之流布而姓名之彰者。嗚呼！祖父死不數年，而其子孫視之不啻如仇讎，其終必至於磨滅。倘其見此集而比量於白氏之裔孫，吾不知其顙有泚而汗浹於背否也。余故感某之意而牽連及之。至於仁甫詩餘之雋妙，則當元時已有稱爲如鵬摶九霄，而今詞家之所共宗仰者也，故不著。

方逸巢先生詩序

逸巢方先生有二才子，曰舟，曰苞，皆工爲文章，一落筆輒名天下，而先生工爲有韻之言，跌宕淋漓，雄渾悲壯，有古詩人之風。人皆謂方氏父子或工於文，或工於詩，各據其勝而不能相通，此其說非也。吾嘗侍先生側，竊聞先生之論詩矣。先生曰：「詩之爲道，無異於文章之事也。今夫能文者，必讀書之深而後見道也明，取材也富，其於事變乃知之也悉，其於情僞乃察之也周，而後舉筆爲文，有以牢籠物態而包孕古今。詩之爲道，亦若是而已矣。吾未見夫讀書者之不能爲詩也，吾未見夫不讀書者之能爲詩也。世之人不於讀書之中求詩，而第於詩中求詩，其詩豈能工哉。」蓋先生之論詩者如此。吾與先生二子過從甚密，見先生時時手一編不置。六經三史不開卷而盡能舉其辭，此先生之詩之所自出也。然則先生之詩固以爲文之道爲之，是即先生之文也。其所以教二子之爲文者，即以己之所以學詩者教之而已矣。而二子之稟承家法，悉得先生之詩學以爲文，其所爲跌宕淋漓，雄渾悲壯者，猶之先生之詩也。故人謂方氏父子或工於文，或工於詩，各據其勝而不能相通者，其說非也。

嗚呼！世之學爲文學爲詩者，舉未有能讀書者也。不讀書而乾坤或幾乎息，其荒蕪榛莽而不可救者，又豈獨詩與文爲然哉！此吾所爲讀方氏父子之詩與文而喟然而嘆也。

先大人詩序

嗚呼！士之窮而不怨者，豈不難歟，然其窮有所止，則其怨亦有所止也。至於窮之大者，其怨更深，而無所發洩，則必有以自鳴其怨，自鳴其怨而更有不能盡焉，則繼之以死。嗚呼，此吾先君之所以不獲永年也歟！

先君爲人醇厚忠謹，無他腸，顧内自憂思刻苦，竟以終其身，蓋其所遭有難言者矣。嘗以謂小子曰：「讀書修善欲報，如捕風捉影。如吾等輩豈宜至此，家之人莫我信，外之人莫我知，而操心慮患，時時莫必其命。吾其死於憂乎？吾死，禍必及子，然毋效我憂也。」語畢，相對泣，不能仰視。亡何，先君果客死於舍館。小子治喪既畢，一日發先君之笥，得其所爲詩，自其十餘歲至其卒之年，凡百餘卷。蓋其生平無他嗜好，獨好詩，一日往往得數章。其言極推尊杜子美，以爲非他家可及，時時誦之不厭。而其所作，詞旨悲愴沉鬱，有古詩人之義焉。

嗚呼，先君之窮且怨者，不能以告人，而著之於詩，而詩亦不能言其然也。小子能薄才劣，自恨無以發名成業，以振先人之盛德與其文章，於是泣涕而書之。

郭生詩序

桐與舒皆古群舒之地也。古舒地即今安慶，秦、漢時號曰廬江郡，今廬州之屬有獨以廬江名縣，以舒名縣非古也。桐、舒兩縣皆大山連環，犬牙相錯，而吾桐獨爲名勝。余嘗登投子，東北而望，數十里之外，山勢嵯峨極天，問居人，云踰此屬舒邑。余壯之，恨不得游，又怪其峰巒峻拔，而鮮有秀特之士聞於世焉，何也？今年春，余踰岐嶺，浴於湯泉。有郭生者，遣其二子受學於余，遠近聞余至，多來學，皆詣郭氏。每相與步林間，坐石上，縱論古今，窮文章之源流，述人情之變態，生未嘗不以余言爲然。一日，出其詩若干首以示余，而請序之。嗚呼！江淮之間，士之好爲詩者莫多於桐。余桐人也，而不遑爲之，乃生吮筆和墨以從事於其間，其猶有桐之風也歟。夫山川瀠洄蜿蜒，其中必有秀出者，豈得龍舒之山無人乎哉！然生不汲汲求世之知，荒丘絶壑，若將終身也者。倘世有因余文而求生之詩，生必悔之矣。

潘木崖先生詩序

數十年來，海内學者絶響，而吾師木崖先生巋然抱獨守殘，振音於空谷之中，其俯仰慷慨見之於文章詩歌，既以流傳天下矣。今復刻其近詩若干卷曰丙丁草，曰萊戲草，曰倚廬草。嘗進小子而詔之曰：「余窮於天下久矣，處静以窺動，居逸以觀勞，而世道之升降已不知其幾變也〔一〕。從事形迹之間，與人世角逐，爭一旦之榮利，吾不安焉。謝絶人事，托迹林壑，而力不能買山以隱，每望龍眠諸峯在烟雲縹緲之間，未嘗不神往也。日閉户著書，論古人成敗，其於有韻之言尤篤好焉者，謂可寫吾之憂思，以終余年而娱余志，此亦見其老而無倦焉，不忍棄也。」

小子退自思，不幸遭憂患，有膏肓沉痼之疾，而呻吟俚鄙，輙不敢多作。又以餓寒馳驅，餬口於四方，思欲稍脱於憂患，幽閒無事，侍先生几杖，以考詩學之源流而知所從事，則弗可得。顧嘗從事於古文辭，頗有所論述，時人無知者，獨先生以爲有司馬遷、韓愈之風。荏苒歲月，濩落無成〔二〕，恐遂以廢業，負先生惓惓奬勵之意，故於其集之出而序之於此。至其詩詞之雅健工絶，則人皆能道之，而不必小子之喋喋也。

〔一〕「不知其幾變也」，張本「也」作「矣」，從批校本、硯莊二本、徐本。
〔二〕「濩落無成」，張本「濩」作「寥」，從硯莊二本、毅夫鈔本。

四逸園集序

泗州王蒙修先生既以其身殉國難，閲三十餘年而其孫某輯其詩與文若干篇，雕刻之以行於世，且介其友盱眙李君某而屬序於余。余讀之而嘆曰：嗟乎！文章之事，豈不存乎其人哉。其人之不賢也，雖其文采爛然，而聲名動於當時，文章播於後世，人之讀之者猶且爲之扼腕太息，愛其文而愈益悲其人，卒不以其文之工而掩匿覆蓋其生平也。其人而賢也，雖其世遠風微，而聞之者猶且哀而思之，求其遺迹，以想像彷彿其爲人。故即片言半辭，亦爲之咨嗟傳誦，流連反覆於不已，而況其文章甚具，一一流傳人間，有不爲之慨歎而興起者乎。

當先生之世，天下之事已如土崩瓦解，萬不可爲。及國亡君死，而先生以身隨之。先生之大節固已争光日月，而區區辭章之際何足以重先生。顧使世之讀先生之集者，有以想像彷彿先生之生平，且因是而有所感發奮起，此亦所以傳先生於不朽也。先生之詩與文不事雕飾，而性情之真自時時流露於其間。嗚呼！當明之晚節，士大夫争爲壇坫以炫聲名，一時菁華爛熳者何可勝數。未幾遭變亂，已而改節易行〔一〕，往往而是。今求其所爲菁華爛熳者已澌然盡矣，而先生之集乃獨重於人間。信乎文章之事存乎其人也，豈不然哉！先生故與姜燕及楊機部游，兩人皆極稱先生之賢，而先生之集，黄海岸、汪長源實爲之序。此數人者，皆與先生後先死國難，一時君臣朋友之際不相背負。嗚呼，此可爲流涕嘆息者也，余故牽連書之如此云。

〔一〕「已而」，張本作「而已」，從硯莊乙本、徐本。

四家詩義合刻序

余嘗以謂四書五經之蟊賊莫甚於時文〔一〕，而其於五經也尤甚。四書者，人人皆誦習之，而五經則各專治其一。四書之文，雖其至不肖者猶稍有所用力於其間，而至於經義，則雖能文之士亦或不免於鹵莽以從事。何者？主司之所重不在於經義，而士之應試者蓋相率苟且以應之，甚至有場屋命題之所不及者，棄去不讀，蓋句讀亦有所不能盡，不但不解全經之義而已也。士當大比之年，輒取其所治之經删而閲之，擇其可以命題者，爲雷同腐爛之文，彼此抄襲，以爲不如是不足以入格。而北方之士，場屋於經義四通，每四人者各出其所記一篇，互换謄寫。士風之苟且至於如此，而五經之不蕪没也幾希。

江之南北有能文之士四人，曰劉大山，曰朱師晦，曰陳曾起，曰劉北固。此四人者皆治詩，慨然一洗世俗之陋。其於詩義，一以爲四書之文之法爲之。此四人者，固工爲四書之文者也。嗚呼！使天下之士治經者皆能如此四人，而五經之蕪没庶其有救乎。余家世治詩，余亦治詩，後亦改治易。而世之易義其爲聖人之蟊賊者又甚於他經，而余疏慵固陋，不能執筆有所救正，愧四人者多矣。會師晦刻四家詩義既成，而屬序於余，余故及之，並以告世之治經之士，讀四家之文，當翻然而知所興起也。

〔一〕「甚」，張本作「過」，從批校本、硯莊二本、王本。

陳某詩序

余嘗聞東南江海之壖，土田肥饒，山川秀美，魚稻蠃蚌之利，花鳥之奇麗，都邑之繁庶，莫不擅天下。而姑蘇之臺〔一〕，震澤之濱，長洲之苑，尤爲秀絶，往往爲幽人之所棲息。余同年友陳君某實生長其間，而家在郊野，村落環匝，原隰上下，雲烟縹緲。陳君時時與樵夫漁父野老相狎，一觴一咏，悠然自得。其所爲詩歌，皆以自寫其性情，莫不可傳而可誦也。今年春，來京師謁選天官，出其詩示余。余往復數過，而陳君胸懷之灑落，與夫吳中之名勝，俱可於此彷彿得之。君旦暮爲縣令親民事，則其以風雅飾吏治者，將於是乎在，故爲之書。

〔一〕「姑蘇之臺」，張本「之」作「天」，從批校本、硯莊二本、王本。

野香亭詩序

余生平不善爲詩而好詩，凡古人之詩莫不爲之留連涵泳，而咀味其旨趣之所存。頃居京師數年，四方之以詩贈遺者，悉皆爲之淘汰擇別，而觀其所用心。今年春，乃得讀野香亭詩集若干卷，蓋太史李丹壑先生之所作也。其音和平而大雅，其旨綿渺而蘊藉。嗟乎！以余之好詩，而至是始能讀先生之詩，甚矣余之陋也。且夫世之説詩不過勉强支綴以襲取之於外，即有一二能者，不過指摘聲病，講求格調，摹擬彷彿，而務欲似乎古人。其説非不善也，然第得其似而已，雖名章雋句時時錯出，而不可謂之能詩也。

余嘗聞先輩之論制義者矣，曰：「制義之爲道無所用書，然非盡讀天下之書，無所由措思也；無所用事，然非盡更天下之事，無由措字也。」吾以爲詩之爲道亦若是則已矣。先生於書無所不讀，函蓋充周，不見涯涘，而舉其所閱歷與覩記者，往往即事以徵情，取之於心而諧之於韻，宜其成一家之詩，而非勉强支綴，徒以摹擬彷彿爲工者之所及也。先生爲今相國容齋公之伯子。往余讀相國之詩，雄健峭削，如長松千尋，孤峯萬仞，而不可攀躋也。今讀先生之詩，如清籟在耳，明月入懷，幽微淡遠，而難以窮其勝也。會先生屬余爲序，余喜當今之能成一家之詩者，在相國父子間也，於是乎書。

道墟圖詩序

浙東、西地多名勝，而紹興山水尤爲秀絶寰區。其間名臣鉅儒，魁奇俊偉豪傑不群之士，比肩接踵而出，自宋以來，至於明，稱極盛焉。蓋其山區水聚，風氣完密，而俗尚氣節，敦詩書，皆非他邦所及。去郡城二十里而遥，有墟曰有道，背偁山而面稷山，峰巒迴合，川原映帶，章氏世居之，自其始祖至今凡數十世，子孫蕃衍，冠蓋相望，紹興著姓稱章氏爲第一。余於章氏獲交惺村及其兄爾卓。惺村司閫江寧，多善政，而雅歌投壺，不改儒素。爾卓讀書闈署，方從事制舉之學。兩人不余棄而與余游，每爲余言其家鄉山水人物，與其風土之樂，余未嘗不神往也。歲庚辰、辛巳間，余以事至紹興者再，謁禹陵，登府山，游蘭亭，泛鏡湖，而有道之墟稍爲僻遠，獨未得至焉。聞章氏子弟多才且賢，而余不獲交其一二，是則余之陋也。

今年夏，余讀書長干，爾卓别余而歸。尋復至，且攜其族人某所爲墟中圖凡十八，詠其圖者凡十人，共詩一百八十首〔一〕，出而示余。余披其圖，泉石之美秀，峰嶺之峭拔，園林之幽深，亭館之參差，雲樹之縹緲，魚鳥之飛躍，以及桑麻果蔬、牛羊鷄犬、藩籬村落、場圃帆檣，莫不歷乎其在目，而恍若身游於其中，則余又何必以未至有道之墟爲憾乎。讀其詩，摹寫物情，頌美祖德，稱述土風，清辭麗句，時時錯出，信乎章氏子弟之多才且賢也。爾卓爲言十人者皆年少秀出，素知余名而欲得一言焉〔二〕。余書此以復之，且以告於惺村曰：「他日致政歸而優游歌詠於倆、稷之間，有客擔簦緣磴而相訪者，非他人，必余也夫。」

〔一〕「共」，張本作「其」，從批校本、硯莊二本、徐本。
〔二〕「素知余名」，張本作「耳余名」，從批校本、硯莊二本、徐本。

姚符御詩序

歲癸未秋，余自金陵歸南山，縣人姚君符御過我，出其詩數卷而請書焉，蓋其平生行役逆旅、感懷述事、邂逅投贈、留別之作，十居八九。初，符御與余垂髫相識，稍長，各游學四方，久之，先後至燕山，則往還頗密於疇昔。當是時，程舍人松皋好爲詩，余與符御及符御弟君山、別峯，金壇蔣度臣輩，嘗至松皋家，更唱迭和，議論蠭起。不數年而度臣、別峯相繼物故，余窮愁多病，飄泊江海之壖。今讀符御詩，其所游之地，所交之人，多與余同。

而余料檢笥篋，曾無文字志之，間有一二歌詠，如寒蛩之咽，病馬之嘶，已不堪使人聽之，其愧符御不已甚乎。松皋方出守建寧，不以吏事廢其詩學。而君山今且客游衡湘及衡嶺東西之間，壯心未已，山川激發，他日歸而其詩當亦如符御之工且富，余又增一愧矣。

吴他山詩序

余游四方，往往聞農夫細民倡情冶思之所歌謡，雖其辭爲方言鄙語，而亦時有義意之存，其體不出於比、興、賦三者，乃知詩者出於心之自然者也。世之士多自號爲能詩，而何其有義意者之少也。蓋自詩之道分爲門户，互有訾謷，意中各據有一二古人之詩以爲宗主，而詆他人之不能知，是其詩皆出於有意，而所爲自然者已汩没於分門户争壇坫之中，反不若農夫細民倡情冶思之出於自然，而猶有可觀者矣。又其甚者，務爲不可解之辭，而用事則取其僻，用字則取其奇，使人茫然不識所謂，而不知者以博雅稱之。以此爲術而安得有詩乎！此詩之一變也。

他山吴氏，年近八十矣，杖而訪我於姑蘇寓舍，因相與論詩。余曰：「君之詩宗何代乎？」曰：「否。」「僻事以爲奧，奇字以爲古乎？」曰：「否。」「然則君之詩可觀矣。」因出以示余，余爲擇别其合者若干首。他山畹晚不遇，策杖行吟，時時懼其詩之不傳，蓋猶不能忘情於名者。余與世論詩多不合，而獨喜他山所見略與余同，而他山顧欲得余言以爲重。蓋余昔讀書山中，時當初夏，百鳥之噪於簷際者不絶也。一日，黄鸝來爲數囀，百鳥皆暗〔一〕，已而争逐使之去，復相與音鳴如故。「余也方爲黄鳥之遠去，而他山猶欲争名於燕雀啁啾之間乎？」他山曰：「吾以待之後也。」因書而歸之。

〔一〕「暗」，張本作「鳴」，從批校本、硯莊二本、徐本。

成周卜詩序

余少而學文，恥爲趨時之作，有里老父謂之曰：「汝之所好者，何境可以象之？」余曰：「遠山縹緲，秋水一川，寒花古木之間，空濛寥廓，獨往焉而無與徒也。」里老父曰：「斯境凄清而幽絶，不已甚乎。汝之致則高矣，雖然，富與貴也，無望於汝矣。」自是以後，余之所爲文未知果能有此境與否，而大名成君周卜之詩則似之。余生平用意多悲，與世往往不合，人之所不趨者就之，人之所必争者去之，蕭疏寂寞，其意象獨宜於山林之間，里老父之言則驗矣。而成君家世隆盛，以貴公子而同於羈人騷士之所爲，其於人世之富貴，視之夷然不屑也。余讀其所爲之詩，大抵皆凄清幽絶之音，舉凡駢麗之體，濃艷之辭，與夫一切爛然可喜、吉祥美善之語，世之人所震而好之者，成君一不以入其筆端，則是成君之爲人與其詩也誠高矣。

余嘗以爲人之所好慕，一皆秉之於性，互易焉而有所不可。譬如盛夏之時，溽暑炎蒸，林木茂密，鳥獸翔舞，至於屠沽之肆，腥穢之所，飛蟲之所集，驅之而不能去。維時衆竅齊鳴，雖其至陋惡不可聽，亦相與自得，而時時聒於人耳。此則乘時而得志，其言語文辭所謂趨時之作，夫亦猶是也。及至於霜降木落，萬籟歇絶，當此之時，惟有幽澗之鳴，孤松之韻，迭奏於荒涼清冷之地〔一〕，而人世所爲榮華之境無有一焉。此則吾與成君今日之意象與其所作者是也。人有見者無不笑之，然以彼之所爲易之於此，此之所爲易之於彼，豈能以一刻安哉。故曰，人之所好慕，一皆禀之於性而不可强也。余喜成君之所好與余同，爰書之以序其詩。

〔一〕「奏」，張本誤作「秦」，今正。

傅天集序

華亭高不騫査客，以能詩聞吴、淞間。其爲人也，飄然高寄，有瀟灑自得之趣。愛名山水，每扁舟獨往，經旬不歸。性不耽榮利，謝舉場者已數十年，讀書賦詩，無求於世。聞者莫不高其志行。其議論談笑，風發泉湧，往往傾一座，以故人尤樂親之。其尊府以名進士受知天子，擢置諫垣，屢遷至太常。查客自幼禀承家學，植志立身皆非苟然者。歲乙酉，天子南巡狩，駐蹕淞江，查客自以舊臣之子，拜迎道左，恭獻詩篇。天子覽之嘉嘆，屢蒙召試，恩寵頻頒，較之他獻詩者尤渥。查客隨車駕北來，適余以謁選在京師，查客過余旅舍，出其所著傅天集一卷，請余序之，蓋皆紀恩述事之作，而途中登臨志勝，與夫朋友贈答諸篇，亦附入焉。查客之言曰：「『鳳凰于飛，翽翽其羽，亦傅于天。』此卷阿之詩人所爲歌誦其主之壽考福禄，而兼及於吉人吉士之多也。今天子仁聖邁於成周，搜奇拔滯，鑾輿所至，無遺賢焉。一時人士無不踴躍淬礪，以赴功名之會。在昔余先人爲侍從近臣，沐雨露而親日月，實與在廷諸臣雝雝喈喈，同鳴國家之盛。不騫之於先人，譬猶鳳凰之一毛一毳而已，而濫叨異數，其何敢自附於吉人吉士之列？然而歌詠盛美，道揚休烈，竊欲自擬於卷阿之詩人，故名其集曰『傅天』，所以志也，子其爲我書焉。」余讀之，清辭秀句，妙絶一時。以查客之才如此，宜乎其不終淪落於山水之間矣。他日珥筆承明之上，拜手颺言，所謂鋪張對天之弘休，揚厲無前之偉績，可以勒之金石，垂於無窮。余不敏，行當爲查客次第序之。

和陶詩序

龐君雪崖，今所稱能詩家也，以京朝官出爲建寧知府，蒞政之暇，輒以吟詠爲事，於是有和陶詩若干首。及罷官歸，閒居無事，則又得和陶詩若干首，彙爲一集。今年夏，自任丘遣使至京師，屬余序之。

今夫詩之工拙往往視乎用韻，韻在出於自然而行其所無事。乃世之作詩者多以和韻爲能，往往舍己之志以就人之韻，强人之韻以從己之情，於是乎韻雖合而詩之所以爲詩者亡矣。且夫人之性情與其才力必與之相類也，而後可以比擬而彷彿，非然而出於勉强，則雖聲音笑貌且不能合，而况於意思之所在乎。

昔者陶靖節幽居柴桑而結志在於區外，彼其視晉、宋之際直如浮垢飛塵之去來，而何况於一身之榮利，故其詩清遠閒放，蕭然自得。其後蘇文忠謫居海外，流離患難之際，深懲世網，慨然有遺俗絶塵之志，乃取靖節詩一一和之。以文忠之才氣一世無雙，乃名高取忌，至是欲爲靖節而不得，徒志其向往愛慕於吟詠之間，蓋自悔其晚矣。易地而論，文忠之所遭，略有同於靖節者，故其志亦猶靖節之志，其詩亦猶靖節之詩，則雖其所用者靖節之韻，而出於自然而行其所無事，仍是文忠之韻而已矣。

龐君以詩名數十年，早歲即受知天子，徵入爲史官，已而迴翔郎署，出典大郡，較之靖節之遇，有不可一概論者。然龐君孤懷自賞，世之知之者固多，而不知者亦不少。竊龐君之志，若有不盡其用者，龐君豈能無介然於中者乎。乃自簿書鞅掌以至棲遲閭里之際，輒取靖節之韻一一和之，要以自發抒其志而止。夫自晉、宋以來，世之和靖節之詩者多矣，而惟文忠爲能得其彷彿，蓋兩人之輕富貴而薄榮利者無不同，故其詩亦無不同，而不在乎韻之和與不和也。龐君知此意者，余故始終舉文忠以爲説焉。

倪生詩序

余僑居吴門郭外凡數載，余性簡而地又僻，且聲勢名位之所不在，車馬鮮至其門，獨里巷之間二三窮士，間以其所業來請謁焉，而西鄰倪生山堂過我尤數。生年少，其文與詩皆用力焉尚淺而氣甚鋭，志不欲苟焉以没世。一日，謂余曰：「小子性尤好詩，苟用力焉而不已，十年之後或有可觀者，至是當請先生序之。」余笑曰：「序則不難爲也，但詩之爲數，小數也，學之豈必待十年而後成耶？」已而余北游燕趙，生時時貽書訪消息，且屢作詩懷余。生窮士，不自聊賴，又志不甘汩没於世俗，故惓惓於余如此。踰年余南還，到家即問倪生，而倪生已死二月餘矣。生之父臞然老儒，傷其子之早世，爲刻其詩若干首，而謂余曰：「君許吾子以十年後之序，而吾子不及待矣，今聊志數言於首簡，可乎？」余悲而許之。

蓋余平居竊嘆，以爲世道之敝，不復有有志之人生於其間，苟有毫髮之不同於世俗，則必受毫髮之困折，以至不同於世俗者愈甚，則困折亦愈多。而昏庸之極者則樂安亦處其極，苟有毫髮之昏，則亦必享毫髮之福焉。此天道之變，不可致詰者也。而生之志不與世俗同者，僅區區詩文小數，天並奪其年而不使之成焉，豈不可嘆也哉！爲書以貽其父，使刻諸簡端，固生之志也。

巢青閣集序（代）

吾素聞天下湖山之美稱錢塘爲第一，其間巖姿壑態，激湍奔流，與夫名葩異卉之芬芳，城郭都邑之富麗，無不擅東南之勝。且其人士類皆被服儒雅，譜宮度商，風流自賞。蓋其山區水聚，風氣完密，故才雋之彦獨盛於他邦。自余官京師，學士大夫嘗爲余言，西陵陸君某，天才綺麗，主盟壇坫蓋已數十年，而垂老不得志，豐於才而嗇於遇，爲可悲也。及余來督學浙江，行部至温州，則陸君實司訓永嘉，執手版來謁，且出其所著巢青閣集示余，凡詩若干卷，詞若干卷。余見其詩清真澹樸，寄託深遠，不事雕飾，爲詩家之正格。而其詞則豪情艷趣，婉約纏綿，不涉淫哇之習。信乎陸君之豐於才也。永嘉山水秀絶寰區，曩者亦騷人詞客之所萃也。陸君秉鐸於兹，倡明風雅，鼓吹休明，使其邑之人士翻然奮起，斌乎質有其文，以復還於曩日之盛，則陸君之有造於永嘉人士，亦未爲不得志也，而又何必以不遇爲憾哉。陸君屬余序，余因書而歸之。

德政詩序（代）

民之有謠也，以頌其長吏之功德，見於左氏傳、國策以及司馬子長、班孟堅之書，自是歷代之史往往多載之。然必皆其指事切情，初不至於失實，其言亦質直古樸，多或數語，少或一二語。上之人不肯干譽於下，下之人亦不敢阿諛以事上，是故循良之傳，謳歌之辭，足以光史册而聲施至今。沿至後世，而直道之亡久矣，吏治民風已不逮古遠甚，而有一官必有一官之德政詩册，連篇累幅，或刊於板，或鐫於碑，據其所言，什佰於古所稱。上之人無其實而欲得其名，務爲塗飾以欺世，而下之人攀援貢媚，亦不難以過情之譽奉於衆所不與之人。又或今日頌之，明日謗之，而謗之之人還即頌之之人，愛憎毁譽，悉視乎勢與利，而直道不與焉。古君子之居官也，務爲其所當爲者而已。吾爲其所當爲，止求無愧於心，原非有諔詭奇怪，冀人之聞而感動，以是爲獵取聲名之具，下之人知之可也，不知之亦可也。下之人受長吏之德，亦其義所當然，初非出之於分外，得之於不意也。吾儕小人竭力以事君子，吾予之以直，而彼不至廢厥事以毒吾民，僨我者亦未有以加於我也，歌之可也，不歌之亦可也。其或一二事出於創始，關繫至鉅，而艱難勞苦，僅乃得之，於以志不忘，而采風者則爲之指事切情，形之謳歌，而不至於失實，此亦古者之所不廢。惟夫上之人與下之人皆不能無所爲而爲之，斯乃背義傷道之甚，而世顧相習以爲固然，則亦惑而已矣。

余視學兩浙，其以德政書册見投者，余多不及視，獨於頌金華貳守魯君者，往復披覽，竊以爲與他人固不同也。魯君初爲羅山，羅山人頌之；繼貳金華，金華人頌之；及奉上官之檄，覈嘉興、秀水兩縣，兩縣人頌之。余駐嘉興，知之甚悉，其殆所謂指事切情而非若近世失實者之爲歟。金華人彙其各處詩歌成帙，請序於余，故述所聞於古與君子所以居官之道，爲魯君更進一得焉。若夫恣睢民上而悍然不顧，並無所事於虛譽也者，其人又出於塗飾欺世者之下，不足爲魯君道也。

戴名世集卷三

戴氏宗譜序〔一〕

昔者先王之制禮也，以爲人治之大莫大於親親，於是爲之上治祖禰，下治子孫，旁治昆弟。又懼其久而相離而至於相傷也，於是立爲大宗小宗之法，以明其等殺，序之以昭穆，别之以尊卑，使諸侯世國，大夫世家，氏族之傳不亂，雖其歷世之遠而族黨之義卒不等於途人者，有宗法以維之也。禮大傳曰：「人道親親也。親親故尊祖，尊祖故敬宗，敬宗故收族，收族故宗廟嚴，宗廟嚴故重社稷。」以至於「庶民安，財用足，百志成」，莫不由此焉。嗚呼，此先王之所以爲平天下之要道也歟！

自三代之衰，禮樂崩壞，人皆廢古忘本，骨肉之恩薄，涣然無所統紀，往往疑貳猜阻見於父子兄弟之間，而况於疏遠之屬乎。雖以巨家大族，不數傳而其子孫或迷不知其所自出。以故有仁人孝子之思者，欲崇本原始，莫大於立祠祀，正宗祧，修譜牒。吾戴氏系出微子，爲神明之胄，支裔最爲蕃昌，蔓延於天下而莫盛於新安。吾桐之戴遷自新安，已三百餘年於今，家世躬耕讀書，仕宦皆不顯，而十餘世譜系皆存。松江之戴遷自浙之會稽，會稽亦新安之戴之派别也。松江之戴曰容若者，嘗録爲圖譜一卷，自得姓之始，以至於吴、會諸戴，支分派别源流，考據最詳且確。容若者，崇本原始之道，仁人孝子之心，可以見矣。嗚呼！先王之制禮也，五服之外猶有袒免之禮，凡以别於途人也。蓋宗族雖繁且遠，而其初固原于一人之身也，一人之身而化爲途人，途人其宗族是即途人其父母祖宗也，而可乎！

容若持其圖譜示余，且曰：「兄其爲我序之。」余既録而藏諸篋中，仍以其舊本歸容若，且告之曰：「是譜也，當持以盡示戴氏之人。苟有仁人孝子者見之，崇本原始，敦倫睦族，未必不由此乎也，吾戴氏神明之胄其不替乎！」

〔一〕自戴氏宗譜序至三山存業序共十篇，見於南山集偶鈔。

李太常案牘序

昔者先王之治天下也，其爲教也甚詳，設之以學校，董之以司徒，明之以人倫，導之以和睦。又懼民之不率也，於是乎有士師之官，有流宥之刑〔一〕，制其輕重，别其科條。凡皆動之以愧恥，而創之者乃所以教之也，殺之者乃所以生之也。書曰：「明於五刑，以弼五教。」然則五刑不明，五教亦無以施於天下，故夫五刑者，所以爲五教之具也。魯頌泮水之五章曰：「淑問於皋陶〔二〕，在泮獻囚。」夫泮宫者，揖讓絃歌，學道之地，立教之所，非有關於訟獄之事也，然而獻囚必于泮宫者，豈非以獻囚固所以爲教，而學校之士出而敷政臨民，不可不慎於此也歟。

在昔帝舜之命皋陶曰：「欽哉，欽哉，惟刑之恤哉！」而皋陶惟能明允，故能有以祇承帝命。聖人懼民之不率而又不忍傷之，且恐其濫也，其兢兢如此。後之折獄者，或以姑息爲政，博忠厚之名，而養姦釀亂，其禍不可勝言。其反是者，則又擊斷嚴酷，文深網密，使人無所措手足。嗚呼，是豈聖人明刑弼教之意哉！

且夫後世設官既多，而明刑弼教之官往往分而爲二，各司其事，不相侵越。司獄訟者不復留心於學校之事，而職司教士之責者，凡律令聽斷一委之有司，而己無與於其間，雖有司聽斷之有不得其平，出於耳目之所聞見，而亦若非己之咎者。嗚呼，何其傎也！

至於大吏之爲風憲之官，秉節鉞之重者，州郡之間，星羅棋布，民之死生，俗之美惡，其權可得而操也，然而民之冤者不能爲之昭雪，而無罪而被戮辱者不可勝窮也。夫以刑獄爲職者且如此，而況于非其職者乎。今夫督學使者，三年而一易其人，行部考校不過文義之優劣，而不暇及於其他。夫文義者，教士之一節，而有大於文義者，置之不問，是何本末倒置也。嗚呼，是豈聖人明刑弼教之意哉！

太常李愚菴先生爲洗馬時，督學畿輔者再，前後凡五六年。嘗於校文之暇，取訟獄之事有涉士子者，手披目覽，務得其情，躬自聽斷，一訊而服，其於有司文移批駁，如親覩之者。宿豪猾吏，摇手相戒，莫之或欺。蓋其所以扶植人倫，獎進善類，誅鋤奸猾者，不可勝數，而要莫不出於至誠，惻怛仁心爲質，而義以制其斷者。夫督學之爲職，不專主於訟獄，非涉學校之士親來告理者不與。而閭閻之愁苦，刑獄之冤濫，與夫宿豪猾吏之爲害于民者，不知其幾矣，使先生爲風憲之官，秉節鉞之重，出鎮千里之地，其爲扶植人倫，獎進善類，誅除奸猾者，所及不更廣且大哉！

今年客先生家，得覩其案牘一書，知先生之能折獄者如此，故序之，而原本於六經之旨，以著先王之教，以爲爲人牧者告焉。

〔一〕「流宥之刑」，偶鈔本「宥」作「就」，從硯莊二本、徐本、張本。

〔二〕「淑問於臯陶」，偶鈔本「於」作「如」，從硯莊二本。

徐文虎稿序

頃余移家秦淮之旁，閉門窮居，鮮所與來往，而里中徐君文虎與其兄位三，輒時時過余。先是位三已舉於鄉，屢上春官不第，而文虎獨困於諸生，且十餘年。或有爲文虎傷之，余告之曰：「君亦知夫燕人之賈於閩者乎？燕、齊之間饒棗栗，常以之誇示於四方。而閩之南有離支者，丹囊絳膜，有皺玉星毬之稱，剖而食之，其甘芬浸齒，舉山海之珍皆莫之能敵也。燕人賈於閩，閩人餉之以離支，燕人食之，唇皵舌裂，咯咯然吐之於地，瞠目熟視而嘆曰：『嗟乎！是安能及吾鄉之棗栗乎。』他日，見苦李之棄於道，酸棗之垂於庭，擷而拾之以歸，徧示賓客曰：『此閩之所産也。』閩之人皆笑之。文虎之文乃閩之離支也，不幸而遇燕人之唾棄，彼且摇手相戒，以爲鴆毒莫過於是，宜乎南中之苦李、酸棗充滿羅列於燕市也。世有不爲燕人者，而文虎之離支庶其得售乎。」會文虎屬余爲其稿序，余因即書此以歸之，並以示位三，其以余言爲然否也。

方百川稿序

金陵之城北有二方子，曰百川，曰靈皋，兄弟皆有道而能文者。靈皋之文，雄渾奇傑，使千人皆廢。而百川之文，含毫渺然，其旨雋永深秀。兩人皆原本於左、史、歐、曾，而其所造之境詣則各不相同也。靈皋客游四方，其文多流傳人間。百川閉户窮居，深自晦匿，世鮮有見其文者，要其文淡簡，亦非凡近之所能識，以故百川聲稱寂寞，甚於靈皋。頃余家青溪之涯，距二方子四五里而近，時時相過從，得盡讀兩人之文，往往循環雒誦，不忍釋去。已又悲世有佳文，使之沉淪里巷之中，略不知惜，而紫色鼃聲，世相與尊崇推奉，使之志滿氣得，以爲當然，良可嘆也。今年靈皋北游，餬其口於涿鹿，而余亦賣文燕市，未有過而問其直者，將遂歸老江上，灌園自給，與百川兄弟寂寞著書，以俟之於後世。而靈皋自涿鹿貽書於余曰：「知吾兄之深者莫如戴子，是宜爲文以序之。」嗚呼！余自從事於文章，舉世不以爲工，獨二方子環堵一室，相與咨嗟吟誦，人皆笑之，今又以序方子之文也，適增其笑而已矣。他日歸，當盡取百川之文次第排纂，爲闡發其波瀾意度所以然者，且刊以出之於世，而今爲聊且書其梗概如此。

闕里紀言序

闕里紀言者，湖州宋豫菴先生之所作也。先生自少沉浸反覆於宋五子之書，慨然以斯道爲己任，而傷邪説之横行也，人心之陷溺也，聖人之道之不明也，作闕里條議如干篇。遂乃渡江，涉淮，踰濟，至曲阜，謁闕里，志其所見聞又如干篇，共名之曰闕里紀言，而刊布之於京師，冀有讀其書而行其説者。余考其旨，大抵定邪正之辨，補典禮之缺，正世俗之謬，而於佛氏尤痛絶之不少假。刊且成，屬余序之。

余少而失學，長而羈滯流落，於聖人之道茫不見其津涯，其何能爲役。然竊以謂先生之説雖未果即能行，而留以俟後之君子有所折衷考訂，則是書之刊亦不可以已也。今夫佛氏之爲患也，莫大於竊吾儒性命精微之旨以爲明心見性，而其最淺陋惑人之甚者，莫過於福田利益、輪迴生死之説。佛亦自知其妄也，曰：「吾特寓言以驅天下之人之入於善也。」己則誕妄而欲人之從己，佛至是亦悔其窮矣。而世俗靡然從之，相與叛聖以媚佛者，在吾儒之徒爲甚。先生以篤老之年，山川之臞，不憚辭而闢之，呼號痛切，攘臂扼腕而與之争。彼佛氏之徒聞之，以整以暇，不動聲色，而吾儒之徒皆爲之固其壁壘，樹其旗幟，相與裂眥大呼，按劍操刃於先生，以快彼之心而後已，則爲吾道患者不在於佛氏明矣。故佛之佛易去也，儒之佛不易去也。明心見性之佛易去也，福田利益、輪迴生死之佛不易去也，士苟有志者，共伸討賊之義，而毋操同室之戈，使儒之佛還爲儒，則佛之佛不攻而自破。使福田利益、輪迴生死之佛不得逞其説，則明心見性之佛亦沮喪而不振，安知不由先生是書爲之嚆矢也哉。

中西經星同異考序

古之聖人，敬授人時，而在璿璣玉衡以齊七政，則夫推測盈虛以通曆數，是亦知天之學，而博物君子之所尤宜用心者也。吾聞之先輩顧寧人之論曰：「三代以上，人人皆知天文，『七月流火』，農夫之詞也；『三星在天』，婦人之語也；『月離於畢』，戍卒之作也；『龍尾伏辰』，兒童之謡也。後世文人學士，有問之而茫然不知者矣。」易曰：「觀乎天文以察時變。」又曰：「仰以觀於天文。」自後之儒者空疏不學，於天文尤甚，而遂以是爲疇人曆官之事，於是荒徼海外之人皆得傲之以其所不知，而西學之入中國，無不從而震之。然其説不主於占驗，以爲天象之變異皆出於數之一定，而於人事無與焉，君子譏其邪妄爲已甚矣。獨其所爲測天之器與其諸所爲圖志，實亦精且密，與中國之法大抵多同，而亦不無有異者。如一經星也，有西法之所有而中國之所無者，有中國之所有而西法之所無者，要當博採而兼收之，其説不可盡廢，此梅君爾素中西經星同異考之所爲作也。

往在燕市，獲交於爾素之兄定九，定九於書無所不讀，而尤精於曆學，直超出從前諸家之上。其所作曆論及中西算學通，嘗屬余序之，余諾而未果爲。蓋定九時時欲傳其絶學於世，頗屬意於余，而余亦欲得定九親相指授，洞悉其源流，體會其精要，而後乃敢序定九之書。乃皆以飢寒餬口於四方，東西奔走，不能合併，至於今而此志未遂，所爲誦寧人之言而抱慚不能自已者也。今余讀爾素之書，中西兩家所傳之星數星名，考其同異多寡，爲古歌、西歌以著之，使覽者一見了然，而其説詳見於發凡九則，余讀之而向時願學之意益復津津然動矣。今聞定九將自閩歸，而余倘得稍暇無事，即褰裳涉宛水登敬亭，訪爾素兄弟而就學焉，以酬曩昔之志，其未晚乎？爾素曰：「此某兄弟之志也。」遂書之。

方靈皋稿序

始余居鄉年少，冥心獨往，好爲妙遠不測之文，一時無知者，而鄉人頗用是爲姍笑。居久之，方君靈皋與其兄百川起金陵，與余遥相應和，蓋靈皋兄弟亦余鄉人而家於金陵者也。始靈皋少時，才思横逸，其奇傑卓犖之氣，發揚蹈厲，縱横馳騁，莫可涯涘。已而自謂弗善也，於是收斂其才氣，濬發其心思，一以闡明義理爲主，而旁及於人情物態，雕刻鑪錘，窮極幽渺，一時作者未之或及也。蓋靈皋自與余往復討論，面相質正者且十年。每一篇成，輒舉以示余，余爲之點定評論，其稍有不愜於余心，靈皋即自毁其稿。而靈皋尤愛慕余文，時時循環諷誦，嘗舉余之所謂妙遠不測者，彷佛想像其意境，而靈皋之孤行側出者，固自成其爲靈皋一家之文也。靈皋於易、春秋訓詁不依傍前人，輒時有獨得，而余平居好言史法。以故余移家金陵，與靈皋互相師資，荒江墟市，寂寞相對。而余多幽憂之疾，頹然自放，論古人成敗得失，往往悲涕不能自已。蓋用是無意於科舉，而唾棄制義更甚。乃靈皋嘆時俗之波靡，傷文章之萎薾，頗思有所維挽救正於其間。

今歲之秋，當路諸君子毅然廓清風氣，凡屬著才知名之士多見收採，而靈皋遂發解江南。靈皋名故在四方，四方見靈皋之得售而知風氣之將轉也，於是莫不購求其文，而靈皋屬余爲序而行之於世。嗚呼！自余與靈皋兄弟相率刻意爲文，而侘傺失志莫甚於余，回首少時，以至於今，已多歷年所，所爲冥心獨往者，至今猶或貽姍笑。今幸靈皋以其文行於世，而所爲維挽救正之者，靈皋果與有責焉。而百川之文亦漸以流布於四方，則四方之士所賴以鼓舞振起者，獨在方氏兄弟間，而余亦且持是以間執鄉人之口也，於是乎書。

徐詒孫遺稿序

雲間汪建士刻余亡友青陽徐詒孫遺稿若干篇，既成，而余爲之序曰：

嗚呼！余天下之窮人也，而所交多窮士，其間潦倒困阨，窮不自振，而復不永其年以死者，往往多有。如無錫劉言潔，祁門汪獻其，文章學問皆卓卓過人，而賫志以没。至於詒孫，死不以正命，尤可悲而歎也。當丙寅、丁卯之間，余與詒孫先後貢於太學。太學諸生與余最善者莫如言潔，詒孫則僅識面而已。而詒孫最善方靈皋，靈皋與余同縣，最親愛者也，詒孫介靈皋以交於余，而靈皋介余以交於言潔。此數人者，持論斷斷，務以古人相砥礪，一時太學諸生皆號此數人爲「狂士」。已而詒孫、言潔相繼歸，而余與靈皋以賣文留滯京師。歲丙子冬，聞言潔之訃，余與靈皋爲位而哭。明年春，余醵金歸葬言潔，而靈皋亦南還。又明年冬，詒孫之友曰吴七雲，至自青陽，訪余於秦淮之上，爲言詒孫發狂投水死。嗚呼！士之能自竪立而不與世波靡者，抑已少矣。苟有其人，必窮不能振，舉世皆欲殺之以爲快，鬼神而助之以速其淪亡，此可爲痛哭流涕者也。詒孫故有幽憂之疾，不能自解釋，靈皋嘗指余以示之曰：「君不見戴子乎，所遭極人世至窮之境，而不能戕其生者，能自解釋故也。吾子不從吾言，必發狂且死，可不戒哉！」詒孫聞之，瞿然自失也，而靈皋之言卒果驗。七雲曰：「詒孫將死，爲書一函致戴、方二子，隨取燒之。」七雲因檢其遺稿付余。而建士素不與詒孫、言潔相識，以余故，乃慨然欲爲雕刻其文，而言潔之文，其家匿不肯出，於是遂刻詒孫文單行於世。

詒孫性狷隘，不能容物，而文亦似之，故多訐露之言，善於雕鏤物態。而言潔之文，渾涵汪洋，多澹蕩之趣。此兩人所爲文，以視世之登高第者，豈可同日而道，乃潦倒困阨，不能自振，而復不永其年以死，而詒孫之禍尤烈。余與靈皋每追憶舊游，未嘗不涕淚之横集也。七雲收其遺文於敗篋故紙之中，而建士爲表章而出之於世，此兩人可謂愛朋友好文章，而余亦可藉是以慰詒孫於九原矣。獻其之文，余採入他書者頗多有，故不復另刊。而詒孫有妻弟曰孫涵士，字渟淵，能文，早卒。往余在京師，今順天巡撫侍郎李厚菴先生嘗見其試卷，極賞之，因問其平生於余。余歸而欲述其語以達於渟淵，而渟淵已死一二年矣，因附録數篇於詒孫遺稿之末。蓋詒孫存時，嘗爲余極稱渟淵，今録其遺文，亦詒孫之志也。

杜溪稿序

杜溪稿者，余友朱君字綠所爲古文也，字綠家宿松之杜溪，因以爲號。其稿凡數十萬言，屬余序之，且曰：「吾之文章，非吾子莫之傳焉。」嗟乎，余之自廢棄也甚矣！流離奔走，枯槁憔悴之餘，舊學盡失，而字綠之才氣，横絶一世，其奇偉博辨之作，視余不啻倍蓰過之。余嘗以謂文章者非一家之私事，余雖有志於文章，然家貧多事，不能著書。今得字綠巋然傑起，即余亦可以輟筆，而字綠尤愛慕余文特甚，且以傳其文見屬，此以知字綠之虚懷樂善，而其文且日進而莫可涯涘也。余荒陋無能爲役，然字綠之請不可以辭，則仍舉曩日之所以語字綠者言之而已矣。

昔余嘗與字綠言曰：「世有一世之人，有百世之人。所謂百世之人者，生於百世之後，而置身在百世之前。唐虞之揖讓於廷而君臣咨警，吾目見其事而耳聞其聲也。南巢、牧野之戰，吾親在師中而面領其誓誥也。吾又登孔子之堂，承其耳提面命而與七十子上下其論也。吾又入左氏、太史公之室，見其州次部居，發凡起例，含毫而屬思也。以至後世戰争之禍，賢君相之經營，與夫亂賊小人之情狀，無不歷歷乎在吾之目，是則吾生於今而不啻生於古。自堯舜至今凡三千餘年，而吾之身已三千餘年而存矣。而吾所著之書傳於後世，而後世之人讀吾之書，如吾之謦欬乎其側，是則吾之身且與天地無終極而存也。此之謂百世之人也。若夫一世之人，則止識目前之事而通一時之變，雖其至久遠不過百年，以天地之無終極者視之，須臾而已矣。乃若生於一世而一時之事猶懵不能知，則莊周氏之所謂朝菌也，蟪蛄也。朝菌不知晦朔，蟪蛄不知春秋，吾安得百世之人而與之言百世之事哉！」既以語字緑，輒自顧而嘆，而字緑聞之，未嘗不奮袂而起舞也。

余與字緑年相若，余之學古文也先於字緑，而字緑之爲古文，余實勸之。乃余與字緑東西奔走，不能合併者凡七年。至是遇於金陵，而字緑之志益高，讀書益勤，而文章日益工。嗟乎！以余之幽憂多疾，精力漸衰，迴首曩日著書之志，已自廢棄，所謂百世之人已屬之字緑，而余之與朝菌蟪蛄相去幾何，此所爲序杜溪稿不禁輟筆而三歎也。余將歸隱故山，與杜溪相距二百里而遥。尚欲網羅散軼，一酬曩昔之志，苟有撰著，必就正於字緑而後存，則余之文且賴字緑而傳也，而余又安能傳字緑之文哉。金陵龔君孝水、朱君履安方校讐字緑文字，聞余言而善之，皆曰：「戴子之言是也。」遂書之。時庚辰十月。

三山存業序

三山存業者，撫州原耕溟先生之所作也。先生當明之季世，不得志於時，窮居一室，於書無所不讀。凡天人性命之故，禮樂制度之詳，經史百家之同異，搜摘抉剔，有所得即筆之於書，不爲雷同勦襲，時時出其獨見，多爲昔賢之所未發，其於本朝之成敗得失，俯仰憑弔，尤有深悲焉。嗚呼！當明之初，以科目網羅天下之士，已而諸科皆罷，獨以時文相尚，而進士一途遂成積重不反之勢。二百餘年以來，上之所以寵進士，與進士之光榮而自得者，可不謂至乎，然而卒亡明者進士也。自其爲諸生，於天人性命、禮樂制度、經史百家，茫焉不知爲何事。及其成進士爲達官，座主、門生、同年、故舊，糾合蟠結，相倚爲聲勢，以蠹國家而取富貴。當此之時，豈無有志之士，振奇之人，可以出而有爲於世？乃科目既廢，而偃蹇抑塞〔一〕，見屈於場屋之中，徒幽憂隱痛，行吟於荒山虚市而無可如何，如耕溟先生者，余每讀其書，未嘗不掩卷而三嘆也。先生遭時末流，白首不遇，僅以歲貢循資爲學官。熟睹時變，已逆知天下之勢，如土崩瓦解而不可收拾，閉門掃迹，痛哭著書。一時之進士氣焰薰灼，無幾何已與宗社俱燼，而一二有志之士，振奇之人，旁觀莫救，坐閲升沉興廢而爲之抱千秋之恨，其亦可悲也已矣。

先生之書刊於明之末，距今六十餘年。而今寧國令杜君，先生之鄉人也，懼其没而不傳，因介程君偕柳而屬序於余。鄉里後進而能殷殷思表章前輩之遺文，其志亦非苟然者，故並著之。

〔一〕「偃蹇抑塞」，偶鈔本「偃」作「連」，從批校本、硯莊二本、徐本、張本。

初集原序

有道於此焉，驅天下之人，揚眉瞬目以從事於其間，則豈非文章之爲道歟。然言既出而不傳，身未没而名喪，無不歸於泯滅澌盡，而其可傳而不朽者，或數百年而一見，是何業之者之多而成之者之少乎。夫文章之事固天之所以與我者，非可以人力與也。世之學者，其天之所與既不逮古人，而又無好古之心，往往肆其胸臆，好高自大，又或拘牽規矩，依傍前人，曰：「吾學某，吾能似某。」寸寸而比之，銖銖而稱之，然而未嘗似也，即一一似之，而我之爲我者盡亡矣。

余生二十餘年，迂疏落寞，無他藝能，而竊嘗有志，欲上下古今，貫穿馳騁，以成一家之言，顧不知天之所以與我者何如，妄欲追踪古人。然家無藏書，不足以恣其觀覽，又其精神心力困於教授生徒，而又無相知有氣力者振之於泥塗之中。昔李翺學古文，韓退之謂其家貧多事，恐不能卒其業。是以每一念及，輒用此爲悵悒，恐遂廢業，不能有所成就。然而胸中之思有時而不能自遏，輒亦往往有激昂發憤之詞，非敢自謂有當於古人之旨也，若夫承訛踵謬如俗學之失，則知免矣。假令天而不遺斯文，使余得脱於憂患，無饑寒抑鬱之亂其心，而獲大肆其力於文章，則於古之人或者可以無讓。而荏苒歲月，困窮轉甚，此其所以念及於斯文而不能不慨然而泣下也。竊又嘗謂世衰道微，求如向之俗學已不可多有，苟讀書著文，時人相嗤笑之，而重以余之落落無所合，且詬厲從之矣。今夫都會之間，車輿輻輳之地，即培塿小阜亦足以稱爲名勝，而奇怪硱硉之觀在於窮鄉僻壤，則無有載酒其中而歌詠其勝者。夫文豈有異於是乎！

歲辛酉，余教授江濱洲渚之上，菰蘆之中，無可以度日，偶從事於文章，得若干篇，彙爲一集。雖不足觀，然覩於此已知吾之有志於斯道而未逮，因合前數歲之作，編以爲初集云。

自訂周易文稿序〔一〕

余家世治詩，余亦治詩，後更治易。嗚呼，易之道大矣！夫子以爲可以寡過，往時讀其言而不知自省也，既學易而後知其生平動静，無時不在過之中而無有一當，輒不禁涕淚之横集也。先是余之學易也，一二師友皆教余勿看講章，勿聽俗儒講説，余從之，果有得焉。已而見近世所刻衷旨諸書，其荒謬不通不可勝舉，而時文宗之，而易幾亡矣。自始皇、李斯焚燒詩書百家之語，而易獨不與其禍，至今幾二千年，而亂於鄙夫小生之訓詁與科舉之業。豈天之欲喪斯文滅六經，而假手於俗儒，以補秦火之遺漏？不然則鄙夫小生其罪不減於始皇、李斯，而獨居窮經之名，取富貴之資，聖人之道幾何而不息也！

余以歲庚申冬，讀書於友人趙良治家，始静觀周易之義。每夜篝燈爲文，不蹈襲時解，頗有所發明，而文字一洗訓詁舉業之陋，凡五十日，得文數十篇。而先君子江干之變聞矣，踉蹌棄去。今無事，偶一理之，惘然如隔世。以余之窮且多患，已無復知有生人之趣，何況於區區之文字。然是文也，於易之義不無小補，因存之。而吾且絶意世事，欲攜周易一卷，隱居深山之中，朝夕占玩，考較諸家，而勒爲一書，或可借以稍寡其過，亦足以樂而終身矣。因書以俟之。

〔一〕「自訂周易文稿序」，張本及硯莊二本、徐本皆脱「文」字，目録不脱，從批校本、王本。

黄崑圃稿序

文章之遇合，蓋有可必不可必者矣。可必者一出而即遇，投之而輒合，若操券而得；其不可必者，窮年畢世，至於潦倒困僨而終無一遇。世遂謂科第之得失，有數存焉於其間，理固有然，而要亦有不盡然者。今夫匠石之操斧斤而入山林也，拱把以上者過之而不顧。其大者絜之百圍，然或軸解拳曲，則亦過之不顧。至於楩楠杞梓，豫章之材，未有不以爲美而欲得之者也。故夫拱把以上與夫軸解拳曲之材，其遇不遇固可以數言之，若夫楩楠杞梓豫章，有遇焉，無不遇也。無不遇則其材之所可操者有以致之，而不可以數言之矣。

宛平黄君崑圃，自爲童子，即以文章知名於世，居無幾，即舉於京兆，遂成進士，及廷對，天子親擢黄君及第第三人。黄君方弱冠，其文自試童子至今無一落者，而人人皆以爲工，是則黄君之遇合，有可必無不可必也，豈非楩楠杞梓，豫章之材，雖工師匠人無不睥睨聚觀，而況匠伯者乎。余之論黄君之文章與其遇合者如此，余友汪君武曹好商校人士，多否少可，而亦獨極稱黄君，聞余之説而亦以爲然也。會武曹既論定黄君之文以行於世，而黄君屬余爲其序，因遂書之。

馬宛來稿序

采金於山，其始塊然土也，而爲金，爲錫，爲銅，爲鐵，雜出於其間而莫能辨。有良工者，取而置之鑪冶之内，鎔化鍛鍊，於是精粗各别，美惡互分，有金焉，錫焉，銅焉，鐵焉，而金又有良焉，有不良焉。金布於市，適於用，而不知始采之之難如此。今夫有司之衡文於場屋之中，亦猶工之采金於山也，乃往往去其良金，而惟錫與銅與鐵之是收，且儼然名之曰「是良金也」。而錫與銅與鐵一旦獲良金之名，久亦自以爲果良金也，於是以布之於市，而市亦用之。當斯時也，爲良金者委棄於泥塗之中，而過者曾莫之顧，豈不異哉。雖然，金錫銅鐵之用終不可混也，精粗美惡之質終不可掩也。吾未見夫良金者之終委棄於泥塗也，彼夫錫與銅與鐵之得意以去，而爲良工者之所竊笑久矣。

儀封馬君宛來，以吾友湯太史孟升之書來訪我於金陵。孟升盛稱其文，余閲之，光采炫耀而目不給賞者，果良金也。異日者有良工焉，采金於中州而得良金焉，必宛來也夫。因書以復於孟升，以爲何如也。

讀易質疑序

「九師興而易道微，三傳作而春秋散」，善哉！文中子之論也。易之爲書，廣大悉備，而其變動不居，不可爲典要，自聖人已言之。是故淺學曲士，一切瑣屑紛紜術數之説，皆得托之於易，雖皆不可謂非易之所有，然徒執區區以言易則已非易矣。易之理至程傳而明，至本義而益大明，然而年湮世遠，師傳歇絶，自晚周至宋凡千餘年，伊川、考亭，鑽研反覆，得其不傳之意而著之爲書。其書出於草創之際，豈無十之二三與文王、周公、孔子之本旨不相比附者？世苟有通經學古之士，潛心冥會，融釋貫通，其於程、朱繼志述事，能補其所未及，是亦程、朱之功臣也。若乃騁其私見小慧，支離曼衍，顯無忌憚，而務求勝於古人，是乃所謂叛臣者也。其或讀古人之書而阿諛曲從，不敢有毫髮之別異，是乃所謂佞臣者也。佞之爲古人之害也與叛等。

吾友汪君聖功出其族人默莽氏所著讀易質疑示余，余讀之實有獲於余心焉。其書折衷群説而一以朱子爲宗，條分縷晰，燦若黑白，而據文疏義，引伸觸類，時亦有補朱子所未及者，可謂善繼其志，善述其事，非叛而亦非佞者矣，吾故以是書爲不愧朱子之功臣也。余自幼學易，迄今未有所得，默莽是書要亦不可謂無助者，故不辭聖功之請而樂爲書之。

唐宋八大家文選序

人之目而有所眯者，塵之侵也，入乎塵而求目之無眯，不可得也，去乎塵而求目之無明，亦不可得也。孔子曰：「所信者目。」而目猶不可信，其不可信者則其眯之時也。古人有言曰：「視日者眩，聽雷者聾。」世之學者，視古人之書不啻若日與雷然，惟有眩且聾已耳。有導之者曰：「爾勿眩，吾有以視爾。」及其視之，而目罔不眯者，則其導之者塵也。導之者先自眯，而因以眯人，於是乎百物之光華，五色之燦爛，皆莫之見焉，而自以爲覽宇宙之大全，則其目勢且至於瞽，豈特眯而已乎。

唐宋八家之文，皆學者所當誦習，而卷帙浩繁，往往窮年而難究。有明之世，歸安茅順甫有八家之選，號曰文鈔，其擇取者不無過多，而評點論次亦多疏略而未備，學者眩之。至近日而吴、會間所行刻本，則眯目者紛然出矣。句句而圈其旁，語語而頌其美，其意思之所存與其法度之所在，選者茫然不知也，讀者亦茫然不知也。以眯導眯，而八家之文於是乎爲塵之所蒙而不可出矣。今夫欲窮山水之觀者，必問其徑於曾經游歷之人，某泉則如此，某石則又如彼，舉所爲巖姿壑態，一一了然於指點之下，而後聽者可以卧游而神會之。今乃據瞽人之説，而曰山水之勝吾已得之，其説豈可信哉。

余少好古，而尤嗜八家之文，居嘗蓄有讀本，其擇取者僅二百餘篇，而八家之美已盡。一二學徒復請余爲之評點論次，於是閒晝無事，乃執筆爲著明其指歸，與夫起伏呼應、聯絡賓主、抑揚離合、伸縮之法，務使覽者一望而得之。雖不敢謂開學者之明而救其眯目之患〔一〕，而八家之塵，區區竊不欲其纖毫之有存矣。聞之適秦者立而至焉，有車也；適越者坐而至焉，有舟也。二三子以是書爲爲文之舟車也，其庶乎哉。

〔一〕「雖不敢謂開學者之明」，張本無「敢」字，從批校本、硯莊二本、王本、秀野本。

張貢五文集序

張君貢五，三湘間積學能文之士也。平生好余文，凡書肆中嫁名借刻者，君能辨别爲余之作，莊寫成帙，已而余之稿行於世，果百不失一。久之，游江淮間，訪余於皖，於金陵，皆不遇，最後至姑蘇，相見於旅舍，執手而言曰：「吾生楚之南，自年十七八服膺吾子，於今且十年，居常所著書，非吾子莫之正也。」乃悉出以相示，且請爲序焉。余少嘗有志於文章之事，而羈窮失學，輾轉汩没，垂老無成，即世所流布諸書，謬爲人士之所稱許，而私心耿耿，終有不能自滿其志者。貢五年甚少，力甚勤，而才又甚敏，異日之所成就必有遠勝於余者，而余其何能爲役也。顧余之學文也，始勤而終怠，平生蓋有深愧者，舉以爲貢五告，且以策貢五毋效余之汩没而無成也。

始余之從事於文章，年不過二十。一日山行，遇一賣藥翁，相與語，因及文章之事。翁曰：「爲文之道，吾贈君兩言，曰『割愛』而已。」余漫應之，已而别去，私自念翁所言良是。歸視所爲文，見其辭采工麗可愛也，議論激越可愛也，才氣馳驟可愛也，皆可愛也，則皆可割也。如是而吾之文其可存者不及十二三矣。蓋昔嘗讀陸士衡之言曰：「苟背義而傷道，文雖愛而必捐。」由翁之意推之，則雖於道無傷，於義無背，亦有當捐而去之者，而况背義與傷道者乎，翁之論較陸士衡則精矣。余自聞此論，而文章之真諦祕鑰始能識之。乃家貧多事，其業未工，而曩時好文之志漸且頽落，余之負愧於翁者蓋已久矣。翁楚人也，惜未詳其姓字，而近日楚中文士恐無踰貢五，衡湘之間，方技之老，山澤之臞，贈我一二言，學之垂三十年而不能成者〔一〕，其人貢五倘見之乎？

〔一〕「而不能成者」，張本「者」作「此」，入下句讀。從批校本、硯莊二本、徐本、秀野本。

劉退菴先生稿序

淮上劉退菴先生，今之篤行君子也。自俗之靡也，禮義仁讓先廢於士大夫之間，先生嘗痛之。生平立身行己，悉中於法度，而高致遠識，超然塵壒之表。余以賣文餬口游於士大夫間，區區一二十年，而以爲可以式習俗之靡，無踰於先生。先生以進士起家，歷官郎署，非其好也。未幾，即引疾歸。歸而閉户課子及孫與其群從，惟以讀書修行廉恥忠信爲訓誡，其家皆遵其教唯謹。余嘗過淮上，謁先生於怡園。怡園者，先生讀書之所也，板橋流水，槐柳環匝，四時之花草不絶於庭〔一〕。先生謝絶世事，翛然獨往，以視世之貪饕於富貴而苟焉以決性命之情者，豈可同日而道哉。先生往官京師，其邸舍蕭條如寒士，車馬鮮至其門。每余至，先生輒大喜，命酒歡飲，縱論當世事，往往至夜分而罷。以余之疏放蹇拙，與世多齟齬，諸公貴人或且有無故而欲摧折之，獨先生不以爲不肖，而辱蒙獎許，以爲不同於世俗。余深愧先生言也，而先生之所見，其與世人之好惡相去遠矣。先生諸子皆有道而文，而伯子紫涵尤與余善。蓋余游於劉氏父子間，見先生之篤行，觀其子弟皆循循孝謹，竊以爲劉氏一門，古之道猶有存焉。詩曰：「自古在昔，先民有作。」此余之所爲肅然敬也。

歲丙戌冬，余客吴門，適紫涵自淮上來，以先生文稿一編見示，余讀之，亦非今人之文也。昔文中子分别前人之美惡，而即其文以推論而得之，説者謂其評斷不爽毫髮〔二〕。今先生之文，高潔渾厚，則亦與先生之爲人適有相肖者。余與先生游，多歷年所，竟未得先生之文而讀之，甚矣余之陋也。而先生之韜藏自晦，其奇爲世人之所不識者，又豈特此而已也耶。後有文中子者，讀先生之文，考先生之世與其立身行己之詳，必能出一言以評之，而余爲書先生生平之大略以待焉。

〔一〕「四時之花草」，張本脱「花」字，批校本脱「草」字，從硯莊二本。

〔二〕「評斷」，張本作「評論」，從批校本、硯莊二本、王本。

楊千木稿序

古之論文者多矣，吾有取於荀子、文中子二家之説焉〔一〕。文中子曰：「言文而不及理，是天下無文也。」今夫天地萬物莫不有理，文也者爲發明天地萬物之理而作者也。理之不明，是已失其所以爲文之意矣，而何文之有乎。荀子曰：「君子之言，正其名，當其辭，以務白其志義者也。」夫志義者，則理之説也。吾見近世之士，本無所爲志義之存也，舉筆爲文，於理曾未之有當，正如荀子之所謂，「芴然而粗，嘖然而不類，諸諸然而沸」者耳，而可以謂之文乎！

余生平論文，多否少可，而獨於楊君千木之文，竊以爲有君子之心焉。楊君之稿踰二百篇，余循覽再四，而見天地萬物之理畢具於其中，蓋楊君之志義於是乎爲深矣。楊君深自貶損，不遠千里而就余於吴門，商決其可否。余爲選得若干篇，楊君復自割愛去其三之一，存者舉以授其弟穀似刻諸江南。穀似，余門人也，屬余再加點定並序之。余惟舉荀子、文中子兩家之説，以證明楊君之爲有道之君子，非世俗之所能及。而楊君猶不自信，謙謙下問於余，堅不肯多付雕刻。彼夫世俗中刊本，累十盈百，皆愚者之言耳，而盡布之於市肆，何爲者哉！近日浙東作者輩出，以余所見，如淳安方君文輈，山陰傅君孔木，與余千木，皆卓然無愧於古人之旨。世有深於志義之士，必能好之，從此言文而無不及理。天下之有文也，以諸君子爲嚆矢矣。

〔一〕「文中子」，張本脱「文」字，據各本補。

辨苗紀略序

今天子盛德神功，彪炳宇宙，自御極以來，削除僭亂，平定四海，凡有征伐，悉奉廟算指授，往無不克，復躬統六師，肅清沙漠。六合之内，八極之表，莫不稽顙叩闕，來獻其琛。一時熊羆之佐，方叔、召虎之臣，奔走後先，比肩接踵，而關中俞公功尤著。

先是楚、蜀、黔三省之交，有苗曰紅苗，其地周千二百有餘里，獷悍不知法度，有司駕御失宜，姦民頗常相侵害，而官兵多無故入其中奪其牛馬。苗故嗜殺好劫掠，至是忿怒，遂闌出爲邊患，往往執兵民，要金帛贖取，於是楚之南大擾。是時俞公方爲陝西總戎，天子移之全楚，使爲提督，任征苗事。公引兵襲奪其險，宣上威德招來之，於是苗就撫者三百餘寨，納税糧爲編氓。事既定，公乃著爲辨苗紀略一書，凡苗情苗俗，形勢險阻，道路曲折，營壘軍陣，攻奪方略，與夫起釁之由，弭變之策及章奏文移，無不具載。書既成，屬余序之。

余惟苗之患不同於盗賊之飄忽無常也，彼其有險之可據，吾即以其險困之；有妻子室廬之戀，吾即以其妻子室廬牽制之；其黨有相與爲仇敵之人，吾即以其仇敵圖之。是在當事者之駕御處置得其機宜而已。公奉命不數月而靖累年之亂，其功可不謂偉歟。後之人披斯圖也，按斯籍也，其要領可以具得，遵其成法勿致隕墜，則苗皆可漸化而爲衣冠文物，豈止楚、蜀、黔三省永無震擾而已哉。吾序是書而略述公之績，且原本於天子之威德，以見生成之造不遺於荒徼，非獨内地之安，而苗亦咸安其生，各遂其性。民生是時，何其幸也，何其幸也，嗚呼，豈不盛哉！

章泰占稿序

質者，天下之至文者也。平者，天下之至奇者也。莫質於素，而本然之潔，纖塵不染，而采色無不受焉。莫平於水，而一川泓然，淵涵渟蓄，及夫風起水湧，魚龍出没，觀者眩駭。是故於文求文者非文也，於奇求奇者非奇也。會稽章君泰占之文，無愧於質且平之二言。夫爲文而至於質且平，則其品甚高，而知者亦甚少，非世俗之所能爲，亦非世俗之所能識也。今夫浮華濃艷，刊落之無遺，而後真實者以存。潦水既盡，寒潭以清。此其所以造於質且平也。假使世俗而爲之，則其所爲質且平者，枯槁頑鈍而無一有，安在其文，亦安在其奇耶〔一〕？嗚呼！世俗莫不好文而惡質，好奇而惡平，彼其所謂文與奇者，既已不知其非是，而吾與君方抱其平與質者，以支離攘臂於其間，豈能以有合哉。余方欲與時謝絶，而君浮沉世俗，猶欲冀其有合於世，其尚終抱其質而毋漓之，終守其平而毋鑿且汩之也哉。

〔一〕「耶」，張本作「也」，從硯莊二本、王本。

蔡阜亭稿序

往余僑居金陵凡九載，而金陵人推世德之家輙首曰蔡氏。余擇交於蔡氏得兩人焉，曰岡南，曰甘泉。岡南多才藝，有器識，而甘泉游於酒人，好吟詠，風流自豪。余因兩人以交於阜亭，在蔡氏輩行爲卑，出入恭謹，而年少好學，文章瀟灑，有自得之趣。上元黄際飛爲刊其稿行世，而岡南、甘泉皆謂余曰：「子不可以無言也。」蓋蔡氏之先多隱德，子孫蕃衍，科第聯綿不絶。阜亭最後起，文章與行誼俱爲一時所推重，今已登進士，入史館，人莫不榮之。而阜亭欿然若不以是自足者，吾於此知蔡氏之澤之未艾也。

初阜亭與余訂交在京師宣武門外，阜亭不以余爲不肖而兄事余。是時鹽城成乾夫，睢州湯孟升、歙縣吴綺園，宿遷徐壇長與余及岡南、阜亭嘗飲酒高會，以古人之道相期許，而阜亭年甚少，有氣概，吾黨尤目屬焉。已而各分散去，而阜亭與孟升以官翰林留京師。今執筆而序阜亭之文，迴首舊游，有慨然而興嘆者矣。於是乎書之以付岡南、甘泉，使刻諸簡端。而至於阜亭文章之美，其波瀾意度，際飛論之詳矣，故不復云。

程偕柳稿序

昔者余亡友方百川氏之論文也，曰：「文之爲道，須有魂焉以行乎其中，文而無魂焉，不可作也。」余嘗推其意而論之曰：「凡有形者謂之魄，無形者謂之魂。有魄而無魂者，則天下之物皆僵且腐，而無復有所爲物矣。今夫文之爲道，行墨字句其魄也，而所謂魂也者，出之而不覺，視之而無迹者也。人亦有言曰：『魂亦出歌，氣亦欲舞。』此二言者，以之形容文章之妙，斯已極矣。嗚呼！文章生死之幾在於有魂無魂之間，而執魂之一言以觀世俗之文，則雖洋洋大篇，足以譁世而取寵，皆僵且腐者而已，而豈可以謂之文乎。」宣城程君偕柳，與余交十年，間歲相見，則文益進。今年秋，余游江都，偕柳亦適授徒於此。一日，盡出全稿示余，余蓋一再諷誦涵泳，而歎其有魂焉以行乎其中，誠非世俗之所及也。因悼百川氏之早逝，未獲見焉，爲述其緒言，而書之於簡端。

梅文常稿序

吾江南文學禮義之邦，推宣城爲最。其士大夫多崇禮讓，敦實行，以清風高節砥礪末俗，而士人讀書爲文章，不肯雷同詭隨，以趨時俗之所好，居常被服古人，闇然自晦，不求人知，蓋猶有先民之遺風焉。往者余得交於梅氏二君子，曰定九，曰雪坪，皆粹然儒者也。已而遇程君偕柳於金陵，因偕柳以識梅君文常，文常，定九之族孫而雪坪之仲子也〔一〕。偕柳、文常兩人文采斐然，而有至性篤行，與人交，肫肫乎其意之有餘也。

歲丁亥秋，吾來南陵，客劉氏之慕園，而文常亦適自郡至。慕園者，吾師光禄公課子及孫讀書之所，而文常實公之壻也。公在朝既以風節名天下，及致政歸，而閉户蕭然，論文著書，不改寒素。吾讀公之文〔二〕，如泰山喬嶽，嶄嶄不可攀躋也。吾讀公諸子之文，凌雲馭風，飄飄乎莫不瀟灑而自得也。而其家塾則沈君元珮、王君次雲爲之師，文章行誼，卓卓不同於流俗。吾嘆宣州之多賢如此，乃自公而外，皆沉冥寂寞，相與嘯歌於山之巔、水之涯，世未有知殷勤鄭重過而顧之者。彼夫吴、會之間士，相與飾虚聲以自炫耀，奔走逢迎於貴人之門，以釣高位而取厚資。而沉淪掩遏，顧在於抱殘守缺，冥心孤詣之人，豈不可歎也哉。

文常以其所作近藝示我，大抵多作於慕園，與劉氏諸子及元珮、次雲共爲商榷者也，詣深而造微，較余曩者之所見，意境又不同焉〔三〕，而與數子者久爲有司之所斥弗收〔四〕。余嘆制科之不足以得士，而猶幸先民之遺獨存於宣州。君子之處於世，爲其己之所當爲者而已，人世之得喪榮辱，夫何足道。因書於其稿之首簡，而並以質於定九、雪坪、偕柳以爲何如也。

〔一〕「定九之族孫」，張本下有「也」字，從批校本、毅夫鈔本、國學本。

〔二〕「公之文」，張本無「之」字，從批校本、硯莊二本、徐本、王本。

〔三〕「意境」，張本下有「若」字，從批校本、硯莊二本、徐本、王本。

〔四〕「與數子」，張本無「與」字，從批校本、硯莊二本、徐本、王本。

高工部兩世遺稿序

余讀高屯部明水先生遺稿，而歎前輩之用力於文章者，非後人之所及也。其論文之訣有曰：「凡作文必先有意，人之爲文愜於心而稱爲得意者，得此意也。」嗚呼！先生之論文可謂精矣。先生以萬曆之季登進士，當是時，文運波靡，而先生以清真刻露之文搘拄其間。今讀之，超然筆墨之先，盡出獨得之解，如先生之文乃可謂之有意者也。先生之子虞部公，崇禎間進士，其文亦真意獨出，不染時解，無愧先生之家風。蓋余觀於高氏父子之遺文，益知文章真僞之所由别，而執意之一言以繩世俗之作則多無文。竊欲刻先生兩世之稿布於世，使學者知有所用力焉。屯部正直，取忌受禍；而虞部累著勞績，引疾歸，隱居不出。虞部之子念祖先生嘗爲余稱其祖、父之風節，泫然流涕，又懼其文之泯没弗傳也，而屬余序之，故爲之書。

齊天霞稿序

余年十七八時，即好交游，集里中秀出之士凡二十人，置酒高會，相與砥礪以名行，商榷文章之事。當是時，意氣甚豪也，顧傲睨自喜，視天下事不足爲。而此二十人者，年皆與余相若，日相與往還議論，其中惟齊君天霞與其弟蘇署尤好余，不以余爲不肖，而常以余之論爲是。居無何，則各以家貧教授生徒，分散以去，歲一再相見，而齊氏兄弟學益高，文日益進，諸同學之士皆稱之，以爲莫及。久之，余游學燕山，自是奔走趙魏、河洛、齊魯、閩越之間，凡十餘年而歸，則天霞方以貢入於太學，而蘇署適還自嶺南，時時過我相與慰問平生，輒悲喜之交集。天霞與余雖踪迹錯互，而書問不絶，其所作文章，亦嘗於郵筒中相示，至是見蘇署所作，余蓋歎兩人之衣食於奔走〔一〕，而不輟其業，且屢進益工，不覺自顧而歎其衰之甚也。踰一二年而蘇署卒於家，余方在外，聞之悲悼良深。天霞檢其遺文，時展視之，涕淚零落，傷其弟之有才而不得志早亡也。

歲乙酉，天霞舉於京師。明年，成進士。又踰一年，其同年生方君靈皋爲刊其稿於金陵，而取蘇署所作若干篇附之。時余方客淮上，天霞以書來曰：「願有言也。」余惟區區數十年間，朋友之際，其爲聚散離合，盛衰生死，萬變不齊，迴首少時，宛如昨日，而意氣已略無復存。蹉跎荏苒，卒老於風塵之中，讀書無成，修名不立，即諸同學之士亦多食貧作苦，蠖屈不伸。而至於蘇署者，墓木幾拱焉。追念舊游，忽忽已往，以故序天霞之稿而牽連及之，輒不禁百感之横集也。若夫天霞之文奇矯，而蘇署之文清曠，靈皋之論如此，余無以易其説焉。

〔一〕「食」，張本誤作「貪」。

程爽林稿序

歲乙酉，余在京師，時與鹽城成君乾夫往還。乾夫篤於氣誼，好交游，每屈指淮上朋友數人，而程君爽林居其一焉。已而江南鄉試録至，乾夫見爽林名而喜，指謂余曰：「此未易才也。」余以乾夫非妄譽人者，故心識之。明年春夏之間，余自京師南還，客吴門。已而乾夫、爽林亦相繼至，時時相與泛舟飲酒甚歡，而乾夫復盛稱爽林之文章。時余方從事房書之役，得爽林文數篇，登諸集中，每一循覽，未嘗不歎乾夫之知言也。歲戊子，余將北適京師，過淮上，主爽林家，因得盡見爽林全稿，近二百篇。爽林自爲抉擇，凡得若干篇，屬余點定而行之於世。

爽林性恬静，厭塵囂，居常鍵户，不與人事相接，往往踰年不出。今其文皆鍵户時所作也，深思默會，乃能盡究文章之旨趣，舉筆爲文，詞約而意精，體備而格遠，曩者乾夫之稱之也豈誣也哉。吾聞程氏世有盛德，自其先侍御公以風節著，其後科名之盛，歷百餘年相繼不絶，至近日而英異之士比肩接踵而出。爽林姪師恪，與爽林同舉者也，其文行人多稱之。而爽林季弟豐伊，兄子夔震，年少好學，尤爲傑起不群。程氏之盛殆未有艾矣。余點定爽林文既畢，而書其説如此，並以質之乾夫以爲何如也。

四書朱子大全序

四書義讀，取朱子一家之言爲之，採掇會粹，以類相從，而附於章句集注之下，蓋發端於程君鳳來，而余之屬筆則在於乙酉、丙戌間。後因簡帙重繁，又屬程君去其重複，正其訛舛。丁亥秋，程君舉以歸余，余更略爲出入，而後其書乃爲定本，程君於是鋟之於板，以廣其傳。明年春二月，刻且成，而余爲之序，曰：

四書歷漢及唐，至宋諸儒出而其義乃大明。蓋自二程子始發孔孟之祕於千載廢墜之餘，至朱子出而其學尤爲純粹以精，其闡明四書之義者，尤爲詳密而完備。雖其精義微言時時見於他書，而集注則朱子以爲稱量而出，增損一字不得者，於章句則引温公之言，以爲平生精力盡在此書。故余於是書，一以集注章句爲主，其於朱子他書，採掇會粹，凡有合於集注章句者，列而存之；其稍有不合者，爲朱子早年未定之論，則弗之録也。兢兢擇别，不敢有失。黄勉齋之序朱子語録後也，所謂其辨愈詳，其義愈精，讀之歷千載而如會一堂，合衆聞而悉歸一己。此則余與程君區區爲是書之意也。

嗚呼！自朱子没而諸儒競起〔一〕，人各爲書，或不能盡得朱子之本旨，其陽奉而陰違者，亦往往有之。明永樂中，詔諸臣編纂四書大全，一時諸臣皆不知聖人之道，竊取倪氏、吴氏兩家龐雜割裂之書以應詔，是非互陳，邪正並列，自是學者眩瞀莫辨，雖顯背於朱子之旨者〔二〕，亦與朱子並奉以爲不刊。蓋四書之義既大顯明於朱子之手，而復混淆於諸儒者歷二三百年矣。近日平湖陸氏，長洲汪氏，爲之抉摘其疵謬，以告於世，於是大全之雲霧漸掃。而余以謂古人罷黜百家，獨尊孔氏，今之尊朱氏即所以尊孔氏也。故余是書一以朱子爲主，其於朱子之書一以集注章句爲主，至於朱子他書與集注章句互相發明者，採其精要，集而次之，而務一其旨歸，其於諸儒之説概弗之參載焉。

夫諸儒之説，其龐雜割裂而疵謬者，使學者眩瞀莫辨而誤其所從，汰而去之，固其宜也。然其中不無可採之論，至當之言，而亦莫之入者，何也？夫其可採之論，至當之言，原不能出乎朱子涵蓋之內，而余之爲是書也，所以類聚朱子之語，欲得其全而觀之也；既得其全而觀之，則於諸儒之說，雖其至當而可採者，固亦有所弗暇及也。譬如一堂之上，衆說喧呶，紛紜攻訐，苟非窮理之深，析義之精，聽之焉能無誤哉？惟得一明允之吏，片言立剖，而紛紜之辨自息〔三〕。是故學者但明於朱子一家之言，而諸儒之說是非邪正，自了然於胸中而不爲其所亂。此則余與程君區區爲是書之意也。

昔張宣公以程子之意將孔孟之言仁者類聚觀之，而朱子深恐長學者欲速好徑之心，滋入耳出口之弊。則是書也，得毋犯朱子之所恐乎？然在程子之意〔四〕，則以其比並較勘，便於觀覽而玩索也；在朱子之意，則預憂夫學者之或因是以失於鹵莽而不偏考於諸書也。蓋朱子亦嘗輯周、張、二程之言以爲近思録矣〔五〕，其言曰：「窮鄉晚進有志於學而無明師良友以先後之者，誠得此而玩心焉〔六〕，亦足以得其門而入矣。如此然後求諸四君子之全書，沉潛反覆，優柔饜飫，以致其博而反諸約焉，庶乎其有以盡得之。若憚煩勞，安簡便，以爲取足於此而可，則非今日所以纂集此書之意也。」余不自揣謭陋，竊本朱子此意而惓惓書于序之篇終云。

〔一〕「朱子」，張本作「孔子」，從批校本、硯莊二本、王本。

〔二〕「雖顯背」，張本前有「而」字，從王本、首圖鈔本。

〔三〕「自息」，張本「自」作「頓」，從王本、首圖鈔本。

〔四〕「然在程子之意」，按「程子」應作「張子」，上文以張宣公與朱子之事對比言之，此處爲申論二人之意，自爲指張宣公而言，即與朱子同時之張栻也。各本皆同，或爲原文即誤。

〔五〕「周張二程之言」，張本「言」作「意」，從批校本、硯莊甲本。

〔六〕「玩心」，張本作「心玩」，從批校本、硯莊二本。

困學集自序

學之廢久矣。嗚呼！學以明道也，道以持世也，自學廢而道不明，而世如之何其不亂以亡也。聖人既没，於今幾千年矣。自孟軻氏而後，學者不絶如綫，迨宋興而諸儒繼起，可不謂盛者歟〔一〕。然皆不幸而窮於世，上無明天子，不克信用而擯斥以老，卒不得出其萬一，使當世獲儒者之效，世亦由是大壞，積爲從古未有之禍。自明室開太平，文物治安之盛遠過前代，而當時儒者之於道，類不及曩時君子，吾嘗慨焉惜之〔二〕。夫道之不明以爲世患，道明而不得用，此世之不幸，非儒者之命之艱也。要無廢於學，使道自吾而大明，即不用亦所以持世於不傾也。

余生二十餘年，當天下棄學，世所謂學，不過呫呫諷誦，習爲科舉之業，曰「是乃學」而已，此學之所以廢也。嗚呼！平仲、幼清不得爲學者也，當今之日，求稍稍有如此兩人者豈復可得，足可以觀世變矣。余多憂之人也，又生而遭多難，惴惴莫必其命，胸中雖稍識是非，時時嚮學，而顛連相繼，即有異俗之心，絶人之才，且沮傷而不得進，況余才質魯鈍，頑然無所得於心，就令專精思慮，無他閒雜，猶無以望其成，而加以辛苦拂亂，神志荒惑，又奔走求食，時人既不皆信余，徒教授童子章句，日不暇給，如此豈復能有所成就哉。孟子曰：「困於心，衡於慮，而後作。」余不能作也，而困加甚，而衡加甚，其亦不可解也夫，其亦不足惜也夫。居常偶一命筆爲文辭，頗能往往類古。蓋昔之君子好古之道，輒亦好古之文，以古之文所以明古之道也。余既不學未聞道，何有於區區者，蓋學又不在於文詞而已也。學爲文，文即工，非學之大也。余困甚矣而未學，以未學而更困，以困學名其集者，所以志也，因書之以自警云。

〔一〕「可不」，張本作「不可」，從批校本、王本。

〔二〕「惜之」，張本「惜」作「恤」，從批校本、王本。

蔡瞻岷文集序

時文之外有學，而時文非學也。制科之外有功名，而制科非功名也。世俗之人第從事於時文，以期得當於制科。久之，果得當焉，則衆相與賢之，以爲是人也讀書於是乎爲有成矣。殊不知其人雖登高科，躋膴仕，而不可謂讀書之有成也。夫讀書之有成者，不必其得當於制科，雖以布衣諸生，蕭然蓬户，而功名固已莫大乎是焉，則亦視乎其學之遠且大者而已矣。學莫大於辨道術之邪正，明先王大經大法，述往事，思來者，用以正人心而維持名教也。且獨立於波靡之中，而物誘不足以動其中，富貴貧賤不足以易其節，苟其得志也，持是而往，恢恢乎有餘也，苟其不得志也，亦若將終身焉。此則真所謂功名者也，此則真所謂讀書之有成者也。彼時文之士，制科之徒，曾有一於此乎？

余客游四方，與士大夫交游，而求學者於時文之外，求功名於制科之外，頗得數人焉。於浙江則得萬君季野，於燕京則得劉君繼莊、王君崑繩，於吾同郡則得蔡君瞻岷。此數人者，其學其功名誠如余之所云云者，而非世俗之人之所及也。瞻岷通敏有才辨，其氣甚豪，而鑽研於典籍者又精且熟。此數人者各居異地，而惟瞻岷與余居相邇，聲聞頗數。往數人嘗與余約偕隱舊京〔一〕，而瞻岷不果至，余亦尋自金陵返故鄉，繼莊則早死吴市，季野亦旅卒燕山。久之，瞻岷亦没於江都，而余與崑繩南北間隔，皆躑躅行吟，落寞無所嚮，其亦不能無慨也已。

季野之書在史館，繼莊之書今雖零落，然異日必有刊而傳之者，而瞻岷遺稿，其友人某方捐貲刊刻之於江都。諸君子雖不得志，而立身行己，卓然爲狂瀾之砥，其學明體達用，輔經翼史，而文章足以發先聖之緒，砭末學之愚，其功名豈小也哉！嗚呼！時文之士，制科之徒，雖一時僥倖得志，不轉盼而已灰飛烟冷。乃蕭然蓬户之中，布衣諸生獨爲其遠且大者，而學問功名之事尚存於人間。此吾所爲序瞻岷之文而不禁喟然興嘆者也。

〔一〕「往」，張本下有「還」字，衍。從硯莊二本、王本、秀野本删。

章泰占文稿序〔一〕

以文諛人者，其文可知也。好人諛己之文者，其文亦可知也。古者贈人以言，必取其所不足而規之，委曲開導，務期其有成，此古人忠厚之道也。自世風之靡，一切皆趨於浮薄，而獨諛人之文不嫌其過。夫諛人之文與其人無一之相似也，而人顧從而好之，相與爲欺謾，以爲情之厚，豈不異哉。夫稱其人之所長而時時聒於耳，以求其悦也，此非小人，其孰能爲之。倡優巧笑，便嬖善柔之技，而用以施之於文字之間，所可歎者不但文章之衰而已也。余名爲能古文，而人之以文來請者不絶。余之稱之者不敢爲溢美之言，務適符乎其實，而或期之於其後。其人得之不慊意，則往往私以己意竄入佞諛之詞於篇中，至使全篇皆不足觀。余未嘗不悔其輕諾而失言也，自頃以來，而余之應人之請者亦絶少矣。

山陰章君泰占屬余序其文者屢年，余諾之而不果爲。去年冬以書來趣之，且曰：「吾非好諛者，知吾子不以世俗待我也。」嗚呼！世俗之好諛也，欲得余之諛甚於他人，而章君若惟恐余之諛之者，則章君之文從可知矣。章君之所宗仰爲其鄉人西河毛氏，而章君要自有蕭然獨得者。至於規其所不足，以托於古者贈人以言之義，則余之荒落已久，無可效於章君者。章君其過吾友靈皋氏而問焉，靈皋氏亦不肯以文諛人者，章君素與善，必有以得其言矣。

〔一〕此篇惟見於王本。

兒易序

上虞倪文正公所著學易之書曰兒易。兒易之目有二，曰内儀，曰外儀。舉凡天地之闔闢，日月之明晦〔一〕，世運之升降，人事之數，古今之變，皆具而發機於筮焉。其曾孫某將鋟板以行於世而屬序於余。

蓋昔者莊周氏以春秋爲聖人經世之書，而余亦以爲易者聖人經世之書也。子曰：「作易者，其有憂患乎。」陰陽之消長，治亂之循環，君子小人之進退，其所爲吉、爲凶、爲悔、爲吝之故，言之至詳且悉，以通天下之志，以定天下之業，以斷天下之疑。蓋無一人而無易，無一時而無易，亦無一事而無易也，區區執一端而以爲易在是，固已非易矣，故曰，易者聖人經世之書也。經世之大者，莫大於陰陽之消長，治亂之循環，君子小人之進退，而他一切紛紜瑣屑之見，聖人有所不言，而至後世學易之家穿鑿附會之説，君子亦有所弗取焉。

易之理經宋諸儒而大明，如程傳、本義，雖未必一一盡合於聖人，而其大旨固已無失。至於邵子言易之數更爲精核，然而論者猶疑其未盡合，是則易之難知也久矣。

當有明之季，與文正公同時而起者曰文明伯黄石齋，其學至爲奥衍，而尤以易學名於時。余嘗見其書，浩博無涯涘，然與宋儒之論頗多有所不合，説者以爲支離破碎，學易者之通弊，雖賢者有所不免，而余以謂是區區皆不足論。大抵賢人君子，遭世末流，胸有鬱勃感憤，借易以致其扶陽抑陰之意，是亦出於憂患之所爲也。余考文正之世，天下之事已不可爲，自蘖芽伏于神宗，繼以崔、魏執政，忠臣義士，斬艾糜爛略盡，小人根株蔓延，牢不可拔，雖以烈皇帝之英武，而不能支其壞敗。其時巋然名德如公與文明數人，上未嘗不知，然而知之而不能用，用之而不能盡，卒至君臣同隕，海内丘墟。君子讀崇禎之事，以爲當此之時，凝陰感召，連類並進，于卦爲否之初六，其禍方形而未有止也。公以經世之才，不得盡用，而託於學易以寫其憂患之心，此兒易之所爲作乎！兒者姓也，公意以爲此兒氏一家之書也云爾。

余按公自序有曰：「屯之次乾、坤，以易告難也。繼屯以蒙，蒙童蒙，其意孩天下，甚危之言，自兒爲之則可無禍，筮亦聖人兒天下也。」然則公之憂世之心出以詼諧嘲笑之辭，後之讀者益可以悲公之志，而其書與宋氏諸儒之説有合與否，其亦可以不論也夫。

〔一〕「明晦」，張本作「晦明」，從批校本、硯莊二本、王本。

種杉説序

婺源何翁，精於種植之術，而樹木以杉爲貴，其獲利也多，以其栽植培養澆灌之方一一書之於紙，分爲數則而廣布之，使人有所效法，其意厚矣。翁諸子請予序之。

余惟讀書之士，至今日而治生之道絶矣，田則盡歸於富人，無可耕也；牽車服賈則無其資，且有虧折之患；至於據皋比爲童子師，則師道在今日賤甚，而束修之入仍不足以供俯仰。若夫修身以取必於天，而天道之爽，百求之而無一應也，將欲求之於人而一引手援之，非可望於澆淳散樸之世也。天與人皆不可恃，而求之輒應且不我欺者，惟地力而已矣。地力之獲利者多，惟樹而已矣。蓋余聞武進有老儒吴氏，貧無隔宿之儲，室前有隙地丈許，偶種瓜數本，每日以盥面之水澆之。時順治九年，東南大旱，餓殍抱金錢珠玉以死，而老儒獨以瓜熟纍纍，活其家七八人。夫種瓜之效且如此，而況於樹木乎。夫樹木之勤苦，計一月間從事於栽植培養澆灌者不過數日，而得以其暇從事於學問之事，積十年而已得利焉，積之愈久則獲也愈多。故讀書之士所以治生者，舍樹木無他策焉。而人顧舍是而徒求於不可恃之天與人，則亦終窮且没而已矣。昔者諸葛孔明位爲丞相，而家之所給者僅成都之桑八百株，其家已不爲貧矣。然則樹木以治其生，豈獨讀書宜然哉。是故居沃土市廛，則宜種花菓，居川澤則宜種桑柳，居郊野則宜種竹，居巖壑山谷間，則宜種松杉。杉之利雖稍遲，而百倍於他木。或曰，士欲種杉，而力不能辦則奈何。曰，如翁之法，則買苗之費無多也，山石磽角，人所不争，其值甚賤，可易得也。倘以其獲利稍遲也而置不爲，以至窮且没世，孟子所謂七年之病，求三年之艾，苟爲不蓄，終身不得者是也。人之一生，壞於因循惰窳而不爲者，又豈獨此也哉。

余素有志於種樹而頗不諳其方，今得翁是書，而年已垂老，不能爲矣。故書此以告夫士之欲治生者。

禹貢錐指序（代）

非博學好古之士，不能著書以自見於天下。然自古以來著書之家亦頗多有，而非生遭聖明之世，無右文之主爲之表章，則或湮没而不顯。彼其穿穴經傳，條貫古今，搜抉奇異，冥心孤詣，積數十年而成一書，其意欲以傳於後世，然不過藏之名山，傳諸其人而已，倘其人不可得，則遂至放軼而散失者有之。是故著書既難其人，有其人而又多不逢其世。吾於德清胡君朏明所著禹貢錐指一書，竊幸其遭逢之獨奇，爲自昔著書之士所未有也。

昔之釋禹貢者，孔安國、蔡仲默兩家皆立於學宫，蔡氏因陋就簡，無所發明，而孔傳尤多牴牾，先儒疑其爲後人僞譔。胡君博學好古，於書無所不讀。其於禹貢，剖析鑽研，反覆不去手，參驗故實，網羅傳注，爲之正其同異，辨其是非，窮其端委，研精覃思，凡二十年而成，名曰禹貢錐指。會今天子聰明神聖，四海之内，薰蒸浸漬，莫不彈冠振衿，輻輳而出，相與黼黻鴻業，鼓吹休明，雖布衣之士，幽隱伏匿之儒，耆艾之老，山澤之臞，亦思自奮起，以期無負於盛世。而胡君年踰七十，平生閉門掃迹，上下千古，討論六經。錐指一書，正孔傳之僞，而訂蔡氏之訛，其有功於後學尤大。

先是康熙四十四年春正月，學士臣查昇已代爲呈進。未幾，車駕南巡狩，臨幸浙西，胡君匍伏道左，恭進是書，並獻頌一篇。天子覽之稱善，賜膳，賜御書詩扇，賜御書匾額，一時士人嘖嘖嘆羡以爲榮。夫以布衣之士，幽隱伏匿之儒，耆艾之老，山澤之臞，苟有一技可取，一書可觀，皆得以其所業與其姓名上達天子，褒寵頻加，恩賜備至。臣於是仰見我皇上右文之至意，礪世磨鈍，鼓舞激勸，真有超出前古者。天下之士，其孰不奮袂而起，思出其奇，以求得當。行見博學好古之士，著書立言之家〔一〕，接踵而出，潤色太平，不獨胡君一人之榮遇而已。余故書之以爲胡君賀，並以爲天下之士也幸。

〔一〕「著書」，張本脱二字，從批校本、硯莊二本、王本。

春秋正業序（代）

昔者經之有訓詁也，所以解經也。今者經之有講章也，所以便爲舉業者也。經自遭嬴氏之禍，經幾亡矣。至宋氏諸儒出而經之義始大明，所謂如日月之經天，如江河之行地，後有起者無以復加矣。功令士各治一經而兼通四書，皆奉宋儒之書爲宗，學者兢兢守之而勿失，則亦何容其贊一辭而參一見！乃舉業家有所謂講章者，曰：「吾非有背於宋儒也，吾以闡明宋儒之緒言云爾。」是猶以日月爲借光于爝火，而挹潢汙之水注之於江河，而曰吾以壯其瀾也，亦惑之甚矣。然其説則曰：「經之旨浩博，士不能徧觀而盡識焉，爲之汰其繁而標舉其大略，期利於場屋而已。」于是場屋命題之所不及者，士或終身而未嘗舉其辭，而苟且之見，謬悠之説，穿鑿破碎之論，深入於肺腑而不可救藥，名爲便舉業而於是乎舉業亦亡，不但亡經而已也。嗚呼！亡舉業可也，亡經不可也，此有志君子所爲悼經學之榛蕪，欲一舉而掃除廓清之而無遺者也。

上虞徐生某，著有春秋正業一書，刊行之久矣。今年冬，余行部至紹興，而生請爲之序，至於再三。余觀其書，大抵亦爲便於舉業而利於場屋者，然而採摭咸當，詳略得宜，無有牽强支離附贅懸疣之弊，雖非通經學古者之所尚，而與世之講章能亡舉業以亡經者，吾知其必不同矣。生要爲有志者，默守先儒之説，穿鑿鑽研，兼總條貫，而於舉業亦未始不便焉，則其所見必更有進於是書者。生其勉之！

戴名世集卷四

狄向濤稿序〔一〕

自科舉興而士之有功名以垂於世蓋少矣。夫士之研精覃思從事於場屋之文以應科舉，其得之者，往往登高第爲大官，流俗之人相與豔羨之，即其人亦莫不自以爲功已立而名已成也。嗚呼！此士之所以無功名也。且夫功見於天下，名施於後世，若古大臣之爲者，一代之中正不可多有。又其次，或效一職建一議，卓然爲一世之所倚毗。他如濂、洛、關、閩，不必身都爵位，而功名爲古今之所莫敵，此真所爲功名者也。世之人求功名之説而不得，而以富貴當之，舉世之登高第爲大官者，皆相與指而目之曰功名。嗚呼！此士之所以無功名也。

古者先王之教興，士自小學以入大學，舉正心修身齊家治國平天下之理，莫不犂然具備，以故施於天下後世，而功名直昭垂至今。其理載之於書，書具在，後之人棄而不務，而研精覃思以從事於場屋之文。夫從事於場屋之文，不可以謂讀書也，世之人第以是爲讀書之事已畢矣。夫以從事於場屋之文爲讀書，以科第富貴爲功名，是故世之無功名者，由世之無讀書者也。當此之時，苟有卓然自立於其間者，必去其富貴科第之見，而後可與共功名也，必罷去場屋之文，而後可與語讀書也。

吾友狄君向濤，年踰二十，即舉進士，登高第，入翰林，人莫不艷羨之，而其場屋之文爲士林之所傳誦。果如世俗之議，則向濤之功已立而名已成，而讀書之事已畢矣。向濤不色喜而抑然自下，蓋其於古人之道方日進而未有已者。然則向濤之得第非向濤之功名，而向濤場屋之文又向濤之糟粕煨燼，而非向濤之所以爲讀書者。由向濤之道而日進不已，吾見向濤之追踪古人不難也。至於向濤文章之美，余友劉太史陂千序之詳矣〔二〕，而向濤復屬余爲序，余故獨著向濤之志如此，以見世猶有卓然自立，不爲世俗之所浸淫者，並以告天下科舉之士，其必有以余言爲然如向濤者也。

〔一〕自狄向濤稿序至九科大題文序共十篇，見於南山集偶鈔。

〔二〕「劉太史陂千」，偶鈔本「陂」誤作「若」，從張本、國學本改正。

甲戌房書序

自科舉取士而有所謂時文之説，於是乎古文乃亡。夫所謂時文者，以其體而言之，則各有一時之所尚者，而非謂其文之必不可以古之法爲之也。今夫文章之體至不一也，而大約以古之法爲之者，是即古文也。故吾嘗以謂時文者，古文之一體也。而今世俗之言曰：「以古文爲時文，此過高之論也。」其亦大惑矣。且夫世俗之言既舉古文時文區畫而分别之，則其法必自有所爲時文之法，然而其所爲時文之法者陋矣，謬悠而不通於理，腐爛而不適於用，此豎儒老生之所創，而三尺之童子皆優爲之。至於古文之法，則根柢乎聖人之六經，而取裁於左、莊、馬、班諸書。兩者之相懸隔，若黑白冰炭之不相及也。今世俗取時文之法與古文並立而界限之，曰：「吾所爲時文，其法具在也，而無用於古之法爲。」是其意殆以聖人之六經及左、莊、馬、班諸書，不若今之豎儒老生與三尺之童子也，毋乃叛聖侮經而與於無忌憚之甚者乎。故曰，自科舉取士而有所謂時文之説，於是乎古文乃亡，非亡於時文也，亡於時文之法也。

由此觀之，是豎儒老生之爲六經及左、莊、馬、班諸書蟊賊也。然則何以救之？亦救之以古文之法而已矣。蓋其説莫備於韓、柳二家。韓子之言曰：「將蘄至於古之立言者，則無望其速成，無誘於勢利，養其根而俟其實，加其膏而希其光。」柳子之言曰：「本之書以求其質，本之詩以求其恒，本之禮以求其宜，本之春秋以求其斷，本之易以求其動，參之穀梁氏以厲其氣，參之孟、荀以暢其支，參之莊、老以肆其端，參之國語以博其趣，參之離騷以致其幽，參之太史以著其潔。」嗚呼！二家之言盡之矣。二家之言蓋言爲古文之法也，而吾以爲時文之法能取諸此，則時文莫非古文也，而何爲必欲舉古文時文區畫而分別之也耶。故吾謂古文之亡亡於時文，而時文之亡亡於豎儒老生。吾今以古文救之，雖有豎儒老生執其説而與吾争，而適以見其叛聖侮經，自與於無忌憚之甚而已矣。

余與武曹論定甲戌科新進士之文，既持是以爲是非去取，而又著其説如此。世有好古篤學之君子，其必以余言爲然，相與振興古文，一洗時文之法之陋，則兹書其嚆矢也夫。

甲戌房書小題文序

制義之有大題小題也，自明之盛時已有之，而小題尤號爲難工。蓋小題也者，其勢最爲偪仄，而其法律更爲謹嚴，往往有毫髪之失而遂至於千里之隔者。譬若行於深峭之澗，危石當其前，飛瀑懸其左，而下臨於千尋之潭，境窮路絶，攀蘿援綆而過，稍一失足，則墮于深淵而莫知其所止，此其難也。然有習於此者，色不變而目不瞬，舉步自如，輕身而飛度。若是者何也？久而熟焉故也。及至於險過隘出而之乎康莊之途，據鞍顧盼而縱其馳騁，夫何難之有哉。故夫小題者，文章之峭澗也，而大題者，文章之康莊也。今夫大題也者，其體崇，其勢閎闊，固可以縱其馳騁，然而其法律之謹嚴，要無不與小題同，夫惟久而熟焉於小題，而大題已舉之矣。吾聞有明先正之爲制義也，小題時時不釋手，雖臨場屋，猶作小題數十篇，故先正大題文之工由于小題文之工也。今之學者務爲速化之術，往往棄去小題不觀，後生小子甫執筆學爲文，即皆從事於大題。譬如仄徑窘步未嘗涉歷，氣浮力弱而遽試千里之驥，銜勒不施，韁轡俱絶，其勢未有不顛仆者也。

往余與汪君武曹嘗慨嘆及此，思欲維挽風氣，當從小題始。會今年南宫試士，得雋者先後郵致其平居所作制義，不啻數千首。因相與抉擇其最工者，大題小題各爲一帙，要皆有當於吾之所云云者，爲之排纘點定，而去年秋二三友朋舉於鄉者，其所授行卷亦間附焉。於是次第刻于吴中，適小題先成，因著其説如此，以告世之學者，欲工於文章，當從此書始也。

小學論選序

文章風氣之衰也，由於區古文時文而二之也。時文者，時之所尚，而上之所以取於下，下之所以爲得失者，則今之經義是也。至於論者，則群以爲古文之體，而非上之所以取於下，下之所以爲得失者，則遂終其身而莫之爲。夫經義者，天下之人，童而習之，至於白首而猶茫不得旨趣，而況於論者，群震以爲古文之體，且又以爲非功令之所在，而終其身而莫之爲。以朝夕從事於時文猶茫不得其旨趣之人，而使之爲古文，宜其驚愕皇惑而不能執筆也。頃者功令又以小學論一篇試童子，與經義而並行，則是時之所尚，而上之所以取於下，下之所以爲得失者，將又在於論，論亦且化而爲時文。時文之謬悠庸爛，浸淫蔓延，屢救而不能振，於今數十年，而令又以其謬悠庸爛者出而爲論，於是乎經義與論且同歸於臭敗而後已。嗚呼！此余是編之所爲作也。

今夫經義之與論也，雖皆古文之派别，而其體製亦各有不同者。今之經義，則代聖人賢人之語氣而爲之摹擬，其語脉之承接於題之上下文義，皆各有所避忌，蓋其法律極嚴以密，一毫髮之有差，則遂至於猖狂淩犯，斷筋絶臏，而其去題也遠矣。至於論者，則可以出己之意見，反覆辨難，窮盡事理，以求無餘藴，而於題之上下文義不必有所避忌，但須斟酌損益，而不使輕重賓主或至倒亂於其間。今或一以經義之法繩之，徘徊四顧，左支右吾，而謂上下文之亦當有所避忌，是烏知夫論之體製者哉。且夫世俗所言作論之法又大有謬悠庸爛而不合於古者，曰：「論有首，有項，有腹，有腰，有股。」此等之言，皆似是而實非者也。夫文章之事，千變萬化，眉山蘇氏之所謂如行雲流水，初無定質，其馳騁排蕩，離合變滅，有不自知其所以然者。既成，視之，則章法井然，血脉貫通，迴環一氣，不得指某處爲首，某處爲項，某處爲腹，某處爲腰，某處爲股也。而方其作之之時，亦未嘗預立一格，曰此爲首，此爲項，此爲腹，此爲腰，此爲股也。天之生人也，妙合而凝，形生神發，而必預立一格以爲人，曰，如是以爲首，如是以爲項，如是以爲腰腹，如是以爲股肱手足也，而人之生者少矣。故曰，文章不可以格言也，以格言文而文章於是乎始衰。而或又追咎於始爲之者，曰，其禍實始於眉山蘇氏。夫以蘇氏之奇才横溢，而謂爲謬悠庸爛者導之以先路，天下之謬悠庸爛者，比肩接踵，不可勝數，此輩雖至愚妄，亦未有自命爲蘇氏者。今皆號之曰，此蘇氏也，是亦猶見里之醜人捧心而矉其里，遂號之曰，此西子也，而因以詬西子之不美也。此所謂奔者東走，逐者亦東走，將使誰正之哉。嗚呼，外間所謂之俗法，其説相延已久，今功令初頒，而群又鼓其説以迷惑幼學之士，使經義與論同歸於臭敗而後已，此余是編之所爲作也。

是編文凡百二十篇，其平居與三數友人授徒之作，以及一二先達與夫督學使者之所爲課擬且五十篇，而唐宋大家及有明諸先輩之文題之見小學者，亦稍稍附入焉。或曰，其文甚高，恐幼學之士學之而不能以驟入，無已，則又合坊刻諸選本而擇别之，得文踰六十首，爲之芟其繁雜，闢其蕪穢，陶汰潤色，共訂爲一集，雖不得盡謂之古文，而要使天下幼學之士漸去夫謬悠庸爛之習。論之體既正，而經義之與論同爲古文之派别者，亦浸尋漬漸以合於古，此則余之區區以古文爲時文之意也。

丁丑房書序

歲丁丑，武曹論次新進士之文，而自姑蘇以書召余於青溪曰：「願與吾子共商之也。」比余至，而書已垂成，余以己意增入之者且百篇。既卒業，而語於武曹曰：「經義之文，自天順以前，作者第敷衍傳注，或整或散，初無定式。而成化以後始有八股之號，嗣是以來，文日益盛，而至於隆慶及萬曆之初，其法益巧以密，然而其波瀾意度各有自然者，歷數百年未之有異也。今之論經義者有二家，曰鋪叙，曰凌駕。鋪叙者，循題位置，自首及尾，不敢有一言之倒置，以爲此成化、弘治諸家之法也。凌駕者，相題之要而提挈之，參伍錯綜，千變萬化而不離其宗，以爲此史、漢、歐、曾之法也。於是言鋪叙者則絀凌駕，言凌駕者則絀鋪叙，兩者互相詆訾而莫之有定。

「余以爲文章者，無一定之格也，立一格而後爲文，其文不足言矣。夫爲鋪叙之說者，舍史、漢而取法於成化、弘治，此則便於不學無文之人，亦自知其說之不可以通，乃復爲之說曰：『學者代古昔聖賢而爲言，誠宜以題還題，而不可以己意與乎其間。』夫彼之所謂以題還題者，不過循題位置，尋討聲口，兢兢不敢失尺寸，言之既無文，而於理道曾不能有毫髮之發皇，此則謂之未嘗爲是題可也，非以題還題也。吾之所謂以題還題者，必扼題之要而盡題之趣，極題之變，反覆洞悉乎題之理，而無用之卮辭，不切之陳言，無所得入乎其間，此則所謂以題還題也。史家之法，其爲一人列傳，則其人鬚眉謦欬如生，及其又爲一人列傳，其鬚眉謦欬又別矣。蘇子瞻論傳神之法曰：『凡人意思各有所在，頰上添三毫者，其人意思蓋在顴頰間也。』吾以爲一題亦各有一題之意思，今之論文者不論其意思之所在，一概取耳目口鼻具而已，而反笑傳神者之爲多事，不已陋乎。」

或者曰：「如子之説，則當以凌駕爲主乎？」余曰：「夫文章者，無一定之格也，立一格而後爲文，其文不足言矣。以凌駕爲主者，是又立一格以爲文也。余非有意於凌駕，但取其相乎題以立言者而已，其相乎題者，相其題之意思之所在也。吾取其相乎題之意思以立言者，而彼以吾爲主於凌駕，夫安知文章之波瀾意度各有自然者，歷數百年原未之有異乎。今夫成化、弘治諸家之文具在，其鴻文名篇世所號爲鋪叙者，未嘗不扼題之要而盡題之趣，極題之變，反覆洞悉乎題之理，而非如今之講鋪叙者，僅僅循題位置，尋討聲口，遂以爲盡題之能事也。特其時風氣渾樸，含蓄不盡，故但見爲鋪叙，而不知其鋪叙之中未嘗無凌駕者在也。至於隆慶、萬曆以來，其法益巧以密，人但見其爲凌駕，而不知其以題還題者，無以異於成化、弘治諸家，蓋又以凌駕爲鋪叙者也。

「嗟乎！四書五經，明道之書也，而既以命之題而爲之文，則涉於文章之事矣。吾未聞文章之事而可廢夫史、漢、歐、曾之法者。吾以史、漢、歐、曾之法告天下，而天下且曰，經義之文無所事此。夫文章之事莫大於經義，而以爲無所事此，則惑之甚而已矣。」

武曹曰：「子之言是也。」遂書之。

己卯科鄉試墨卷序

以四子之書，幼而讀之即學爲舉業之文，父兄之所教督，師長之所勸勉，朋友之所講習，而又動之以富貴利達，非是途也則無以爲進取之資，使其精神意思畢注於此，而鼓舞踴躍以赴之。而人之學之者，自少而壯而老，終身鑽研於其中，吟哦諷誦，揣摩習熟，相與揚眉瞬目以求得當於場屋。若是之專且久，則宜其見理也明，擇言也精，各自出其心思才力，以縱横馳騁於世。然而其於四子之書之精微義藴，茫無所得其毫釐而出言吐詞，非鄙則倍，且其所爲鄙倍者，又非盡出所自造，而雷同勦襲，大抵老生腐儒之唾餘，雄唱雌和，自相誇耀。及其入於場屋，則以此書之於紙而獻之於有司，於是乎有得有不得焉。其有得有不得者，非其所爲之有工有不工也，以爲有時命存焉。而得之者輒舉而歸其功於所爲之文，矜倨護惜，惟恐人之摘其疵謬。當其氣滿志得之日，而固已臭敗而不可近矣。夫以終身用力於其中，既專且久，出於精神意思之所注，而鼓舞踴躍以赴之者，止成其爲鄙倍之甚，不越宿而已臭敗不可近焉。況乎未嘗用力於其中，非其精神意思之所注，而又無教督勸勉講習之人，舉業而外，如古文辭，又由古文辭而上之，至於禮樂制度、農桑學校、明刑講武之屬，凡聖人之大經大法，而倀倀焉一無所知，固其所也。嗚呼！大之禮樂制度、農桑學校、明刑講武之不知，次之古文辭之茫如，而其所爲舉業之文得當於場屋者又臭敗而不可近，雖其富貴利達之僥倖而獲，而固已爲有志君子之所不屑矣。

今夫有志君子之所爲也，必不苟焉以同於衆人，衆人之所趨未有不在於鄙倍，而其所好未有不在於臭敗者也。君子非一切故與世乖異，獨其見理不可以不明，而擇言不可以不精者，文章之道莫外乎此也。

夫四子之書，自晚周歷漢及唐千餘年而始明，宋之儒者辨晰之於錙銖毫髮之間，已無不達之旨。後之人即不能發皇恢張，而於宋儒之書曾無所尋繹，與夫尋繹之而不得其旨趣，是亦猶日月出而不見其明，雷霆動而不聞其聲，率天下之人而聾瞶之者，舉業之文其一矣。君子者，沈潛於義理，反覆於訓詁，非爲舉業而然，引伸觸類，剖悉毫芒，於以見之於舉業之文，實亦有與宋儒之書相發明者。且夫言之行世而垂遠，則又不可以無文。君子冥心孤詣，其於古人之載籍，沈浸醲郁，得其精華而去其糟粕，舉筆爲文，灑灑自遠，雖歷年之多而常新不敝，此所謂擇焉而精者也。衆人之志滿氣得者，方共笑爲迂濶，以爲進取之無望，而究之鄙倍者未必盡得，而君子未必盡不得。迨夫霜降木落〔一〕，是非較然，妍媸異態，獨君子之文常存於人間，而向之臭敗不可近者，已灰飛煙滅而不知何往矣，豈不悲哉！

歲己卯秋，當鄉舉之期，凡得當於場屋之文，余皆次第觀覽，而江南、浙江則主司親授余全卷，山東、江西亦有全卷流布，至於順天以及他省所見，或三之一，或五之一，最少或十之一。余就所見排纘爲一書，凡得文三百二十篇，其中豈無有志君子見理也明，擇言也精，而不可苟焉以同於衆人者，顧往往不可多得，而所爲鄙倍之甚，至於臭敗不可近者，雖欲盡汰之，而亦有所不能。於是得失互見，瑕瑜不相掩，而各爲略指其美惡之所在。苟有覽而瞋目變色，勃然以起者，固已不問而知其爲衆人也。而余之所望於有志君子者，由舉業而上之爲古文辭，由古文辭而上之至於聖人之大經大法，凡禮樂制度、農桑學校、明刑講武之屬，悉以舉業之心思才力，縱横馳騁於其間，而不以四子之書徒爲進取之資，是則余區區之志也。

〔一〕「霜降木落」，偶鈔本「木」作「水」，從王本、張本。按成周卜詩序亦有「霜降木落」之文。

庚辰會試墨卷序

歲庚辰，南宫會試之役，天下士集於禮部者數千人，既登第者凡三百人。其場屋文字號爲墨卷者流傳江南，余所得見僅一百五十四人之文，凡四百餘篇，因就其中選而録之，凡一百餘篇，爲刊而行之於世。因復取去年冬所定己卯鄉試墨卷，詳審擇别，汰其半，存一百八十餘篇。合之會試墨卷，凡二百九十餘篇，既卒業而序之曰：

制舉之文之有選本也，自萬曆壬辰始也，而旁有批點則始於王士驌房仲。於是選家濫觴，而是非得失錯見互出，余乃益以知文章之無定論，而是非得失誠不可以爲據也。夫士從事於制舉之文，每三年而一試，其獲雋者，宜其文之無不工也；其不工者，宜其爲主司者之所斥而不録也。然而撤棘之後，其墨卷次第入於選家之手，選家不一其人，輒無不精慎以從事，丹鉛甲乙，分别黑白，曰某也工，某也不工。其議論斷斷，足以補主司之所未及，是亦不可謂無關於文教。及刊本四出，而此之所非或爲彼之所是，此之所取或爲彼之所棄。嗟乎！彼亦一是非，此亦一是非，其論將安所定哉。且夫選家者，大抵多布衣諸生，日習爲制舉之文，非荒疏鹵莽以從事者之所可比，又其爲時甚寬，優游整暇以卒業，非若場屋之中，刻日竣事，則宜其論之衷於一也，而是非去取亦卒無一定，而況在場屋之中，日不暇給，而目力有所不能盡遍者乎。吾故以爲文章者未嘗無定論，而非所語於制舉之文也。夫同是制舉之文也，此一人選之以爲工也，而彼一人者以爲弗善也；此一人者選之，大書深贊以爲至善也，而彼一人者亦選之，而猶以爲不滿其意也。吾由是而知場屋之中，其取舍甲乙亦不過如是而已矣。是故同此應試之人，亦同此應試之文，以一人而爲主司，其取舍甲乙既定矣，使易一人而爲主司，其取舍甲乙必大相懸焉，又易一人而爲主司，又必大相懸焉，然則選文者而以爲吾之所定確不可易，則亦惑之甚矣。昔張大寶知貢舉，所取進士中書有覆落者，下學士院令作貢舉准格。學士李懌笑曰：「余少舉進士登科，蓋偶然耳，使余復就禮部試，未必不落第，安能與英俊爲准格耶！」吾讀史至此，未嘗不嘆古人之虛懷得大體如此。然則制舉之文，必欲區區執成見於胸中而以爲吾之所定確不可易焉，固已爲古人之所笑矣。余草茅書生，文章之事無有責焉，而四方之士顧欲余有所選録以爲定論。嗚呼！余論之不可爲定也，余自知之矣。

有明歷朝小題文選序

世之學者，從數千載之後而想像聖人之意，代爲立言，而爲之摹寫其精神，彷彿其語氣，發皇其義理，若是者謂之經義。其體爲古文之所未有，發端於宋，至明而窮極變態，斯亦文章中之一奇也。其道譬之於畫家之寫生者也。寫生之技莫妙於傳神,然亦莫難於傳神。古之能傳神者惟顧陸,蘇子瞻稱引顧虎頭之言而推廣之,以爲傳神之難在目,其次在顴頰,目與顴頰似,餘無不似者,眉與鼻口,可以增減取似也。吾以謂經義者,擇聖人之言而命之題,每一題必有一題之目焉,顴頰焉,眉與鼻口焉,然而傳神者必知其人之意思之所在,而乃舉筆貌之,況以學者從數千載之後,而想像聖人之意代爲立言,苟不深知聖人之意,則亦安能爲聖人之言耶?

夫能知孔子之意者,則當其立言時宛然一孔子,能知孟子之意者,宛然一孟子。其宛然一孔子、一孟子者,是爲能傳孔子、孟子之神者也。孔子、孟子之神,即其題而已具者也。今夫題之目與顴頰者,其義理也;題之眉與鼻口者,其語氣也。目與顴頰之精神得,而眉與鼻口之精神亦無不得矣。且夫有一題必有一題之神,苟爲不得其神,則注視者一人而無毫髮之似,衣冠形骸之徒具,而與其人無與也。今之作者大抵盡衣冠形骸之徒具者也,甚或衣冠形骸之亦不具者也,豈可以代聖人而爲之立言乎。嗟夫!人之度量相越之遠也,什乎己、百乎己者,其意已非吾之所能測,況由什己、百己而上之至於聖人,欲知其意而爲之傳其神也,此實難矣。

子瞻又言,傳神之道,法當於衆中陰察之。然則欲得聖人之天,亦不可無以察之矣。

夫惟沉潛反覆於論語、孟子、曾子、子思之書，以及易、詩、書、春秋、禮記，與夫濂溪、横渠、明道、伊川之所論著，考亭之集注，並其師弟子問往復辨難答問之言，貫穿融洽，怡然理順，涣然冰釋，因遂旁涉於左、國、莊、屈、荀、韓、馬、班、韓、柳、歐、曾、蘇、王之文章，夫而後一題入手，相其神之所在而舉筆貌之，而聖人之天可察，而聖人之意可得矣。至於子瞻之所謂蕭然有意於筆墨之外者，此又作者自有其天，不可學而能，亦未始不可學而能也。

余少從事於經義，即厭世俗之文，而惟有明先輩之是尚，以謂此經義中之顧陸也。自是窮搜博採，而大題文及小題文各選録千餘篇，多世間之所未見，而亦不拘於科目，凡諸生未遇者之文皆入焉。余之經義，大抵多得力於此。而今歲之春，友人張子山來、張子逸峰謂不可以不公之於世，於是爲余次第排纘，更加擇别，先出其小題文刊而布之，復恐卷帙繁多，學者難以卒業，爲删去其十之二三。工既竣，而余乃以傳神之説發明經義之爲道，以告今之作者，毋衣冠形骸之徒具，並衣冠形骸之不具，而必思夫得聖人之意；又勸之以悉屏去世俗之文，而一意諷誦研窮於此書，則人人皆顧陸也。

汪武曹稿序

吾友汪子武曹刻其所爲舉業之文，而以書貽我於秦淮，曰：「願有言也。」夫舉業之文號曰時文，其體不列於古文之中，而要其所發明者聖人之道，則亦不可不以古文之法爲之者。然天下人人爲之，而人人舉莫能知之，背義傷道，勦説雷同，相習而莫悟其非，蓋舉業之名存而實亡也久矣。武曹乃以先儒之旨、前輩之法，爲之正告天下，天下之從事於舉業者，乃恍然悔悟其嚮者之非，而思改其所爲，非汪氏之書不讀也，風氣於是爲之大變。而武曹所自爲之文，要自横絶一世，所謂以古文爲時文者，吾於武曹見之。是則舉業已久亡而實賴武曹以存之也。嗟乎！武曹之志，豈嘗欲存舉業之文者哉。

武曹之言曰：「時文興而先王之法亡。世之從事於舉業者，冥冥茫茫，不以通經學古爲務，其於古今之因革損益，與夫歷代治亂廢興之故，無所用心於其間，則雖其文辭爛然，而識不足以知天下之變，才不足以應天下之用，是舉業之有累於先王之法也。」余嘗與武曹讀書蕭寺，相與抵掌扼腕，未嘗不嘆息痛恨於此。而武曹熟諳前代典故，其利弊變更，言之洋洋纚纚，無不洞悉其原委。酒闌燈灺，解衣磅礴，余聞之，未嘗不爲之色飛而起舞也。顧武曹抑鬱不得志，第以舉業教授生徒。念時文之是非關人心之邪正，俗學紛起，講解訛謬，於是正其闕失，明其旨趣，而聖人之道以大著。夫聖人之道著是即先王之法存也。故夫武曹之於舉業，以不存者存之也。嗟夫！舉業者，人争爲之而適以亡之，武曹本不欲存之而適以存之。然則讀武曹之書與讀武曹之文者，其亦可以悲武曹之志矣。

武曹古文辭深得司馬、歐陽家法，區區所爲時文，即武曹亦不欲自存。顧自時文興而古文亦亡，頃者余與武曹執以古文爲時文之説，正告天下，而真能以古文爲時文者，武曹而外，余未之多見也。是則時文賴武曹而存，而古文亦存，而先王之法亦未嘗不存。使時文而皆如武曹也，則雖存之可也。

九科大題文序〔一〕

自乙卯、丙辰至於己卯、庚辰，其間爲鄉試者十，爲會試者九。余選此九科之文分爲三集，曰墨卷，曰大題文，曰小題文，將次第刊刻而布之於世。

夫此三集之選何以始於乙卯、丙辰也？曰：以晚村吕氏之選終於壬子、癸丑也。今夫制義之有選本也，始於萬曆壬辰，而自乙卯而後日益多且盛，至於一科之文其爲選本輒有數百部，順治以來猶有數十部，迄今日而或不能盈十部。其多寡雖懸殊，而文之不可無選本與選本之未必盡美也，則已非一日矣。蓋昔者有明之季，東鄉艾氏嘗深嘆，以謂天下之爲選政者，以草莽而操文章之權，其轉移人心乃與宰執侍從及督學之官等，而深有望於大儒者爲之别黑白而定邪正，使天下曉然知所去取。余考艾氏之時，文妖叠起，而諸選家爲之揚波助瀾，以故文日益趨於衰壞。艾氏乃不顧時忌，昌言正論，崇雅黜浮，而承學有志之士聞艾氏之風而興起者，比肩接踵。然而艾氏之爲書也，擇焉而不精，語焉而不詳，後之論者猶有憾焉。而近日呂氏之書盛行於天下不減艾氏，其爲學者分别邪正，講求指歸，由俗儒之講章而推而溯之，至於程、朱之所論著；由制義而上之，至於古文之波瀾意度，雖不能一一盡與古人比合，而摧陷廓清，實有與艾氏相爲頡頏者。嗚呼！文之難知久矣，其謬迷顛倒而無所取裁，不獨衡文者之不可憑也，即選家者亦往往是非邪正之莫辨，蓋有佳文而沉埋於廢紙破簏之中者多矣，而大書特讚乃在於臭腐爛惡，至於義理之幾微疑似，毫釐千里之隔，尤不能爲之剖晰而辨别。吾讀呂氏之書，而嘆其維挽風氣，力砥狂瀾，其功有不可没也。雖其興起人才不能如艾氏之盛，而古今運會之際，要非有可以强而同者，而二十餘年以來，家誦程、朱之書，人知僞體之辨，實自呂氏倡之。自丙辰以後之文，呂氏無所點定，而其家有三科述評一書，三科者，自丙辰而己未而壬戌，或曰即呂氏作，或曰非也。呂氏以癸亥歲卒，而其後數科之文多有遠盛於前者，惜乎呂氏未之見也，而余爲編次斯集，以補呂氏之所未及，亦使讀者可以考數十年來文章之盛衰得失，而艾、呂兩家之緒言，猶可於此書得之也。

〔一〕「九科大題文序」，偶鈔本標目如此，批校本及張本作「九科文總序」，他本或作「九科大題文總序」，或作「九科大題文選序」。

金正希稿序

余少而聞長老多道金正希名，不知其何如人也，心志之。長而從事於舉業之文，見經生所習皆不是，以爲當求之古人。歲乙卯，偶於書肆廢紙中及人家敝筐棄不取者求之，得金正希稿數十篇，甫讀其一二，則大喜曰：「是當然矣。」因乞以歸，人亦以其棄物也而不吾吝焉。歸而理之，多脱落朽敗，於他處搜求補綴，得覩其全，因裝寫爲一集。蓋深幸夫向者之不迷惑於衆人汩没之途，而文章之果有真也。嘗習誦讀之，但見其獨往獨來，吐棄一切，非卑論儕俗者之所能曉，無惑乎今人之不習也。而特其激昂豪宕之氣時見於行墨之中，則又私心疑之，以爲此何如人乎，寧直文士而已哉。已而得先生出處大概，乃執書而嘆〔一〕，想像其爲人，蓋未嘗不悲其志而壯其節也。夫人平居談天下之事，非不翹然可喜，迨以身試焉，而畏首畏尾，徬徨瞻顧，當夫生死之交，易節改行，苟偷旦夕之命，於其向之言不啻若兩人。然則先生之不朽者，豈第是區區之制舉文章哉。

先生遭國家多難，腐儒懦夫，摇手相戒，莫敢出聲，而先生深情壯氣，不可抑遏，功未成而挫折以退。退而家居，帕手袴韡，以鄉兵保捍鄉里，親身行伍之中，苦心焦思，卒以賈群小之怒。嗟夫！當是時，居高位據要津者，皆讒夫小人，其才力足以傾人之社稷，而魁奇英偉之才，反遺棄擯斥於荒山墟市，無可如何而付之一死，則其顛覆流離而莫之救，豈足異哉，豈足異哉！

古之志士仁人，脱然於死生之間，非不知事之不可成也，事不成而姑以盡吾心，事終不成而又不敢愛吾死，先生其可謂志士仁人歟！先生之文章氣節並顯於天下，距今不過三十年耳，天下不知有先生之文，亦並不知有先生之人，而獨一渺然小生，拾其遺文於破篋故紙之間，誦之於空山寂寞之内，其亦可嘆也已矣〔二〕。乃書以爲序。

〔一〕「執書」，張本作「執筆」，從硯莊二本、王本、秀野本。

〔二〕「其亦可嘆也已矣」，張本無「已」字，從硯莊二本、毅夫鈔本、徐本。

陳大士稿序

余評閲有明先輩制舉文章無慮數十家，而迨於天啓、崇禎之間，有兩家並以文顯於天下，曰金正希，曰陳大士。此兩人者皆天授，非人力所可及也。大士生於臨川，與同郡艾千子，俱以古文號召天下。當是時，釋、老諸子之書盛行，學者剽竊餖飣，背義傷道，汩没其中而不知出，蓋文之敝極矣。千子慨然憫之，取一代之文，丹鉛甲乙，辨其黑白，使天下曉然於邪正，知所去取，如溺者之遇舟而起，病者之得醫而生，其功可謂盛矣。而能出其才力精魄，發古人之未有，以摧壓一時之豪傑，則莫如大士。大士之文，雄渾深秀，抉其髓而去其膚，摹其神而盡其變，其意義皆破空而出，人人皆如其所欲言。他人苦心嘔血，累日而不能發其一意得其半詞者，大士不待思索，伸紙而書，書盡而止，一藝畢，畢乃更作〔一〕，如是者日數十藝而不竭，誠哉其非人力之所及也。千子論文不爽豪髮，生平極喜正希，而於大士猶若有憾焉，豈以其縱橫排蕩，時軼出於先輩之法之外乎？余以爲此乃大士之所以爲文之豪也，而猶以爲譏，何哉？今夫四子之書，言簡而旨博，世故之變盡具其中，埋没於腐辭陳言而不得見。亦猶名山水之幽窅奇怪，久爲惡木之塞其途，而穢草之蕪其徑，一旦有好事者芟其徑，闢其途，飛泉峭壁，幽巖好石，得以效其奇於人間，可不謂山水之遇乎。故吾讀大士之文，其嚮往無異正希，而存千子之説，以自守於先輩之遺，而無學大士而失之，其於文也或庶幾焉，然而未敢必也。

〔一〕「一藝畢，畢乃更作」，張本作「必一藝畢乃更作」，從批校本、硯莊乙本、徐本、王本、秀野本。

李潮進稿序

余平居讀書從事文章之際，竊以爲制舉之文，亦古文辭之一體也。世之人廢古文辭不觀，而別有所以爲制舉之文，曰「時文之法度則然」，此制舉之文之所以衰也。今夫文之爲道，雖其辭章格製各有不同，而其旨非有二也，第在率其自然而行其所無事，此自左、莊、馬、班以來，諸家之旨未之有異也，何獨於制舉之文而棄之。且夫制舉之文，所以求得舉也，然而得失之故，初不繫於此。其得之者，未必其文之皆工也；其不得者，亦未必其文之果不工也。而特君子之所以爲之者，必不肯鹵莽滅裂以從事，而得失之數不以介於心。是故其制舉之文即古文辭，其旨莫之有二也〔一〕。

毘陵李君潮進所爲制舉之文，不肯苟且雷同，其法無不具，而要皆以古文之旨爲之者。使鹵莽滅裂者見之，必將舉而棄之，以爲非時文之法度，而豈知李君正不屑爲時文之法度者乎。李君既舉於鄉，遂復舉於禮部。夫世之人所以從事於時文者，謂其易舉耳，而未見其皆得舉，如吾李君之文，未嘗不得舉，則夫古文之旨其必欲舉而棄之者，亦見其惑矣。

李君少從余友蔣君玉度游，玉度有道而能文者，源流派別，經其指授。而陳君曾起，秦君龍光，兩人皆毘陵之秀也，李君相與往復劘切。以余之荒落失學，而李君不鄙而棄之，以爲可與於斯文也。余嘗病天下之從事於制舉之文，而未見有卓然自立能讀書者之出於其間，而文章之旨或幾乎亡矣。今讀李君之文有深幸焉，故爲書之如此云。

〔一〕「其旨莫之有二也」，張本「其」作「之」，以「之旨」連上句讀。從批校本、硯莊二本、王本。

慶曆文讀本序

吾友汪君武曹既舉其平日所藏隆慶、萬曆兩朝文讀本雕刻之以行於世，刻且成，適余過吴門，武曹悉舉以示余，且屬爲之序焉。

余自少時從事制舉文字，即於兩朝諸先輩之文，心摹手追，奉以爲程式。當是時學者好雷同，以時文相尚，無讀先輩文者，而余孤行側出，爲世所共棄，浸尋荏苒，轉徙漂泊，棄去不理者，蓋十餘年於今矣。今得武曹是書，往復循環，不能自已。追念曩者，荒江寂寞之濱，抱獨守殘，恍若隔世，而武曹是書正當風氣將變之時，人人思欲揣摩而誦法之，此余之所爲開卷而三嘆者也。

嗚呼，有明一代之文盛矣！當其設科之始，風氣未開，其失也樸遬而無文。至成化、弘治、正德、嘉靖以來，趨於文矣，而其盛猶未極也。迨於天啓、崇禎之間，文風壞亂，雖有一二鉅公竭力撑拄，而文妖疊出，波蕩後生〔一〕，卒不能禁止。故推有明一代之文，莫盛於隆、萬兩朝，此其大較也。當是時，能文之士相繼而出，各自名家，其體無不具而其法無不備，後有起者，雖一銖累黍毫髮而莫之能越。在天啓、崇禎中，休寧金氏，臨川陳氏兩家，奮然特興，横絶一世，而其源流指歸，未有不出於先輩者。然則爲文而不本之於先輩，則必破壞其體，滅裂其法，其卑者蹈常習故，既奄奄而不能振，而好高者又鈎奇索隱，失之於怪迂險賊而不可以訓，無惑乎文之愈變而愈下也。

往者文章風氣趨於雷同，而先輩之文世所不好，於是以爲易餅餌糊籠篋之具，其不至蕩焉無餘者幾希。頃者以來，先輩之文稍稍間出，世之學者多能知而好之。然而世所流傳諸書鮮有善本，所謂擇焉而不精，語焉而不詳，則先輩之文尚未盡出，雖其出之，而其所以爲文者尚未出也。武曹是書，大半皆世之所未見者，爲之疏解其義藴，抉摘其旨趣，發明其波瀾意度所以然者，研精覃思，用以朝夕課讀，而一旦出之於人間，使作者之精神不至於淹滅弗傳，而學者朗然知文章之源流而不爲風氣之所汩没，則武曹之有功於文章也大矣。余雖學殖荒落，而文章之事與有責焉，方將理其舊業，而與世之學者左提右挈，共維挽風氣於日盛也，故因武曹之請而樂爲之書如此云。

〔一〕「波蕩後生」，張本「後」作「復」，從批校本、硯莊二本、徐本。

孫檢討課兒草序

余年二十餘始從事於制舉之文，其爲之者不與衆人同。然衆人多以文名於世，或且取科第以去，而余流落困頓，爲舉世之所共棄，獨檢討孫子未最好之，蓋子未所以爲制舉之文者亦不同於衆人，宜其好余之文不厭也。嗚呼！今之取科第者，大抵以鹵莽滅裂而得之，及其得之，則又舉向之所爲鹵莽滅裂者，視爲筌蹄而委而棄之不復顧，是故終其身而懵不知制舉之文者，莫甚於科第之人，則今日者，科第雖僅存，而制舉之文早已亡也。故子未之文，其爲之者既不以鹵莽滅裂，而至於既第之後，猶時時鑽研反覆，不釋諸手。故其既第之後，制舉之文尤工。歲乙亥，余游燕市，時時過子未邸舍，而子未出其課兒草示余，凡若干篇。子未之於文洵勤矣。余十餘年來，憂患困窮，於世事皆不以屑意，雖向時好時文之意亦澌然盡矣。見子未之工且勤，而追憶疇昔支離攘臂其間，竟復何用，至今而慚悔交集，乃遂決然舍去，未嘗不自笑也。余雖既已荒落，而子未之所爲者，猶流傳人間，則制舉之文幸不至於盡亡也，故書之。

吴七雲制義序

余以舉業之文爲世所推，然余之志固不喜爲舉業之文者，而舉業之家輒多以文章相示，於是四方能文之士，余皆得而交之。昔者吾友青陽徐詒孫嘗爲余言曰：「同縣有工爲舉業之文者曰吴君七雲。」既與余别五六年，中間以書來問，輒又往往及之。今年春，七雲過我於秦淮旅舍，爲流涕而言詒孫死狀，言已則相持泣，且曰：「詒孫遺文，子當序以行世。」而余因得七雲舉業之文讀之，益信詒孫之知言不我欺也。

七雲自言：「少從事於時文，未免沿腐爛之餘習，長而與詒孫同讀書於九華，日相鑽研商榷，乃慨然毀其舊作，而崇尚先輩大家之文。今其所爲，大抵得力於詒孫者爲多，然猶懼未能脱然於世俗，而願與吾子决之。」嗚呼！詒孫不可作矣，今見七雲如見詒孫，蓋兩人之篤行修謹，虚懷樂善，固有略同，而其文之阡陌意境，則吾固能言其梗概也。詒孫好爲短音促節，而激昂嗚咽，時有近於訐露，而七雲深入理解，轉變不窮，時亦有近於漫漶，至於取法於先輩大家而脱然於世俗者，則兩人固未之有異也。然余向與詒孫言，欲天下之平，必自廢舉業之文始，因勸之從事於性命與用世之書。詒孫善余言，而未之能行也，則吾今日之僅僅序七雲舉業之文者，又豈盡余之志也夫。七雲曰：「亡友亦時爲我道斯語矣。」因書之簡端。

己卯行書小題序

己卯秋，各省士子之獲售於場屋者，多以行卷授余爲之點定行世，先後至者凡若干篇，而余爲淘汰擇别，得其尤工者二百七十有餘篇。既卒業，而爲之説曰：

在昔選文行世之遠者，莫盛于東鄉艾氏，余嘗側聞其緒言曰：「立言之要，貴合乎道與法。而制舉業者，文章之屬也，非獨兼夫道與法而已，又將兼有辭焉。」是故道也，法也，辭也，三者有一之不備焉而不可謂之文也。今夫道具載於四子之書，幽遠閎深，無所不具，乃自漢、唐諸儒相繼訓詁箋疏，卒無當於大道之要，至宋而道始大明。乃程、朱之後，已有浸淫而背其師説者，況以諸生學究，懷利禄之心胸，而欲使之闡明義理之精微，固已難矣。且夫道一而已，而法則有二焉：有行文之法，有御題之法。御題之法者，相其題之輕重緩急，審其題之脉絡腠理，布置謹嚴，而不使一毫髮之有失，此法之有定者也。至於向背往來，起伏呼應，頓挫跌宕，非有意而爲之，所云文成而法立者，此行文之法也，法之無定者也。道與法合矣，又貴其辭之修焉。辭有古今之分：古之辭，左、國、莊、屈、馬、班以及唐、宋大家之爲之者也；今之辭，則諸生學究懷利禄之心胸之爲之者也。其爲是非美惡，固已不待辨而知矣。自舉業之雷同相從事爲腐爛，則如艾氏所云，因其辭以累夫道與法者亦時有之，故曰，三者有一之不備焉而不可謂之文也。

且夫制舉業者，其體亦分爲二：曰大題，曰小題。小題者，場屋命題之所不及，而郡縣有司及督學使者之所以試童子者也，或爲單辭隻字，偪窄崎嶇，法有所難施，雖有能者，亦或以雋巧傷其理道，是則小題之道與法與辭，較之大題殆又有難焉。而吾嘗謂作舉業之文，誠能久而熟焉於小題，而大題已舉之矣。何者？其道與法與辭則未之有異也，舉其難者，而其易者豈不恢恢乎爲之有餘裕哉。故余於諸行卷中録爲小題文一書〔一〕，兢兢奉艾氏之緒言，其於道也，法也，辭也，有一之不備焉弗之敢録也。然艾氏他日之序房選有曰：「一時行卷之盛至六七千首，而吾所録無多，雖不明言其故，然未嘗不掩卷三嘆，恐其遂至於凋零磨滅，而徬徨追惜，恒慮吾鑒之未能精者，未嘗一日忘也。」嗚呼！此艾氏之嘆，亦余之志也。

〔一〕「於」，張本作「與」，從批校本、王本。

鄭允石制義序

往余自浙東踰仙霞，經建寧、延平而至福州，其間山巒之峭拔，水之瀠洄，石之奇怪，與夫名葩異卉之芬芳，其佳麗真冠於東南。而士人皆好讀書，能文章，平居友朋講習，磨礲砥礪，皆有元本，尤爲他邦所不及。是時余友孫檢討子未爲福建考官，得人最盛，而鄭君望士名居第一，余因與望士往來，略識閩中人士。今年余友編修阿雲翥主考福建，其得人與子未前後相望，而鄭君允石名居第八，則望士之兄弟行也。允石計偕北上，道出吴門，而以其全稿致余於金陵，屬爲序之。

蓋閩中之工爲經義者，自有明稱極盛，數十年來，流風餘韻不至歇絶。安溪李厚菴先生，冥心孤詣，超出前人，而後來之秀，無踰於漳海鄭居仲，他如吴位子、林修伯名最著，此三人皆子未所取士也，其文余皆得而見之。今年冬，宿松朱字緑新從閩來，爲言閩之能文家頗多有，而惜余多未之見。今見允石之文，凡二百餘篇，皆能自出機杼，不蹈科臼，卓然成一家之言。而觀其友朋所綴評語，則知其平居講習，磨礲砥礪者，既深且久，而允石之文，直可頡頏於居仲、位子、修伯之間也。嗚呼！自余游閩於今六七年，其山川花鳥，歷歷如在目前，而嘗竊有遺恨者三，未食荔枝，未游武夷，未見隱士洪石秋。今聞字緑之言，則吾未見閩之能文章者猶多也〔一〕。故因序允石之文連而書之。

〔一〕「閩之能文章者」，張本無「閩之」二字，從批校本、硯莊二本、王本。

左尚子制義序

吾縣先達之善爲制舉文者，推少保左忠毅公爲最。忠毅者，天啓中死崔、魏之禍者也。忠毅舉萬曆丁未進士，當是時，文妖疊出，波蕩後生，莫可救止。而忠毅所爲文，超然獨出塵壒，蓋其生平好爲清真切實之文，深入骨理，盡落皮毛，而剛勁之氣，不可遏抑。余少從事制舉之文〔二〕，輒取忠毅之遺編，時時誦法之不倦。而忠毅之孫曰未生，與余同學相善，兩人心摹手追，未嘗不嘆息忠毅公之文之不可及也。居久之，未生嘗爲余稱其姪尚子之文能不墜其家法。尚子方居荒江之墟，而余居城市，間歲輒一見，見即別去，余固未嘗得尚子之文而一覽觀之也。頃余僑居金陵，而尚子常過江訪余於青溪之曲，先後出其稿數百篇示余，余反覆卒讀而歎忠毅之家法果尚存也。歲己卯之冬，尚子復踵門而來請曰：「吾將刊其稿以行於世，願吾子序之。」蓋尚子以今歲之秋舉於鄉，其場屋之文，四方流播，莫不稱嘆以爲工絶，因遂欲盡讀其稿，而尚子亦不能自匿也。

嗚呼！方余與未生誦法忠毅之時，兩人年甫二十，傷俗學之日非，追前賢之遺緒，盱衡抵掌，自謂舉世莫當。浸尋荏苒，忽忽又二十餘年。未生伏處田園，無意進取，而余飄泊四方，賣文以餬其口，未有訪沉冥而叩寂寞者。而尚子最後起，乃能出其精氣光怪，受知於主司，而流布於天下。迴首舊游，欣愧交集，其亦可慨然而興嘆已矣。

顧余猶有言於尚子者，忠毅以清風勁節罹於黨禍，海内至今仰之如五緯在天，芒寒色正，而余鄉之誦法忠毅者，固不徒以其文之善也。尚子爲其後人，能不墜其家法，則他日所以自豎者，吾於今日所綴之文卜之矣。尚子欣然而作曰：「有是哉，子之言是也，余雖不敏，敢不勉之！」

〔一〕「余少從事制舉之文」，張本及硯莊二本等「從事」下皆有「於」字，批校本朱筆删去，今從。

史某制義序

往余在京師，與溧陽史君千里游。千里能文章，其平居論文，多否少可，而顧獨稱其姪某之文，已吾友王雲衢亦爲余數數言之。兩君賢者，其言信而有徵也。居有頃，某入京師，余輩嘗置酒高會，某未嘗不在坐。當是時，無錫劉言潔，金壇徐沂再，常熟嚴寶臣，武進錢亮工及雲衢與余，日酣飲論文，皆目屬某爲玉堂之器，蓋距今已十年矣。歲月如流，升沉異態。言潔已物故，獨寶臣舉進士，高第入史館，雲衢、沂再皆連蹇不得志，而余流落困頓殆甚，乃某與亮工始以今歲之秋同舉於鄉。迴首死生盛衰、聚散離合之故，其亦可感也夫！

史氏爲溧陽鉅族，自前世多有偉人。某之尊人某翁，自少年即迴翔館閣，將大用而卒。其伯子繼起爲侍從近臣。今某又巍然掇高科，行且兄弟並列崇班，而余輩嚮之目屬某以爲玉堂之器者，誠不偶然也。因書以俟之。

宋嵩南制義序

制義者，與時爲推移，故曰時文。時之所趨，遂成風氣，而士子之奉以爲楷模者胥會於一。然而勢有所止，情有所厭，思有所窮，運有所轉，於是乎數十年而變，或數年而變，或變而盛，或變而衰，往往相爲倚伏。而當屢變之時，輒有不變者存。理取其精深，不可變也；法取其謹嚴，不可變也；辭章格製取其雅馴而正大，不可變也。故曰，屢變之時，輒有不變者存。君子爲其不變者，且以其不變者而變時之所趨，此則先正之文是也。吾友宋太史嵩南先生，悼時文之繁濫，乃獨取先正之文，相與依倣而馳騁，吐棄凡近，掃除塵垢，置之先正集中，幾無以復辨。則時文雖屢變，而先生之文固爲其不變者也。先生之文爲其不變，而吾知時文風氣之欲變，其在此矣。良醫之發藥也必因病，而國工之角勝也必爭先。今之文，支離臃腫，誇多鬬靡而決裂先正之規矩者至矣。先生以依倣先正者救之，因病發藥而無不愈之病，爭先角勝而操不敗之勢，則先生固時文中之良醫國工也。故曰，先生之文爲其不變者，而知時文風氣之欲變也。

先生年踰弱冠，即發解江南爲第一人，旋登進士，入史館。其於制義一道，猶時時不釋手，揣摩諷誦，甚於寒素。夫先正之文不盡出於宦成之後，而先生所作，視未第之時更工。吾因之有感矣。夫得魚者忘筌，得兔者忘蹄。時文者，科第之筌蹄也，收魚兔之利而遂置筌蹄不顧者豈少哉。舊學盡失，一旦膺文章之任，鹵莽滅裂以從事，固其宜也。先生曩日主試滇南，得人最盛。行且再典文柄，則時文風氣之變，其必自此書始無疑矣。

庚辰小題文選序

新進士平居之文章，書賈購得之，悉以致於選家爲抉擇之，而付之雕刻以行於世，謂之房書，其來非一日矣。顧世之論者多曰，場屋之文其所挾以取科第者也，房書者未必盡出於其手，即出於其手而亦未必其果善也，彼所挾以取科第，人亦當據是以取科第，而房書者又何所事焉。此其説非也。如彼之説，將場屋之文，雖其爛惡臭腐人人之所厭惡，而亦將誦法之不倦，至於房書，雖極雄偉博辨離奇變化之作，而必疑而棄之乎！大江之濱有漁人焉，得明月之珠而弗善也，見有魁然者老蚌之甲，以是爲珠之所出也，必奇於珠，乃攜而鬻之於市，市之人皆笑之。然則房書之行於世，固珠之光之不可掩也，而奈之何疑而棄之。且吾非謂場屋之文之盡不善也，亦非謂房書之盡善也。人之精神心力，終身用之于科舉之業，雖不能文者，亦必有數篇之最工。而能文之士，其所爲雄偉博辨離奇變化之作益多不可勝數，而至於場屋之文，則一日之間，意趣有佳惡，舉筆有得失，能文者未必其皆工，而不能文者亦未必無一得也。故吾之所據以定其人之有文無文者，非房書無由得也。

歲甲戌、丁丑，吾友汪君武曹從事房書之選，余實襄其役。今年余爲浙東西之游，已無意爲房書之選，而書賈以房書之選郵寄屬余點定者若干篇，余再三辭之而不獲也。舟車之暇，乃爲抉擇小題文之最工者凡三百餘篇，既卒業，而書其説如此，使天下知論者之言之非是而不足信也。

壬午墨卷序

文章之是非有定乎哉？何以場屋之中得者未必是，而失者未必皆非也。文章之是非無定乎哉？何以得之者而天下卒不以爲是，失之者天下卒不以爲非也。嗟乎！有定者在天下，而無定者則在主司而已矣。且夫主司所恃以衡文者，其道有二，曰公，曰明，斯二者不可一之有缺者也。公者，是是非非無所或偏也。明者，是是非非無所或淆也。自非窮極文章之源流而深識文章之變態，不能於是非之際而一無所蔽，故夫明之一言，主司尚或不敢遽以之自信也。若夫請謁苞苴之不行，而主司者可以自信爲公矣。謂夫吾之是是非非未必盡當，而此心之一無所私，一無所徇，可以告無愧於司衡之責矣。夫以爲一無所私，然已私於其非之者矣，以爲一無所徇，然已徇於其非之者矣。賢否倒置，進退乖舛，其爲不公，孰大於是乎！　鑑必明也，而後人之照之者妍媸立見。夫其妍媸之莫能掩者公也，而必須乎鑑之明焉。今也持其至昏之鑑以照人，而妍與媸皆莫辨，於是憑臆以斷，指毛嬙、西施爲天下醜惡，而以戚施、籧篨爲佳麗，無過於是焉而可乎？故夫明所以成其公，不明者，不公之至者也。有訟於此，其曲直勝負，一人聽之而得其平，一人聽之而直者負，曲者勝。此兩人皆請謁苞苴之不行者也，而既已聽之而失其平矣，尚以爲一無所私，一無所徇，沾沾然自得，妄冀輿聽之而與得其平者並稱爲廉吏乎哉。吾故謂不明之罪甚於不公，而不明乃其所以不公也，僅區區請謁苞苴之不行，而適以見其不公而已矣。且夫文章之定衡原在天下也，其得者未必皆是，而失者未必皆非也，人皆能訟言之，而卒不知其得失之故也。

或有爲之説曰：「其得之者命也，其失之者亦命也。」世蓋有星家術士，挾其支離瑣細之技，往往爲人推測支干，曰某某者，吾知其必得也；又曰某某者，吾知其必失也。主司者以大吏而操文章之柄，非若星家術士爲也，至使文章之事無權，而一聽其命之得失於場屋之中，固已爲星家術士之所笑矣。

或又有爲之説曰：「科第之事，類有鬼司之。」假使得所當得而失所當失也，則是人有權而鬼爲無權矣。吾以爲文章之事，非鬼之所得與也，非其職而妄干之，且舉是與非而顛倒之，鬼之淫昏抑已甚矣。在主司者，奈何以己之權而委之於淫昏之鬼耶？然苟公且明之主司，進退上下，一以其權歸之於己，而是時並無所謂鬼也者得以闌入之也。然則文章之是非果其有定，而可以閉星家術士之口而窮其技，可以使淫昏之鬼不得肆其虐於場屋之中，是在主司之明而已矣。

今歲壬午，當賓興之期，如余之所論固萬萬無有，然而草野書生，深思過計，輒往往好言文章之事，而主司者多大賢而能受盡言者也。詩曰：「如彼飛蟲，時亦弋獲。」輒敢附此義以著其公與明之説，要使無定者歸之有定，是賢主司之所許而不以爲狂且誖者也。適墨卷既竣，而爲之書其説如此。

自訂時文全集序

余少而多病，家又貧，未嘗從塾師學爲時文也。稍長，病有間，因窮六經之旨，稍見端倪，而旁及於周、秦、漢以來諸家之史，俯仰憑弔，好論其成敗得失，間嘗作爲古文以發抒其意。將欲閉户著書，以自見於後世，而余多幽憂之思，性又不耽世榮，遂欲棄塵離俗，巖居川觀，爲逸民以終老，區區之志如此而已。

當是時，家甚貧，先君子授徒他方〔一〕。而余自六歲從塾師受學，凡五年而四書、五經讀已畢。余以疾且偷惰，遂廢棄不知自力於學，比讀書稍有得，年已二十矣。先君子束脩之入不足以給饔飧，余亦謀授徒以養親，而生徒來學惟時文之是師，余乃學爲時文。而見近日所雕刻流傳習熟人口者〔二〕，卑弱不振，私竊歎之，因以其平日所窺探於經史及諸子者，條貫融釋，自闢一徑而行。先君子曰：「此所謂爲於舉世不爲之時者，得無不免於困乎？」先大父曰：「困何傷。」因撫余項而勉之曰：「是在勿怠而止耳。」里中有潘木崖先生，博雅君子也，家多藏書，余往往從借觀，因師事之。而縣司教爲王君我建，兩人皆奇余曰：「此文章風氣之所繫，其在韓公伯仲間乎。」韓公者，即故大宗伯慕廬先生，是時適以雄駿古雅之文登高第，所謂爲於舉世不爲之時者也。居久之，乃得入縣學，又數年，貢於太學，先後受知於督學使者爲諸城劉公、吉水李公，皆以國士相待。而余自入太學，居京師及游四方，與諸君子討論文事，多能輔余所不逮。宗伯韓公折行輩與余交，而深惜余之不遇。同縣方百川、靈皋、劉北固，長洲汪武曹，無錫劉言潔，江浦劉大山，德州孫子未，同郡朱字緑，此數人者，好余文特甚。靈皋年少於余，而經術湛深，每有所得，必以告余，余往往多推類而得之。言潔好言波瀾意度，而武曹精於法律，余之文多折衷於此三人者而後存，今集中所載者是也。余自年二十以來，於時文一事耗精敝神，雖頗爲世所稱許，而曾無得於已，亦無用於世。回首曩昔之志，輾轉未遂，必有高人逸士相與竊笑於窮巖斷壑之中者矣。始余之爲文，放縱奔逸，不能自制；已而收視反聽，務爲淡泊閒遠之言，縹緲之音；久而自謂於義理之精微，人情之變態，猶未能以深入而曲盡也，則又務爲發揮旁通之文。蓋余之文，自年二十至今凡三變，其大略如此。

余本多憂，而性疏放，尤不好時文，既以此教授，則不當以苟且之術貽誤生徒。而世所雕刻流傳習熟人口者，諸生以余教誡故不學，而余不得已，間嘗自有所作，示諸生以爲之式。而武曹好余文，嘗教余多作，余不可，則嘗閉余於蕭寺中，命題以數十百計，作畢乃聽出，曰：「六經之旨，借君手以明耳。」而余嘗以一月或十餘日作已畢。故余生平之文甚多，然皆出於勉强，非其中心之好，而散軼零落不自收拾者，不知其幾矣。篋中所存尚無慮五百餘篇，往者常自擇別，分爲兩集，集各近二百篇，韓公及武曹、大山、百川爲叙而行之於世。海内學者，翕然信之，不以爲非，轉相購買，幾於家有其書矣。今年秋，一二門人來謁曰：「往者所刻板刓敝不可印，盍再刊之。」余乃悉取舊本更定，删去若干篇，復增入未刻諸作而以授之。

嗚呼！余非時文之徒也，不幸家貧，無他業可治，乃以時文自見。失足落人間，究無救於貧困，而人世得失榮辱之境，其爲幻妄，夫何足道，虚名雖盛，而讒謗亦隨之，蓋至是而先君子之言果驗矣。余向者所與討論文事諸君子，皆登科擢高第以去，百川、言潔，則九原不可復作，而先大父先君子與潘、王二先生及劉公、韓公，皆相繼謝世。余已年垂五十矣，抱其區區無用之書，手持而食，雜於市人村豎之間，擁褐高吟，與二三子論文講藝於塵囂雜遝之地，不亦愚且惑之甚乎。行且舉手謝時人以去，山林杳冥，窮居不出，尚欲一酬曩昔之志，而此集也，視之已不啻遺跡，亦何所用其喋喋爲。而特書其爲時文之本末，以告海内學者，庶幾其悲余之志也

〔一〕「先君子」，張本脱「君」字，從批校本、硯莊二本、王本。

〔二〕「習熟」張本作「熟習」，從批校本、硯莊二本、王本。

趙傳舟制義序〔一〕

婺源王君汶山嘗爲余稱趙君傳舟之爲人與其文，余心志之。今年秋〔二〕，傳舟自錢塘以書抵余，盛稱余文之美，且曰：「余於叔父騤期所見吾子古文，必傳於後世無疑。今吾之稿且刊刻行世，願吾子有言也。」傳舟登賢書已十年，自世俗之論，以爲文章之售者必工，其不售者必其拙者也。而科第爲世之所重，雖其榮且顯不及曩時之萬一，而士薰於習俗，猶莫不艷稱之。然則潦倒如余，操不售之文，而抱至拙之技，方爲世人之所共棄，而傳舟

已嘗得志於場屋，乃獨殷勤鄭重，好其文而欲得其言，傳舟之爲人從可知矣。

傳舟之稿爲汶山所點定，汶山嘗以示余，余頗歎汶山之知言。傳舟屢上公車不第，則其文尚有不盡諧於世俗者，而駿期與余交十餘年，余嘗稱其文殆如古人所云欲語羞雷同者〔三〕，而駿期亦久困公車。文愈高則知者愈少，豈不然乎。余序傳舟之稿而并及駿期，嘆其真賞之難如此。而汶山言傳舟於禮部之試，皆既得而復失，然則世尚有知傳舟者，目前之得失不足論也。至於傳舟文章之工，汶山論之詳矣，余不復云。

〔一〕「趙傳舟」，張本「傳」誤作「傳」，文内同此。從批校本、硯莊二本、王本。

〔二〕「今年秋」，張本作「於今年秋間」，從批校本、硯莊二本、王本。

〔三〕「欲語羞雷同」，張本「語」作「與」，從批校本、硯莊乙本、王本。

洪崑霞制義序

吾友洪君崑霞，以諸生高等貢於太學，遂不就有司之試而謁選以去。客曰：「洪君才士，使試於場屋，未必終不得當，而決然舍去，何也？」余應之曰：「君不見夫燕市之豪乎。夫燕市之間，佳麗人之所出也。燕之市有豪焉，以好色聞，而下陳之所充，金幣之所購，或爲戚施，或爲籧篨，皆人所共棄者，而獨收焉。人皆怪之，以爲此豪也，其或迷惑之疾使然歟。乃豪之客有共羡以爲美好者，豪之鄰亦有窺而悦之者。夫人可信莫如目，而至無難辨者莫如色。孟子曰：『目之於色也，有同美焉。』以今觀之，則目亦有不可信，而色亦有莫能辨者矣，烏在其爲同然也耶？豈其是非之心一失，而耳目遂皆有不得其常者耶？今之不爲燕市之豪者無幾矣，豪之客與鄰其人亦不少矣。使有佳麗人至於其前，有不嫉而擯之者乎。彼窈窕貞静之女，肯低首斂氣，逐逐於戚施、籧篨之側乎。彼戚施、籧篨者流，初亦自知其可憎，不復自比於人數，乃一旦見有悦之者，則亦遂施朱塗粉，居然自以爲國色，此窈窕貞静之女所疾趨而避者也。」客曰：「洪君之不就有司之試而決然舍去，吾乃今知其故矣。」

儲禮執制義序

太原有白君琳者，嘗貽書於余曰：「僕之鄉有二異焉。往者用皮以緣帽皆以貂，貂貴而羊賤，而今則皆用羊，曰，吾無所用於貴者爲也。世皆貴馬而賤驢，今則驢之價且倍於馬，而乘馬者十無一二，不復知驢之爲賤而馬之貴也。嗚呼！人之情大抵如此，吾懼子之貂與馬之無用也。」白君之論則激矣，然則時之所直，勢之所趨，誠有可悲而嘆者。國家以經義取士，其制豈不善哉，乃士之得舉者不盡謂其爲貂與馬也。誰實爲之，而使羊之皮得施於首而驢之足得獨騁於市也。貴者賤之，賤者貴之，而所舉之士其中遂多有爲世所嗤笑鄙夷而不足齒者。夫如是而取士之大典無乃弁髦褻越之已甚乎，則夫司校士之責者，其爲侮聖經而蔑帝制，罪莫大如此矣！

吾友儲君禮執之文，在近日未見有比並者。其文行於四方，四方之人皆期於得舉，以爲風氣之轉移實在於此。夫天運循環，無往不復，則夫摧陷廓清，一洗前日之穢，豈竟無人焉，而欲得夫貂與馬之用，宜莫先於禮執。吾不敢以白君之料余者料禮執也，故書以序其稿，並以爲司校士之責者告焉。

繆太翁遺稿序

泰州有績學能文之君子曰繆翁〔一〕，翁平生所爲經義最工，屢試場屋不第，年僅踰四十而卒。翁之伯子曰沅，余同年友也。一日，余卧未起，拜我於牀下，嗚咽流涕曰：「吾先人遺稿，沅將欲刊其十四五行世〔二〕，序吾先人之文莫如子。蓋吾先人於讀書之外無他嗜好，所爲經義無慮數百篇，用意鑱刻，而詞調皆出入經史，一時學者莫不稱之，乃獨見斥於有司。沅少時好吟詩，欲放蕩山水間，先人教余學文應舉，嘗以己所爲文命沅誦習，朝夕督課之，曰：『吾生平苦心爲文而未得售，爾能繼吾之業，當必得之。』沅跪而受教。今先人歿已數年，而沅之舉於順天也，場屋所命題適多先人所作，沅猶能記憶，遂書之，卒得售。是先人之文不售之於生前，而猶能售之於身後，在先人亦可稍慰於地下矣。」

余曰：以翁之未嘗得志而必之於其子，以君之鄉舉而得之於其父，則夫文章之光華不可掩，而君之能讀父書以成父之志，其亦可謂孝矣。在昔余先君子博極群書，詩文皆百卷，皆可傳誦，乃運蹇困頓，年亦不滿五十，甚惓惓屬望者，亦欲余之有以振其緒於身後。而余荏苒蹉跎，爲世所共棄，卒不能有所成就，以慰先君子之望，余之愧君也多矣。君方年少有才氣，游公卿間，名聲藉甚，所以光大其先者，又豈有量也哉。

〔一〕「泰州」，張本作「秦州」，從批校本、毅夫鈔本。

〔二〕「刊其十四五」，張本「四」作「之」，從批校本、硯莊二本、毅夫鈔本、徐本。

意園制義自序

余少而狂簡，多幽憂之思，厭棄科舉，欲爲逸民以終老。年踰二十，家貧無以養親，不得已開門授徒，而諸生非科舉之文不學，於是始從事於制義。以爲制義者，亦古文之一體也，乃集學徒，告以文章之源流，而極論俗下文字之非是。諸生作文，輒嘗請余命筆以爲之式，雖時時散軼，而存者猶四百餘篇。歲癸酉秋，余自福建還江鄉，偶於破簏故紙之中檢出，淘汰其十一二三，存其可觀者三百篇，彙爲一集，舉以授二三門人，且告之曰：

余之爲是也，非苟易也。根柢於先儒理學之書，未之敢失也；取裁於六經諸史以及諸子百家之言，未之有遺也。每一題入手，静坐屏氣，默誦章句者往復數十過，用以尋討其意思神理脈絡之所在，其於集注亦如之。於是喉吻之際略費經營，振筆而書，不加點竄，此二三子之所見而知者也。竊以謂天下之景物，可喜可愕者不可勝窮也，惟古之琴師能寫其聲，而畫史能貌其像，至於用之於文則自余始。當夫含毫渺然意象之間，輒擬爲一境，以追其所見。其或爲海波洶湧，風雨驟至，瀑瀉巖壑而湍激石也；其或爲山重水複，幽境相通，明月青松，清冷欲絶也；其或爲遠山數點，雲氣空濛，春風淡蕩，夷然翛然，遠出於塵外也；其或爲江天萬里，目盡飛鴻，不可涯涘也；其或爲神龍猛虎，攫拏飛騰，而不可捕捉也；其或爲鳴珂正笏，被服雍容；又或爲含睇宜笑，絶世而獨立也。凡此者，要使行墨之間彷彿得之。故余之文章，意度各殊，波瀾不一，不可以一定之阡陌畦徑求也。二三子即余言以求其意象，當亦有惝怳遇之者乎。嗚呼！文章之事，難言之矣。余之爲是也，窮而滋甚，世未有慇懃而愛惜之者，獨三四故人窮士知而愛之，而余亦不忍棄也。今以授二三子，二三子不以余之窮爲戒，則於是集必有所得也夫。

吴弘表稿序

孟子曰：「口之於味也，有同嗜焉。」是固然，然亦有不盡然者。今夫黍、稷、稻、粱，天下之正味也，而人之情顧有思得山海之珍、遠方之奇異以爲快，雖其未必皆可於口，而匕箸之所須，非是不飽焉。至於飲食之人，饕餮之徒，則又美惡之不擇，而餒敗之胔，臭腐之物，甘之而不厭。此兩者雖其高下之不同，而其爲不知天下之正味則一也。雖然，山海之珍，遠方之奇異，日用之所不能常有者也。餒敗之胔、臭腐之物，一人屬饜，見者皆唾焉。此兩者，雖其所嗜在此，而不能不反而食夫黍、稷、稻、粱以養其生者，亦其勢也。

今夫考官之衡文也，其唯詭怪之嗜者，則前一説也，其雷同相從，惟平庸陋劣之是嗜者，則後之一説也，而天下之正味其不入考官之口也多矣。苟一旦而食夫黍、稷、稻、粱以養其生，則吴君之文於是乎售矣。吴君久不遇，屬余序其稿，余爲是喻以慰其思焉。

劉光禄墨卷序

爲其事而求其效，效之既收而遂棄其事莫之顧者，古未之有也。百工之於器，農之於耒耜，終身執其業弗遷，久焉而益至於精且熟。夫經義也者，是亦士之利器與耒耜也。而世俗之言曰：「以經義求舉，譬若叩門之石然，門開而石即棄去。」信斯言也，則是昔之時以經明行修舉者，既舉而經可不明，行可不修也；以孝廉舉者，既舉而可不孝不廉也；以賢良方正舉者，既舉而可棄其素履即於邪辟也。且夫經義也者，所以明天地古今萬物之理，非若詩賦之專工綺麗，策論之終歸廓落也。彼以詩賦、策論舉者，不聞厭詩賦、策論而棄去不顧，何獨於經義而棄之。

光禄卿南陵劉公，自少以經義名於時，旋登高第，直承明，改給諫，風節矯然。久之，致政歸。閒居無事，日研窮於經義，益精且熟。其所自爲無慮千篇，而又取有明以來墨卷，擇其最善者，點次評論，獨詳且確，爲一時選家之所不及。至於論文數則，啓古文之祕鑰，而爲後學之津梁，亦有明諸先輩之所不及也。書既成，公之弟子門人爲雕刻之，而公命序於名世。名世之師爲張嵋谷先生，先生實出公之門。名世貧賤迂疏，無用於世，而經義一道，猶不至爲當世所棄。溯本窮源，竊亦深幸其有自，故爲之序。

閩闈墨卷序（代）

余也少而讀書，竊聞長老之言，以爲先輩於場屋之文，能預定其取舍及其名之次第。士每出闈，輙鈔寫以請正於鄉先生，鄉先生一覽即決之曰，某也録，某也弗録。其録者曰，某也前，某也後，已而果然，無一爽者。余聞而心異之，以爲主司之所見，何其與外間之擬議適相符契有若此也。蓋文章風氣之盛，於此驗之矣。當是時，人人自爲機杼，不相勦襲，其品格之高下，辭章之雅鄭，波瀾之大小，皆一一自呈露於行墨之間。其或得或失之故，與夫名次之前後，彼實自爲之，而主司無與焉。主司者第如其所自爲者以付之而已矣。故主司之所見與外間適相符契，職此由也。

自世俗趨於雷同，士之所作皆若出於一手然者，主司於此，雖欲操衡量定其短長輕重，而已困於錙銖毫髮之間，故其録者未必果勝於弗録者，其録之居前者未必果勝於居後者也。

癸酉之役，余奉命典試八閩。余之弗文，學殖荒落，獲從諸君子之後而荷司衡之任，欲其取舍無弗當而名次之前後無或爽也，豈不難哉。鎖院之内，手披目覽，往復較勘，惟恐失一士而衡量之有差也。既撤棘則頗聞外間之評論，實有與符契者。爲選而雕刻之以行於世，且以質之大人先生，有所教益，以誨余之不逮，是則余之幸也夫。

浙江試牘序（代）

司文章之衡，其道有二，曰公，曰明，其説由來舊矣。所謂公者，苞苴則盡絶也，請託則盡謝也，而不敢惟私之是徇。至於文之當斥者斥之，當録者録之，各有一定之位置，而無毫髮錙銖之差謬，所謂明也。是二者苟失其一焉，而士子遂有屈抑之患，僥倖者得志，而真才淪没，其文體由是大壞，而風俗人心亦趨於衰敝。然則司文章之衡者，夫豈可苟焉而已哉。

余以爲公與明者不可缺一，而明之爲道更難於公，不明之爲禍更烈於不公。今夫人苟非甚不肖，未有不計利害而顧名義者。一時貪婪自恣，而誚讓非笑之者四面而至其旁。故苟有志者未有而探囊胠篋趨而去者比比皆是也，一旦罹於功令〔一〕，則惟己實受其咎。至於文章一事，人之識見各有短長，又性情之所好尚，或執一格以爲去取。且以一人而定數十百縣之文，迫於時日，困於目力，則當斥而不斥，當録而不録者，容有之矣。雖有錙銖毫髮之差謬，而在司衡者初未嘗於其間有所上下其手，則其於心宜亦可以無愧。而余以爲不明之爲禍更烈於不公者何也？余起家縣令，即以縣令之聽訟者譬之。今有兩人於此，同爲縣令，一則鬻獄而視其賄之多寡以爲曲直，一則廉潔自持而疏於讞決，情僞不審而聽斷失平，是非倒置。夫倒置於貪吏之手猶得以賄爲辭，而所爲是非者故在也。倒置於廉吏之手則屈者無以自明，而宿奸巨猾猖狂横行而莫之禁。至是而違經乖義，舉所爲是非之常，竟蕩然不復存矣。今夫貪吏之鬻獄者，則不公之説也，而廉吏之聽斷失平者，則不明之説也。由是觀之，則不明之爲禍更烈於不公可知已矣。

余少爲諸生，即嘗持此説以論司衡之任如此。自登第以後，屢司文章之柄。去年秋，主考江南，撤棘之後，所取文字頗不爲大人先生所非，然余實惴惴不敢以自信也。今復視學浙東、西，其所以進退多士，蓋亦猶夫前日主考江南之志云耳。余又以爲文章者，無一定之格也，執一格以言文，而文不足言矣。多士試取江南墨卷觀之，其中無體不具，而誠不敢執一格以爲去取，則今日所以進退多士者，亦猶是志也。余雖不敢自謂公也，而苞苴之有不絶，請託之有不謝者，蓋已無矣。至於位置失當，錙銖毫髮之差謬者，豈遂無之，然平生之志，實有鑒於此，而不敢以不慎。於是取其所録之文之最合者〔二〕，次第刊之，以請正於大人先生，並使多士知所從焉，而毋執一格之文以求售焉。

〔一〕「罹」，張本作「羅」，從王本、秀野本。
〔二〕「合」，張本空一字，從王本、秀野本。

課業初編序（代）

士非科舉之文無以爲進取之資，而科舉之文必須洗脱凡近而講明乎義理之所以然，與夫波瀾意度神氣法脉之所在，而後文章之事，父子兄弟脉脉相關授而不至於失墜。此其磨礲砥礪鼓舞振興之權，實在乎司教者之得人。苟司教者之不得人，因循怠廢，溺於世俗腐爛雷同之習，則士無以發其矇，開其聵，愈益汩没敗壞，而文章之事遂至於舉一郡一邑而失其傳。浙水東西，曩所稱文章之藪也，頃余視學兹土，其所爲汩没敗壞者無人而不然，幾於舉一省之大，千里之遥，而文章之傳胥失之矣。

歲辛巳，余行部至台州，而黄巖於台州爲屬邑。考校諸生，類有不涉於腐爛雷同之習者，其司教則余同年友蕭君海昌也，其督課諸生之文刊爲一集，曰課業初編。蓋其平居爲學者指授以文章之源流而激發其惰頽者，實有磨礲砥礪鼓舞振興之力焉，宜乎黄巖之士之文獨盛於他縣也。黄巖在宋時爲朱子駐節之地，一時學者翕然從之，名儒前後相望，沿至於明興，而流風餘韻猶有存者，今則衰微抑已甚矣。蕭君深於經術而留心教化，則夫道德學問之際所以造就諸生者，當以朱子爲師法，科舉之文，其小者也。蕭君曰：「謹受教。」余乃書以爲課業初編序云。

戴名世集卷五

贈趙良治序〔一〕

玉之在璞，人視之，塊然石也。棄之於途，有玉人者，琢之得玉焉。人聞之，他日見道旁石塊然，以爲玉也，取而藏之於櫝。噫！玉也而石之，石也而又玉之，大抵如此矣。夫玉不類石，然人不視爲石則非玉，觀於人之所以視爲玉者可知也，其爲玉人者笑之矣。良治，玉之在璞者也，不幸而不遇玉人。於是有小丈夫者，視之，熟視之，笑曰：「此塊然石也。」噫！良治真玉之在璞者也，他日見有玉人者琢之得玉焉，而後知其非塊然石也。噫！吾行見夫小丈夫者之石之滿其櫝也已。

〔一〕自贈趙良治序至贈僧師孔序共十三篇，見於南山集偶鈔。

贈葉蒼巖序

昔吾縣葉文莊公舉萬曆癸丑進士，入翰林，烈皇帝時爲禮部尚書。當天啓中，婦寺之禍流毒天下，吾縣士大夫仕於朝者，一二人外，皆能抗直持大節，自左忠毅公被禍，而文莊公與中丞方公亦岌岌幾不免。方公者，巡撫順天，諱大任者也。公好讀書，時時刻苦鑽研，終其身不厭。既貴，則盡購遺書數萬卷，一一丹鉛排纂，而翰林榮選，宗伯閒官，益得以肆其力於學。其所爲文章，有歐陽子之風。公之冢孫曰子寧先生，雅好余，嘗哀余之遇，曰：「嗟乎！使子得遇文莊公，豈困至此乎。」小子生也晚，間讀公書，與公子弟游，輒喟然嘆道之衰也。子寧先生之子曰蒼巖，與吾生同歲，自兒時初學文，即意氣相得歡甚。已而蒼巖召余讀書其家，每一文就，必質之子寧先生以爲常。自是後從事朋友往還多矣，其知我深而信我篤，鮮有及先生父子間者，而後嘆文莊公之澤猶不墜諸子孫。

余稍長益困，游學四方，而蒼巖家益落，且屢困於州縣。蒼巖不以咎有司，而深自愧悔其業之末工，一日謂余曰：「吾始與而學也，於今幾年，今子之學已至而道已成矣，而余猶泛濫於制舉業而不知所歸宿，而未有涯也。惟子有以拯余之病而救余之惑。」余曰：「科舉之業非余所好也，然嘗試之矣，於足下義不可以默，則吾還且問子，將俯仰順時，與之遷徙上下，而志不素定，力不專而氣易動歟？」曰：「然。」

「然則子之爲此也，欲速之意甚而得失之念交戰於胸中，故輾轉汨没而至此歟？且又有人焉，梏子之性，咻子之聽，而教以從衆之悦目歟？」曰：「然。」

「夫此數者，皆世俗人之情，以吾子之賢而出於此，亦惑且甚矣。夫時文未有定也，而吾子與之轉移，豈非以順時則得，不順時則失故耶？然世之應有司之試者未有不順時者也，而往往得者十一，不得者十九，未見其必得也。且夫庸夫小人僥倖而有獲，而輒以譏評豪傑，見有異己者輒笑之，輒詬之，輒阻且撓之，而不使之有成。今子亂於毁譽之説，而失於趨向之宜，豈非惑之甚也歟！」

世衰道微，有志者宜自振立於天壤之間，而不可稍爲委曲以悦世徇俗，即艱難摧折有不顧，況文章乎哉，況區區時文乎哉。吾聞文莊公家故貧，少時從塾師，塾師教以讀時文，公不應，潛誦莊子，見人至輒掩匿。嗚呼！余之困久矣，其何能望公。然士固有異世而相合者。公與方中丞最善，兩人微時，日相聚茅屋中，接膝密語，旁若無人者，後兩人官位相埒，而俱以清風勁節顯名天下。蒼巖有志，勉之而已。

送許亦士序

自周之衰至於今，儒學既擯焉，聖人之道掃地無餘。獨幸有其書尚存，而學者大抵皆淺陋，不能申明聖人之意，自漢之訓詁箋疏已失其旨，而學宮所立五經家皆無當於大道之要。蓋道莫著於宋，宋之時不能用之，至有明而顯。嗟夫！其言雖顯於明矣，而其道或未之能行也。天下之士非科舉之文無由進，而科舉之文非宋氏諸儒之説輒斥不收。夫非宋氏諸儒之説不收，其意豈不盛哉，而學者第假其説以爲進取之階，問其何以學，曰以科舉故也。則即其始學之日而固已叛於宋氏諸儒之道矣。然當世學者習其書，猶能爲其言，兢兢不敢失墜。至於正德、嘉靖以來，諸儒紛紛而起，良知家言最行於天下，浸淫蔓延，而士皆以叛攻宋氏爲賢，於是横議之禍漸流爲門户，天下亦自此多故矣。

頃者以來，士已有稍稍能分别是非以告天下者，而天下猶迷不知悟。江之北有兩生焉，曰褐夫氏，曰亦士氏。此二人者，蓋讀宋儒之書而喟焉興嘆，肅然再拜曰吾師云。褐夫氏生於桐，桐爲大縣而能誦宋儒之書者不過數人，然此數人之誦之者，非吾之所云云也，吾不與之學宋儒。乃者客於舒，舒尤荒陋，而亦士獨爲有志於道者。嗚呼！當大道淪散，士不知學，而一二腐儒小生，區區抱獨守殘，淪落於窮巖斷壑之中者，徒爲世所嗤笑謾侮，然其所維係豈少也哉。余既以迂拙不容於世，遁逃山中，而亦士不鄙余，謂余知道者，余非其人也，而亦士則真宋儒之徒也已。他日余且買山隱焉，取四書、五經之訓詁注疏而去其諸家之背謬與其駁雜迂訛者，重訂爲一書，而竊附於宋氏諸儒之後，亦士要爲有志者，當與亦士共勉之也，因先爲言以期之。

送釋鍾山序

余友有浮屠氏曰鍾山，與余相知最深，余不爲浮屠氏學，而嘗好與浮屠游。余儒者，與當世所謂儒者異，以故當世儒者皆畏惡之，獨一二浮屠氏不余忍棄也，賢余才而從之游。夫儒者棄之而見收於浮屠氏，然則當世儒者毋輕詆浮屠。

鍾山，南京人，嘗客廬州，無所知名。壬戌秋，有僧爲我言，鍾山負義氣，工方術，尤精堪輿家言。余遺書鍾山，鍾山未答。明年春，余涉淝水，過鍾山，一見如舊相識。又明年春，鍾山客余舍館，主人翁以余故，重其術而禮之。嘗與余一榻相對，道平生則時時爲我泫然流涕。嗟乎！吾之相知不得之儒者而得之於浮屠氏，吾嘗嘆之。會鍾山別余適桐，桐余鄉也，介在江表，山水秀麗甲他州，鍾山往而爲余先人尋葬處，余羈旅不獲偕之歸也。白雲之阿，黄泉之一坯，所以慰不肖之孤者，又豈特從游意氣之私而已哉。於其行也，遂書以送之。

送朱字緑序

歲在甲子，余浮江往金陵，舟次舊縣，登岸與舟子相與語。有兩生攜手立江干，聞余言，前問曰：「子得非桐縣人乎？」余曰：「是也。」一生曰：「桐有某秀才，子豈嘗識之。」蓋余姓名也。余曰：「足下何郡人，乃識秀才？」生曰：「吾宿松人也，素知秀才，故問之。」余曰：「足下家宿松，亦知宿松有朱字緑者乎？」生曰：「我是也。」余曰：「戴秀才即我也。」因相視一笑。至余舟趺坐，各道平生，則皆大喜過望。蓋余與字緑同郡，而又同受知於學使者劉公。庚申之秋，余謁劉公於句曲，劉公數爲我言朱生，公好士，士苟能文者輒時時記憶之，而尤篤念字緑不置。余爲字緑道劉公語，字緑未嘗不感歎流涕也。余自識字緑姓名並其文章，而至今凡四五年，以未一見字緑爲恨，字緑之於余亦然。今者江皋孤艇，荒烟落日，邂逅一遇，而相與問姓名，歡然抵掌，豈不快哉。

字緑有道而能文者，而其愛余文實甚。余之蹇拙困頓，爲鄉里小兒所欲殺，而大江南北類多咨嗟嚮慕，蓋近者難以爲工，而遠者多不知其不肖也。

兩生者，其一爲方某，字緑同縣人，亦能文詞，與字緑皆素知余者。字緑其並以余言示之！

送蕭端木序

余居鄉，以文章得罪朋友，有妒余者，號於市曰：「逐戴生者視余！」群兒從之紛如也。

久之，衡文者貢余於京師，鄉人之在京師者，多相戒毋道戴生名。閩人蕭君端木，從余鄉人處識余，亦以鄉人視余，莫知余也。而蕭君同縣人爲我言，蕭君好古博雅君子也，余因出余文一編示蕭君，蕭君大奇之，以爲異世人，非天下所有也。余深愧蕭君言。自是蕭君與余往來甚數，余益得以悉蕭君之爲人與其文章。蓋余平居爲文，不好雕飾，第以爲率其自然而行其所無事，文如是止矣。嘗按秦、漢以來諸家之旨皆如是，余好之，蕭君之嚮往適與余同，則蕭君之奇余也而豈徒哉。

歲丁卯，余與蕭君試於京兆，皆被放，而分校黜余文者亦閩人也。蕭君告余曰：「某某至愚極污，余鄉人也，余知之。吾子脱不幸出其門，辱吾子不可湔矣，幸而被放，甚善。」蓋蕭君之愛朋友敦氣誼如此。余自讕劣不容於鄉邦，而名字往往在人間，然其相知愛慕之甚者莫如蕭君。余所見天下之士多矣，其好古愛朋友敦氣誼亦莫如蕭君。余方幸與蕭君游也，而蕭君遽别余而歸，余且悵悵乎其何之也。先是蕭君告余曰：「吾由閩至燕，往還萬餘里，不得吾子之文以歸，則是役爲無益矣。」余諾之未果爲，至是再三云，余因書此以送其行。而又幸蕭君之歸故鄉守田園爲足樂，而余之落廓羈窮，且不知其所終極，竊自傷也。

送蔣玉度還毘陵序

今之所謂才士者，吾知之矣，習剽竊之文，工側媚之貌，奔走形勢之途，周旋僕隸之際，以低首柔聲乞哀於公卿之門，而世之論才士者必歸焉。今之所謂好士者，吾知之矣，雷同也而喜其合時，便佞也而喜其適己，狼戾陰賊也而以爲有用。士有不出於是者，爲傲，爲迂，爲誕妄，爲倨侮，而不可復近。蓋今之士與士大夫之好士者其相得如此，嗚呼！亦一異矣。

蔣君客京師數年，凡三試南宮不第，士大夫弗謂蔣君爲才也者而棄之，士皆囂囂嘵嘵，惡蔣君之不類己，而又見蔣君之困也，則又相與笑蔣君。蔣君旅泊蕭然，因別余而歸。余送之行而告之曰：「君子得志則爲龍蛇，不得志則爲蚯蚓，安能與蚩蚩者争是非得失也哉。」昔者梁國之鴟欲以腐鼠嚇鵷鶵，嗟哉其嚇也，而鵷鶵故不受嚇也。今之嚇蔣君者，其腐鼠也耶，蔣君其有以自處矣。因書以贈之。

送劉繼莊還洞庭序

自科舉之制興，而天下之人廢書不讀久矣，以未嘗讀書之人而付以天下之事，其不至決裂者，蓋未之有也。昔者科舉之興，亦未嘗無人矣，在上者長養之以廉恥，而在下者亦不務爲苟得，是故其功名猶有可觀。至其晚節末路，相習爲速化之術，而風俗之頹，人才之不振，其流禍至於不可勝言，此有心者所爲嘆息痛恨於科舉之設也。

劉君繼莊，博通古今，讀書自適，而不從事於科舉。其於陰陽、曆數、樂律、兵法之類，無不有以窮其元本而臻其微妙，蓋繼莊真能讀書者矣。繼莊尤留心於史事，購求天下之書，凡金匱石室之藏以及稗官碑誌，野老遺民之所紀載，共數千卷，將欲歸老洞庭而著書以終焉。繼莊一書生，擔簦游燕市，諸公貴人無好士能知繼莊者，繼莊衣食不遑給，而奔走拮据，出金數百購求遺書，凡繼莊之所爲者，其力既已勤，而其志亦已苦矣。

繼莊有友曰王崑繩及余二人，約偕詣洞庭，讀其所購書，而繼莊家無擔石之儲，無以供客，余二人之行皆不果，而繼莊先攜其書以歸。余與崑繩行歌燕市，一市人皆笑之。羈窮落拓，此數人者大抵皆同，而余輩之窮至欲讀書而不得，此天下之所以不讀書也。嗚呼，良可悲矣！吾聞洞庭擅東南湖山之勝，而繼莊家在西山，尤爲幽人之所棲息。繼莊歸而爲余懸一榻焉，余雖不能即行，終必圖與繼莊著書終隱，以酬曩昔之志。繼莊曰：「然。」遂書之。

贈劉言潔序

自先王之道不明，而世有講章時文之學，蓋講章時文之毒天下也久矣。昔者聖人之遺經掇拾於秦火之餘，漢、唐儒者，其爲訓詁箋疏不啻數十家，皆未能盡得聖人之旨，至朱子出而其道始大明。講章之徒，曾不能窺漢、唐之藩籬，而欲以破有宋之堂奥，何其惑也。時文六經者文章之本也，周、秦、漢、唐、宋以來，作者多有，而其源流旨歸未有不一者也。時文之徒曰：「吾無所事乎此也。」其爲説主於苟且以從世俗之好，而以是爲奔走勢力之具。數十百年以來，天下受講章時文之荼毒，而後之踵之者愈甚，而世益壞。是故講章時文不息則聖人之道不著，有王者起，必掃除而更張之無疑也。

吾友劉君言潔，奮然獨立於波靡之中，非朱子之説不遵也，非周、秦、漢、唐、宋之文不觀也。講章時文之徒皆非且笑之，而言潔獨超然於埃壒之表，故吾以言潔爲賢。余於世事多所感憤，嘗欲買巖石一穴，舉手謝時人以去，躬耕讀書而老焉。平生欲重訂四書五經大全，入山著書，首當從事於此。又自朱子没後，群史繁穢，意中時時欲勒成一書，以繼綱目之後。而有明一代之史，世無能命筆者，更經一再傳，則終淪散放失，莫可稽考。嘗仿依太史公書，網羅論次，既成，則以藏之名山，傳之其人。平生之志，如此而已。然而生遭憂患，凡人世險阻阨窮之境，莫不嘗之。無儋石之儲，無環堵之室，徒餬口於四方，以托一日之命，而其志安從辨之！古之人家貧客游，往往有王公大人供其資用，令極意於學。而揚子雲微時，文章得達天子，遂自布衣召見。子雲自奏，少不得學，而心好沉博艷麗之文，願休脱直事之繇，得肆心廣意以自克就。於是天子詔尚書賜筆墨錢六萬，使觀書於石渠。嗚呼！後之學者，其所遭之變，所遇之時，不同於古之人者多矣，然則余且抱無涯之志而莫之遂也。

余與言潔兩人自客游河濟之間以至燕市，每相與往復論難，窮人情之變，考文章之旨，未嘗不蹶然以興，而復爲之喟然以嘆也。言潔長余二歲，蓋已四十，而余年三十有八，浸尋荏苒，曾無成就。自慚多不及言潔，將遂入窮山之中，爲農夫以没世。而言潔學甚博，力甚勤，斯文之責，實在言潔。昔漢家從秦火之後收拾遺經，於是田何、施、孟之易，申公、轅固之詩，董子、胡母子都之春秋〔一〕，大小戴之禮記，伏生、孔安國之尚書，皆相繼而出。今夫講章時文其爲禍更烈於秦火，倘世有表章六經者出，則如向之儒者，豈遂無其人乎。因書以貽言潔，且以勉之也。

〔一〕「胡母子都」，「母」字各本俱脱，據漢書儒林傳補。

張天間先生八十壽序

余生江淮之間，菰蘆之内，見聞寡陋，學殖荒落，垂三十年，而始躡屩擔簦，游學於四方，求天下之士而交之，以輔其所不逮。於是客燕、齊之間凡四五年，而氣類之相從者亦頗得數人，而華亭張君長史其一焉。長史年少有才名，其於邇者游士之習，波靡齷齪之態，夷然不屑也，余是以賢長史而從之游。長史常爲余言其家世，余因以知張氏世有盛德，而天間先生則長史之大父也，年且八十，巋然爲鄉黨之望，衆皆推以爲長者，宜其有後而以長史之賢爲之孫也。

余家世躬耕讀書，仕宦皆不顯。而先曾大父當鼎革之際，痛哭入山不出，猶及見余之壯。而余大父宦游不遂，罷歸里居，凡數十年，今亦年近八十，猶日能飲酒一石。蓋余曾大父及大父皆以高年待其子孫之有成，而余浸尋荏苒，漸就廢棄，曾無所成就以慰垂白之望，余愧不及長史多矣。長史落落寡合，多否少可，而獨與余游甚歡，故不以余之不文而乞言於余，以爲其大父壽也。余因爲書之，所以嚮仰天間先生之盛德，且賢長史，並以識余之愧也。

送王序綸之任婺源序

百里之地，萬家之邑，役屬其人民而爲之君長，趨走之吏畢具，衣其租，食其税，泰然無所不足於心。四封之内，老者待之以安，幼者待之以養，鰥寡孤獨者待之以恤，風俗待之以厚，其能舉是職者，則又尸而祝之，社而稷之，俎豆於其邦而百世猶思之不能忘。此古之侯王君公之位，而所以行其道以興太平者，其任豈輕也哉。今也一介之士，乘傳捧符而來，無其道而居其位，乃且晏然肆於民上而行其恣睢之意，蓋子女玉帛其盡於刀筆筐篋之間者，不知其幾矣。然而宿胥巨猾之手之所上下，邑子里豪之祖之所左右，與夫過賓羈客之徒之所請謁，煩濫侈靡之費之所耗散，不啻去其十四五矣。至於大吏之居其上者睨而甘之，則又傾囷倒廩，挈筐探囊以去，而莫之敢違，蓋己與民兩受其敝，而天下益以多故，不可勝理。夫以古之神明之胄，茅土之封，以之行道致治者，而今之所以爲之顧如此，豈不惜哉！

吾友王君序綸，年甚少而才足以有爲，常憤世俗長吏之害民蠹國，往往形諸慨歎，而所以講求牧民之略者甚具。今爲徽州之婺源，得以其平居所學者出而試之於民，吾甚爲婺源之民幸也。嗚呼，吏治之衰久矣！自大吏以至小官，轉而相食，不以爲非，而民之憔悴凋敝，且不知其所止。安得如王君者，星羅棊布，以甦吾民乎？余故書之，以爲凡爲長吏者告也。

送趙駿期序

海上有黑人之國，皮骨齒牙皆漆黑，裸處島中，見有色白而衣者至，群鼓掌笑，或閉目不忍見，匿之水中。齊魯山澤間，多癭瘤之疾，臃腫輪囷，纍纍然相屬於項下者，甚至掩其腹腰，聚族私語，竊竊然嘆他人形體之爲不具也。今夫賦質美則不能不見挫於惡，挾技高則不能復得意於卑。吾友趙君駿期，工爲文章，久不獲一第。今年秋，脂車將北行，而決得失於余。余惟君之所挾者則已高矣，鳳凰翔於千仞，而顧下與鷄鶩乎爭食，豈可得哉。莫人匪黑，莫疾匪癭，然則見君而相與笑者有矣夫，見君而相與嘆者有矣夫。君之得失，君其自決之矣。

贈僧師孔序〔一〕

師孔，楚士，姓程氏，世族也。年十八，棄家爲僧，於今二十有二年矣。崇禎間，天下兵起，其祖、父皆死於難，師孔嘗痛之。而師孔有母與妻，皆在孝感。師孔既爲僧，行游天下，不嘗至鄉里，絶書問者且十年。蓋師孔非浮屠氏流也，好儒書，與儒者游，然當世儒者齷齪無可當意。嘗北至幽州，南抵金陵，以及江、淮、閩、越，所至輒陰求豪傑奇士。最後至吾縣，居西山中。師孔性疏傲，人無知之者，以故困甚。一日大風雨，溪水泛濫，師孔餓數日，陶然自得也。然師孔類有激楚怨懟之情，往往悲歌泣下，不可告人其故。歲庚申之春，余攜書數卷入西山訪師孔，因讀書其間，凡一月。每讀罷，輒與師孔俯仰古今，嗟歎世事，師孔往往張目視天，汪然出涕。嗚呼！以道之衰，而人情之陷溺也，天下方且在呻呼喑噎之中，而一二羈窮少年，枯槁老衲，相與痛哭於山砠水涯之間，事固有不可解者。會余既出山，師孔與主人不合，棄去。居投子，亦不合，亡何，又棄去。一日來告我曰：「吾將歸楚省老母，請與子辭。」余曰：「佛氏之所以害教傷義者，莫大於棄其君親，而子豈浮屠氏之流也歟。子歸奉而親以終而身，以治而生，慎毋出游，游必困。」師孔曰：「然。」遂書以爲序。

〔一〕贈僧師孔序，南山集偶鈔有此篇，而各本多未收，惟毅夫鈔本有之，文多訛誤。

訂交序

余無似，竊不揣有志，欲交接一二奇偉魁特之士，相與論古今成敗得失，身所遭逢，喜而相歡也，或悲而相泣。懷此志久矣，而卒未之遂，悠悠斯世，無可與語，乃遂絶意交游，自甘廢棄，思古人而不得見，往往慷慨悲歌，至於泣下。

歲丙辰之秋，有友數人者欵吾門而造焉，告曰：「吾數人者相友善，子所知也。懼交之不誠且久，而欲重之以盟誓，竊聞足下義最高，敢求有以教之。」戴子遷延而對曰：

曷敢哉，曷敢哉！余故塊然其獨居，漠然其無徒者也，將何以告諸君乎。詩曰：「君子屢盟，亂是用長。」人惟彼此之不信也故盟，盟矣，其爲不信者如故也，且或爲不相信者更甚也，是故盟者君子之所不爲也。且諸君固亦嘗知交友之道乎？今夫交友之道，慎之於始者，必無不終之患，而情之太密者，即爲疏闊之萌也。今鄉曲之士，但以氣習風聲與夫年齒門第之相若，則忽然聚，不踰時而已爲途人，甚至狺然相牙噬者，亦時時有之。世衰道微，即親昆弟同父母猶懷猜忌，而況朋友之間，强不知誰何之人，而期之以死生患難不可易之節，此名世之所以益與世絶，而願與鹿豕爲群也。今諸君之爲此也，其有志於古之道耶，抑猶不免於今人之所爲耶？其果有志於古之道也，則志吾之志所云，重之以盟誓者，於古之道已大相背戾而不可爲也。若猶不免於今人之所爲，則何以過吾門而諄諄乎問之。諸君持吾言去，其相與共守此意否也，苟有食厥言者，終身不見余，余無憾焉。

蕭翁壽序

余往聞七閩山水妙天下，而玉華、武夷尤爲奇麗工絶，又龜山、考亭之遺跡在焉。余嘗私淑兩先生之道，而性又好佳山水，嘗欲往游焉而未果也。今年春，余遇蕭君端木氏於客舍。端木氏家玉華洞之旁，爲我稱玉華洞之奇，以及閩中諸山之勝，余聞之蓋飄然有出塵之想。端木氏有道之士也，與余交最善。兩人浮沉燕市，燕市人莫能知之。久之，端木氏告我曰：「余小子之違二親而來此也，宦游不即遂，無以慰二親之惓惓。顧二親之教余小子者勤矣。吾父躬耕山澤之間，敦厚樸質，里中皆稱爲長者。余小子兄弟凡七人，皆縱之使游學，其所以督課之者甚至，即吾母亦如之。今吾父六十有四年，而吾母亦已六十矣。願吾子賜之一言而歸以爲親壽，是余小子之所效於二親者也。」

夫燕市諸公貴人有氣力者，肩相摩，踵相接也，其言足以爲榮，其譽毁足以爲重輕，端木過而不顧，而獨有取於羈窮迂拙枯槁憔悴之人，不已過乎，其斯以爲端木已矣。他日者，余且攬江山之奥區，窮幽遐之瑰異，浸尋及於閩嶠荒海之間，訪故人於洞口，拜二親於堂下，相與徜徉於白雲之間，而笑傲乎塵士之碌碌也〔一〕，豈不快哉。遂書之以爲二親壽，並以志吾之懷也。

〔一〕「塵士」，張本「士」作「土」，從毅夫鈔本。

送韓某序〔一〕

俗之頹也久矣，然而獨行之君子，以及閨房之中貞靜慈淑之女，世固未嘗無之。徒以生於遐荒僻壤，名不在於士大夫之口而無文章之紀載，以故不傳於世，世遂以天下鮮有其人也，豈其然哉。嗚呼！人之子孫者，迷不知其父母之德，不以告之於世，而遂至於沉没者多矣。然則人之德之傳於世也，固賴有賢子孫無疑也。

洪洞韓君某，痛其二親之亡也，懼其德不傳於世，於是件繫其事走京師〔二〕，而乞言於學士大夫以志不朽。學士大夫皆悲而許之，自誌、銘、論、傳、序、贊之類，其體無不具，而韓君二親之德遂以炳著於人間，若韓君者可謂賢矣。嗚呼！天下之事，雖其榮華甚盛，然皆不踰時輒已飄零銷落，獨文字之在人間，愈遠而常存。韓君之所以不朽其親者，其賢於世俗也豈不遠哉。韓君僑居津門，今將奉其二親之柩反葬於洪洞。余嘉韓君之能不朽其親也，因書以送之。

〔一〕「送韓某序」，張本「送」作「贈」，從批校本、毅夫鈔本、王本。又，偶鈔本標題作「送」者，張本多作「贈」，不備記。

〔二〕「件繫其事」，張本「件」作「伸」，從批校本、硯莊甲本、毅夫鈔本。

贈顧君原序

古之學者，爲一事必經營反覆，委曲推勘，務盡其事之變態，極其理之精微，窮神造化而後止。其於六藝，雖號爲兼通，而資力之所近，必有深嗜篤好於一事而爲之造其極者。古人有言曰：「用志不紛，乃凝於神。」是故一家之學興而百家之學亦興，何者？人各務其所獨得而各出其所專長也。後之學者，始涉其藩而遽欲名其技，曰：「吾所業者已在是矣。」一切俱苟焉以從事。或舉古之法而盡棄置不講，遂至寖消寖滅而不傳，豈少也哉。

算數之術，莫精於古人周徑之説，然而徑一周有餘，周三徑不足，自秦以後，頗失其傳。長洲顧君原，年八十矣，居於窮巷，日事探討，自謂得之。嘗爲余言曰：「周徑之法不明，無以定曆律，叶宫商，察盈昃，至於周髆漢斛，盈虧寬狹，皆何由定？蓋先王之所以利民用者，莫大於算數，而學者忽焉，何也？昔者祖冲之、唐應德兩家稍知端倪而未窺閫奥〔一〕，惟高捷、趙達兩家似有得焉。趙達祕其術未顯言，而捷之説曰：『内方六十四，弧矢須裁晝，四隅三十六，相併乃成百。』此其於周徑之法猶未見其了然也。余窮年求之，乃有得焉，蓋嘗爲之歌曰：『周徑互相求，方員皆可獲。有周積可求，有徑能知積。員内問容方，方問員之實。弧矢亦求方，三角求弧率，半周與半徑，互問皆明白。弧背可求員，弧絃問方直。立方方更方，立員從方測。員積既環田，内容如太極。錠田欲從方，截弧成兩翼。牛角作勾股，灣須雙引縲。』〔二〕蓋周徑之法，其大旨所獨得者，約略如此。

余少而貧且病，固陋失學，其於算數尤暗。嘗見數度衍一書，乃同縣方陪翁所著，號爲精密。而吾友宣城梅定九，綜中西之法而獨得其精妙，向者諸家之所不及也。余欲就學焉而未遑，當以君原之説往而質之。

〔二〕「昔者」，張本「者」作「曰」，從批校本、硯莊甲本、王本。

芥舟翁壽序

吾戴氏系出微子，本神明之胄。洪武中自新安遷桐城，支屬蕃衍，稱爲著姓，自頃以來，衰微亦已甚矣。然吾觀邑中鉅族大家，一時冠蓋赫奕，鄉人震畏而榮耀之，不數傳而頹敗零落，或至降爲編氓，夷於皂隸。吾戴氏雖無顯位於朝，而以詩書孝弟世其家，垂三百年而猶不盡墜，較之於彼，所得孰優而孰歉也。吾聞諸父老云，當戴氏之盛也，農服畎畝，士勤絃誦，恂恂禮讓，而家皆饒裕，恥爲非義之取，睦姻任恤之風，他姓往往取以爲法。

迄於今日，而以吾所聞驗諸所見，其流風果能一二盡存而無替歟。昔震川歸氏爲其叔祖存默翁六十壽序，述其家世云：「詩書一線之緒，僅僅能保。如百圍之木，本幹獨存，而枝葉向盡，無復昔日之扶疏。」盛衰消息之際，蓋家家爲然矣。

芥舟翁爲余大父行，其尊人庶野府君，博學高隱，與其兄綺玉府君、爲章府君皆以盛德享高年。以余小子之譾陋，而府君輩時時獎勵之。今府君輩皆已謝世，而余垂老困頓，又如歸氏所云，無以庇其九族，有葛藟之感，此余所爲序翁六十壽而不禁三嘆也。翁以尊行爲族之長，一族之轉移實係之，故以吾譙國之故事告焉。至於吾家之得壽者，項背相望，自邑志所載及余所見，不一其人也。歸氏之序存默翁也曰：「壽自吾家所有，無容祝禱之矣。」余於翁亦云。

戴母湯太孺人壽序

吾戴氏自婺源遷桐，於今三百有餘歲，以耕桑忠厚世其家。鼎革之際，家世零落。而名世自爲童子〔一〕，常於歲時伏臘從王父及宗族諸長老置酒爲壽，得聞先世遺訓。當是時，余王父同祖兄弟凡五六人，而與子勳府君誼尤篤。子勳府君同産兄弟三人，皆居東郭外，王父時時攜余造其家，相與述先世軼事及祖宗創業之艱難。余時雖幼，備志之於心。

府君舉子三人，與余年相若，往往肩隨入府君内室，府君配湯太孺人輒撫摩之，等於諸子。久之，余游四方，而王父與諸叔祖相繼謝世，即諸叔祖母亦無存者，而湯太孺人巋然獨存。迴憶童子時，至今三四十年間，而聚散存没之感，其何能無慨於中耶！

始余家之衰也，往往因鬻賣田宅，遂一敗而不復起，恒産既失，則於先世之遺訓有不能復遵者矣。吾王父所受田宅皆存，而子勳府君晚而食貧，且被病。太孺人左右支吾，勸無鬻田宅，今尚有數畝之遺，數椽之庇，以居其子孫。喬木森然，園壓無恙，而諸孫濟濟繞膝，則太孺人有功於戴氏甚大，而享大年以覩子孫之復盛，固理之不爽者矣。太孺人所居曰官山，蓋移自東郭者已逾二十年，而太孺人年已七十矣。余所居去官山十餘里，欲徒步往爲壽，適有吴門之役，乃書此使諸弟持往太孺人所，揭諸屏間。

〔一〕「名世」，張本作「田有」，硯莊二本空二字，從批校本、王本、秀野本。

送王雲衢之任新津序〔一〕

人之情從其少者則貴之，從其多者則賤之，此貴貴賤賤之常也。今有人焉，貴其多而賤其少，舉凡紛紛紜紜，觸目而皆是者，其品甚下，其直甚輕，其類甚多，顧相與榮且豔之，而於希世之物，特立之姿，塵垢之所不得而侵，譁嚚之所不得而亂，乃以爲卑且賤而莫之異，豈不謂之大惑矣乎。且夫物有本非賤者，而置之不得其處則賤，予之不得其人則又賤〔二〕。一臠之肉，一簞之食，未遽爲賤也，乃落於群乞人之手，方相與攫而食之，有人焉，睨其旁而爲之朵頤焉，染指焉，非其情也，豈必伯夷之徒始望望然去之也哉。而或者相與笑之，以爲斯人也，力不能取而去也。又或相與惜之，以爲區區者庶幾其可得，而奈之何其決然而舍去也。是二人者皆惑也，糞壤之中豈復有西子，衆鬭之内豈復有仲由。今之應科舉者幾於無人而不得矣，而吾友王君雲衢獨不與焉，且望望然去之，惟恐或浼。嗚呼！王君而外，天下之貴者蓋幾乎少矣。

王君以太學循資當爲縣令，得蜀之新津以去。笑之者固非矣，惜之者又豈爲知王君者哉，是皆貴其多而賤其少者也，是皆失其貴貴賤賤之常者也。王君文章妙天下，且其年富而才敏，其於吏治自不啻十百於科第之徒。今其行也，同學諸生多以吏事相勉，而余獨爲是説，以祛世俗之惑。

〔一〕「送王雲衢之任新津序」，張本「送」作「贈」，從批校本、王本。

〔二〕「予之」，張本「予」作「與」，從批校本、硯莊二本、徐本。

朱太孺人壽序

歲丙戌冬十月某日，爲朱太孺人六十之生辰，其子某屆期讌集賓客，奉觴上壽，而先期謁余請爲稱壽之文。蓋事有不合於古而不失其爲古之道者，今之生辰爲壽是也〔一〕。古者君臣上下親戚朋友之間，相與飲酒燕樂，必酌觥爲壽，以高年相祝頌。而至於生辰爲壽則不見於三代之文，豈其時禮儀尚有缺而未備者耶？抑其事偶不載於經傳及諸子，而實有不異於今者耶？夫人子之所欲致於親者未有窮極，親之年愈高，則子之情愈歡忭無已。於其親之生辰，率其家衆羅列拜舞，而賓客親族鄉黨之人盈門滿座，置酒高會，歲歲皆然，每閱十年，則又較平時加盛。此在人子樂其親之高年，承歡養志，爲一門之盛事，豈非事之不合於古而不失其爲古之道者歟！然而世俗稱壽之文則有可異者，雷同諛佞，不以爲怪，甲可移之乙，此可移之彼，其所稱述皆過其情而失其實，腐爛之辭，鄙俚之言，咸以爲吉祥而可喜。此則非君子所以壽其親之言也，君子不敢以世俗之事待其親，則亦豈敢以世俗之言壽其親乎。

先是歲丙子，太孺人五十之生辰，稱壽之文則吾友汪庶常武曹實爲之序。武曹固不肯爲雷同諛佞之言者也，而某今又以屬余，則某之所以事其親者可知矣。余嘗客朱氏，知太孺人具有賢行，而某奉母命讀書，與賢士大夫交游，太孺人聞之，輒冁然喜也，則太孺人之所以教其子者可知矣。夫親之望於其子者亦無有窮極，在世俗之情，亦不過欲其子之富且貴，與己之能受其奉養而已矣。而太孺人之所以教其子者若彼，其去世俗也不亦遠哉，宜乎某之不敢以世俗之事待其親，並不敢以世俗之言壽其親也。某歸持吾言以獻於太孺人，太孺人其亦當冁然喜乎。

〔一〕「是」，張本作「者」，從批校本、王本。

恭紀睿賜慈教額序

翰林院編修臣灝方侍直南書房，歲乙酉春，聞母劉太夫人訃，維時天子暨東宮皆爲之嗟悼，所以慰唁賻卹之者甚至。灝奔喪還休寧，隨遣官敦促還朝。東宮賜灝楹帖一聯，復書扁曰「慈教」，遣官賫賜太夫人柩前。灝感激流涕，自以遭遇非常，恩及其母，哀榮兼備，爲古今所未有，益矢殫厥忠誠，以報國家，因爲文以紀其事，而屬桐城戴某使序之。

今天下之稱孝友家，首推休寧汪氏。編修自少孝於親，友愛於其兄弟，爲一家之表率，其鄉黨亦多有化之者，一門割股之事，在庶吉士朱書所著太夫人墓誌中。編修既受知天子暨東宮，天子賜御書則曰「知本」，東宮賜睿書則曰「移孝」。夫以臣庶之家，庭闈孝弟之事，至動深宫之奬嘆，夫亦可見聖朝孝治天下，崇本厚始，其所以平章百姓，協和萬邦者，具見於此，而編修之精誠感格動帝廷，不偶然也。

編修立身行己，忠直敬慎，悉原本於家學，而編修父贈公已前没二十餘年，其教子有成者，太夫人之力尤多。今夫爲人之父母者，莫不欲其子之賢，而子未必能賢者，由於其父母之姑息以爲慈愛，而不知所以教之。易曰：「家人有嚴君焉，父母之謂也。」世俗以嚴屬之父，以慈屬之母，不知父未嘗不慈，而母未嘗不嚴，嚴君之稱，母實與父共之。慈莫慈於母，而必嚴以爲教者，正所以成其慈也。人之生也，長於其母之懷，顧復鞠育之恩尤深，故其教尤易入，而非母之賢不能教其子，非子之賢不能奉母之教，此太夫人與編修之所以爲慈母，爲孝子，而遂動深宫之奬嘆也。今天子純孝格天，爲前古帝王所莫及，而東宫侍奉左右，先意承志，至慈至孝，可法於萬世。當此之時，和氣薰蒸，家崇仁讓，而汪氏一門尤爲首稱，可謂盛矣！

夫世無不可成之子，而義方之訓不得之於其親，則所以事親、事君、立身者皆失其道。今東宫所賜「慈教」二言，舉凡天秩天叙，人綱人紀，先王之至德要道，皆包含隱括于其中，豈止褒汪氏一門之盛，亦所以爲天下之爲人父、爲人母、爲人子者垂訓也。詩曰：「孝子不匱，永錫爾類。」某不敏，敢竊取詩人之義以書之。

戴母唐孺人壽序

唐孺人，雪舟府君之配而余大母行也。余兒時嘗從學於府君，受其論語句讀，童子同學者凡十餘人。一日，府君畜金魚於盆，與孺人臨視，余過其側，府君指余而謂之曰：「此吾家之秀出者也。」以故孺人視余不與他童子等。未一年，余以病歸，不復至府君舍。久之，余與府君同入縣學，而余尋客游於外，往往七八年乃一歸，歸即去，而府君亦多客游，蹤跡錯互，不相見者動十餘年。歲己卯，府君以應試至金陵，適余僑居金陵之青溪，府君過訪，留飲數日甚歡。久之，余挈家還故里，買宅於南山，距府君舍四五里而近，而府君卒已數年矣。孺人今行年已七十，聰明强健，無異曩昔。迴憶受府君之課督，依依孺人之側，忽忽遂至四五十年，恍如昨日，而余亦老矣。孺人子禄符，承歡膝下，能得孺人之心。會孺人生日，禄符欲得余文以爲孺人壽，故爲之書。

凌母嚴太安人壽序

歲丁亥四月，吳門凌君某介余族婿姜君賦三而來謁曰：「七月某日爲吾母設帨之辰，蓋年臻八十矣。世俗壽其親必有稱壽之文，鋪張其平生之蹟，以致其頌禱之意。然而駢麗之體，廓落之辭，雖有盛德懿行，反以掩其實，非君子之所以壽其親也。且稱壽之文，世皆以出自達官貴人爲重，往往使人代爲之而嫁名於達官貴人。夫達官貴人之名果足以爲親重乎？若是者余亦以爲非是，故吾今爲吾母壽，其文莫如子宜。」既又曰：「吾凌氏爲吳中名族，自大司馬詳山公、侍御存義公、大參約菴公，相繼登第爲大官，而吾母實爲嚴靖文公曾孫。始吾母來歸，兩家皆隆盛。會遭鼎革之際，干戈擾攘，所在無安土，吾母及先君奉王父母轉徙飄泊，幾罹於禍，僅而得免。後王父母相繼謝世，家漸銷落，而喪葬之事，吾父母獨任之。尋吾外氏有宗族牽連之禍，家亦毁。久之，江南奏銷案起，吾凌氏與外氏俱掛名籍中，吏議嚴迫，而吾先世之所貽，至是蕭然已盡。吾母勉强措拄，佐先君以經理家事，漸復其舊業，而力已殫矣。吾母至性純孝，吾王母疾，割股以進。外王父母晚年家落，依吾母以居，奉養及喪葬皆如禮。及先君捐館，而吾兄弟二人兢兢自守，不敢隕墜，則吾母之教督，視先君存焉尤爲嚴切。蓋吾母始享安樂，中間備歷艱苦，晚而家復振，今年臻八十，而耳目聰明，手足便利，操持家政如曩時，其享壽殆未可量也。」

余聞之而嘆曰：凌氏之復興也宜哉。夫人家之廢興惟視乎女德，雖有奇尤異敏之士，而苟無壼德内助[一]，則其家亦必不能有成。夫古之稱女德者，雖其至纖悉之事，如盥漱櫛縰笄總衣紳之飾，箴管線纊鞶袠綦履之珮，羔豚脹膷滫瀡醯醢之調，縫紉灑掃周旋慎齋之節，要不過爲閨幃内則之常，而君子獨樂爲稱道之，況從艱難困苦之餘，復能昌大厥家，豈不尤賢乎哉。然則太安人之以盛德享高年，固其宜矣。而凌氏兄弟之所以壽其親者，亦可謂有君子之心焉。余故不辭其請而樂爲書之。

〔一〕「壼德」，張本「壼」誤作「壺」，今正。

戴名世集卷六

沈壽民傳〔一〕

沈壽民，字眉生，南直隸宣城人。崇禎中，延綏盜起，蔓延徧天下，湖廣總督熊文燦撫張獻忠於穀城，兵部尚書楊嗣昌從中主其議。自賊初起，屢撫屢叛，卒釀禍不可支。文燦不知兵，好爲大言，自以得賊要領，撫必成，嗣昌信之。嗣昌者，故宣大總督，以奪情起爲兵部尚書者也。是時天下多故，上所用人，文武皆不效，謂科舉不足得天下士，歲丙子，復薦舉之制，應天巡撫張國維以壽民應詔。壽民至京師，上書言：「嗣昌以居喪起用，當慷慨誓師，自請躬歷戎行，乃因循偷惰，師老財匱，禍有難言。」又言：「嗣昌既不能躬履行間，軍旅之事一付文燦，未正誅勦之名，而並失招撫之實。天下有不能殺人而能生人者乎？有授柄於敵而可制敵，聽命於人而可服人者乎？文燦憒然不知擒縱之有方，而嗣昌復夷然不顧養癰之可畏，正恐掃蕩無期，臣不知其所終矣。」通政使張紹先不爲奏。壽民復上書通政，以爲：「區區之誠一日不達，決難緘默自已，毋使獲罪執事，幸甚。」紹先具疏言：「壽民兩書，字多踰格，請上裁。」詔不允封進。嗣昌亦具疏待罪。壽民曰：「吾兩書以踰格故不進，上未嘗拒使勿言也。」復隱括兩書之意使就格上之。留中不報，遂拂袖而歸。居無何，獻忠果叛，群賊皆應之。上怒，誅文燦。嗣昌自請督師，如壽民旨。壽民之論嗣昌也，並及奪情之非，詹事黄道周曰：「此大事，在廷不言，而草野之士言之乎。」於是具疏論嗣昌奪情非是，繼而論者，臺諫則有何楷、錢增、林蘭友、成勇，翰林則有劉同升、趙士春，南京兵部尚書范景文復率南京九卿具公疏，上大怒，諸臣皆斥去。壽民言不用，既歸，名益重。

是時科目積重不可反，諸薦舉者爲州縣，吏部率皆予以荒殘地，多罹賊禍，其免者又往往中以文法，於是凡薦舉者多欲棄去，復入場屋以取科第。督學御史勸壽民出應試，張國維亦移書趣之，壽民曰：「前論嗣昌者皆得重罪，而壽民首事發機之人，假使上怒早及，已先諸君子受禍矣。今敢尚思進取哉！」於是隱居姑山，授徒自給。

歲甲申，京師陷，留都再立，而黨禍大作。阮大鋮者，名在逆案，廢錮居南京，以新聲高會，招來天下之士，利天下有事行其捭闔。東南名士顧杲、吴應箕等，大書其罪布於通衢，壽民亦與焉。禮部主事周鑣實爲諸名士所附，及大鋮得志，殺周鑣，分捕諸名士，壽民變姓名攜家匿金華山中。南京隨破。溧陽陳名夏，先是名亦在捕中，亡去，北降，久之，用事。名夏故與壽民善，遣使貽書壽民，欲薦之朝。壽民對使焚其書，且與之書曰：「龔勝、謝枋得，其智非不若臯羽、所南也〔二〕，所以死者，爲多此物色故耳。今之欲徵僕薦僕者，直欲速僕死者也。」名夏得書，嘆息而止。

壽民自守以嚴，一介不妄取予。其與人交有至性。當周鑣下獄，禍且見及，鬻田爲貲用，不令鑣知。鑣子數歲，自金華歸，即招之來學。渡海葬其友周梅骨於海外。皂帽裹頭三十年，雖盛暑未嘗去。歲乙卯，屬疾，臨卒書曰：「以此心還天地，以此身還父母，以此學還孔孟。」年六十九。著有姑山文集若干卷，閑道録若干卷，學者稱耕巖先生。

贊曰：沈先生清風高節，不可及矣。當明之既亡，東南遺民義不忍忘故國，多有愚昧以觸罪戾，至於覆其宗祀。海上之役，金壇、丹徒、宣城三縣士大夫受禍尤烈。先生獨超然遠覽，自全於耕鑿之間，可不謂智勇絶人者乎。

〔一〕自沈壽民傳至先世遺事記共十二篇，見於南山集偶鈔。其中沈壽民傳至吴文煒傳共九篇爲鈔補本。

〔二〕「皋羽、所南」，按文義，「皋羽」指王吉，王吉爲西漢瑯琊皋虞人，則「羽」應作「虞」。「所南」謂鄭思肖，張本作「啟南」，誤。又按，謝翱與鄭思肖略同時，行事亦相類，而與龔勝之時代相去太遠，疑爲沈氏原書本作「皋虞」，傳述者因「虞」、「羽」音近，遂通作「皋羽」，而爲戴氏所承用。

陳士慶傳〔一〕

陳士慶，河南鄧州人。當年少時，其族有登科爲知州者，其父羨之，教之學書，不成，棄去。與一二道家者游，聞神仙之術，欣然慕之，乃棄其業，辭父母，出游名山，冀遇神仙者流，無所遇。已而入函谷關，至終南。有老人籜冠羽衣，坐石洞中，辟穀久矣。士慶拜於洞口，老人閉目不答，如是者累日。一日，老人出，問曰：「若何人，乃溷老夫爲？」士慶曰：「吾欲求神仙之術。」老人熟視之曰：「若偏體皆凡濁，豈神仙中人耶？去！毋溷我。」復入洞，閉目坐。士慶又跪且拜者累日，每饑則乞食村中。一日，老人謂士慶曰：「吾知若苦饑，當有以餉汝。」命童子予一物若飴，食之，氣蒸蒸然滿腹，遂不復饑，士慶愈益奇之，不肯去。又累日，老人因出書一卷授之，曰：「去！求神仙非汝事也。」士慶拜謝而去，視其書皆不省，惟末四紙頗能識之，皆禁方也。

士慶歸至河南。有巡撫之女，鞦韆墮地而折其足，募能治者予百金。士慶以其方試之，立愈，乃挾百金以歸。當是時，流賊起關陝，蔓延遍天下，河南群盗亦起。其父母相與謀曰：「兒不治生産而好游，游且數年。今天下大旱，荒且亂，而兒覊窮在外，挾金以歸，得毋從賊乎？」乃詣官言狀，官因繫士慶。而其族人爲知州者方家居，爲請於官而免之。士慶自言得異書，父怒，奪而焚之。士慶急從火中掇拾，僅存末四紙而已。居有頃，群賊破鄧州，士慶家皆亡，士慶爲張獻忠所虜，在賊中，依其書試之，煮水成膏。有讒之獻忠者曰：「某男子乃妖人也。」獻忠命速斬之。將斬，士慶呼曰：「吾有禁方，能使死者復生。」獻忠笑曰：「姑留之勿殺。」然不之奇也。獻忠性凶殘，每以大梃撻左右輒死，死或付士慶治之，皆立起。獻忠破武昌，楚王死，宮中有婢曰老脚，爲獻忠所嬖。一日，獻忠召老脚，老脚不即至，獻忠怒，持刀自往刺之，揕其胸及腹，洞數寸，肝腸肺胃皆劃然委於地。獻忠旋悔之，召士慶而告之曰：「吾固欲殺若，若自言有仙術能活人，今能活老脚，當貰而死。」士慶曰：「嘻，烏有肝腸離體而可復生者乎？然不敢違大王之令，當且徐而活之。」使人舁一木扉至，卧老脚其上，納肝腸肺胃於腹，以線紉之，而傅以藥。一日而老脚呻吟，又一日而求飲食，又三日起坐扉上，又三日而侍獻忠側矣。獻忠由此大奇之。

孫可望者，獻忠之平東將軍也，飲酒醉而殺其嬖妾。士慶見之，曰：「此將軍之最寵者也，醉而殺之，醒必悔，且洩怒於左右矣。」持以去，亦線紉之而傅以藥，以衾裹之，置車中。閲一二日，起營，行數十里，下壁。士慶問可望曰：「前夜將軍何自殺其愛妾？」可望撫膺嘆曰：「吾固悔之。」士慶曰：「吾今復得一美人，以進將軍，將軍毋傷也。」乃召人持車至，啓衾出美人，即前所殺之妾也，視其項，紅痕如縷，美麗倍於平時。可望拜而謝曰：「公，神仙也。」

賊中有驍將祁三鼎，臨陣而爲官兵削其頰車折齒，士慶爲斷一俘之頰車，以合其齦，一日夜而飲食言笑無異。獻忠愛將白文選，與官兵戰而砲中脛，負痛馳歸，瀕死，獻忠命士慶治之。士慶曰：「傷甚矣，治之稍難。吾無子，文選能父我而養我以終其身，乃能如大王命。」獻忠僞許之，士慶曰：「彼素反覆變詐，須書券來乃可。」獻忠命文選書券如其言。士慶先以藥傅其痛處，鋸去其脛骨寸許，殺一犬，取犬足骨如其長，合之而傅以藥，閲三日而文選馳騎入官軍，斬發砲者頭來。其奇效多類此。

其後獻忠死，士慶遨游孫可望、李定國間。定國既反正，久之，戰敗入蠻徼中，士慶隨之以行，年老矣，猶日能飲酒數斗，御數婦人。人求其術，輒不言，曰：「此非我所能傳，有司之者。」先是獻忠在湖南，破長沙，獻忠謂士慶曰：「吾欲號汝爲老神仙，而恐軍中不盡知也。今爲汝申令於軍中，可乎？」乃命其兵各持一几來，頃之，得几數十萬。獻忠命軍士纍几爲臺，高且百丈，教士慶登其巔。士慶愕然曰：「吾身不能騰空，焉能躡之而上也。」獻忠曰：「不登，且殺汝！」命軍中數十萬人持弓矢環之，且曰：「吾有呼則全軍皆呼。」士慶登其半，欲止，獻忠命軍士引滿擬之，士慶懼而上，登其巔。獻忠呼曰：「老神仙」，軍士皆呼曰「老神仙」，聲殷然震山谷。自是賊中皆稱爲老神仙，不知其姓名，而士慶前亦自匿其姓名，不以告人也。在蠻徼中，蜀人劉莅與之善，許爲士慶作傳，乃爲告其姓名及遇仙始末如此。其後士慶隨其養子白文選入邊投誠，而病死於騰越州。

贊曰：余讀陳士慶事，洵奇怪，然竊嘆其挾有異術如此而爲賊用，可惜也。吾又聞降將王安者，自言在賊中時嘗從老神仙取藥，見其聚群婦人，刓取其陰上肉方寸，置鑪中，雜以藥熬之。須臾，鑪中火起，光滿室中，其火着物不然，老神仙曰：「藥成矣。」復投以藥而火息。然則士慶之術非爲賊亦不能試也。嗚呼，殺人以活人，其術又烏足尚哉！

〔一〕「陳士慶傳」，按虞初新志收有方亨咸邵村雜記記老神仙事一文，紀事與本文略同。方亨咸爲方孝標之弟，二人所記者似皆本於滇黔紀聞。

李逢亨傳

李逢亨，字太初，廬州舒城人也。崇禎間爲國子生，與其兄伯及其弟叔季相友愛。當是時，流寇起秦中，渡河而南，浸尋及於江淮〔一〕。崇禎八年，破中都，遂南至舒城。逢亨兄弟聚鄉勇，駐天馬山。賊尋去，圍桐城，走湖湘。丁丑春，寇復大至，蔓延山谷間〔二〕。逢亨兄弟避亂西山中。逢期者，逢亨之季弟也，其子曰天秀，父子皆以氣勇聞。逢期與賊遇，大戰，殺數人，賊懼而走。賊中相戒，以爲逢期勇士，必生致之。於是率衆襲執逢期，至營中，勸之降，不肯，曰：「李逢期天下壯士，豈作賊者耶！」賊怒殺之。逢亨聞弟之被執也，曰：「吾弟死，吾何忍獨生。」旦日，率天秀及家奴數輩，持刀入賊營救逢期。時逢期已死，兩人大哭且駡，奮勇殺數賊，皆自刎而死。邑士大夫聞之，以報縣令，縣令獎歎焉。申報上官請卹之，已而城陷，其事遂寢。

贊曰：流寇之禍烈矣。當是時，天下承平久，民不知兵，輒駢首就戮，豈不悲哉！觀逢亨、天秀父子兄弟間，其義烈何其壯也。使當時文武大吏皆能如此兩人，賊之禍豈至是耶，吾是以論著之。

〔一〕「江淮」，偶鈔補本、張本皆作「淮江」，從批校本、硯莊二本、王本、國學本。

〔二〕「蔓延」，偶鈔補本、張本脱「延」字，從批校本、王本、國學本。

楊維嶽傳

楊維嶽，字五奠，一字伯峻，廬州巢縣人也。生而孝謹，好讀書，毅然自守以正。嘗以文見知於郡守，一日往謁，適富民有犯法者，守教維嶽爲之代請，可得金數百。維嶽謝曰：「犯罪自有公法，使此人不當罪，而維嶽受其金則不祥；使此人當罪，以維嶽故貰之，是以私愛而撓公法也。維嶽兢兢自守，懼無以報德，其敢以是爲公累。」郡守由是益敬重之〔一〕。嘗讀書至忠孝大節，往往三復流涕。慕文文山之爲人也，畫像以祀之〔二〕。崇禎中，陝西盜起，都御史史可法巡撫淮揚，維嶽曰：「此當代偉人也，不可以不見。」乃徒步詣軍門往謁，可法故好士，一見奇之。居無何，寇益急，詔天下勤王。時可法已拜南京兵部尚書，尚書以府庫虛耗，軍資竭，兵不得出，傳檄諭天下捐貲救國。維嶽捧檄泣曰：「國事如此，吾何以家爲。」即毁家以爲士民倡，而人皆無應者。

崇禎十七年，上崩於煤山，維嶽聞之，北面痛哭，累晝夜不能寢食。時福王世子即位南京，改明年爲弘光元年。維嶽條列時務十三事，上陳當事。未一歲，北兵渡江，京師潰，而史可法以大學士督師揚州，城破死之。維嶽泣曰：「國家養士三百年，以身殉國，奈何獨一史公。」於是設史公主，爲文祭之而哭於庭。家人進粥食，麾之去，平日好飲酒，亦却之，曰：「踐土而思禹功，食粟而思稷德。吾家世食膠庠之澤，今值國事如此，飲食能下咽乎！」居三日，北兵至，下令薙髮，維嶽不肯。人謂：「先生曷避諸？」維嶽曰：「避將何之，吾死耳，吾死耳！」其子對之泣，維嶽曰：「小子！吾生平讀書何事，一旦苟全倖生，吾義不爲。吾今得死所矣，小子何泣焉。」人有來勸慰，偃卧唯唯而已。搜先人遺文，付其子曰：「當謹守之。」乃作不髡永訣之辭以見志。凡不食七日，整衣冠詣先世神主前，再拜入室，氣息僅相屬〔三〕。人來觀者益衆，忽張目視其子曰：「前日見志之語，慎毋以示世也。」

頃之遂卒。是歲弘光元年七月二十九日也，年五十六。聞者莫不爲之流涕。私謚爲文烈公。

贊曰〔四〕：嗚呼！遭時亂亡，士之自立，可不慎哉。三代以來，變故多矣，爲人臣者，往往身爲大官不能爲國死，而布衣諸生又以死非吾事，則是無一人死也，君臣之義幾何而不絶也哉！自古死節之盛莫如建文之時，而姓名半且磨滅，吾嘗惜之。迨甲申、乙酉間，天下又非靖難比也，故余所至輒訪問父老，有死事者，爲紀次之，無使其無傳焉。而龍舒山中余有門人曰余生，爲我道貢士楊維嶽事，余嗟異之。已而覯其子弘抱所作家狀良然，遂爲論次如此。

〔一〕「益敬重之」，偶鈔補本「重」作「事」，從張本。

〔二〕「畫像以祀之」，偶鈔補本、張本皆無「以」字，從王本、國學本。

〔三〕「氣息僅相屬」，偶鈔補本、張本皆作「氣息僅存親屬」，「存」、「親」二字，一誤一衍而不成句讀。從王本、國學本。

〔四〕「贊曰」，贊文偶鈔補本及張本等均缺，而國學本、王本、秀野本有之，文字微異，今從國學本。

王養正傳

王養正，字聖功，一字蒙修，鳳陽泗州人也。舉崇禎戊辰進士，官至建昌兵備副使。歲乙酉，大兵破建昌，養正被執，不屈死。

養正自成進士至乙酉死國難，中間凡十八年。其宦游大半在江西，而江西號爲文章節義之鄉，一時名宿如姜曰廣、袁繼咸、楊廷麟、黄端伯，皆天下有道高明之士，養正嘗從之游。養正初授海鹽令，以父喪不果行。服闋，知秀水。秀水大縣，田六十一萬八千餘畝，豪有力者多據沃壤，隱丁賦，而貧弱者往往困徭役。養正爲之正經界，均田賦，賦役始平。而豪有力者以是側目，遂中傷養正，左遷以去。無何，陞襄陽府推官。是時群盜張獻忠、馬守應等，引衆數十萬據穀城，僞降於制府熊文燦，文燦信之，全楚兵吏皆以爲不可，文燦不聽。養正出入賊中，知賊降非實，不敢與撫賊功，已而賊果叛。久之，遷刑部主事，再晉員外郎。是時天子綜核，群臣惴惴，每有大獄，輒懸揣意旨，或持兩端相避就不敢争，而養正獨多所執奏。奉命恤刑江西，巡歷十三郡，多所平反。既還朝，擢知南康府。九江土賊鄧毛溪〔一〕、熊高聚衆山谷間，南康人恇懼，議請兵。養正移疾閉閤卧，陰遣間説鄉兵殺賊，居數日，賊盡殲。暇時輒與諸生講論道義，復修白鹿洞學舍。黄端伯與養正同年，相友善，設精舍廬山下，日與往復議論，諸生多所興起。甲申春三月，李自成犯京師，烈皇帝死社稷，南中立君，是爲安宗皇帝，以養正備兵建昌。養正抵建昌，部署既定，而大清兵已渡江，遣將金聲桓定江西，江西諸郡皆望風潰。養正歃泣誓師，堅城拒守。聲桓遣其精兵來攻，養正以鄉兵敗其前軍。會所徵滇兵叛内應，因襲陷建昌，執養正。養正不屈，因執之赴武昌見主兵者。過南康，南康人號泣隨之，養正謝曰：「父老良苦，然吾有死所矣。」臨難之日，主兵者再三説養正使降，養正卒不屈，奮首大駡，遂死，時乙酉八月二十一日也。是年，黄端伯盡節於南京。明年，袁繼咸死於燕市，楊廷麟守贛州，城破死。又二年，姜曰廣起兵南昌，戰敗自殺。

贊曰：余讀先生詩文，蓋其孫贊化所刻四逸園集者是也。余既已爲之序，而復書其事如此。嗚呼！淮、泗之間，高皇帝之所以起也。當其初起〔二〕，雲蒸龍變，一時將相皆出於其間。而及其亡也，一二孤忠間出，斷脰決腹，一瞑而萬世不視。觀明之所以起與其所以亡，而淮、泗之盛衰亦可以考見焉。

〔一〕「鄧毛溪」，偶鈔補本、張本「溪」皆作「漢」，從批校本、硯莊二本、國學本、王本、秀野本。

〔二〕「當其初起」，偶鈔補本、張本皆無「起」字，從國學本、王本、秀野本。

劉孔暉傳

劉孔暉，字默菴，先世廬陵人，其大父游楚之邵陽，因家焉，遂爲邵陽人。孔暉事親孝謹，而與其伯兄相友愛。幼時從兄詣塾師學書，課已畢，而見其兄課不能竟，則伏几泣，師詰之，以實對，師喜，每稱其友愛純至，以勵他子弟。天啓辛酉，舉於鄉。明年，計偕入京師，道聞兄疾，即反侍湯藥弗懈。久之，兄死，而其母亦相繼卒。孔暉居喪盡哀，見者皆爲感動，楚人多稱之。

孔暉起家爲龍陽教諭，巡按御史林鳴球知其賢，遂表爲縣，得河南之新鄭。當是時，群盜起關隴，蔓延豫、楚之間，張獻忠已破襄陽，李自成擾中原，河南大亂，孔暉從間道抵新鄭。新鄭城且頹，歲復凶，人民多逃徙。或教孔暉棄城走民寨自全，賊勢甚盛，毋守死空城爲也。孔暉謝曰：「朝廷不以孔暉爲不肖，待罪兹土，縣存亡即孔暉之存亡，敢逃死乎！」於是修城垣，浚湟池，城守略具，而自成兵且至。賊呼：「城上人速降，且獻官與印，不然城且屠。」孔暉繫印於肱，登城守禦，而賊來益衆。縣人洶洶欲走，無固志，有富豪縋城降賊以求生，孔暉執而斬之。而賊已斬南關入，焚掠倉庫，譙樓皆燬。縣人皆走，孔暉大呼百姓巷戰殺賊，莫有應者。賊射孔暉中臂，墜城而隕。賊尋去，圉人張賀等舁至民家，燒湯灌之，閲二日而甦。移文上官，言孔暉旦暮且死，請急遣官來署縣事，且收印。巡撫高名衡不可，於是孔暉仍城守如故。賊復引衆至，執孔暉，賊見印在肱間〔一〕，折臂取印去。執至朱仙鎮見自成，不屈，遂遇害。從者圉人馮三立亦感憤駡賊死，其僕劉廷及門人鍾寬、楊芳，皆從孔暉殉難，是爲崇禎壬午正月十二日也。賊移兵攻汴，新鄭人收其骸骨，歸葬於楚。天子聞之，贈尚寶寺卿，廕一子入監。祀鄉賢祠。

贊曰：自古盜賊之禍莫烈於明，然明之群盜最爲駑下，非實有絶人之略，覬覦天下之志也。起饑寒，聚群不逞，一折箠可制，而國家以畏死無能之書生當之，宜其敗也。前後建牙大吏皆不難捐天下以予賊，使能如新鄭令以一城效死弗去，賊之禍豈至是耶！故余讀先生之事，輒不禁三復而嘆息也。

〔一〕「印在肱間」，「肱」字偶鈔補本與批校本原皆作「股」，校改作「肱」，今從之。國學本作「肱」，但「在」字誤作「右」。張本作「股」。

一壺先生傳

一壺先生者，不知其姓名，亦不知何許人，衣破衣，戴角巾，佯狂自放。嘗往來登、萊之間，愛勞山山水，輒居數載。去，久之復來，其蹤跡皆不可得而知也。好飲酒，每行，以酒一壺自隨，故人稱之曰一壺先生。知之者飲以酒，即留宿其家〔一〕。間一讀書，欷歔流涕而罷，往往不能竟讀也。與即墨黄生、萊陽李生者善。兩生知其非常人，皆敬事之，或就先生宿，或延先生至其家，然先生對此兩生每瞠目無語，輒曰：「行酒來，余爲生痛飲。」兩生度其胸中有不平之思而外自放於酒，嘗從容叩之，不答。一日，李生乘馬山行，望見桃花數十株盛開，臨深溪，一人獨行樹下，心度之曰，其一壺先生乎？比至，果先生也，方提壺飲酒，下馬與先生同飲，醉而别去。先生蹤跡既無定，或留久之乃去，去不知所之，已而又來。康熙二十一年，去即墨久矣，忽又來，居一僧舍。其素所與往來者視之，見其容貌憔悴，神氣惝恍，問其所自來，不答。每夜半，即放聲哭〔二〕，哭竟夜。閲數日，竟自縊死。

贊曰：一壺先生，其殆補鍋匠、雪菴和尚之流亞歟？吾聞其雖行遁，而酒酣大呼，俯仰天地，其氣猶壯也。久之，忽悲憤死，一瞑而萬世不視，其故何哉？李生曰，先生卒時，年已垂七十。

〔一〕「即」，偶鈔補本、張本皆脱，從王本、國學本補。

〔二〕「即」，偶鈔補本、張本皆脱，從王本、國學本補。

竇成傳

竇成者，蜀人也。崇禎中，陝西盜起，自澠池渡河，奔突江淮、汝洛、湘湖之間，當是時，成仗劍從軍爲小卒，無所知名。崇禎八年，流賊陷中都，圍桐城不下。桐爲四通之道，賊往來豫楚、濠泗必由桐，安慶巡撫遣其將廖應登領兵三千人戍桐城，成與焉。成多髯，軍中稱曰竇髯，爲人好氣，喜飲酒，其戍桐也，縣中百姓多喜與之游。

歲壬午冬，成從應登往謁巡撫史可法於廬州。至舒城，解鞍休馬，遇張獻忠兵，皆被縛。當是時，江北諸郡縣相繼皆屠滅〔一〕，獨桐城屢圍不能破，至是賊攻益急，縣中設守嚴，出奇計擊賊，賊多死。賊計無所出，乃挾應登誘降其部卒，因遣成至城下，獻忠使二賊隨之。成仰呼城上守兵曰：「我竇成也，賊使我招降若等，若等宜堅守。今賊計窮矣，若等努力無懈，且速請兵來援。我死矣！我死以活若等及縣人。」二賊怒，拔刀刺之，成至死猶大呼不絕。賊凡攻圍且數十日，縣中洶洶，謂城旦夕且破，莫知所爲，及聞成語，士卒皆起，人人具香焚之，煙縷起屬天，相與望城下流涕而拜，因守益力。使人間道請救於總兵黄得功，得功引兵來救，賊大敗走楚，縣人立祠於城内西山之麓祀之。成死之日，是爲歲壬午十一月二十一日也。

應登既陷賊，賊殺之沙河，其三千人屬於孫、羅二將，仰食民間。已而城内食匱，剽掠郊野，大兵至，悉散去，執兩將至江寧，殺之。

贊曰：余嘗至竇公祠，拜其像，慨然流涕者久之。嗚呼！賊蹂躪徧天下，而吾縣以孤城懸寄，猶得父子兄弟相保也，烏可忘其所自耶！當此之時，建牙大吏其不爲賊用者少矣，國家之敗亡，庸獨群盗之罪乎。殺身成仁，得之戍卒，可敬也夫！可悲也夫！

〔一〕「相繼皆屠滅」，偶鈔補本、張本無「相繼」二字，從王本、國學本。

吴文煒傳

吴文煒，字山帶，廣東南海人。爲人樸茂篤行，與人交有至性。於書無所不讀，而亦能詩善畫，時時行吟道中，其有所得名章雋句，即爲人誦之，解衣盤礴，旁若無人。其於山川、草木、蟲魚、鳥獸，凝神諦視，舉筆貌之，洪纖畢肖，其所親者持去無所惜，而有力者往往以金帛購之不能得也。少爲諸生，不屑意進取。嘗讀書，輒慕江浦劉巖、桐城戴名世、長洲汪份、德州孫勷，臨晉謝陳常之爲文也。康熙癸酉，陳常以檢討爲廣東主考，其友勸之曰：「君固無志於進取，然檢討固君所誦法者，今爲主考，君出試，宜得游其門下，以慰疇昔之願，不亦可乎。」文煒曰：「諾。」遂出試，果舉第三，而先是檢討鄉舉亦第三，蓋檢討以己之科名處文煒，其愛之如此。廣東有名士曰陳恭尹、屈大均，皆持高節，不妄交游，而獨時時與文煒相過從不厭。大興人薄有德，負氣好交游，嘗識文煒於場屋中，即延文煒主其家，遍贊之賓客。歲甲戌，下第南歸。越二年，廣東巡撫高中丞使其子入都應試，聘請文煒與之俱行，文煒不獲辭，然再入京師，非其志也。是時檢討已請告還家，而文煒仍主有德。頃之，疾大作，就醫於行唐。知行唐縣劉某爲文煒故人，已而不得志於行唐，辭入京師，次定州，遇有德家人以函來，發函視之，則參藥也。文煒嘆曰：「我友不忘我也，然命已止此矣，將奈何？」行至良鄉，卒於車中。將死，告其僕曰：「身後之事，有高公子及薄君在，汝勿憂。」於是公子爲具棺，而有德親視殯殮，復相與謀歸其櫬，而雕刻其詩文以行於世。

贊曰：歲甲戌五月，余與二三友人游於虎丘之上，適吴君過此，持刺來謁，僂然行也。余輩與之飲酒，問以粵東山川人物，吴君爲土音，余輩多不能解，已而畫一扇贈余而去。今聞其死〔一〕，甚悲之。又聞陳、屈兩先生或病且死，以不得見其所著書爲恨，無錫王完趙曰：「兩家之書，吾當爲君致之。」王完趙者，吴君之友也。且曰：「吴君客死良苦，然得吾子爲之傳，死且不朽矣。」因書其行狀示余，而吾稍採次其語云。

〔一〕「今聞其死」，張本「今」作「余」，偶鈔補本文缺，從批校本、徐本、國學本。

畫網巾先生傳

順治二年，既定江東南，而明唐王即皇帝位於福州。其泉國公鄭芝龍陰受大清督師洪承疇旨，棄關撤守備，七閩皆没，而新令薙髮更衣冠，不從者死。於是士民以違令死者不可勝數，而畫網巾先生事尤奇。

先生者，其姓名爵里皆不可得而知也，攜僕二人，皆仍明時衣冠，匿跡於邵武、光澤山寺中。事頗聞於外，而光澤守將吴鎮使人掩捕之，逮送邵武守將池鳳陽。鳳陽皆去其網巾，留於軍中，戒部卒謹守之。先生既失網巾，盥櫛畢，謂二僕曰：「衣冠者，歷代各有定制，至網巾則我太祖高皇帝創爲之也。今吾遭國破即死，詎可忘祖制乎！汝曹取筆墨來，爲我畫網巾額上。」於是二僕爲先生畫網巾，畫已，乃加冠，二僕亦互相畫也，日以爲常。軍中皆譁笑之，而先生無姓名，人皆呼之曰畫網巾云。

當是時，江西、福建間有四營之役。四營者，曰張自盛，曰洪國玉，曰曹大鎬，曰李安民。先是自盛隸明建武侯王得仁爲裨將，得仁既敗死，自盛亡入山，與洪國玉等收召散卒及群盜，號曰恢復，衆且踰萬人，而明之遺臣如督師兵部右侍郎揭重熙、詹事府正詹事傅鼎銓等皆依之。歲庚寅夏，四營兵潰於邵武之禾坪，池鳳陽詭稱先生爲陣俘，獻之提督楊名高。名高視其所畫綱巾班班然額上，笑而置之。

名高軍至泰寧，從檻車中出先生，謂之曰：「若及今降我，猶可以免死。」先生曰：「吾舊識王之綱，當就彼決之。」王之綱者，福建總兵，破四營有功者也。名高喜，使往之綱所。之綱曰：「吾固不識若也。」先生曰：「吾亦不識若也，今特就若死耳。」之綱窮詰其姓名，先生曰：「吾忠未能報國，留姓名則辱國；智未能保家，留姓名則辱家；危不即致身，留姓名則辱身；軍中呼我爲畫綱巾，即以此爲吾姓名可矣。」之綱曰：「天下事已大定，吾本明朝總兵，徒以識時變，知天命，至今日不失富貴。若一匹夫，倔强死，何益？且夫改制易服，自前世已然。」因指其髮而詬之曰：「此種種者而不肯去，何也？」先生曰：「吾於綱巾且不忍去，况髮耶！」之綱怒，命卒先斬其二僕。群卒前捽之，二僕瞋目叱曰：「吾兩人豈惜死者！顧死亦有禮，當一辭吾主人而死耳。」於是向先生拜，且辭曰：「奴等得事掃除泉下矣！」乃欣然受刃。之綱復謂先生曰：「若豈有所負耶？義死雖亦佳，何執之堅也。」先生曰：「吾何負？負吾君耳。一籌莫效而束手就擒，與婢妾何異，又以此易節烈名，吾笑夫古今之循例而赴義者，故恥不自述也。」出袖中詩一卷，擲於地，復出白金一封，授行刑者曰：「此樵川范生所贈也，今與汝。」遂被戮於泰寧之杉津。泰寧諸生謝韓葬其骸於郊外杉窩，題曰「畫網巾先生之墓」，而歲時上冢致祭不輟。

當四營之既潰也，楊名高、王之綱復追破之，死逃略盡，而敗將有願降者，率兵受招撫於邵武。行至朱口，一卒獨不肯前，伸項謂其伍曰：「殺我！殺我！」其伍怪之，且問故。曰：「吾熟思之累日夜矣，終不能俯仰事降將，寧死汝手。」其伍難之，乃奮袂裂眥，抽刃相擬曰：「不殺我者，今當殺汝！」其伍乃揮涕斬之，埋其骨而去。

揭重熙、傅鼎銓先後被獲，不屈死。張自盛、曹大鎬等後就縛於瀘溪山中。

贊曰：自古守節之士不肯以姓字落人間者，始於明永樂之世。當是時，一夫守義而禍及九族，故多匿跡而死，以全其宗黨。迨崇禎甲申而後，其令未有如是之酷也，而以余所聞，或死或遁，不以姓名里居示人者頗多有，使弔古之士莫能詳焉，豈不可惜也夫！如畫網巾先生事甚奇。聞當時軍中有馬耀圖者，見而識之，曰「是爲馮生舜也」，至其他生平則又不能言焉，余疑其出於附會，故不著於篇。

唐允隆傳

唐允隆，字吉人，宣城人也。爲人倜儻負氣，少爲諸生，有文名。吴甘來、周宗建皆前輩達尊，負海内重望，一見允隆，皆器重之。允隆家故饒於貲而好施，屢散金數千不顧。

性剛直，好議論人物，一無所諱忌，以故群小側目，輒爲中傷，往往危而獲免。生平排難解紛，拯人於厄者，不可勝數也。嘗以事至姑熟，姑熟有富人被誣，官吏利其財，將謀繫之獄，允隆聞之，拂袖起詣富人曰：「吾義不忍視若寃。」富人付允隆金數百，允隆爲營救之，事竟解，悉還其金。富人出金謝允隆，允隆不受，疾馳去。同邑子魏某被誣，繫蕪采營，鎮將梁化鳳素善允隆，允隆爲言於化鳳而釋之。及允隆没，魏某朔望必呼其家人曰：「唐先生活我」，相與集允隆祠拜之。

歲乙酉，大兵渡江，總兵方國安自蕪湖遁入浙江，取道宣城，兵不戢，所在皆設守與抗。將至允隆里，里人且欲禦之，允隆曰：「若是，禍且不測。」乃具壺觴，殺羊豕，往迎謝過。其部將大喜，令軍中曰：「過唐秀才里，敢掠者斬！」於是一軍肅然去。去之他里，他里與抗者皆遭殺掠，里人始曰：「微存齋，吾儕其不免乎。」存齋，允隆别號也。當是時，盜賊蜂起，丹陽湖尤爲盜藪。丹陽湖與允隆里鄰，上官下教，居人於湖濱築樓守望，工程嚴迫，費且不貲，人皆避去，允隆獨慨然任之，不費官帑及民錢，刻日而板築就。歲丙辰，丹陽湖盜又竊發，官兵先後至湖濱，居人驚駭，欲散去。允隆遍歷諸營，結其將領，供糗糧無缺，居人卒賴以安堵。先是歲丙戌，以收債至建平梅墅，值歲饑且疫，允隆視其貧乏者周之，不能償者爲焚券二百餘紙。

允隆少嘗從休寧金聲游，明亡，聲以少司馬起義兵死，允隆仇家告允隆實聲黨，被逮至安慶，慬而不死。嗣後屢被奸人連染，家遂毁，而氣不爲衰止。於朋友親故，時以行誼相切責，往往鬚張面發赤。久之，人諒其無他，雖仇家亦多爲感化。里中有争訟，必質允隆，片言立斷，無不心折去。族人有相仇害，允隆出己橐中金爲排解，争遂以息。從兄犯法，破其産，並累允隆，産且盡，贓未盡輸。有司知其故，謂允隆曰：「吾聞若頗有債未收者，盍列名以聞，爲追而代償之，不亦可乎？」允隆對曰：「生已得禍，而又以禍他人，所不忍也。」卒自稱貸，輸之有司，皆嘆異焉。年七十有二，卒。先是允隆預知死日，及期，異香滿室，端坐而逝。

贊曰：宣城之唐氏，世爲著姓，存齋先生才氣實有過人者，而遭時不偶，坎壈終身，豈不惜哉！其曾孫名世，嘗從余游，今年冬，貽書於余曰「願有言也」，余是以論著之。

先世遺事記〔一〕

余家世孝弟力田，至南居府君尤多隱德，鄉里稱爲長者。南居者，所居地曰南灣，因以爲號也。後遷於縣治之城東，使其子面峰府君至南灣，部署奴僕治田事。面峰府君，余祖之曾祖也。農人有掘地得白金一甕，其上皆金玉寶器，不敢匿，以告主人。於是面峰府君歸至家，請命於南居府君，將取之。府君大怒曰：「吾聞之，有無望之福者，必有無望之禍。吾家世力田自給，今汝不自力，而欲取非義以長其驕，吾家焉用此不才子！」乃杖之。農人私自喜曰：「是固天所以賜吾也。」即歸，與其妻子潛捆載而去之鄰邑，買田宅爲富人。居數年，其子來哭而訴曰：「吾父取非其有，以有今日。吾父之始去也，爲盜所窺，居無何，盜入室，盡劫其金錢以去。金玉寶器有稍稍存者，持入市易物，獄吏見而豔之，誣吾父爲盜，曰：『汝等賤人，何自有此。』遂謁於官，家破，竟罹禍而死。今吾無所歸，念與主人有故，惟憐而活之，敢以請。」南居府君悲憐其事，復與以故所種田。顧謂面峰府君曰：「向不從余言，則汝今日者，且不知乞憐於誰氏之門也。」人有聞者皆服。余大父爲余言先世事多此類。且曰：「祖宗有善而湮滅不著於後世，子孫之責也，汝他日當盡爲表彰之。」小子謹先誌其一節若此云。

〔一〕「先世遺事記」，偶鈔本用此標題，列於「記」類，戴編本入於「傳」類，改題爲「書先世遺事」，今仍列於「傳」中而用其原題。

先君序略

先君諱碩，字孔萬，號霜巖，一號茶道人。先世洪武初自徽之婺源徙居桐，至先君之高高祖南居府君，族始大。家世孝弟力田，以貲雄鄉里，里中皆稱戴氏忠厚長者，縣大夫輒嘗餽問，以風示縣人。南居府君之長子爲面峰府君，面峰府君之幼子爲默齋府君，始以國子上舍爲處州經歷。時太守有羸疾，不能視事，知府君長者，事皆屬府君治，吏慴服不敢欺謾〔一〕，一府中皆稱其能。歷署篆，每去，士民追送百里。時鄰縣百姓難治，不服官府約束，曰：「吾儕百姓非敢抗逆，但得某縣戴公來，則吾等安矣。」上官知之，調府君往，事輒平，以故常兼攝兩縣事〔二〕，其清廉如此。居鄉好賑恤貧乏，鄉老大夫莫不加敬焉，屢舉鄉飲大賓。生四子，長曰孟莽府君，即吾之曾祖也。曾祖弱冠爲諸生，有聲，後國變，痛哭〔三〕，薙髮服僧衣，入龍眠山中不出。年七十五，以庚戌年卒，時名世已十七歲矣。吾祖官江西，回侍養山中，後因家焉。先君生五歲而祖母吴孺人卒。祖母，贈工部主事諱應寵之女，河南左布政使諱一介之女孫，諭德諱應賓之從子也。生姚氏姑母及先君。先君自失母乃困，至今四十八年，竟以窮而死。

先君爲人醇謹，忠厚退讓，從不言人過失，與人交無畛域。與人語輒以爲善相勸勉，津津不休，一見之此語，再見之亦此語，有興起者輒喜不寐。無老幼賢愚，皆服其長者，不敢犯，犯之亦不校，生平未嘗有與人失色失言者。第其艱難險阻，備嘗人間苦，不能以告人也。歲甲午，年二十一，補博士弟子。家貧，以授經爲業。歲辛丑、壬寅間，始擔囊授徒廬江，歲一再歸，博奉金以活家口。頃歲授徒里中，然性不喜家居，輒復客於外。今竟死於外〔四〕。嗚呼，悲哉！

其爲文不屬草，步階前數回，即落筆就之，不改竄一字。尤喜詩，詩辭大抵多悲思淒楚之音，凡百餘卷，皆可傳誦也。自以荏苒半生，坎坷無一遇，米鹽常缺，家人兒女依依啼號，而頻年旱荒，終歲傭書，不足以給朝夕爲俯仰之資，而不肖名世好讀書，不通時務，曰：「是將復爲我也。」嘗曰：「讀書積善欲獲報，如捕風捉影。如吾等者，豈宜至此。」時形諸感嘆。每詩成，則朗朗吟咏，眉乃一開也。嘗借飲酒以解其憤懣，每飲輒擲骰爭勝負以爲樂，大醉乃已。家人惟吾母事之謹，兒子輩妄意他時富貴以娱親，朝夕定省甘旨皆缺，未享人子一日之養，而已不及待矣。

先君卒於陳家洲，洲去縣一百四十里，以去歲十月初一日往。謂名世曰：「諸生皆治詩，汝勿治詩，汝今治易。吾爲彼等講毛詩。」蓋吴氏先聘不肖名世以今年館於其家者也。先是先君客舒城山中，夏秋之間治裝歸矣，忽瘡起於足，痛幾危，越月始稍稍愈，愈而歸，歸不復去，以山多峻嶺，不可騎，難以徒步也〔五〕。居無何，足大愈，適吴氏來請，遂去。名世送之郭外，豈知其永訣而遂不復見乎。到洲五十日而卒。先是十日前有書來云，瘡發於項偏左。名世等以先君壯年盛德，此足疾餘毒，不爲意，而諸生皆騃，又江濱荒陋無良醫，延一醫治，曰無傷，飲藥數劑，病愈甚。諸生請致信家中〔六〕，曰：「不可，吾七八月間不死，今豈遂死乎。」已而諸生知不可起，始使人來報，比至，則已不及待矣。先君居洲未兩月，而洲之人皆感動，其死也，皆呱呱而泣曰：「天無眼矣。」嗚呼！人莫不有死，而先君客死，早死，窮死，憂患死，此不肖名世所以爲終天之恨，没世而不能已者也。

先君生於明崇禎癸酉年五月二十二日，卒於康熙庚申年十一月十九日，享年四十有八。今暫厝於默齋府君塋兆之旁，俟卜地葬祖母而附葬於其旁。娶吾母方氏，生男子子二人，長即不肖名世，娶李氏；次子平世，娶汪氏。女子子三人，長字邑庠生徐廷錦，次尚未字，三字姚姑母之幼子應運。先是姑母以戊午年卒，卒年亦四十有八。康熙辛酉二月十六日，不肖孤子名世謹述。

〔一〕「懾服」，張本「懾」作「攝」，從批校本、硯莊乙本、王本。

〔二〕「兼攝兩縣事」，張本無「事」字，從蕭穆戴憂庵先生事略引文。

〔三〕「痛哭」，張本無此二字，從蕭穆戴憂庵先生事略引文。

〔四〕「今竟死於外」，張本作「今歲終於外」，王本、秀野本作「今歲竟終於外」。從批校本、硯莊二本、徐本。

〔五〕「難以徒步」，張本無「以」字，從批校本、硯莊二本、徐本、王本、秀野本。

〔六〕「家中」，張本無「中」字，從批校本、硯莊二本、徐本、秀野本。

左忠毅公傳

左光斗，字共之，南直隸桐城人。舉萬曆丁未進士，起家中書，選授浙江道御史。天啓初，與給事中楊漣俱以清直敢言負重望，每國家有大議，公卿大臣輒問二臺省云何，二臺省者即光斗、漣也。兩人公忠一體，有所舉劾，必諮而後行，權貴人皆凛凛畏之，一時海内有道高名之士皆從之游，而小人之趨利貪權勢者皆弗之便也。

巡視中城，搜獲假官、假印、假文卷以百數，吏胥宿蠹爲之一清。尋巡視屯田水利，上書言國家倚漕東南不可恃，而京以東，畿以南，兩河以北，荒原一望率數千里，高者爲茂草，窪者爲沮洳。「請一切有司首課農政，興水利。田野不治，即異才高等，亦注考下下。」制曰：「可。」光斗親巡行阡陌，督官吏，教民種植桑麻藁秸，彷彿江南。及光斗去，後至者漫不以爲意，由是田復荒不墾。

神宗不豫，太監劉朝、魏忠賢矯太子令，索嘉靖中戚畹莊田，光斗封還不啓。已又奏太監陳登奪民籽粒，壞屯政，且請蠲十三場逋租，民咸復業焉。尋又督學畿輔，光斗能知人，往往所取士能預決其得失利鈍，後皆卒如其言，無一爽者，而識史可法尤奇。光斗念天下承平久，人不知兵，而疆埸多故，每行部輒較諸生射，奏開屯學，又奏開武學。光斗多諳朝廷典故，而留心於當世之事，慨然以天下自任，其才無所不通，未及盡試而崔、魏之難作。

當神宗晚節，遼東事起，北關新破，天子怠荒，不視朝者三十餘年。光斗上疏曰：

臣惟今日之事，遼安則天下安，遼危則天下危。皇上御朝則天下安，不御朝則天下危。早御朝則救天下之全，遲御朝則救天下之半，若終不御朝則終無救而已矣。何也？今天下非無全力也，救遼者非不多方也。譬如病者在床，醫者在門，曾不得望主人而切脉，即投温投涼，治標治本，總無當也。善醫者則不然，但請主人正襟危坐，察言審色，伸脊容身，而病已霍然矣。臣非不知陛下静攝日久，而悦社稷自不得悦君，若能及此時而一御朝，臣謂有十二善焉。

歷數在躬，厥惟天子。有爲子三十餘年不見父母者乎？及此正朔新頒，一出而天怒可回。一善也。

二祖八宗憑依者陛下。有爲子若孫三十餘年不見祖宗者乎？及此太廟時享，躬親匕鬯。二善也。

人主天也，群臣萬物也。有萬物三十餘年不見天日者乎？陛下一出而陰霾解散，陽氣發舒。三善也。

不但此也，大蹇朋來，睽孤乍合，陛下無所厭苦群臣，群臣無所責難陛下。四善也。

主憂臣辱，主辱臣死，動色相戒，懼心以生。五善也。

公憤盈朝，私鬭自平。上曰：「余一人之罪。」群臣曰：「諸大夫之罪。」如兒女爭言，見主人而自息，如兄弟鬩牆，遇外侮而自消。六善也。

而後問兵馬於邊臣，何以閱視叙功則在在飽騰，調發應援則在在單弱？不但三韓，九邊盡然，不但九邊，天下盡然。破積習而討軍實，七善也。

而後問糧餉於户部，何以兵既不足而餉不見有餘，餉既不足而兵不見有餘？核而清之，歲可省京儲數十萬，籍而没之，歲可增邊儲數十萬。八善也。

又且問用人於吏部，毋以人試官，毋以官試地，論定取自上裁，不效罪坐舉主。九善也。

又且付罪臣於法司，如楊鎬、李維翰、李如楨等，國有常刑，毋令賄免。十善也。

又且申陳力就列之義於大臣，能如于忠肅之入守出戰，王忠毅之北討南征，則請拜樞密，否則奉身而退，無久妨賢路。十一善也。

臣更有寒心者，自陛下不見群臣百姓以來，人人皆無固志，富商大賈席捲南還，勳戚貴臣陰圖轉徙，卒然有急，二三宦豎掉臂而去耳。陛下一出而群情無恐，效死勿去。十二善也。

有此十二善，不過舉步之勞，片刻之暇，何憚而久不爲此，此必有物以爲之祟。將在內廷耶？在外廷耶？在外廷則不當有此臣子，在內廷則陛下奈何甘受其祟而不悟也哉！誤不可再，時不可失。幸而及臣所謂僅救其半，不幸而不及，不忍言矣！

疏三上，皆不省。當是時，大學士方從哲，兵部尚書黄嘉善皆以不稱職爲光斗三四糾。而嘉善採人言，許天下募兵者，自領至京師受職，光斗論其害，事寢不行。

初，御史熊廷弼巡撫遼東，自謂天下才，傲狠自用。光斗時時規諷之，廷弼不悦。既去遼，遼敗，復起經略，廷臣欲斥前沮廷弼者以謝之，光斗疏救之，廷弼愈不平。光斗嘗謂同縣倪太僕曰：「熊公才優而量不逮，前以之守遼可也，今以之恢復，豈不殆哉。」居有頃，廷弼果敗。

光宗崩，李選侍居乾清宫，熹宗居慈慶宫。選侍者，光宗所愛幸，上崩，諸內臣教選侍矯遺命母天下，聲言欲垂簾決事。而劉遜、劉朝、姚敬忠、李敬忠等盗寶漏洩恐誅，欲倚選侍自固，皆出死力佐之。於是光斗與都給事楊漣謀，恐爲他日患，乃上疏，略曰：「内廷之有乾清宫，猶外廷之有皇極殿也，祖宗以皇帝御天居之，皇后配天得共居之。其餘妃嬪雖以次進御，遇有大故即移置别殿，非但避嫌，亦以尊制，歷代相傳，未之有改。今大行皇帝賓天，選侍李氏儼居正宫，而殿下乃居慈慶，不得守几筵行大禮，典制乖舛，名分倒置，臣竊惑之。且聞李氏侍先皇無雞鳴脱簪之德，侍殿下又無撫摩養育之恩，此豈可托以聖躬者？伏乞收回遺命，仍守選侍之職。或念先帝遺愛，姑與以名稱，速令移置一號殿中。殿下仍回乾清宫，守喪次而成大禮，庶幾宫闈清而名分正矣。」疏上，選侍大怒。而楊漣等力争，内臣王安亦主漣、光斗議，選侍不得已，乃出居噦鸞宫，上還乾清宫。光斗復奏：「移宫以後，固當存其大體，捐其小過。陛下如天之度，宜無所不包涵，先帝在天之遺愛，宜無所不體恤。若株連蔓引，使宫闈不安，此非國體，亦非臣等建言初心矣。」御史賈繼春上書，以爲移宫非是，首排光斗，其黨相繼譁於朝，迄數日不定。後崔、魏殺三案諸臣，三案者，此其一也。

光宗年號未定，或議削去，否則仍以明年爲泰昌元年。召廷臣共議之，光斗議曰：

年號何爲而議也？曰爲泰昌也。泰昌之年號何爲而議也？曰爲泰昌之崩而存之，非爲泰昌之生而改之也。何爲其改與存也？曰生而急欲尊之之爲改，崩而不忍削之之爲存也。故今日之議，兩言決之曰：天啓之議泰昌，非泰昌之議萬曆也。泰昌之議萬曆則不宜改，而天啓之議泰昌則當存也。若使泰昌晏駕稍待半載，又使泰昌之詔未宣，而泰昌之曆已頒，可以無今日之議，惟詔已頒矣，曆未改矣，天啓之明年已定，於是乎追思先帝之懿美，不得不曲全先帝之年號，而紛紜之議直欲削之，不知其解矣。

天下事，情與理而已。泰昌雖一日，亦君也，今一月，而萬曆四十八年之祚厚其終，天啓億萬年之祥開其始，將不稱宗乎？不祔廟乎？稱宗祔廟，有廟號而無年號乎？將孫稱祖號，弟襲兄年，如建文、景泰，以叔姪兄弟之事行於父子之間乎〔一〕？泰昌之於萬曆，猶天啓之於泰昌也，泰昌不忍於其親則存之，天啓獨忍於其親則削之，是陷上於不孝也。即不忍於祖而忍於父，猶之不孝也。急欲全泰昌之孝，而不思所以全上之孝，是議者之過也。何也？泰昌之改元以明年，亦曰億萬年，行有待耳，今已矣，復何待哉。生爲一世之君，歿不得享一日之號，仰既不能得之於父，俯又不能得之於子，泰昌在天之靈必不安。奪子之不足，以增己之有餘，萬曆在天之靈亦必不安。皇祖考之靈不安，而謂上安之乎！

載考綱目，唐睿宗太極元年下分注：玄宗皇帝先天元年。唐德宗貞元二十一年分注：順宗皇帝永貞元年。晉武帝崩於四月，不書太熙，直大書孝惠皇帝永熙元年。而資治通鑑於玄宗直書先天元年注：是年八月，改元先天；於順宗直書永貞元年注：是年八月，改元永貞；晉永熙之書亦如綱目。由此觀之，晉、唐二君皆當年改元，一四月，兩八月，不必正月而後改元明矣。唐之玄宗則以太上見在而改，在者如此，況崩者乎。夫千古禮法、史法之宗無如朱紫陽、司馬温公，今之高論，度不能加兩公上。

如温公議則獨存泰昌，如紫陽議，存萬曆並存泰昌，兩書具在，可無煩聚訟爲矣。

嗟乎！自古踰年不改元之非甚於不踰年改元之非，今成先帝不忍改元之是，而又貽上踰年不改元之非，宜以先帝御極之辰，追書之曰「泰昌元年八月朔，即皇帝位」，盡歲止，而哉生魄以前仍爲萬曆四十八年云。

於是公卿皆以爲光斗議是，詔從之。

是時大學士沈潅與外戚鄭養性太監劉朝交通亂政，先後典重兵。光斗與刑部尚書王紀等先後論姦相典兵，外戚典兵，内監典兵，必爲國患。居無何，此三人皆敗。而魏忠賢新專國命，廷臣三案異議者皆附之，其黨崔呈秀、魏廣微尤用事。光斗已歷官至僉都御史，而楊漣爲副都御史。是時吏部尚書趙南星、侍郎陳于廷、左都御史高攀龍、吏部都給事魏大中，皆負海内清望，群小畏惡之。光斗同郡阮大鋮者，謁忠賢，進百官圖曰，某宜先驅，某宜後擊，某宜正攻，某宜旁射。於是忠賢大喜，按圖殺諸君子，往往多用大鋮之策。

御史崔呈秀，初巡按淮揚，賕累巨萬，高攀龍劾之，遂父事忠賢，大中亦劾大學士魏廣微，兩人教忠賢速殺漣、光斗、大中等。事未發，會楊漣奏忠賢二十四罪，於是忠賢罷兩人官而逐之。廣微嗾忠賢劾光斗裝以逮，忠賢不應，已而覘光斗就道，惟襆被而已，廣微私自喜曰：「幸未劫也。」先是給事中傅櫆與東廠理刑傅繼教相善，繼教與傅應星結爲兄弟。應星者，蓋忠賢之甥云，或曰即忠賢子也。櫆因應星通於忠賢，忠賢因以其第宅居櫆。櫆欲殺光斗、大中以媚忠賢，求兩人瑕隙不可得，乃曰：「光斗客有汪文言者，並游於楊漣、魏大中之門，今當誣文言爲兩人畫策納賄，鍛錬文言以成其獄，如此則兩人可殺也。」遂上書論之。光斗奏辨數四，乞罷歸養親，不許。至忠賢逐光斗歸，終朝拷掠文言，文言不服，遂殺之。而御史徐大化者，忠賢黨也，論漣、光斗妄議移宫，且受熊廷弼賄誤封疆，及屯吏金。故事，御史巡視屯田，屯吏餽金數百，御史受之以爲常。光斗獨却不受，諸御史皆慚且恚，至是大化誣奏之。忠賢矯旨，遣緹騎逮光斗、漣入京考鞫〔二〕。緹騎至桐，光斗泣語諸弟曰：「父母老矣，吾何以爲别。」家人環泣，生祭縣中。父老子弟張檄示擊緹騎，光斗曰：「是速死矣。」固止之。檻車出郭，縣人擁馬首號泣，焚香拜北闕，緹騎皆爲流涕。壯士數百人潛行欲伏闕訟光斗冤，至黄河，光斗知之，固辭謝，乃還。容城舉人孫鍾元欲脱光斗於客氏，以告光斗，光斗曰：「吾雖不肖，豈能懼寺人之禍，而求生於婦人之手乎！」定興人許顯純者，素無賴，尤疾惡士大夫，及忠賢用事，顯純謁忠賢，求爲獄吏，士大夫入獄者多不能免。至是顯純嚴刑訊光斗坐賕二萬金。是時熊廷弼兵敗下詔獄，爲狀告於朝曰：「楊、左兩人前日皆欲殺我者也，何以余爲通賄。」而畿輔好義者皆設部分募應鹿太公。鹿太公者，太常卿鹿善繼父也，太公爲人好氣樂義，日夜奔行郡縣，醵金爲光斗償賕，欲以脱光斗。初光斗督學畿輔，畿輔人德之，故争應太公。金入未畢而忠賢已殺光斗於獄。先是光斗在獄，出片紙寄其家曰：「辱極，污極，痛極，死矣！死矣！如二親何。願以此報天子，報二祖列宗。」是歲天啓五年七月也。卒之夜，長虹亘天，里中星隕如斗，而楊漣、魏大中皆死。閲二年，熹宗崩，烈皇帝立，誅魏忠賢、客氏、崔呈秀，而褫阮大鋮、魏廣微等，贈光斗右副都御史，予祭葬，再贈太子少保，謚忠毅，予三代誥命。縣人立祠祀之。

初，大興人史可法，幼貧賤，奉其父母居於窮巷，光斗爲督學，可法以應童子試見光斗，光斗奇之，曰：「子異人也，他日名位當在吾上。」因召之讀書邸第，而時時餽遺其父母貲用。一日，光斗夜歸，風寒雨雪，入可法室，見可法隱几假寐，二童子侍立於旁，光斗解衣覆之勿令覺，其憐愛之如此。及光斗逮繫，可法已舉於鄉矣。可法知事不可爲，乃衣青衣攜飯一盂，佯爲左氏家奴納橐饘者，賄獄卒而入，見光斗肢體已裂，抱之而泣，乃飯光斗。光斗呼可法而字之曰：「道隣宜厚自愛，異日天下有事，吾望子爲國柱石。自吾被禍，門生故吏，逆黨日邏而捕之。今子出身犯難，徇硜硜之小節，而攖奸人之鋒，我死，子必隨之，是再戮我也。」可法拜且泣，解帶束光斗之腰而出。閱數日光斗死，可法仍賄獄卒入收其屍，糜爛不可復識，識其帶，乃棺而殮之，得以歸葬。後可法果以功名顯。

贊曰：余與左氏子弟游，得見公獄中手書，血蹟斑斕，可悲也。當天啓初，正人在位者不少，相繼覆滅，海内寒心。而逆黨根株蔓延，雖以烈皇帝之英武，不能盡爲掃除，竊位釀亂，至於亡國，哀哉！

〔二〕「以叔姪兄弟之事」，張本「兄弟」作「弟兄」，從批校本、硯莊二本、王本。

〔三〕「緹騎」，張本「緹」作「提」，從批校本、硯莊甲本。下同。

曹先生傳

曹先生，桐城人，逸其名，維周其字，家距樅陽十餘里。樅陽者，濱江之市也，左右環之者重山疊嶂，而曹先生少讀書山中僧舍，爲童子師。崇禎十七年三月，流賊李自成陷京師，烈皇帝崩。先生是時年未滿二十，聞之痛哭，即散遣其徒去，終身未離僧舍，距其家僅數里，未嘗一日歸也。爲僧種菜，僧食之以酬其傭工。僧之易者前後數十人，而先生在僧舍種菜如故。聞有客至，輒避匿不與言。灌畦之暇，時時取書讀之。或有問之者：「爾傭工，固知讀書乎？」答曰：「吾不知讀書也，第能識字而已。」鄰里鄉黨皆莫知有曹先生之高節。其族有一士人，授徒於縣中，余往問之，曰：「我伯父行也，今已垂七十有餘矣。」

贊曰：曹先生一布衣，遭國破，遂棄其家，終身爲人傭工以死。彼受人主知遇得富貴，而反顏事仇者，視先生何如也。吾縣士大夫當革命之際不仕者雖多，而苦節獨有一曹氏。

戴名世集卷七

楊劉二王合傳

楊畏知，字介夫，陝西臨潼人。劉廷傑〔一〕，字霞起，福建上杭人。而王運開、運宏，所謂「夾江二王兄弟」者也。崇禎庚午，畏知舉於鄉，庚辰召試，授户部主事，累遷洱海道副使；廷傑以貢士通判永昌，皆滇屬云。當是時，永昌推官爲王運開。運開以進士起家，而其弟曰運宏，崇禎壬午舉人也，運宏以蜀亂，亦攜其家從兄居永昌。

崇禎中，陝西群盗起，天下大亂，而滇以僻遠得脱，承平且三百年，其富麗擬於中原矣。黔公世守滇南，十餘傳而至沐天波。天波自年少，政出多門，諸土司時時欲叛，天波不知也。乙酉秋七月，吴必奎反。冬十二月朔，沙定州反，襲破滇，天波走楚雄。明年，沙定州自將兵圍天波於楚雄。當是時，洱海道楊畏知駐楚雄，永昌推官王運開亦適以他事至，相與嬰城守，定州不能破，而使其將李曰芳攻大理，王朔攻蒙化，皆陷之，天波懼，又走永昌。明年，張獻忠死於蜀，其平東將軍孫可望、安西將軍李定國率其餘黨，收潰卒，由蜀入貴州，聞滇亂，遂引兵襲滇，破之，沙定州敗走。明年，孫可望西略地，且及楚雄，畏知奮曰：「可望國賊，罪大惡極，豈可坐而待其至乎！」率其兵千餘人，迎戰於祿豐縣之啓明橋〔二〕，兵敗，自投水中。可望素聞畏知名，使人救之起，再三說畏知使降，畏知不肯，痛哭求死甚哀，可望曰：「公無自苦，公志在尊明，吾亦且歸正，興復明室。公盍留此身，與吾濟大事，奈何死也。」可望因折箭爲誓。畏知乃喜曰：「爾既與吾輔翼王室〔三〕，則自今請勿殺人，勿焚廬舍，勿淫人女子〔四〕。」可望遂下令軍中如其言，以故迤西諸郡雖不守，而皆無屠殺淫掠之慘者，畏知之力也。

可望尋至大理，使人招天波於永昌。天波欲降，索諸司印與俱，而是時通判劉廷傑署郡守，推官王運開署參議，兩人正色告天波曰：「吾曹之官皆權攝也，其印何敢與公爭，然印在吾而與公以降賊，是吾兩人亦降賊矣。吾兩人受先帝命守此土，自分死久矣，豈能復向賊求活？且吾兩人書生，猶義不爲賊屈，公世臣，奈何賊未至輒降，他日何面目見祖宗於地下！吾兩人在，印不可得。必欲印，請待吾兩人死，而後惟公之所爲。」天波不能答，而陰告永昌人曰：「不降，城且屠。」永昌人洶洶，兩人因悉遣其家人西走騰越。運開謂其弟曰：「爾未仕，義可不死，其將吾妻妾俱西，勿令此輩在，徒亂人意耳。」衆日集參議門，哭且讙曰：「明公固效死，奈滿城生靈何。」參議慰之使退，乃又趨府署，讙如前。廷傑從容坐堂上，召之曰：「來，吾語汝。逆賊詭譎，他州縣之降而屠者多矣。處亂世，生死有命，若何恐之甚耶。」衆或前曰：「人誰不畏死。」廷傑笑曰：「汝以吾爲畏死耶？吾欲死久矣。」命取巵酒，開篋投酖，將飲，衆大驚皆走。一夕，運開過廷傑相與語，臨別，運開舉手曰：「吾熟思之，惟此一路宜走也。」廷傑曰：「諾。」衆有竊聽者，私相告且賀曰：「兩人走，我輩生矣。」旦日集參議門視之，而見有老僕哭而出，往告廷傑曰：「吾主人夜半自縊死矣。」廷傑喟然嘆曰：「嗟乎，君子哉！遂先我而死耶。」乃沐浴焚香，撰上烈皇帝表，又賦詩四章以見志。既畢，以素練懸梁上，既縊，練忽絶，復甦。有客持之泣，廷傑叱曰：「去！」復整衣冠，更以帛自縊死。王運宏在騰越聞之，與劉氏子弟來治喪，既殯，復走騰越。兩人既死，沐天波使人攜印往降可望，可望陰遣將劉文秀引兵襲永昌，執天波以歸。可望既降天波，取永昌，聞兩人死節事，驚嘆良久，將求其後官之。或言運開有弟曰運宏，今在騰越，可試召之，乃發使召運宏。行至潞江中流，出手書一行付其僕曰：「志之。」遂躍入江死。僕視其書云：「得我屍，同吾兄合葬，題曰『夾江二王兄弟之墓』。」數日，得其屍沙上，面如生，遂合葬之。

可望還滇，自稱爲平東王，鑄錢曰興朝通寶，營宫室，造印勅，設部、寺、臺、省侍從官，浸尋自帝矣。而其黨故等夷不相下，每揎腕怒目相争〔五〕，曰：「爾自王，誰實王之。」先是烈皇帝之崩也，弘光帝南京，未幾而敗；隆武復帝閩越，又敗；而兩粤間乃立桂王子永明王於肇慶，改元永曆。楊畏知聞之，告可望曰：「君自王滇南，衆且不服。今明天子新立廣東，君能束身歸命，當得爵土之封，衆無不服者。」可望曰：「善。」即使畏知朝行在，請王封。廷臣議不決，畏知再往返，而帝拜畏知爲學士。已而可望黨賀九義至行在，以封事與廷臣争辯，擅殺宰相嚴起恒，畏知深自悔恨，痛哭上書論九義罪，可望怒，使其黨鄭國執畏知至，數之曰：「何負我？」畏知曰：「爾負我，我負爾耶？吾兩人始約尊明，今明室秋毫未得爾力；始約勿殺人，今且殺大臣矣。盗賊終不可與有爲如此！」奮起搏可望不得，乃取頭上幘擲可望面。可望益大怒，遂殺畏知。於是召九義等還，而詒言背叛，益驕蹇無忌矣。已而李定國卒破走可望，可望部卒多降明，本畏知始謀云。

贊曰：吾聞永曆帝之崩也，其骨燬，且棄之於墟中，滇人相向悲泣，乃相率提筐於墟中拾取之。軍中見之感其意，各給以金錢，頃之，錢滿筐，遂以葬其骨云。吾歎滇人之義勇如此，而先是已有此四人者，嗚呼，烈矣！顧楊公所爲尤極難耳，其志雖不成，而國家之祭號猶延於諸賊之手者且十餘載焉，而畏知已前死久矣。吾又於奏封一事，深歎永曆諸臣之不能用諸賊也。

〔一〕「劉廷傑」，案明史卷二九五忠義傳作「劉廷標」。

〔二〕「禄豐縣」，張本「禄」作「緑」，從批校本、王本、秀野本。
〔三〕「輔翼」，張本作「翼輔」，從硯莊二本、徐本。
〔四〕「女子」，張本作「子女」，從批校本、硯莊乙本、徐本。
〔五〕「揎腕」，張本「揎」作「扼」，從批校本、硯莊二本、徐本。

薛大觀傳

薛大觀，字爾望，雲南昆明人。其先江蘇無錫人，洪武中遷雲南。大觀之妻曰楊氏，生子二女一，其長子曰之翰，之翰之妻曰孟氏。大觀父子爲諸生，能文章，重然諾，以氣節重於滇南。崇禎末，群盗張獻忠等陷蜀。已而大兵討張獻忠，破殺之於鹽亭，其將孫可望、李定國等走滇，滇人多附可望得官，而大觀父子名士，或勸之出，大觀曰：「此孫氏之官，賊官也，余義弗爲。」當是時，永明王即帝位於廣東，可望陽臣永明，實不用其命。而李定國與可望共迎帝入滇，可望走北降。滇人之前不附可望者，皆争出自表異，或又勸大觀，大觀曰：「此李氏之官，非明官也。」於是挈家隱居城北之黑龍潭，潭上有觀曰龍泉觀，有樓曰魚樓，大觀父子讀書其間，誓弗出。

歲戊戌，清兵破李定國軍，浸尋至滇，帝出奔於緬甸。大觀聞之，嗚咽流涕，謂之翰曰：「國君死社稷，臣死君，義也。今日之事，雖天命不可以力争，顧獨不可效死一戰，乃崎嶇域外，依小夷求須臾活，豈可得乎。吾書生，不能徒手搏敵，計惟有一死。汝其勉哉！」之翰泣對曰：「父爲國死，兒安能不爲父死。」大觀曰：「汝死誠善，第汝母及汝妻皆在，將奈何？」當是時，楊氏、孟氏皆在旁，乃曰：「君父子爲國死，吾姑婦獨不能爲君父子死耶。」而旁有婢曰鎖兒者，抱大觀幼子在懷，聞諸人語，乃前曰：「主等死有名，婢子何以處此，婢子死亦可乎？」大觀曰：「婢爲主死，亦義也。」於是相率登魚樓，大觀夫婦上坐，子婦拜，鎖兒亦拜。拜畢，攜手下樓，俱赴黑龍潭死之。明日，屍相牽浮水上，幼子在婢懷，兩手抱如故，道旁人舉而瘞之。先是大觀之女適同縣鄒生，是日隨其夫避亂西山，距魚樓數十里。兵至火起，其夫復他逃，女曰：「嗚呼！吾一婦人，將安逃？脱辱身非義，不如死也。」遂赴火而死。

贊曰：自神廟以來，天下多故，行間大吏，計惟有逃耳。一逃而廣寧失，再逃而流寇猖，又逃而金陵亡，而閩亡，而滇黔亡。嗚呼！東南諸帝之死，視烈皇帝之死爲何如也。大觀諸生，以其家死，無孑遺焉。余讀其臨死之語，尤悲之。

書許翁事

翁姓許氏，名登雲，字亦凌，廬州舒城人。十世祖榮。元至正間，江淮起兵，州郡騷然，榮散家財起義兵，保障鄉里，民之全活者數萬人。傳八世爲士北君，翁之大父也。士北君爲人任俠好氣，然事其親孝謹，撫諸弟有恩。諸弟壯大，顧皆詬其兄，往往群謀毆之，君輒踰垣走。其子曰在兹君，即翁之父也。治博士業，爲諸生，好與道家者游，得黃白之術。既卒，其術不傳。生兩子，翁其長也。年二十一，爲諸生。是時流寇起，蔓延江以北，祖、父相繼殁，翁秉家政，經營拮据，群從兄弟十餘人，俯仰皆依翁，即族人子弟亦多賴翁者矣。

翁爲人豪邁，其才又俊，多藝能，少即工騎射，旁及刀槊擊刺之術，無不精。流寇之至也，翁挈其家走山寨。寨破，翁挾弓持矛而下，望見數賊與一人戰於山麓，即翁父也，翁前救之，賊即釋其父前搏翁。時有二僕負一篋隨翁父〔一〕，賊疑篋中有金，故力戰不肯釋。翁呼僕置篋於地，且以足踏其篋使破，以示無有，倉卒不得破而戰益力，賊遂棄去。

翁家故饒裕於貲，奴僕凡數百人，自賊至家破，貲且盡，桀黠奴往往叛去。當是時，桐城有守將，領數千人防賊。舒與桐接壤，翁家奴一人亡抵營中，小校周某收之。翁自往捕，奴知之，以告周某，某使卒誘翁至門，則盛侍衛，列劍戟，且多設縛具以懾翁。翁未入，適一校來謁周某，乃某約以來欲共辱翁以詭其金者也。校先與翁語，翁固有口辨，灑灑數千言，辭氣激昂，面無懼色。校大驚，爲禮，貌甚恭，入罵周某曰：「是人寧可辱耶。」翁遂得脱。以狀謁兵使者，兵使者即逮周某，治以法。

寇既平，鄉里逃死者略盡，田土荒蕪。翁募耕者〔二〕，墾田數百頃，悉收其群從兄弟於家，衣食之，且延師教之，已而盡以所墾田分給之。或有後言不知德翁者，翁置不校。翁輕財好施，不沾沾治生産，然家亦復振。治西冲別墅，極精麗，晚年徙家焉。或曰翁以他故徙，非輕去其家者也，然翁亦卒不言云。

翁敦一本之誼甚篤，有侮其族子弟者，不難破産救之，然負翁者亦往往而有，翁卒不以此惰志焉。一族老貧無依，或告之曰：「盍往亦凌氏，斯得所矣。」詣翁，翁養之終身。已而得惡疾，見者皆欲嘔，翁自督僮僕左右之甚勤。其人死，喪葬皆極厚。其敦本尚義如此。親知故人有急難，得翁之計畫皆立解，其斷決明敏，披肝瀝膽，人皆服其才而信其誠，雖鄉黨之賢豪皆自愧莫及。

年五十餘，即謝去諸生服，習音律，挾少年數輩歌舞，自吹洞簫，執檀板，聲音節奏，響振林木。客至，布氍毹，管絃雜作，出歌者數人行歌侑酒，客無不極歡而去。如此者十餘年，復厭之，歌者先後散去。篤信空門，日讀佛氏書，意氣蓋少衰矣。然而酒闌燈灺，長笛一聲，山谷皆應，其風流藴藉，故態猶存焉。

余客翁家兩載。嘗與余登高山，馳馬直騰，迴翔上下，趫健如少壯，見者不知其爲七十餘人也。翁季子從余游，請書梗概，余故書以付之。

〔一〕「隨翁父」，張本無「父」字，從批校本、硯莊二本、王本。

〔二〕「田土荒蕪翁募耕者」，張本「蕪」、「翁」二字誤倒，今正。

書許榮事

元至正中，江淮兵起，皖賊趙雙刀〔一〕，六賊祝真，剽掠州郡。烏沙人許榮率衆駐高峯，保障鄉里。高峯者，在舒城縣南山，四面皆山環之，有山巍然獨高曰高峯，而烏沙其山下之市也。許榮既駐高峯，其後歸之者衆，高峯小不能容，移駐方山。歸之者日又益衆，移駐舒城，賊不能犯舒城。元授榮樞密院同知，與左君弼守廬州，太祖皇帝攻之不下。榮嘗曰：「凡吾所以起兵，第獲保鄉土親戚，以待真主，束身歸命，吾之願也。」已而太祖遣胡大海詣榮，與之書曰：「將軍久守廬州，既不爲逐鹿之謀，又不爲尉佗之計，但欲保鄉土親戚，以待真主，不知當今真主，誰足當之。」隨大發兵攻廬州，左君弼開城走，許榮以廬州降。辭官歸，隱居烏沙之灣塘，死葬焉。洪武二年，詔取前所與書去。

余登高峯，高峯故有許榮祠〔二〕，祠壞不治。榮子孫散處烏沙、灣塘之間，世以貲雄鄉里。人皆以榮保障全活之功甚大，而不知其託身聖朝，功成歸隱，非區區武臣驍將之所能也。當干戈初起，英雄角立，迷惑失身，以至屠滅不救，與夫貪戀富貴，迷不知止，晚節末路，前功盡棄者，多矣。若榮之所爲，顧不賢耶。榮事史不載，知當時熊羆之臣所以輔翼真主，猶有不盡傳者。廬州故有惠民碑載榮事，碑今不存。舒城縣志及許氏家狀，崇禎間燬於兵火。其十世孫曰亦凌氏者，猶能記憶之，爲余道之如是，因書之。

〔一〕「賊」，張本作「城」，從硯莊乙本、王本、秀野本。

〔二〕「故」，張本作「固」，從批校本、硯莊乙本、王本。

艱貞叟傳

艱貞叟者，姓白氏，諱眉，字靜遠，山西保德州人也。少爲諸生，多節概。嘗出游，得遺金於逆旅，叟匿之牀下，候至日中，遺金者還，悉以予之，其人欲分其半以予叟，叟不可，其廉潔自持如此。順治戊子，貢於京師。嗣後一爲州判，一爲縣丞，一爲府同知，再署縣，其治績皆多可紀云。

其爲沂判也，攜僮奴一人抵任，沂故荒殘，而叟至不能給饘粥，叟怡然自得也，居三年而去。其丞無錫也，無錫大縣，賦繁役重，其白糧皆解京師，官吏緣以爲奸，額外苛斂，民不堪。叟請於上官，一切革去，無錫人德之，紀其事曰留棠集云。其同知彰德也，抵任未久，即署武邑，又署安陽。其署武邑，多惠政，武邑人件繫其事〔一〕，播之風謡，傳爲歌咏，往往而然。其署安陽也，一如其署武邑。已而安陽新令來，耄且昏，適有盜案，叟故所笞胥吏怨叟，因嫁禍於叟，遂罷官去。居家，讀書自適。施惠於人不求報，人有以横逆至者，叟受之無怨言，鄉黨中皆稱爲長者。年六十有九，卒。晚自號曰艱貞叟。

贊曰：自吏道衰而大吏以至小官轉而相食，以故民愈困，民愈困而官愈貪，蓋相習不以爲非久矣。余讀白先生之事，非今之所常有也，未竟其用而罷，惜哉！先生之子曰君琳者，不遠數千里而求余文以彰先生之德，余故書其梗概如此。

〔一〕「件繫其事」，張本作「不忘其事」，從批校本、硯莊二本、徐本。

書光給諫軼事

光時亨，字含萬，桐城人，舉崇禎甲戌進士。時亨爲人有才氣，斷決明敏，而清正自守，性嫉邪，不爲群小所悦。起家知四川榮昌縣。是時流賊起陝西，天下大亂，而四川受禍尤烈。榮昌之衢有石橋曰思濟，爲山水所決，修而復壞者三四。至是縣人復謀醵金修之，時亨集諸父老而告之曰：「修橋費不貲，流賊旦暮且至，而雉堞不修，其何以守禦。今當撤橋設渡船以通往來，而移石修城垣，此兩便之道也。」父老以爲然，於是募役夫數十百人，運石至城下。一大石運至中途墮於地，裂有聲，役夫輩之不能動。時亨就視之，中有物，光爍爍射人。命石工鑿之，得一石龜焉，色如紫玉，身有龍文，具八卦，乃蓄於署内池中。當石工鑿石時，微傷龜身，有血。背上三字横列，一即「光」字而形稍異，一爲三畫，又一字不可識。每池中氣與雲接則天雨，晴亦時有異光，蜀人奔走來觀者不絶。

一日，時亨出外，有冢闌入輿前，左右叱且捶之不去。時亨心動，曰：「冢有冤乎？有則跪伏。」冢即跪伏。時亨掣一籤付一吏曰：「爾隨冢所往，冢往何家，則擒其人來。」冢前導，吏隨之，冢即至吏家。吏惶懼來白曰：「小人平生無過惡。」時亨曰：「冢冤果在此人，再跪伏。」冢即跪伏。時亨詳鞫吏，吏實無過惡。時亨曰：「爾家更有何人乎？」吏曰：「妻兄游三實他縣人，攜其妻秦氏來居此月餘矣。」時亨曰：「冢所告必此人也。」即遣人至吏家捕游三，而游三已挈秦氏走數十里矣，追而執之。先是游三與秦氏通，秦氏棄其夫奔游三，而秦故與諸生某通，其夫疑某匿之，告於官，官繫某鞫之，而獄未決，秦氏父忿恚死。

至是鞫之，俱得其情，乃抵游三及秦氏罪。家尋不食死。自是蜀有疑獄，上官必囑時亨治，皆立剖。

已而時亨徵入京師，歷兵、刑二科給事中，旬月間，凡彈劾權貴及言軍國事，書凡百餘上，直聲震京師。居有頃，流賊陷山西，入畿輔，直逼京師，有爲南遷之説者，時亨言於上曰：「賊四面環集，乘輿將安往？請固守根本，以定人心。」及城陷，時亨與御史王章巡城，章爲賊殺，時亨墮陴折左股，匍匐入尼菴，夜半自經，尼救之不死。尋爲賊蹤跡得之，過御河，與御史金鉉同投河，鉉死而時亨爲人所救。移時甦，遂潛行南還。至宿遷，夜夢一冢爲人言，呼曰：「光公，光公，速遁去，少頃大難至矣！」時亨驚而寤。旦日開舟，行不數里，岸上有軍士數輩持劍上船曰：「誰爲光給事者？吾等爲大帥劉澤清所遣奉迎者也。」時亨方持劍問之，而鐵索已繫其頸矣。先是時亨同郡阮大鋮者，名在逆案中，天啓中左、魏之死，大鋮有力焉。時亨嘗切齒詬詈大鋮，而大鋮度時亨清正，不可以術數籠致，至是嗾澤清使執之，以阻南遷爲時亨罪，而與金壇人周鍾，涇陽人武愫同日殺之。周、武兩人固降賊者也，故野史誤稱時亨爲降賊，至今無白其寃者。先是時亨自滎昌召入京，其家子弟還桐城，挈龜以還。是時流賊方擾江北，光氏子弟渡江避亂於祁門，蓋光先世祁門人也。一夕，雷電晦冥，風雨大作，龜騰空而去。識者曰：「光公其不免乎？」及聞時亨死，果是日也。

時亨初墮陴及自經，投河，屢死不得，而志遂移，卒喪其軀於奸人之手，惜哉！惜哉！康熙丁卯，余入京師，有役事我於舍館，京師所謂長班者也，年八十餘矣，謂余曰：「始我事給事光公，當都城破時，予從御河中救給事起。」復拊膺嘆曰：「豈知其送與阮、馬殺乎！」此亦可證野史之誣，因並書之。

書全上選事

全上選，桐城之樅陽人，年少好讀書。明亡，年甫二十餘，上選痛哭，忽逃去，其家不知其所之也。上選東西奔竄，遍歷江楚之間，已而踰嶺之廣東，入深山中，誅茅爲屋以居，負薪種田，無復有當世之志。有一僧舍，距所居不數里，而上選常往來僧舍。久之，一男子同僧來謁，自云王孫遭難流落者也。上選大喜，與僧同資給之，誓三人共老死山中，不相舍去。頃之，某州有武弁被斥，山西人也，僑居不復歸，浸尋聞王孫名，稍稍與往還，而欲以女妻之。上選謂王孫曰：「君國破家亡，尚有兒女情乎？不可許也。」王孫不聽，遂贅於武弁家。

襄陽吳某者，武弁之故舊也，家饒於貲而好結客，武弁尋窮乏，挈其家與女壻往襄陽，依吴某以居，而上選與僧義不忍舍王孫，亦從之以行。已而吴某知其故，謀散家財，號召子弟，奉王孫以聳動郡縣，雖上選亦心動，而未發也。會有告吴某反者，官吏利其財，發兵圍其宅而盡捕之，上選與僧凡五人被執，而餘皆散走。於是上選等坐謀反，並斬襄陽市，時康熙八九年間事也。初上選之被執，有司鞫之，上選曰：「吾等雖未舉事，然私心誠有之。」有司問何故爲此，曰：「吾爲多讀書所誤耳。」且曰：「吾姓錢，自出亡也，易其姓曰全氏。」死後有司憐之，爲稾葬於郭外。吾友宣城王耕書初在有司幕中，知其所鞫之詳，爲余言之如是，因執筆記之。

李庶常家傳

李本涵，字海若，山東大嵩衛人。其父曰贊元，順治乙未進士，官至兵部侍郎。侍郎以諸生起家爲大官，本涵實爲其伯子，從官京師，侍郎每有繁劇，輒委本涵，條分縷晰，事無不辦，侍郎以此奇之。本涵貴公子，無紈綺之習，守寒素如故時，而喜賓客，重然諾，慷慨好施予，嘗屢散千金不顧，侍郎每顧而喜曰：「此吾家之才子也。」本涵好讀書，尤喜與四方名士交游，切劘討論，文日益進。康熙丁巳，舉於順天。歲戊辰，成進士，入翰林。本涵性至孝，自侍郎殁，其孤十餘人皆幼，本涵中情深愛，其或偶有疾痛，往往憂念至終夜不寐。延師教之，亦時時自督課，諸弟皆感動思奮，學益勤。十餘年登、萊間稱文章家，輒歸李氏。學使者行部至登州，獎嘆用以冠冕諸縣，皆本涵子弟也。本涵性孝謹退讓，其化行於一家，而宗族鄉黨賓客所以存恤周給之者，無不備至。自俗之頽也，人人各務封殖自私，獨本涵急人之困如傷在體，諸公貴人皆笑之，而本涵卒不爲衰止。然事過輒忘，終身未嘗言某人吾嘗有某事相濟也。歲己巳之秋，卒於京師邸第，弔者相哭於途。生有二子，曰欄，曰栻，皆能讀父書，人以爲本涵不死云。

贊曰：余以己巳之夏自濟南入京師，海若每訪余於旅舍，議論今古，閱數月而海若卒。其卒也，夜半方讀漢書，聲朗然出户外，忽咳嗽數聲，遂卒，年僅四十有二耳。余既爲文哭之，又誌其墓，載海若事詳矣。今年秋，其弟鑑湖來請爲傳，余故復爲書其大略焉。

張翁家傳

張翁諱某，字某，江南華亭人，遷嘉興。君性好佳山水，每遇名勝，輒徘徊不忍去。少時學畫，爲倪雲林、黄子久筆法，四方争以金幣來購。君治園林有巧思，一石一樹，一亭一沼，經君指畫，即成奇趣，雖在塵囂中，如入巖谷。諸公貴人皆延翁爲上客，東南名園大抵多翁所構也。常熟錢尚書，太倉吴司業，與翁爲布衣交。翁好詼諧，常嘲誚兩人〔一〕，兩人弗爲怪。益都馮相國構萬柳堂於京師，遣使迎翁至，爲之經畫，遂擅燕山之勝。自是諸王公園林，皆成翁手。會有修葺瀛臺之役，召翁治之，屢加寵賚。請告歸，欲終老南湖，南湖者，君所居地也。暢春苑之役，復召翁至，以年老，賜肩輿出入，人皆榮之。事竣，復告歸。卒於家。

贊曰：余聞張翁事父母頗孝謹，其父卒，爲營墓地不得，忽夜夢見父攜游郭外，指一阡隴言曰：「此吾葬處也。」明日，有人持一地圖來求售，宛如所夢，遂售之。一日出游，宿王尚書園亭，夢父撫其背曰：「爾急歸，爾母且逝矣。」覺而奔抵家，母果不起，得君訣乃卒〔二〕。其子爲余言如此。子治父術亦工。

〔一〕「嘲誚」，張本作「嘲笑」，從批校本、硯莊甲本。

〔二〕「得君訣乃卒」，張本「得君」作「持與」，從批校本、硯莊二本、徐本、王本。

金知州傳

金之純，字健之，湖廣廣濟人。萬曆四十三年舉人，崇禎中，由醴陵縣教諭歷官至興安州知州。當是時，海內承平〔一〕，人不知兵。流賊起陝西，官吏或走或死，漫不知守禦，於是賊所至，名城皆破。興安尤當賊衝，而旁近郡縣若紫陽、白河、洵陽、漢陰、石泉、平利〔二〕，諸遺民逃徙來者不絶。之純到官未幾，賊即至，簡料民兵，經畫器械，爲守禦計。是時久旱，夜忽大雨，漢江漲，濠水驟高數尺，賊不能渡，城中益得爲備，賊引去。水尋涸，復至，拒却之。凡四薄城，久之食盡，城且陷，之純請救於旁郡游擊唐通。通以兵至，之純縋死士出，與之合，殺賊渠數十人，賊乃解圍走。御史上言狀，天子嘉興安獨死守，超遷之純漢中府知府。未及離興安而卒，年四十有六。興安自被賊，歲饑且疫，之純給醫藥，設粥糜，全活者甚衆，死者官爲殣之，民皆感泣，及其卒也，州人醵金共襄事，乃得舉櫬還，州人哭送百里外乃反。

唐通者，涇陽人，用兵有紀律，善戰。後積功至總兵，封定西伯。歲甲申，以居庸降賊，賊方虞邊騎之從河套入也，使通守石峽。先是保德州人陳奇瑜爲五省總督，實縱賊於車箱谷，以成甲申之禍，即之純守興安之年也。通故在其麾下，奇瑜好貨，家貲鉅萬，陰召通以兵來護其家，於是通移駐保德。已而知賊事不成，仍稱定西伯，爲先帝發喪，旦夕縞素哭臨〔三〕，沿河州縣皆據之。尋大兵定燕京，遣將徇山西，而通以其衆降，封爲定西侯，解其兵柄，隸之旗下。居久之，思出鎮不得，意鬱鬱不樂，卒。

贊曰：金先生之守興安，本全興安者，唐通力也，故余爲牽連書之。先生他事多見於王尚書、朱庶常所著傳中，茲不具録。鼎革之後，先生之手澤存者僅與唐將軍書一通，先生孫啓洛與余同游太學，嘗以其稿示余，辭氣激昂，其一時駕馭之略，可以想見。使得如先生者數人，與通同事，終始周旋，其晚節安至是哉！

〔一〕「海内承平」，張本下有「久」字，從批校本、硯莊二本、徐本、毅夫鈔本。

〔二〕「洵陽」，張本脱，從批校本、硯莊二本、徐本、毅夫鈔本。

〔三〕「縞素」，張本「素」作「表」，從批校本、硯莊二本。

温濚家傳

温濚，字其旋，先世太原人。明初温祥卿以布衣謁明太祖，太祖使佐耿炳文守長興，子孫因家焉。祥卿叔某遷烏程之七里村，壽九十有九，是爲七里温氏之始祖。曾孫璋運糧入京師，道出山東，歲荒民大饑，璋盡賑以所運糧，歸而自買穀以輸。自璋傳十世而至濚。濚幼讀書，能文章，有聲，年十七入學宫爲弟子。崇禎中，東南諸名士結復社，以文章節義號召天下，濚亦與焉。復社者，諸名士置酒高會之所，名爲繼東林而起，東林故仇浙人，其於相國體仁尤甚，體仁，濚兄弟行也。吴門徐枋見濚於復社，以體仁故，意頗不相得。後明亡，復社諸生多出試場屋，濚棄諸生服，終身不出。而枋匿迹太湖之濱，與世絶往來，聞濚高節，屢作畫與詩貽濚。濚懸之壁間，曰：「吾與昭發時相對也，然昭發今日知我耳。」昭發，枋字也。徽州司李璜亦灤兄弟行，先是璜知天下不可爲，使人召灤至，曰：「吾當以死報國家，宗族事恃有汝在。」相與飲泣而别。居無何，南京失守，徽州隨陷，璜殺妻女自刎死。灤時年三十，遂隱居不出，曰：「吾不忍負吾兄一訣也。」與其友五六人者，皆以行誼自矢。久之，其友皆變節以去，灤獨與同縣高士嚴三求及學佛人棲雲善。棲雲者，姓沈，名葵明，亦明諸生，隱於僧者也。

灤爲人忠厚，見人之傷如己之傷，人有以緩急告者，無不應，橐中金不足，往往稱貸給之。宗族事無大小，悉身任，雖勞且怨不避。葺其書室曰屏山草堂，堂先世所遺，古松二株，高千尺，灤讀書其間，每日皆有紀録，曰讀某書，爲某事，見某客，時自省察，其刻勵如此。年六十有三，卒。

贊曰：明之亡也，諸生自引退，誓不出者多矣，久之，變其初志十七八。先生方年少，有文譽，卒不食其言，可謂賢矣。吾讀先生子棐忱所作過庭紀，述先生言有曰：「歲乙酉，吾自留都還，宿鎮江，望見揚州火光燿天，鼙鼓聲振動，江水爲沸。及至吴門，則皆習競渡，畫船簫鼓勿絶也。嗚呼！廟堂之玩愒抑已甚矣，而郡國亦復然，欲不淪胥以溺，得乎！」蓋先生悲感往事，老不能忘如此。棐忱介其族兄鄰翼請作傳，余是以論著之。

張驗封傳

公姓張氏〔一〕，諱福衍，字嵋谷，福建龍谿人。康熙甲子舉人〔二〕，戊辰進士，起家行人，遷刑部主事，陞吏部主事，歷員外郎、郎中，皆在驗封司。其在刑部充纂修律例官，區分條晰，輕重務得其平。常決獄，悉心詳察，罪有可出則喜形於色，否則不懌者累日。其在驗封所掌爲誥封諸事。故事，諸臣有罪削籍，其父母誥命俱追奪之。公曰：「令甲無概行追奪之例，今以子孫故而盡累其父母，豈天子孝治天下之意哉！」於是獨排衆議，凡罪不至追奪者，悉不追奪，人皆以爲得體。康熙己卯、壬午、乙酉，當賓興之期，公皆爲分校，所得士最盛，衆論翕然稱之。其陞郎中也，引見之日，上曰：「爾籍貫姓名，朕所熟記，才品出衆，朕固深知之。」公以夙望浮沉郎署，一旦被優旨獎嘆，人皆以爲榮。

公天性好施予，急人之困。幼時居漳之南靖，南靖多水火之災，一遇災，呼號之聲相聞。公使人謂之曰：「哭無爲也，若所須，於吾是取。」聞者問其年，曰：「十歲耳。」人皆奇之。常以繩貫錢置囊中，出遇老弱貧困者，故墮於地使拾去，不令知〔三〕。人家有喪不能辦者，寡婦幼子方哀迫不能爲計，公輒密投金於户内而去，其家獲之，以爲神賜，終莫知其所自來。鄉里有大工大役，公往往出己槖中金，身任其事。至其自奉淡泊，飲食及被服居處，蕭然若寒士也。爲人寬厚和平，平生未嘗有疾言怒色，有犯者皆不與校。素不信二氏之學，嘗爲人指陳其誕妄之狀，多化之者。康熙丙戌卒於京師，年四十有二。

戴某曰：余鄉舉實出先生之門，比晉謁，先生殷勤屬望，有加無已。自是或閲一二三日，輒至先生署内，因得悉先生之生平，然未及半載而先生卒矣。嗚呼，豈不悲哉！余採其一二遺事爲述而傳之，並書數通以貽同門之士，使讀此而奉先生之風範猶如在也〔四〕。

〔一〕「公姓張氏」，張本無「氏」字，從批校本、硯莊二本、徐本、王本。

〔二〕「甲子舉人」，張本無此四字，從批校本、硯莊二本、徐本、王本。

〔三〕「不令知」，張本「令」、「知」二字誤倒，今正。

〔四〕「猶如在也」，張本「在」作「生」，從批校本、硯莊二本、徐本、王本。

方舟傳

方舟，字百川，江南桐城人，遷江寧府，入上元縣學爲諸生。受業於其父逸巢先生，年十四五，盡通六經諸史及百家之書。貫穿融會，發揮爲義理之文，窮微闡幽，務明其所以然之故，當舟之世，天下文章靡矣，舟獨掃除時習而取法於古，深思自得，無所依傍，自成一家之言，由是舟之文章名天下。

舟與其弟苞皆好學，日閉户謝絶人事，相與窮天人性命之故，古今治亂之源，義利邪正之辨，用以立身行己，而以其緒餘著之於文，互相質正，有一字之未安，不敢以示世，意度波瀾各有其造極，人以比之眉山蘇氏兄弟云。舟天性醇篤，孝於其親，既長不異孺慕。逸巢先生嘗曰：「吾體未痛，二子已覺之。吾心未動，二子已知之。」其先意承志如此。舟厭時俗齷齪，以名節自砥礪，謹法度，慎交游，而留意經世之學。平生所爲經畫區處，悉中肯綮。而性恬淡，不慕富貴。其所與友善，如高淳張自超，江寧龔纓，同縣戴名世、劉捷數人。而金陵風物甚美，花草妍麗，城之西北尤多園林之勝，嘗曰：「吾讀書之暇，與此數人者，挈榼而往，盡醉而歸，以此終吾世足矣。」舟少有嘔血之疾，壬午游京師，疾復作，尋歸，踰二年卒，年三十七。舟臨卒時，自取其文稿燒之，今行世者僅六十餘篇。

贊曰：百川嘗謂余曰：「天之生君子即有小人，亦猶父母之生子有才亦有不才也〔一〕。父母即惡其子之不才，而有人焉爲之掩匿覆蓋，其心必喜〔二〕。有人焉數其惡而暴其狀無纖悉之遺焉，在父母之心必有甚怒而不樂者。天之於小人也亦然，吾與子所刺譏悉中小人之疾，欲天之喜而勿怒，得乎？」余之困甚於百川，而百川且不永其年以卒，然則百川所言其果信而非激者矣。

〔一〕「亦有不才」，張本無「亦」字，從批校本、硯莊乙本、王本。

〔二〕「其心必喜」，張本「心」、「必」二字誤倒，今正。

邵生家傳

生姓邵氏，名士楨，字振周，徽州休寧人，家蘇州之常熟。徽人善爲生，多能貨殖致素封，其家子弟皆習纖嗇，鮮能讀書親師友。而吴中之俗侈靡，士習於儇薄，多以虚聲相炫耀。生年少，獨夷然不屑也。其言曰：「有財而癦而積之，是棄其財也。吾有財而能得其用，財乃爲吾有。且吾年方富，倘不自暴棄，學必成，成而世莫我知，無憾也。若夫從事於聲利之途，與世人相角逐，吾不忍爲也。」生爲人醇樸真摯，而其志趣以遠大自期。平居刻苦爲文，讀書寒暑不去手。督學使者賞其文，遂入常熟縣學爲諸生，尋以例入太學，非其好也。年二十六而卒。

其師姜燕臣，余友也，爲余述之如此，且言其家欲得余爲之傳。余嘉其志，壯其言，而惜其早卒，故爲約略書之。嗚呼！叢蘭欲茂，秋風敗之。天道之不可問者，豈少也哉。

何翁家傳

翁姓何，名龐，字溪威，徽州婺源人。少貧困，嘗爲縣吏自給，已而棄去。或教授生徒，或入幕府掌書記，久之亦棄去。家居，精種植之術，稍稍至贏餘。性孝謹，重然諾，慷慨能任事。婺源有餘糧之弊，起於明末，自是胥吏爲奸日益增，民有田者輪役，當役之年，每糧一石，正供外私加白金至二三兩，合一縣計之，每歲苛征無慮萬金，民皆困。翁與縣人朱烈等愬之上官，弊竟革，而豪猾吏以此怨恨側目，思報翁。歲甲寅，七閩賊起，闌入徽州界，於是守婺源者迎降之。先是翁登陴守禦，有方略，怨翁者至是報渠魁，謂翁與朱烈等實抗守，渠魁怒，踪跡翁等得之，倍加酷刑，幾死。已而縛稍疏，翁與烈夜逸遂免。赴徽州請兵復婺源，賊兵遁走。浮梁人何某，故與翁善，受賊官，尋逃至婺源，爲官兵所執。翁曰：「某吾故人，今旦暮且死，吾獨無計全活之乎。」竭其資産厚賄執者，某得釋，其急朋友之難如此。父早卒，母年踰七十，翁事之不異孺慕。妻周氏有賢行，自未嫁時，嘗割左股以愈母疾，及歸何，事姑益謹，不異於翁。姑得痢疾，醫不能治，周割右股以進，姑稍稍愈。已而疾又大作，腸出寸許，世偉者，翁之幼子也，爲祖母所愛，及祖母疾，侍湯藥，衣不解帶者年許。一日，得藥置竹管内，吹入穀道中，糞流入口不顧。及祖母不起，遂哭泣悲哀而卒〔一〕。人皆賢翁之事親能化其子如此。婺源僻處深山，田少且磽，居民多種杉爲生，翁最精種植之術，爲書其方以廣布焉。

贊曰：翁之伯子濬從余游，故具知翁之生平，又嘗讀翁臨卒時自序千餘言，蓋有道之士也。余嘗欲種樹以自給，而無尺寸之地可試，今得翁種杉法，而余已浸尋將老矣，惜早不獲與翁相遇也。

〔一〕「遂」，張本無此字，從批校本、硯莊二本、王本。

楊允正傳

楊允正，字子展，江南休寧人，系出漢司農震。允正父上達，讀書博洽，敦於孝友。允正從受學，無所不通，而忠信孝弟一奉其父爲師法。允正有弟二人，仲早卒，季讀書應舉。當父在時，家稍稍落，父謂允正曰：「食指數百人，所入不能贍，余老不能治生，汝其勉之。」於是允正客游四方，爲計然之術，積累至贏餘，而先業復振。居久之，允正客於外，忽心動，距家八百里，馳三日夜而歸，歸則父病甚，欲得允正與訣，而允正適至。父悲且喜曰：「兒歸乎？」對曰：「兒恨不早歸也。」父曰：「汝仲弟早卒，其子幼，汝撫之以有成。汝季弟讀書，家事惟汝治，勿以繁劇累之。」允正遵父命唯謹。閲十餘年，家人或欲析産，而仲弟之子及季弟所受，較父所遺輒多數倍。宗人皆賢允正，相與議醵金爲賀，且以勸來者，允正謝弗受也。先是仲弟爲商於青陽，耗父貲且盡，困甚，冬月衣單衣，懼父怒不敢歸。允正踪跡得之，衣以其衣，偕之歸，百方爲調釋，父怒乃解。仲弟庶出也，而篤愛不異於同母，人以爲難。

允正爲人忠厚，遇凡可以利物者，無不竭力爲之。性不喜畜奴婢，曰：「此輩質多愚劣，不善事主，何能不加笞詈，彼亦人子也，其忍傷之，吾故不多畜也。」又嘗以談笑解紛亂，人多其智。歲甲寅，七閩寇起，浸尋及於徽州，是時允正商於宜興，宜興人亦思逞，其亂將作矣。一人夜奔告允正曰：「君胡不避，詰朝寇且至，至則無所遁矣。」允正資頗厚，先爲訛言嘗之。允正紿之曰：「若猶不知乎，閩寇已大敗遁去，余何避焉。」由是市中皆傳相呼曰：「閩寇已大敗且遁矣。」亂人懼，不敢發。越日報至，果如所言，於是宜興遂得無事。允正卒年六十有五〔一〕。

贊曰：徽人善爲生，往往徒手致素封，然其處家庭朋友多仁讓有厚德，蓋貨殖之事，非有士君子之行，亦不能以有成也。如楊翁之事，其義豈不高哉。翁之子劻祖爲余言如是，且請爲之傳焉，余是以書之。

〔二〕「允正卒」，張本「卒」下有「時」字，從批校本、硯莊二本、徐本。

岳薦傳

岳薦，字西來，其先山西人，賈於淮安，因家焉，遂爲山陽人。山陽人無知薦者，獨進士劉昌言與之善。薦少爲諸生，讀書於諸子百家無所不貫穿，而篤信宋儒，沉浸反覆，一以程朱爲師法。其學務體認天理，而踐履篤實，闇然自晦，不求人知，平日晏安危坐，如對神明，雖盛暑未嘗袒裸，與物無競，寡言笑。然與論天下事變，考古今是非成敗，娓娓不倦，悉能中其肯綮。當崇禎之末，天下多事，傷亂憂國，往往義形於色。歲壬午，當鄉舉之期，郡守拔薦文第一，督學使者至淮安，而適聞流賊破鳳陽，祖陵被燬，薦大哭，不就試，郡守敦迫數四，卒不應。踰二年，京師陷，遂棄諸生，奉其親隱居不出。當是時，年甫二十餘。薦家故貧，父性豪邁，不事家人生產，薦曲爲承順，凡所欲爲，竭力副之，用是貧日甚，食或雜糠覈，而養親者未嘗稍缺。及父母相繼歿，哀毁幾絶，自是以羸病終其身。薦有庶弟，甫生而其母死，適薦産女，命婦棄其女而乳弟，弟患瘍，日夜啼不止，夫婦更抱撫之，遂俱染瘍毒，而弟亦竟殤。劉昌言既善薦，命二子從之游，後皆成進士。時俗師弟子相授受惟以舉業文字，獨薦教二子以程朱之學，後二子學行俱高，人以爲不愧其師云。

康熙丁未，昌言官廣西之岑溪，欲邀薦與偕行，而岑溪遠且僻，多瘴，又近洞傜，從行者皆憚不敢往。薦曰：「人生賦命於天，豈必瘴鄉能死人哉。」遂行。至則周視城垣，有頹缺處，勸昌言修築之，以備不虞。且請於上官，練兵三十人城守。始民皆謂不便，未越月，鄰盜數千人夜薄城，將登，兵以鳥鎗斃其二人，遂驚散。平旦視其處，即薦所指示修築者也。明年，病卒於岑溪官署，年五十有一，昌言經紀其喪以歸。薦無子，後昌言二子爲選薦宗人子爲後〔一〕，爲買田宅以利其嗣人〔二〕，使世世奉祀云。先是薦所作文章詩歌，往往自焚其稿，劉氏二子請存之，薦曰：「人顧力行謂何耳，區區文藝，非儒者事也。」以故詩文皆無傳。

贊曰：西來先生行誼醇備，而悃愊無華，其得力於宋儒者深矣。吾嘗聞其言有曰：「聖賢之學，體用渾淪，皆天理也。世謂管晏有用而無體，佛老有體而無用者，不知聖賢之體用者也。佛老自有其體，未可謂得聖賢之體。管晏自有其用，未可謂合聖賢之用。」其言豈不有旨哉。劉文起先生，西來之高第弟子，而岑溪君之長子也，每爲余稱先生之學，而請爲文以表章之。嗚呼！觀於劉氏一門之於西來，朋友師弟之情，死生終始之義，備矣，是豈不可以風末俗哉。

〔一〕「後昌言二子爲選薦宗人子爲後」，張本「二」作「之」，「選薦」作「薦選」，從批校本、硯莊二本、徐本、王本。

〔二〕「爲買田宅」，張本「爲」作「復」，從批校本、硯莊甲本、徐本、王本。

朱銘德傳

朱銘德者，吴江諸生，好讀書，有大節。明崇禎十七年春三月十九日，流賊陷京師，烈皇帝自縊於萬歲山，銘德聞之，號慟幾絶。自是每歲三月十九日，陳俎豆於野，望祭思陵，哭盡哀而反。蓋年二十餘，至卒時，凡歷數十年，怨慕如一日。當鼎革之始，下令薙髮，變衣冠，銘德不忍薙髮〔一〕，翦其髮使短，髮長更翦之，而衣冠不改，匿跡於水澤之間〔二〕，窮餓自守，不以姓名示世。康熙初，烏程朱氏有明史之役，引述舊文，語有觸忌諱，坐死者數千人〔三〕。銘德亦與分纂，而卷不列姓名，以故獨得免。自明之亡，東南舊臣多義不仕宦，而其家子弟仍習舉業取科第，多不以爲非。銘德獨使其子孫爲農工自給，僅以一孫讀書而不應有司之試，孫亦佯狂駡世。銘德七十餘卒。未卒前數日，每薄暮，輒衣冠揖讓於庭，若與人爲酬對者。其孫窺之不敢問，孫即佯狂駡世者也。踰數日，告其孫曰：「有人召我，吾今修史去矣。」遂正襟危坐而逝，孫亦尋卒。銘德於書無所不讀，丹鉛滿篋笥，其所著詩文亦多，卒後皆零落，無一存者。吴門姜邵湘云。

贊曰：朱先生身爲遺民而能免於刑戮，要不失爲中庸之道。跡其哭祭舊君，終身哀毁，其志豈不可悲哉！嗚呼，自明之亡，江、浙、閩、廣間，深山大澤，如先生輩者亦不少，而湮没無聞於世者多矣，安得各郡縣如姜君者，若而人爲之徧加搜訪，而盡使得見之於吾文也哉！

〔一〕「不忍薙髮」，張本「髮」作「乃」，連下句讀。從批校本、硯莊二本、徐本。

〔二〕「水澤之間」，張本「水」作「山」，從批校本、硯莊二本、徐本。

〔三〕「烏程朱氏有明史之役」至「坐死者數千人」，按即莊廷鑨明史案，其書原爲烏程朱氏所修，而嫁禍於其他朱姓之人。全祖望云，坐死者七十餘人，（鮚埼亭集外編卷二十二江浙兩大獄記）此言數千人，傳聞失實。

王學箕傳

王學箕，字禹疇，南直隸南陵縣諸生也。歲乙酉，大清兵下江南，學官召學箕偕諸生出應試，學箕辭曰：「以漢高祖之功，而魯兩生猶不肯行。光武中興，嚴子陵猶抗節不屈。况明統三百年之久，豈可無一義士，四海之大，乃不許有一頑民哉！」爲文告孔子，取諸生巾服焚之，卒不出。當是時，新令薙髮，變衣冠，不從者死，家産没入官，妻子爲俘。而學箕不從新令，家之人環泣反覆諫，不聽，乃爲説示之曰：「吾有不足惜者三，有可已者三。以高皇帝創造之基而破壞如是，何有於臣民之家産，不足惜者一。以先帝之英敏大有爲而不得正其終，何有於臣民之首領，不足惜者二。皇后公主潔身殉國，以掖庭之淑姿，青宫之玉質，而淪没賊手，何有於臣民之妻子，不足惜者三。吾雖諸生，未登仕籍，然自補弟子員，於今二十有餘載，升沉進退，如是而已，可已者一也。吾兄弟早逝，年皆不滿三十，今吾年四十餘矣，可已者二也。世有年六七十而無嗣者，今吾有三子一孫，可已者三也。昔王莽篡漢，陳咸猶用漢家祖臘。劉裕移晉，陶潛惟書義熙甲子。志存忠義，不論受爵之有無，憤協神人，遑云量力之大小哉。」當是時，知縣宋朝儒貪甚，姦人劉有成者用事，因告學箕從兄某及縣人王某不奉新令，二人急，遂薙髮，且獻金以免。而有成所告辭連學箕，縣符未下，而學箕已懷刃將入學宫自殺，有成聞之，私念恐遂成學箕名，密言於知縣寢其事。學箕遂遯逃山中，自號薇隱子。家困窮益甚，時時絶糧，而一介不妄取，每念故君舊國，未嘗不感慨涕零也。卒之日，深衣大冠，束髮而殯。年五十有二。

先是崇禎中，學箕見賊勢甚盛，行間大吏皆以招撫誤國，嘆曰：「天下事爲書生所壞。」乃輯古今名臣事略爲一書，又取左氏春秋言兵事者爲之評注。福王之即位南京也，作中興滅賊略，而是時馬、阮執國命，事無可爲。嘗論天下形勢，謂上游莫重於荆、襄、唐、鄧，上控蜀漢，下牽吴會，小有動揺，淮海之間，未得高枕而卧也。居無何，左良玉反，盡撤河淮之兵以禦之，大清兵乘虚而下，國遂以亡，果如學箕之所料焉。

贊曰：當時守節不屈之士，得免於死者百不能一二，而薇隱先生獨以姦人之恐成其名而免之，得以天年終，使遇洪承疇諸人，豈有幸哉。杜子美詩曰：「喪亂死多門。」明之士民死於饑饉，死於盜賊，死於水火，後又死於恢復，幾無孑遺焉，又多以不薙髮死，此亦自古之所未有也。余是以論次先生之事，而爲之喟然三歎焉。

程之藩傳

程之藩，字鎮野，南直隸歙縣人。善擊劍，工騎射，勇力絶人。年少時隨其父行賈於四川，至建昌，主雅州宣慰司董僕家。土司所屬，深谷峻嶺多巨木，伐之以爲利，役夫嘗數百人，必剛猛有膂力者始勝是役。之藩遂爲之長，結以恩信，役夫無不悦服，悉聽其部署。天啓中，遼事急，徵天下兵，詔遵義土司奢崇明援遼。崇明反，其部將樊龍、樊虎刺殺巡撫徐可求於重慶，遂引兵圍成都四十餘日。董僕引其兵來救，崇明敗走，樊龍、樊虎死。先是右布政使朱燮元守成都，徵僕兵來救，僕猶豫未決，之藩告以大義，乃發兵。之藩盡散己家貲給餉，構繕戎器，率役夫二百人以殿。之藩客蜀久，諳蜀道，導師循溝塹中潛行而進，薄賊營，崇明猶不知，倉卒接戰，大敗，遂棄甲仗走。追擊〔一〕，復大破之，役夫二百人戰尤力。夔元遂留之藩幕府中，委之殺賊。崇明之敗也，走歸寨自守。其黨宋榮最驍勇，之藩故嘗行賈至其寨，識宋榮。一日，諜知榮夜宴，之藩召一卒謂之曰：「詰朝爾立於孔道高岡，執黃蓋，時偃時仰如常，賊至則走。」於是身率敢死士數十人，乘夜間道抵寨，就席上斬榮首，復斬七人，擒十一人。賊衆驚，自相殺數十百人，崇明倉皇走。鷄鳴，之藩出寨，賊兵追之，望見高岡上黃蓋，以爲之藩憩而朝食，急追之，至則執蓋者已棄去，岡虛無人，而之藩仍從間道還至軍矣。久之，賊勢且困，夔元謀招撫，使之藩入賊寨議之。既入，適疾作，卧宋榮家。榮子侍立，適一鼠方竄，榮子曰：「請爲君刖其前足。」取匕首擲之，果中前足。欲以嘗之藩，之藩不爲動。集諸酋長，宣天子威德，諭利害，辭氣激昂慷慨，諸酋長多聽命，卒就撫。

夔元奏其功，請授官。兵部因賄不入，授遵義府都司僉事。先是萬曆間滅楊應龍，設遵義府，置都司僉事，至是有議裁去者，故以授之藩。之藩方蒞任即裁去，乃入京師候改授。日至兵部堂陳己功，官吏索賄不得，則置不答。久之，之藩憤激，至誚讓兵部，兵部亦無以罪也，凡八年而不得請。會賊起，天下大亂，天子怒將驕卒惰，親遴選天下武勇之士，凡八年而之藩中選者六。已而大閱天下將材，之藩爲首選，於是兵部叙前功，授游擊將軍，管湖廣承天府守備事。當是時，楚地受賊禍尤劇，而承天則獻陵在焉，爲重地。之藩至承天，主兵者使守獻陵。總兵王觀光不之奇也，而巡撫余應桂奇之，嘗使援黄州，援德安，所至皆有功。將上書請破格特用，而余應桂以他事罷去，之藩還獻陵。而王觀光亦罷，邊將錢中選來爲總兵，一見奇之，使爲練總，練陵上兵。一日，統兵殺賊，凱歌旋，頒賞，有首功而無俘獲，疑之，驗所殺多良民，乃與監紀程九萬誓於士曰：「嗣是論功行賞，俘獲第一，斬馘次之。」凡有俘獲，驗係良民即釋之，將士乃不敢復殺良民以冒功矣。歲己卯，巡撫方孔炤使守荆門州，之藩率所部千人往。會賊衆且至，之藩出奇計，走張獻忠數十萬人於郊外。

居無何，巡按御史林鳴球將還朝。鳴球貪人也，屢從之藩索貨不入，心嗛之，之藩又嘗發其私人賕罪，鳴球濱行，屬巡撫宋一鶴、巡按汪承詔斥逐之。兩人不肯，且爲左右之甚力，而適兵部以前後所上軍功陞廣東香山參將。之藩貧無道路費，乃孑身之香山，而留妻子於承天。林鳴球在朝，嗾言官誣奏其罪，於是先繫之藩妻子於獄，而移文廣東逮之藩。比之藩至承天，而妻子已幽死於獄中矣。巡撫、巡按鞫之無一實，乃上書白其寃，是爲崇禎十五年也。明年，李自成破承天，錢中選遇害，餘兵五百人無所屬，而之藩已失官益困，土人供其饘粥。五百人者，故之藩所練，且屢從殺賊，乃奉之藩爲帥，受約束。明年，李自成陷京師，帝崩，福王即位於南京。是時全楚皆爲賊據，之藩率兵陸行七百餘里至漢川，將渡江而南，會賊至，之藩兵少食匱，驟與之遇，大戰，遂與五百人俱殁，年五十六。土人收其屍瘞之，豎碑其上曰「程老將墳」。楚人過其地者，見碑皆指曰：「此程老將墳也。」多爲流涕。

贊曰：嗚呼！古人有言曰：「亡國之臣貪於財。」豈不信夫。有明之季，内外諸臣之貪黷甚矣，卒之君死國亡，而己之身家亦多糜碎，其金錢竟安歸哉。之藩以貧故，始見抑於兵部，繼受挫於御史，此之兵部、御史，何以異於張獻忠、李自成？群盗滿朝，國欲不亡，得乎！吾聞之藩廉介，不以貧故易其節，巡撫余應桂嘗發獄訟七十二事於之藩，使之決，稍受金，可得萬兩，以助軍資，而之藩虚心平反，無一金入者，應桂嗟異之。而承天小民有獄，往往不肯就有司訊，而願質之於之藩。嗚呼！之藩固非獨忠勇絶人也，使爲文吏，豈至貪以亡國哉。

〔一〕「追擊」，張本「擊」作「及」，從批校本、硯莊二本、徐本。

李月桂家傳

李月桂，字含馨，瀋陽人也。其先世出隴西，至明之中葉遷瀋陽，遂爲瀋陽人。月桂生三歲而孤，其大父撫之以至於成人，嘗以謂人曰：「吾後當有興者，其在斯兒乎。」年二十一，貢於禮部，起家知忻州，是爲順治某年也。當是時，山西兵起，屢創而不散，忻尤爲用兵之衢。忻有三村，曰部落，曰郝索，曰解原，户口凡數千。先是三村皆大亂，亂稍定，有二校入村中掠婦女，村人執而殺之，主帥以爲討，兵發有日矣。君知主其謀者監司也，往謁之，曰：「聞將屠三村，有諸？」監司曰：「然。」君曰：「兵戈甫息，人心猶瞻顧徬徨，今以小釁而殺無辜之人，恐三晉自此多事矣。況二校以淫掠而死，曲不在民。」監司無以答，徐曰：「此主兵者之意也，余何能爲。」君乃入軍中，以利害告其主帥，事乃解。他日君巡行郊外，老幼擁馬首拜而呼曰：「使君活我！」久之，守平陽府。先是平陽屢經兵火，民不得耕作，逋賦至七十餘萬。君奏記上官，請上疏蠲除，同官者皆以爲難，君曰：「吾不忍民之死於敲扑也，豈可預料其事之難濟而遂止乎。」再三言其利害，上官亦心動，遂以民困入告，得旨報可。守平陽五年，遷河東運使。君凡三視鹺政，最先河東，次兩淮，次兩浙，皆能相商人之輕重緩急而次第布之，不爲操切。已而陞關西參政[一]。先是秦中數有警，郡縣多宿重兵。事既定，有詔滿洲諸營俱撤回京師，夫役車騾俱取給於民，絡繹不休。又橫索金錢，人不堪命。君每親往部署，有不馴者，必屬其主帥嚴治之，軍士稍稍斂戢。秦楚之間用兵，累年不得休息，詔四省會戰，君被檄督餉，而秦中之米運至興安、白水間，以達楚之房、竹，是役也，秦人尤苦之。蓋人負米不能過三斗，而日食一升，從漢中至興安千餘里，道路崎嶇，月餘方可達，比至則米已盡矣。君曰：「以米運米，必不能達之勢也。」乃設一短運之法，力省而用寡，秦人皆便之。

擢廣西按察使。尋以他事詿誤，左遷兩淮運使。人有惡君者劾奏之，遂罷去。已復補兩浙運使，居有頃，陞江南督糧參政。先是江西自康熙甲寅以還，所在兵起，大兵恢復，俘其子女不可勝數。君偕同官捐金多所贖取，好義者多從而效之。又江西旱澇頻仍，君發倉廩賑卹，多所全活。參政職司漕運，漕運頹敝已久，軍民皆困，君按籍稽核，躬親督率，漕政之弊爲之一清。自滇南起亂，江西介閩、楚之間，被兵既久〔二〕，民死亡無算。君以丁缺田荒，移文制府，請悉蠲逋，制府上疏，爲户部所格不行。久之，奉覃恩逋賦悉免。君嘗曰：「天下無不可感之民，無不可格之主，顧立身行己何如耳。」以故其政蹟多可書，今不具載，載其大者。

贊曰：余讀李氏家傳，至君之事皆君之所自記。嗚呼！自兵興以來，天下之子女玉帛盡於兵燹水旱，何可勝數，其有存者，又盡於篋筐刀筆之間，豈非有司者之罪歟。若君之隨事補救，可謂能舉其職者矣，余是以論著之。

〔一〕「不爲操切。已而」，張本作「不爲一切而已」，從毅夫鈔本、國學本。

〔二〕「被兵既久」，張本「既」作「最」，從批校本、硯莊二本、毅夫鈔本、徐本。

胡以温家傳（代）

胡以温，字公厲，其先山西忻州人，明洪武中遷塞上，占籍宣府前衛，遂爲宣府人。年二十二，舉順治丙戌進士，除江西樂安縣知縣。縣有巨豪殺人，前縣不敢問，至是持千金來賂，却之，竟抵其罪。邑子有爲不善，其族之人詣縣訴之，請置之死，乃召邑子來，先曉譬以大義，邑子悔過謝罪，竟自新，其族之人皆大悦。當是時，天下猶未定，江西兵時時起。總兵金聲桓起南昌，郡縣多殺長吏以應之。一日，數十人操刃入縣堂，擁以温出國門去，有兩人左右護持之甚力。以温問曰：「汝輩何爲者？」對曰：「某曩有冤，公却千金以直我者也。」「某曩有罪，公釋我，使我自新者也。」既至南昌，凡長吏被執者多不免，以温獨得脱。事定，巡撫都御史、巡按御史上章薦之，爲部議所格，竟罷去，時年二十有八。既家居，不慕仕進，時時著書不輟。每上官行部至宣府，聞以温名，多欲見之，輒閉户弗與通。

所著書凡數百卷，藏於家。年六十有八，卒。

贊曰：往余視學畿輔，而宣府亦屬余部内。先生之伯子，與余同年友也。余至宣府，欲一見先生不可得。今先生殁，而余門人李某以其家狀示余，請爲之傳，余故書其大略云。

戴名世集卷八

周烈婦傳〔一〕

周烈婦，鳳陽定遠人也，姓呂氏。烈婦之父，傭賃爲輿人，其母曰呂媪，皆冥頑無知識。烈婦既長，嫁夫曰周二。周二窮無歸，依呂氏以居。周二以薙髮爲生，與其婦翁皆賤業。兩人流離轉徙者久之，已而自定遠之舒城，遂家焉。烈婦所生家雖故微賤，然淑婉貞静，明大義，夫卒，慷慨殉其夫以死。

先是周二病且死，烈婦指其腹而告之曰：「余幸已有娠，倘男也，爲君撫之以延周氏血食。女也，即死以從君耳。」既訣，周二死，烈婦父母爲買棺殯周二。既畢，乃相與議曰：「壻死費不貲，無以償之，又女年方少，無所依，曷嫁之，得聘帛以償所費，且不無贏餘以自活，不亦可乎。」烈婦涕泣頓首於父母之前，自明己志，父母不聽，乃遍屬媒氏，爲求壻家甚急。而鄰有無賴少年，素窺烈婦之色，頗欲得之。烈婦度不能脱，哭曰：「吾本不欲生，與夫子有成言矣。倘幸而有後，約老死周氏以存其孤。今父母奪吾志，其勢不可以已矣，將奈何？」是時烈婦有娠且六七月，烈婦曰：「事且急，吾不能待也。」遂取周二薙髮之刀自刎而死，時康熙二十年某月日也。有司具其狀於巡撫，巡撫上書請旌之〔二〕，詔如例建表設坊於縣門。縣諸生許登逢，好義之士，懼其久而不傳也，爲立碑於其墓上，而請文於褐夫氏。

贊曰：頃余客舒城，與許君游也，許君爲言烈婦事甚具。且曰：「吾縣數十百年，獨有三婦人而已。」蓋周烈婦外，又有沈烈婦、張烈婦云。沈烈婦者，書生沈某妻，與周烈婦同旌。而張烈婦者，富貴家，官吏皆求貨於張氏，張氏不從，故寢不旌。

〔一〕自周烈婦傳至節孝唐孺人傳共十三篇，已收於南山集偶鈔。其中自周烈婦傳至儀真四貞烈合傳共九篇，爲鈔補本。

〔二〕偶鈔補本、張本皆不重「巡撫」二字，從批校本、硯莊二本、王本、國學本補。

徐節婦傳

徐節婦，山東郯城人，姓杜氏，縣諸生杜鶚之女也。年十八，歸於同縣太學生徐廷鑾。當是時，其舅既歿，而其姑湯氏亦已老矣，廷鑾兄弟凡數人皆同居〔一〕。廷鑾有妾二人，曰朱氏，曰王氏，年少無子，節婦撫之有恩。而節婦自有二子，曰慶淑，曰慶濟。明崇禎十五年十二月初十日，姑死未殮。先是延綏群盜起，天下大亂，關外之兵時時闌入，至是，兵至圍郯，郯人閉城設守，廷鑒兄弟皆登陴。明日，城破，皆死之，節婦偕二妾逃匿獲免。兵既退，還家，殮姑屍，尋得其夫與諸兄弟之屍於骸骨撑拄之中，纍纍然，殯且葬之。既畢而節婦仰天泣曰：「吾今其可以死也夫！」顧其兩子皆幼〔二〕，而其兄弟之遺孤數人或且二三歲，節婦曰：「吾死，諸孤何以得生。」於是斷髮毁容，復理其家舊業，諸孤攜持保抱。及長，教之從師授學，皆有成，爲縣諸生。徐氏家復振，而朱氏、王氏亦與節婦同守志以殁，郯之人皆賢之。節婦年二十八而寡，距其卒時凡四十六年。山東巡撫上其事請旌之，得表其門，時康熙二十四年也。

贊曰：徐氏之禍，可不謂烈哉！微節婦，徐氏不祀矣。當是時，天下兵起，往往千里之間皆成墟莽，覆宗滅祀者何可勝數。雖有數百年故國威靈，震薄海外，而一旦九廟隳，子孫夷，彼公侯將相，跨州連郡，曾未聞有一如節婦者，抱三尺之孤，挽一線之緒，而使之復興，豈不悲哉！余聞節婦所撫諸孤，子孫最多且賢，蓋天不欲亡徐氏，故生節婦以存其孤。嗚呼！廢興存亡之際，何莫非天也。

〔一〕「廷鑒」，偶鈔補本、張本皆脱「廷」字，國學本不脱。

〔二〕「兩子皆幼」，偶鈔補本、張本「皆」作「多」，從批校本、硯莊二本、王本、國學本。

戴節婦傳

戴節婦者，江寧六合縣人，姓汪氏。節婦，貞女也，不女之而婦之者，所以成節婦之志也。汪氏與泰興戴氏世爲婚姻，戴氏有子曰弘毅，婦之父許以女妻之，即節婦也。節婦未嫁而弘毅死。先是節婦夢一男子立其前，旁有媪指之曰：「此而壻弘毅也。」弘毅告以己且死，節婦啼而寤，旦日果得弘毅凶問，於是節婦年十八矣。節婦之父母往弔於戴氏，節婦欲隨之以行，父母禁之不能止。節婦至戴氏，臨喪次，哭之極哀，見者皆爲感動。比其父母還，而節婦遂不肯行也，曰：「吾今且爲戴氏婦〔一〕，非汪氏女也。」父母舅姑皆不從，節婦志益堅，卒不能强也，遂老於戴氏。今節婦年四十，蓋已守志二十餘年矣。

贊曰：女子未嫁而爲其夫死且守者，禮之所未載也。昔者聖人之制禮也，酌乎人情之中，而不責人以甚高難行之事。夫甚高難行之事，苟有人焉出而爲之，則凡所爲酌乎人情之中者而或有踰越，益無以自比於人數矣。是則女子未嫁而爲其夫死且守者，雖不合於禮之文，而要爲不失乎禮之意者也。余族人某居泰興，爲余道節婦事如是，余故樂爲之書。

〔一〕「戴氏婦」，偶鈔補本、張本「氏」作「節」，從硯莊二本、王本、國學本。

王烈婦傳

王烈婦傅氏，山東膠州人。其兄爲千總，戍沂州，因家焉。烈婦年十五，歸王舍人爲側室，舍人年六十四矣。居四年，舍人無疾卒，烈婦哭踊絶食，欲從死，舍人諸子及家衆皆止之，不可，曰：「盍待而母至乎。」頃之母至，相持泣，爲勸譬百端，語絶痛，左右皆歔泣不忍聞，烈婦志益堅。母罷泣語家人曰：「女性素堅正，不可回也。」諸子欲姑緩之，曰「待具衾襚」，乃自製衾襚。諸子猶欲緩之，以冀其變也，曰「待外姻至」，既而外姻至，烈婦顧視日影曰：「可矣。」諸子度其志不可奪，曰：「請受祭。」諸子皆拜，烈婦受者再，答者再，諸子婦拜亦如之。衆人咸拜，坐受畢，烈婦起辭衆，以衣一襲授其母曰：「毋傷我。」乃自繯於舍人柩側，甫引帛而絶。時康熙二十八年十二月初二日也，距舍人卒三日，又三日就含殮，顔色如生。舍人諸子喪之以貴妾之禮，而從葬於舍人之兆。

贊曰：舍人子及諸孫多與余游，示余以烈婦行狀，且曰：「烈婦性慧而婉，不苟言笑。其將死也，家人皆哭失聲，而烈婦從容如平時。」嗚呼！死生亦大矣，若烈婦之所爲，豈偶然哉。

李節婦傳

節婦姓李氏。其大父曰成梁,明所封寧遠伯者也。成梁世傳將家子,皆持節鉞,作鎮遼、瀋之間。瀋陽之俗,同姓而不同宗者,俱相與爲婚姻,以故節婦適李氏子曰廷鰲。廷鰲早死,無子,節婦年方十九,自以公侯家女,不肯墮其家世,誓守死勿他適,家之人不能奪之。當是時,疆埸事起〔一〕,遼、瀋相繼淪没,凡兵之少壯無妻者,配以嫠婦。令下無敢違者,以故山海關以東婦人喪其夫,鮮有能守節自完。而節婦毁容斷髮,以死自誓,主兵者皆爲感動,卒釋之,得以遂志殁身,斯已賢矣。節婦依其從子月桂以終,月桂事之惟謹,曰:「此吾家之女宗也。」康熙十有二年,建坊旌表,而節婦之名著於京師。初寧遠伯成梁,在明萬曆間以功名顯,諸子先後爲大鎮,李氏聲名至赫顯矣。晚節末路,時移勢易,已不無頽敗零落,不能如其曩時。而節婦以一女子,巋然傑起,撐拄綱常,争光日月,人皆謂李氏有女,其家世尚不替也。

贊曰:昔震川歸氏嘗以婦人之從夫死者,爲賢智之過也。余以爲其或不幸而夫不以正命終,與己無所依而或不免於侵暴淩逼之患,則死可也,不然而守志以没世者,其正也〔二〕。今觀李節婦無子,又未爲立後,而有從子可依,輒依之以終,可謂能得守節之正。

而世之人於從死者則從而震之，夫孰知守節之苦較從死爲尤難也耶。嗟夫！世之賢婦人不幸而處此者，或死或不死，亦度其勢與其力爲之而已矣。

〔一〕「疆埸」，偶鈔補本、張本「埸」皆作「場」，按此爲邊疆之事，應作「埸」。

〔二〕「不免於侵暴淩逼之患，則死可也，不然而守志以没世者，其正也」，偶鈔補本、張本「則」、「者」二字互倒，從批校本、硯莊二本、徐本、王本、國學本。

郭烈婦傳

郭烈婦，姓鄭氏，日照諸生郭翰妻也。烈婦少失父母，兄嫂撫育之有恩。年十九歸翰，翰之父母大父母皆在堂，一門之内皆稱烈婦仁孝人也。居數年，翰之大父母相繼卒，翰拮据喪事，以勞致疾。烈婦知翰不起，水漿不入口者累日。其舅與其姑曰：「新婦無所出，翰死必且以身殉。」遂急以長孫嗣之，名曰永嗣，蓋冀烈婦不死也。翰既卒，烈婦擗踴號慟，絶復甦，告家人曰：「吾受兄嫂恩至厚，待與訣，即從夫死。」明日，兄與女兄至，止之不可，哭而去。是日其嫂尚未至，待之明日，烈婦曰：「吾不能待矣。」遂櫛髮易服，將就繯，舅姑慰留之甚悲。烈婦曰：「新婦不幸，不能卒事舅姑，死且不瞑，然志決矣！」拜辭舅姑及家衆人，執永嗣手曰：「勉之，以若累吾伯姒矣。」詣翰柩拜且祝曰：「勿遽行，待我。」遂入户，家人隨之立户外，皆哭失聲，烈婦迴視笑曰：「各盡乃事耳，何悲也。」遽掩户，繯甫及項而絕。閲日而其嫂至，視其顔如生，目忽開，旋瞑。時年二十有五，康熙三十二年也。

贊曰：余在燕市，客日照李學士邸第，學士爲余言烈婦狀如是，故爲著之。余友萊陽李生爲余道其縣人譚氏女，適某，殉夫死，與烈婦事相類。又言其友孫生死，無子，其妻與妾皆從死。嗟乎！海岱之間，自明時多公卿貴人，冠蓋相望，及易代之際，左公蘿石而外，賣國叛故主者多矣，而女子以節烈著者頗時時不絕也，豈不異哉。

袁烈婦傳

袁烈婦，姓徐氏，金壇人，袁玉修之妻也。烈婦年十六歸袁，一年而舅死。事其姑篤孝，姑固痼疾〔一〕，烈婦左右服事無違，十年而姑死。是時玉修病瘵久，自知不可起，念其妻少且無子，數目之欲有言，烈婦指心，誓以偕死。先一歲爲夫具棺，即買木爲兩棺，及衣衾之屬，兩人所需皆具。歲甲戌四月，玉修疾亟，烈婦扶之坐，不能言，第以手捉烈婦腕。烈婦起之別室，引刀自刺不死，家人救之。又兩日而玉修死，烈婦呼天痛絕，復欲自殺。家人或言玉修身後事未辦，奈何死也，烈婦默然，因不復言死，而亟治其夫之喪。先是自烈婦歸袁，死喪疾病相繼無寧歲〔二〕，烈婦不解帶寢者動年餘，至是益羸甚，氣息惙惙，日進米數溢，而拮据喪葬之事，晝夜如不及。立嗣子，營祠屋，勒墓石，俱刻日而竣。家人知其終必死也。有從姑年八十餘，憐烈婦甚，夜則相從宿，而時時爲寬譬之。烈婦曰：「吾，不祥人也。自吾歸袁，不能事舅姑，既相繼死，今吾夫又死，死又無子，吾不能爲袁氏延一息，且年尚少，不死將何如？」從姑爲嘆息泣下。事既竣，烈婦且悲且喜曰：「嗟乎！吾今日所以報袁者，事稍稍就，死無恨矣。」乃召漆工爲己塗棺，命肩輿至舅姑墓，哭盡哀，絶而復甦，歸拜其夫之主，哭踊大呼，家人扶且勸之，目直視，自投於地，曰：「吾憊極矣，欲少休。」乃入室距户。須臾，家人啓視之，血淋漓滿地，自刺死矣，年二十七。時盛暑，棺五日不闔，顔如生，蠅蚋皆不近。

贊曰：烈婦所以報袁者，事無不至矣，豈徒能慷慨自決者哉。其夫兄謂余友王云劬曰：「烈婦固柔婉逡巡如愚。」云劬喟然嘆曰：「嗚呼！妻道之正，此其盡之矣。」

〔一〕「姑固痼疾」，偶鈔補本、張本皆無「固」字，從硯莊乙本、徐本。
〔二〕「死喪」，偶鈔補本、張本「喪」作「復」，從硯莊二本、徐本、王本。

吴江兩節婦傳

吴江兩節婦者，農家女也，姓許氏，家城西之石里村，長適張文達，次適周志達。歲乙西，大清兵南下，公卿皆薙髮迎降，浸尋及於吴江。文達固以負販爲生，至是從明之一二遺臣起事，荷戈爲小卒，戰敗不屈死。其家不知其存亡，使志達往偵之，亦被執，令薙髮，不從，遂見殺。是時長年二十九，次年十九，相與號泣，各尋其夫屍。會溽暑，屍積城下者纍纍，皆糜爛不可辨識，乃已。

長既喪其夫，又無舅姑，其兄欲迎之歸，謝曰：「吾夫雖死，然此固夫家也，義不可以歸寧母氏。」次事其舅姑甚謹，姑憐而欲嫁之，涕泣被面，謝曰：「新婦所以不死者，將代吾夫以事其母，詎可失節他適。」久之，姑得疾且危，賴婦以存者又七年。及姑死，訣曰：「我死，依而姊居。」既葬，家財歸於周氏子弟，遂依姊以居，各處一室，各奉其夫之主而祀之。兩人固農家女，善治田，共種田三畝以自給。舍旁有隙地，度可容兩棺，爲生壙以待死。吴俗多淫祠，好佛，婦人貧無依者多爲尼。有一老尼教兩人薙髮以從其教，長曰：「不可，婦人之髮，奈何與男子同去之。」次曰：「吾夫以不薙髮死，而吾反薙之，何以見吾夫於地下。」歲甲戌，長年八十，次年七十，尚躬耕如曩時。鄉之人悲之，請聞於有司以旌其門，兩人泣且謝曰：「吾姊妹不幸遭多難，廉恥自愛，何旌之有也。且又無後，將旌之以爲誰榮乎？」鄉之人不能强也。

贊曰：吾嘗讀順治實録，知大兵之初入關也，淄川人孫之獬即上表歸誠，且言其家婦女俱已效國裝。之獬在明時官列於九卿，而江淮之間，一介之士，里巷之氓，以不肯效國裝死者，頭顱僵仆，相望於道，而不悔也。嗚呼，彼孫氏之婦女，視許氏二女何如哉！

儀真四貞烈合傳

崇禎甲申春三月，流賊李自成犯京師，烈皇帝崩於萬歲山。西北諸將多擁潰兵渡河而南，諸將惟高傑兵最强。傑本降將，其兵固賊也，所至恣淫殺無忌。四月晦，傑前軍抵揚州之儀真縣，縣人設守，而城外居民，倉卒不及避，多罹於禍。五月望，靖南侯黄得功引兵駐儀真，亂乃定，於是有四貞烈事傳於世。

其一爲補傘婦，不知其姓名〔一〕，居西城外。賊至，其夫棄婦逃，賊挾婦以行，婦無懼色。行至一橋，橋中斷而横一木爲渡，婦佯懼曰：「予婦人，安能渡此，若負我以行其可也。」賊曰：「諾。」即負婦人渡橋。婦佯懼，逡巡賊背而持之甚力，至横木上，婦大呼，奮身一躍，與賊俱墜水中。賊力自奮起，而爲婦所持，岸上賊夾河而視，欲擊婦，恐更傷賊，相與語莫知爲計，而賊屢浮屢沉，久之遂俱没。而南城外有諸壩相環接，壩皆有橋，其三壩之橋曰飛虹，距運河半里許，其下湮，而橋上遂成市肆，蓋有木工居焉。賊至，居人皆走，而木工亦棄其妻與幼子去。賊謂婦曰：「勿懼，隨我行，作我家婦。」復拔刀擬之曰：「否，且殺汝！」婦乃挈幼子行，至運河側，抱其子赴水死。已而其夫循運河行覓之〔二〕，見屍浮水上，幼子在母懷如故。距城西四五里道旁有一井，井深丈餘，水半涸，有二賊過井上，渴，謀汲飲，俯視之，一婦人匿焉。二賊喜，謂婦曰：「汝更無可逃，盍上而從我。」婦曰：「不能自上，幸井不甚深，必一人下扶我上，在上者更挽之，乃可復上，不然，終不能上也。」於是一賊躍而下，以肩爲梯而推婦使上。婦既上，在上者更俯首下引賊，婦乘其不備，按其頸而奮力擠之，遂亦下。井固狹，二賊顛倒井中，婦因取井旁石併土擊而填之，乃奔。

靖南侯之駐儀真也，兵與民頗相安。縣無賴者貪兵之貨，多以女適兵，仳㒧失所者不可勝數。有貞女黄氏，其父本微賤無行，而母已早死，女年及笄，有美色，其父日與媒妁謀曰：「軍中苟不惜貨財，吾無所惜吾女。」於是兵來視者紛紛，父必告貞女曰「此百夫長也」，又曰「此千夫長也」，又曰「此爲參將，爲游擊，行且爲元戎矣。」已而一兵來納采，父謂貞女曰：「女行有日矣，他日富貴，勿而翁是忘。」貞女唯唯。越數日，貞女知期已近，乃盛衣裳爲容貌，其父不之疑也，而貞女遂乘間自縊死。縣諸生高配天聞而歎曰：「嗟乎！爲此女者，亦良難矣。欲逆父則不孝，欲從父則失身匪人，欲正告父知父終不可悟，欲斷於未納采之前則父之貪尚未饜，欲先以己意告人則恐不得遂厥志。若貞女者，可謂正而有禮，智而守義矣。」因爲歌以弔貞女及三烈婦焉，其辭曰：

名媛天產兮，下處蓬蒿。一行卒志兮，復何畏乎强豪。身困辱於亂離兮，恍若得遂其逍遥。奮不與賊俱生兮，豈竊慕乎名高。弄群賊若嬰兒兮，更快心於寸磔之市朝。若乃彼以禮將，此以禮命，似可不同於劫賊兮，何輕一死之等於鴻毛。是其立志較然不欺，知勇性成也。故兹之三婦一女，前後一轍也。亂曰：氣撼日星兮噴江湖，智移山岳兮邁孫吴。蘭芷之幹而亦可以插霄漢兮，至夙稱挺挺者乃忽萎而靡蕪。嗚呼，嗚呼，余是可以不哀兮，羌不知見危之薦紳耆老其何如！

再歌曰：

雲天兮蒼蒼，烟水兮茫茫。山林深兮虎豹藏，天極高兮鸞鳳翔。四海溟溟兮，波瀾澎湃而不同其汪洋。千古浩浩兮，往來更代而時著其嘉臧。中有一德兮，歷百變而益光。不本於學問兮，而不由乎文章。獨斷自性情兮，而獨標其芬芳。魂兮魄兮歸何方，魂兮魄兮奚所望？魂兮魄兮不可久留兮我心皇！岱嶽未足以家兮，湖海莫可以房。蛇獸青赤兮蛟螭黄，瀾嶂杳冥兮豐草長。上帝降言兮遠迎將，玉琴寶瑟兮舞霓裳，紫龍青輦兮從鳳凰。西王母兮降康，群娥兮鳴璫，酬酢錯兮百祉翔，獨下土兮失姬姜。思之不見使我傷，躑躅終宵怨上皇。時向天門思帝鄉，霞氣朝流遶日旁，驅光逐影穿穹桑，烏兔奔飛匆忙忙。有美彷彿坐高堂，心知和樂兮悦未央[三]。

〔一〕「其一爲補傘婦，不知其姓名」，按明史卷三〇三列女傳云：「田氏，儀真李鐵匠妻。」所記之事與此相近，似出一事而經傳説分化，然則其姓氏猶爲可知者。

〔二〕「行覓之」，偶鈔補本、張本無「行」字，從批校本、硯莊二本、徐本、國學本。

〔三〕「心知和樂」，偶鈔補本、張本無「知」字，從批校本、徐本、國學本、秀野本。

詹烈婦傳

詹烈婦，姓王氏，安慶桐城人。年十七，歸詹大功。閲二年，大功病且死，與父母訣曰：「兒不孝，不能長事父母，新婦服闋即嫁之。」烈婦聞而恚曰：「是言也，何爲出諸口也。」及大功卒，烈婦盡出己衣裳納諸棺中。既成服，又盡出其首飾巾帶，獻於姑以及諸姑姒娣皆遍，衆皆怪之。烈婦曰：「吾方在衰絰之中，無所事此。」於是家人恐其死也，防之甚密。至三日，烈婦收淚，請姑加餐。姑曰：「汝食，吾乃食。」烈婦不得已，勉爲一餐。復親奉飲食於舅曰：「新婦平時奉舅必假手於姑，蓋兒在則爲婦，今兒歿是即女也，今而後當就養左右矣。」至是，舅姑皆防之稍疏。至四日，晨起薦茶於柩，哭極哀，入房自刎死。里中諸生列其狀於官，督學使者旌其門曰「閫内完人」，是歲康熙三十二年也。

贊曰：吾縣在明時號爲禮義之邦，沿至於今，而故家遺風多不復存矣。獨閨幃之中，猶有曩時之風烈。余且次第採而傳之，而先爲著詹烈婦事如此。

朱烈女傳

朱烈女寶，其先溧水人，遷江寧之淮清橋。烈女父曰公行，家貧困，烈女工刺繡，得直以助饔飧。烈女有從姪曰道新，多藏書，烈女好取傳記中所載忠孝節義事觀之。一日刺繡牖下，忽點首沉吟，母笑曰：「兒吟詩耶？」曰：「非也，偶憶書中語，服其論之篤耳。」每讀先聖賢格言，輒爲人講解之，贊歎稱誦不能釋諸口。母素病骨痛，每疾發，烈女爲撫摩忘倦，夜以繼日，痛止乃已。一日，忽泣謂母曰：「兒苟亡，誰爲母侍疾者？」閱日而烈女死。

先是烈女許聘沈氏子曰儀安，沈氏與朱氏鄰也。儀安素患瘵，醫者言不可治，至是養痾僧寺中，卒不起。鄰有童子常往來朱氏，爲言凌晨沈氏子已死。烈女父當户聞之，入與妻耳語，乃更衣易幘往弔於僧寺。烈女已從閣子中聞童子語，謬謂父曰：「天寒，誰家新喪復煩翁，翁莫出也。」父詭以他喪告，遂出。烈女謂母曰：「今日寒甚，需火。」母入房作火。又以他事教其兄出門去。乃施膏沐爲容，衣新衣，嫂笑謂之曰：「姑赴誰家宴耶？」烈女曰：「雨雪匝旬，今且晴，聊一檢點，嫂乃相戲耶。」嫂亦往厨下爲炊，而烈女已自縊死矣，年二十有二。其父自僧寺歸，而烈女已死。閲七日，葬於沈氏之祖塋，在聚寶門外朱家塋。是歲康熙三十八年冬十二月也。

贊曰：先是江寧有汪氏女，未嫁而爲其夫死，其夫陳給諫孫也。踰三年而又有朱烈女之事。烈女祖母守節五十年，家貧不得旌，烈女時以爲戚，嘗以告其從姪道新曰：「吾望汝登科第無他，爲祖母未旌耳。」道新每爲人言其姑之慈孝類如此。嗚呼！彼女子之不知有夫者，烏在其爲慈孝哉。

李烈婦傳

李烈婦，姓孫氏，直隸容城人。其曾大父曰鍾元，在明天啓、崇禎間，以氣節名於時，屢被徵聘不出，天下所稱孫徵君者也。烈婦生有異兆，長而聰慧，好讀書。父母憐愛之，爲擇配，久之不得。同縣人中書李用楫仲子元焕，娶婦生一子一女而婦卒，中書使人爲元焕求婚於孫氏，烈婦父母以繼室爲嫌，猶豫未決，乃占之，曰吉，遂許聘焉。康熙三十七年冬，中書遷安慶府同知，乃以十二月二十八日遣元焕迎烈婦成婚。明年正月，攜其家抵署。先是元焕故羸弱多疾，至是以勞劇，疾大作，遂居外寢，不復入内室。烈婦每夜焚香籲天，求以身代。又明年春二月，元焕疾益篤，不可起。烈婦出視元焕，元焕曰：「吾與汝爲夫婦，恩義未洽。吾旦暮且死，汝將何歸？」烈婦曰：「吾歸重泉之下耳。」元焕曰：「何至是。」於是舅姑及家人知烈婦之且從死，皆固請烈婦毋死，烈婦不聽。是時烈婦兄亦在署，泣勸累日夜，不聽，且曰：「兄男子，爲諸生，顧不如我一婦人，乃不勉我而阻我耶。」頃之，元焕卒，烈婦拜辭舅姑，舅曰：「吾子甫死，而婦復以身殉，傷陰陽之和，吾不忍也。」烈婦曰：「婦以生爲苦，而以死爲樂，何傷和之有耶？倘必不見許而强相羈絆，則婦之死真苦矣。」家有塾師仇先生，與烈婦家有姻親，乃請見烈婦。烈婦見之，仇先生曰：「婦人之義不可缺一者，曰節，曰孝，曰慈。今元焕死，而汝上有舅姑，下有子女各一，其責皆在汝，奈何殉硜硜之節，而昧孝慈之義乎。」烈婦曰：「先生言良是，然此三者兼之爲難，吾惟擇其一而爲之可耳。」仇先生語反覆良久不能屈，再拜而退。明日，姑率諸婦女至中堂，召烈婦泣勸之，皆悲不自勝。烈婦曰：「此可喜，無可悲也。」乃悉出衣飾，遍及家衆。時已昏，退將就縊，其兄隨至别室，猶對談啜茗如平常。顧見侍婢皆有懼色，烈婦曰：「毋懼，吾有至性，死必無惡狀，且亦不爲厲也。我死，或結不能解，當剪斷之。」乃一手持燭，一手持盤，盤中物即剪也。其兄送至寢門外，烈婦謂兄曰：「與兄别矣。」入室，整衣裾，登牀，繫帕於窗櫺。外人聞窗紙有聲，推户入視之，見烈婦趺坐牀上，帕環尚寬，而頸圍毫無痕，不知其何遂瞑目也。異香滿室，容色如生。時距元焕死二日耳，年二十有六。

贊曰〔一〕：李先生篤厚長者，爲吾郡貳守，人皆稱其清廉。嘗以上官之檄來金陵，輒訪余於客舍，相與飲酒論文。今年夏四月，復來金陵，爲余言烈婦事如此，且請爲之傳。余考孫徵君在天啓中周旋楊、左之難，名震一時。已而知天下將亂，徵辟不出，講學授徒以老。今聞其子孫皆賢，不墮其世。古人有言曰：「培塿無松柏。」兩家之有烈婦也，宜哉。

〔一〕「贊曰」，按批校本有批語云：「此贊太無味，就卜吉爲補數言。」在「贊曰」之下即補云：「元煥之死，以俗情言之，烈婦亦可謂大不祥矣，而其先父母卜之乃吉，此不可以知聖人之言吉凶哉。」其下於原文亦有删節改竄，其文如下：「李先生篤厚長者，爲吾郡貳守，人皆稱爲清廉。常以上官之檄來金陵，訪余於客舍，爲余言烈婦事如此，而命爲之傳。」首圖鈔本之贊即用此文，實則已非戴氏之文，更非戴氏之意也。

節孝唐孺人傳

唐孺人，宣城諸生張心陽女，歸於同縣唐璧五，璧五之父是爲存齋先生，慷慨有大節者也。順治中，唐氏家禍屢作。先是存齋師事休寧金聲，聲以起義兵死，存齋爲仇家所誣陷，被逮至安慶，璧五往救之，墮水死。當是時，孺人年二十有六，有子曰盛際，生六年耳。已而存齋事得解還家，孺人跪而請命曰：「新婦將從亡夫於地下，撫吾孤有舅姑在。」先是孺人不食者已數日矣，存齋夫婦勸令飲食，終不進，因泣曰：「守義者豈必在死，況新婦非途窮無所歸者，舅姑在堂，孤兒在膝，脱一旦死，是愈增我憂也。」孺人涕泣受命，因茹素以終身焉。孺人事舅姑仁孝純篤，數十年無間。迨舅姑歿，歲時祭祀，每悽慘見於顏面，曰「孰來呼吾而教誡之乎」，「吾雖有菽水，曷能得侍几筵而親奉之乎。」教子及孫皆極嚴厲，常謂之曰：「爾家世有令德，讀書之澤逮爾輩十餘世矣。爾不自奮勵，吾豈忍見一經之傳自爾而墮。」子及孫克自竪立，皆有名聲。孺人年七十，無疾卒。

贊曰：吾友王耕書與孺人家世爲姻好，知孺人最悉，嘗爲余言，孺人生平無笑容，一門之内伯叔子姪未嘗聞其聲音。晚年修祠宇，立義塚，周恤窮困，皆人所難者，要不足爲孺人重，余故著其大者。

西河婦茬山女合傳

西河婦，浙江蕭山人，忘其姓氏，家於縣之西河里。其夫貧，不事生産而嗜酒〔一〕，其負酒家錢不貲，婦工刺繡，得值輒沽酒以供夫飲。夫飲必醉，醉輒怒詈其婦，而婦無怨言。如此者且十餘年。一日，其夫歸，笑謂婦曰：「苦而終身，不能償余酒債。今夕遺而就樂土，此非汝家也。」探懷中出白金示之曰：「將以而身償所負。」婦曰：「吾十指供夫飲不足，何惜一身。」時夫已醉，大笑出門去。婦藏刃懷中，默然獨坐。及昏，有攜紅燈來一老媪，撫婦背曰：「速更衣。」婦起南面再拜，不更衣，疾驅就肩輿，至所適之家。衆女争挑燈啓簾視之，婦已自刎而死，血淋漓滿身，皆驚走。

縣城十里有荏山，富氏世居山下，力田煮海爲生。有女年及笄，許聘聞氏，將行而聞氏子暴卒。女麻衰隨母往弔，泣奠畢，母欲攜女歸，女曰：「女已歸，復何所歸。」其舅姑私相語曰：「農家女安知守節，且年甚少，而能保其後之無悔乎。」復勸女隨母還，女涕泣不肯。舅姑曰：「必不得已，俟葬吾子而後歸耳。」於是母歸而女留。久之，卜葬有日矣，女囑其夫之兄曰：「葬具寧多爲備。」及葬，女至墳側，視塚已封，泣而祭之，暮抵家。家人謀乘間勸還母家，頃之，有童子云，新人扃户，寂無聲。姑急趨叩户不應，從壁竇窺之，見女縞衣懸梁間死矣。時葬具頗有餘者，明日，合葬於其夫之穴。

贊曰：此二事吾聞之蕭山人毛季璉云，蓋皆在康熙甲寅以後。比有好義者聞於官，請具狀旌表。官方急催科，且黷貨以事上官，怒曰：「吾安能爲此迂濶事。」縣人皆笑之。居無何，官以賢良徵入京，尋爲大吏。

〔一〕「不事」，張本二字誤倒，今正。

謝烈婦傳

謝烈婦，姓方氏，名月容，字素玉，江南祁門人。其父曰一聖，明末爲遼東監軍。烈婦庶出也，未嫁時，兩割股以救其父與嫡母，人皆奇之。年十五，歸同縣諸生謝天恩。天恩世家子。明亡，父廷椿已罷官，僑居廣平之清河，聞京師陷，與妻游氏北嚮自經死。順治庚寅，天恩年十四，贅於方氏。當是時，天恩家已破，年少負氣，自以祖父在明時皆大官，感慨悲吟，又狷隘不能容物，與烈婦兄繼貴不相能。繼貴性兇暴，時時欲殺天恩，烈婦爲左右之得免。已而繼貴私造印數十，爲文書，署官爵，雜載平生所惡鄉里姓名，天恩亦與焉。使人告上官以謀反，盡捕去，搒掠無完膚，終無驗，捕者多釋去，而天恩猶繫江寧獄中。繼貴使謂烈婦曰：「天恩死矣，妹宜改適他氏。」初天恩被逮時，烈婦已有娠，至是猶豫未之信，因自矐其左目，以明無他志。繼貴怒曰：「俟妹舉子，吾當殺之，以絶謝氏遺育。」會祁門有土兵之變，烈婦避亂之歙之問政山，休寧汪生亦攜家來山中，與烈婦鄰。汪生婦舉女而烈婦得男，烈婦使老嫗告汪生以故，欲兩易之。汪生義士，慨然曰：「諾。」遂易汪女。頃之，繼貴自外來，詰烈婦所生，出諸懷，擲於地而死。烈婦故號泣，謂：「若殺吾夫，又殺吾女，奈何？」乃作絶命詩四章付老嫗，曰：「夫子或不死而歸，幸以示之。」遂不食死，時年二十。

初，天恩在獄，繼貴賄獄卒酖之，不死。劉子成者，天恩之僕也，當獄急時，子成爲營救百端，傅良藥，洗瘡血，視飲食，天恩得不死。子成復持狀號於總督尚書，尚書爲直其事，獄乃解。天恩得釋，聞妻女皆亡，流落不復歸。久之，繼貴以他人告密，坐法死。天恩歸故鄉，從老嫗得烈婦詩，有「雛鳳分飛」之句，始知有易子事〔一〕，而汪生客關中，挈其家往。天恩再娶生子，久之，入關訪其子而未獲也。

贊曰：天恩遇余於旅舍，甚貧，無衣履，余頗資給之。嘗爲余言烈婦事，曰：「悲夫！吾以傲得禍，而累烈婦以死也，豈不傷哉。」天恩家貧好游，游頗困，年六十餘矣，每語及家國之故〔二〕，未嘗不嗚咽流涕也。嗚呼！如天恩者，不愧爲烈婦之夫矣。

〔一〕「始」，張本無此字，據批校本、王本補。

〔二〕「家國」，張本作「國家」，從批校本、硯莊二本。

成烈婦傳

成烈婦，姓陳氏，元城人也。年十五，歸大名成泰清爲繼室。年二十九，泰清卒，烈婦自經死。陳爲元城世族，而泰清曾、祖兩世皆爲相國。烈婦來歸，執婦道唯謹。姑劉恭人善病，喜静坐，惡聞人聲，烈婦侍側，終日不聞謦欬，其謹如此。泰清元配趙氏舉子二女二，烈婦待之無異己出。烈婦自舉一子一女，皆教督之甚勤。子方髫稚，每從外塾歸，烈婦不令須臾閒，督益力，子畏之如嚴師。烈婦性剛毅，於人多所惡，尤不信佛老家言，見像設皆不爲禮〔一〕，而獨時時好稱説烈女節義事。初泰清疾篤，烈婦曰：「使死而可代也，吾豈愛生乎。」既泰清卒，其長子文昭方在外，烈婦曰：「吾許夫子以死矣，待文昭歸，付囑以家事，死未晚。且文昭兄弟孝友，必能撫稚弟使成立，吾死無恨。」文昭歸，家人以烈婦語告文昭，文昭爲微言感動，且哭且拜曰：「少弟弱妹，方須母提挈，毋自傷。」烈婦曰：「是皆爾之責也。」居數日，烈婦與諸女婦會食畢，持杯茗入室，扃户不出，家人疑之，扣户，户不可開，窺窗，窗亦閉。急毁窗入，則烈婦已死矣，距泰清卒十有六日。

贊曰：事有不合乎中庸而爲君子之所取者，烈婦之死是也。蓋烈婦自言之矣，曰：「吾有子，義可無死。雖然，吾語亡者矣，義不可以食言。」然則烈婦之死，夫豈出於倉卒一決者哉。夫人愛其生，戀其子女，在婦人尤甚，而獨能棄捐之而不顧，其志亦良可悲矣。彼黄鳥之詩，乃爲君之棄民者傷也，爲臣子之死勇者告也。

〔一〕「像設」，張本作「設像」，從批校本、硯莊二本、徐本。

吴烈婦傳

吴烈婦，姓戴氏，名賢，字德芳，錢塘諸生吴錫之妻也。吴與戴皆新安人而商於杭州，因家焉。烈婦生十年，父卒，哀毁如成人，人皆異之。年十七，歸吴錫。錫年少好學，自幼時人皆以神童稱之。烈婦歸一年而錫病，病寖劇，烈婦日夜拜家廟禱於天，願減己壽以益夫。久之，病不可起，乃請於錫，願先死。錫曰：「汝先死，是趣我死也。」烈婦泣而止。及錫卒，烈婦觸柱流血，拔鬢髮幾盡。於是裏衣悉易粗麻，密紉其領衽。凡自經者再，皆爲家人所救，不死。又吞金指環數枚，亦不死。母謂之曰：「兒素以孝聞，今母在，胡可死也。」烈婦曰：「事母有兄在。」其舅姑復勸慰之曰：「吾爲錫立後，新婦撫之以事兩人，不亦可乎。」烈婦曰：「事翁姑有叔在。至立後之事，翁自爲之。新婦志決矣，不用生爲也。」然家人愈防之無稍間，不得死。時錫死已踰四旬，烈婦歎曰：「不意此身今日尚在人間！」先是絶食已七日，氣息僅屬，至是恐不即死，密取金簪斷爲數段，復碎玻璃鏡，雜吞之，肝膽破裂，吐碧水斗餘而死。年二十有二，是爲康熙戊辰三月二十四日也。烈婦且死，謂侍婢曰：「殮我勿易我衣，勿圖我容令畫工得見我也。」於是自巡撫、都御史以下皆祭弔烈婦，而其親黨醵金建吞金祠於烈婦塚旁，塚在西湖之葛賢嶺下。

贊曰：烈婦，余族女也。以余所聞烈婦平生，蓋古所稱備四德者。至其慷慨殉夫，吞金裂膽，何其死之苦也！然不如是之苦，無以見其烈婦之奇。嗚呼！西湖之濱，岳少保、于尚書之祠與墓在焉，烈婦一弱女子，巍然鼎峙其間，豈不賢乎哉。

李烈婦傳

李烈婦，姓孫氏，安邱之凌河里人。年十七，歸同縣李檢。烈婦既歸檢，其姑已殁，而其祖姑尚存，烈婦事祖姑及其舅俱有禮。舅嘗以告人曰：「新婦淑婉仁孝，恨不令其姑見之。」居久之，檢得疾，輾轉日益甚，烈婦侍湯藥，踰時弗懈。檢病狂惑，一日屢以掌批烈婦之頰，人皆謂不堪，烈婦曰：「吾方誓以死從夫子，豈有憾焉。」頃之檢死，烈婦請於其舅曰：「舅當具兩棺，新婦亦以今日死。」祖姑與其舅皆止之曰：「檢死無子，其妻又死，是再喪檢也。」烈婦涕泣不可，遂出其笥中衣裳，分給皆遍，餘或焚之。烈婦父母及其兄弟聞之，皆來環守。烈婦曰：「吾必不肯爲未亡人，貽父母憂。且吾與壻約同死，豈可負乎。」夜半仰藥死，整襟端坐，面容不改，時年二十有八。

贊曰：女子之不幸失所天，而身從死與夫守節不他適者，皆天下之大義也。或謂守節難而慷慨殉死猶易。夫人尋常一小事尚多有濡忍不決，而況生死之際乎。余讀李烈婦之事，喟然嘆息，蓋嘗聞孫氏、李氏兩家皆巨族貴顯，詩書之澤被於婦人矣。嗚呼，豈不盛哉！

汪節婦傳〔一〕

汪節婦，姓王氏，小字姒莊，婺源人，宋雙溪先生之後。年十八，歸同縣汪其洋。其洋者，明崇禎壬午舉人汪志稷之從子也。志稷當鼎革之際不屈死〔二〕，其家多嫠婦，皆能守節自全，而婦所遭爲更苦。節婦年三十未舉子，而夫病卒，舅姑殁已久矣，乃依母居，終身茹素，勤女紅以自食，曰：「不欲費母與弟也。」居久之，志稷諸子以其洋從弟之子曰槐者爲節婦嗣〔三〕，節婦撫之有成矣，渡江，風濤作，溺死。始節婦哭其夫，尋母亦殁，後又哭其子。尪羸困憊，老而益甚。節婦有弟曰祺，謂節婦曰：「吾買地葬母，而姊無後，姊旦暮不可諱，則附葬於母塚旁，異日吾王氏子孫上塚致祭，亦得兼及姊也。」節婦泣曰：「女既嫁而附葬於母氏塚，非古也。亡夫尚在淺土未葬，異日得一抔之土與同穴可也。」祺服其言。

贊曰：節婦弟祺爲余述節婦狀如是。且曰：「姊今行年六十有二矣，衰羸病發加甚，恐旦暮死，而吾力不能爲之請旌，得以姓名載於吾子文集中，是則區區之所以慰吾姊也。」余故爲著之。

〔一〕「汪節婦傳」，張本「節」作「烈」，首句亦作「烈」，其下皆作「節」，從批校本、硯莊二本、徐本。

〔二〕「汪志稷之從子也志稷當鼎革之際」，張本脱「之從子也志稷」六字，從批校本。

〔三〕「其洋從弟之子」，張本無「子」字，從批校本、硯莊二本、毅夫鈔本。

程孝子傳

程孝子，名嵤，江南歙縣人。程爲徽州名族，孝子祖、父皆有盛德，而母吕氏有賢行。孝子年少有至性，歲丁亥年十八，母卒，孝子竟以哭泣死。先是母病久，孝子侍湯藥，衣不解帶者且半載，及母卒，孝子已羸病不可支矣。自是躃踴號泣，飲食不下咽，見者皆爲感動。父見其僵卧苫次，日夜泣不休，屢欲譙止，念其新失母良苦，聽其悲哀，不忍止也。而孝子乃心肝崩裂，越十餘日，遂以卒。當其未瞑也，父與家人環泣，孝子曰：「天乎！吾且死，子職不克終，兄若弟能承父志，是即吾不死也。」匍匐起，拜其父曰：「兒不幸失母，又不能終事父。」復謂其婦方氏曰：「累汝矣！我死，汝如何？」婦泣曰：「當守志，奉佛以没世耳。」孝子素不信佛，乃曰：「守志可也，奉佛則非吾所欲也。」遂瞑。婦哭夫，絶而復甦者亦屢。孝子所衣衰麻，當胸與兩袖涕淚沾濕處皆成血。當孝子年五六歲時，每侍其祖，祖或當暑僵卧，孝子輒拱立，執扇爲驅蚊，日以爲常。祖卒，孝子哀慕如成人，人皆異之。及就外傳，讀書聰穎。稍長，工文章，能辨别俗學之謬。孝子死，人皆賢其孝而惜其早逝也。

贊曰：孝子之死非孝子意也，特其哀慟出於純一，不勝其崩摧而至是耳。禮於喪有自抑之文，孝子豈不知之，顧當是時也，呼天搶地，惟知有母，不知有身，忍而抑之，實有所不能，而不虞遂以隕其軀也。嗚呼！人孰不有母，讀孝子之事，反身自問竟何如哉。

王孝子詩

至道不在遠，庸行翻成奇。嗟哉王孝子，千秋仰芳規。奉母至壯大，失父自嬰兒。家世本微賤，徭役困箠笞。父乃顧妻子，一笑棄如遺。以孤全子命，以寡全妻帷。逃形荒莽門，孑身幽遠陲。亡命異張儉，乞食等鴟夷。可憐骨肉恩，百歲成乖離。茫茫日月逝，行行家國睽。轉眼數十載，飄萍任所之。田園心已灰，誅求夢猶危。已同無家别，不作生還期。迴首初去日，有雛在抱時。世事難可料，長成安得知。孝子告母言，世無父者誰。父貌雖不識，父蹤亦難追。兒志立已堅，兒力敢厭疲。誓將尋父處，誓將以父歸。婦能代我養，兒必寬母悲。母聞撫膺嘆，歲月久已馳。人烟浩如海，物色從何施。與梗晝夜流，隨風東西吹。恐無會合日，況懷存亡疑。孝子再拜起，此願更不移。擔簦竟前往，前路修逶迤。縋險窮山巔，臨深阻水湄。搜求及四野，閲歷徧九逵。面目既黧黑，手足復胼胝。有地皆可到，得親豈嫌遲。精誠感天地，辛苦動神祇。一夕北海島，異夢恍難窺。有叟善占驗，云往南求之。父子當相見，相見在神祠。果然如教往，浸尋渡漳淇。野寺紆曲折，天雪紛霏微。困卧寺門外，寺僧餔以糜。問其何所苦，爲陳尋親詞。父適傭僧舍，析薪供晨炊。聞説鄉邑同，驚問平生爲。大呼孝子名，一應千淚垂！相逢出意外，喜極轉涕洟。群僧共嗟異，相見果在兹。遂乃奉父還，母父哭相持。團圞如再世，舉室同嘻嘻。親年臻大耋，孺慕仍依依。子亦享上壽，天理豈有違。慨自風教散，禍始在倫彜。有親不能事，膝下成參差。願作孝子傳，大書付雕劂。舉以風濁世，先之以此詩〔一〕。

〔一〕「願作孝子傳」至「先之以此詩」，按王孝子名原，直隸文安縣人，事具明史卷二九七孝義傳。戴氏此詩作於康熙己丑、庚寅間，至辛卯即發生南山集案，其著作皆毁，不知孝子傳是否寫成。既有作傳之計劃，故詩中於鄉里事蹟皆從簡略，惟著其足以「風濁世」者。

戴名世集卷九

汪河發墓誌銘

河發諱崑，字河發，姓汪氏，世爲桐城人。曾祖世澄。祖國士，崇禎辛未進士，仕至按察使僉事。父鶴齡，嫡母張氏，母宋氏。河發娶錢氏，卒，繼娶方氏，又卒，皆無子。蓋河發與余之相慕也數年未得交，交甫踰年而河發死。悲夫，河發不與余長相友也！先是余於人家壁上見河發詩，固已奇河發，而河發於同舍生所見余文，謂非今世所有，時時向人稱説。自庚申年始相與交，則益悉其爲人。河發好讀書，凡經史百家，一覽悉能記憶，尤善詩。桐俗故多好爲詩，而河發少年傑起，跌宕悲壯，里中前輩多遜謝不及。河發性倜儻，好交游，視世俗群兒，屑屑不足當意。師事同縣錢雁湖、方素北，兩人早知河發，河發名布揚者，此兩人之力也。其所與交游，自同縣至江東南凡二十餘人，皆著才知名之士，河發自言搜抉二十年而得者。然人無賢愚，皆嚮往河發，紈綺子弟或請納交，附河發爲重，河發頷之而已，亦不之拒也。河發家貧，自其大父遭寇難，家盡毁，河發又少孤，以故貧甚。奉其母隱於卧龍山中，欣然手一編，諷誦不輟。粤東人姚子莊爲縣令石埭〔一〕，聞河發名，召至署中，欲爲河發入粟爲太學生，河發不可，曰：「汪崑豈以金錢列名士籍者。」姚君由是愈奇河發。嗚呼，孰謂河發竟賷志以没，可悲也夫！

河發病凡兩載，自去年秋始甚，蓋自是遂不復入縣。余訪之於山中，問其病，曰無他病，但咳不止耳。因與各言生平遭逢，相視慨嘆。已而攜手沿溪聽水聲瀌瀌，時有童子數人持竿河側，余取投之不能得，河發一釣得之，童子皆笑樂，教河發再釣，再得之，至日暮乃反〔二〕。飲酒笑語，縱論當世事，其意氣固未嘗少衰也。今年春，余又往山中視河發，知其必不可起，即榻前慰問者久之。余辭出山來江濱，時時憂念，踰兩月而河發死。垂死而深以戀戀老母、與諸師友不能決捨爲恨，尤可悲也。

河發生於順治丁亥年某月某日，卒於康熙辛酉年三月十三日，得年三十有五。以其兄之子某爲嗣，擇以五月初二日葬於投子山之麓。其山爲錢氏地，初河發妻錢氏葬於其地，因合葬之。先是河發病中，諸師友醵金相助爲藥餌與棺衾葬埋之費，並其母太夫人養老之資〔三〕，皆古道之不可多見者。而河發有義僕曰館元，昔嘗逮事僉事公，崇禎中河發父陷於賊，館元持金帛冒死往贖，賊脅求不已，凡往來數四，卒贖以歸。事河發三十餘年，不以河發困故不爲盡力，採薪治圃以給其資用。河發病中，爲奔走求醫尤力。先河發十餘日而病死於縣中，將死，曰：「嗚呼！我死毋憾，但我主人聞之，病又加甚耳。」其中心愛主誠篤如此，因並誌之。銘曰：

吁嗟汪生才非常，下筆流輩莫敢當。平生嶽嶽氣激昂，鬼神忌之俾淪亡。蒙倛跃鼇福命長，如何誦義稱先王。英英精爽歸帝旁，猶勝塵埃生埋藏。執筆論次泣數行，汪生不朽此銘章。

〔一〕「爲縣令石埭」，張本「石埭」在「爲」字下，從批校本、硯莊二本、毅夫鈔本、徐本。

〔二〕「乃反」，張本無「乃」字，批校本、硯莊二本皆作「及」，爲「乃」字之訛，從毅夫鈔本。

〔三〕「養老之資」，張本「資」作「費」，從批校本、硯莊二本、毅夫鈔本、徐本。

誥封光禄大夫又封榮禄大夫驃騎將軍副總兵官都督同知張公墓誌銘

公諱膽，字伯量，姓張氏，世爲徐州人。其上世皆莫可考，至公之大父〔一〕，贈光禄大夫曰敬川公，始有聞於州。敬川之子，贈光禄大夫曰曙三公，爲諸生，有才略，多節慨，生三子，公其長也。崇禎中，曙三公爲歸德府通判，而公是時亦已中武舉，授參軍，城守歸德，父子俱仕一邦。當此之時，流賊起秦隴，擾中原，通判公督餉往睢州，會睢州守將舉兵叛，通判公遇害。公聞之痛哭，親提兵與賊大戰，盡殲之，威名震於中州。

公自少負奇氣，不屑屑章句儒生學，而留心當世之務與用兵之略〔二〕，睥睨顧盼，欲發奮以立功名。已而持節專城，殲叛賊以伸國討，報家讐，其大節已卓然矣〔三〕。尋皇清定鼎燕京，豫王引兵南下，擢公副總兵官，有貂蟒鞍馬之賜。從征揚州，下金陵、京口，以及吴、淞、兩浙，所至皆有戰功。公號令甚整，三軍皆畏服之，每城下，無敢剽掠，士女皆安堵。公之入吴中也，舟行至錫山，泊湖邊，湖故有寇，出没不常，至是寇大至，公左右僅數十人，皆懼，莫知所爲。公從容引弓射之，應絃而殪，連射之，死者數人，寇皆引去。當是時，浙閩總制爲張存仁，公領其左營。浙人之逃匿山澤者多相聚爲亂，死者不可勝數，且互相告訐，無辜者往往被羅織。公案驗得實，即釋之，所全活者甚衆。制府知公之才，請於朝，欲以公爲漳南監司，廷議以八閩未靖，公宿將，不可以文吏奪公任，於是以公爲中軍副將，鎮守浙閩諸郡縣。居無何，山東有寇曰梁敏、楊立吾等，屯榆園，勢甚張，而張存仁移爲直隸、山東、河南總制，存仁欲得公與俱，請於朝，許之，於是公率兵征榆園賊。榆園者，山徑崎嶇，草木蓊翳，敏等依以自固〔四〕，大兵莫能制。公既至，乃使人陰縱火燒其林，而復使勇士持巨斧伐之幾盡，寇失所據，多逃亡。寇嘗穿地道甚遠，急則潛行以遁，公使人決黄河水灌之。寇計窮，不踰時授首，其黨皆詣軍門降。總制馬光輝上疏，請以天津總兵授公，廷議以公功高而中州爲重鎮，乃推公爲開歸提督總兵。而公念其母劉太夫人春秋高，遂乞歸終養矣。

公既戮力行間以功名顯，而樂善好施，雖家居不倦。自辛酉以來，淮徐之間，仍歲饑饉，公頻出米數千石賑徐人，更出其廩之餘蓄減值鬻之，復嘗運麥三千餘石輸淮安，分賑各縣，淮徐間皆德之。徐濱河，河水泛溢，徐人築石隄障之，貲用不給，公捐貲相助，隄成，徐人由此無水患。徐之學宫故在州治旁，後圮，移濱河，河溢輒徙，公乃言於廣文周君，於其故址築土授工，親自督之，閱數月而成，爲費不下數千金。復於里中設義塾，延名師教諸貧家子弟之不能學者，廩餼貲用皆取給於公。徐地斥鹵，賦輕丁重，民不堪，多逃散他縣。公謁於上官，特疏汰除民之積逋，不能償者輒代爲償之，民乃得還故鄉，户口由是蕃息。凡一州之内，饑者食之，寒者衣之，疾病死喪皆爲之竭力經營。尤厚於宗族，貧不能自給者，嫁娶喪葬，公皆任之。州東北二十里有津曰荆山口，湖流巨浸，風濤甚險，而其地爲南北衝道〔五〕，操舟者因以爲奸，往來者皆苦之。公造石橋其上，長四五里，爲費不啻巨萬，行旅往來過是橋者，皆曰：「此張公之所建也。」由是張公好義之名徧天下。嗚呼！公之功在河南、北，在山東，而公之澤在浙、閩，出其緒餘，猶能名顯鄰州，恩施宗族鄉黨，出則爲大將，而居則爲長者，公誠可謂人傑矣。

公生於前萬曆甲寅十二月十八日戌時，卒於康熙庚午年二月初七日巳時，春秋七十有七。官至總督直隸、山東、河南等處部院中軍副總兵官都督同知〔六〕。順治八年，遇覃恩，誥授驃騎將軍，尋以子道祥貴封光禄大夫，以子道瑞貴封榮禄大夫。元配朱氏，累贈一品夫人。繼室孔氏，累封一品夫人〔七〕。子六人，長道祥，以恩廕起家中書，官至湖廣按察司使〔八〕，先公卒於任。次道瑞，武進士，選授侍衛，現任福山游擊。俱朱氏出。三道源，工部營膳司主事。四道溥，候選知縣。六道淵。俱側室趙氏出。五道汧，候選光禄寺典簿，側室陳氏出。女六人，長適諸生吴廷焞，夫死守節，奉旨建坊旌表。餘適周家棟、王興元、趙士魁、遲維埏，其一尚幼未字。孫五人，彦琦，彦璘，彦瑛，彦璟，彦珍。孫女十三人，曾孫一人，曾孫女二人。今擇於某月某日葬公於某處，而膳部君來乞銘，銘曰：

徐之山逶迤兮，徐之水蒼茫以長。徐之風土兮實勁以武，中有異人兮爲國之良。千人辟易兮戮力疆埸。及退老於其鄉兮，其澤洋洋〔九〕。徐之人祀公兮，俎豆不忘。後嗣浤浤兮，既熾而昌。我銘幽石兮，千年萬年固其藏。

〔一〕「大父」，張本「父」作「夫」，誤，今正。

〔二〕「留心當世之務與用兵之略」，張本作「留心世務與兵略」，從王本、秀野本。

〔三〕「已而持節專城，殲叛賊以伸國討，報家讐，其大節已卓然矣」，張本無此二十三字，從王本、秀野本。

〔四〕「敏等」，張本作「賊」，從批校本、硯莊二本、徐本、王本、秀野本。

〔五〕「南北衝道」，張本「衝」作「衢」，從王本、秀野本。
〔六〕「副總兵官」，張本無「官」字，從批校本、硯莊二本、徐本、王本、秀野本。
〔七〕「累封」，張本「封」作「贈」，從批校本、硯莊二本、徐本、王本、秀野本。
〔八〕「湖廣按察司使」，張本「司使」作「使司」，從批校本、硯莊二本、徐本、王本。
〔九〕「其澤洋洋」，張本「洋洋」作「汪洋」，從批校本、硯莊二本、王本、秀野本。

孫宜人墓誌銘

宜人姓孫氏，安丘之淩河人，太學上舍曰恕者其父也。宜人既長，歸於行人諸城劉公〔一〕，是時劉公已舉於鄉矣。先是行人娶鄭宜人，生二子，皆幼，鄭宜人卒。行人母聞孫氏女賢，遂爲行人聘之。當宜人之歸也，行人遭兵火之餘，家業蕭然，宜人屏去服飾躬操作，以勤且儉，爲一家之率。行人教其子，每不稱意即撻之，宜人常以身翼蔽，即觸行人怒不顧。或有止之者，宜人曰：「予豈不知子宜教，第子非吾出，或者外人不察，將奈何？」蓋是時宜人已舉二子一女矣。既而子女相繼殤，宜人哭不哀，蓋恐人之以爲溺其所生也。後宜人之卒也，二子念此尤痛，至於失聲。宜人雖時時爲二子寬釋，而輒教督之，勉以讀書立功名，後其子多登仕籍，固行人之教，亦宜人之力也。側室楊氏舉二子一女，皆長成於宜人之懷抱。宜人以雍睦率其一家，每聞子婦室中稍有詬誶不翕，即趨至爲譬釋，導使和好，否則即不食，必諸子婦固請謝罪乃解，以故數十年一家雍睦無間言。宜人娣姒凡數人，終身怡怡愉愉如也。族中親屬俱接以禮。其遇奴婢俱寬厚，或行人欲有所譴責，宜人亦佯怒，命子若孫代懲之，或引之他所示撻責狀〔二〕，實陰縱之，移時乃徐爲申解，其遇衆有恩如此。歲己未，次子果以刑部郎出爲僉事，督學江南，便道過家省親。時二親邀覃恩得封，僉事制冠帔進之宜人，宜人喜且泣曰：「向我二子者即在，未必如此，汝誠孝矣。但汝廉吏，得毋以此重累汝耶。」明年，宜人得疾，遂不起，以正月二十八日卒，得壽六十有二。子四人，長禎，廩貢生。次果，戊戌進士，官至江南提學僉事。鄭宜人出。次棨，次棐，側室楊氏出。孫四人，孫女三人，曾孫二人。以某年某月日葬宜人於某處，而僉事君來乞銘，銘曰：

萬世滔滔，人生幾何，惟有令德，可以不磨。有高其墳，群山之阿，幽靈長存，我銘無多。

〔一〕「諸城」，張本「城」作「生」，從批校本、王本。

〔二〕「示撻責狀」，張本「撻」作「挞」，從批校本、王本。

鄭允惠墓誌銘

吾友王君汶山客於鄭君允惠家，嘗數數爲余稱鄭君之賢。鄭君蓋徽人而賈於蘇州，因家焉。凡善爲生者，客游徒手致素封，往往而是，大抵用纖嗇起家，一縷一絲，一粒一粟，弗敢輕費。其有以緩急告，雖義不可已，亦忍而弗之䘏。其居貨也，讎過其值，猶不以爲慊也。其道務求贏餘，而俯拾仰取，低昂盈縮，皆有術數，而忠信之説用之於貨殖，則以爲立窮。獨鄭君反其道用之，而卒亦未嘗不富，此汶山之所以稱君之賢不置也。余於丙戌夏自燕山南還至蘇州寓舍，始一識君。已而君召余飲於虎丘舟中，客凡七八人，君樸茂誠慤，與客語無多，而意常歡然有餘，余是以益信君之賢。是時九月之初，涼風驟起，新月乍生，余等樂而忘歸，豈知其不踰年而君遂奄忽已逝。嗚呼，可悲也矣！其子介汶山以誌銘見屬，其曷敢辭。

按狀，君姓鄭氏，諱僑，字允惠，號恂䔻，世居休寧之梧林村。鄭本大族，至君之世而稍衰。君之至蘇也，年甫弱冠，即精計然之術，勤敏練習，爲人又誠樸不欺，人皆信任之。商嘗有商販貨於君家，商，秦人也，與君金誤多若干，商已去，君使人追及於滸墅還之。商嘆曰：「鄭君長者。」而言於秦中諸商，於是秦中諸商來蘇者皆詣鄭氏，鄭氏座爲滿。其他以忠信感人者多類此。君兄弟數人，而祖父母及父母之葬，皆獨力任之。嘗捐金修閶閶城〔一〕，縣令獎嘆，給扁額以旌之。親戚之貧者無不賑恤，其他有以匱乏告，亦無不應也。君以國學生考授州同知，誥封儒林郎。祖諱某，父諱某，母某氏，娶某氏。生四子，長昭，早卒；次星，考授州同知；次昌，候補光禄寺典簿；次景，國學生。孫六，曰世元，世科，世雄，世永，世松，世順。孫女八人。君生於明崇禎壬午十一月二十一日，卒於清康熙丁亥六月初四日，得年六十有六。其子卜以某年某月某日葬君於某山之陽。銘曰：

噫吁嗟乎！士而賈兮，嘆世態之紛紛，吾求士於吳之市兮，誰與懷古道而軼群，惟忠信以處世兮，噫吁嗟乎鄭君。有欲考君之行視此文。

〔一〕「闔閭城」，張本「閭」誤作「閶」，今正。

敕授承德郎工部屯田清吏司主事劉公墓誌銘

山陽有績學篤行之君子曰工部主事劉公，方以名德巋然爲一時之望，忽疾終於家，遠近之人皆爲泣下。年家子戴名世辱公之愛最深，知公之生平爲詳，會其孤永禎等將擇以年月日葬公於某鄉某原，而以公配高安人祔，先期請銘於名世。名世雖不文，然銘公之德，使不至於久而無傳，此後死者之責也，其曷敢辭。

公姓劉氏，諱愈，字文起，晚自號退菴。按劉氏自上世遷淮安〔一〕，以梅花老人爲始祖。梅花老人者，諱彦廣，明洪武時以縣官入覲，召對稱旨，賜梅花一枝。十一傳而至公，以萬曆己卯舉人沈邱知縣諱世光爲高祖，以萬曆己丑進士歷常山、信豐知縣諱一臨爲曾祖，以敕贈岑溪知縣諱自靖爲祖，以順治己亥進士岑溪知縣諱昌言爲父。公康熙丁巳舉於鄉，壬戌成進士，起家行人，陞工部屯田清吏司主事，兩充順天鄉試同考官，一奉命宣敕書浙江，一奉命典試山東。安人姓高氏，舉人諱登泰之孫，太學生諱士廉之女。男子子四，曰永禎，曰永禧，曰永禄，曰永祺。女子十三，孫十一，曾孫三。公生明崇禎己卯五月初五日，卒康熙丁亥十一月二十五日，得年六十有九。

公少與弟吏部公受業於岳西來氏〔二〕。西來氏淮上儒者，好學持高節，岑溪公敬之，使公兄弟師事焉，爲講程朱之學，公終身誦法不衰。岳氏早死無聞，公每與人言，未嘗不稱師學，人由是始知岳氏之爲名儒，公之立身行己悉本岳氏家法也。事父岑溪公與母王太宜人皆得歡心。當岑溪公之抵任也，岑溪屬廣西，道遠多瘴癘，又盜賊輒不時發。公屬高安人侍養太宜人於家，請從行。公體素弱多疾，岑溪公不可，固請，遂行。既抵任，縣事多賴公之助。鄰縣賊彭奇率其黨圍城，公巡行城上，從者中賊弩多死，衆皆潰，公指揮自若，賊箭從公喉旁過，着關壯繆旗竿。會官兵發鳥槍殺一賊，賊走，彭奇旋就擒，岑溪人志其箭爲孝子箭。當彭奇之未擒也，縣人以爲憂，公曰：「今所急者在安人心，不在彭奇也。人心若安，彭奇可坐得矣。」已而果然。徐又排衆議，釋彭奇黨不窮治，令自安，事遂以定。岑溪公卒於任，公護櫬歸。哀毁勞瘁，疾大作，嘔血，久之乃起。時吏部公已舉於鄉，尋登第，入京爲朝官，公奉太宜人家居。自是益大肆其力於學，日取通鑑與綱目合並校勘，考其同異。尤熟復程朱之書及歷朝典故，經世有用之學無所不貫穿，惜不得盡見之施設，而所施設一二未足以盡公之志也。其典試山東也，入闈誓於神，情辭真切，同事者皆感動，及撤棘，有弊絶風清之稱焉。其爲工部也，憫鋪户交收柴炭之苦，爲争於同官，爲省其浮費若干。堂上官信公之誠，事多咨於公而後決，往往指目之曰：「古君子也。」時有言海運之便者，公曰：「明臣邱濬言海運可行，濬獨計漂溺舟米之失，而未一計漂溺之人。夫米漂溺，而載米之舟，挐舟之卒，管卒之官，獨能免乎。考元史，海運有漂米二十四萬五千有奇者，有漂米二十萬九千有奇者，如濬言則歲溺而死者殆五六千人，何忍以數千人付之洪波怒濤中乎。」已而海運卒不果行。

歲壬午，太宜人卒於家。時公患病京邸，子永禎不敢以告，但微言太宜人病瘧，乃即請假歸。歸始知太宜人之變，一慟而絶，良久乃蘇，由是病益劇。喪除，病乃已，遂絶意仕進。宅傍有小園數畝，欣然終老其間。諸子皆讀書孝謹，能承公意，而公自督課諸孫不稍假。每月望，召合族子弟皆來會講。常居閉户，謝絶人事不與聞，惟事關風化者，輒慷慨任之，如烈女祠、貞女祠，其所倡建者也。岳西來氏無子，公擇其族子爲之後，又買田宅各一區授之，使奉其祀。久之，公與縣人請於上官，祀岳氏於鄉賢祠。公與吏部公自少至老，友愛無間言。公之卒也，吏部公稱引蘇子由之銘東坡云：「我初從公，賴以有知。撫我則兄，誨我則師。」每稱引畢，輒流涕不能自止。公好言人善，於不善疾之如仇，或相遇則避弗見，其或不及避，往往面誚讓之，雖遭怨怒弗顧。名世與公伯子永禎爲同年生，因得辱交於公，公不以名世爲不肖而殷勤獎勵，有加無已。當公之官京師也，時時召余飲酒，縱論當世事，每至夜分而罷。余一同姓往嘗游於公父子之間，其人後爲清議所擯。一日謁公，門者止傳其姓，公以爲余也，趨出，至屏門，見非余也〔三〕，即趨而入，使從者以他辭辭弗見。歲乙酉，余適京師過淮上，公留余園中凡信宿，其精神意氣未嘗少衰也。踰二年，余入京師，復過淮上，而公已捐館數月矣。

高安人名家女，嫻於内則。當公之從岑溪公抵任，安人嘗侍太宜人疾，晷刻不離，衣不解，睫不交，間以裳藉地少息，微聞呻吟聲，即起問所苦，扶持抑搔無少失，藥必長跪進。凡數閱月，於是膝爲濕氣所中，醫者謂宜節勞苦，安莞席。而安人顧重姑，不自護惜，姑愈而安人患膝痺，遂沉痼終其身。公自岑溪歸，病三年，安人侍公疾一如侍太宜人，公疾亦藉以起。及公成進士，未服官而安人已卒矣。安人生明崇禎庚辰八月二十五日，卒清康熙癸亥閏六月二十一日〔四〕，得年四十有四。銘曰：

視胥黑，白也全。探皆沸，冰也堅。古先民，淮之堧。抱乃璞，不受鐫。舒隻手，障百川。生典型，死豆籩。葬同穴，有賢媛。固其藏，千萬年。

〔一〕「自上世遷淮安」，按批校本、硯莊二本、徐本皆於「上」字空格，而「世」字作「上」，似爲地名而有脱文，毅夫鈔本、秀野本、張本、國學本則作「上世」，或有所本，今姑從之。
〔二〕「岳西來氏」，即岳薦，見本書卷七岳薦傳。
〔三〕「見非余也」，張本無「也」字，從批校本、硯莊二本、徐本、王本、秀野本。
〔四〕「閏六月」，張本無「六」字，從批校本、硯莊二本、王本、秀野本。

王氏墓表

嗚呼！吾讀詩之二南，而知女子不妒忌之德之大而能逮下之難也。周南十一篇，其不言女子之德者僅三篇，甘棠、羔羊、騶虞而已，其間言女子之德不妒忌而能逮下者有四，曰樛木，曰螽斯，曰小星，曰江有汜。夫后妃夫人之行至於侔天地而奉神靈，而詩人稱其德不過曰能逮下而無妒忌之心而已，故吾謂女子之德固莫有大於此者也。嗚呼！爲妾媵者，懷五常之性而能守從一而終之義，豈有異於世之爲婦者乎。自世之人賤視之，而或制於悍婦之手，遂有自視亦賤而中道而去，不克守從一而終之義者多矣。以余所聞舒城任生姬王氏，獨明於大義而守志不去以死，誠可悲而書也。

任生世家子，其婦翁爲京朝官。任生當年少，家居未娶，依其兄嫂以居。因患病，先納姬曰王氏，久之，病良已。而任生婦翁之官粵東，攜其女便道歸，令任生去姬乃娶婦。任生佯爲去姬，陰匿姬於其師鄒氏，已而姬病，復令就醫於表兄湯氏。任生既娶婦，婦知之，婦素驕貴，頗怨望，日誚讓不止。先是婦陰以姬許適某氏，一日，乘任生入山，鼓吹來迎者盈湯氏門，姬大驚，曰：「吾雖賤妾，然義不可以事二夫。」因紿衆使退，而引刀自刺，不死，衆驚走。湯氏欲以姬歸，姬不可，乃復至鄒氏。閲數日，任生自山歸，知其狀，爲婦言姬義不肯去，婦大怒。已而婦好言勸任生迎姬歸。姬事婦甚謹，婦顧令去其環髻，衣飾不得與諸婢比，時時罪過姬，捶楚動數百，瀕於死者屢矣。欲以威迫姬使去，而姬卒不可。

居數年，任生婦翁解官歸，同産姊迎謂其母曰：「母新從粵東來，不知妹氏以王氏姬故，憂鬱得疾且死矣。」遂掩袂而泣。母遽往任氏，持其女泣。蓋婦新産甫一月，非疾也。姬出拜母，母指而詬之，姬俯首不敢語。閲數日，婦歸寧，言於其父母欲去姬，其姊爲左右之。父母及婦同産兄使人召任生至，曰：「何不速去姬，吾等意已決。」任生還告姬，姬曰：「君意何如？」任生曰：「若等勢洶洶，吾已治裝他出避之。」姬曰：「將何以處我？」任生曰：「有兄嫂在，何憂。」姬哂之。蓋任生素依其兄嫂以居，而兄嫂皆憐姬之志者也。姬曰：「君他出，姑待來日。」因目任生良久，意甚悲。薄暮，任生在外與客語良久，入内，姬已屈首水甕中溺死矣。

先是，姬本江寧王氏女，育於和州運漕之方氏，年及笄，適有舒城富人欲買爲妾，因詭聘爲孫婦，載之歸。其妻訴曰：「若老且死矣，忍妾此弱女子耶。」適鄰有沈翁嫁女而買姬爲媵，翁知其故，言於女壻楊生，當善遇之。楊生與任生同學相善，從容爲任生言，任生因欲聘之。楊生歸以語姬，姬曰：「聞任生所聘名家女，素驕貴，得毋類其姊乎？」蓋其姊以善妒聞而出其妾者也。後姬之死也，姊實有力焉。任生以書致楊生爲設誓，姬乃從之。已而曰：「吾信君之一言，遂委身事君。第婦人之義，從一而終，後此歲月遥遥，大婦之德未可知。」因欷歔泣下，後果不免於死。任生念以己故累姬死，悲思痛悼不能自休，而介余友許君亦士來請書其墓上之石，曰：「吾無以報姬，使姬之志不没於人間，惟吾子焉賴〔一〕。」亦士亦爲余言其事之始末，蓋信而有徵也。

吾讀小星之詩曰：「夙夜在公，實命不同。」吕氏曰：「夫人無妒忌之行，而賤妾安於其命。彼夫所遭之不幸而一死以自明，是亦安於其命也。」若任生之姬，可謂知命者矣，以一死自安其心，且以安任生，又以安其大婦，爲任生之姬惟有一死而已矣。嗚呼！懷妒忌之心而不能逮其下，此婦人之常態，無足怪。獨是妒其夫之妾者，而因以妒人之妾，卒擠之以死，豈不過甚矣哉。詩云：「女子有行，遠父母兄弟。」爲之父母兄弟者，豈無委曲開導之方，善處之道，乃助之以焰而致死無罪之人，以成其守志不去之義，亦非所以愛其子女者矣。余故採次任生之言所自爲行狀，合之亦士所云者，詳悉書之，以慰姬之魂於地下，此任生之志也。

〔一〕「惟吾子焉賴」，張本「焉」作「是」，從批校本、硯莊二本、徐本。

贊理河務僉事陳君墓表〔一〕

天之生才難矣，或百千萬人之中而生一才焉，或百千萬人之中而不得一才。及其生之也，則又多廢棄不得有所施設。而有所施設者，往往又窮於名位之無以自見。而或有所附託以成功名，其間又或功已垂成而敗，以不能竟其用。嗚呼，此可爲太息流涕者也！康熙十有二年，河決，南北運道梗。上咨於群臣，舉能平治之者，廷臣奏言，巡撫安徽侍郎靳輔足當其任，制曰：「可。」於是遂以大司馬總制河道，而攜其客陳君天一以行。先是司馬之奉命撫皖也，思得度外之士與俱，聞陳君名，聘致幕府。司馬故好士，一見奇之，待以上客。君亦曰：「吾所見士大夫多矣，皆齷齪不能用大度之言。吾今見司馬，是誠可與共功名者。」遂留司馬幕府，先後凡十有七年。司馬推心委任，悉聽其計畫，故所至功績迄用有成。

當滇南之變起也，皖據長江上游，爲江南門户，軍行絡繹不絶。君凡爲司馬所條陳，往往先中。會司農以軍興度支不繼，議天下騎置歲費金錢數百萬，減之可佐兵食，因下其事巡撫議之。君告司馬曰：「驛之敝由於馳騎太多，今自王公將軍以下，不論事之大小緩急，凡有馳奏輒須三騎，還時且至十餘騎，是一事而用十餘騎也。今除軍政重事而外，卒彙三事傳奏，而僅須一騎，驛困且蘇，統計之可減費十四五，歲節財百餘萬矣。」司馬以爲然，上其議於朝，遂著爲令。

當河之決也，山東、淮北皆苦之。司馬築清水潭，改南北兩運口，而河與淮及運河皆安，其策實自君發之。清水潭者，淮水由高家堰、高良澗決於高郵、寶應兩湖，而兩湖又從此決爲大潭，下河七州縣所由之道也。先是屢築輒壞，歲久，潭益深且廣。南運口者，由運河以入於黄，北運口者，由黄以入於運河之道也。運河與黄通，受黄之灌，致泥沙淤塞，歲須挑濬，自運漕以來，官民俱困於此。司馬召一府中官吏共議之，言人人殊。君延袤荒度，報司馬曰：「疏濬當先浚其下，塞決則先治其上。前清水潭之屢塞屢決者，由上流未斷也。今上流有減水壩者三十里，誠能堤而塞之，則上流既治矣，然後越潭避險，相視河中淺處築堤，使堤根牢固，自能垂久。夫越險而築堤似迂，且視築清水潭之道里長且數倍，然一深一淺，其爲難易固懸絶矣。故工部費帑六十萬金者，今不過十萬金足矣。北運口爲黄所灌者，蓋以運口遼闊，黄漲漫及運河，及黄落則水流緩而沙易停，且黄水東流，運北注，黄漲水高，勢自横奪。法當高運河之水而亦東之。案水下行一里當低一寸，今杜運河之水，不由遼闊之口以與黄河相狎，而於大澤中迤東鑿河二十里，以約束運河之水，可高於黄二尺。運河之水既湍迅東注，於黄則又安能迴波逆流而灌運河哉。其南運口居黄下流〔三〕，故益爲黄所膠，所當遠黄就淮，而移其閘於淮内，則運河所受惟淮水，淮水清，可以無泥沙淤塞之患矣。」司馬以爲然。於是一府争之，皆以爲不可。「減水壩者，所以洩淮之怒也，已數十百年於今。夫以淮之暴，雖分洩其怒而陂障之尚難，諺曰：『具費千金，不敵西風一浪。』今盡築上流，是下決未塞而上壅先潰也。」或又曰：「湖中築堤與大澤中鑿河，皆事所未經。且向也工程六十萬金，今且減其八，其何能濟。」君持議益堅，司馬卒從君策，未幾而築塞皆成。君先是預度爲時幾何，役夫幾何，土石材木幾何，及是皆如君言。

蓋自是清水潭不再決，而兩運口不再塞〔三〕。事竣矣，一府中乃服君之能，且嘆司馬之知人能用君之策也。

歲甲子，上南巡閲河，河害悉平，上大喜，問司馬曰：「向曾得士與共理乎？」司馬對曰：「臣客有陳潢者，實贊其成。」潢即君諱也。上即命侍臣書君姓名佩之。既而司馬屢欲以君功入告，君固辭曰：「潢幸獲從公，公不鄙其言而用之足矣，顧安用爵禄爲。且夫黄河自古治而旋壞者無他，既治之後，不爲善後之計也。今幸河災已平，一治不復壞，非明公不能成此功，潢竊願布衣相終焉。今夫黄河地中行，淤地所在多有，闢而耕之，三年所獲，可以償前此之費，過此以往，其息亦無涯。即以每歲所獲，次第爲善後之計，則經費有出矣。請更於黄河南岸堅築高堤六百里，而於河之北岸更鑿中河一道，障之以堤，復於中河迤北，間以重河，而亦障之以堤，使山東之水由此入海，復相地形，多建閘壩。夫河行千里即有千里内之溪澗行潦從之，迨黄河驟漲而又加以附從之水，於是河身不能容納，東西衝突，以故堤爲所決。決則不由正道，水無所歸，而上流於是乎亦決。誠引山東之水别有入海之道，則黄不憂其加漲，而且有所從洩，其南岸又有堅堤以爲之障，則下流不憂其埂潰。夫下流不壅，則上流有歸，將黄河從此不復他徙矣。且國家漕艘自南而北，取道黄河二百里，僱募挽溜之費，每船輒數十金，往往遭漂没。嘗見守風者，以二百里之程，俟至四旬有餘。今誠鑿中河，則運艘亂流以渡，俄頃之間，即由砥道以達北河，去風波之險，無挽溜之費矣。宿遷、桃源、清河、山陽、安東、沭陽、海州七州縣，地勢卑下，旱澇皆爲害，歲即有秋，而不通州楫之利。今誠鑿中河，而又間以重河，復於重河之間導以運河，旱既有資，潦復有洩，時至秋成，舳艫相望，至便也。又今四方多荒，流民不少，誠鑿中河，即招流民，計口授食，而使之治田，則流亡有歸，田且日闢，下有裨窮苦之民，上不廢司農之帑，黄河一治不復壞，而國賦日增。惟明公其熟圖之。」司馬以爲然，具疏入告，制曰：「可。」於是司馬與君經營拮据，手足胼胝，而中河蜿蜒三百餘里，鑿已告成，即今由清河以入宿遷之道也。

已而言者紛起，以爲君陰壞河道，並論屯田擾民，於是屯田遂罷。蓋君之志嘗欲以興西北水利爲急，其言曰：「燕、齊之地，古皆稱沃壤，今土田荒蕪，而財賦俱仰給東南，此兩敝之道也。今誠興水利，教民力田，則西北可復爲財賦之藪矣。」當司馬撫皖時，即獻溝田法，欲盡闢江北荒萊，會以軍興不果行。及司馬總制河工，六年之後，兩河歸故道，淹地盡涸，乃得鑿河濬溝，稍行其志。而有司奉行多不善，致議者紛紜，遂罷。先是歲丁卯，上以下河七州縣久爲水困，遣使問司馬有何善策，具以實對。司馬即以君議上奏，曰：「臣前已將陳潢姓名上達天聰，蓋以徑治上流之法，實出陳潢一人之見也。臣之愚衷，惟願國事有濟，不敢居功蔽賢，亦不敢引嫌避忌。」上本知君功，遂特授君贊理河務僉事。及言紛起，司馬罷去，詔君就司寇獄。時君已病閲數月矣。既抵京，疾轉甚，有詔免獄調治，蓋異數也，而君竟不起矣。嗚呼！君之才世所不常有，幸而見知司馬，推心委任，得以出其能。又以布衣受人主之知，格外擢用，則君不可謂不遇。惟是君之長既有所不能盡而困於人言，又遽以疾死，此則天之意其不可知者也。

君生平於子、史、衆緯及農桑、易數、地理諸書無不通核，而尤優於治河。作測水法，以水流迅則如人急行，日可三百里，水流平則如人緩行，日可七八十里。即用土方法，以水縱横一丈高一丈爲一方，計此河能行水幾何方，然後受之，其餘皆洩宣之。此出彼入，使游波寬衍，不致薄堤，凡置閘通關大抵用此法也。君自在司馬幕府，司馬昌言入告，天下聞之，不多君之才，而多司馬之以人事君，得古大臣之道也。

君先世汴梁人，自宋南渡，占籍錢塘。曾祖諱某，祖諱某，父諱某，妣仲氏，生三子，君其長也。君娶汪氏，無子，以弟之子良樞爲嗣。君以康熙戊辰八月十八日卒，年五十一。今良樞卜於某年月日葬君於某。初，君與余訂交京師，余覊窮潦倒，得君提挈者爲多。今君忽忽已没四年矣，使其功與行不著，是則余之罪也夫。會其嗣子來京師，求余書其墓上之石，余因泫然流涕而書之。君性孝謹而勇於行義，與人交皆有至性也，他人鮮有能得其一節者。而君之功名於治河爲最著，余故書之有詳略焉。

〔一〕「贊理河務僉事陳君墓表」，按此文惟見於王本、秀野本及張本、國學本。有數處明顯訛文，無從校勘，即徑依文義改正，並附校記。

〔二〕「南運口」，「口」字原作「河」。

〔三〕「兩運口」，「口」字原作「河」。

祭錢雲瞻文

嗚呼！　吾祖母同產五人，而三人早世，獨其伯姊錢孺人，至今八十餘，巋然獨存，而其伯兄水部公，今亦逾八十矣。　祖母歸吾家，生先君三歲而卒。　祖母姊娣〔一〕，惟祖母及錢孺人、張大司馬夫人有後。錢孺人者，雲瞻祖母也。　祖母爲吴方伯公女孫，方伯子姪極爲蕃衍，而余輩外弟兄落落不過數人。　雲瞻長余三歲，其才甚豪，以余之顛倒困頓，積憂傷懷，而先君新奄棄，益抱無涯之恨，私心自屬，以爲增外家之光者，獨雲瞻耳。　雲瞻少失先人，能奮然自立，志氣激昂，而倏而病，病而死。　嗚呼，悲夫！

先是八月，余病瘧，他疾亦乘間作，雲瞻時時顧余榻前。　取几上藥視之，教余謝醫，請他醫治，余不可。　雲瞻曰：「戴子癯甚多憂，今又病，且奈何？　慎之，勿輕試醫藥。」余曰：「諾。」居數日，不見雲瞻至，或曰：「雲瞻病，病與戴生同。」既又曰：「雲瞻病且甚。」余念雲瞻素强壯，即病，可無患。居數日，有人來告曰：「雲瞻死矣。」時余病稍稍起，欲往撫棺而哭，不能。嗚呼！雲瞻視余於呻吟愁痛之間，而吾不能哭雲瞻於永訣絶命之頃，吾其何以爲心哉！

嗚呼！世之惡直醜正久矣。君子所恃者惟天，而天道如此，夫豈可問耶。先是春三月，吾友汪河發死，不半載而雲瞻繼之。雲瞻雅好余，人有謗余者，輒爲之裂眥怒駡。兩人死，余益無所向，其亦致憾於天而已矣。雲瞻少孤，養於其叔雁湖先生，以至壯大。雲瞻未死前生子數日，比雲瞻既死而其子亦夭，雁湖先生尤悲之。凡錢氏之致憾於天者，又豈有既乎。

〔一〕「姊娣」，張本「娣」作「妹」。從批校本、硯莊二本、徐本。

戴名世集卷十

響雪亭記(一)

余曾大父隱於龍眠山中。山深徑迂，峰巒迴合相抱，四時之花開謝於庭。而去舍百餘步有溪焉，兩山夾之，皆石爲底，爲岸，爲坳，爲坎，爲坻，磅礴屈曲而下。每聞其深處有隱隱澎湃之聲，乃攀木沿溪而入，得異境焉，四面皆青壁，斗絕百仞，缺其右，爲溪水所出也。仰首望見飛泉噴薄激怒，自天上來，匯而爲池，有大石，狀若柳葉，横亘其中爲梁，水從梁下暗渡入於溪。旁三面石壁上，大樹皆倒生，枝葉扶疏下垂，四時不凋，根蔓延石壁若龍鱗。乃命石工鑿其左爲梯，以屬於山，折而南，平其土爲亭，與瀑布相對，見飛泉掛樹間。每雨後，人立石梁上相語輒不得聞，重累扶棧上石梯，以次至亭上耳語。先是有石欲裂，及鑿時遂隕而下，至梁之盡處，可坐數人飲。水之支流，從石旁數折而注溪，水緩則可以流觴。瀑布之巔，亦皆古樹偃仰，臨其流不得至，但望見之云。龍眠山水，蜿蜒委折，一旦以此爲第一，蓋自古無闢其境者。曾大父爲之銘，有曰：「不陰常雨，盛暑猶雪。」遂以名其亭，而命小子記之。

〔一〕「響雪亭記」，此爲偶鈔本之原題，徐本始作「暑雪亭記」，而張本從之，後出各本更多從張本。按亭之得名由於「不陰常雨，盛暑猶雪」二句，如作「暑雪」，則上句無所取義，故不從。又自響雪亭記至游大龍湫記共十五篇，已收於南山集偶鈔。其中雁蕩記至游大龍湫記共三篇，爲鈔補本。

芝石記

有樵童自山間來，貽我芝一莖而言曰：「吾析薪，率山麓而行，至水之湄焉。見芝生沙中，雜於細草之間，懼牛羊之踐之也，因掇取而歸，敢以爲獻！」余受之，置石盆内，供之几上。芝以石爲根，沙土凝結而成者也。長不盈尺，而岡巒巖穴畢具，芝生於其旁之左峰，群峰錯立，其部署若有神工之相其成，觀者莫不嘆賞而去。

夫芝之爲瑞久矣。世傳芝之生也，必有吉祥善事之至，芝固爲吉祥善事而生也，倘或然耶？然吾觀自古之驕主佞臣，他務未遑，而獨於芝也窮搜遠采，獻者踵至，以文天下之平。然是時天下果有道，四方皆清明乎，未見其然也，則芝亦安在其爲吉祥善事而生耶！然芝秉山川清淑之氣以生，終不可謂非天下之瑞，特當此之時，薦之朝廷，固不若其蒙翳於榛莽荒草之中也。今此芝也，幸無徵召之求，而爲樵夫野人所得，又以歸余。余拙人也，撫時感事，自甘廢棄，蕭然蓬户，猶之乎窮巖斷壑也。余方幸芝之類余，而又辱與余處，以不自失其天也。作芝石記。

唐西浦記

唐西浦在桐城西山，去縣治十里。由畫溪而入，循水涯走二里，折而西。涉水無徑，水中有大石，水浸之，其高處水不及者，側足以次躍而過，蓋左右兩山夾之云，水出其間焉。逆流而入，兩山相向不一丈，溪居其二，草木與徑居其一。兩山之上皆大石，縱横布列。每一石輒一大樹覆之若蓋，其幹與葉若桂，四時不凋，蓋不知其名云。如此者數里不絶。涉水行數武，有兩石豎道旁尤奇，高數仞，赭色，内連外開若龕然。又行數十步至唐西浦。來徑甚隘，至此地開數畝，高高下下，樹數百株，竹數千個，梅百本，老屋數間，余至時，梅花盛開。先是有僧居此，伐梅爲薪，且數十本。余聞之，逐僧去，遂讀書其間。每讀倦，往往至梅下流連久之。溪中皆大石，水行石間，余或踞石而坐，水灖灖鳴足底。常尋其去徑，去徑復隘如來徑，數里不能窮。余居此凡一月，會有他故出山，時時念之不忘。因記其大略，時一覽觀，如卧而游焉，然而不能詳也。

游浮山記

浮山去縣治一百里，其奇怪名天下，而縣之人罕有至焉。蓋以其遠且僻，車船輒窮日而至，以故游者棄之，類悵望不能至。其至者又多因他事過其下，偶一登覽遂去，莫能盡其奇也。而負郭道旁之山無可觀者，而相率游者甚衆。嗚呼，以遠且僻而其奇不得售焉，其售者又止如此，豈非其地使然哉！

余嘗聞浮山之勝，欣然慕之，自以生此邦，有終焉之意。辛酉之秋，與二三子者浮舟出江濱，經浮山之麓，私心獨喜，庶陟而游焉以娱吾志。二三子者不可，曰：「去！去！」及風之迅也。先是余在舟中望見之，高不一里，廣袤不二三里，若無奇焉，而其中巖壑秀麗，蓋已工絶。夫以遠且僻不得售其奇，而其奇又隈藏含蓄如此，此其所以至之者少也。余既悔其去而不得盡其奇也，已而歸過山中，登覽二日而還。俟他日買田其間以終焉，而庶以寫浮山之形容，而先爲記之如此，使僧鑱諸石壁上。

石門冲記

由魯硔踰唐家山，路險峻，數步一折，行者輒數步一休。既上復下，其險峻亦如之。

山水皆僻陋，無可觀者。至平地，行二三里，得石門冲，兩山夾之，中爲溪，巨石當其流若門焉。水流其罅，砅砅有聲。其他怪石參錯，不可勝數。兩山縱横千尋，其最高者，直排空凌雲氣，陡峭不可上也。兩山相向，委折錯互，勢欲合，凡一二里乃窮。余至其間，因徘徊嗟異良久，若在世外，又歎此怪偉幽邃之區在於荒山僻壤，亘數千百年來無有識其奇者。會日暮，從者促余去，行數里，日已入。時山中多虎，居人燒山林逐虎，山東西火起，照耀如晝，余從火光中行五六里，抵主人宿。

西園記

嗚呼！此故魏國之園也，小子執筆流涕而爲之記。

先是余自樅陽浮江至金陵，取陸道往句曲，因周覽其山川，慨然太息。問道旁父老：「有山童然，有牆頹然者，何也？」曰：「孝陵也。」「草間塚纍纍然，或且發掘者，何也？」曰：「故王侯將相之墓也。」「斷石砌道，有文字款識者，何也？」曰：「故碑碣也。」又爲余指曰，某方山，某棲霞，某牛首，余慨嘆上馬而去。已自句曲回江寧，寓西園，留信宿。園今屬吾縣吴氏，自其祖司馬公居此凡數十年，而古松數株在其中，世傳爲六朝松云。嗚呼！自六朝至魏國，世已幾變，自魏國至今，世又已幾變，其市朝第宅改矣，人民謡俗異矣，魏國失官，其澤既已斬矣。凡治亂興亡之故，蓋有難言者，而此松猶存，此吾之所以悲也。因記而書之於壁。

兔兒山記

入西安門，折而南曰蠶池，蠶池者，蓋異時宫人治蠶之地云。余客蠶池且一年，凡往來道所經有殿曰光明殿，殿之側爲兔兒山，余嘗登之。山之左右各有徑，折而上，皆布以磚，磚刻畫爲龍文。徑之左右皆大石，排比相屬，高五六尺，或八九尺，大抵山之前後左右皆布以石云。余嘗從其左拾級以上，十餘步即得一石門，數折至平地爲亭，又從亭側折而上，又得一石門，又數折爲一臺，蓋其巔云。其右之徑與石與門亦如之。山之下纍石爲洞者三，又鑿白石爲龍蟠於地，龍之首今斷去。有銅鐘臥其旁，摩挲久之，莫得其款識。其前有臺曰旋馬臺，溝而環之，渡石橋，橋白石爲之，刻畫爲龍者五。臺圜其外而方其内，凡三折而上至其巔，若旋螺然。巔故有亭，亭已毁，臺之下皆廢爲畦，其高得山之半。山有樹數十株，突兀披離甚奇。其他舊蹟尚有存者，大抵皆敗瓦頹垣而已。

余讀酌中志云：「九月九日，皇帝登萬歲山，即幸兔兒山，至旋馬臺，飲菊花酒，食迎霜兔。」又聞世宗好道家之術，嘗煉丹於此。嗚呼！天下承平且數百年，人皆習於逸樂，即天子巡游不出大内，其扈從者皆寺人宮女，而外之文恬武嬉，抑又甚焉。余登山而望，宫闕歷歷然可按圖以數。其山之巋然而特高者，今曰景山，即向之煤山也。其園林之叢茂者，今曰瀛臺，即向之西苑也。御河縈遶如帶，白楊老柏，丹瓦崇垣，傍河而殿者曰承光，跨河而梁者曰金鰲玉蝀，曰積翠堆雲也。有土巍然倚河而高，塔其巔而寺其麓者，莫知其名，或曰此即遼后梳粧臺也。城内外百萬家，一舉目而盡，而西山蜿蜒磅礴，在烟雲縹緲之間。嗚呼！此山在禁中，異時雖公卿莫能至，而今則游人羈客皆得以游覽徘徊而無所忌，蓋物理之循環往復有固然者。於是手書之以示余友朱字緑，字緑蓋嘗與余同游者云。

游西山記

頃余游燕市，嘗於道中望見西山横空黛起，度其中飛瀑流泉，茂林幽谷，必有彷彿於東南者。而曾無一二名字流傳人間，徒以近於朝市，故游者鮮少。然而西山之奇，固不可勝窮也[二]。一日，鳩兹甘君以遼陽張君之言來告曰：「聞吾子欲探西山之勝，某當執榼承飲以從。」三人者遂騎而往，於碧雲寺得古松數株，得龍湫，於香山得來青軒云。

龍湫者，泉出石間，滙而爲池，溝而環之者數折。有亭焉，敞然而幽。有竹焉，琅然而立。有槐焉，大五六圍，蒼然而欹。有洞焉，窈然而深。有石壁焉，峭然而高。於時蒼翠滿前，萬籟俱歇，水流有聲，因相與流觴數巡，甚歡。張君曰：「去此二里有香山，余嘗游之。」復導余輩往。山有寺，寺皆已傾頹，獨來青軒甚佳麗。來青軒者，明神宗皇帝之所名也，山左右抱之若環，玉泉山横亘其中，縱觀之，莫得其涯云。見有若霰若霧遠在天末者，張君指而告余曰：「是其下京師也，風飄埃舉而爲此也。」念此二者皆在西山之麓，而其勝已迥絶人世如此，進而深焉，其幽窅奇怪不知當何如也。余且攜襆被往焉，曲討微尋，二子者當亦能褰裳而從余乎？

〔一〕「固」，偶鈔本、張本作「故」，從國學本、秀野本。

游爛柯山記

歲辛巳二月十日，余至衢州。二十二日凌晨，出通仙門，俗號爲小南門也。門外即渡一橋，居人甚少，僅籬落數區。是時春已漸深，緑鋪麥野，黄滿菜畦，草木皆滋榮，時時有香氣襲人。沿路聽溪聲活活，望見遠村桃李盛開，點綴於平原茂樹之間，遠山叠立雲表。行二十里，小舟渡一溪，即入山徑。逶迤曲折，不一二里，道旁有古松二株，枝幹蟠屈爲攫拏之勢，有碑題曰「戰龍松」，後署「晦翁書」，則此松在宋時，已數百年物矣。又曲折行里許，至柯山寺，即爛柯山之麓也。

寺門古樟四株，中二株尤奇，蔦蘿蔓引，苔蘚斑剥，蔭蔽數畝。入寺，坐佛殿少頃。一僧導出寺門，取路寺左，數十步有墓，其碣曰「右都御史忠烈徐公墓道」。又行百餘步，望見左側山頂有穴，露出穴外之天，而樹枝横斜，忽蔽忽見。緣石磴而上，盤旋紆曲，忽覩一穹然豁然者，彎環起伏，宛如梁狀，即道中所望見之石穴，而王質遇仙之處，道書所稱青霞洞天也。高十餘尋，深十餘尋，縱二十餘尋，青巒翠巘，如髻如環如螺，或遠或近，攢簇於石梁前後。當梁之南面，一石負土突起，有樟生其上，披離甚古，傍石而亭曰遲日亭。從亭側攀蘿緣磴而上，皆窄徑窘步，至其巔，正與亭相對，其下即石梁也。又欹側而行，路僅容足，俯而窺石縫中則見天一綫，蓋石梁上又一石梁覆之，首尾無端倪，而此處偶露間隙。遂復下至亭上，眺覽良久不忍去。已而雨作，飯於寺，取故道還。秉燭作詩二章，擬他日鑱諸石壁上。其詩曰：採樵偶向洞天行，一局中間世已更，不看仙人貪看弈，模糊仍復覓前生。謫向塵寰病未瘥，同班仙侶近如何，語君弈罷朝天去，爲謝狂生罰已多。

游吼山記

紹興山水秀絶寰區，向誦陸務觀詩云：「山重水複疑無路，柳暗花明又一村。」余居此凡一月，登府山，游蘭亭，謁禹陵，服古人言語摹倣真切不誣也。有稱吼山之勝者，余乘舟往。溪流迴轉，桑麻林麓，映帶遠近。既抵吼山，舟行徑入石穴中。四圍皆峭石立百仞，如壁如甕如龕，或連或斷，或偃或仰。從者試燒爆竹取聲，水激石怒，天地若裂。按其形容，皆刀斧鑿削而成者，蓋此地本頑石，石工取石者日數十百人，空其中而留一穴爲出入，久之，石不可取，溪水來注，而遂爲此觀也。倚石壁有屋數楹，頗壯麗。余未及登岸，乘舟出。不半里，望見有石壁甚峭峻，維舟登岸尋之，得一尼庵。欵門入，蓋皆石壁環焉，中爲池，池廣一二畝，菰葉浮水上皆滿。登一小樓，下轉而東，尋道中所望見石壁者。石壁狀略如吼山，緣磴而上，至山之半，有寬坦處，坐少頃。有雨點數十浮空而下，墜於衣裾，且落石罅中流去。仰視之，則山巔有松數株，水點點從松根飄落，或題其壁曰「淙玉巖」，余更其名曰「晴雨巖」。吼山之水，瀠洄深窈不可測，不及此濛濛涓滴出於天成也。登舟記其狀如是。

古樟記

樟樹灘違衢州二十里，岸有大樟樹，故以名灘。余以二月初十日晚泊灘上，欲登岸往觀之，會天雨，道濕不可行。已而雨歇，月朦朧欲出，輕雲蔽之，余與同舟六七人，呼從者秉炬上。居人繚其幹以垣，枝葉皆扶疏垂垣外。余輩先入門視其幹，高數丈，分數枝，四面横斜而下，余輩手相牽環抱之，凡六人乃周，更上一二尺則更大矣。其枝幹披離甚古，往往出人意外。頂甚平，可列坐十餘人，非梯不能上也。秉炬照之，但見轇轕輪囷，蜿蜒攫拏，若群龍相鬭。枝之出於垣外者皆成幹，屈曲下屬地。其北一枝尤奇，直入土中，大數十圍，類自爲一樹，不屬於幹者。然其文理皆成龍形，騰挪宛轉，若龍之升於天。自垣内視之，則係幹之别枝，若虹之垂地，首尾無端不可測。居人以爲神，祠而祀之。

嗚呼！樟本名材，而其托根也大，其植基也固，含日月之精，受雨露之潤，多歷年所，遂魁然獨出其奇於人間。而彼榆櫟之屬，拳曲臃腫，無故而離立於其旁，何爲也哉！

游天台山記

天台周迴八百里，以劉晨、阮肇採藥遇仙，遂著名人間。余於歲辛巳九月二十九日至天台縣，明日入山游，自赤城始。先一日道旁望見赤城，類有三四峰。及至其下，則峰皆不見，赭色若霞，上鋭而下方，石罅層層皆露，若磚甃痕，故曰赤城。上一二里有洞曰紫雲洞天，高十餘丈，長數十丈，僧爲層樓其間。望群山環列，烟雲縹緲，宜爲隱者之所棲息，而石穴中往往有士人讀書，視其書皆腐濫文字。又上一二里，又一洞差小，而洞側石上文理自成二字曰「玉京」。窺偃曇洗腸之井，登葛洪煉丹之竈，乃下。既下迴視之，無所爲巖洞也，第見爲磚甃痕而已。

行數里至國清寺，僧爲指點寒山、拾得遺跡。踰金鷄嶺，飯於高明寺。觀圓通洞，洞臨深溪，石自土出爲壁，左壁有欹削處，一石笋撑之，後壁石罅中可側身行，一大石爲蓋，横於左右壁上，類人爲之者。出視之，大石偃蹇負土出，長廣數十丈，其末覆於洞上。凡洞皆因山，而此洞平地特起，亦一異也。

行十餘里至曇華亭，觀石梁水。一自康嶺來，一自華頂來，會於曇華亭之左。凡三折至石梁下，則洶湧澎湃，滚滚而去。石梁長數丈，石上下相疊，中露一痕，上仄而下稍寬，行者稍一失足即墮深澗。一大石當梁之盡處，有銅龕豎其前，中爲佛與羅漢像，亭上道士能行梁上，觀者皆爲顫掉。水自梁下落爲深淵，復流下石壁，成大瀑布。道士導余，自亭之右逶迤行不半里，攀條而下，見瀑布雪濺珠翻，轟然若雷。其下滙爲一潭，奇石列水中及左右皆滿。是日宿上方廣，距亭半里許，板橋流水，亦爲幽絶。

明日凌晨起，有客自華頂來者言日出狀，是爲十月朔。華頂距上方廣約二十里，爲天台最高處。先是有言華頂十月朔，日月並行海上，宜往觀焉，僧皆言雲氣濛濛，多不得見，而余足力不勝而止。及是客言日出狀，與海濱諸高山望之大異，而未見所爲日月並行也。

復至曇華亭觀石梁，下觀瀑布，良久乃行。

十餘里至斷橋，水行溪石中，一石若橋而中斷，水自斷處瀉下，一石甕受之，甕深不知所底。諸石林立，皆峭削聳峙，亦奇觀也。水自甕出，紆迴行石上約數丈，從絶壁下爲珠簾。余從斷橋旁曲折下，久無人迹，草蒙茸不可行，徑爲水嚙皆壞，余刈草開徑凡里許，乃得觀珠簾。石壁高數丈許，水纍纍如貫珠，且萬縷方幅而下，故曰珠簾。亦滙爲一潭，潭旁多石，坐石上，神骨俱清，幾不知爲人間世矣。斷橋與珠簾左右無僧舍，亦無人居，腹且飢，回飯於上方廣，乃還，仍過國清。國清地勢高爽，群山環之，水流於前，古松約數千株夾立，是時暮色蒼然，遠山皆隱不見矣。

天台之勝不可勝窮，而余之所至爲紫雲，爲玉京，爲國清，爲高明，爲石梁，爲斷橋，爲珠簾。他如桃源爲劉阮遇仙處及瓊台雙闕，號爲天台第一景者，路東西不相值，遂未獲至，姑以俟之異日。

雁蕩記

甌中多名山，而三雁蕩最盛，曰南雁蕩，在平陽縣南；曰中雁蕩，在樂清縣西；曰北雁蕩，在樂清縣東九十里。今之名天下者，則北雁蕩也。高四十里，深六十里，頂上有湖，方可十里。雁蕩山皆石，而湖獨有泥，葑草蘆荻生焉，時爲雁所棲宿，故曰雁蕩。

其間嶺有七：曰東嶺，曰丹芳嶺，曰飛泉嶺，曰謝公嶺，曰馬鞍嶺，曰温嶺，曰西嶺。谷有四，馬鞍嶺界之，曰東内谷，曰西内谷，曰東升谷，曰西外谷。而東内谷復有谷三，曰水簾，曰安禪，曰會賢。東外谷復有谷二，曰南閤，曰北閤，水自西北來界之。

東内谷峰四十八〔一〕：曰雙鸞，曰寶印，曰嶢闕，曰小卓筆，曰獨秀，曰重樓，曰茶爐，曰石指，曰天柱，曰展旗，曰招賢，曰獅子，曰伏龜，曰礪齒，曰石碑，曰天冠，曰總角，曰金鼎，曰蓮花，曰迎陽，曰石燕，曰碧霄，曰凌雲，曰朝天，曰五雲，曰雙穴，曰槖駝，曰戲獅，曰犀角，曰香爐，曰倚天，曰鳳凰，曰超雲，曰丹桂，曰象牙，曰蟾蜍，曰芝草，曰虎蹲，曰龜子，曰藥杵，曰架海，曰朝陽，曰佛掌，曰鼓槌，曰覆船，曰捲螺，曰鉢盂。

東外谷峰五：曰石佛，曰獅子，曰雙峰，曰老人，曰吹簫。

西内谷峰二十四：曰紫極，曰棲鳳，曰華陽，曰戴辰〔二〕，曰戲龍，曰群鳳，曰回鸞，曰石龜，曰朝陽，曰瓊台，曰石笋，曰卧龍，曰凌霞，曰瑞鹿，曰抱兒，曰獅子，曰石碑，曰立笋，曰削玉，曰卓筆，曰天樂，曰宴坐，曰紫雲，曰剪刀。

西外谷峰二十四：曰連珠，曰靈犀，曰山冠，曰石表，曰立戟，曰羽人，曰射垛，曰含珠，曰含翠，曰朝陽，曰靈芝，曰二仙，曰招賢，曰寶冠，曰寶簪，曰石鏡，曰鳳凰，曰香爐，曰伏虎，曰天冠，曰五雲，曰雙穴，曰獅子者二。

巖三十有二，東内谷者凡十九：曰觀音，曰槖籥，曰注金，曰石相，曰楞嚴，曰神迹，曰文會，曰霹靂，曰棲真，曰神王，曰石臍〔三〕，曰聽詩叟，曰修道，曰赤石，曰侍郎，曰騰波，曰巾子，曰響巖，曰説法，曰聽泉。東外谷者凡六：曰散水，曰隱仙，曰石佛，曰仙巖，曰讀書，曰方巖。西内谷者凡五：曰白雨，曰火焰，曰童子，曰文英，曰寶陀，曰寶香。西外谷者凡二：曰梅雨，曰天柱。

石之奇者：曰僧抱石，曰含珠石，曰龍潭石，曰飲羽石，曰獼猴石，曰觀音石，曰石廡，曰石明堂，曰石屏風，曰石魚，曰石倉，曰石斛，曰石橋，曰石碁枰，曰石浮屠，曰石室，曰石居士，曰小石屏，在東内谷。曰石梁，曰石行廊，在東外谷。曰虎蹲石〔四〕，曰覆盂石，曰鴟尾石，曰圓蘿石，曰石門柱，曰石城，曰石茶爐，在西内谷〔五〕。曰招賢石，曰大梁石，曰石鏡，曰石天窗，曰石塚，在西外谷。

洞十有二：東内谷者，曰天聰，曰龍游，曰新月，曰羅漢，曰烏洞，曰南碧霄，曰北碧霄。東外谷者，曰石洞。西内谷者，曰道松。外風洞二，一在大龍湫之右連雲障石壁上，每大風將起，則洞口木葉飛舞。一在照膽潭上，洞口大如斗，風自口出，游人以手向洞口，夏涼而冬温。而山之西北趾鄰永嘉界者曰道姑洞，尤奇，石室層疊，宛如堂房，常若有人居者。

洞外巨石長數十丈，坦平如床，側立者如屏風。瀫川之雲霞洞，亦號爲絶勝焉。

溪有四：曰新溪，水北出南流，會於寒坑，入海。曰筋竹溪，一曰錦溪，水自大龍湫出，經龍坪塘入海。曰白溪，水自靈峰諸谷中出，東流入於海。曰石溪，水自山東北諸谷中出，東行十餘里，與大龍湫水合流，東會於石門，入海。

湫有三：曰大龍湫，曰小龍湫，曰上龍湫。

寺十有八：東内谷之寺曰靈巖，曰靈峰，雁蕩奇秀多稱二靈。介於二靈之間者，净名也。净名與石梁、真濟皆在東外谷。西内谷之寺曰能仁，曰羅漢，曰瑞鹿。西外谷之寺曰天柱，曰華巖，曰普明，曰石門，曰古塔，曰本覺，曰寶冠，曰靈雲。今諸寺大抵多廢，而余所至爲能仁，爲羅漢，爲瑞鹿，爲靈峰，爲靈巖，爲石梁。石梁寺者，以石梁得名也。寺側緣磴上有石洞，一石自地出，横斜而來，覆於洞上，視之若虹之跨於空，故曰石梁。靈峰之瑰詭殆不可指數，環左右前後而列者，争奇獻怪，目不給賞。大抵雁蕩諸峰，巧通造化，移步换形，其名字因象取義者尚多有之，而路窮徑塞，蒙翳於荆榛荒草之中，其奇未出於人間者亦不少也。靈巖直靈峰之西，展旗峙其左，天柱峙其右，奇特雄偉，嶄然不可躋。而天聰洞、小龍湫爲尤勝，後有屏霞障，高廣數百丈，石色如塗丹堊，上有温泉石室，旁有龍鼻泉，下有安禪谷。

蓋雁蕩之障有四，屏霞障之外，有連雲障，在大龍湫，而在浄名者曰鐵城障，曰游龍障。兩障相夾，深數百仞，呀然劃然，人行其間，望見天僅尺許。障内有谷曰珠簾谷，有洞曰維摩洞。珠簾谷者，澗水嚙石而出，如萬斛珠飛落。蓋雁蕩無山不崖，無崖不洞，無水不瀑，至大龍湫則瀑水化爲烟雲。怪怪奇奇，真出造化意表，宇宙内更無有能得其彷彿者矣。

初，余入雁蕩自樂清來，宿於芙蓉村，是歲辛巳四月也。十月自黄巖來，宿於大荆，皆入雁蕩之道。道中望見雁蕩上插霄漢，仙風靈氣，飛墮襟袖，懷抱頓仙。嗚呼，余懷遁世之思久矣，輾轉未遂，至是垂暮無成，萬念歇絶。他日人見有衣草衣，履芒鞋〔六〕，拾橡煨芋而老於此間者，必余也夫，必余也夫！

〔一〕「東内谷峰四十八」，按所列者僅四十七峰，據温州志尚有「正賢」一峰。

〔二〕「戴辰」，温州志作「戴仁」。

〔三〕「曰石臍」，偶鈔補本、張本「石」作「詩」，從王本、國學本。

〔四〕「曰虎蹲石」，偶鈔補本脱「曰」字。

〔五〕「在東内谷」，「在東外谷」，「在西内谷」，偶鈔補本、張本三句下皆有「者」字，衍。從硯莊二本、徐本、國學本。

〔六〕「衣草衣，履芒鞋」，偶鈔補本、張本無上「衣」字及「履」字。從批校本、硯莊二本、徐本。

龍鼻泉記

雁蕩諸寺之最勝者稱靈巖。障曰屏霞。谷曰安禪，曰會賢。湫曰小龍湫。峰曰天柱，曰展旗，曰雙鸞，曰卓筆，曰玉蟾蜍。洞曰天聰。石曰僧抱石，石屏風。泉曰劍峰，曰温泉，曰龍鼻泉，而龍鼻泉尤奇。從寺後上石磴，盤旋數十折，至大石龕。龕高數十丈，深數十丈，石壁皆奇削。龕脊嵌一石，若龍陷入石中，從下視之，見其脊隆然外露，繞下數十丈，勢盡乃垂入龕底，作懸鼻，色紺碧而膩滑。鼻端有小孔出泉，水時時下滴，飲之清寒，雖盛暑如冰。鼻上下皆有石若爪，爲攫拏之勢，半露半入石中。游者或歌或笑，或奏管絃，聲輒繞石罅中悠揚不即出。下有呂祖廟，牆陰有碑鐫絶句一章，末署「回道人題」。名區絶境，宜爲仙靈之所往來，而余好山水，多搜剔奇異，遇異人而授吾書换吾胎骨者，倘有日也耶？

游大龍湫記

距樂清六十里，有村曰芙蓉，倚山而濱海〔一〕。余以歲辛巳四月二十日〔二〕，由芙蓉踰丹芳嶺，至能仁寺。坐少頃，出寺門里許，有泉曰燕尾泉。水自大龍湫來爲錦溪，錦溪之水至此從巨石落下，成小瀑布，石中高而旁低，水分左右下若燕尾然。循錦溪而行，凡三四里，有峰屹立溪水中，旁無所倚，高數百丈，兩股如蟹螯，望之若剪刀然，曰剪刀峰。至峰下，行百餘步，忽變爲石帆〔三〕，張於空中，曰一帆峰。又行百餘步，又變爲石柱，孤撑雲表，曰天柱峰。左右皆石壁峭削，詭狀殊態，不可勝數。又行百餘步，徑窮路轉，得大龍湫，爲天下第一奇觀。水自雁湖，合諸溪澗，會成巨淵，淵深黑不可測。其側有石檻，中作凹，水從凹中瀉下，望之若懸布，隨風作態，遠近斜正，變幻不一。或如珠，或如毬，如驟雨，如雲，如烟，如霧，或飄轉而中斷，或左右分散而落，或直下如注，或屈曲如蜿蜒〔四〕。下爲深潭，觀者每立於潭外，相去數十步，水忽轉舞向人，灑衣裙間，皆沾濕，忽大注如雷，忽爲風所遏，盤溪横而不下〔五〕。蓋其石壁高五千尺，水懸空下，距石約一二尺許，流數丈輒已勢遠而力弱，飄飄濛濛，形狀頓異。他處瀑布皆沿崖直走，無此變態也。潭之外有亭曰忘歸亭，其側有亭曰觀不足亭。而龍湫右側絶壁曰連雲障，障上有風洞，每洞口木葉飛舞則大風疾作。又有小龍湫在東谷靈巖寺，水自石城諸溪澗來，會於霞障之右，從巖上飛流而下，高三千尺。半沿崖，半懸流，變態稍不及大龍湫，而其下稍西，水湧出石罅，直上指二尺許，形如立劍，望之光明瑩潔而摇動，亦奇觀也。相傳大龍湫上數里復有上龍湫，飛流懸瀉亦數百丈，與大龍湫相似，昔有白雲、雲外二僧居之，地僻無人跡，今不知其處矣。余性好山水，而既游雁蕩，觀大龍湫，則已乘雲御風，恍惚仙去，今追而記之，不能詳也。

〔一〕「倚山」，偶鈔補本、張本「山」作「天」，從硯莊二本、王本、國學本。

〔二〕「四月二十日」，偶鈔補本「二」作「三」，誤。

〔三〕「忽」，偶鈔補本、張本作「又」，從批校本、硯莊二本、王本、國學本。

〔四〕「屈曲如蜿蜒」，偶鈔補本、張本無「曲」字，從批校本、硯莊二本、王本。

〔五〕「盤溪横而不下」，偶鈔補本、徐本、張本皆如此文。批校本作「盤横」，無「溪」字。王本、國學本、毅夫鈔本作「盤桓」。

青布潭記

龍眠山口有三都館，昔左忠毅公讀書處也。余往來山中，輒過其地，望見其下半里許有石壁，甚峭峻，臨水之崖。往往指目之曰「是必有異」，嘗欲往搜其勝，未遑也。今年春始游之，與數人者偕，先至三都館，見雙鶴先生。先生，忠毅公子也。先生曰：「是爲青布潭。其石壁縱百尋，横百尋，其上苔蘚蔓延，間生青草，下臨深潭。其旁有石徑，側足而上，僅得至其麓，大石亂布，縱横無端，人前後行其隙間，一石蹲潭旁尤奇。」余輩遂往，涉河至其上，相與踞石而坐，良久，寒氣侵肌膚。先生又曰：「先忠毅家居時，讀書三都館，每操舟順流而下至此，或日一過。」因指其維舟處及他舊蹟，相與感嘆久之。時天寒冰凍，諸子下至河干，拾小石拋擊冰上取聲以爲樂。是歲壬戌正月也。

温泉記

温泉在舒城縣東南七十里山間，泉出石下，沸而出，若釜中湯然。土人爲方池於其前，相去丈餘，溝而引其水入池。旁亦有泉，相去不二三尺，其水寒，其流細，二水皆達於溪。其池旁近之水亦往往有温者，而流不大，温亦弗及焉。山中人及道路過者皆來浴，日夜不絶，池可容十餘人，皆躶而立池中。主人教余浴，余不可，乃濯足而歸。

河墅記

江北之山，蜿蜒磅礴，連亘數州，其奇偉秀麗絶特之區皆在吾縣。縣治枕山而起，其外林壑幽深，多有園林池沼之勝。出郭循山之麓，而西北之間，群山逶邐，溪水瀠洄。其中有徑焉，樵者之所往來，數折而入，行二三里，水之隈，山之奥，岩石之間，茂樹之下，有屋數楹，是爲潘氏之墅。余褰裳而入，清池汱其前，高臺峙其左，古木環其宅。於是升高而望，平疇蒼莽，遠山迴合，風含松間，響起水上。噫！此羈窮之人，遯世舉遠之士，所以優游而自樂者也，而吾師木崖先生居之。

夫科目之貴久矣，天下之士莫不奔走而豔羨之，中於膏肓，入於肺腑，群然求出於是，而未必有適於天下之用。其失者未必其皆不才，其得者未必其皆才也。上之人患之，於是博搜徧採以及山林布衣之士，而士又有他途捷得者，往往至大官。先生名滿天下三十年，亦嘗與諸生旅試於有司，有司者好惡與人殊，往往幾得而復失。一旦棄去，專精覃思，盡究百家之書，爲文章詩歌以傳於世，世莫不知有先生。間者求賢之令屢下，士之得者多矣，而先生猶然山澤之癯，混迹於田夫野老，方且樂而終身，此豈徒然也哉。小子懷遯世之思久矣，方浮沉世俗之中，未克遂意，過先生之墅而有慕焉，乃爲記之。

桃山鏡石記

江西山水之勝稱吉安，吉安之屬曰吉水，吉水有村曰谷村，李氏世居之。李氏系出唐西平，遷谷村者且數十世矣，而科第聯綿不絕，其間多以文章功名顯，以故吉安大姓獨推李氏。谷村之旁有山曰桃山，山多美石，而以鏡石爲奇。鏡石者，其石形蓋如鏡云。石有時光耀照人，則曰李氏必有興者〔一〕。噫！造物者之好奇久矣，豈不信夫。夫奇之在石與奇之在人無以異，然而異人賢士之出而石輒爲之兆焉，是奇仍在人不在石也。彼天下石之如鏡而頑然者何可勝數，蓋造物之鍾其奇於李氏可謂厚矣。

歲庚午，余客少宰李先生邸第，先生嘗爲余言桃山之勝與鏡石之奇，余未嘗不神往焉而欲游也。他日者，當擔簦游江西，過谷村，偕李氏子弟游。相與攀蘿緣磴，登桃山之頂，一覩鏡石之光明，行且執筆爲先生賦之。

〔一〕「曰」，張本無此字，從硯莊二本、毅夫鈔本。

曹氏怪石記

歲丙子，余在京師，嘗過曹君希文寓舍，希文出一石示余，怪奇偉麗，其形若芝，按其款識，則米元章物也。今夫天下磊落不羈之人，雅量高致之士，於世間之嗜好一切不以屑意，而其性情必有所寄託，未有泊然頽然絶無所寓意者也。元章以好石名於世，余考傳記所載，其家之所蓄者多矣，迄今五六百年，大抵盡零落於塵埃而委棄於糞土，獨此石尚存於人間而遇希文珍而玩之，且世守而勿失。希文之風流蘊藉，迥不同於流俗可知已矣。

余少時讀書龍眠山中，偶得一石，縱横皆不及一尺，群峰參差，崗巒巖穴畢具，真神巧也。見者皆奇之，且曰：「此造物者有意爲之，殆羅浮、匡廬之草藁也。」有芝生於其側峰之上，其大得石之半，此尤自古愛奇好事之士未之見焉。余既作文以記之，而置之几上。後余以饑寒馳驅客游，凡十年而歸，則此石已不知何人攜去，或委棄零落，皆不可知也。嗚呼！以余之愛奇好異，得此石曾不過二十年，而已不能保之，而米氏之石至今猶有珍玩於騷人墨客之手者，石亦有幸有不幸哉！

硯莊記

世之人以授徒賣文稱之曰「筆耕」，曰「硯田」。以筆代耕，以硯代田，於義無傷，而藉是以供俯仰，此貧家之士不得已之所爲也。

余家世耕田讀書，故稱饒裕。余始祖自婺源遷桐，至先王父凡十世，未有以授徒賣文爲生者。明崇禎中，遭賊亂家破。久之，先王父募人墾荒田數百畝，聊足自給。先人兄弟三人，而先人所分受田宅僅十之二，食指甚多，不能給，於是始授徒他方以餬其口，而匱空日益甚。先人既没，所遺債負若干，余次第償之，喪葬之事，余獨任其費，而所遺田宅及室中之需，盡歸於吾弟。余脱身游，或教授生徒，或賣文製碑，東西奔走，何啻二三萬里。所與士大夫交游頗多，然無度外之人爲一憫其窮而援之者，而每歲所獲存家中，盡爲戚黨姦人盜去。計自歲丁卯至壬午，凡十五六年，存於友人趙良治所者凡千金。是時吾縣田直甚貴，而良治爲余買南山岡田五十畝，并宅一區。田在腴瘠之間，歲收稻若干。屋多新築，頗宏敞，屋前後長松不可勝計。良治復代余名堂額曰「硯莊」，而余以歲壬午冬，自江寧歸居於此。家衆凡十餘人，皆游手惰窳，不諳種植。歲所收稻，僅足供税糧及家人所食，而余遂不能常居硯莊，每歲不過二三閲月，即出游於外，奔走流離，而余已浸尋老矣。

余之歸也，年已五十，尚無子，家之人遂有覬覦此土而欲攘而有之者。余自維潦倒一生，未曾憑藉先世尺寸，憂愁勤苦之餘，僅僅有此，皆得之筆耕，用以休息餘年，終吾世則已矣，遑惜其後哉。請姑待之。

數峰亭記

余性好山水，而吾桐山水奇秀，甲於他縣。吾卜居於南山，距縣治二十餘里，前後左右皆平岡，逶迤迴合，層疊無窮，而獨無大山，水則僅陂堰池塘而已，亦無大流。至於遠山之環繞者，或在十里外，或在二三十里外，浮嵐飛翠，疊立雲表，吾嘗以爲看遠山更佳，則此地雖無大山，而亦未嘗不可樂也。出大門循牆而東，有平岡，盡處土隆然而高，蓋屋面西南，而此地面西北，於是西北諸峰盡效於襟袖之間。其上有古松數十株，皆如虬龍，他雜樹亦頗多有，而有隙地稍低〔一〕，余欲鑿爲池〔二〕，蓄魚種蓮，植垂柳數十株於池畔。池之東北仍有隙地，可以種竹千個。松之下築一亭，而遠山如屏，列於其前。於是名亭曰數峰，蓋此亭原爲西北數峰而築也。計鑿池、構亭、種竹之費，不下數十金，而余力不能也，姑豫名之，以待諸異日。

〔一〕「而」，張本作「面」，從王本。
〔二〕「鑿爲池」，張本無「爲」字，從批校本、硯莊二本、王本。

緑蔭齋古桂記

距虎丘三里而近，有朱氏園林，蓋昔朱某翁先生之所創也。園昔爲田爲圃，先生買而爲園，園之大二百畝，凡費金錢數萬。其間竹木水石，亭榭樓閣，重疊映帶，極一時之盛。先生垂没而園分授諸子，於是其季子某得其東偏之緑蔭齋，以讀書其間，而時時召集朋友賦詩飲酒，自是朱氏之園惟緑蔭齋爲最著〔一〕。齋之東有古桂一株，蓋百餘年物，其枝四面紛披而下，其中可坐數十人。每花開，召客讌集其下，緑葉倒垂，繁英密布，如幄之張，如藩之設，風動花落，拂襟縈袖。行酒者傴而入，繞樹根而周，客無不歡極稱嘆而去。

天標嘗導余游遍園中，臺榭多傾圮矣，水或涸而石或頹矣，竹木存者十不及一二矣，苔生於牖，草環於亭，非復曩日之盛。而園中故有七松草廬，七松者有松七株，蓋宋、元時物，數里外望之，挺然離立雲表。自先生没而七松地屬某氏，某氏斧以爲薪，存者僅一株，差小，以隔於朱氏之垣得免焉。嗚呼，物理之盛衰，何常之有！良材異質，辱於匹夫之手者多矣，吾悼七松，所以幸古桂之遇也。

〔一〕「自是」，張本下有「而」字，從批校本、王本。

窮河源記

黄河之源，自古未有窮之者，元時始得之，而後人頗有疑其非真。康熙四十三年，遣使尋河源，得其處，與元史合。是年余入京師，聞其事，訪得其詳，乃爲記之。

按黄河之源，土番名曰古兒班索而嘛，其來已久。至是，上諭使臣某往尋其源，且曰：「聞其地多瘴癘，不可進則止。」使者於四月初四日發自京師，五月十三日至一地曰呼呼諾而，有大澤，水色深碧，水旁低而中央特高。澤之西有石山一，土山三，東西寬而南北稍隘〔二〕，澤周六百餘里。産魚二種，身圓而無鱗，腹濶，頭尾皆尖削，其色黄，其口齊，身有黑點，長二三寸至四五尺，口小者土番名曰那胡，口大者名曰布哈。明日至一地曰呼呼布拉克其，土番之長曰色卜滕扎而，色卜滕扎而導使者行。六月初七日至星宿海之東，有澤曰鄂陵，周二百餘里。初八日至鄂陵之西，有澤曰扎陵，周三百餘里。此二澤東西相隔三十里許，中皆産那胡、布哈二魚。初九日至一地曰鄂墩搭拉，即星宿海也。登高山望之，見小泉億萬，不可勝數。群山四周，土番名曰庫而棍，即崑崙也。山最高，在東北者曰烏蘭杜石。在西南者曰布胡珠而黑。在南者曰古兒班吐而哈，其諸泉曰噶爾馬塘。在西者曰巴而布哈，其諸泉曰噶爾馬滁穆朗。在北曰阿克塔因凄奇，其諸泉曰噶爾馬沁尼。此三山之泉流爲河三支，即所稱古兒班索而嘛也。三河東流入於扎陵，自扎陵流入於鄂陵，自鄂陵流出，是爲黄河也。自三河外，他山之泉與平地之泉流爲小河者，不可勝數，皆入於黄河。自呼呼諾而至星宿海，産野牛、野騾、豹、猞狸猻、盤羊、鹿麂、小黄羊、羦羊、獐、獺、獾、狐等獸。

使者於六月十一日發自星宿海，不由舊道，東南行，欲視冰山并河所經流之處。行二日，登哈而給山，見黄河東流至呼呼諾而山，南流繞撒除克之南，北流至巴而托羅海山之南。踰數日，望見冰山，山最高，雲霧蔽之。土番言此山有九高峰，長三百餘里，自古至今冰不消，常雨雪，一月中得晴三四日而已。又行十餘日，至席拉庫特爾地，見黄河流過冰山。又南行過高嶺曰扯庫里，行百餘里，又至黄河岸。蓋黄河自巴而托羅海山東北流，入歸德堡之北達喀山之南，從兩小山峽中流入蘭州。

自京師至星宿海計七千六百餘里，地勢最高，人氣閉塞多喘，非瘴癘也。崑崙高入雲表，彌望蔓草無際。風甚厲，人馬行其上，慓烈不勝吹，未幾輒有死者。土番貧無食者，於星宿海旁取那胡、布哈二魚自給云。

〔一〕「南北稍隘」，張本「南」作「東」，從批校本、硯莊二本、王本。

蓼莊圖記

余讀陶淵明桃花源記，慨然有遺世之思。説者謂淵明生當晉、宋之際，志欲棄塵離垢，高舉遠引，託而爲此記，非真有是事。今以蓼花莊觀之，則夫幽巖深谷，靈區異境，隔絶人世者，世固未嘗無也。

蓼花莊地近東鹿，距京師三百餘里而遥，西山面之，渾河遶之，奥阻幽深，人迹之所不到。居民千餘家，淳淳悶悶，渾乎太古之意，桑麻林麓，遠近映帶，婚姻嫁娶，不出其里。居人自其始祖迄今，無一識字讀書。縣吏一來徵租，信宿盡收而去。子孫歷世無一人城市，家家足衣食，無貴無賤，無貧無富。凡囂競凌害，偷盜訟獄，干戈擾攘之事，離别覊旅之苦，父老子弟傳世數十，耳未嘗聞。當崇禎之末，燕趙間無地不被兵，李自成陷京師，尋敗走，大清定鼎，徵兵傳檄滿天下，久之，外人來傳説始知之。其山川風物，人民土俗，是亦燕趙間之一桃花源也。

給諫趙恒夫先生罷官居京師，歲戊辰、己巳間，始聞其絶境，窮搜得之，構屋築圃於其間。初居人不知種稻，先生謂地多水宜種稻，教以種植之法〔一〕，由是稻絶美，勝他縣。其地昔無網罟，河魚肥美，人不知食，先生結網得魚，嗣後多有食魚者矣。先生尋還京師，然抗懷高寄，嘗書蘇文忠詩於壁曰：「惟有皇城真堪隱，萬人海裏一身藏〔二〕。」是先生視京師猶之乎蓼莊也。顧猶時時念蓼莊不置，使善畫者爲之圖。余嘗披圖，見其群山矗立，高入雲表，浮青飛翠，千疊萬重，而烟波浩渺，蓼花彌望無際。嗚呼！余久懷遯世之思，嗟宇宙無所爲桃花源者，何以息影而托足，不意人間復有之。昔者武陵漁人既出，迷不復能入。今先生有居在焉，無迷津之患，葛巾藤杖，飄然竟往。余得以相從終老於其間，先生其許我乎？

〔一〕「種植之法」，張本無「法」字，從硯莊二本、毅夫鈔本。

〔二〕「萬人海裏一身藏」，張本「身」作「聲」，從硯莊二本、毅夫鈔本。

慧慶寺玉蘭記

慧慶寺距閶門四五里而遥，地僻而鮮居人，其西南及北皆爲平野。歲癸未、甲申間，秀水朱竹垞先生賃僧房數間，著書於此。先生舊太史，有名聲，又爲巡撫宋公重客，宋公時時造焉。於是蘇之人士，以大府重客故，載酒來訪者不絶，而慧慶玉蘭之名一時大著。玉蘭在佛殿下凡二株，高數丈，蓋二百年物，花開時茂密繁多，望之如雪。虎丘亦有玉蘭一株，爲人所稱，虎丘繁華之地，游人雜遝，花易得名，其實不及慧慶遠甚，然非朱先生以太史而爲重客，則慧慶之玉蘭竟未有知者。久之，先生去，寺門晝閉，無復有人爲看花來者。

余寓舍距慧慶一里許。歲丁亥春二月，余閒晝無事〔一〕，獨行野外，因叩門而入，時玉蘭方開，茂密如曩時。余嘆花之開謝自有其時，其氣機各適其所自然，原與人世無涉，不以人之知不知而爲盛衰也。今虎丘之玉蘭意象漸衰，而在慧慶者如故，亦以見虚名之不足恃，而幽潛者之可久也。花雖微而物理有可感者，故記之。

〔一〕「閒書」，張本二字互倒，從批校本、硯莊二本、王本。

日本風土記

日本即古倭國，與中國隔絶東海，於諸夷中最强大。有三十六島，島各有王統之。國主曰京王，居於東京，擁虚位，逸樂自恣，而一國之權則屬之大將軍。東西直大抵與江南、浙江相對，北則鄰高麗，南則鄰琉球。所産米穀甚美，過於中國，亦多嘉魚，他花樹亦多奇品。所需於中國者，氊毯綾絲之屬，尤重古窯器。其國不鼓鑄，惟用中國古錢，古錢以「洪武通寶」爲最貴。其人多好詩書、法帖、名畫及古奇器，初購十三經、二十一史，往往不惜價千金。人相見無禮文，一盤膝，一低首，即爲恭敬。男婦皆跣足，僅曳一皮屐而已。衣無襟裾，但縫成一大幅，略作短袖掩半臂，用大帶束股。人皆去鬚髮，留鬢毛及腦後髮爲一小髻於後。所居屋高大，席地而坐，入門置屐於户外。飲食，尊者居中，餘圍坐。其饌皆乾炙，無羹汁。酒香烈，飲之易醉。其餘大抵與中國同。

凡中國有商舶至，即遣小舡來詰何等貨，名曰「班舡」，復遣一小舡監護之。海濱列市數十以居中國人，號曰「庶街」，每百年則發兵盡殺之，名曰「洗街」。島之大者曰薩摩，一曰撒斯瑪。商舶所集最盛者曰長琦，長琦多官妓，所居皆大宅，無壁落，但以綾幔分私室，夜則私室各張燈懸琉璃，諸妓各賽琵琶，諸商多溺惑，盡傾其資。其俗好佛敬僧，稱中國人曰唐人。蓋唐時兵威所懾，亦猶漢武帝征匈奴後，稱中國人曰漢人也。

明之季，有西洋人爲邪術曰天主教者入日本，日本人信之。其教大抵男女群居，各授以祕術，人各自持，雖母子夫婦不以相洩，入其教者，雖死生患難不肯易。教主遂集衆作亂，其國大擾，大將軍發兵盡滅之，焚其舟，於是絶西洋人往來。凡他國人至者，於通衢置一銅板，刻天主形於上，使踐踏而過之，搜索囊橐中，有西洋一物，必合船盡殺焉。明遺臣有乞師於日本，日本許之，已而師不果發。至今海外諸國無不上表入貢，聞日本獨否。

中國古典文學基本叢書

戴名世集

下册

王樹民 編校

中華書局

戴名世集卷十一

北行日紀序〔一〕

往余居鄉，以教授餬口，不出一百二百里之内，歲得一鍰兩鍰〔二〕，與村學究爲曹伍。計四時中省親一再歸，歸數日即去，雖無安居之樂，亦無行役之苦。後以死喪債負相迫，適督學使者貢余於太學，遂不得已而爲遠役，則始於歲丙寅之冬，距今十五年。往返奔走，偏歷江淮、徐泗、燕趙、齊魯、閩越之境，凡數萬里，每行輒有日紀。余性懶，不自收拾，往往多散軼。而乙亥之夏，自金陵至燕山，有北行日紀，付宿松朱字緑。丁丑之春，自燕山返金陵，有南還日紀，付祁門汪獻其，已而獻其卒於客舍，其稿無從尋覓。而今年春，字緑自福州來金陵，偶檢北行日紀稿歸余，余讀之而歎曰：嗚呼！客游之困未有甚於余，而馳驅奔走之無益，亦未有如余之甚者也。子路曰：「傷哉貧也！生無以爲養，死無以爲葬也。」〔三〕陶淵明詩曰：「饑來驅我去，出門何所之？」以余之狷隘，憂憤滿懷，而僕僕於朝市之間，所往而輒躓，固早自知之，然而不能不爲此者，誦子路之言與淵明之詩，其亦可泫然而流涕已矣。

易曰：「旅即次，懷其資，得童僕貞。」是三者余皆無之。方其始謀出門，多方假貸，經營數月，而後成行，行李略具而已。途中所食皆粗糲，往往閱月不能肉食。舟車之費皆從節嗇，猶有資用乏絶之患。其於陸行也，余與奴各賃一騎，執鞭者見余書生則大喜，往往多索其直，一切頗不用命。而騎又多不良，且善驚，雖執轡甚謹，猶時時遭顛仆，行淖中尤危險，往往泥塗被體，衣被盡濕。而逆旅主人與執鞭者表裏爲奸，每於常直外多索錢，狺狺張目視，髮盡竪，如其言償之乃已。此在北方爲甚，一勺之漿，一杯之酒，非數倍其價，不可得也。其於舟行也，舟子尤多桀黠，時時勞之以酒食乃喜。而余每乘舟，風輒不利，或日行數里，或日行數十里，小舟如葉，坐卧不能伸脊，見他舟之順風行者，甚羡之，而余平生未嘗遇順風，真可怪也。其或資用既竭，不能獨賃一舟，則與途人共賃一舟，厮養、走卒、輿夫皆不暇擇，與之雜處，彼亦引吾爲曹偶，諠譁叫囂，其困尤不可一刻安。其行以暑也，鷄未鳴即起，及早涼行數十里。日漸當午，則熱氣薰蒸，喘息皆欲絶。車馬所踐踏，塵土颺起撲面，目不能開。日晡，小歇，食於旅店，食中皆雜塵土，不能擇也。每日行百餘里而宿。西北方無床，以土爲炕，壁蝨之所聚處，嘬人肌膚，遂成瘡痏。至於舟行則不能設帷帳，蚊終夜集於身，以手撲之，血滿掌。惟於冬寒之時，頗以舟行爲便，無風雪霜露之侵。而陸行當嚴寒，手足皆僵如痿痺，冰結於髭鬚，冷氣徹骨。抵暮，以厚直買束薪燒之，良久乃得暖氣，肌膚漸甦，寢纔安，而囷人已趣之起矣。關津之設也如密網，商賈之船皆早已輸税，餘舟次第過，邏者猙獰，林立岸上，一舟過輒一人躍入舟，衣被皆開視，勢如虎狼。舟中人皆震恐，雖無絲毫之匿，亦必稍稍賂之乃去。而西北有響馬賊，禦人於途，懷重貲者恒惴惴懼不保性命。東南則多竊盜，乘夜爲暴，亦或殺人。而余行李蕭然，襆被之外無長物，晝夜幸皆無驚。嗟乎！古之人濡手足，焦毛髮，勞其身以爲天下，經營拮据，其勤苦豈特如此而已哉。而余所處不過爲一身一家之計，而猶不能遂。窮巖斷壑之中，必有高人逸士起而笑余者矣。

余之游四方，以賣文爲生。自文體之壞也，是非工拙，世無能辨别，里巷窮賤無聊之士，皆學爲應酬之文，以游諸公貴人之門。然必濟之以狡譎諛佞，其文乃得售，不然，雖司馬子長、韓退之復生，世皆熟視之若無覩。而余性疏慵頽放，即己亦自厭之而不能改。宰輔大官相見，一揖之外無他語。酒酣論世事，咄嗟吁嘻，旁若無人，人頗怪之，然諒余之無他，多不以禮數相責。而余文章之名故在四方，所至必有主人延掌書記，或遣子弟受學，然大抵皆出於耳食，計日傭賃而已，未有行度外之事而給余養親隱居讀書之費者。而倡優便嬖之徒居其門下者，輒傾囷倒廩以與之而無所惜。昔白居易爲元稹作墓誌，謝文七十萬。皇甫湜作福光寺碑凡三千字，裴晉公每字酬以一縑，湜大怒，以爲太薄。以今視昔，文章輕重，風尚美惡，竟何如也。嗚呼！客游之困果未有甚於余，而馳驅奔走之無益果未有如余之甚者也。余性硜硜自守，平生於非道義，雖毫髮不苟取。士大夫中雖號爲深交，平日以文章道義相砥礪，一旦出而連城數百里，世俗所稱美仕，然亦罕有念及憔悴窮愁之故人，以一函來問，即余亦未嘗一往謁也。故余也非賣文更無生計。今且世事愈變，文章更無所售，雖狡譎諛佞之徒皆易術以去，而余抱區區無用之學，舉世不知之技，以浮沉於游士幕客之間，所謂操隋侯之珠而以彈雀者也〔四〕。至是而愧悔交集，不覺其汗之浹於背矣。

前年之秋，老母謝世，方營一抔之土，與先君子合葬，則爲子之事已畢矣。而余年近五十，未有子息。平生欲著書一二種，而購求遺書之費復頗不貲，今雖稍稍略具，而所購未備，不敢聊且命筆，恐皆不能成就。將遂舉手謝時人以去，獨身處荒山中，拾橡煨芋，以終餘年，不復能遠役矣。偶因讀北行日紀，而書其志如此，時庚辰二月。

〔一〕北行日紀序與北行日紀，見於南山集偶鈔。

〔二〕「一鍰兩鍰」，偶鈔本原作「鐶」，徐本、張本作「鍰」。與弟書亦有此文，多作「鍰」，今從之。

〔三〕「子路曰：『傷哉貧也！生無以爲養，死無以爲葬也。』」按，語見禮記檀弓下篇，原文「葬」作「禮」。

〔四〕「雀」，偶鈔本原作「鵲」，今從硯莊二本、徐本、張本。

乙亥北行日紀

六月初九日，自江寧渡江。先是浦口劉大山過余，要與同入燕，余以資用不給未能行。至是，徐位三與其弟文虎來送，少頃，郭漢瞻、吴佑咸兩人亦至。至金陵閘登舟，距家僅數十步耳。舟中揖别諸友，而徐氏兄弟復送至武定橋，乃登岸，依依有不忍舍去之意。是日風順，不及午已抵浦口，宿大山家。大山有他事相阻，不能即同行。而江寧鄭滂若適在大山所，滂若自言有黄白之術，告我曰：「吾子冒暑遠游，欲賣文以養親，舉世悠悠，詎有能知子者。使吾術若成，吾子何憂貧乎。」余笑而頷之。

明日，宿旦子岡。甫行數里，見四野禾苗油油然，老幼男女俱耘於田間。蓋江北之俗，婦女亦耕田力作，以視西北男子游惰不事生産者，其俗洵美矣。偶舍騎步行，過一農家，其丈夫方擔糞灌園，而婦人汲井且浣衣，門有豆棚瓜架，又有樹數株鬱鬱然，兒女啼笑，鷄犬鳴吠。余顧而慕之，以爲此一家之中，有萬物得所之意，自恨不如遠甚也。

明日，抵滁州境，過朱龍橋，即盧尚書、祖將軍破李自成處，慨然有馳驅當世之志。過關山，遇宿松朱字緑，懷寧昝元彦從陝西來，别三年矣，相見則歡甚，徒行攜手至道旁人家縱談，村民皆來環聽，良久别去。過磨盤山，山勢峭削，重疊盤曲，故名，爲滁之要害地。

是日，宿岱山鋪，定遠境也。明日，宿黄泥岡，鳳陽境也。途中遇太平蔡極生自北來。薄暮，余告圉人：「數日皆苦熱，行路者皆以夜，當及月明行也。」乃於三更啓行，行四五里，見西北雲起，少頃，布滿空中，雷電交作，大雨如注，倉卒披雨具，然衣已沾濕。行至總鋪，雨愈甚，徧叩逆旅主人門皆不應，圉人於昏黑中尋得一草棚，相與暫避其下。雨止則天已明矣，道路皆水，瀰漫不辨阡陌。私嘆水利不修，天下無由治也，苟得良有司，亦足活其一邑，惜無有以此爲念者。仰觀雲氣甚佳，或如人，或如獅象，或如山，如怪石，如樹，倏忽萬狀。余嘗謂看雲宜夕陽，宜雨後，不知日出時看雲亦佳也。是日僅行四十里，抵臨淮。使人入城訪朱鑑薛，值其他出。薄暮獨步城外，是時隍中荷花盛開，涼風微動，香氣襲人，徘徊久之，乃抵逆旅主人宿。明日，渡淮。先是臨淮有浮橋，往來者皆便之，及是浮橋壞不修，操舟者頗因以爲奸利。余既渡，欲登岸，有一人負之以登，其人陷淖中，余幾墮，岸上數人來共挽之乃免。是日行九十里，宿連城鎮，靈壁縣境也。明日爲月望，行七十里而宿荒莊，宿州境也。屋舍湫隘，牆壁崩頽，門户皆不具。圉人與逆旅主人有故，固欲宿此，余不可，主人曰：「此不過一宿耳，何必求安。」余然之。是日頗作雨而竟不雨。三更起，主人苛索錢不已，月明中行數十里。余患腹脹，不能食。宿褚莊鋪。

十七日渡河，宿河之北岸。夜中過閔子鄉，蓋有閔子祠焉，明孝慈皇后之故鄉也。

徐，宿問群山盤互，風氣完密，而徐州濱河，山川尤極雄壯，爲東南藩蔽，後必有異人出焉。望戲馬臺，似有傾圮。昔蘇子瞻知徐州，云：「戲馬臺可屯千人，與州爲犄角，然守徐當先守河也。」是日熱甚，既抵逆旅，飲水數升。頃之，雷聲殷殷起，風雨驟至，涼生，渴乃止。是夜，腹脹愈甚，不能成寐，汗流不已。明日，宿利國驛。憶余於己巳六月，與無錫劉言潔自濟南入燕，言潔體肥畏熱，而羨余之能耐勞苦寒暑。距今僅六年，而余行役頗覺委頓，蹉跎荏苒，精力向衰，安能復馳驅當世？撫髀扼腕，不禁喟焉而三嘆也。明日，宿滕縣境曰沙河店。又明日，宿鄒縣境曰東灘店。是日，過孟子廟，入而瞻拜。欲登嶧山，因熱甚且渴，不能登也。明日，宿汶上。往余過汶上有弔古詩，失其稿，猶記兩句云：「可憐魯道游齊子，豈有孔門屈季孫。」餘不復能記憶也。明日，宿東阿之舊縣。是日雨，逆旅聞隔牆群飲拇戰，未幾，喧且鬭。余出觀之，見兩人皆大醉，相毆於淖中，泥塗滿面不可識，兩家之妻各出爲其夫互相詈，至晚乃散。乃知先王罪群飲，誠非無故。明日，宿茌平。又明日，過高唐，宿腰站。自茌平以北，道路皆水瀰漫，每日輒紆迴行也。聞燕趙間水更甚，北行者皆患之。二十六日，宿阜城，夜夢裴媼，媼於余有恩而未之報，今年二月病卒於家，而余在江寧，不及視其含斂，中心時用爲愧恨，蓋自二月距今，入夢者屢矣。二十七日，宿商家林。二十八日，宿任丘。二十九日，宿白溝。白溝者，昔宋與遼分界處也。

七月初一日，宿良鄉。是日過涿州，訪方靈皋於舍館，適靈皋往京師。在金陵時，日與靈皋相過從，今别四月矣，擬爲信宿之談而竟不果。及余在京師而靈皋又已反涿，途中水阻，各紆道行，故相左。蓋自任丘以北，水泛溢，橋梁往往皆斷，往來者乘舟，或數十里乃有陸，陸行或數里數十里，又乘舟。昔天啓中，吾縣左忠毅公爲屯田御史，興北方水利，彷佛江南。忠毅公去而水利又廢不修，良可嘆也。初二日，至京師。蘆溝橋及彰義門俱有守者，執途人横索金錢，稍不稱意，雖襆被俱欲取其税，蓋権關使者之所爲也。途人恐濡滯，甘出金錢以給之，惟徒行者得免。蓋輦轂之下而爲禦人之事，或以爲此小事，不足介意，而不知天下之故皆起於不足介意者也。是日大雨，而余襆被書籍爲邏者所開視盡濕，泥塗被體，抵宗伯張公邸第。

蓋余之入京師，至是凡四，而愧悔益不可言矣，因於燈下執筆書其大略如此。

庚辰浙行日紀

歲己卯冬，鴻臚寺少卿兼户部科給事中保德姜公，奉命督學浙江，貽書於余，欲余入幕中贊理其事。庚辰五月抵任，其公署在嘉興，是月十五日，遣一役及一僕至江寧相迓。余於十八日由虎踞關出太平門，是日天氣頗暑，而道旁多樹陰，余時時下肩輿憩於樹下。

私自念年近五旬，而無數畝之田可以托其身，經歲傭書客游，閉門著書之志將恐不得遂，爲之慨然泣下。姜公頗知余，或能成余志，窮生妄念騕騕乎動，又不覺自笑也。是日，宿龍潭。過中山王及岐陽王墓，塚木森然，牆垣無恙，蓋兩家子孫尚多，歲時上塚修葺，不似孝陵之荒涼也。十九日，至鎮江，登舟，宿丹徒鎮。二十日〔一〕，宿戚墅堰。二十一日泊虎丘。登岸，遇六安楊希洛，坐可中亭下談良久。二十二日未至平望二十里宿。二十三日昏夜，到嘉興。

姜公見余至，大喜，命酒歡飲，且曰：「吾知子甚深，校閱之事一以委子，他酬應文字亦惟吾子焉賴〔二〕。吾子平生著書之志，吾亦當爲吾子成之。」閱三年既滿任，而公之言頗不讐。浙中文風敝極，而士習偷薄，爲他省所未有。外間知余專校閱之事，而素忌余論文之嚴，深懼其不售，又知余之不可以私相干也，於是嘉興、湖州兩府之士多造作蜚語以搖姜公，而冀余之去也。胥役某，姜公所愛信，亦忌余在内不得行其姦，於是表裏爲讒言。姜公始亦不能無動，尋察知其妄也，任余益專。而姜公公且明之譽，遠邇無間言，輕薄之士及猾吏自是不敢爲飛語，且相與頌之，而文風亦稍稍變矣。

嘉興試事既畢，於八月初六日往湖州。是日大雨，余坐肩輿出城，衣盡濕。登舟，宿平望。明日，到湖州行署。署狹隘甚，同行者多人，人各數尺地，殊不可一朝處。九月初四日，始得往杭州。是日，宿菱湖，泊奎章閣下。明晨，登閣望之，菱滿湖中，人家約數千，岸上皆桑樹。蓋東南蠶桑之盛莫過於湖州，而此地烟水茫茫，兼收菱芡之利，其風景甚可樂也。是日行數十里，望見杭州諸山，宿北新關。初六日，入舉場。蓋杭州校士，舊有公署而日就傾圮不可居，故督學校士即在舉場也。十月初五日，乃得暇出游西湖，觀所謂十景者，偏游飛來峰、冷泉亭、靈隱、韜光及靈泉之勝，薄暮還署。初十日，出草橋門，渡錢塘，過蕭山。十一日，至紹興。紹興行署爲故提督田雄府，田雄乃明末副將，執安宗以降於本朝者也。其府甚壯麗，相傳其楹帖一聯有曰：「手擒三天子，身總五諸侯。」蓋雄既執安宗，復執潞王，走魯王。或曰，隆武之敗雄亦在師中，魯王亦嘗監國，雄所指三天子，謂弘光、隆武及監國也。降後，部下有五總兵受其節制，故云。十一月初三日，謁禹陵，有窆石亭，碑文韓揚撰，天順六年也。岣嶁碑，御史王紳立，嘉靖二十年也。陵下有大禹碑亭，陵旁有泉曰飛泉，碑卧地。初五日，登府山，游蘭亭。初七日，自紹興啓行，泊舟舞陽侯廟，換小舟，游吼山及樂壽蓊，還舟宿。初八日、初九日，所過爲上虞、餘姚。初十日，過西壩。壩左右各豎一柱，各繫索挽舟使上，既上，縱而使下，若轆轤然。是日，至寧波。二十八日，過鄞縣署，縣令姚君鋭，余同縣人，留余飲，夜二鼓乃還。二十九日，啓行還嘉興。十二月初二日，過北新關。初三日，至嘉興。

是時幕中賓客有漢陽王孟穀，溧陽周簡如，丹徒張鶴天，各辭姜公歸，余亦欲歸江寧，經理家事。姜公與余及周、張二君期，俱以正月復至。初九日，余與三君同舟行。初十日，至閶門，大雨，不得登岸。是夜，風雪大作，凡八日乃止，舟頗不得行。孟穀留吴門，不即歸。簡如至無錫，先别去。余與鶴天至丹陽乃别。十五日，自丹陽傭肩輿行，雪更甚，深且數尺，彌望皆白，真奇景也。十七日，到虎踞關寓舍。

〔一〕「二十日」，張本「日」上有「二」字，衍。從批校本、硯莊二本、王本、國學本。

〔二〕「焉賴」，張本「焉」作「是」，從批校本、硯莊二本、王本。

辛巳浙行日紀

余以再赴督學姜公之約，於正月初八日啓行，策蹇驢，宿句容。次日，至丹陽賃舟，是時各官以賀新歲往蘇州謁巡撫，舟盡賃去，薄暮乃賃一小舟，僅如葉，晝夜行。十一日，至吴門，宿友人汪武曹家。次日，晤顧俠君、顧有常，晚乃登舟。十三日，至嘉興。時姜公已發檄試嚴州，十九日啓行。二十日，泊新馬頭。二十一日，渡錢塘，順風行五十里。次日，過富陽，宿桐廬。又次日，未至嚴州五六里宿。二十四日，大雪，至嚴州。先是余已嘗登釣臺，慨想子陵、皋羽之風節〔一〕。至是聞有石洞，距城二三十里許，洞門左右各有石如樹，一爲桂，一爲楊梅，枝幹果實，無一不似，此奇景也。余與幕中諸人皆鋭欲往觀，而胥吏以夫役不便爲辭，姜公信之，遂不果往。

二月初八日，啓行往衢州，歷蘭溪、龍游。初十日，未至衢州二十里宿，曰樟樹灘〔二〕。登岸觀樟樹，蓋千餘年物。歸以告姜公，公亦往觀之，歸曰：「吾嘗至江南〔三〕，過溧水，行署内一古桂，更大於樟樹，花開時香聞十里，此樟尚未爲奇也。」十一日，至衢州。二十二日，游爛柯山。二十三日，啓行往金華，是日仍宿樟樹灘。次日，順風行一百八十里。次日，大雨，宿金華城外。又次日，入行署。署在唐爲州治，宋爲保寧軍節度府，元初改浙東道宣慰司，大德六年改廉訪使，明改爲御史行臺。内有宋崇寧五年御書手詔碑、御書籍田手詔碑、皇子節度使加魏王詔書碑，又有浮槎圖石刻、常中丞和陶諸詩石刻，騎牛圖石刻，方直指規吏石刻，又有植松碑記。金華山水秀絶，所謂仙洞者尤奇，皆不能往游，爲之嘆息。

三月十四日，啓行往處州。是日宿永康，次日宿縉雲。此兩縣峯巒峭拔，途徑曲折幽深，山花粲發，瀰望不窮。昔人稱山陰道上，應接不暇，正不逮此遠甚也。十六日，過桃花嶺，至處州，爲先高祖宦游地，郡志皆不詳矣。三月三十日，大雨，啓行往温州。是日登舟，舟小，僅能載兩三人。行二十里，至青田界，雨後群山皆有瀑布。次日，過青田，薄暮至温州。四月十三日，游江心寺。十四日，登望海亭。十七日，啓行往台州。是日，舟行三十里至館頭，陸行，宿樂清。次日，宿大芙蓉。次日，游雁蕩。次日，宿黄巖。次日，至台州。連日皆重嶺絶巘，肩輿不可上，則徒步行，力疲氣喘，時時坐地憩息，顙汗滴於地若雨點然。幕中諸人皆相與嘆息，以爲勞苦其形體以爲他人，何益也。余曰：「藉是以徧觀佳山水，不亦可乎。」五月初六日，登巾山。初七日，游東湖，中有雙忠祠，祀方正學及東湖樵者。

初八日，啓行往寧波，蓋歲試已畢，而科試又自寧波始矣。是日，宿朱嶴。次日，宿寧海。謁正學祠，觀義井。途中見耕耨者皆裸體匍匐田中良苦，甚憫之。次日，宿奉化。次日，至寧波。寧波行署湫隘，略似湖州。二十二日，仍飲鄞縣署中。

六月二十三日，啓行反嘉興。二十五日，過曹娥江，登岸，入曹娥廟。娥有塑像，見群婦女執扇扇之。余問之居人，居人云：「此地婦女有所祈禱，必執扇扇娥。其扇之數或以萬計，或以千計，皆豫定於家，擇日入廟，焚香拜而扇之，扇已復拜。」余問其義安在，則云：「娥以溺水死，其衣皆濡濕，今扇之使乾，娥之神必來佑也。」余聞之爲一笑。次日，過錢塘，泊新馬頭。次日，過石門。次日，至嘉興。

七月初九日，啓行往湖州。十一日，至湖州，會姜公病，試事稍濡滯。至八月初七日，乃得啓行往杭州，次日，至杭州。九月初九日，啓行往紹興。是日觀潮，相傳錢塘之潮以八月十八日爲盛，過此則漸減矣。及是至江干，問居人曰：「今日有潮否乎？」居人曰：「數日間潮甚盛，不異八月十八，少頃即至矣。」俄望見海中横一白痕，已而痕漸高，已而痕漸有聲，聲漸大，距余立處約計十里許。江中波浪接天，聲怒發如萬鼓齊鳴，及至余立處，則雷轟雲捲，平地皆爲震動，真奇觀也。潮退，乃渡江。次日，至紹興。姜公病復作，試事又緩。至九月二十四日，乃得啓行往台州。是日舟行，宿三界，會稽、上虞、嵊縣交界之地，居民數十家。次日，至嵊縣。嵊縣水與娥江水通，即剡溪也。次日，陸行四十里，至新昌，游南明洞。次日，行一百二十里，至天台縣。次日，游赤城及天台諸勝，而石梁之旁有曇華亭，亭内塑關壯繆像及賈似道像，相對立，亦一異也。次日，行九十里，至台州，是十月初二日。台州城甚峻峭，下臨溪，溪與海通。前此之來，從西門外過浮橋入城，此則自西來，緣城行，仍入西門。十二日，復登巾山。是日，有群雀鬭於署。先是檐隙有數雀巢焉，至是忽有一雀來争，相與鬭，鬭不勝則各引雀數百來互相鬭。雀怒則羽毛皆張，嘴爪及翅皆用爲擊搏，往往羽毛有飄墮者，啅噪至日暮乃已。余笑語諸人曰：「君等志之，此一部廿一史也。」〔四〕

十三日，啓行往温州，是日宿黄巖〔五〕。次日，宿大荆。余欲再入雁蕩，姜公不可。次日，宿大芙蓉。次日，宿樂清。次日，至館頭，登舟乘潮行，晚至温州。温州濱海，海舶泊於城外者，帆檣相屬不絕，寧波亦然，此則憂在他日，而當事者漫不以爲意也。十月二十七日，啓行往處州。次日，過青田。次日，過石門洞，距青田七十里，登岸往觀焉。兩石竪道旁如門，石壁甚峻峭，飛泉自上瀉下，亦多有奇趣。是日，宿海口。次日，至處州。十一月初九日，游三巖洞。初十日，啓行往金華。是日，宿縉雲。次日，宿永康。次日，至金華。十一月二十四日，啓行往衢州。是日，宿蘭溪。次日，游塔山趙氏園，又至城隍廟觀鳳尾樹。次日，過龍游二十里宿〔六〕。次日，風順，日午至衢州。十二月初六日，啓行往嚴州。次日，未至蘭溪而余有僕自桐城來，相遇於此，知友人方百川病卒，爲之大慟。次日，至嚴州。十九日，啓行返嘉興，凡六日乃至。是時歲、科兩試皆畢，諸人次第散去。余與上元張兆人同舟反江寧，凡八日乃至，未及逐日記其宿處也。

〔一〕「慨想子陵、臯羽之風節」，按謝翺奠文天祥於西臺，卒後葬於釣臺之南，故同時懷念之。

〔二〕「宿，曰」，張本二字誤倒，今正。

〔三〕「江南」，張本作「南京」，硯莊二本作「南」，明有脱文，從秀野本。按溧水雖近南京，而非大路所經，姜氏曾爲江南學使，則溧水爲其必至之地，故應以「江南」爲是。

〔四〕「余笑語諸人曰：『君等志之，此一部廿一史也。』」張本無此文，從批校本、硯莊二本、秀野本。

〔五〕「是日」，張本作「次日」，從批校本、硯莊二本、王本。
〔六〕「龍游」，張本作「龍湫」，從批校本、硯莊二本、王本。

丙戌南還日紀

丙戌四月，余自京師南還。十四日，使僕賃車。十五日，諸友來送者，鹽城成永健，寶應喬從烈，睢州湯之旭，石門譚有年，而江寧蔡學洙，臨清徐恕則使使來送。居停主人趙景行及門人趙繼忻、趙畢元送之門。余登車，見車夫兩目皆赤，疑之，問其姓名籍貫，識之。是日行七十里，宿良鄉。十六日，行一百四十里，宿定興。先是燕趙間久旱不雨，麥不收，道中彌望無樹木，草皆枯。而北人習於惰，不治恒產，道旁往往有游手枕塊而卧，至市集處，卧者尤多，風起，車馬所踐塵蔽體，皆寐不醒。嗚呼！天下有事，起爲盜賊，死填溝壑者，皆是物也。十七日，飯於安肅，見一人傴而行，視其踵則在前，指在後，骨起於背，隆然聳高。逆旅主人曰：「是吾鄰也，其形體生如是。」是日，宿清苑，凡一百二十里。道旁有楊柳。十八日，行一百二十里，過慶都，宿定州之清風店。

先是道旁逆旅中多有書老爪事於壁，使行道者知所備。老爪者，賊號也，其黨無所不有，大抵皆畿南河北人爲之。佯具行李爲商賈，或爲仕宦狀，與行道者同行且同宿〔一〕，漸親密，輒誘人於鷄未鳴時起行，其黨已於前途二三里許掘坎待之。至其地，則皆縊殺而埋之，不留一人，劫其裝去，毫無蹤跡。車人亦多其黨也，蓋殺人已不可勝數。是夜余見二僕飼馬，余曰：「車夫安往？」曰：「彼乃此地人，歸其家去，云明日早來。」余曰：「彼前告我曰大名人，今乃又云此地人耶？」因問逆旅主人曰：「爾知其姓名乎？」主人曰：「知之。」爲余言之，則又與前所告余者不合。明日早果來，則有二人隨之，余竊心疑爲老爪，而不可言也，自是時時防之，見其與彼二人者嘗指目車中私語。

十九日，過定州、新樂，宿真定之福成驛，凡一百二十里。是日始聞布穀，又見池中有荷，岸有野花。二十日，行一百里，過真定，渡滹沱，宿落城。北方多立碑或建坊於道旁，書古人遺蹟，頗多附會，而真定道中有坊曰「孔子落筆」，曰「伏羲畫卦」，尤荒唐可笑也。二十一日，行一百里，宿柏鄉，是夜始有雨。二十二日，行一百二十里，飯内丘，宿邢台。此兩縣皆有山相連屬，居人項多癭。余見道旁有賣棗者，棗大於常棗數倍，買一升食之，則中乾而味苦，以予乞人。噫！余之見欺於龐然大者，固已多矣。

是夜余頗不寐，未三更，聞有人扣門告車夫曰：「吾等前行待汝，即來毋誤也。」車夫曰：「諾！」衣不及披，倉皇執火至余榻曰：「起！起！天明矣。」二僕皆起治裝，余堅卧不起。車夫急且連呼「起！起！」不已，隨牽馬至，盡移余囊篋至車上，而趨余榻前，趣之愈急。余曰：「汝他日不如此，今日何急也。」車夫知余不可動，叫號詬厲，自投於地而卧。良久，天乃明。行數十里，至沙河。沙深没馬腹，馬畏之，往往車不能行。是日行一百二十里，過臨洺，宿邯鄲。臨洺道中有冉伯牛墓，邯鄲有黄粱仙蹟。而車夫先所與偕來者二人自是不復見矣。

二十四日，行一百里，過磁州，柳陰夾道，數十里不絶。蓋北人不好種植，而南人官於北者多種柳，取其易生也。是日，始聞鶯聲。渡漳河，望銅雀臺。宿安陽之豐樂店。二十五日，過彰德、湯陰。湯陰城外有碑曰「宋武穆王岳氏先塋」，城内有坊曰「宋岳忠武王故里」。是日，宿濬縣之宜溝驛，凡一百一十里。二十六日，渡淇水，過淇縣，宿汲縣，凡一百一十里，道中有比干墓。二十七日，過延津，道中有碑曰「陳平張倉故里」，凡行一百一十里，宿封丘之于家店，距黄河不遠矣。

明日啓行，余坐車中假寐，既覺，見所行非大路也，問車夫，車夫曰：「此捷徑，可省二三十里。」余密語二僕，此可虞也，各執利器備之。蓋自磁州以南，土肥而連得雨，故麥皆有秋，至是刈麥者相望，而人家亦頗稠密，車行往往無路，或行麥田中，輾轉達於黄河之岸。而前此累經雨〔二〕，路多泥濘，前後左右往往有淖，不可過也。車夫不辨路東西所向，輒策其馬使東，東復策使西，馬不知所爲，則絶靷而奔，阻於淖而止。車夫徐行至其前，拊其背，抱其項，誘之來使就轡，既就轡仍鞭之，馬負痛復逸，如是者數焉。余與二僕皆下車行，車凡陷於淖者三四，盡去車之所載，舁之良久乃得起。一居人爲指示大路，薄暮乃得達。是日約略行百餘里，乃達大路，則距昨日所宿僅二三十里耳。盡日不食，飢且疲，車夫時時目余怒曰：「沙河誤我事。」余佯爲不聞，至是益信其爲老爪之黨，而此日之小徑行，實欲速，反得紆迴，非有他也。明日早至黄河岸，無渡船，候之日中，乃得渡。高岸重疊，直接於開封，黄河故道依稀可見。蓋開封濱於河，河勢高而地勢低，故崇禎間致爲盜所灌。今河既徙，而泥沙淤塞，地勢遂高，嗣是汴梁可無河患矣。是日入城，宿逆旅。蓋開封既遭河決，城郭人民盡没，後於舊址築城加高。而今城中之人皆遷自他方者，所居之屋，其下數尺或一二丈皆舊時人家，居人爲屋，往往掘土取磚石，或間得金銀云。是夜，車夫告去，余乃免於警備。

三十日，往謁巡撫汪公，公與余爲二十年舊交，而力不能賑余之困乏。是日，留飲酒。在坐有濱州人李君，自言三爲縣令而皆不得善地，且備言爲令之困。余不日即當爲令，頗欲行其志於一縣，聞李君言，逡巡不敢決矣。明日，開封府徐公來訪，蓋臨清進士徐恕有書及之，意甚款洽，每暇輒召余飲，備言中州州縣之困，甚於李君所言。又自言曾官雲南，有上官樹，其枝葉花類梔子，香亦如之，每花十二瓣，其年閏月則多一瓣。又騰越州香櫞樹，所結實既黄而不及摘者，至明年春復青，冬復黄，雖經多年，終不自隕落。此二樹者素未嘗聞，故記之。時在坐者有德清徐公聖可。

五月初三日，余辭汪公南行。公欲留余幕府，而余有他事，欲至吴門，期以九月復至汴，於是乃出。徐公曰：「時已迨暑，難陸行也。吾已賃舟於周家口，君與徐君同舟去爲善。」蓋是時水涸〔三〕，周家口去汴三百餘里，乃賃車於初四日出城，徐公使人送之郊外。是日，宿陳留。陳留令許遇，余友也，往訪之，適值其召丞、尉及司教、司訓飲酒，余遂入座中，飲甚酣。初五日，行一百二十里，過許〔四〕，宿扶溝之李家潭。初六日，行一百一十里，至周家口。道中見居人頗勤於地利，夾道植桃，凡數十里不絶，實且熟，纍纍然垂樹上，彌望無際。周家口屬商水。先是徐公已使人在舟中相迓矣，余與徐君登舟，辭徐公使去〔五〕。

初七日未行。初八日，行九十里，泊襄城之淮方口〔六〕。是時水涸，過灘甚艱險，往往相視咫尺，踰時不能過。余與徐君上岸，行一二十里，至淮方口候之，夜將半舟始至。初九日，行六十里，泊界口。初十日，行九十里，泊潁州之界牌集。十一日，行八十里，泊潁州之洄溜集。十二日，行九十里，泊潁上。十三日，行六十里，泊正陽關。關不開，至十六日始開關，順風行九十里，泊壽州之下蔡。十七日，風不順，行可四五十里，泊處不知名，鄰舟落落無多，頗有警，徐君終夜不成寐。十八日，順風行一百八十里，泊長淮衞。十九日，行四十里，泊臨淮。二十日，順風直抵盱眙。

先是余與徐君計之，舟過洪澤湖，風濤險惡，而舟甚輕，尤難行，莫若自陸路至揚州爲善也。明日早，各使一僕登岸，各賃肩輿一、驢三，午後始回，云有牙儈者任其事，金已付矣，約以明日行。二十二日凌晨，驢至而肩輿不至，問牙儈，則云，輿人者既得金則逸矣。盱眙令周振舉與余舊相識，則往拜之，告以故。周君笑曰：「倘非此事，君竟過我門而不入我室乎？」並召徐君及縣人李嵲瑞相與飲於署，共談甚歡，李君與余爲同年貢於成均者也。明日，周君薄責牙儈，而使人賃肩輿二，余輩乃得成行。宿天長之張官鋪，凡九十里。是日始見陂塘堤堰，男婦俱下田分秧，宛然江南風景矣。二十四日，行九十里，宿天長之人和鋪。二十五日，行九十里，至揚州。是日熱甚，輿人流汗且喘，余憫之，或徒走，或賃驢行。既至，余與徐君各賃一舟。余入城訪友人吴菘、洪鉽，此兩人皆徽人而客於揚者也。宣城程元愈客於吴氏，皆相見，略述契濶，即辭登舟。明日，諸人至舟相送，即開帆，至三汊河，泊舟登岸，是時造有行宫，一僧導余入，徧爲之指示。復登舟，至江干，見無風波，遂過江，泊丹徒之新里。二十七日，行百數十里，泊無錫。二十八日，抵蘇州寓舍。

〔一〕「且同宿」，張本無「同」字，從秀野本。

〔二〕「前此累經雨」，張本「累」作「屢」，從批校本、硯莊二本、王本、秀野本、徐本。

〔三〕「蓋」，張本無此字，從硯莊二本、秀野本。

〔四〕「過許」，按，自開封至周家口須經通許，則「許」上應有「通」字，各本俱作「許」，似爲原紀之誤。

〔五〕「辭徐公使去」，張本作「遂辭徐使去」，從徐本。

〔六〕「泊襄城」，按自周家口乘舟下行須經項城縣境，「項」字與「襄」字音近而誤，各本俱如是，似爲原紀之誤。

戴名世集卷十二

孑遺録自序〔一〕

余所著孑遺録既成，北平王源爲之序，而余復自爲之説曰：甚哉，明之亡也非其罪，豈不可哀也哉！自秦、漢以來，天下承平之久未有如明，而其敗亡之禍亦未有如明之烈者也。明之取天下也於盜賊，而其失天下也亦於盜賊。彼秦寇者，皆國家之赤子，受休養之恩垂三百年，非若敵國外患，而一旦稱兵起事，横行天下，斬艾良民，藩王滅，天子死，而國祚隨之，此自古以來之所未有也。當是時，天下承平久，人不知兵，士大夫漫不以賊爲意，而行間大吏相繼縱賊，以成賊之强。中朝以門户相争，而操持閫外之事，使任事者輾轉徬徨而無所用其力，直至於國亡君死而後已焉。此其罪甚於盜賊萬萬。嗚呼，豈非天乎！賊起秦入晉，蔓延畿南、河北，復渡河蹂躪於江淮、河洛、湖湘、巴蜀之間，名都大邑，所向皆破，而吾桐獨完。桐小縣，僅彈丸黑子，率數千瘡殘之民，疲敝之卒，而抗百萬方張之寇，前後凡十餘年。瀕於陷者屢矣，而卒獲完，豈非以賢有司之撫循，士大夫之設守，而兵民之戮力歟。余從諸父老問吾桐前後攻守之事，稍稍得其梗概，因著爲一書，而當時文武用兵之略亦以附見，使作史者有所採擇焉。

〔一〕孑遺録自序見於南山集偶鈔。

孑遺録

桐城居深山之中，地方百餘里，一面濱江，而群山環之，山連亘千餘里。與楚之蘄黄，豫之光固，以及江淮間諸州縣，壤地相接，犬牙錯處，雖山川阻深，而人民之所走集，皆爲四達之衢。桐之西有嶺曰掛車，東有關曰北峽，皆險阻地，昔者三國時吴人所以圖曹休也。凡桐之境，西至於潛山，又西至於太湖、宿松。西南至於蘄黄，南至於安慶，桐即安慶之所屬邑也。東至於廬江、無爲州。東北至於舒城，又東北至於廬州、鳳陽。北至於六安英霍，又北至於光固。自前世天下有變，桐必受兵。明高皇帝起江北，定中原，王蹟實由此興，而建都南京，則桐爲王畿内地。自是天下承平且三百年，桐士大夫仕於朝者冠蓋相望，而持節鉞爲鎮撫者偏天下。四封之内，田土沃，民殷富，家崇禮讓，人習詩書，風俗醇厚，號爲禮義之邦。

當萬曆晚節，天子倦勤，而士大夫文恬武嬉，抑又甚焉。陵遲至於崇禎，天災流行，盗發秦隴，天下爲之騷然，而所在奸民皆思乘機爲變。崇禎三年，桐四野鬼哭。四年，有烏集於四郊，其形如鴉，其色赤。有史生者，遼東人也，舉家遷桐數年矣，見而歎曰：「兵火其將作乎，是爲火鴉也，其兆之矣。」遂挈其家去。五年，東門外地湧泉如血。七年八月，縣人黄文鼎〔一〕、江國華反。先是縣士大夫類多長者，皆有德於其鄉，而民莫不畏官府，敬士大夫。迨天啓、崇禎中，世家鉅族多習爲淫侈，其子弟僮奴往往侵漁小民爲不法。於是奸民積不能堪，而兩人遂爲亂首，燒富家第宅，掠金錢，建旗幟，營於北門之外。司理薛之垣自皖來，與賊誓於神而去。安池兵備副使王公弼率其將潘可大討賊，次於練潭不敢進，賊勢益張。當是時，縣人職方郎方孔炤致仕家居，得民心，亂人獨不犯職方家，職方因誘致亂人而盡殺之。王公弼聞桐亂已定，乃帥師如桐，而流賊之警適至〔二〕，桐人因留可大駐桐防守。是年，蜀之筠連人楊爾銘來爲縣令〔三〕。爾銘年少有奇才，爲桐七年，民愛之如父母，禦寇治兵皆有法度。桐之不亡，由前後兩縣令之力居多，兩縣令者，爾銘之後爲張利民也。其後明亡，爾銘棄官，流落江湖以死，而張利民逃匿山中不出，桐之父老至今歌思之。

崇禎八年正月，流賊犯桐。先是流賊起秦中，渡河曲，燕南河北皆苦之，然而京師峙其北，黄河繞其南，賊禍不能遍天下也。賊入晉而秦以爲功，賊入豫而晉以爲功，行間大吏，大抵皆玩愒縱賊，賊禍遂不可支矣。當賊之渡河而南也，河南巡撫玄默不爲備，賊乃乘堅冰自澠池渡河，河南郡縣皆陷，浸尋及於鳳泗，而江、淮、楚、蜀之間，處處皆賊矣。賊之衆且百萬，蔓延往往千餘里不絶，或曰三營，或曰五營，或曰十三營，名號甚多，不可得而詳書也，而張獻忠尤爲兇殘且狡，群賊多附之。潘可大兵單弱不能禦寇，楊爾銘與縣士大夫謀設守，每陴十懸高燈一，二十火毬一，五十置一小砲，百一大砲，譙樓下各貯火器，召募勇士百餘人助潘可大守城。而賊前已破鳳陽，趨舒廬，長驅至桐矣。初，賊在河南也，縣人孫晉爲給事中，告於兵部尚書張鳳翼曰：「群賊今且逼鳳泗矣，鳳泗破，桐皖其必不免，爲之奈何？」尚書笑曰：「公，江南人也，何憂賊乎。賊秦人，不食江南米，賊馬不飼江南草，賊不犯江南決矣。」人有聞者皆笑之。至是，賊至桐，潘可大接戰於東郭外，兵敗，死者百餘人。賊射可大馬，中之，馬蹶而可大顛。部卒劉應龍以己馬付可大，乘之而走，將入門，可大又墜地。賊急追之，應龍持矛與賊騎戰於衢隘，殺賊五六人，賊不能前。比賊殺應龍，鞭其馬進，則城門已闔矣。是爲乙亥正月二十七日也。先是賊所至皆用土著爲嚮導，以故道路曲折及虛實堅瑕，莫不盡知之，由此勢如破竹。桐之奸民已前死，無與賊通，城以故獲全。明日，賊奮力攻城，以巨絙聯木板藏其下，負以趨，名曰木牛。鑿城，城堅不能入，城上人以大石擊之多傷。又造梯數十，長數丈，擁至城，城上砲石擊之不能進。於是焚居民屋舍，風烈火舉，守陴者不能逼視，乃鼓譟欲登城，又射却之，而乘間下擊，殺賊以百數〔四〕。凡攻三日不能破，乃求賂請罷去。而徽人黄仙崖獻砲，以木爲之，貯以火藥，藏火線，請謬謂以金寶給賊〔五〕，而先以真者餌之。賊喜，遂以砲數千百懸而下，賊争取之，至賊手，火發皆糜碎。於是賊度不能攻，遂拔營而西去〔六〕，至潛山。城外居民死傷者數千人，嚮者煙火萬家，至是幾盡矣。賊殺人之慘，不可勝言。嘗掠民間一婦，有美色，賊渠置之座上，飲以酒，婦覆酒擲杯於賊面，曰：「吾良家子女，不幸落賊手，速死爲幸，安能從賊飲乎！」且泣且詈。賊大怒，曰：「姑勿殺，吾當衆辱之。」旦日縛婦於河橋之柱，裸而磔之，寸寸以解。城上人望見，無不流涕者。

自賊西去，楊爾銘移文上官，叙潘可大守城之功〔七〕，而請恕其敗兵之罪，於是可大駐桐如故。爾銘進父老諸生而告之曰：「今賊雖已西去，而飄忽不可測，城守之事當與父老諸生早計之。」於是諸生邱山等及父老百餘人具十議以進：一修城門，一增窩舖〔八〕，一修女牆，一請援兵，一備兵餉，一嚴偵探，一設常住兵，一核文移，一詰奸宄〔九〕，一增火砲藥弩。爾銘曰：「兵食及文移往來〔一〇〕，其權在上官，當往請之，餘縣中可自辦也。」於是諸生往蘇州謁撫軍張國維，請增可大兵一千二百，軍資餉金取給於正賦。而給砲大小共二百餘。上下文移俱有輪環字號，蓋賊是時多於途中劫取文移，詐爲官兵入城，城往往陷，以故文移尤宜謹焉。

五月，上命史可法監安廬軍。可法大興人，起家進士，嘗著惠政於關中。異時故有安池兵備道，而池在江南，安在江北，當賊亂時，池懸隔大江，不罹賊禍，於是朝議改安池道爲安廬道，駐廬州。可法有大將才，痛自刻厲，與士卒同甘苦，大小數十百戰，俱以己先三軍。可法馳驅江淮間，衣不解帶輒至十餘日。軍行不具帷幙襆被，當天寒討賊，夜坐草間，與一卒背相倚假寐，須臾，霜滿甲胄，往往成冰，欠伸起，冰霜有聲戛戛然。敬士愛民，所募健兒俠客，皆得其死力，雖古名將莫過也。

八月，賊衆萬餘人自豫逼鳳陽，潁、亳大震。史可法命總兵許自强率兵五千守桐，而自引兵三千至廬州當賊。賊自潁亳入英霍山中，出舒至桐。可法回軍駐北峽關，與許自强爲犄角。賊復由英霍走黄麻。十月，賊由黄麻走鄖陽，又轉入太湖、潛山。史可法率潘可大等禦之於潛山，賊又入英霍。十二月，許自强率吴淞兵三千與可法駐北峽關。是時流賊李自成等圍滁州。明年正月，總理盧象昇總兵祖寬大破賊於朱龍橋，滁州圍解。

天子以賊勢蔓延，建牙之吏不足任討賊，於是以太監盧九德率京營兵征豫楚諸賊，而以黄得功、宋紀隸焉。黄得功者，遼東開原衛人，起家行伍，生有神勇，殺賊，賊不敢逼視。得功一部皆爲精兵，每與賊戰，輒飲酒數斗，提鐵鞭上馬，前自衝陣，而三軍隨之。得功威名震於賊中，賊相戒勿與黄將軍苦戰。一時名將，如曹文詔早死，不竟其功。而左良玉養賊自重，迄以亡國。鄧玘、許自强輩，尤齷齪庸懦不足數。而盧九德惟賄是徇，賊急，輒募群僧誦佛號，以祈免死。於是江淮之間以得功爲長城矣。

賊聞京兵之出也，其在豫鳳者多奔楚，二分其軍，一犯德安，一趨江北，據山扼險，以英霍爲窟穴。五月，賊自英霍出掠潛山，史可法禦之〔二〕，部將朱三才斬賊首數十。六月，賊夜襲可法營，遇伏走。當是時關外有警，兵部因移制府洪承疇於薊遼，盧象昇於宣大，而以熊文燦爲總理。文燦畏與賊戰，一意招撫，賊弄文燦，文燦莫之知，賊由是大横。

十二月，賊由黄麻至潛山。明年正月，至桐。潘可大守桐，史可法守皖。先是賊之至也，沿途剽掠而已，至是深山大澤，鄉村聚落，皆賊騎充斥，人死無算。近山者逃入深山，林木叢薄，天雨凍死。又或聞小兒啼聲搜捕，無得免者，於是人多自殺其兒。惟濱江湖者，泛舟而逃乃免。而縣中巨族多有渡江而南者。賊至西山，山之阿故有老嫗，鄰女多奔嫗家避匿。居有頃，人報賊且自山外來，諸婦女皆懼，啼泣不知所爲。嫗曰：「以吾一人死而易若等生，若等速走，毋涕泣爲也。」因扶杖出，曰：「且日當於某地覓我。」嫗遂至路口，賊尋至，曰：「嫗亦知此間有馬牛女子乎？」嫗曰：「知之。」賊曰：「導我往，不然且殺嫗。」嫗乃前行，群賊隨之。嫗故紆迴引賊他往凡數里，不前，賊趣之，嫗罵曰：「死賊！吾向者誑若，此間荒僻，非有馬牛女子也。」賊怒，拔刀刺嫗而去。當嫗之誘賊去也，嫗家婦女盡奔入深谷林薄，皆免。明日使人於某地覓嫗，果在，尚能言，舁之以歸，遂死。賊至龍山，居民斷溪橋，賊不得渡，執一男子使治橋，曰：「治橋，免爾死。」男子曰：「余一人生，豈衆人遂當死耶？」卒不治橋，賊殺之。是時城中設守嚴，賊分騎野掠，四封之内皆賊，而盧九德、左良玉、黄得功、宋紀皆急廬鳳，不遑救桐。史可法守皖，恐其渡江，而禁江上艟艨無泊北岸。二月，賊衆往攻皖，至練潭，知有備乃還。二十七日，賊北去，遺民逃匿者聞賊去多出〔一二〕，明日賊復回，多捕殺之。史可法引兵至桐，路遇賊大戰，救百姓千餘人以還，凡男女死者十餘萬人，被虜者不與焉。史可法謂楊爾銘曰：「賊勢甚盛，俱在光、固、潁、亳間盤旋出没，安廬一帶，兵單餉少，何以克濟？君與縣人當爲久遠計。」於是公議三策行之：一立桐標營，立官主之，賊去則偵，賊來則守。一築欄馬牆，遶城外築土牆，使避難之民居之，内以護城，外以防賊。一立堡寨，以遠鄉之民無可守之險，無可戰之人，輒至屠滅，乃相視險隘築堡立寨，立長主之，賊去則耕，賊來則守，而於城四隅各築砲臺。是年，李樹結實如瓜。

三月，皖兵敗績於酆家店〔一三〕，參將程龍、潘可大等死之。初，可法率程龍等禦賊於潛山，夜聞二鬼哭於幕下，可法憂之，至是兩將皆殁。總兵左良玉過桐，兵二萬有餘，輪蹄雜還，絡繹百有餘里。良玉留三日，軍於東郭外，縣士大夫出謁之。良玉曰：「賊就撫者十之一，擒者十二三，戰死者亦十四五，然而日引月長，滋蔓不止者，歲荒政亂，姦民無以爲生，故相率從賊耳。與王師戰，勝則乘勢長驅，敗則散金錢於地，名曰買路，以故軍中縱敵者多。」縣士大夫曰：「閫外諸君豈皆受賊賄乎？」良玉曰：「無不受也。但良玉左手受金錢，右手即斷賊頭耳。」縣士大夫曰：「由將軍之言觀之〔一四〕，賊終不可滅乎？」良玉曰：「滅之亦無難也，但今日者内外異心，功垂成而禍及之，故主兵者莫肯殺賊，吾恐國家之大患終必由此也。」

四月，總兵劉良佐率兵七千守桐。良佐殺賊亦有威名，每乘斑馬破賊，故賊中稱之曰花馬劉云。閏四月，賊大掠桐西，而史可法方奔潛太之急。桐與潛太〔一五〕，皆爲豫楚之衝，官兵與賊之往來者無時無之，而潛太兩縣舊無城郭，以故受賊禍尤烈。可法欲築城於潛太，與桐爲犄角。量地授工，築有日矣，而賊自英霍出掠潛山，可法禦之，賊小却。凡十餘日，賊來益衆，而官兵止二千餘人，賊圍之數重。皖兵夜從間道往救之，殺傷過當。可法知救至，乃命部將朱三才奮勇大戰，賊圍始解。軍行至鷄鳴，賊復追之，且戰且走，乃全軍還皖。至是，可法爲桐請救於鳳陽總兵牟文綬，文綬率其兵來，與劉良佐同拒戰於石井。深入賊圍，大戰不決，軍中食盡，楊爾銘使人呼於市曰：「官兵圍賊，賊且敗矣。軍中不暇作食，縣人當速濟之！」於是人家各炊熟米麥數百餘車，募壯士强弓勁弩護入軍中。軍中既得飽食，而縣人夜持火炬，鳴金鼓出西門，取山徑譟而前，賊疑救兵且至，遂解圍去。

是時廷臣議，以安慶重地，宜設一軍，而以史可法爲巡撫，割楚之黄麻，豫之光固皆隸焉。可法於是設五營，以副將廖應登領兵一千五百爲前營，杜先春領兵一千五百爲左營，李自春領兵一千五百爲右營，汪鎮國領兵一千五百爲後營，以朱三才領兵一千五百爲中營。以某爲制勝營，以某爲水師營，共萬餘人。而桐城當賊衝，乃立桐標營，以部將張韜主之。張韜江南人，狀貌文弱而有勇力，身任殺賊，常棄大營趨利，可法甚愛重之〔一六〕。

可法部署既定，因遂親巡所屬州郡〔一七〕，問民間疾苦，撫循軍士。七月，至桐城，而左良玉亦自舒至，兩人杯酒論兵。良玉曰：「勦賊譬如逐鹿，鹿之性善奔，使前無所禦而第自其後追之，安能得鹿？惟巨網張於前，而利兵隨其後，鹿雖善奔，不能逸也。今豫楚之兵誠能禦之於前，而江淮之兵追而捕之，此逐鹿之術也。明公與制府諸公共圖之。良玉介胄之士，嚴整部伍，以聽約束而已。」居數日，良玉西去，而可法北巡廬、六、光、固而還。當是時，豫楚諸撫軍皆以空名得節鉞，無能爲國討賊，可法無與共功名，賊勢遂不可支矣。

八月，賊自英霍分隊而出，一走黄麻，一走潁亳，一走潛桐，一襲廬江、無爲州，謀渡江。史可法命廖應登扼舒城山隘，杜先春扼桐城山隘，别遣將守江，命兵備副使湯道衡守合肥，而自率南兵萬餘人禦賊於潛山，傳檄盧九德、左良玉以兵來會。賊走蘄黄，而賊小袁營、過天星等又謀襲六安。可法引兵救六安，賊復走英霍，掠太湖。十月，潛太告急，可法回軍來救，遇賊於潛山，賊小却。頃之，賊全軍皆至，圍可法數重，可法火器已盡，賊圍之急，可法斷梁柱如砲狀，臨高向賊營，佯欲擊之，賊却，可法因冒圍而出，汪鎮國爲殿。可法登舟墮水中，部卒焦承恩入水援之乃免，可法以承恩爲守備。

明年爲崇禎十一年戊寅，總理熊文燦受張獻忠降，全楚兵吏皆以爲不可，巡撫方孔炤争之尤力，文燦不從。已而獻忠叛於穀城，左良玉追擊之，復縱獻忠去。詔逮文燦，大學士楊嗣昌出督師。嗣昌傳檄孔炤守襄陽，而調其標將與川、沅兵合擊，深入至香油坪，川、沅兵失期不至，遂敗。嗣昌歸獄於孔炤，孔炤罷去，自是嗣昌亦不能制獻忠矣。

盧九德守承天，聞賊在潛桐間，遣黄得功來救，得功出賊不虞，殺賊數百騎，賊入山不出。而賊中食匱，時時自間道掠鄉村，朱三才率兵多捕獲之。史可法以其間築潛、太城，而桐亦築寨凡數十，遠近之民暫得所棲泊，而諸寨先後皆破，不能守也。是時方孔炤亦發軍資火器助桐城守。一日，朱三才飲酒醉，握刀上馬，入山中殺賊。得功慮其敗也，率數十騎隨之。三才遇害，得功怒，提鐵鞭擊殺賊騎數百而還。是時得功兵僅二千餘人〔一八〕，俟盧九德至桐會戰，而九德又入豫，不能至。得功軍舒桐間。

己卯春，史可法以父喪歸，繼可法者爲鄭二陽。二陽行軍儀衛甚盛，然恇怯不知兵，賊皆揶揄笑之。三月，盧九德、左良玉至桐。四月，張獻忠自蜀入楚，左良玉奔楚之急，盧九德亦援河南[一九]。時朝議皖軍新設，兵勢單弱，不能控御州郡，於是設一兵備道駐太湖，而以太湖知縣楊卓然爲之。卓然楚人，與宰相楊嗣昌善，嗣昌之代熊文燦督師也，薦之於朝。先是卓然欲入山説賊使降，計未決，無何而賊西自楚來，縣人登陴設守。適鄭二陽在桐[二〇]，聞賊至，倉皇莫知所爲，乃撤譙樓大砲置署門外，以備城破巷戰，且以其所著陰德書出示士民，而戒民間毋捕傷禽鳥，一縣中皆笑之。李蟲兒者[二一]，諸生李充之僕也，被虜逃回，至城下，縋之以入，二陽使人召蟲兒，問賊中事甚悉。賊尋入英霍，二陽忽斬蟲兒於郭外，而以擒斬賊首李重耳報聞。又繪各堡寨圖奏覽，謂星羅棊布，足以控制群賊，令其首尾受敵，賊可旦暮平也。當賊既退，二陽分兵入山，名曰捕賊，賊既去遠矣，命所過堡寨俱聽官兵出入[二二]，於是堡寨多被掠。諸生邱山等謁二陽而愬之，二陽曰：「兵之出征，猶諸生赴試也[二三]。兵入山叩堡寨，猶諸生之赴試投逆旅主人也。叩寨即云破寨，投主人即云劫主人，可乎？」諸生逡巡而退，由是兵益驕。

庚辰夏四月，賊掠桐之崆口，都司張韜死之。六月，皖兵大敗於楓香驛，游擊杜先春、張士俊等死之。七月，鄭二陽命廖應登守桐，而以杜先春兵屬焉，先春部將羅九武不悦，由是與應登有隙。十月，盧九德等駐桐。先是楊卓然見賊盤踞深山，欲説賊使降，乃從十餘騎入潛太山中，説賊勸其歸命。賊渠與卓然握手飲酒甚歡，且曰：「吾等有絶世之才，朝廷無所用余，故皆因饑荒爲盗。若國家處置得宜，焉知不可爲忠義之士乎。且吾聞劉國能、李萬慶十餘營，前後歸誠，爲國家效死，戮力行間，顧余獨不能乎。但吾衆且十萬餘，置之何地而主之何人，餉從何出，而以何等官爵待吾也。」於是卓然舉手别賊而出，告於鄭二陽，二陽移文豫楚諸軍，毋得殺賊。賊亦禁焚掠，以待朝命。盧九德還鳳陽，黄得功駐廬州，宋紀駐桐城。楊卓然入京師，面見天子及公卿議之。公卿皆曰：「賊謀甚狡不可信，穀城之變其明效大驗也。且賊欲擁衆仰食縣官，歲費金錢鉅萬。今東南諸郡縣死亡過半，土田荒蕪，正供無有，新增軍餉大半取給江南，何處更議增税畝？此事未易言也。」桐之人相與謀曰：「往者賊衆四分剽掠，勢如飄風，不可捕捉。今賊聚於窮山之中〔二四〕，日且饑餒〔二五〕，當此之時，誠以楚兵壁蘄黄，豫兵壁光固，南兵壁舒桐，予黄得功、左良玉通侯印，而拜史可法爲大將軍〔二六〕，節制諸軍，提邊兵禁旅，捲甲疾趨，此滅賊之一時也。」乃黨禍方烈，廷臣日以門户相争，漫不以賊爲意。

辛巳正月，流賊李自成陷河南府，福王遇害。是時桐有征糧之擾。先是朝議以禁兵在舒桐間，即以桐城漕米給禁軍〔二七〕，而以户部主事方煜來徵發。自兵起，土田多荒，歲復饑，民死亡過半。桐之遺民竭力以供正賦，而戰守之資不與焉。至是，方煜督之甚急，楊爾銘不能卒應，請少緩之，方煜不從。一日，爾銘方坐公堂，方煜之從者直上撲爾銘於地而手格之。百姓皆忿，噪於方煜署門外。方煜疑變，踰牆走，至諸生王雯耀家。百姓患方煜出城引兵入也〔二八〕，環王生宅。王生出教爾銘諭衆使退，而使教官王熙章、典史張士節置酒王生家謝方煜，王生力保無他虞，方煜與王生及熙章飲於庭，夜半還署。旦日，方煜報鄭二陽、盧九德，以桐民爲亂，九德右方煜，且歸罪縣諸生。久之乃解。

當楊卓然之主招撫也〔二九〕，廷議未決，卓然還太湖候命。而賊亦覺朝廷無意赦之，俱乘間欲起。二月，張獻忠陷襄陽，督師大學士楊嗣昌卒於軍中。三月，潛太諸賊出山焚掠，且抵桐境。宋紀獲賊諜宰八手等十餘人，盧九德欲以爲質，留宋紀軍中不殺。是時禁兵將謀夜叛，宋紀擒其魁七人者斬之乃定。四月，九德駐鳳陽，得功守舒桐。五月，九德傳檄宋紀至鳳陽與小袁營會戰。宋紀始行，宰八手逸去，諸賊大半移於桐城山間。六月，桐標營張寶山夜入山襲賊，死之。先是魯硔山中有寨曰虎頭寨，寨人屢襲賊殺之，至是請寶山入山爲助，寶山以七十餘人往，猝遇賊，衆皆潰，寶山與蜀兵十六人駐山隘自守，賊圍殺之。自是諸營以寶山爲戒，無敢襲賊者矣。寶山蜀人，總兵鄧圯之小校也，爲巡撫陳良訓所知，以書薦之於史可法。戊寅三月，可法命寶山率其屬守桐，適遇賊於桐之南郊外，城上人望見一將率數十人與賊戰，大呼格鬭，賊皆披靡，始不知爲寶山也，既勝，乃開城納之。後屢襲賊有功，至是敗歿，桐人莫不傷之。而桐之諸堡寨刀兵，夜出火有聲，前後皆破滅，土寇亦起。小兒腹疾死，多棄於市，而疾疫亦漸作矣。

鄭二陽命廖應登自舒守桐，應登之衆不敢入北峽關，黄得功送之。應登兵既入關，賊自山出逆之，應登兵大潰。得功有愛將曰林報國，每用兵，報國輒爲前驅，賊畏之亞於得功。至是，報國至，而賊趙虎者佯北，誘報國深入殺之。群賊正相賀，而得功突入虎陣，斬虎首，賊衆復潰而走〔三〇〕。賊中有勇將，年少嗜殺，號無敵將軍，於是無敵將軍呼於陣曰：「汝曹何怯也，吾爲汝曹擒黄將軍以來〔三一〕。」賊衆皆按轡觀之。無敵將軍奮勇大呼，馳至得功前，得功立擒之，横置馬上，左手按其背，右手策其馬去〔三二〕，賊衆大驚潰，於是應登潰兵乃得會於桐。

七月，兵備副使張亮至桐〔三三〕。亮有儁才，鄭二陽倚之如左右手。是時環桐之境皆賊，桐萬分孤危，於是議撤皖兵守桐。九月，楊爾銘以卓異徵入京師，授御史。桐人攀挽涕泣，祀爾銘於浮屠老子之宫。十月，有賊數十詐爲民，負米入城。人有匿草間者，聞其謀，間道至城告之，有頃賊果至，伏壯士皆擒殺之。是時皖兵盡至桐，營於牆内，賊馬守應等共五營，營於河外，相距不及一里。而桐之堡寨亦多破散，民相攜入城中〔三四〕，流離死亡殆盡。城中食亦匱，人多餓死，或割死人肉以爲食。十二月晦，皖兵忽入東門，居城上，數日復下，入人家劫掠，民饑餓不能支。皖兵十百爲群，横行縣中。當是時，署縣事者爲教官王熙章，束手無策。典史張士節，秦人，性伉直有氣概，集少年數百而告之曰：「賊亂於外，兵亂於内，一縣之中，如困湯火。今吾與若等潰圍力戰，或以是激厲三軍之士，而少紓賊禍。」少年皆從之，於是歃血祭纛〔三五〕，每夜出襲賊，斷賊首，奪其牛馬及其糧食。皖兵輒邀劫之於路，而謂所殺者皆官兵，於是少年皆逃散，不敢復殺賊。

壬午二月，賊野掠盡，乃皆拔營去，官兵亦出城。城中稍甦息，而疫大作，死者無算，張士節亦死。三月，張獻忠潛屯北峽關，遣數十騎夜襲南城，梯而上。而守陴者有張科，夢神呼之起，起見賊，遂手格之，賊驚皆墜。復擁而上，張科大呼，而城下居民聞之，皆上城與賊戰，賊皆復墜。獻忠謀不成，乃去。賊自辛巳春入桐〔三六〕，至壬午二月始去〔三七〕，遠方之民避賊於縣者，相扶攜還家，暫得休息，而又有楚兵爲害之事。皖楚之用兵也相爲唇齒，楚聞桐之告急也，遣五千騎來援。楚兵至而賊已退〔三八〕，楚兵貪其無賊也，遂留不去，焚掠略等於賊，桐皖之間皆苦之。縣人姚孫榘方爲荆南副使，縣諸生致書荆南，轉告撫軍，乃撤回楚。

五月，張利民來爲縣令。利民，福建侯官人，爲人長者，多惻怛。爲桐數年，掩胔骼，賑饑荒，撫綏流離，誅除奸猾，捕土寇，省獄訟，治兵給食，其名聲與爾銘前後相望也〔三九〕。是年，鄭二陽罷，而楊爾銘徵入京師，已掌河南道御史。縣諸生邱山客爾銘家，當是時，有給事中劾黃得功擅殺桐將張寶山，邱山請爾銘上書白其冤。爾銘猶豫未決，曰：「言官劾之，而言官救之，毋乃不可乎？」邱山又以告給事中孫晉、光時亨，兩人皆縣人，於是兩人教爾銘具疏，敘得功功在江淮，天子乃以得功爲都督兼宮保，予禁兵三千，用兵江淮、豫楚之間。

七月，黃得功至鳳陽，率兵破張獻忠，獻忠遁去。九月，獻忠自無爲州間道至桐，圍之，誓必破桐。桐急請救於得功，得功來救，斬賊首數千級。得功射獻忠馬中之，復舉刀向獻忠，而得功馬蹶，乃易馬追之。獻忠逸去，多棄牛馬於隘以塞道，得功馬不能馳。賊奔已遠，遺民男女數千人，救之以還。縣諸生父老出謝得功，得功曰：「諸君守城勞苦，得功殺賊自其職，何謝也。前日科臣奏得功擅殺部將〔四〇〕，久之不能昭雪。夫斥一武夫何足輕重，然賊乘間破十三州縣，生人幾盡，誰之過也？天下事大抵破壞於此輩，不可爲矣！」因餽諸生牛二頭，父老等牛五頭，而引兵還鳳陽。諸生及父老賣牛築宮以祀之。是時張亮亦至桐，見利民調度從容甚整，嘆曰：「桐之不陷，不獨黃將軍力也。」賊既去，自春徂夏不雨，民大饑。土寇四起，自稱將軍，掠良善。張利民開誠勸導之，賊渠孫計欲散其黨，江務不肯，殺孫計，利民使人擒江務誅之。自是土寇多散，而獻忠又且從黃麻至矣。廖應登營於西山巔，適應登生日，諸生往爲壽。應登曰：「獻忠在黃麻，游騎及於潛太，意在破桐，否則誓不去也。」諸生曰：「何以禦之？」應登曰：「頃者賊破六安，得其軍資火器。破太湖，又得其軍資火器。今來破桐，必以大砲憑高下發，守陴者難以立，則城危矣。今吾先屯於此，賊雖至，無險可據。黃將軍聞桐急，必引兵來救，賊不能破桐矣。且吾夜觀城中氣亦旺，桐必無患，但夜過半輒有鬼數千繞余營而號，是可怪耳。」是年，史可法服闋，起爲淮揚巡撫，總督漕運。一日，廖應登率竇成等二十餘騎之廬州謁可法，行至舒城，方解鞍歇馬，忽有賊數十騎突至，虜應登及其騎以去，蓋獻忠兵也。報至桐，應登部將羅九武登陴設守。有頃，賊挾應登至城下，使之招降城中兵。應登大呼曰：「吾已被執，爾士卒可速降。此時城外精騎不過五十人，其機不可失也，少緩則其全營皆至，不可爲矣。」蓋應登陽爲賊説而陰示以賊中虚實，欲九武出襲賊也。九武固與應登有隙，佯不解應登意，乃罵曰：「被執不能死，是即賊也。」應登曰：「我寒甚，可飲我酒。」九武不應，彎弓射之。賊擁應登去，有頃，殺之於沙河。當應登之將往廬州也，有兵二人故降賊，忽騎而去，數日乃還。或疑其往賊中教賊執應登於途，蓋九武之謀也。

賊既殺應登，去數日，復擁竇成至城下，教之招降城中兵。竇成呼曰：「我竇成也，賊使我招降若等，若等宜堅守。今賊計窮矣，其糧盡，火藥亦盡。若等努力無懈，且速請兵來援。我死矣，我死以活若等及縣人！」賊怒殺之，成至死猶大呼不絕。於是城上人具香焚之，煙縷起屬天，相與望城下流涕而拜，後立祠於城内西山之麓，成死之日是爲壬午十二月二十一日也。獻忠乃率其全營環城攻之，自屯於城外西山巔，俯瞰城中，固即廖應登之所營也。賊於山上放砲擊城，越城而墜，自傷其卒。乃驅被虜百姓，伐樹覆土築高臺，期與城平。城上砲石藥弩擊之，築者皆死，死即覆土於其上，城上矢石如雨而築者不休。每十步一賊將督之，築者少緩即殺之。賊之督者數十人，以兕具自遮蔽，矢石不能傷。又掘隧道，欲穿城而入。凡五日，城中糧食火藥將盡，衆皆懼，莫知所爲。張利民使人亦築臺於城隅，加高一丈五尺，俯瞯賊臺，以矢石擊之，賊不能前。又出精騎數百殺賊山上，賊與兵相持，因以其間懸勇士下，舉火燒臺，臺土少木多，遇火皆然。賊暫退，城中氣稍振，然恐賊隧道將穿，乃值賊隧道之地築小城，俟其穿即擊之。復募勇士雷鳴道、王祥、董自、趙仁甫、方宣等共十人，各挾刀持鋤縋而下，視隧道深淺，城上人舉砲發矢以護之。賊率衆來戰，王祥中砲死，董自中賊鉤失其一耳，賊又鉤趙仁甫臂〔四一〕，雷鳴道大呼，殺用鉤之賊。衆乃前視隧道，深僅盈尺，下皆石骨不能穿。於是雷鳴道等復縋而上，城上守益固。賊計皆窮，城上因發大砲擊賊，屢發不能中。或曰，砲固有靈，當祭以牲醴。於是張利民咬指出血以祭之，比發，中獻忠愛將李混江，頭裂而死。獻忠獨脱，移營下山去。初，賊虜婦女，裸其體，跪於山上，向城而罵，城上舉砲，砲不鳴，乃取黑犬向城外殺之，砲乃皆中。

是時守陴者日夜力已竭，目盡腫，皆思逃散。張利民告於衆曰：「桐困極矣！忍死須臾以待救。度城中兵食可支八日，今當遣人間道請救於黄將軍，度往還凡八日可至，至期救不至〔四二〕，士大夫及婦女皆自殺，軍民逃散未爲晚也。」衆皆曰：「諾！」於是作書，遣縣人林構、朱正往，約以四日到鳳陽。兩人夜出賊營，如約而至。適安慶巡撫黄配玄亦傳檄爲桐告急，兩人擊軍門鼓，與之偕入。得功即時出師，兼程進，如期而至。日方中，賊有自西北來者，呼於軍中曰：「走！走！黄家兵至矣。」賊營皆亂，倉皇棄其軍資而去。羅九武開城取其輜重〔四三〕，並斬賊之傷不能行者。桐人歡聲如沸，相慶更生。得功自鳳陽三日行六百餘里，至北峽關，賊塞關以守，前鋒至，不能入，頃之，全軍皆至，乃破關。賊且戰且走，黄將軍至城下，獻忠已走數里矣。將軍追及之，獻忠呼曰：「黄將軍，何相扼也！吾爲將軍取公侯，留獻忠勿殺，不亦可乎？」得功曰：「吾第欲得汝頭耳，何公侯爲也！」急擊之，賊大敗，獻忠走，黄將軍縱馬追之，而賊以輜重馬牛遺民男女塞道，追少緩，逸走。夜半，得功回桐。明日，縣人出謝得功，得功深自辭讓，而勞苦將士及諸生父老，且曰：「今賊已西，一二才遺當深耕易耨，而户口流亡，室廬已盡〔四四〕，今吾將所獲賊牛五百給與民間，有司當勸耕無怠。」又告羅九武、虞宗文，當終始立功名。是夜，賊復回襲營，遇伏乃走。明日，復逐之，不及而還，得功於是遂引兵北去。越二日，復至城下，慮賊復來，潛伏山間待之，賊不至乃還。頃之，張亮至桐，親巡戰處，於是亮嘉利民功，再拜謝之，復拜羅九武、虞宗文，而厚賞兩營將士。爲文祭竇成，哭之甚哀，軍中皆感動，祭畢，厚恤竇成妻，成妻亦賢，守節以歿世焉。先是土寇之未滅者，乘獻忠之去，復出剽掠，張亮率兵次第擒滅之。

是時兩營將士凡五部十司，自以城守功高〔四五〕，驕悍不可以法度治，時時劫掠居民。民不堪其命，愬之亮，亮多右民而左兵，兵皆怨，相謀作亂。適黄得功、劉良佐援楚過桐，兵謀乃息。癸未正月，黄、劉西入楚，張亮還安慶，桐兵益驕，羅九武請於利民曰：「桐困久矣，今幸逆賊遠遁，瘡痍之餘，稍稍自振。縣故燈火甚盛，請復舉以示休息，不亦可乎？」利民曰：「不可，恐滋亂階，不如已也。」九武固請之，於是軍中及民間各出燈火甚盛。居數日，軍民皆送燈公堂，兵忽亂，驅民擊之。利民大怒。旦日，羅、虞兩將自詣利民謝罪而抉亂者。

桐人苦兵之擾也，紛紛渡江而南，張亮恐邑空難守，禁之不能止。是時安慶巡撫黄配玄以母喪歸，張亮行撫軍事。二月，天子以亮爲巡撫。亮奏設總兵官駐安慶，而羅九武、虞宗文授游擊將軍，永守桐城，不行調發。四月，張獻忠陷武昌，左良玉避賊東下，駐皖城，兵六萬人，淫掠江南江北，桐人之避亂江南者，家復破。五月，給事中左懋第奉命至皖，給良玉餉百萬。良玉回楚，襲賊空虛之地，名曰恢復，而其民已盡矣。先是庚辰、辛巳、壬午以來，以用兵故〔四六〕，歲復饑，民力不支，且恐齎盗糧，故桐城漕米皆未輸，至是，上官移文補徵之。桐人朝不給夕，無所控訴，給事中光時亨爲請免之。而自乙亥以來，江淮兵興，旱蝗繼之，疫疾復起，桐城田畝三十九萬，荒者十七八，惟東鄉僻在江干，不數經賊，民耕桑如故，以故桐之税糧皆取給於東鄉。自癸未受左兵之掠〔四七〕，繼以田鼠食禾稼爲災，税糧無出，於是諸生謁之張亮，爲奏免十分之七焉。

初，桐標營三千人，廖應登領前營，杜先春領左營，羅九武爲先春部將。已而先春戰死，應登並領其衆，九武由此不平，後應登之遇害也，九武有力焉。張獻忠之圍桐也，九武領前營，虞宗文領左營，九武不悦。賊既退，九武欲併其衆，謀不成。張亮慮兩人之有變也，命宗文别戍，而以孫得勝領左營。得勝木强質直，而九武驕蹇，於是兩人亦不相悦。然九武權譎，得勝每隨之俯仰，以故卒與同禍。自獻忠之退，九武自謂城守功高，桐之子女玉帛，相隨入兩營者不可勝計。癸未秋，督師孫傳庭徵兵不應。甲申春，淮揚巡撫徵兵勤王，亦不應。是時歲復大饑，兵餉無出。張亮命士卒墾荒萊屯田，兩營之兵皆掠民人爲之耕〔四八〕，奪民牛〔四九〕，横行四郊，劫行旅，道路皆苦之。張利民爲請於九武，斬三人，行旅稍通。

甲申三月，李自成犯京師，烈皇帝崩於煤山，桐人聞之，相對悲號，不能寢食。四月，大清兵入關，李自成敗走西安。五月，史可法、馬士英立福王世子，即位南京，改元弘光，頒詔陞賞將士，而授羅九武、孫得勝參將〔五〇〕，加副將銜。兩人乘中外危疑，益肆剽掠無忌。當此之時，總兵劉澤清轄淮海，駐淮北，經理山東。高傑轄徐泗，駐泗水，經理開歸。劉良佐轄鳳壽，駐臨淮，經理陳杞。靖南侯黄得功轄滁和，駐廬州，經理光固。號爲四鎮，皆擁重兵，尋進封侯伯〔五一〕。羅九武、孫得勝薄其官，頗鞅鞅失望。皖人阮大鋮者，天啓中黨附魏忠賢，烈皇帝削其籍。阮大鋮固與馬士英善，至是士英薦之，拜兵部尚書。大鋮不知兵，徒以倡優媚人主，而欲翦除鄉之擯己者〔五二〕，黨禍復烈。八月，大鋮親引兵巡江閲軍，抵皖城。自以歸故鄉，張軍威示榮耀，左右皆曼聲美色，而倡優皆衣錦繡。桐之兩營將士，皆召至皖澱軍實。於是兩營之兵自東抵皖，掠百餘里。比其還桐，復自西抵桐，掠百餘里。而羅九武從數騎獨後，夜宿道中，密爲書付其嬖童前行，教其兵作亂，俟九武至桐乃止兵〔五三〕。其童行未一里，忽有虎自山出，傷其童，童死。九武大驚，由此九武滅桐之計卒濡遲不決。九月，士英以楊鎮宗爲總兵駐安慶，開藩置幕，提督江南江北軍馬。當是時，士英及大鋮以争黨報復恩仇，避禍者多入左良玉軍中，教良玉起兵誅君側姦臣。大鋮、士英慮之，故設大營於安慶，名爲雄固上游，實以備良玉。十月，張利民以治行第一，行取入南京，桐人泣送之，凡數十里不絶。

乙酉二月，袁秉華來爲縣令。秉華自在京師，聞桐之守兵驕横，求於兵部，加監紀銜，得以兼制軍民，兩營將士皆怒，釁從此起矣。縣士大夫曲爲解之，僅而不亂。頃之，左良玉全軍東犯，安慶戒嚴。羅九武等乘間遂掠倉庫，辱秉華。李大有者，九武之部將也，勸九武嚴飭軍士，九武不應，已而軍士殺大有於轅門之外，九武亦不問。桐人如在水火，時時莫必其命矣。左良玉之東犯也，死於九江，其子夢庚統其衆百萬，蔽江而下，沿江州縣皆屠之。楊鎮宗部將馬進寶者，兇悍無人理，時時欲叛，夢庚兵抵皖，進寶爲之内應，而鎮宗不之知。四月初八日夜半〔五四〕，皖兵開城納賊，皖人死者十八九。張亮走入山中，楊鎮宗走桐，九武迎鎮宗入居縣中。是夜，九武命其兵作亂，大掠三日乃止。十七日〔五五〕，分兵入西鄉焚掠。又數日，分兵入東鄉、南鄉、北鄉焚掠，少婦幼童被虜者凡五六千人，相號於道。楊鎮宗見之，扼腕歎恨。頃之，靖南侯黄得功傳檄，召兩營將士至蕪湖，九武以其部將龐天泰領兵五百往。得功擊左夢庚於板子磯，大破之，夢庚敗走，淫掠安、池間。皖兵叛者潰入桐城，與兩營合，無遠不掠。居有頃，大清兵入破揚州〔五六〕，督師大學士史可法死之。大清兵下南京，聖安帝遁，盧九德降。尋至蕪湖，靖南侯黄得功死之，龐天泰降。九武等尚持兩端，縣幾遭屠毒〔五七〕，賴諸生王雯耀説之乃定。及大清豫王遣將卜從善、張天禄至桐城，擒九武、孫得勝等，而散其所部兵，凡所掠子女俱令釋去。九武妻常氏有賢行，駡九武曰：「不聽吾言，宜及此禍。吾不忍偷生也。」乃投井而死。是時楊鎮宗降大清，仍授爲總兵。鎮宗曰：「九武等爲江北害，吾目擊也，不可赦。」於是斬九武等於市。自是天下漸定，而桐、潛之間時時兵起，名曰義兵，其實皆爲民害，然皆不踰時輒削平。非桐之所以存亡，故不著。

附災異記

崇禎元年戊辰春正月朔，大雷雨。

十月，嚴寒，江湖魚多凍死。

十一月，隕霜冰，林木房舍間皆結成刀兵花鳥狀。

二年己巳冬十月三十日，大雷雨。南城外居民何海陽母忽生鬚，多而且長。

三年庚午，大有年。四野鬼哭。油巷李氏李樹結實如瓜。

五年壬申，東嶽廟泥神康元帥流淚，拭之復流，如是者一月。

秋七月，赤烏見，大如鸛，色赤，其聲音嗚嗚如咽。

七年甲戌正月，地震。
秋八月二十四日，西北長虹亘天。（是月，黄文鼎作亂。）
九月十九日，大雷雨。
十月，北峽關市鎮每日申酉時妖氛大作，來如風雨驟至，詳視則尺許小鬼，千百爲群，市人以銃砲鑼鼓逐之，如鳥飛去，如是者數日。又半舖妖氛大作，有鬼魅長丈餘，著紅衣，持鎗，白晝跳舞，人争逐之，輒不見，倏又見他所，如是者數日。
十一月初七日，雷雨。
八年乙亥正月朔，地震有聲。（是年，流寇至。）
二月，天雨黑黍。
三月望，地震。
夏五月，復雨黑黍。
冬十二月二十三日，大雷雨。
九年丙子秋七月朔，日有食之。望，又月食。金星、木星同度。
十二月二十三夜，雷電雨雹。
十年丁丑春正月朔，日有食之。（是年，流賊殺人十六萬有奇。）

三月，有李結實如瓜，滿枝頭。先是有童謡云：「李子樹上結王瓜，二十五里没人家。」

四月二十三日，大雨雹。

夏六月二十日夜，天裂有光，大星墜。

秋七月，縣西三里岡有白氣一道從空而下，如掛帆，如瀑布，卷舒若象鼻。至是，日夕屢見。

九月二十七日，有鳥數千集於西城外山谷臺，望之如雪山。

冬十月十五日，月食。

二十六日，雷雹。

十二月朔，日有食之。

十一年戊寅春，地産粉土，其色紅白細膩，富人食之多死，貧人療饑，時人謂之觀音粉。

夏四月，大雨雹，害禾。

五月，天泉出。時寇警久旱，城中井俱竭，有小兒於郭家園戲掘一井，水泉湧出，因掘數井，皆然，時人謂之天泉。

八月十一日，地震。

十月十二日，天鼓鳴。

十一月，南城外居民郎氏婦産一回回、一象，形骸畢具，各重三斤十兩，其人惡之，投諸水。

十九日，東北有赤氣數十條。

十二月十三日，雨雹。

十二年己卯春二月十四日夜，無雲而雷。天狗墜。

十六日，天裂有光。

夏四月，太平坊居民江氏婦産一猿，雙胞。

十四日，熒惑犯南斗。

十三年庚辰，野多狐，跂行如人，食牛豕。

十四年辛巳，大旱。冬疫。

十五年壬午，大饑。疫。

十六年癸未，秋七月，田鼠害稼，自江南銜尾而渡，害等蝗蝻。

十一月冬至，大雷雨。

十七年甲申，冬，大旱。

〔一〕「黄文鼎」，按康熙六十年張楷修安慶府志作「王文鼎」，「黄」、「王」音相近，應有一誤。
〔二〕「流賊之警適至」，張本無「流」、「之」二字，從荆駝逸史本。
〔三〕「楊爾銘」，安慶府志同此。明史卷二七四史可法傳及卷二七六張國維傳皆作「陳爾銘」。
〔四〕「殺賊以百數」，張本「以百數」作「數百」，從硯莊甲本、秀野本。
〔五〕「給賊」，張本「給」作「紿」，從批校本、硯莊二本、王本。
〔六〕「拔營」，張本無「營」字，從批校本、硯莊二本、王本。
〔七〕「守城之功」，張本「守城」作「城守」，從硯莊二本、徐本。
〔八〕「寗舖」，張本作「寓舖」，從批校本、硯莊二本。
〔九〕「奸宄」，張本「宄」作「究」，從批校本、硯莊二本、徐本。
〔一〇〕「文移往來」，張本「文移」作「移文」，從硯莊二本、王本、徐本。
〔一一〕「史可法禦之」，張本無「史」字，從批校本、硯莊二本、王本、徐本。
〔一二〕「遺民」，張本「遺」誤作「遣」，今正。
〔一三〕「酇家店」，張本作「鄧家店」，從荆駝本、秀野本、毅夫鈔本。
〔一四〕「將軍之言」，張本無「之」字，從硯莊二本、王本、秀野本。
〔一五〕「桐與灊太」，張本「桐」下有「之」字，從硯莊二本、王本、秀野本。
〔一六〕「愛重之」，張本作「重愛之」。從荆駝本、秀野本。

〔一七〕「所屬州郡」，張本「屬」下有「之」字，從硯莊二本、王本、秀野本。
〔一八〕「二千餘人」，張本作「三千餘人」，從批校本、秀野本、王本、荆駝本。
〔一九〕「河南」，張本作「江南」，從硯莊二本、王本、秀野本。
〔二〇〕「鄭二陽」，張本無「鄭」字，從荆駝本。
〔二一〕「李蟲兒」，張本「蟲」作「蟲」，從硯莊二本、秀野本、毅夫鈔本。下同。
〔二二〕「所過堡寨」，張本「堡寨」作「寨堡」，從硯莊二本、毅夫鈔本、荆駝本。下文「堡寨多被掠」，「入山叩堡寨」，同此。
〔二三〕「諸生赴試也」，張本無「也」字，從硯莊二本、秀野本、荆駝本。
〔二四〕「聚於窮山之中」，張本「聚」下有「軍」字，從批校本、毅夫鈔本、徐本。
〔二五〕「日且饑餒」，張本無「日」字，從批校本、毅夫鈔本、徐本。
〔二六〕「史可法爲大將軍」，張本「法」、「爲」二字誤倒，今正。
〔二七〕「漕米」，張本作「糧米」，從硯莊二本、毅夫鈔本、王本。
〔二八〕「引兵入也」，張本無「也」字，從硯莊二本、秀野本、王本、荆駝本。
〔二九〕「當楊卓然」，張本無「楊」字，從硯莊二本、王本、荆駝本。
〔三〇〕「賊衆復潰」，張本「復」作「皆」，從批校本、硯莊二本、王本、秀野本。
〔三一〕「擒黄將軍以來」，張本無「以」字，從批校本、毅夫鈔本、徐本。

〔三二〕「策其馬去」，張本無「去」字，從荆駝本。

〔三三〕「兵備副使張亮」，張本「亮」下有「功」字，從硯莊二本、徐本。下文「亮有儁才」，「張亮亦至桐」，同此。

〔三四〕「入城中」，張本無「中」字，從荆駝本。

〔三五〕「歃血」，張本「歃」誤作「插」，今正。

〔三六〕「賊自辛巳春入桐」，張本「賊」在「春」字下，從荆駝本。

〔三七〕「至壬午二月」，張本「二」作「三」，從批校本、硯莊二本、王本、秀野本。

〔三八〕「楚兵」，張本「楚」誤作「焚」，今正。

〔三九〕「其名聲」，張本「名聲」二字互倒，從批校本、王本、秀野本、荆駝本。

〔四〇〕「擅殺部將」，張本「部將」作「張寶山」，從批校本、毅夫鈔本、秀野本。

〔四一〕「賊」，張本無此字，從批校本、硯莊二本、王本、秀野本。

〔四二〕「至期救不至」，張本無「救」字，從毅夫鈔本、秀野本。

〔四三〕「取其輜重」，張本「其」下有「軍」字，從批校本、毅夫鈔本、王本、秀野本。

〔四四〕「室廬」，張本作「室家」，從批校本、毅夫鈔本、王本、秀野本。

〔四五〕「城守功高」，張本「功」誤作「也」，今正。

〔四六〕「以用兵故」，張本「以」作「因」，從批校本、硯莊二本、徐本、王本、秀野本。

〔四七〕「左兵」，張本作「左良玉」，從荆駝本。
〔四八〕「掠民人」，張本無「人」字，從批校本、硯莊二本、徐本、王本。
〔四九〕「奪民牛」，張本「牛」下有「種」字，從批校本、硯莊二本、徐本、王本。
〔五〇〕「授羅九武、孫得勝參將」，張本羅、孫二名互倒，從批校本、王本、秀野本。
〔五一〕「尋進封侯伯」，張本無此五字，從荆駝本。
〔五二〕「擯己者」，張本「擯」作「異」，從荆駝本。
〔五三〕「乃止兵」，張本無「兵」字，從批校本、毅夫鈔本、徐本。
〔五四〕「初八日」，張本「初」作「十」，從批校本。
〔五五〕「十七日」，張本作「二十三日」，從批校本、硯莊二本、王本、秀野本。
〔五六〕「入破揚州」，張本無「入」字，從批校本、硯莊二本、徐本、王本。
〔五七〕「屠毒」，張本「毒」作「戮」，從批校本、硯莊二本、徐本、王本。

戴名世集卷十三

崇禎癸未榆林城守紀略

明時天下之勢在九邊，而陝西有三，曰延綏，曰寧夏，曰甘肅。延綏之屬有四衛，曰慶陽，曰延安，曰綏德，曰榆林。榆林與河套接壤。河套東接山西偏頭關，西至寧夏，相距二千里而遥，北濱黄河，南以邊牆限之，自古郡縣繡錯其中。明初即唐受降城故地營東勝，跨河北以衛套中，已而棄東勝不守，則河套遂失，而鎮將駐綏德，苦遥制非便。成化中，都御史余子俊巡撫延綏，相度形勢，增置營堡，而移綏德重兵鎮榆林。清鼇陝人，有伍籍詭落及罪謫者徙實之，興屯田，立學校。事皆創始，而經畫周密，自是榆林遂爲大鎮。其地多沙磧，民不事生産，大抵荷戈從軍，俗尚雄武而多將才，有氣節，視他鎮爲最。

崇禎初，府谷人王嘉胤反，自是盗大起，名賊巨猾皆在延安府屬，官軍不能制。崇禎十六年，米脂賊李自成陷西安，遣其僞亳侯李過、僞磁侯劉芳亮引兵北略地至榆林。綏德王氏，世將家，世國、世臣者兄弟也。府谷尤世禄、世威，閥閲亞王，而威重過之。此兩家官榆林久，遂家焉。李昌齡者，鎮藩衛人，起家勳胄，以故總兵僑居榆林。會延綏巡撫崔源之總兵王定先後望風走，於是兵備副使祥符都任，督餉户部郎中黄岡王家禄，副將惠顯、潘立勳，與諸將及士民集議。參將劉廷傑曰：「賊雖破西安，三邊尚爲國守，吾榆林爲天下勁兵處，一戰必奪其氣，然後約寧夏、固原，爲三師以遞進，賊可破也。」衆曰：「將軍議是。」故總兵尤世威曰：「受國厚恩，敢不執櫜鞬、援枹鼓以效死！」王世欽，故山海關總兵也，前曰：「今日之事，死戰而後可以死守，苟不然者，非丈夫也！」皆憤激瞋目，擐甲登陴〔二〕。適延安人舒君睿與賊將黄色俊先後以自成手書來説降，且賚五萬金來犒師。衆從城上遥語之曰：「吾榆林之人，男不知耕，女不知織，縣官轉餉以食我垂三百年矣，忠義節俠著於九邊，肯爲賊屈乎！」

賊稍稍退，於是衆共推昌齡署總兵事〔三〕，街巷各聯結大社習兵。先是賊將至，或告昌齡曰：「公罷官久，無軍旅之任，且此土非公之鄉也，盍去諸。」昌齡曰：「普天之下，莫非王土，榆林亦王土也。吾爲國大臣，奈何舍之而去！果此城不守，吾當與之俱亡耳。」至是，昌齡瀝血誓師，分汛以守。而南城樓則爲都任、王家禄、惠顯、劉廷傑、尤世威、定邊副將尤翟文、坐營游擊劉李英，而故保德州知州鍾乾健佐之。城之東南隅則爲右營游擊劉芳馨、姬維新，而安邊參將馬鳴廉佐之。城之東觀遠樓爲潘立勳、故山海關副將楊明、兵備中軍柳永年、火器營都司郭遇春。東城信地樓則爲故永平督餉户部郎中張雲鶚，而故西安參將李應孝佐之。前東門空心樓則爲王世欽、右營游擊尤養鯤，而奇兵營中軍楊正韡等佐之。後東門樓則爲李昌齡，而故天津總兵王學書、故孤山副將王永祚佐之。北城敵樓則爲故真州知州彭卿，後西門樓及水西門樓則爲故柳溝總兵王世國、故山海鐵騎營參將尤岱，而故隰州知州柳芳佐之。新添門樓則爲故遼東總兵尤世禄、故山海關總兵侯拱極，而左營游擊陳二典、故湖廣監紀趙彬佐之。督巡街巷則爲定邊副將張發、旗鼓都司文經國，晝夜巡視。部署甚整，而時時出兵大戰，頗多斬獲。

先是賊自謂榆林中父老皆其鄉人，度不煩兵而下。至是賊怒，悉衆薄城。城三面傍山，一面臨河，城北有護城五墩相與犄角〔三〕，賊不敢近，而東南山阜參差，祠廟林木隱蔽，賊依之而軍。而海潮寺尤逼城下，賊入其中，潛爲地道穿城，爲故總兵侯世禄與其子拱極所覺，亦穿地道截之〔四〕。賊乃於沙上起飛樓，與城樓相對，矢石交至，尤世威與尤翟文自南門出，戰於榆楊橋，賊乃却，翟文戰死。翟文者，世威之從弟也。東門亦懸壯士出擊賊，賊披靡，將退守綏德請益師，而城中有姦民舉火應之，賊復環攻。越日，南城將穿，都任撤屋材爲重城以備缺。又越日，城陷，士女皆登屋巷戰，刀楯之聲不絶，是爲崇禎十六年十二月二十七日也。

都任被執見賊帥，賊帥曰：「若固壯男子，苟降，無憂不富貴。」任怒駡不絶口，遂遇害。

王家禄拔佩刀自刎死。劉廷傑被執，賊語之曰：「若能降，仍以若爲大將。」廷傑大罵賊，賊怒，支解之。廷傑綏德人，有從弟曰廷夔，爲諸生，以任俠聞。當廷傑之死也，來榆林收其屍而瘞之，且哭曰：「伯兄死，吾何獨生爲哉。」遂投雲巖谷死〔五〕。廷夔妻高氏，撫遺孤稍長，一日，泣告其子曰：「我所以偷生者憐汝耳，今汝已有知識，吾將去矣。」遂不食而死。

惠顯清澗世家子，其伯兄曰世揚。世揚者官至九卿，初與楊忠烈、左忠毅齊名，白首名德，負海内重望。賊之破西安也，世揚爲賊脅，匍匐受僞官。顯少爲諸生，非其好也，已而棄去，以白衣從軍，積功至延綏副將。城破之日被擒，賊語之曰：「若固世家子而有武略，且爲世揚弟，能相從則權將軍可得也。」權將軍者，賊中領兵之最尊者也。顯大罵不屈，賊怒，則支解之〔六〕。其從子漸，時爲撫邊守備，亦罵賊死。漸，世揚子也。而李昌齡、尤世威、王世欽、王世國四人，俱以檻車送至西安，距西安四十里曰回車店〔七〕，四人沐浴更衣曰：「將以下見祖宗也。」既入賊庭，挺立，仰視天，賊欲跪之不屈。自成曰：「吾虚上將以屈四將軍，奈何固執不相與共富貴也〔八〕。」昌齡等罵曰：「驛卒敢大言！吾輩朝廷大將，汝草竊，不久且滅。」自成本迎川驛馬夫，故呼之曰「驛卒」，欲以激怒自成使速殺之〔九〕。自成笑前解四人縛，世威叱曰：「勿前污將軍衣！」自成怒，命斬之。四人臨死歎曰：「吾輩不早滅此賊，致有今日，死有餘恨。」

先是王世國傾其家貲招套人爲援，而撫邊中軍馬應舉亦以孤城不可獨守，乃往河套乞師，曰：「河套本吾中國地，本朝宏覆載之量，使爾得居之，爾且時時闌入爲邊患，在本朝無負爾也。今逆賊李自成以國家赤子稱兵作亂，横行天下，今且攻圍榆林，榆林堅守不下。爾套中誠能發精騎隨吾往救，而榆林將士復自城出擊之，賊腹背受敵，可不戰而走，此千秋之義也。且賊中輜重子女甚盛，不可失。」套人感動，以數千騎至榆林西門，見賊勢大〔一〇〕，不敢敵，遂引而去。至是賊入，殺應舉，懸首於凱歌樓。

王學書、楊明、尤岱、侯世禄、侯拱極、潘立勳、中軍劉光裕，皆駡不絶口，遂遇害。潘立勳漢中人，以武狀元起家。餘文武諸將吏皆死，無一人降者。尤世禄、郭遇春與榆林舊守官高顯忠等二十四人，以明年春自成徵赴西京，西京者自成所更名也，行至魚河，皆殺之。榆林衛指揮黄廷政，千户廷用，百户廷弼〔一一〕，皆黄演孫，演在嘉靖中以副將戰死芹河者也。廷政中砲死。廷用、廷弼手殺賊甚衆，及城破，兩人曰：「吾其從我祖於地下矣。」遂偕死。綏德衛管屯指揮鍾茂先知力不支，先置二匕首於左右蔽膝中，賊入茂先家，茂先佯勞以酒，乃左手持觴〔一二〕，右手拔匕首剸賊，賊負傷走，茂先入殺其妻子而自刎。指揮崔重觀，初散家財聚衆於漢壽亭侯祠，喋血質神，期以死守。城破，重觀至家，焚其餘積，曰：「毋爲賊資也。」賊怒殺之。右營材官張天叙指其囷粟曰：「吾不能殺賊，亦不可餉賊也。」

焚之而自縊於庭樹。李耀宇、李光裕者，皆材官也，耀宇抽矢數十，巷戰，每發輒應弦而倒，賊不敢近，矢盡乃自殺。光裕趣家人俱自殺而後死。千户賀世魁，陳衣冠於庭，取家世承襲牒文置案上，焚香東向拜，曰：「臣力竭矣。」更衣深衣〔一三〕，與其妻柳氏從容自縊。故西安參將李應孝、李淮〔一四〕，皆使其妻女自縊，各率子挾弓刃搏戰〔一五〕，殺數十人而後死。百户馬鳴節舉火焚其妻孥，出持刀巷戰，殺十餘人，力竭，顧其家火正烈，亦赴火死。威武守備苗青與妻凡氏，榆林衛指揮傅佑與妻杜氏，皆自縊。

他如游擊傅德、潘國臣、李國奇、晏維新、文保國〔一六〕，守備尤勉、賀大雷、楊以煒〔一七〕，指揮李文焜、李文燦等，皆遇害。尤養鯤等姓名已前見者，其死多不書。而常懷德、李登龍、孫貴、白恒衛〔一八〕、李宗叙，皆以廢將守城死之。城死之。尤養鯤等姓名已前見者，其死多不書。凡榆林人皆不書其地者，不勝書也。而諸生之罵賊死者，曰陳義昌，曰沈濬，曰沈演，曰白拱極、白含章。而張連元、張連捷縊於漢壽亭侯祠〔一九〕。李可柱縊於余肅敏公祠。胡一魁、李胤祥皆縊於家。商人張禮亦罵賊死。而延安衛人曰台元者，當賊入城時，兩手握大石欲狙擊賊，鄰人恐禍及，縛之回至家，不食五日死。其中婦女之就義甚烈，有姓名可紀者，曰榆林衛右所掌印百户楊坤妻柳氏，曰教授徐可徵妻潘氏，曰兵備副使巡捕官喬國雲妻劉氏，曰趙之珍妻馬氏。曰吴伯裕妻王氏，以石自碎其首，不死，乃縊。曰諸生劉伯新妻張氏，攜二女投井死。曰管登魁妻傅氏，攜幼子投井死。曰中軍劉永昌妻高氏，先永昌死。曰崔國安妻米氏。曰王世欽妻高氏。曰榆林衛百户王坤妻高氏，高氏謂長婦曰：「吾寡居，不見姻親中一男子者十餘年矣，今肯見賊乎。」攜長婦投井死〔二〇〕。賊退殯之，閲三月，合葬於夫之壙，啓棺視之，香聞數里。曰吴守中妻楊氏，楊氏家饒於貲，楊以寡婦督子及孫年十五以上者皆操戈登陴〔二一〕，躬着布韝，日夜備糗糧以餉守卒，城破，投井死，年八十餘矣。

賊既破榆林，使其僞權將軍王良智、僞節度使周士奇、僞防禦使張宏祚鎮榆林，僞權將軍高一功守綏德。賊遂以兵臨寧夏，寧夏總兵官撫民迎降。攻慶陽，三日城陷，屠之。已又屠甘肅。三邊皆入於賊，賊無所顧忌，遂長驅過河入山西矣。明年夏四月，高一功來巡城，徙榆林壯丁二千於鄜陽，又徙千餘丁於保寧。尋僞加良智確山伯，一功臨朐男，而自成已破京師稱帝矣。五月，自成又令遷榆林大族於西京，會大兵入關而止。是爲順治元年也。

順治元年六月，高一功、李過殺王良智於演武場，一功代之，李過引兵東守河津。冬十月，大兵臨河，李過潰走，一功盡毁廨舍〔二二〕，造懸樓，置大砲，日坐譙樓批簡牒，殺人無算。十二月，英王自保德州過河，孤山、黄甫川諸堡皆降。王以大兵自鎮川溝南取西安，分别部唐通、姜瓖略地至榆林。順治二年春正月，一功拒戰於常樂，敗奔響水〔二三〕。姜瓖又追破一功於波羅，一功遁走。姜瓖者，亦榆林人。順治六年春，以大同舉兵，山西、陝西皆震。延綏巡撫王志正檄召延安參將王永疆，協防清水營、黄甫川諸堡，會神木高家堡諸賊田秉貞、張秀擁廢將高有才〔二四〕、郭毓奇作亂。永疆與賊通，引兵襲殺延綏總兵沈朝筆，王志正自縊死。永疆遂自立爲延綏大元帥〔二五〕，而召魚河故將平德爲山西總兵，又以裨將謝汝德爲延綏總兵。高有才等亦各自署官爵，不相統攝。永疆勒兵至延安，而有才亦出兵於富平。頃之，大兵破永疆於美原，永疆奔石浦川自縊，有才聞之，宵遁入府谷。平德至汾州，聞美原之敗，退軍紫柏〔二六〕，與大兵戰而大敗，走葭州。榆林復平，大兵遂圍葭州。葭州破，德復東渡河，大兵追擒德斬之，遂圍府谷，明年冬始克之〔二七〕。有才、毓奇皆投河死，延綏諸賊悉平。

〔一〕「擐甲」，「擐」張本誤作「環」，今正。
〔二〕「衆共推昌齡署總兵事」，按明史卷二六九尤世威傳及卷二九四都任傳皆云，世威被推爲主帥。
〔三〕「相與犄角」，張本「相」作「栅」，從荆駝本。
〔四〕「亦穿地道」，張本無「道」字，從荆駝本。
〔五〕「雲巖谷」，張本「谷」作「閣」，從荆駝本。
〔六〕「則支解之」，張本「則」作「亦」，從荆駝本。

〔七〕「距西安四十里曰回車店」，張本脱「距西安」三字，又「車」作「軍」。從荆駝本。
〔八〕「共富貴也」，張本無「也」字，從荆駝本。
〔九〕「使速殺之」，張本無「使」字，從荆駝本。
〔一〇〕「見賊勢大」，張本「大」作「甚盛」，從荆駝本。
〔一一〕「千户廷用，百户廷弼」，張本脱「廷用百户」四字，從荆駝本。
〔一二〕「左手持觴」，張本「持」作「捧」，從荆駝本。
〔一三〕「衣深衣」，張本無上「衣」字，從徐本。
〔一四〕「李淮」，張本「淮」作「誰」，從荆駝本。
〔一五〕「使其妻女自縊，各率子挾弓刃搏戰」，張本脱「女自縊」三字，又「子」下有「女」字。從荆駝本。
〔一六〕「文保國」，張本「保」作「侯」，從荆駝本。
〔一七〕「楊以煒」，明史卷二九四都任傳及荆駝本皆作「楊以偉」。
〔一八〕「白恒衡」，明史卷二九四都任傳作「白慎衡」。
〔一九〕「漢壽亭侯祠」，張本脱「侯」字，從荆駝本。
〔二〇〕「長婦」，張本作「長幼」，從荆駝本。
〔二一〕「年十五以上者」，張本無「者」字，從荆駝本。
〔二二〕「廨舍」，張本作「廳舍」，從荆駝本。

〔二三〕「分別部唐通、姜瓖略地至榆林。順治二年春正月，一功拒戰於常樂，敗奔響水」，張本「部」作「破」，又脱「姜瓖」至「響水」二十五字，又「瓖」誤作「壞」。從荆駝本。下文同此。
〔二四〕「張秀」，張本脱「秀」字，從荆駝本。
〔二五〕「延綏大元帥」，張本無「延綏」二字，從荆駝本。
〔二六〕「紫柏」，張本「柏」作「陌」，從荆駝本。
〔二七〕「始克之」，張本無「之」字，從荆駝本。

崇禎甲申保定城守紀略

崇禎十六年，因賊禍孔棘，建牙之吏遍於畿輔，人地乖互〔一〕，權位牽掣，乃撤去總督二、總督治巡撫九、總兵二。而保定舊設一總督一巡撫，至是撤去總督，而以兵部右侍郎徐標爲巡撫。標別募兵七千，肄習戰車火器成一軍。京師凡千里，凡設總督二，巡撫九，皆治兵以擁護京師。自山海、永平達於通州、天津，而昌平，而懷柔，而陽和，而宣府，而大同〔二〕，而寧武，至山東、河南，凡十三節鎮，居京師咽喉臂指之處〔三〕，即有緩急，可呼吸惟命。然法令久弛，兵與將多不習戰，賊至輒望風潰，惟保定堅守不下〔四〕，死義甚烈焉。

初，賊之漸逼畿輔也〔五〕，上倚督師李建泰、保定巡撫徐標以爲重。建泰之出也，遷延觀望，託言有疾不能軍，其左右已陰通賊。而徐標行部至真定，爲副將謝嘉福所殺，遣人出固關迎賊。是時新任保定知府何復未至，同知邵宗元署府事，而郡人張羅彥以光禄寺少卿家居。羅彥兄弟五人〔六〕，其兄進士張羅俊，弟諸生張羅善，武進士張羅輔，皆守死，而張羅喆出亡幸以免。

初，上之命李建泰督師也〔七〕，甫出京而宣、雲已報陷。保定總兵馬岱介而見張羅彥曰〔八〕：「賊分兩路來，任珍自固關，劉芳亮自河間。吾當出鎮蠡縣，居衝要以待敵，請殺妻子以決死戰。城守之事，一惟公等任之！」羅彥曰：「諾。」旦日，岱果焚其妻孥十一人，率師去。羅彥兄弟與宗元及後衛指揮劉忠嗣主城守事，收召鄉兵得二千人〔九〕，與郡人故邠州知州韓東明，故平涼通判張維綱，諸生韓楓等，刑牲盟北城上。而適聞真定之變，謝嘉福以反書至，羅彥裂之，而分汛設守，部署稍稍定。監視太監方正化者，舊守保定有功，素善羅彥，因羅彥以識宗元，與知府何復先後至。復之來爲保定也，誓必死而後入。既入，宗元欲以印授復，復曰：「城中事先定自公，不可臨敵易主，以摇視聽，吾當同生死耳！」大會諸生，講「見危授命」章，聞者爲之益奮。

李建泰軍道潰，所齎帑銀以數萬，衛者僅親軍五百人，退師抵保定，守者不納。賊將劉芳亮且至，建泰使其中軍郭中傑、李勇因金毓峒以求入。金毓峒者，爲監察御史有聲，十七年春正月，召見便殿賜宴，命監宣大軍〔一〇〕，宣、大俱奉建泰節制者也，及宣、大失，復命留守保定。是時保定之屬，賊騎已充斥，毓峒入城，謂守者曰：「勉之！戮力固守，以爲京師捍衛，此睢陽之烈也。」散家貲犒士，士皆爲之感泣。至是，毓峒謂羅彥、宗元曰：「吾等不可使督師陷賊。」乃開城納之。

明日，芳亮兵抵城下，呼曰：「城上人何以不降？」羅彥顧謂其下厲聲曰〔一一〕：「苟欲降者，取我首去！」劉忠嗣撫劍曰：「有不從張氏兄弟者，劍砍之〔一二〕！」怒目髮上指，衆諾聲如雷。賊驚顧，退五里而舍，是爲三月二十日也。明日，賊大至，環攻。會聞京師已陷，羅彥兄弟、宗元等哭曰：「曩者只城守，今則復君父仇矣。」各飲泣北向拜，又羅拜，重訂盟。毓峒大出銀牌懸之堞〔一三〕，購賊頭，羅彥復出錢佐賞。賊乃穿城壕涸其流，伐木治攻具。二十二日，賊大攻西北陬，守者奮殺賊無算。賊繞城詬，守者更切齒。張光禄隨射書入城，説以國亡誰與守，建泰得之，以示何復、方正化，曰：「宜爲闔郡生靈計，得一用印降書，足以免。」正化泣不應。復曰：「復固未嘗受印也。即有印，復必不爲此。」乃召宗元，宗元至而自顧其肘曰：「前日何公讓印而宗元不辭，爲城守先在宗元耳。今事急且抱印死，即何公争亦不與，肯以與閣下印降書乎〔一四〕。宗元江南一老貢生，下吏薄禄，尚不肯北面事賊，閣下以宰相專征，不圖報萬一，乃爲人趣降〔一五〕，獨不念皇帝親祖正陽門，君臣相别時乎？」建泰不能答。其從卒欲兵之，思奪其印，宗元擲印於地，拔佩刀欲自刎，左右力持之，俄而羅彥、毓峒馳至，取印納宗元懷中，曰：「亟上城禦賊！」

二十四日，賊火箭燒城西北樓，何復焚死。李建泰親軍反，殺方正化於城上，城遂陷。張羅彥歸至家，先是書壁曰「光禄寺少卿張羅彥義不受辱誓死井亭」，及是，視其妻妾及子婦入井，而後自經。有三犬守之不去，一賊跣足過，犬嚙之，絶其拇。群賊駭，乃藉藁埋之。羅俊擊賊，刃脱，兩手抱一賊，嚙其耳，血淋漓口吻間，大呼曰：「我進士張羅俊，不降者我也。」群賊刺殺之。初羅輔欲衛其伯兄羅俊潰圍出，羅俊不從，至是射殺數賊，矢盡，馳馬横刀砍賊，賊圍之，裂屍死。羅善投井死。而羅彥之子晉，羅俊之子坤，皆不屈死。宗元挈印自投城下〔一六〕，賊獲之，欲奪其印，不肯，罵賊死，手猶持印不解，賊斷其兩指，取印去。毓峒守西城，城陷，一緑衣賊追毓峒入三皇廟，毓峒拳擊賊仆地，攜監軍御史印投廟前古井死。武舉金振孫者，毓峒從子也，振孫素負氣，城守多殺賊，至是，同事者多解甲匿，振孫衣其銀鎧，戴胄佩劍，大呼曰：「我金振孫，金御史姪，城頭殺賊者我也。」賊支解之。劉忠嗣先城未破一日，手授其婦女弓弦自盡，身仍登陴，城破被執，猶奪賊刀殺兩人，剜目劓鼻以死。左衛巡捕文運昌同妻宋氏死。韓東明投井死。子仲淹射賊墜城死。張維綱罵賊死。舉人高涇死於水，孫縱範被殺。張爾翬同妻唐氏死。貢生郭鳴世手擊賊死〔一七〕。諸生賀誠同妻女死。何一中同妻趙氏死。王之誕同妻齊氏及三子二女俱死。韓楓同妻王氏死。

其餘殉城者，世襲指揮則有劉洪恩、戴世爵、劉元清、吕九章、李照、李一廣，千户則有李尚忠、楊仁政、紀勳〔一八〕、趙世貴、劉本源、侯繼先、張守道，百户則有劉朝卿、劉悦、田守正、王好善、强忠武、王爾祉等。職官散官則有守備張大同與子之垣戰死〔一九〕，副總兵吕應蛟縊死，武進士陳國政投井死，忠順營中軍梁儒孝，把總申錫、郝國忠，中衛鎮撫管民治，主簿沙潤明，材官王遵義，醫官吕國賓、王之璜、王之瑄等。諸生則有杜日芳、王紘〔二〇〕、馮澤、王胤嘉、吴拭、韓廷珍、楊善舉、何光嶽、韓紹淹、頡學曾、王敬嗣、王繼桂、趙君晉、王昌祚、孫誠、趙世珩、楊拱辰、王建極、阮積學、王世珩、王致中、周之翰等。義民則有田仰名、田自重，互殺其妻，乃自縊，劉宗向、楊强子、張嘉善、鄭國寧、李茂倫、王捷、張智、劉養心、朱永寧、胡來獻、胡得迎等。儒士則有劉士璉、王景曜、黄棟等，或罵賊被殺，或自縊死。而婦女之殉節者則有陳禧母張氏〔二一〕，母楊氏，妻常氏，妹諸生金纓妻陳氏，並侍婢四人，進士王延絢妻張氏等，凡六十人，俱投井死。諸生高植妻王氏，舉人高桂妻劉氏〔二二〕，錦衣衛千户賀喆妻霍氏等十一人，俱自縊死。而張氏一門自羅彦下死者二十有二人〔二三〕，羅彦伯母李氏罵賊死，羅善妻高氏攜其三女，羅輔妻攜其幼子二女〔二四〕，張晉妻師氏、羅士妻高氏、羅喆妻王氏、張震妻徐氏、張巽妻師氏〔二五〕、羅彥妾宋氏、錢氏、田氏，皆投井死。而羅彥妻趙氏，當城破之時，語羅彥曰：「余忝受朝廷誥命，願與君同縊。」乃結雙環於井亭。先引環，環絶，墮地傷股，落二齒，及少甦，匍匐入井，是時子婦及妾已死於井矣，自投而下，踰一日夜不沉。家人聞井中有聲，出之，復索刀欲自裁，家人防之不得，復投於井中〔二六〕，旋浮水上，又不死。閲兩日夜，有鄰人挽之出，曰：「夫人繯不能死，井不能死，此天欲以孤付夫人也。」是時晉幼子華宗尚存〔二七〕，乃匿空室中，已而潛出城以免。

初，自成聞保定堅守，議出師，及既陷，猶欲屠之。或有止之者曰〔二八〕：「保定守於京師已亡，此忠義也，何可盡殺。」乃止。然城中街巷死屍狼藉，溝渠皆滿，僞官使其軍士舉之，三日不能盡，而郡人故工科給事中尹洗〔二九〕，舉人劉會昌，貢生王聯芳，諸生王世琦，皆與韓東明、張維綱佐羅彥、宗元守城者也，劉芳亮仍執而殺之，且懸賞購張氏、金氏子弟之存者，郡人莫應。已得毓峒姪肖孫，問毓峒子所在，備極炮烙，終不言，賊釋之，遂以免。而李建泰竟降賊，賊率之入京師，而以僞將張洪守保定。張洪分兵收諸下邑〔三〇〕，而馬岱居蠡縣，勢弗支，自刎弗殁，張洪縛而致之自成，自成以其將斃釋之。尋爲僧遁去〔三一〕，不知所終。

〔一〕「乖互」，張本作「互乖」，從徐本、荆駝本。
〔二〕「大同」，張本作「大通」，從荆駝本。
〔三〕「臂指之處」，張本「臂」作「背」，從荆駝本。
〔四〕「堅守」，張本無「守」字，從荆駝本。
〔五〕「漸逼畿輔也」，張本無「也」字，從荆駝本。
〔六〕「羅彦兄弟五人」，按明史卷二九五本傳，羅彦尚有弟羅士，早卒，應爲兄弟六人，而守城時爲五人，下文言及羅士之妻高氏殉難事。
〔七〕「李建泰」，張本無「李」字，從荆駝本。
〔八〕「介而見」，張本「而」作「夜」，從徐本、荆駝本。
〔九〕「鄉兵」，張本「鄉」誤作「卿」，今正。
〔一〇〕「宣大軍」，張本「宣」作「甯」，從荆駝本。
〔一一〕「顧謂其下」，張本無「謂」字。從荆駝本。
〔一二〕「劍砍之」，張本無「劍」字，從荆駝本。
〔一三〕「懸之堞」，張本作「懸堞上」，從徐本、荆駝本。
〔一四〕「肯以與閣下印降書乎」，張本「與」作「送」，無「印」字。從荆駝本。
〔一五〕「爲人趣降」，張本無「人」字，從荆駝本。

〔一六〕「自投城下」，張本無「自」字，從荆駝本。

〔一七〕「擊賊死」，張本「死」下有「之」字，從荆駝本。

〔一八〕「紀勳」，張本「勳」作「動」，從荆駝本、國學本。

〔一九〕「張大同與子之垣戰死」，按荆駝本「垣」作「坦」，爲「桓」字脱筆而成。張本「與子之垣」作「同子張之垣」，不如荆駝本爲順，今合校如上文。

〔二〇〕「王紘」，張本「紘」作「弦」，從荆駝本。

〔二一〕「陳禧」，綏寇紀略補遺中作「陳僖」，稱其有甲申上谷紀事一書，「余採而録之」。陳書似亦爲戴氏所取材。

〔二二〕「高桂」，張本「桂」作「柱」，從荆駝本。

〔二三〕「死者二十有二人」，明史卷二九五張羅彦傳及綏寇紀略補遺中「二十有二」皆作「二十三」。

〔二四〕「羅輔妻」，原文未具姓氏，按明史卷二九五張羅彦傳及綏寇紀略補遺中皆作「白氏」。

〔二五〕「張巽妻師氏」，明史卷二九五張羅彦傳及綏寇紀略補遺中皆作「劉氏」。

〔二六〕「復投於井中」，張本「復」作「倒」，從荆駝本。

〔二七〕「華宗」，晚年自號老園，有詩集，見李塨恕谷後集卷二。

〔二八〕「或有止之者」，張本無「者」字，從荆駝本。

〔二九〕「尹洗」，張本「洗」作「銑」，從荆駝本。

〔三〇〕「分兵」，張本無「兵」字，從荆駝本。
〔三一〕「尋爲僧」，張本「僧」下有「道」字，從荆駝本。

弘光乙酉揚州城守紀略

弘光元年四月二十五日，大兵破揚州，督師太師、太子太師、建極殿大學士兼兵部尚書史可法死之。史公字道鄰，順天大興人。始爲西安府推官，有聲。歷遷安廬兵備副使，陞巡撫。丁父憂〔一〕，服闋，起總督漕運，巡撫淮陽。久之，拜南京兵部尚書。當是時，賊起延綏，蔓延遍天下，江北爲賊衝，公與賊大小數十百戰，保障江淮，江南、江北安危，皆視歸乎公〔二〕，公死而南京亡。

先是崇禎十七年四月，南中諸大臣聞京師之變，議立君，未有所屬。總督鳳陽馬士英遺書南中，言福王神宗之孫，序當立。士英握兵於外，與諸將黄得功、劉良佐〔三〕、劉澤清等深相結納〔四〕，諸將連兵駐江北，勢甚張，諸大臣畏之，不敢違。五月壬寅，王即皇帝位於南京，改明年爲弘光元年。史可法、馬士英俱入閣辦事，而得功等方各擁兵争江北諸郡。高傑圍揚州，縱兵大掠，且欲渡江而南。公奏設督師於揚州，節制諸將〔五〕。士英既居政府弄權，不肯出鎮，言於朝曰：「吾在軍中久，年且老，筋力憊矣，無能爲也。史公任巖疆，屢建奇績，高傑兵非史公莫能控制者。淮南士民仰史公威德〔六〕，不啻如神明慈父。今日督師之任，舍史公其誰？」史公曰：「東西南北，惟君所使〔七〕，吾敢惜頂踵，私尺寸，墮軍實而長寇讎？願受命。」吴縣諸生盧渭率太學諸生上書〔八〕，言可法不可出。且曰：「秦檜在内而李綱在外，宋終北轅。」一時朝野争相傳誦，稱爲敢言。東閣大學士兼禮部尚書高宏圖、姜曰廣及士英廷議，請分江北爲四鎮，以黄得功、劉良佐、劉澤清、高傑分統之〔九〕。傑駐徐州，良佐駐壽州，澤清駐淮安，得功駐廬州。尋進封黄得功爲靖南侯，又進封左良玉爲寧南侯，封劉澤清爲東平侯，劉良佐爲廣昌伯，高傑爲興平伯。

高傑者〔一〇〕，本流賊，其妻邢夫人，李自成妻也，傑竊之，率兵求降。當王師之敗於郟縣也，傑奔延安〔一一〕。自成既陷西安，全陝皆不守，傑率兵南走，沿途恣殺掠無忌。馬士英以其衆可用，使使聘以金幣〔一二〕。上手詔：「將軍以身許國，當帶礪共之。」於是傑渡淮至於揚州。其兵不戢，揚州人畏之〔一三〕，登陴固守，而四野皆遭屠殺無算〔一四〕。江都進士鄭元勳，負氣自豪，出而調停，入往傑營，飲酒談論甚歡，傑酬以珠幣。元勳還入城，氣益揚，言於衆曰：「高將軍之來，勅書召之也。即入南京，尚其聽之，況揚州乎！」衆大鬨，謂元勳且賣揚州以示德，遂共殺之〔一五〕，食其肉立盡。傑聞元勳死，大恨怒，欲爲元勳報仇，將合圍而公適至。初，傑兵殺人滿野，聞公將至，分命兵士中夜掘坎埋胔骸。及公至，升座召見傑，傑拜於帳下，辭色俱變，惴惴懼不免，而公坦懷平易，雖偏裨皆慰問慇懃，傑一軍遂有輕公心，因劫公於福緣菴，兵仗甲士環列，公處之夷然〔一六〕。浹旬，公上書請以瓜步屯其衆，揚州人乃安，傑衆亦稍稍戢〔一七〕。已而公巡淮安，奏以澤清駐淮安，高傑駐瓜州，黄得功駐儀真，劉良佐駐壽州，各有分界。九月，公還揚州，定從征文武官經制俸廪之數，鑄印七。一爲督餉道，以黄鉉掌之。一爲監軍道，以高岐鳳掌之。一爲行軍兵備職方司郎中，以黄日芳、秦士奇、何剛、施鳳儀先後掌之。一爲監紀推官，以陸遜之、應廷吉、劉景綽、梁以樟、吕彦良先後掌之。一爲督師大廳副總兵，以李正春掌之。一爲督師中軍旗鼓，以馬應魁、翟天葵、陶匡明先後掌之。一爲督師軍前賞功參將，以汪一誠掌之。從征立功爲故翰林院庶吉士吴爾壎，故滁泗總兵備石啓明，故開封推官李長康，贊畫通判張鑣，知縣殷埕、支益、吴道正〔一八〕。而督師與諸將各分汛以守：大江而上爲左良玉，天靈州而下至儀真三汊河爲黄得功，三汊河而北至高郵爲高傑，自淮安而北至清江浦爲劉澤清，自王家營而北至宿遷爲危險重地，公自當之，自宿遷至駱馬湖爲總督河道王永吉。而高傑必欲駐揚州，要公而請於朝，揚州人又大鬨，且以無府第爲辭〔一九〕，公遂還於東偏公署，而以督府居傑。既入城，號令嚴肅，頗安堵無患，其間小有攘奪，官亦不能禁也。

當是時，登萊總兵黄蜚奉詔移鎮京口，取道淮陽，慮爲劉、高二營所掠。蜚故與黄得功善，使人謂得功以兵逆之，得功果以兵往，而高營三汊河守備遽告傑曰：「黄得功軍襲揚州矣。」傑乃密布精騎於土橋左右〔二〇〕，而得功不之知也〔二一〕。行至土橋，角巾緩帶，蓐食且飲馬，而伏兵皆起，得功不及備，戰馬值千金，斃於矢，得功奪他馬以馳，隨行三百騎皆没。而傑別遣兵二千人襲儀真，爲得功部將所殲，無一存者。黄、高交惡，各治兵欲相攻。萬元吉奉朝命往解，史公親爲調釋，僅而後定。諸將惟高傑兵最强，可以禦敵，傑至是始歸命史公，奉約束惟謹。公決意經略河南，奏李成棟爲徐州總兵，賀大成爲揚州總兵，王之綱爲開封總兵，李本身、胡茂貞爲興平前鋒，總兵諸將皆傑部將也。陸遜之爲大梁屯田僉事，胡蘄忠爲睢州知州，冷時中爲開封府通判，李長康爲開封府推官。而傑遂於十月十四日引兵而北〔二二〕。將行，風吹大纛忽折，炮無故自裂，人多疑之，傑曰：「偶然耳。」不顧而行。是時大兵已攻山東，浸尋及於邳、宿，而史公部將張天禄駐瓜州，許大成駐高資港，李棲鳳駐睢寧，劉肇基駐高家集，張士儀駐王家樓，沈通明駐白羊河。十一月，宿遷不守。公自抵白羊河，使監紀推官應廷吉監劉肇基軍，監軍副使高岐鳳監李棲鳳軍，進取宿遷，大兵引去。越數日，復圍邳州，軍於城北，劉肇基、李棲鳳軍於城南，相持踰旬，大兵復引去。是時馬士英方弄權納賄，阮大鋮、張孫振用事，日相與排斥善類，報私仇，漫不以國事爲意。史公奏請，皆多所牽掣，兵餉亦不以時發，南北東西不遑奔命，國事已不可爲矣。

「公經營軍務每至夜分，寒暑不輟。往往獨處舟中，左右侍從皆散去，僚佐有言宜加警備，公曰：「有命在天，人爲何益。」後以軍事益繁，謂行軍職方司郎中黄日芳曰：「君老成練達，當與吾共處，一切機宜可以面決。」對曰：「日芳老矣，不能日侍左右〔二三〕，相國亦當節勞珍重，毋以食少事繁，蹈前人故轍。且發書立檄，幕僚濟濟〔二四〕，俱優爲之，徵兵問餉，則有司事耳。相國第董其成，綽有餘裕，何必躬親，以博勞瘁損精神爲耶？」公曰：「固知君輩皆喜安逸，不堪辛苦。」日芳曰：「兵者殺機也，當以樂意行之。將者死官也，當以生氣出之。郭汾陽聲色滿前，窮奢極欲，何嘗廢事乎？」公笑而不答。是冬，紫微垣諸星皆暗，公屏人夜召應廷吉，仰視曰：「垣星失耀，奈何？」廷吉曰：「上相獨明。」公曰：「輔弼皆暗，上相其獨生乎。」愴然不樂，歸於帳中。明年正月，餉缺，諸軍皆饑，史公葷酒久不御，日惟蔬食啜茗而已。公所乘舟桅輒夜作聲，自上而下，復自下而上，祭之不能止。有頃，高傑凶問至，公流涕頓足，歎曰：「中原不可爲矣，建武、紹興之事，其何望乎！」遂如徐州。

初，高傑與睢州人許定國有隙。定國少從軍，積功至總兵，崇禎末有罪下獄，尋赦之，仍以爲總兵。崇禎十七年冬十一月，掛鎮北將軍印，鎮守開封。至是，聞傑之至也，懼不免，佯執禮甚恭，且宴傑，傑信之，伏兵殺傑及其從行三百人於睢州〔二五〕。定國渡河北降，且導大兵而南〔二六〕。傑部將李本身屠睢州，城外二百里皆盡〔二七〕，引兵還徐州。傑既死，諸將互爭雄長，幾至大亂。公與諸將盟，奏以李本身爲揚州提督，本身，傑甥也。以胡茂貞爲督師中軍，李成棟爲徐州總兵，其餘將佐各有分地。立其子高元爵爲世子，於是衆志乃定。而高營兵既引還徐州，於是大梁以南皆不守。大兵自歸德，一趨亳州，一趨碭山、徐州，李成棟奔揚州。當土橋之變也，黄得功怨望甚〔二八〕，不能忘，及聞傑死，欲引兵襲揚州，代領其衆。揚州城守戒嚴。公自徐至揚，使同知曲從直中軍馬應魁入得功營和解之，亦會朝命太監高起潛、盧九德持節諭解，得功奉詔。

邢夫人慮稚子之孤弱也，知史公無子，欲以元爵爲公子，公不可。客有説公者曰：「元爵系高氏，今高起潛在此，公盍爲主盟，令子元爵而撫之，庶有以塞夫人之意而固其心。」公曰：「諾。」明日，邢夫人設宴，將吏畢集，公以語起潛，起潛曰：「諾。」受其子拜，邢夫人亦拜，並拜公，公不受，環柱而走，起潛止焉〔二九〕。明日，起潛亦設宴宴公並高世子〔三〇〕，公甫就坐，起潛使小黄門數輩挾公坐不得起，令世子拜稱公爲父，邢夫人亦拜，公怏怏彌日。自是高營將士愈皆歸誠於公。

馬士英、阮大鋮忌公威名，謀欲奪公兵權，乃以故左春坊中允衛胤文監興平軍，軍中皆憤不受命。尋加胤文兵部右侍郎，總督興平軍，駐揚州。揚州又設督府，幕僚集議曰：「公督師也，督師之體，居中調度，與藩鎮異，今與彼互分汛地，是督師與藩鎮等也。爲今之計，公盍移駐泗州，防護祖陵，以成居重馭輕之勢，然後上書請命，以淮、揚之事付之總督衛子安、總河王鐵山手。」子安，胤文字，鐵山，永吉字也。公曰：「曩之分汛，虞師之不武，臣之不力也，吾故以身先之。移鎮泗州，亦今日之急務。」遂使應廷吉督參將劉恒祿、游擊孫桓〔三一〕、都司錢鼎新、于光等兵，會防河郎中黃日芳於清江浦，渡洪澤湖，向泗州而發。

先是公所至，凡有技能獻書言事者輒收之，月有廩餼，以應廷吉董其事，名曰禮賢館，於是四方倖進之徒接踵而至。廷吉言於公，請散遣之。公曰：「吾將以禮爲羅，冀拔一二於千百，以濟緩急耳。」廩之如故。然衆皆望公破格擢用〔三二〕，久之不得，則稍稍引去。城破之日，從公而及於難者尚十有九人。至是，移鎮之議既定，公命廷吉定其才識，量能授官，凡二十餘人。明日，諸生進謝，公留廷吉飲酒〔三三〕，從容問曰：「君精三式之學〔三四〕，嘗言夏至前後，南都多事，此何說也？」廷吉對曰：「今歲太乙陽局，鎮坤二宮始繫關提〔三五〕，主大將囚。且文昌與太陰併，凶禍有不可言者。夏至之後，更換陰局，大事去矣。」公噓欷出袖中詔示廷吉曰：「左兵叛而東下矣，吾將赴難，如君言，奈天意何！」因令廷吉督諸軍赴泗，便宜行事。會泗州已失，而廷吉等屯高郵、邵伯間。公至燕子磯，而黃得功已破左兵於江上。公請入朝，不許，詔曰：「北兵南向，卿速赴泗州應敵。」

當是時，馬、阮濁亂朝政，天下寒心，避禍者多奔左良玉營，而良玉自先帝時已擁兵跋扈，不奉朝命，其衆且百萬，皆降賊，素慕南都富麗，日夜爲反謀。良玉被病，其子平賊將軍夢庚欲舉兵反，適有假太子之事，一時失職被收諸臣如黄澍、何志孔等〔三六〕，又爲春秋與趙鞅之説以贊成之〔三七〕，遂以太子密旨誅姦臣馬士英爲名，空國行〔三八〕。竪二旗於鷁首，左曰「清君側」，右曰「定儲君」〔三九〕，遂破九江、安慶，屠之，江南大震。馬、阮懼，相與謀曰〔四〇〕：「與左兵來〔四一〕，寧北兵來，與其死於左〔四二〕，不如死於北。」故緩北而急左，邊備空虚，大兵直入無留行矣。

史公遂至天長，而盱眙、泗州已失，泗州守將張方巖敗歿〔四三〕，總兵李遇春等降〔四四〕。史公率副將史得威數騎回揚州，登陴設守。而揚州人訛言許定國引大兵至，欲盡殲高氏，高營兵斬關而出，奔泰州。北警日急，黄日芳引蜀將胡尚文、韓尚諒營茱萸灣〔四五〕，應廷吉率諸軍來會，營瓦窯鋪以犄角。史公檄召各鎮兵來援，皆觀望不進〔四六〕。惟劉肇基、何剛率所部入城共守〔四七〕，城陷之日，何剛以弓弦自縊死。剛，上海舉人，崇禎十七年春正月，上書烈皇帝請纓自效者也。肇基以北兵未集，請乘其不備，背城一戰。公曰：「鋭氣未可輕試，姑養全力以待之。」及大兵自泗州取紅衣炮至，一鼓而下，肇基率所部四百人奮勇巷戰，力盡皆死。先是有使自北來，自稱燕山衛王百户，持書一函，署云「豫王致書史老先生閣下」。史公上其書於朝而厚待使者，遣之去。至是大兵既集，降將李遇春等以豫王書來説降，又父老二人奉豫王令至城下約降，因縋健卒下，投其書並父老於河，李遇春走。豫王復以書來者凡五六，皆不啓，投之火中。部將押佳者，本降夷也，匹馬劫大兵營，奪一馬，斬一首而還，公賞以白金百兩。是時李成棟駐高郵，劉澤清與淮陽巡撫田仰駐淮安，皆擁兵不救。大兵攻圍甚急，外援且絶，餉亦不繼，而高岐鳳、李棲鳳將欲劫史公以應大兵。公曰：「揚州吾死所，君等欲富貴，各從其志，不相强也。」李、高中夜拔營而去，胡尚友、韓尚諒亦隨以行〔四八〕。公恐生内變，皆聽其去不之禁，自此備禦益單弱矣。

四月十九日，公知事不支，召史得威入，相持哭。得威曰：「相國爲國殺身，得威義當同死。」公曰：「吾爲國亡，汝爲我家存。吾母老矣，而吾無子，汝爲吾嗣，以事吾母。我不負國，汝無負我！」得威辭曰：「得威不敢負相國，然得威江南世族，不與相國同宗，且無父母命，安敢爲相國後。」時劉肇基在旁，泣曰：「相國不能顧其親，而君不從相國言，是重負相國也。」得威拜受命。公遂書遺表上弘光皇帝，又爲書，一遺豫王，一遺太夫人，一遺夫人，一遺伯叔父及兄若弟，函封畢，俱付得威。訣得威曰〔四九〕：「吾死，汝當葬我於太祖高皇帝之側，其或不能，則梅花嶺可也。」復操筆書曰：「可法受先帝恩，不能雪讐恥；受今上恩，不能保疆土；受慈母恩，不能備孝養。遭時不造，有志未伸，一死以報國家，固其分也，獨恨不從先帝於地下耳。四月十九日，可法絶筆〔五〇〕。」書畢，亦付得威。

二十五日，大兵攻愈急，公登陴拜天，以大炮擊之，大兵死者數千人。俄而城西北崩，大兵入。公持刀自剄，參將許謹救之，血濺謹衣，未絶，令得威刃之，得威不忍。謹與得威等數人擁公下城，至小東門。謹等皆身被數十矢死，惟得威存〔五一〕。時大兵不知爲史公，公大呼曰：「吾史可法也。」大兵驚喜，執赴新城樓上見豫王〔五二〕。王曰：「前書再三拜請，不蒙報答。今忠義既成，先生爲我收拾江南，當不惜重任也。」公曰：「吾天朝重臣，豈可苟且偷生，得罪萬世。願速死，從先帝於地下。」王反覆説之不可，乃曰：「既爲忠臣，當殺之以全其名。」公曰：「城亡與亡，吾死豈有恨。但揚州既爲爾有，當待以寬大，而死守者我也，請無殺揚州人！」王不答，使左右兵之，屍裂而死。闔城文武官皆殉難死。其最著者，爲提督劉肇基，總兵莊子固、乙邦才，故兵部尚書張伯鯨，翰林院庶吉士吴爾壎，兵部職方司主事何剛，兵科給事中施鳳儀，督餉僉事黄鉉，通判吴道隆，揚州知府任民育，江都知縣羅伏隆，原任知縣周志畏，監餉知縣吴道正，禮賢館諸生盧涇才、胡如瑾、何臨正，旗鼓副總兵馬應魁，副旗鼓參將陶國祚、陶匡明，副總兵李豫，賞功參將汪思誠，左營參將許謹，右營參將陳光玉，運使楊振熙，同知王纘爵，隨征書記顧啓胤、陸曉、龔之序、唐經世，督師僕史書，都司千總等官姚懷龍、解學曾、吴魁、馮士、富近仁、孟容、徐應承、張小山、段元、范倉、張應舉、郭倉、曹登亥、范泗、范晦、王東樓等二百人〔五三〕。

初，高傑兵之至揚州也，士民皆遷湖潴以避之〔五四〕，多爲賊所害，有舉室淪喪者。及北警戒嚴，郊外人謂城可恃〔五五〕，皆相扶攜入城，不得入者稽首長號，哀聲震地，公輒令開城納之。至是城破，豫王下令屠之，凡七日乃止。

公既死，得威被執，將殺，大呼曰：「吾史可法子也。」王令許定國鞫之，踰旬乃得免。既免，亟收公遺骸，而天暑衆屍皆蒸變，不能辨識，得威哭而去。先是得威以公遺書藏於商人段氏家，至是往段氏，則段氏皆死，得威徬徨良久，忽於破壁廢紙中得之，持往南京，獻於太夫人。其辭曰：「兒仕宦凡一十有八年，諸苦備嘗，不能有益於朝廷，徒致曠違定省，不忠不孝，何以立天地之間，今日殉城死，不足贖罪。望母委之天數，勿復過悲。副將史得威完兒後事，母以親孫撫之。」其遺夫人書曰：「可法死矣，前與夫人有約〔五六〕，當於泉下相俟也。」其遺伯叔父兄若弟書曰〔五七〕：「揚州旦夕不守，一死以報朝廷，亦復何憾，獨先帝之仇未復，是爲大恨耳。」遺豫王書不得達，其辭曰：「敗軍之將，不可言勇，負國之臣，不可言忠，身死封疆，實有餘恨。得以骸骨歸葬鍾山之側，求太祖高皇帝鑒此心，於願足矣。弘光元年四月十九日，大明罪臣史可法書。」

當揚州圍時，總兵黃斌卿、鄭彩守京口，常鎮巡撫楊文驄駐金山。五月初十日夜，大霧横江，大兵數十人以小舟飛渡南岸，守兵皆潰〔五八〕。鎮海將軍鄭鴻逵以水師奔福建，黄斌卿、鄭彩、楊文驄皆相繼走，鎮江遂失。而忻城伯趙之龍已先於初五日夜使人賫降書往迎大兵矣〔五九〕。馬士英奉皇太后如杭州。上幸太平，入黄得功營。十八日，豫王入南京，劉良佐來降。二十二日夜，良佐率其兵犯駕，左柱國、太師、靖國公黄得功死之，其將田雄、張傑等奉上如大兵營。

明年春三月，史得威舉公衣冠及笏葬於揚州郭外梅花嶺，封坎建碑，遵遺命也。已而勅賜旱西門屋一區以處其母妻，有司給粟帛以養之。歲戊子，鹽城人某僞稱史公號召愚民，掠廟灣，入淮浦，有司乃拘繫公母妻。江寧有鎮將曰：「曩者淮揚之下，吾爲前鋒，史公實死吾手，賊固假託名字者，行當自敗，何必拘其母妻哉〔六〇〕。」乃釋之。

〔一〕「丁父憂」，「父」各本皆作「母」。按本文多次言及可法之母，此處顯爲訛誤，今正。
〔二〕「視歸乎公」，張本無「歸」字，從荆駝本。
〔三〕「劉良佐」，張本脱此名，從荆駝本。
〔四〕「結納」，張本無「納」字，從荆駝本。
〔五〕「諸將」，張本「將」下有「士」字，從荆駝本。
〔六〕「威德」，張本「威」作「盛」，從荆駝本。

〔七〕「惟君」，張本「君」作「公」，從荆駝本。
〔八〕「盧渭」，張本「渭」作「謂」，從荆駝本。
〔九〕「劉良佐、劉澤清」，張本二名互倒，從荆駝本。
〔一〇〕「高傑者」，張本「者」作「昔」，從荆駝本。
〔一一〕「傑奔延安」，張本「奔」下有「走」字，從荆駝本。
〔一二〕「使使聘以金幣」，張本不重「使」字，從荆駝本。
〔一三〕「畏之」，張本作「恨之」，從荆駝本。
〔一四〕「皆遭屠殺」，張本「皆」作「其」，從徐本、荆駝本。
〔一五〕「遂共殺之」，張本無「遂」字，從荆駝本。
〔一六〕「傑一軍遂有輕公心」至「公處之夷然」，張本作「傑驕蹇如故」，從荆駝本。
〔一七〕「傑衆亦稍稍戢」，張本無此句，從荆駝本。
〔一八〕「九月，公還揚州」至「吴道正」，張本無此文，從荆駝本。
〔一九〕「府第」，張本「府」誤作「序」，今正。
〔二〇〕「傑乃密布」，張本無「傑」字，從荆駝本。
〔二一〕「不之知也」，張本無「也」字，從荆駝本。
〔二二〕「陸遜之」至「開封府推官。而傑」，張本無「而」字以上之文，從荆駝本。

〔二三〕「日侍左右」，張本無「左右」二字，從荆駝本。

〔二四〕「幕僚」，張本二字互倒，從荆駝本。

〔二五〕「於睢州」，張本無此三字，從荆駝本。

〔二六〕「導大兵而南」，張本「南」作「高」，從荆駝本。

〔二七〕「李本身屠睢州，城外二百里皆盡」，張本作「李本身等」，「屠」字以下之文皆無。從荆駝本。

〔二八〕「怨望甚」，張本作「怨忿」，從徐本、荆駝本。

〔二九〕「起潛止焉」，張本無「起」字，從荆駝本。

〔三〇〕「高世子」，張本「世」作「氏」，從荆駝本。

〔三一〕「孫桓」，張本「桓」作「恒」，從荆駝本。

〔三二〕「衆皆望公」，張本無「衆」字，從荆駝本。

〔三三〕「飲酒」，張本無此二字，從荆駝本。

〔三四〕「三式之學」，張本「式」作「氏」，從荆駝本。

〔三五〕「始繫」，張本「繫」作「擊」，從荆駝本。

〔三六〕「如黄澍、何志孔等」，張本無此七字，從荆駝本。

〔三七〕「春秋與趙鞅」，張本「與」作「興」，從荆駝本。

〔三八〕「空國行」，張本「空」作「定」，從荆駝本。

〔三九〕「定儲君」，張本「君」作「位」，從荆駝本。
〔四〇〕「相與謀」，張本「謀」作「議」，從荆駝本。
〔四一〕「與左兵來」，張本無「與」字，從荆駝本。
〔四二〕「與其死於左」，張本無「其」字，從荆駝本。
〔四三〕「張方巖」，張本無「張」字，從荆駝本。按明史卷二七四史可法傳「張」作「侯」。
〔四四〕「李遇春等」，張本無「等」字，從荆駝本。
〔四五〕「黄日芳引蜀將胡尚文、韓尚諒」，張本作「黄日芳率兵」，從荆駝本。
〔四六〕「觀望不進」，張本「進」作「赴」，從荆駝本。
〔四七〕「惟劉肇基」，張本無「惟」字，從荆駝本。
〔四八〕「胡尚友、韓尚諒亦隨以行」，張本作「諸將多從之」，從荆駝本。又「胡尚友」即上文之「胡尚文」，「文」、「友」二字應有一誤。
〔四九〕「訣得威」，張本無此三字，從荆駝本。
〔五〇〕「四月十九日，可法絶筆」，張本無此九字。從荆駝本。
〔五一〕「惟得威存」，張本「存」上有「獨」字，從徐本。
〔五二〕「新城樓上」，張本無「上」字，從徐本、荆駝本。
〔五三〕「其最著者」至「王東樓等二百人」，張本無此文，從荆駝本。

〔五四〕「以避之」，張本無「以」字，從荆駝本。
〔五五〕「謂城可恃」，張本無此四字，從荆駝本。
〔五六〕「有約」，張本無「有」字，從荆駝本。
〔五七〕「兄若弟」，張本無「兄」字，從荆駝本。
〔五八〕「守兵」，張本無「守」字，從荆駝本。
〔五九〕「忻城伯」，張本「忻」作「忭」，從荆駝本。
〔六〇〕「何必拘」，張本「拘」作「疑」，從荆駝本。

弘光朝僞東宫僞后及黨禍紀略

嗚呼！自古南渡滅亡之速，未有如明之弘光者也。地大於宋端，親近於晉元，統正於李昇〔一〕，而其亡也忽焉。其時奸人或自稱太子，或自稱元妃，妖孽之禍，史所載如此類亦間有，而不遽亡者，無黨禍以趣之亡也。

黨禍始於萬曆間，浙人沈一貫爲相，擅權自恣，多置私人於要路。而一時賢者，如顧憲成、高攀龍、孫丕揚、鄒元標、趙南星之屬，氣節自許，每與政府相持。而高、顧講學於東林，名流咸樂附之，此東林、浙黨所自始也〔二〕。國本論起，兩黨相攻擊如仇讐，嗣是有妖書之役，梃擊之役，迄數年不定。神宗晚節，鄭貴妃寵愈甚，其子曰福王，上於諸子中獨憐愛之。王皇后無子，光宗於兄弟居長，久未册立，而貴妃早貴，顧天下有出鄭氏上者輒觖望，即上亦兩難之。一時名流以倫叙有定，請早建太子，語頗侵鄭氏。上怒，或黜或廷杖，相繼不絕，而言者彌衆，皆以斥逐爲名高。政府如沈一貫與申時行、王錫爵，皆主調護，而言者遂並攻之。然上意亦素定，卒册光宗爲太子，而福王之國河南，所以賚予甚厚，諸子不得與比焉〔三〕。

國本既定，兩黨激而愈甚，泰昌、天啓間〔四〕，紅丸之役，移宫之役，中朝相争，如蜩螗沸羹，與梃擊號爲三案。及魏忠賢爲政，浙黨盡歸魏氏，作書言三案事，訴斥東林，號曰三朝要典，於是東林駢死牢户，餘斥逐殆盡。烈皇帝立，定逆案，焚要典，而魏黨皆錮之終身。崇禎十四年正月，流賊李自成陷河南府，福王遇害，世子走懷慶。事聞，上震悼，輟朝三日，泣謂群臣曰：「王皇祖愛子，遭家不造，遘於閔凶。其以特牛一告慰定陵〔五〕，特羊一告於皇貴妃之園寢。」河南有司改殯王，具弔襚，世子在懷慶，授館餼餮，備凶荒之禮焉。世子尋嗣封福王。王元妃黄氏早薨，繼妃李氏殉難死，王與潞王先後避賊南奔。

崇禎十七年四月，烈皇帝凶問至南京，諸大臣議立君，意多屬潞王，而東林以三案舊事有嫌於福邸，亦不利立福王。總督鳳陽馬士英遺書諸大臣，言福王神宗之孫，序當立。

士英負縱横才，初爲太監王坤所搆，謫戍。阮大鋮者，名在逆案中，時時欲出不得間，而與士英最善。崇禎中大學士周延儒之再召也，大鋮歸誠於延儒〔六〕，求薦己，延儒難之，遂以士英爲託，曰：「瑶草復起，是即大鋮復成也。」瑶草，士英字也。延儒入京見帝，言馬士英有邊才可用，遂起爲鳳陽總督。至是，大鋮與士英謀立福王，以福王與東林有郄，福王立，東林必逐，而逆案可翻〔七〕，己可出也。兵部尚書史可法，詹事府正詹事姜曰廣，兵部右侍郎吕大器，遺書士英，言福王有失德，非人君之度，不可立。而是時士英兵權在握〔八〕，與大將黄得功、高傑、劉澤清、劉良佐深相結，諸將皆願立福王如士英旨，吏科給事中李沾復從中主其議，於是以福王告廟。五月己丑，群臣勸進，王辭讓，遂以福王監國。是日，大清兵入北京。壬辰，以史可法爲東閣大學士兼兵部尚書，姜曰廣爲東閣大學士兼禮部尚書，俱入閣辦事。以馬士英爲東閣大學士兼兵部尚書、都察院右都御史，仍總督鳳陽。可法請分江北爲四鎮，以得功、傑、澤清、良佐分統之，所收中原州縣即歸統轄，天下既定，爵爲上公世襲。復奏設督師於揚州，節制諸將。馬士英率麾下兵渡江，與群臣合疏勸進。壬寅，王即皇帝位，以明年爲弘光元年。甲辰，以忻城伯趙之龍總督京營戎政〔九〕。密諭參將王之綱迎母妃於河南郭家寨。李自成遣僞制將軍董學禮率兵南下至宿遷，總督漕運路振飛遣兵擊敗之〔一〇〕，擒僞防禦使武愫。尋尊皇考福恭王曰貞純肅哲聖敬仁毅恭皇帝，妣

□氏曰孝誠端惠慈順貞穆皇太后，皇祖妣貴妃鄭氏曰孝寧温穆莊惠慈懿憲天裕聖太皇太后。皇太后、太皇太后皆生稱也，嘉靖中已釐正先朝之誤，而禮臣不考，猶仍其失焉。遥上母太妃鄒氏尊號曰恪貞仁壽皇太后，謚元妃黄氏曰孝哲懿莊温貞仁靖皇后，繼妃李氏曰孝義端仁肅明貞潔皇后。

帝既立，可法爲首輔，亟召天下名流以收人心。而士英挾擁立功入政府，内通中官，外結四鎮，出可法於外爲督師，士英遂爲首輔。四鎮惟黄得功忠勇奉朝命，餘皆驕悍不可法度使。得功進封靖南侯，左良玉寧南侯。封高傑爲興平伯，劉澤清爲東平伯，劉良佐爲廣昌伯。可法至揚州，爲高傑所困。可法開誠示傑，傑感動，願爲可法死。黄、劉與傑交惡，士英亦怒傑之爲可法用也，文武離心，内外解體，可法疲於奔命，而國事日裂。上優柔不斷，而性寬厚，政事一委任大臣，不從中制，坐是法紀皆廢，而廷臣無不恣肆通賄賂。中官之攬權婪賄尤甚，自以從福邸來，流離奔竄，取金錢爲衣食資，上亦憐之而不之罪也。及阮大鋮入而黨禍復烈，讒慝宏多，國家日以多故。上在宫中，每頓足謂「士英誤我」，然大權已旁落，無可如何。而上多聲色之好，自六月庚辰詔選淑女，自是訪求之使四出，識者早已料其不能終矣。

誠意伯劉孔昭奏：「都察院右都御史張慎言、李沾已陞太常寺少卿，奏吕大器定策時懷二心〔一一〕，兩人大鋮黨也。」上曰：「朕遭不造，痛深君父，何心大寶，直以宗社攸關，勉承重任。效忠定策諸臣，朕已鑒知，餘不必深求。」已而慎言及曰廣皆以争大鋮之出，相繼引去。士英薦前光禄寺卿阮大鋮知兵，予冠帶召見。户科給事中羅萬象，御史王孫蕃、陳良弼，大理寺丞詹兆恒，應天府丞郭維經，懷遠侯常延齡等交章言〔一二〕：「大鋮名在逆案，不宜召。」上弗聽。大鋮入對稱旨，且伏地哭曰：「陛下只知君父之仇未報，亦知祖母之仇未報乎？」祖母謂鄭貴妃也。以三案挑激上怒自此始。安遠侯柳祚昌復薦之，以爲兵部右侍郎，巡閲江防〔一三〕，旋進尚書。左都御史劉宗周言於上，請勿用，弗聽。

七月己丑，以左懋第爲兵部右侍郎兼都察院右僉都御史，奉使燕京，傑、澤清舉故總兵陳洪範副之。至燕京，懋第不屈死，洪範陰輸款，且請南行爲間。既至，密奏得功、良佐與敵通，二人上疏自辨。上曰：「此反間，不足信。」洪範尋給假去。後洪範奉太后並執潞王以杭州降。自李自成敗走西安，山東諸州縣殺其僞官，復爲明守，而南中無一官一兵出河北〔一四〕，自濟寧以西皆北降，惟濟寧設守。八月，大兵趨濟寧，下之。先是劉宗周在籍，自稱草莽孤臣，請上親征。又言四鎮不宜封。姜曰廣擬優旨宣付史館。而宗周建疏言中外諸臣皆可誅，四鎮皆怒。傑、澤清、良佐各疏劾宗周「激變軍情，摇動乘輿」。又與得功合疏，言姜曰廣將危社稷。四鎮之横日甚，而士英藉以逐姜、劉，用大鋮。自是中朝之權，藩鎮皆得操之矣。

初，大鋮以逆案廢錮，屏居金陵城南，溷於聲伎。當是時，東南名士繼東林而起，號曰復社，多聚於雨花、桃葉之間，臧否人物，議論蠭起，而禮部儀制司主事周鑣實爲盟主，其誹詆大鋮不遺餘力〔一五〕。大鋮嘗以梨園子弟爲間諜，每聞諸名士飲酒高會，必用一二人闌入伶人別部中〔一六〕，竊聽諸名士口語。顧諸名士酒酣，輒戟手詈大鋮爲快，大鋮聞之，嚙齶搥床大恨。會流賊擾江北，烽火及於瓜步、浦口，諸名士疑大鋮且爲賊内應，則刊檄討之，署曰留都防亂，無錫顧杲爲首，而貴池吴應箕、劉城、宣城沈壽民、唐允甲，宜興陳貞慧，松江徐孚遠，吴縣楊廷樞、錢禧，歸德侯方域數十百人附之。大鋮内銜且懼，獨身逃匿於牛首之祖堂，而使其腹心收買檄文〔一七〕，愈收而布愈廣。大鋮之客語大鋮曰：「周鑣之名以詬公而重，諸名士黨人又以詬公媚鑣〔一八〕。」於是大鋮怨鑣及諸名士刺骨，一旦得志即起大獄殺之，而未有以發也。及驟貴用事，與中官比暱，逐諫臣，逆案諸人如袁宏勳、楊維垣等次第起用。先以蜚語逮鑣及前山東按察使僉事雷演祚，繫刑部獄，從吏訊而捕囚諸名士，校尉紛出，蹌踉奔竄，善類爲之一空。定從逆六等條例，凡素有清望不悅己者輒竄入其中，其或真失節者反以賄免〔一九〕。群臣日上疏相詆諆〔二〇〕，上亦厭之，詔曰：「朕遭百六之運〔二一〕，車書間阻，方資群策，旋軫故都，乃文武之交争，致異同之日甚。先皇帝神資獨斷，彙納衆流，天不降康，咎豈在上。爾諸臣尚鑑於前車〔二二〕，精白乃心，匡復王室。若水火不化，戈矛轉興，天下事不堪再壞，且視朕爲何如主！」皇太后至自河南，遣靈壁侯湯國祚告於南郊。

楊維垣追論三朝黨局，上曰：「宵人躁競，不難矯誣君父以遂其私，姑不追究。其三朝要典，禮部訪求入史館，以存列聖慈孝之實。」又奏逆案多枉，命吏部分別起用。九江總督袁繼咸上疏言，「三朝要典爲先帝所焚〔二三〕，不宜存」，而左良玉亦上疏論之，上曰：「此朕家事，列聖父子兄弟數十年無間言，諸臣妄興誣搆，今物故幾盡，與在廷諸臣功罪無關，朕已悉從寬宥，不必疑猜。」袁宏勳奏繼咸庇護三案，繼咸上疏自辨，上曰：「繼咸身任封疆，當一心辦賊，不得借端生釁。」先是湖廣巡按御史黄澍以論士英被收，倚良玉不至，先後得罪者亦多奔良玉軍〔二四〕，而吕大器，先是劾士英以入朝爲名，横據政府，賣官鬻爵，請上罷斥，上弗聽，尋致仕去，至是逮之亦不至。失職之臣駸駸挾藩鎮以抗朝廷矣。

是時庶官非賄不入，政府與中官、勳衛、藩鎮皆得操用舍之權，吏部尚書徐石麒不獲舉其職去位〔二五〕。兵部之婪賄尤甚，奸人挾多金入都，即日可爲大帥。前官方在任，而後官陞授者纍纍皆是，及抵任互争，乃令新者候缺，而舊者欲固其位仍輸賄，新者亦更加賄，以求舊者之速去。武弁横行都邑，人莫之敢指。大鋮黨益盛〔二六〕，張孫振、趙之龍、馮可宗皆爲之爪牙，日以報怨殺人爲事。其大旨務以離間骨肉、危動皇祖母中諸名流以非常之法。當擁立時，操異論者僅數人，而士英輩欲自張其功，凡有糾劾，必以此誣之。

元年春正月，開封總兵許定國北降，誘殺興平伯高傑。二月，鴻臚寺少卿高夢箕奏，先帝太子在杭州。先是有妖僧大悲從北來，自稱爲先帝，又稱爲齊王，又稱爲潞王，下鎮撫司訊，又稱爲神宗子，因宫闈有隙，寄養民間，長而爲僧，辭連潞王與故相申時行，禮部尚書錢謙益。於是潞王常淓奏奸僧誣衊〔二七〕，而户部侍郎申紹芳爲祖訟冤，錢謙益上疏自白〔二八〕，俱奉旨慰諭。而張孫振、阮大鋮欲藉以起大獄，爲匿名帖布於通衢，海内清流，如徐石麒、徐汧、陳子龍、祁彪佳、夏允彝、楊廷樞之屬，皆入其内。士英性疏闊，本不欲殺人〔二九〕，而大悲所言一無所牽染，其獄遂止。二月晦，棄大悲於市，而明日國中傳言曰：「太子至矣。」上初閲夢箕奏甚喜，遣中官踪跡至錢塘江上，得之。三月朔至京，廷臣及士民擁觀，人人色喜。明日，舉朝始知爲高陽男子王之明也。

之明髮垂肩，肌理白，而舉止輕率，身傴僂而容有愁。初至，居興善寺，已移至錦衣衛馮可宗邸舍。上御武英殿，命群臣及左春坊左中允劉正宗，右春坊右中允李景廉，前詹事府少詹事方拱乾等審視，正宗等皆前東宫講官也。拱乾上，指稱方先生，及問正宗等，皆不識。又問講書何地，講何書，習何字，皆不符。兵科給事中戴英進曰：「先帝十六年冬，御中左門親鞫吴昌時，太子侍旁，憶之乎？」不對。群臣環詰之，乃言姓名爲王之明，故駙馬都尉王昺之姪孫，曾侍衛東宫，家破南奔，遇夢箕家奴穆虎於逆旅，遂共臥起，穆虎教之詐稱太子，拱乾則於侍衛日識之也。奏上，下之明中城兵馬司獄。之明在獄中嬉戲自得，好飲酒，酒酣即長歌，終夜不止。獄囚與之親者問：「汝果太子耶？僞耶？」皆不答。居數日，上遣中官張朝進同東宫伴讀邱志忠至錦衣衛，召之明再行審視。之明色甚恐，志忠審視良久，言曰：「太子識我乎？」之明不答。錦衣衛從容勸其無恐，之明對曰：「休矣！休矣！」志忠仰天祝曰〔三〇〕：「以先帝之仁聖，遭禍亂至此，今無血胤，海内傷之，若果先帝子，願天誘其衷。」遂辟踊大哭。之明卒不語。

當是時，天子闇弱，馬、阮濁亂朝政，人情憤激，皆謂太子爲真，訛言繁興，一唱百和，不可止也。法司以王之明獄上，上曰：「此必姦人授意，圖爲不軌，非高夢箕一人可辦，法司其嚴行往來踪跡主使之人。」蓋大鋮輩又欲藉以起大獄陷清流〔三一〕，而夢箕被酷刑，欲其有所連染。夢箕大言曰：「入他人罪，不能出我也。」於是人情益懼，民間指士英輩共謀戕害太子〔三二〕。黄得功上疏言：「先帝之子即陛下之子〔三三〕，真僞未辨也〔三四〕，乞多方保全，以謝天下耳目〔三五〕。若遽加害，即果詐僞〔三六〕，天下必以此爲真東宫矣〔三七〕。」乃命養之獄中，俟布告天下，愚夫愚婦皆已明白，然後正法。袁繼咸及湖廣巡撫何騰蛟俱上疏乞保全，而劉良佐並言太子、童氏之事，謂上爲群臣所欺，將使天倫滅絶。

童氏者，河南人，自稱上元妃。河南巡撫越其傑巡按陳潛夫信之，具儀從送至京。上大怒，下童氏錦衣衛獄。童氏色美而甚口〔三八〕，秉筆太監屈尚忠至獄中視之，童氏一見知其姓名，而所言王宫事皆不合，乃刑之。言在福王府爲西宫，又言爲邵陵王宫人，且曰：「吾之與王别也，嚙胸爲記，分金爲質，别後生一子，今四歲矣。」在獄中時時號泣，且念其子不置。既被刑，稱病，上命醫調治候鞫，勿令致斃，於是醫者進視不輟。一日，忽不肯飲藥，求獄官爲之祈禳，自言己干支，生三十二年矣，生日爲八月十三日子時，與夫同日同時生，而夫長七年一月〔三九〕。獄官詭爲之書符祈禳，童氏稱謝曰：「我不忘先生也。」居數日，産一男子，屬獄中婦人服侍者曰〔四〇〕：「勿洩，洩則我必死，累汝矣！」投之厠中。復下刑部獄。五月壬辰，帝奔，京師亂，童氏出獄，不知所終。

當大悲之既誅也，王之明與童氏先後至，而同時有妖人，衣冠爲道家裝，直入西長安門，門者止之，乃曰：「我天子也，汝不聞黄牛背上緑頭鴨乎？」門者執之，乃爲瘋癲狀。奏聞，杖而釋之。越一日，又一人衣青衣，入西華門，過武英殿，幾入西寧宫，乃太后所居也。閽人叱之，則云：「取御床來，吾今日御極。」擒送錦衣衛鞫之，自言姓名爲詹有道，南京人也，平居奉佛，佛擁之入宫御極云云。奏上，命杖一百，刑畢，膚肉不傷，亦無聲，枷其項，則已死矣。

初，上之見良佐疏也，曰：「朕元妃黄氏，先帝時册封，不幸早世。繼妃李氏，又死於難。朕即位之初，即追封后號，詔示海内，卿爲大臣，豈不知之。童氏冒詐朕妃，朕初爲郡王，何東、西二宫之有？且稱是邵陵王宫人，尚未悉真僞。王之明爲王昺之姪孫，避難南來，高夢箕家丁穆虎教之冒稱東宫〔四一〕，正在嚴鞫，果真實非僞，朕於夫婦伯姪之間，豈無天性，況宫幐相從患難者頗多。朕於先帝無纖芥之嫌，因宗社無主，不得已從群臣之請，勉承重寄，豈有利天下之心，加毒害於血胤？朕夫婦之情，又豈群臣所能欺？但太祖之天潢，先帝之遺體，不可以異姓之頑童淆亂。宗社宫闈，風化攸關，豈容妖婦闌入？國有大綱，法有常刑，卿不得妄聽妖訛，猥生疑議。」因命法司先將二案審明情事，昭示中外，以釋群疑，然而流言日甚。而大兵已取盱、泗，過徐州，駸駸乎及於儀、揚矣。

左良玉在先帝時，驕蹇縱賊，釀成亡國之禍〔四二〕。及上即位，數上書侵撓朝政，聞有太子事，上疏言「大臣蔽主，危害皇儲」。時良玉且病，其子中軍都督府右都督夢庚，性凶狡，遂舉兵反，以奉太子密旨誅姦臣馬士英爲名。陷九江，良玉病死〔四三〕。復陷東流、安慶。京師戒嚴，公侯伯分守城門，徽靖南、廣昌、東平兵入衛，命史可法至江北調度〔四四〕，阮大鋮率兵巡防上江〔四五〕，大兵至，無禦之者。及大兵已至儀、揚間〔四六〕，而士英輩皆謂無虞，且欲藉北兵以破左。楊維垣等請追卹三案諸臣劉廷元等二十一人，並復原官，仍各贈廕有差。殺周鑣、雷演祚於獄。棄前兵科給事中光時亨於市，時亨有清望，以阻南遷下獄，至是與從賊周鍾、武愫同殺以辱之。上曰：「朕爲天子，豈記匹夫夙嫌，曾得罪皇祖妣、皇考者，自今俱勿問。」文武諸臣復舉往事汙奏章者治罪。都督黃斌卿等與左兵戰於銅陵，敗之。得功大破夢庚兵於板子磯，進封得功靖國公世襲〔四七〕。加大鋮太子太保，諸將各陞廕有差。

四月丁丑，大兵破揚州，史可法死之。五月丙戌，趙之龍密遣使賫降書請大兵渡江，使者遭大風，舟幾覆。庚寅，京師晝晦，大兵抵南岸。壬辰，上如太平，幸得功營，阮大鋮隨之。馬士英奉太后如杭州。明日日中，姦民數百人破中城兵馬司獄，出王之明，稱皇太子，奉之入宮。宮中金帛器玩，掠之幾空。有太學生徐瑀，手執表，號召軍民入宮勸進，無應之者，趙之龍執瑀殺之。乙未，保國公朱國弼入宮執之明出，幽於別室。大兵至，獻之，不知所終。或曰，主兵者遣之去，之明不肯，遂留軍中，效僕隸之役焉。百姓又相聚殺士英故所部黔兵及其姻黨，破人家，刦財物，之龍捕數十人殺之，城門晝閉。

帝之出奔也，群臣自盡者十餘人，而吏部尚書張捷，都察院左副都御史楊維垣，皆馬、阮黨也，晚節自全，人皆異之。錢謙益本東林黨魁，文章氣節名天下，先帝時爲邪黨擠之，幾死。及上即位，起禮部尚書，乃與諸邪黨合。大兵之至也，謙益降，且獻阮氏及妃嬪數人於豫王爲贄。阮氏者，諸生阮晉之女，謙益選爲帝妃，與諸妃嬪皆未入宮，至是獻之。豫王以阮氏賜孔有德，謙益授内院學士，未幾罷去。乙未，豫王營於郊壇，之龍率群臣出迎。己亥，豫王入南京。降將劉良佐引兵至蕪湖，劫駕如大兵營，黄得功死之。丙午，上至南京。甲寅，北狩。順治丁亥五月初六日，上崩。

馬士英之走杭州也，杭州人不納，逡巡錢塘江上。而是時魯王監國於紹興，唐王即皇帝位於福州，改元隆武。山陰王思任以書抵士英曰：「閣下文彩風流，素所嚮慕。當國破衆疑之際，擁立新君，閣下輒驕氣滿腹。政本自由，兵權在握，乃不講戰守之事，而但以聲色逢君，門户自黨(四八)。以致人心解體，士氣不揚，叛兵至則束手無策，强敵來則望風先遁，致令乘輿播越，社稷丘墟。睹此茫茫，誰執其咎！余爲閣下計，莫如明水一盂，自刎以謝天下，則忠憤之士尚可相原。若但求全首領，亦當立解兵柄(四九)，授之守正大臣，呼天搶地，以招豪傑。今乃逍遥江上，效賈似道之故轍，人笑褚淵齒已冷矣。且欲求奔吴越，夫吴越乃報仇雪恥之國，非藏垢納汙之地也。吾當先赴胥濤，乞素車白馬以拒閣下！」士英尋入浙東，持兩端觀望。既屢戰敗，則與總兵方國安、大學士方逢年北降，然猶與隆武通，爲大兵所覺，駢斬於黯淡灘。

大鋮自蕪湖走浙江，先是大鋮已先士英降矣。金華人朱大典，以東閣大學士兼兵部尚書城守，而大鋮故督師南中，與大鋮同事，至是大鋮抵金華，自言窮迫來歸，大典憐而納之。大鋮爲内應，金華破，屠之，大典自殺，闔家五百人皆自焚死。大兵遂連收金、衢諸郡縣，將踰仙霞嶺，抵青浦下壁〔五〇〕。會大鋮有微疾，軍中相與親愛者謂之曰：「公老矣，得無苦跋涉。吾等先踰嶺，而公姑留此調攝，徐徐至福州，可乎？」大鋮艴然變色曰：「吾雖老，尚能射强弓，騎壯馬，且今欲取七閩，非吾不可，奈何而言若是！」復慨然嘆曰：「此必東林、復社來間我也。」軍中不解「東林、復社」爲何語，曰：「公行矣，非敢相阻也。」明日，全軍踰嶺，大鋮下馬步行，趫捷如飛，持鞭指乘馬者而詬之曰：「若等少壯男子，顧不及老秃翁！」顧盼矍鑠，軍中頗壯之。行至五通嶺，則喘急氣息不相屬，坐一石上〔五一〕，遂死。其家人最後至，見之，乃下嶺買棺，而是時沿途居民皆奔竄，遍覓無棺。閲一二日，乃舁木扉至嶺上〔五二〕，會天暑，屍蟲盈於路，僅存腐骨而已。

嗚呼！南渡立國一年，僅終黨禍之局。東林、復社多以風節自持，然議論高而事功疏，好名沽直，激成大禍，卒致宗社淪覆，中原瓦解，彼鄙夫小人，又何足誅哉。自當時至今，歸怨於孱主之昏庸，醜語誣詆，如野史之所記，或過其實。而餘姚黄宗羲，桐城錢秉澄，至謂帝非朱氏子，此兩人皆身罹黨禍者也，大略謂童氏爲真后，而帝他姓子，詐稱福王，恐事露，故不與相見，此則怨懟而失於實矣。觀帝言宫媵相從患難者頗多，流離顛沛之餘，不能絶衾裯之愛，一則幸舊好之猶存，一則憤僞託之妖妄，皆未可知也。而王之明一事，至今猶流傳以爲真，余得備著其説以告世焉。

太子性仁弱，生十年，行冠禮，執圭見群臣，進止不失尺寸。既講學，出居端敬殿，上手詔講官稱先生，餘官稱官名〔五三〕。諸臣進講章，上親爲删正。太子於經籍，多宫中所講習，書法尤工。既長，元旦早朝，未嘗不在側。上有所誅賞，引之共視，且曰：「群臣所上書，其意多爲人營私解救，而故用浮詞嘗我，勿爲所欺也。」太子母弟二，次爲懷隱王，次定王，故宫中呼定王爲三皇子。永王年與鈞，田貴妃出也。當賊之陷京師也，上御便殿坐，命宫人曰：「傳主兒來。」主兒謂太子二王也。太子二王猶常服入，上曰：「此何時，可弗改裝乎！」亟命持敝衣至，上爲之解其衣换之，且手繫其帶而告曰：「汝今日爲太子，明日爲常人。亂離之中〔五四〕，匿形迹，藏姓名，遇老者翁之，少者伯叔之。萬一得全，來報父母仇，無忘我今日言也。」太子二王及左右皆哭失聲。班亂，上起入后宫，后已崩。上尋傳硃諭至文淵閣，命成國公朱純臣總督中外諸軍事，託以輔翼東宫〔五五〕。會閣臣皆出，中官置硃諭案上而去，純臣與太子皆不之知也。賊入，得硃諭於閣内，即收純臣殺之。純臣無他技能，上徒以其元勳班首，故託以太子。而太子爲賊所得，羈於賊將劉宗敏所。李自成之西竄也，人見太子衣緋乘馬隨自成後。

初，左懋第之北使也，密書與史可法，言太子在燕京。而可法先是亦誤以王之明爲真太子，嘗上書争之，及得懋第書，自悔，爲書與馬士英，具述懋第語，且言一時有僞皇后僞東宫二事，深可怪歎。士英因將可法書刊而布之。

初，賊之以太子出也，不知何以得脱於賊，徒步至前嘉定伯周奎家，奎，烈后父，太子外祖也。是時太子姊長公主養於奎家，相見掩面哭，奎舉家拜伏稱臣。已而奎懼禍，言於官曰：「太子不知真僞，今在奎家，奎不敢匿也。」因偏召舊臣識之，或謂爲真，或言爲僞。謂爲真者皆死，太子絞殺於獄中，朝中皆言其謀出大學士謝陞。陞崇禎中位至宰相，予告家居，弘光時加陞上柱國、少師兼太子太師、禮部尚書，而陞已北行矣。至是，都人圍其第宅而詈之，陞不安，請告去，尋死，自言見錢鳳覽爲厲而殺之。錢鳳覽者，亦言太子爲真被殺者也。先是弘光元年二月，傳言太子及二王皆遇害，乃謚太子曰獻愍，定王曰哀，永王曰悼。謹案，順治實録載周奎出告太子事，其辭在疑信之間〔五八〕，而二王不知所終。

余考崇禎十一年四月己酉夜〔五七〕，熒惑逆行尾八度，爲月所掩。五月丁卯，退至尾初度，漸至心，心，太子之象。郄萌曰：「犯太子，太子憂。犯庶子，庶子憂。」至十七年十月，前星下移四五度，「太子撫軍監國，不離其位，下離者，爲主器已亡之象。」嗚呼，明之亡也，雖曰人事，豈非天命哉！

〔一〕「李昪」，「昪」各本皆誤作「昇」，今正。

〔二〕「東林、浙黨」，張本「浙黨」作「黨禍」，從秀野本、徐本。

〔三〕「諸子不得與比焉」，荆駝本接有下文：「王不喜賓客，所好惟倡優婦女，中外皆以爲不足忌。」

〔四〕「泰昌、天啓間」，張本無「間」字，從荆駝本。

〔五〕「特牛」，張本「牛」作「羊」，從王本、荆駝本。

〔六〕「歸誠」，張本無「誠」字，從王本、荆駝本。

〔七〕「而逆案可翻」，張本「而」字上有「如此」二字，「翻」作「毁」。從荆駝本。

〔八〕「而是時」，張本無「而」字，從荆駝本。

〔九〕「忻城伯」，張本「忻」作「忭」，從王本、荆駝本。

〔一〇〕「路振飛」，張本無「振」字，從王本、荆駝本。

〔一一〕「定策時」，張本無「時」字，從王本、荆駝本。

〔一二〕「懷遠侯」，張本「遠」作「永」，從王本。

〔一三〕「巡閱江防」，張本無此四字，從荆駝本。

〔一四〕「無一官一兵」，張本「官」下有「無」字，從王本、荆駝本。

〔一五〕「誹詆」，張本作「詆排」，從荆駝本。

〔一六〕「必用一二人闌入伶人別部中」，張本「必」上有「則」字，「一二人」作「一二伶人」，「入」下無「伶人」二字。從荆駝本。

〔一七〕「而使其腹心」，張本無「而」字，從王本、荆駝本。

〔一八〕「以詬公媚鑛」，張本「公」下有「者」字，從荆駝本。

〔一九〕「其或真失節者」，張本「其或」作「或有」，從王本、荆駝本。

〔二〇〕「詆諆」，張本作「詆誹」，從王本、荆駝本。

〔二一〕「百六之運」，張本「百」作「九」，從荆駝本。

〔二二〕「尚鑑於前車」，張本無「尚」字，從王本、荆駝本。

〔二三〕「先帝」，張本作「先朝」，從荆駝本。

〔二四〕「先後得罪者亦多奔良玉軍」，荆駝本作「太監何志孔與良玉交尤密」。

〔二五〕「徐石麒」，張本「麒」作「麟」，從荆駝本。下同。

〔二六〕「益盛」，張本「益」作「亦」，從王本、荆駝本。

〔二七〕「潞王常淓」，張本無此四字，從荆駝本。

〔二八〕「上疏自白」，張本無「自白」二字，從荆駝本。

〔二九〕「性疏闊，本不欲殺人」，張本「本」在「性」字上，從王本、徐本、荆駝本。

〔三〇〕「仰天祝曰」，張本「天」作「而」，從荆駝本。

〔三一〕「法司以王之明獄上」至「蓋大鋮輩」，張本無「蓋」字以上之文，從荆駝本。

〔三二〕「民間指士英輩共謀戕害太子」，張本無此句，從荆駝本。
〔三三〕「即」，張本作「及」，從王本、荆駝本。
〔三四〕「真僞未辨也」，張本無「也」字，從荆駝本。
〔三五〕「以謝天下耳目」，張本無「耳目」二字，從荆駝本。
〔三六〕「即果詐僞」，張本無此四字，從荆駝本。
〔三七〕「以此爲」，張本無「此」字，從荆駝本。
〔三八〕「色美」，張本「美」作「喜」，從王本、荆駝本。
〔三九〕「生日爲八月十三日」至「夫長七年一月」，張本無此文，從荆駝本。
〔四〇〕「服侍者」，張本無此三字，從荆駝本。
〔四一〕「高夢箕家丁穆虎教之」，張本無此文，從荆駝本。
〔四二〕「釀成」，張本無「成」字，從荆駝本。
〔四三〕「良玉病死」，張本無「病」字，從王本、荆駝本。
〔四四〕「史可法」，張本無「史」字，從荆駝本。
〔四五〕「阮大鋮」，張本無「阮」字，從荆駝本。
〔四六〕「儀、揚間」，張本「間」作「門」，從王本、秀野本。
〔四七〕「進封得功」，張本無「得功」二字，從王本、荆駝本。

〔四八〕「門户自黨」，張本「自黨」作「黨錮」，從徐本。
〔四九〕「立解兵柄」，張本「柄」作「權」，從荆駝本。
〔五〇〕「青浦」，張本「浦」作「湖」，從荆駝本。
〔五一〕「坐一石上」，張本「一」作「於」，從王本、秀野本、徐本。
〔五二〕「木扉」，張本「木」作「大」，從王本、荆駝本。
〔五三〕「上手詔講官稱先生，餘官稱官名」，張本無此文，從荆駝本。
〔五四〕「亂離之中」，張本「中」作「後」，從王本、荆駝本。
〔五五〕「總督中外諸軍事，託以」，張本無此文。從荆駝本。
〔五六〕「謹案」至「疑信之間」，張本無此文，從荆駝本。
〔五七〕「余考」，張本作「謹案」，從荆駝本。

戴名世集卷十四

范增論〔一〕

定天下者，必明於天下之大勢，而後可以決天下之治亂。天下之治亂，勢爲之也，勢可以治矣，而復至於大亂，此不明於勢之過也。今夫勢有可行有不可行，視乎所遭之變，所遇之時，而勢出乎其間。是故順其勢而趨之，則勢在我，而天下惟吾之所奔走而莫吾難。而不然者，勢且一失而不可復救。嗚呼！此項籍所以有取天下之勢，而終於無成也歟？

昔者天下苦秦之暴久矣。自周之衰，諸侯並争，而秦以虎狼之心破滅六國，其無罪於秦而亡者不獨楚也。天下含恨蓄怒，特以刼於威强而不敢動。及陳勝、吴廣起於大澤之中，山東諸侯並起，雲翔烏集，轉而攻秦。而秦以積威之餘，開關出戰，諸侯起於匹夫，其勢不足以相敵，往往糜碎敗衂。當此之時，項籍以喑啞叱咤之資，拔山蓋世之氣，所當者破，所擊者服，卒能入關破秦，以快天下鬱鬱之心。於是政由籍出，分裂天下而封侯王，莫不北面俯首，唯唯而聽命，則天下之勢固已在於項籍矣。使項籍據其勢而帝制自爲以號令天下，天下方快秦之亡而服籍之功也，勢不能以不聽。以羽之雄而不知爲此者，非不知爲此也，其心輾轉自思，無以處義帝故也。

彼義帝者，素無功伐，豈惟項籍不用其命，天下諸侯亦未有用其命者。項籍勢足以臣諸侯，而義帝勢不足以臣項籍。項籍既臣於義帝，則其勢不能以臣諸侯，此義帝之所以死而項籍之所以亡也。秦、漢以後，天下之變故多矣。蓋有其國既失，其宗廟既隳，而篡於亂賊之手者，而其流風餘思未斬於世，天下之人猶有不忍忘之心，於是紛紛而起，輒歸其名號於先朝之後。其爲名也正，其爲義也順，是故不踰時而天下平，此亦自然之勢也。今夫楚之與燕、齊、三晉也，非有君臣相臨之素，固匹敵之國也，其威也皆南面而稱王，其敗也皆囚虜而被戮。楚之人不忘其先，詎燕、齊、三晉之人遂忘其先乎？今也立義帝以帝楚，即以帝燕、齊、三晉，吾知燕、齊、三晉之不心服也，況以牧豎無能之人而御天下之豪傑哉！吾考其時，周雖衰，天下之共主也。立周之後以討秦之罪，奉周之命以臨制天下之諸侯，此天下之大義也，而非天下之勢。何以明其然也？周自春秋以降，其孱弱已甚，萬乘之國七，千乘之國五，海内争於戰攻，周且臣屬於諸侯，天下之人不知更有周也，以爲周亡久矣。秦之吞天下先及周，又數十年而後及六國。是故周不可以復興也，固也，其澤已斬而其迹已熄，其勢已去矣。當此之時，苟有人焉，崛起誅暴秦，修先王之法，拯元元之命，其義已無愧於湯、武。是則天下之勢不必其在諸侯後也，彼義帝之立，爲何義也哉。

史言范增「素居家，好奇計」，教項梁立楚後，梁從之。嗚呼！吾未見其計之奇也，而項氏之亡實由於此矣。范增之言曰：「陳勝敗固當。陳勝首事，不立楚後而自立，其勢不長。」然而義帝之立，無救於項梁之死，而秦之所以破者，項籍與諸侯之力，義帝未有毫髮尺寸之功也。然則義帝之立不立，無繫於天下之利害，而項氏之亡實由於此矣。嗚呼！項籍勢足以臣諸侯，而義帝勢不足以臣項籍。項籍既臣於義帝，則其勢不能以臣諸侯，於是而遷之，而弒之，此亦必至之勢也，而已授天下諸侯以其辭矣。彼見項王可以背義帝，則己亦可以背項王。向之俯首畏伏者，一旦攘臂而與之抗，而項王固無以令於天下矣。司馬遷以「背關懷楚」爲項王罪，似也，然吾以爲項王之意非懷楚也，特以義帝在楚而心忌之，以故舍關中而都彭城，思所以翦除之焉耳。當其分天下立諸將爲侯王，項王欲自帝則有義帝在也，既王諸將而已亦稱王則無以自別異，於是立號爲西楚霸王，蓋其情見勢絀，支吾甚矣。然則義帝之立不立無繫於天下之利害，而有關於項氏之存亡，豈不然哉。

彼范增者，項氏骨鯁之臣也。其勸羽殺沛公，羽不聽，則羽之過也。其立義帝，則可謂不明於天下之大勢者也。漢王與酈食其謀撓楚權，食其請復立六國後世，張子房以爲不可。由此觀之，夫有所立以自輔且不可，乃欲有所立以自制，夫豈明於勢而熟於計者哉。嗚呼！勢有可行有不可行，視乎所遭之變，所遇之時，而勢出乎其間。吾獨惜夫後之舉事者，有可以用增之計而不能用，而自取滅亡，爲天下笑。而增用之楚，而項王又以失其天下。嗚呼！苟非明者，烏能視勢之所在而圖之，以定天下之大計也哉。

〔一〕自范增論至討夏二子檄共十七篇，見於南山集偶鈔。

魏其論

魏其與武安，以灌夫事相持，天子卒從武安議，殺灌夫，並殺魏其，天下至今憐之。然吾未嘗不嘆兩人之愚也。夫君子處亂世，不幸而遇小人，遠之亦死，近之亦死，而吾謂遠之猶可以得生。彼小人見君子一切與己乖異，固已欲殺君子，吾遠其踪跡，而嫌隙不開，謦欬不露，彼漸且輕忽我也。但得彼之一輕忽我，而我乃得脱矣。彼魏其、灌夫之死爲何名哉。當魏其失勢家居，賓客故人皆去，默默不得志，而灌將軍亦失勢，兩人意相憐。廻思曩者震耀一時，奔走天下，豈異丞相今日，兩人積不平。而丞相方握重權，天下士、郡國諸侯皆附之。而灌夫以丞相戲弄之言告魏其，魏其與夫人市牛酒設帳具，必欲得武安一往，豈其慕艷武安，而亦如天下士、郡國諸侯之以其顧盼爲重耶？迨丞相請田而又責望，區區一田之爲隙者何也？既有隙矣，而又强灌夫與俱往賀丞相，是亦猶前日慕艷之意，且不肯遽得過丞相之意耳，而兩人之首已隕於杯酒之間矣。夫小人之不可近如豺虎然，而加之以得勢，即附之者亦不能免其禍，而況魏其之沾沾自喜，灌將軍之好氣，懷不平之心。嫌隙既開，而又爲之且前且却於其間，宜其及也。太史公曰：「魏其誠不知時變，灌夫無術而不遜。」吾推其故，皆由於不忍決絶，而遂以身殉之。悲夫！

撫盜論

事有行之於昔爲有功，而行之於今爲失策，偶一行之而倖而成，而轉相效之而一敗而不可救者。惟君子爲能通古今之變，審時勢之宜，而不至於拘牽往轍，以僨天下之事，此非庸夫小人之所知也。

漢宣帝時，渤海歲饑，盜賊蜂起，上以龔遂爲太守。遂單車至府，敕屬縣不許逐捕，使賣劍買牛，賣刀買犢，郡中翕然，盜賊亦皆罷。而後之人主失天下往往於群盜之手，皆臣下以此誤之也，可不爲之歎息痛恨矣哉。當天下無事，天子威靈鎮撫海内，而强兵悍卒、姦猾小民懷不軌之志，乘間伺隙，因水旱流離之餘，召集奸人亡命，敢以抗天子之命吏，斬艾良民，父子兄弟駢首就戮。望屋而食，創立名字，所過千里無鷄犬之聲，而有割據僭擬之心，飄忽震蕩之勢，其逆罪不容於天下。而一二腐儒懦夫，親見其禍如此其大，而以招撫爲名，呴呴愉愉，奉之惟恐不滿其意，以成賊之强。刳屠郡縣，覆滅藩輔，而社稷爲之丘墟。是豈獨賊之罪哉。

爲此謀者曰：「吾以德化感也，吾以恩信結也，古之人有行之而成者矣。」嗚呼！盜非渤海之盜，而欲以渤海之治治之，即龔遂當日不死於賊，亦已轘於都市矣。蓋天下承平久，士大夫拱手低眉以取卿相，不諳戰鬬之事。一旦疆埸有警，身履戎行，恐戰不能勝，而僥倖於賊之厭兵也，欲以解散自爲功，所謂外以邀雪冤之賞，而内以待陰德之報。庸人之誤國，其逆罪更不容於天下矣。當其初起也，視賊太輕，謂此出於饑寒困迫之餘，可以殺而不肯殺。及其勢已成，則又畏之太甚，即可以殺而亦不敢殺，冀以招撫羈縻旦夕。而武夫悍將，制於闒茸無能之書生，積不平，養賊以自重而内邀其君，相率以國殉之，以身殉之。吾不知其於賊何厚，於朝廷何薄；於賊何德，於吾民父子兄弟何仇。夫以百萬虎狼横行天下，而欲以德化感之，以恩信結之，何其愚若是甚也？無論其不屑受吾約束，即一一解散，而前之罪置之不問，是教天下爲盜也。

吾故爲之説曰：盜之有巢穴者可赦，無巢穴者不可赦。起鉤鉏者可赦，起弓馬者不可赦。其脅從者可赦，而其渠魁者不可赦。脅從之弱者可赦，而其强者亦不可赦。渠魁之僞降者不可赦。即真降者始赦之，後亦不可盡赦。僭儗之盗不可赦，而饑寒之盗亦不可輕赦。

何以明其然也？巢穴之盗，或在巖洞，或在藪澤，彼其妻子室廬積聚皆在其内，憑其險阻，以逆軍旅之顔行[一]，勝則乘機四出劫掠，不出一百二百里之内，敗則守險以自固，勢不能棄其巢穴遠出侵暴，而有非常之望也。若夫起於通都大邑，平原曠野之間，設帳幕，夷城郭，燒村落，其妻子財物皆在營伍之中，無巢穴則處處可爲巢穴也。王師來而賊去，名曰恢復，而其民已盡矣。起鈎鉏者皆農夫愚民，或信妖人之言，或以饑寒之故，或報仇忿争而相殘殺，徒步裸裎以趨敵，兵甲不具，號令不嚴，如鳥獸蟲蟻之相聚散耳。起弓馬者則飄忽去來如風雨，技藝足以致勝，賞罰足以使衆，器械足以威敵，捕不能得，追不能及，此可不爲大憂乎。脅從之盗，或一時誤從而自悔，或迫於不得已而强委命焉，其弱者懼禍之及，冀得自新，而强者甘爲賊用，即撫之而内自疑，其飛揚拔扈之念未嘗一日忘也。而渠魁則萬萬不可赦，彼知吾之畏戰也，輙亦往往摇尾乞憐以玩弄將帥，而陰以覘其虚實，恣其求索，安民之檄未頒，而反者又見告矣。即真降者，不可遽絶以塞其自新之路，令得效力行間以贖其罪，事既大定，而後論其功之大小以當其罪之輕重，亦不可以論其功而忘其罪也。而饑寒之盗爲豪傑大盗之資，以爲癬疥之憂而區處未善，則癰疽潰决之患作矣。

嗚呼！群盜起而殲之無遺類，尚不足以伸國法而償吾民父子兄弟之仇，乃欲爲之助其勢，成其强，原其罪，除其罰，而使天下盡斃於盜而後已。嗚呼！天之亡人國假手於群盜，群盜又假手於文武大吏以爲囊橐，其禍豈偶然哉。故國家有鄰敵之變而言和，與有盜賊之變而言撫，未有不亡者也。夫古今各有其變，時勢各有其宜，不此之察，徒藉口於往古久遠儌倖偶勝之事，以至顛覆相尋而不悟，此國家之大盜也。嗚呼！後有良天子賢宰相，不幸而遇此變，則先行國家大盜之誅，而後興師討群盜之罪，何盜之不可平，而安致有顛覆之患哉！

〔一〕「以逆軍旅之顔行」，文疑有誤。偶鈔本、批校本、硯莊二本、徐本皆同此，王本、張本削去「之顔行」三字，毅夫鈔本削去「顔」字，國學本改「顔」字爲「戎」，皆出臆改，不可從。

意園記

意園者，無是園也，意之如此云耳。山數峯，田數頃，水一溪，瀑十丈，樹千章，竹萬個。主人攜書千卷，童子一人，琴一張，酒一甕。其園無徑，主人不知出，人不知入。其草若蘭，若蕙，若菖蒲，若薜荔。其花若荷，若菊，若芙蓉，若芍藥。其鳥若鶴，若鷺，若鷗，若鷗，若黄鸝。樹則有松，有杉，有梅，有梧桐，有桃，有海棠。溪則爲聲如絲桐，如鐘，如磬。其石或青，或赭，或偃，或仰，或峭立百仞。其田宜稻、宜秫，其圃宜芹，其山有蕨、有薇、有笋，其池有荇。其童子伐薪、採薇、捕魚。主人以半日讀書，以半日看花，彈琴飲酒，聽鳥聲、松聲、水聲，觀太空，粲然而笑，怡然而睡，明日亦如之。歲幾更歟，代幾變歟，不知也。避世者歟，避地者歟，不知也。主人失其姓，晦其名，何氏之民？曰無懷氏之民也。其園爲何？曰意園也。

醉鄉記

昔余嘗至一鄉，輒頹然靡然，昏昏冥冥，天地爲之易位，日月爲之失明，目爲之眩，心爲之荒惑，體爲之敗亂。問之人曰：「是何鄉也？」曰：「酣適之方，甘旨之嘗，以徜以徉，是爲醉鄉。」

嗚呼！是爲醉鄉也歟，古之人直余欺也。吾嘗歎夫劉伶、阮籍之徒矣，當是時，神州陸沉，中原鼎沸，而天下之士，放縱恣肆，淋漓顛倒，相率入醉鄉不已。而以吾所見，其間未嘗有可樂者。或以爲可以解憂云耳，夫憂之可以解者，非真憂也，夫果其有憂焉，抑亦不必解也，況醉鄉實不能解其憂也。然則入醉鄉者，皆無有憂也。

嗚呼！自劉、阮以來，醉鄉遍天下。醉鄉有人，天下無人矣。昏昏然，冥冥然，頹墮委靡，入而不知出焉。其不入而迷者豈無人也歟？而荒惑敗亂者率指以爲笑，則真醉鄉之徒也已。

睡鄉記

睡鄉者，莫知其處。或曰：「太始之初，六合之外。」或曰：「不然。是鄉也，在在有之，游者多至焉，然非善游者莫知云。蓋其鄉冥然塊然，無有天地日月，與夫酬酢往來，以及災祥禍福，是非美惡，榮辱得喪，皆無之。入其鄉者，若忘若迷，凡所爲可欣、可嗜、可涕、可悲者，不能隨之以入，一入其鄉輒絕。是故善游者往往慕睡鄉。」

嗚呼！睡鄉之境頑鈍然也，睡鄉之人枯槁然也，然而其天則全，其神則寧，其體則休以適。世之人孳孳汲汲，或不暇以游，而游者又或往往呻吟嘷囈。噫！夫其呻吟嘷囈，必有隨之以入者也，有隨之以入者而睡鄉之游不快也。昔者莊周至其鄉，化爲蝴蝶，蝴蝶至其鄉，復化爲莊周。莊周也，蝴蝶也，相化而未有已也，於是乎睡鄉擾矣。

憂庵記

戴子所居曰憂庵。客問之曰：「吾子素無環堵之室，顧不審憂庵何在也？」戴子曰：「憂庵者，無之而不在也。余好游，時時行役四方，水行乘舟，舟中即憂庵也。陸宿逆旅，逆旅即憂庵也。或授經於人家，必有書室以居其先生，書室即憂庵也。或朋友宦游而從之行，則所駐者爲行臺爲公署，行臺、公署即憂庵也。必擇一畝之地，經營綢繆，構屋數楹而始顔之曰憂庵，則是庵也無日而可得矣。」

客曰：「庵之義則吾既得聞之矣，敢請其憂？」戴子曰：「吾之生也與憂俱，凡數十年於今矣，吾故以憂名吾庵，志其實也。」

客曰：「子之憂何如？」戴子曰：「五行之乖沴入吾之膏肓，陰陽之顛倒蠱吾之志慮，元氣之敗壞毒吾之肺腸。糾紛鬱結，彷徨輾轉，輟耕隴上，行吟澤畔，或歌或哭，而莫得其故，求所以釋之者而未能也。」

客曰：「是爲有憂疾矣，吾請爲子治之。吾將以泰華爲莞簟而寢子，以江海爲羹湯而飲子，且以唐虞三代之帝王爲之醫，以臯、夔、稷、契、伊尹、周公爲之調劑，以井田、學校、封建爲之藥餌，以仲尼、孟軻爲之針砭，如是而子之疾其瘳矣乎？」戴子恍然而悟，欣然而作曰：「疾痛愁苦，病者之所自知也，切脉按方，醫者之所能也。吾聞醫門多疾，疾之奇未有如余者，吾之疾而吾自莫之知，疾且益殆。今客嘉惠鄙人，而得國醫以愈吾疾，吾憂庵之號請從此去矣。」庚辰正月。

田字説

余嘗適田間觀農家矣，占晴雨，相燥濕，定疆理，鑿陂池，上下原隰，觸冒寒暑，暴露風日，治器具，利銚鎛，負耒耜〔一〕，荷簑笠，呼儕耦，以耔以耘，以耕以耨，其勤苦至矣。余召而勞之曰：「汝曹有所困乎？」對曰：「吾曹習其事焉，不以爲困也。吾盡吾力以致乎地利而俟乎天時，而春而秋，中間雖勤苦踰時，而吾一歲得一效焉，以生以養，以奉祭祀，以穀婦子，以宴賓客。脱有旱乾水溢，取所蓄者而約用之，一有天時則收數倍焉。且夫一人而耕可以食數人，十人而耕可以食數十百人，耕者愈多則食者愈衆。由此觀之，天下之命懸於吾手，其敢以困爲辭乎。」余嘗讀豳風歌七月之章，以及甫田、楚茨諸詩，其道田家事至悉也。此皆天子宰相公卿大夫相與親之隴上，覽其勤勞，寫其委曲，蓋農事之重如此。又古之學者不廢耕，維詩有之，在甫田之首章曰：「攸介攸止，烝我髦士。」而樊遲以學稼請，仲尼非之，豈以其無與大人之學〔二〕，而徒欲從事細人之行也歟。然則且耕且學，固非聖人之所禁也。

余也迂鈍魯拙，人之情，世之態，皆不習也，以故無所用乎其間。將欲從老農老圃而師焉，樂道有莘之野，而抱膝南陽之廬，優哉游哉，聊以卒歲。余感農夫之言，思詩人之旨，而字余曰田〔三〕，以著其素志云。

〔一〕「負耒耜」，偶鈔本脱「負」字，從批校本、硯莊二本、張本。

〔二〕「無與大人之學」，偶鈔本脱「與」字，從張本。

〔三〕「字余曰田」，按褐夫字説云：「余偶名而欲奇其字。」本篇題爲田字説，是其初曾以「田」爲字也，後乃加一無實義之「有」字而作「田有」。偶鈔本、批校本、硯莊二本等均作「田」，張本作「田有」，是後人誤加者。

褐夫字説

古者名字大抵多以奇，而偶者蓋少焉。自漢以還，少有奇字者，其名則或奇或偶焉耳，豈非其習使然哉。吾聞之申繻曰：「名有五，有信，有義，有象，有假，有類。」其於字也亦然，以故古之人其名字不必其美且善也。後之人但取夫美善之稱，而不必有其實，則其虚冒焉者又豈少乎。余偶名而欲奇其字，有來告者曰：「不可，以習俗之不慣於稱也。」余曰：「余之爲是，非故矯然異也，其説有取，而於古亦無謬。雖然，更其稱而仍襲其義則字曰褐夫，可乎？」人曰：「褐，賤服也；夫，不知誰何人之辭也。今吾子以自託焉，不亦鄙乎？」余曰：「余固鄙人也，舍是無以爲吾字矣。天下之人，上自君公，以至於大夫士，其等列以漸而降，最下至於褐夫，則垢污賤簡極矣。其所處也至卑，其於世也無伍，富貴利達之所無望，而聲勢名譽之所不及，庸人孺子皆得傲且侮之而無所忌，以故古者諺之謾必以云。然則余不以爲字而誰字乎？吾惡夫世之竊其名而無其實者，又惡夫有其實而辭其名者。若余則真褐之夫也〔一〕，雖欲辭其名不得矣。匪吾云，人實云云，然則人之稱之也必慣，鄙不鄙又何論焉。」

既以其語應客，遂書之以爲褐夫字説云。

〔一〕「真褐之夫也」，偶鈔本「夫」誤作「父」，今正。

藥身説

戴子字褐夫，已而又自號曰藥身。有呼者，或呼之曰褐夫，曰唯。或又呼之曰藥身，又曰唯。是二者惟人之所呼之，無不可者。或謁余而問所以爲藥身之説，余曰：「天下之苦口莫如藥，非疾痛害事莫之嘗焉。自黄帝、岐伯之所問答，醫家、方士之所流傳，本草、方書之所紀載，其類不一，而其爲説甚具。余所嘗備極天下之苦，一身之内，節節皆病，蓋宛轉愁痛者久矣。又余多幽憂感慨，且病廢無用於世，徒採藥山間，命之以其業，則莫如此爲宜。」

或曰：「悲夫！甚矣子之志也。雖然，抑猶有説焉。書曰：『若藥不瞑眩，厥疾不瘳。』方今學者之疾，沉痼已久而不可治，苟有秦越人者出，視其癥結，診其膏肓，爲之按方選藥，一伸脊容身之間而已霍然矣。意者子之志其又有託於此乎？」戴子曰：「否，否。」因備録其説。

種樹説

余年二十時，作意園記。意園者，無是園也，意之如此云耳。其間土田魚稻之豐美，雲烟泉石之幽深，亭池竹木之掩映，佳花異卉之芬芳，此仙靈之所棲息，非人間所有也。是時身在阨窮，不克遂意，浸尋荏苒，復且二十餘年，於今雖遯世之志愈決，而意園之荒久矣。頃余僑居秦淮之上，而城之西北多有閒曠之地，居民多種樹爲生。余欲買地十餘畝，種樹三百六十株，取其易生而多實者，繚之以垣，而構草屋八九間於其中以居焉。當花開之時，日賞且吟於樹下。及其實之成也，計一株可得錢百餘，若其蕃滋繁多，則可得錢二三百。各貫之以緡而共置一甒中，竅其上而深其底，每早起則信手而探其一，以供終日之所需。蓋每樹一株給余一日，盡三百六十日而畢，則更用新者之所得以爲常。其恐有菑翳或不實者，則多種二三十株以預備之而補其數。凡春冬之祈報一如農家，蓋效林和靖種梅之意而恢廓之，余藉以自養，無求於世，而得以閉户著書終其身。此雖非名區絶勝，然亦意園之附庸屬國也。

余家故貧，又有人倫之患，自少出門爲童子師，以託一日之命。數家之村，牛欄之角，菜畦之圃，徬徨屏營者久之。乃以學使者之貢，入於太學。同學諸生多見知公卿，得意以去〔二〕，而余獨徘徊燕市無所遇。而城西種樹之計，非二三百金不克辦，旅泊蕭然，且無以爲歸計，又安能爲此，是則區區之志而不克遂，又且爲意園之續也。嗚呼！余少不自量，竊負當世之志，欲盡庇天下之人，使無失其所養。日月逾邁，年且逾壯，不能養其數口之家，復不能自養，而需於種樹以養其身，亦自笑其拙也。顧種樹又無其資，而客游汗漫，不知所底，徒以其迂拙之身浼京華之塵，而曳侯門之裾，豈其情哉。

歲丙子十二月，適與江都費滋衡、無錫朱贊皇、同縣劉延譽共飲酒於彰義門内之碧山堂，故徐尚書之别墅也。酒半，爲三子言之如是，三子者皆粲然而笑，悄然而嘆曰：「有是哉！子之志之可悲也。」因歸而記其語，且各書一通以貽之。

〔一〕「得意以去」，偶鈔本「意」作「氣」，從徐本、張本。

命説示鄭叟〔一〕

人之言曰：「死生，命也；富貴，天也。」凡死生富貴貧賤，舉而歸之於命，所謂莫之爲而爲，莫之致而至，此其説似也，而猶未盡也。而世之術士就人生所值之支干，推而算之，以決其生死富貴貧賤，而曰命在是也，命豈在是也哉。吾以爲命有二，有一己之命，有天下之命。所謂一己之命者，或生或死，或富或貴，或貧或賤，莫非其命爲之，而無與於天下，此庸衆人之命也。若夫君子小人之命則不然，世之盛也，天下之命生則君子生，天下之命富貴則君子富貴，君子者不以一己之命爲命，而以天下之命爲命。苟其不然，則君子死，則君子貧賤。君子死而小人必生，君子貧賤而小人必富貴。小人生而天下皆死，小人富貴而天下皆貧賤，此如陰陽寒暑之不可假易，出於自然之理，一定之數，而莫之或爽者。然則君子之命，就其一己者言之，又非推算之所可得，就天下之命而推算之，而君子之命已得矣。

世之以支干推算者，不知始於何時，雖其術之工者往往多驗，而吾謂其皆出於倖中，不可謂之知命。知命者，知天下之命者也。顧天下之命又不必推算而得，智者知之，愚者昧焉。金陵鄭叟，以支干推測有名於時，叟頗自詡其術之工，而余因爲命説以示之。

〔一〕「命説示鄭叟」，偶鈔本標題如此，批校本作「命説」，徐本、張本從之。

讀揚雄傳

揚子雲亦漢家文人之豪也，其不爲章句訓詁而默然好深湛之思，余常賢之，然亦常嘆之矣。夫所貴乎學者爲能成一家之言，而前後不必相同，彼此不必相勝，以各出其機杼而勿詭於聖人而已。方雄之少年，慕司馬相如之賦，輒擬之以爲式。而屈原之離騷、九章，皆忠臣愛君惓惓之意，雄乃以「遇不遇命也，何必湛身哉」，因摭離騷而反之，又傍離騷作重一篇名曰廣騷，又傍惜誦以下至懷沙一卷名曰畔牢愁。夫離騷不必廣也，亦不可反也，離騷可反而莽大夫亦可爲矣。後又以經莫大於易，作太玄以擬之，傳莫大於論語，作法言以擬之，相與倣依而馳騁，何其不自度量至此也。彼直以區區文字摹擬倣效而遂謂可以入聖人之列，亦謬甚矣。後之論者，恕其仕莽，以爲不得已而爲之臣，既已爲之臣矣，豈不得已之可以釋其罪哉。而且謂其爲三代以後大儒，幾比於孔子、孟子，即一二大人先生亦不免爲是説，徒爲其太玄、法言所欺耳。

而當是時桓譚之論文者，吾有取焉。譚之言曰：「凡人賤近而貴遠，親見其禄位容貌不能動人，故輕其書。」然則庸耳俗目，其愚無知如此，悲夫！蓋由來久矣。而劉歆以後人之覆醬瓿爲憂，夫至後之人則已不復覆瓿，覆瓿者當其世耳。吾乃以知古作述之家，其孤危大抵皆然也。因識之於傳尾。

書貨殖傳後

余讀司馬遷貨殖傳，蓋不禁三復而太息也，曰：嗟乎，俗之漸民久矣，豈不誠然乎哉！夫長貧賤好語仁義者，世以爲羞，而富相什則卑下之，百則畏憚之，千則役，萬則僕，此天下之所以相率而爲利也。即鄒魯之間，不免去文學而趨利，利固與文學反者耶。故曰：「巧者有餘，拙者不足。」夫拙豈有拙於文學，然而不足者必在是也，其爲巧者所笑傲，曷怪焉。

吾觀子長所載巧於利者，大抵皆農工商賈之流，操奇贏，據都會，鐵冶、魚鹽、馬牛羊豕、穀糴〔一〕、薪稾、丹砂、帛絮、皮革、旃席之類，與夫棗栗、桑麻、萩漆〔二〕、竹木、卮茜、薑韭、酤釀，下至掘冢、博戲、販脂、賣漿、洒削〔三〕、馬醫，至卑賤矣，往往致素封，大者傾郡，中者傾縣，下者傾鄉里，豈非巧之效耶。然而較之於今則拙甚矣。古之巧者，在今日爲拙，古之拙者，在今日不已巧乎。然則世之爲文學者，竟何如耶？以爲文學者而趨利，其收效而獲多必倍於農工商賈，而其計策或又出於掘冢、博戲、販脂、賣漿、洒削、馬醫者之下，然而富者必在是也。吾乃知世之富者皆爲文學者也，世之文學者出於掘冢、博戲、販脂、賣漿、洒削、馬醫之下者也。

昔子貢好廢舉，鬻財於曹衛之間，夫子譏其不受命，然則富不富命也，而不係於巧與拙耶？以爲命也，則宜厚賢者，而原憲、曾子不厭糟糠，匿於窮巷，其命獨如此者，何耶？又何以掘冢、博戲、販脂、賣漿、洒削、馬醫者之命偏厚，而出其下者之命亦皆厚也，豈命原無定，而視其人之巧拙以爲厚薄耶？將命之厚薄又不在富與不富耶？然子貢結駟連騎，束帛加璧，以聘享諸侯，國君無不與之分庭抗禮，爲子貢之賢邪，抑爲子貢之富耶？又使孔子名布揚於天下者，子貢先後之也，則富又烏可少乎哉。故曰：「富者得勢益彰，失勢則客無所之。」又曰：「人富而仁義附焉。」富者爲賢，不富者爲愚，富者爲貴，不富者爲賤，則當世之所謂縉紳先生與賢人君子，其大略可知矣。而憔悴枯槁之士，原憲、曾子之徒，如之何其得容於世也，其不容於世，拙耳，拙耳！然居今之日而非縉紳先生之列，無賢人君子之稱，其所得不既羸乎，而豈掘冢、博戲、販脂、賣漿、洒削、馬醫者之所及，而況世所號爲文學又出其下者也，富不富曷足道哉，曷足道哉！

〔一〕「穀糶」，偶鈔本「糶」作「糴」，據史記貨殖傳正。

〔二〕「萩漆」，偶鈔本「萩」作「荻」，從王本。

〔三〕「洒削」，偶鈔本「削」作「屑」，從王本。

書閻寧前墓誌後

癸酉之秋，余客榕城，購文明一二遺書。將歸，而其門人洪石秋自漳海以書來告我曰：「黄子之文多零落江南，子盍歸而求之。」明年夏，余游淮上，過閻百詩先生，出其大父寧前公墓誌示我，則文明筆也，端拜雒誦，因遂録之以歸。嗚呼，忠義之士，雖其殘編斷簡，人猶將慕而傳之，況其鴻文鉅篇，照耀人間者乎！余嘗讀錢受之文集，中有閻寧前傳跋，悲其辭氣慨然，想見寧前之風烈。當明之末，受之與文明同黨相善，兩人俱以文章氣節名天下，迨夫晚節末路，受之身敗名辱，爲天下所嗤笑，而文明致命成仁，星寒岳震。嗚呼，此余所爲讀寧前墓誌而喟焉三嘆者也。余既繕寫一通以復於石秋，而復書其後如此。至寧前之功蹟，誌已詳之矣，故不著。

錢神問對

有神色赤而目方，刺其面爲文，立中衢，臭達於遠。衆皆拜，祈請甚篤，或咄咄嘆息不已。戴子見之，曰：「此何神也？」衆曰：「非若所知。」前問神，神具以名對。戴子笑曰：「吾聞汝久矣，汝固若是而已者耶，其何以動衆如是甚也。」神曰：「吾行游天下，靡人不畏，罔敢不恭，子顧且云云，豈有説乎？」

戴子曰：「吾數汝之罪，則鎔汝使化而毒未歇，銼汝使折而害無救也。」神怒曰：「余固知孺子不足憐，今偶相遭而衆辱我。且夫吾之爲功也，薄海内外，苟非余則戚戚嗟嗟，窘然而無以生。一二迂妄者吾避去，自餘諸公貴人，皆孳孳慕余，手摩而目屬，以及庶民卑賤之流，無不願爲我死者。且夫吾之爲質也，流轉而不窮，歷久而不壞，愛我者歸之，不愛我者謝勿往，吾豈有求於世哉，世求我而已耳。是故官吏非吾不樂，商賈非吾不通，交游非吾不厚，文章非吾不貴，親戚非吾不和。有吾則生，無吾則死。是故盜我者縣官有禁，牟我者錙銖不遺，誠明夫利害之分，而審夫得失之勢也。子何以云爾乎，請勿復敢見子矣。」

戴子曰：「固也，吾試且略言之。昔者生民之初，渾渾噩噩，數千百年間，耕田鑿井，衣衣食食，天下太平，安樂無事，當是時，豈有汝哉。自汝出而輕重其制，銖兩其名，方圜其象，流傳人間，惑亂民志，萬端俱起。於是庸夫之目以汝爲重輕，奸人之手以汝爲上下。或執鞭乞哀，流汗相屬，不然設心計，走坑險，蒙死僥倖，損人益己，互相攘奪。或至犯科作奸，椎牛發塚，聚爲博弈，出爲盜賊。至於官之得失，政以賄成，敲骨吸髓，轉相吞噬，而天下之死於汝者不可勝數也。挺土刻木以爲人，而强自冠帶，羊很狼貪之徒而恣侵暴，夸窮孤，而汝之助虐者不可勝數也。且又攝其緘縢，固其扃鐍，兀然匿於小人暴客之室中，釀争而藏垢，避正而趨邪。使夫義士仁人，瞿瞿然，悙悙然，不能出氣，修德益窮，有文益困，而汝獨紛紛然奔走天下，顛倒豪傑，敗壞世俗，徒以其臭薰蒸海内。氣之所感，積爲迷惑之疾，見之者慕，聞之者思，得之者喜，失之者悲，有無不平，貪吝接踵，而充塞仁義，障蔽日月，使天下倀倀乎無所之，而惟汝之是從。」神曰：「子言固然，然余之道，此乃其所以爲神也，汝烏足以知之。」因仰而嘻笑，俯而却走〔一〕，伸目四顧，舉手而别，衆共擁之以去。

〔一〕「俯而却走」，偶鈔本無「俯」字，從毅夫鈔本、秀野本、張本。

討夏二子檄

宋人有吴元美作夏二子傳，指蚊蠅也。今年入夏以來，余深爲此所苦，而吴子之文余未之見，因俳爲是説，以致其憤痛之意云。

蓋聞群飛可以刺天，聚蚊可以成雷，謂正傷於邪，而害起於微也。夏有二子，生負不潔之形，徒開可憎之口，乘時並起，敢爲侵暴，彼出此入，平分晝夜，各自揺毒，互相召亂。於是奔赴蒸炎，沉溺溷濁，嗜腥逐臭，呼召曹偶，種其醜類，以子以孫，穢德既彰，見者皆唾。猶復揮不肯去，鼓翅而前，交足而立，左右奔突，玷汚潔白，營營之聲，亂人耳目。是以詩人惡其罔極，以爲告戒。若夫遁伏於白日之下，叫號於晦冥之間，剥膚飲血，飽不思去，狠戾成性，踪跡莫測，其股不足折，而其翼不足塌也。徒以伺間蹈瑕，輕悍飄忽，乘人不虞，其毒在喙。此二子者，豈其氣運之使然，亦其貪汚之自致，天心既厭，不使孑遺。於是秋高風勁，栗烈觱發，嚴威所及，百態震恐，萬狀銷滅。聽終夜而薨薨無聲，坐閒晝而紛紛無迹，蕩滌邪氛，掃除醜惡，豈不快哉！

嗚呼！擒捕無方，嘬嚼之威已酷；藴隆既去，飛鳴之勢何存。殲旃，毋悔！

老子論上

自孔子没而出而惑世誣民者有兩家，曰老，曰佛，爲後世儒家之所訾謷。顧其言誠怪誕，聖人之所弗取，而學者之於聖人之道未知果能窺見萬一否，但能訾謷兩家即號曰儒。

儒若是易也，則爲聖道害者不止此兩家矣〔一〕。余嘗讀老子之書，反覆紬繹，其言頗有可採，而非佛氏之所及者。佛之盛也，乘中國氣虚而入，其言荒唐不可致詰，而託於天人性命之理，學士大夫多惑之。其尤荒謬不通者，輪迴生死之説，而愚人信之，亦或往往有所忌憚，故亦可藉以懾服天下之人〔二〕，使稍斂其邪志。嗚呼！孔子之道不能以教天下，而必假手於佛，吾嘆之久矣。

昔孔子明王道，述古文，未嘗不於異端爲兢兢，假使如後世儒者之論，謂老子爲異端，夫子獨不能辭而闢之耶？既不能辭而闢之，而復與其弟子問關道路，從之問禮，且嘆服而許與之，將謂孔子者亦老氏之徒耶？然則老子之負謗於天下者，非老氏之過也，爲老氏之説者之過也。莊周、列禦寇之流，其言依倣老子，吾觀其書，大抵憫世之昏濁，爲洸洋自恣以適己志，此文人學士之雄者耳，不得與老子並。而申不害、韓非之流，慘礉少恩，假託老子以自重，其實未得老子之萬一也。太史公著史記，謂申、韓「原於道德」，吾又疑之久矣。

且夫佛之爲聖道害也，往往創立名字，分別宗門，顯與孔子爲敵，而老子固未嘗有是也。當其爲周守藏室之史，固非無意於世者，見周之衰，遂去，出關而隱。自關令尹强之，乃著上、下篇，言道德之意五千餘言而去，莫知所終，亦未嘗有意爲文字留人間以逞其説，而冀天下之從己也。吾觀其出處行藏，非有謬於聖人，而其書不過哀斯人之愚迷，而自道其淡泊無爲之意，蓋春秋時之一隱君子耳。後之爲老子説者亦莫知老子，或稱之反過其實。太史公曰：「世之學老子者則絀儒，學儒者亦絀老子。」〔三〕夫老子與孔子當日未嘗相絀也，則學者過也。

嗚呼！自申不害、韓非假託老子之説，而使老子蒙詬於萬世。浸尋而至於秦、漢以後，爲老子之徒者，築宫以祀之，刻木以像之，造立鬼神名字而自異其衣冠，往往禱賽祈請，又依倣浮屠氏之書，作爲鄙俚無稽怪誕之言，曰「是老子也」。則老子之冤，亘萬世而莫之白矣。夫巫覡，自老子未出而其興已久矣。巫見佛之盛也，顧己無所宗，乃假託老子自重，以擬於佛而敢與孔子抗，此豈老子之罪乎？神仙之事不見於經傳，其説惝恍荒忽，而嘗見於諸子百家之書，大抵爲其術者，屏繁囂，守清浄，其説近老子，故亦時時稱誦老子之道，而世又以老子真怪迂矣。

嗚呼！老子一隱君子耳，不幸姓名言語落在人間。尊之者曰聖人，斥之者曰異端，濫觴於莊、列，決裂於申、韓，誣於巫覡，而晦於神仙，而遂以爲聖道之害。噫！此後世之老子，非孔子時之老子也。

〔一〕「儒若是易也，則爲聖道害者不止此兩家矣」，批校本原有此文，墨筆勾去下句，朱筆改上句「也」字爲「耶」，並作朱批云：「去之似有味。」張本即從此改定者。毅夫鈔本「儒」下衍「不」字，硯莊二本、徐本皆存原文，今從。

〔二〕「慴服」，張本「慴」誤作「攝」，今正。

〔三〕「太史公曰：『世之學老子者則絀儒，學儒者亦絀老子。』」按史記老子傳作：「世之學老子者則絀儒學，儒學亦絀老子。」引文與之稍有出入。古人引述前人之語祇取意同，文字不必求其盡合，此其一例。

老子論下

或曰：「子以老子之言頗有可採者，其説可得聞乎？」曰：「老子之書具在，吾非敢臆而説也，後之人以異端之解解之，此其所以與聖人亂也。孔子適周見老子，其叮嚀付授不過數語，而孔子嘆異之，其後所著書上、下篇，大抵不出此數語之中。吾不知孔子當日曾見其書與否，而數語叮嚀夫子不以爲非，則其書未可盡非也。吾觀其書，其大旨不過謂恃法則法亡，爭功則功去，不知足者召禍，可欲者喪身，靜可以觀動，柔可以勝剛，其於禍福之相倚，盈謙之相越，天道人事得失，諄諄乎反覆言之而深切，不見其有謬戾聖人者也。

而獨其有數言不能爲老子解者，曰『禮者，忠信之薄而亂之首』，曰『大道廢，有仁義』，曰『絕聖棄智，民利百倍；絕仁棄義，民復孝慈』。蓋所謂大道者，混混之時，悶悶之風也。所謂仁義者，呴呴之仁，孑孑之義也。彼見世之溷濁，而慨想於太古荒遠之事以爲憤激之言，又其視仁義太小不可爲訓，此老子所以不得爲聖人也。其他所論著，往往多有與聖賢相發明。而世之蕩檢踰閑、放棄禮法、無復忌憚者曰『老氏』，人亦從而指之曰，此『老氏』也。不知此固老氏之所深戒，而猥以擬之，不已謬乎。」

「今夫佛氏之爲教也，戕賊其身，枯槁其性，歸於空虛無有，夫空虛無有誠不足以治天下。而老子所言皆行己治人，涉歷世故之道，初非等於頹墮滉瀁不可致詰者。而世又有樸遬迂謹、頑鈍寂寞之徒，託之『老氏』以自掩其無能，不知此又老子之所深戒而不取也。」

或曰：「子之誦法者孔子，孔子之道，亘萬世莫之及矣，而子猶欲爲老氏別白者，何耶？」曰：「所以尊孔子者也。自三代之後，老也，佛也，儼然與孔子並立而爲三者也。夫老子非孔子匹也，周衰之時，一隱君子而不大謬戾於聖人者也。吾所以云云者，以後世尊老子爲聖人，而欲以抗孔子，又或斥以爲異端〔一〕，而謂有害於孔子，皆非老子也。吾以告夫世之論老子者也。」

〔一〕「斥以爲異端」，張本無「以」字，批校本原有「以」字，朱筆塗去。從硯莊二本、徐本。

史論〔一〕

昔者聖人何爲而作史乎？夫史者，所以紀政治典章因革損益之故，與夫事之成敗得失，人之邪正，用以彰善癉惡，而爲法戒於萬世。是故聖人之經綸天下而不患其或敝者，惟有史以維之也。史之所繫如此其重，然而史之難作久矣〔二〕，作史之難其人抑又久矣。

今夫一家之中，多不過數十人，少或十餘人。吾目見其人，吾耳聞其言，然而婦子之詬誶，其釁之所由生，或不得其情也，主伯亞旅之勤惰，或未悉其狀也。推而至於一邑一國之大，其人又衆矣，其事愈紛雜而不可詰矣。雖有明允之吏，聽斷審讞，猶或有眩於辭，牽於衆，而窮於不及照者。況以數十百年之後，追論前人之遺迹，其事非出於吾之所親爲覩記〔三〕。譬如聽訟，而兩造未列，只就行道之人，旁觀之口，參差不齊之言，愛憎紛紜之論，而據之以定其是非曲直，豈能以有當乎。夫與吾並時而生者，吾譽之而失其實，必有據其實而正之者；吾毀之而失其實，其人必與吾争辯而不吾聽也。若乃從數十百年之後，而追論前人之遺迹，毁之惟吾，譽之惟吾，其人不能起九原而自明也。孟子曰：「盡信書則不如無書。」吾於諸家之史亦云。然則史豈遂無其道乎哉。

夫史之所藉以作者有二，曰國史也，曰野史也。國史者，出於載筆之臣，或鋪張之太過，或隱諱而不詳，其於群臣之功罪賢否、始終本末，頗多有所不盡〔四〕，勢不得不博徵之於野史。而野史者，或多徇其好惡，逞其私見，即或其中無他，而往往有傷於辭之不達，聽之不聰，傳之不審，一事而紀載不同，一人而褒貶各别。嗚呼！所見異辭，所聞異辭，所傳聞異辭〔五〕，吾將安所取正哉？書曰：「三人占，則從二人之言。」吾以爲二人而正也，則吾從二人之言，二人而不正也，則吾仍從一人之言，即其人皆正也，而其言亦未可盡從，夫亦惟論其世而已矣。一事也必有一事之終始，一人也必有一人之本末，綜其終始，核其本末，旁參互證，而固可以得其十八九矣。子曰：「衆好之，必察焉；衆惡之，必察焉。」察之而有可好，亦未必遂無可惡者；察之而有可惡，亦未必遂無可好者。衆不可矯也，亦不可徇也，設其身以處其地，揣其情以度其變，此論世之説也。吾既論其人之世，又諳作野史者之世，彼其人何人乎？賢乎，否乎？其論是乎，非乎？其爲局中者乎，其爲局外者乎？其爲得之親見者乎，其爲得之逖聽者乎？其爲有所爲而爲之者乎，其爲無所爲而爲之者乎？觀其所論列之意，察其所予奪之故，證之他書，參之國史，虚其心以求之，平其情而論之，而其中有可從有不可從，又已得其十八九矣。嗚呼！史之難作如此，而自古以來諸家之史不能皆得而無失，此吾所以謂作史之難也。

曾氏鞏曰：「古之所謂良史者，其明必足以周萬事之理，其道必足以適天下之用，其智必足以通難知之意，其文必足以發難顯之情，然後其任可得而稱也。」又曰：「史者所以明夫治天下之道也，故爲之者亦必有天下之才，然後其任可得而稱也。」由此觀之，作史之人豈不難哉。自古稱良史莫過於馬、班二家，然以司馬氏之雄傑，覆冒百代，而不無是非顛倒，採摭謬亂，是其智雖足以通難知之意，其文雖足以發難顯之情，而明固不足以周萬事之理，道固不足以適天下之用矣。至於班氏之文，較之於司馬氏，又尚有不逮焉。夫班、馬二家，豈非天下之才乎，而猶有所憾若是，而況於魏、晉以後，區區之破析其體，藻繪其辭，而義類盡失者哉！此吾所以謂作史之難其人也。

且夫作史者必取一代之政治典章因革損益之故，與夫事之成敗得失，人之邪正，一一了然洞然於胸中，而後執筆操簡，發凡起例，定爲一書，乃能使後之讀之者如生於其時，如即乎其人，而可以爲法戒。譬如大匠之爲巨室也，必先定其規模，向背之已得其宜，左右之已審其勢，堂廡之已正其基。於是入山林之中，縱觀熟視，某木可材也，某木可柱也，某木可棟也，榱也，某石可礎也，階也。乃集諸工人，斧斤互施，繩墨並用，一指揮顧盼之間，而已成千門萬户之鉅觀。良將之用衆也，紀律必嚴，賞罰必信，號令必一，進止必齊，首尾必應，運用之妙成乎一心，變化之機莫可窺測，乃可以將百萬之衆而條理不紊，臂指可使，兵雖多而愈整，法雖奇而實正。而吾竊怪夫後世之爲史者，規制之不立，法律之茫然，舉步促縮，觸事𣢭䠞，是亦猶之尋丈之木，尺寸之石，而不知所位置，五人十人之聚而駕御乖方，喧嘩擾亂而不可禁止，又安望其爲巨室而用大衆乎哉！此吾所以謂作史之難其人也。

且夫爲巨室者，群工雜進，而識其體要，惟度材是任者，大匠一人而已。用兵者，卒徒雖多，偏裨雖猛勇，而司三軍之命者，大將一人而已。爲史者雖徵文考獻，方策雜陳，而執筆操簡，發凡起例者，亦不過良史一人而已。而吾又怪夫後世之爲史者〔六〕，素不聞有博通諸史之學也，素未知有筆削之法也，分編共纂，人人而可以爲之，一人去又一人來，往往一書未成，而已經數十百人之手，曠日踰時，而卒底於無成。今夫良史者，或數百年而一見，令人人可以爲之，是天下之才不足爲難，而子長、孟堅比肩接踵而出也。衆拙工而治一器，衆懦夫而治一軍，器安得而不窳，軍安得而不敗哉。是故以司馬氏、班氏、歐陽氏之爲大匠良將，而史記，而漢書，而五代史可成也。新唐書非歐陽氏一手之所定，遂不能與五代史齊觀，則夫史氏非專家之學不可以稱其任，此亦可以見矣。夫所謂專家之學者〔七〕，天下之才也。如曾鞏氏之所謂「明足以周萬事之理〔八〕，道足以適天下之用，智足以通難知之意，文足以發難顯之情」，如此而後可以爲良史矣。而或謂史之難作如此，作史之又難其人如此，顧安所得如司馬氏、班氏、歐陽氏者出而任之？ 此亦視乎上之所重而已矣。上之所重在經學，則天下之通經者出，上之所重在史學，則天下之良史者出，而又何患於史之難作，與作史之難其人哉。

〔一〕「史論」，此篇戴編本未收，批校本、硯莊二本、徐本皆無，而王本、秀野本、張本、國學本收之，文多脱誤。蕭穆戴憂庵先生事略引述此文，可補正多處。

〔二〕「史之難作久矣」，「矣」字張本無，從蕭氏引文補。

〔三〕「親爲覩記」，「覩」字張本無，從蕭氏引文補。

〔四〕「有所不盡」，「所」字張本無，從蕭氏引文補。

〔五〕「所傳聞異辭」，張本無，從蕭氏引文補。

〔六〕「吾又怪夫」，「夫」字張本無，從王本及蕭氏引文補。

〔七〕「則夫史氏非專家之學不可以稱其任，此亦可以見矣。 夫所謂專家之學者」，張本脱去「非」字及「不可以稱其任」以下二十字，而於後者留一空格，今從蕭氏引文補。

〔八〕「曾鞏氏」，「氏」字張本無，從蕭氏引文補。

戴名世集卷十五

左氏辨

左傳果丘明所作乎？曰，非丘明所作也。唐啖助、趙匡始斷其非丘明所作，其説是矣。以左傳爲丘明所作者，司馬遷也，劉歆也，班固也，杜預也。司馬遷因論語有「左丘明恥之」之語，遂懸斷其爲左丘明，而劉歆欲立左於學，諸儒莫應，乃謂好惡與聖人同，親見夫子，蓋爲張皇夸大之語，欲藉夫子以重左氏，其説不必皆有所自也。班固謂仲尼與左丘明觀魯史而作春秋，而丘明作傳，杜預謂左丘明受經於仲尼，皆踵其説而訛愈甚者也。啖助言論語所引丘明乃史佚、遲任之類，集諸國以釋春秋者别有一左氏耳，而後之論者，遂求其人以實之。或曰左氏六國時人也，或曰楚人也，或曰晉人也，或曰漢儒之文也。爲是説者，皆不考其世，且不知文章之體制者也。古者列國皆有史，不獨魯也，左史紀事，前後相繼，亦不出自一人之手也。晉之史則紀晉之事獨詳，楚之史則紀楚之事獨詳。左氏者，纂輯列國之史以成書，非皆其所自爲者，奈之何於其紀載之獨詳者，遂懸斷其爲某國之人乎。左氏紀魏、韓、智伯之事，又舉趙襄子之謚，自獲麟至襄子卒已八十年，使丘明與孔子同時，則孔子既没八十年，而丘明猶能著書，必無之事也。或遂以左氏爲六國時人。夫自古著書之家，一書之成往往經數人之手，安知非獲麟之後，又有人焉補其所不及，如褚少孫之補史記，班昭之補漢書，而又安得懸斷其爲某世之人乎。左氏初出於張蒼之家，顯於劉歆，而或遂謂爲漢儒之文。信斯言也，則是左氏者，鑿空妄譔，附會春秋而成此一書。如此則六經、諸子皆出漢儒之所譔，而三代以前之書，無片言半辭之可信者矣。且夫文章之體製與時爲升降，宋之文不及唐，唐之文不及漢，漢之文不及六國，六國之文不及春秋。左氏之文，奇質古奥，已非六國所及，其叙事爲千古史法之宗，而謂漢儒能執筆爲之，其説迂謬不通之甚者也。

吾以爲左氏者，魯之史官而不與孔子同時，即或同時而未嘗奉教於夫子者也。觀其所引仲尼之言多非其真，蓋假託於仲尼以自信其説，亦或傳聞之未審而遂以筆之於書耳。至於列國之事，則皆取列國之史排纂編輯而成。故自隱、桓以至定、哀，文格已屢變，而各國之事之所序述，筆勢亦迥有不同。蓋事辭則因其舊，而時時加以己之所斷制。至於左氏之所未及，則又有人焉爲之補其殘缺，而姓名不顯，則遂以爲左氏一家之書云爾。其或補其殘缺者即爲左氏，而前此著書之人，世遠人湮，他無紀載，其姓名或爲後起者之所掩。自古書籍之流傳，往往後起者多孤行，而行之又久且遠。凡此者皆不可知，而固難以懸斷者也。子曰：「左丘明恥之，丘亦恥之。」「亦」之爲言彼此相效而前後不殊之辭，此必丘明之生在夫子之前，而夫子云云乃「竊比老彭」之義。後之人以左傳屬之丘明，而且以爲受經於孔子，豈其然哉。左傳之外，又有國語，而説者謂左氏爲内傳，國語爲外傳。兩傳文體尤爲懸絶不倫，而牽合爲一人所作，本司馬遷之臆度。遷又以左丘爲姓，名明，又因其名明而遂謂其失明，附於孫子臏脚與己之腐刑，以致其悲憤之意，而後之人遂稱左氏爲「盲左」。

嗚呼！秦火而後，事之若明若晦無從考據者，豈少也哉，而穿鑿附會，賢者有所不免。後之學者，亦惟考其世，視其文章之體製，而可以辨之矣。

八月庚申及齊師戰於乾時我師敗績

孟子曰：「春秋無義戰。」嗟乎！春秋之戰多矣，鮮有出於義者。其或出於義而又不純焉，卒同於不義而已矣。然聖人不忍遽絶焉，且幸之，且惜之，凡以著君臣之分，明父子之親，而嚴内外之防，則亦不必計其功之成與否而義之，得失所在，聖人不忍遽絶焉耳。昔者王莽乘西漢之衰，不用尺兵寸鐵而移漢祚，翟義起兵討之，未成而身死。唐武氏之禍，唐幾亡矣，李敬業起兵討之，未成而身死。此二人者，自以國家舊臣，義不忍靦顔俯首而立於怨家之朝，身雖已殘，家雖已破，甘心屠刳而不悔，而其風烈猶有以聳動英雄豪傑之心，故漢、唐既敗而復興。嗚呼！此二人者可謂知大義矣。

今夫春秋之義，莫大於復仇，仇莫大於國之奪於人而君父之死於人也。故吾力能報焉，而有以洗死者之恥，上也；其次力不能報，而報之不克而死；最下則忘之；又最下則事之矣。吾嘗讀春秋，未嘗不嘆息痛恨於魯莊公也。莊公者，桓公之子，齊人實殺桓公。蓋昔者越敗吳於檇李〔一〕，闔閭死，夫差使人立於廷，苟出入，必謂己曰：「夫差，而忘越王之殺而父乎？」則對曰：「唯，不敢忘！」三年乃報越。晉王李克用之將終也，以三矢賜莊宗而告之曰：「梁，吾仇也，燕王吾所立，契丹與吾約爲兄弟，而皆背晉以歸梁。與爾三矢，爾其毋忘乃父之志。」莊宗受而藏之於廟，卒以滅梁，入於太廟，還矢先王而告以成功。吾觀此二君者，其晚節末路不可謂賢，而皆能復父仇如此，其義烈豈不壯哉。自桓公死於齊，莊公立，築王姬之館於外矣，公子溺會齊師伐衛矣，公及齊人狩於禚矣，師及齊師圍郕矣，公及齊大夫盟於蔇矣。不惟忘其仇，而又報之德焉，所以事之者惟恐其不足。孔子曰：「幸矣，乾時之役猶能與仇讐戰也。惜哉，其非以仇故戰，而師雖敗不可謂不榮，然而不純於義矣。」聖人於此不忍遽絶，姑與以得失相半之辭，是亦聖人之不得已焉耳。

嗚呼！莊公之事，吾無論矣。後之臣子有遭其國亡其君死，而忘其仇而事其仇，且其國之亡也，彼實有以致之亡，君之死也，彼實有以致之死。然則彼亦與於逆亂者耳，又安知所謂仇耶。而一旦而仇之，曰：「吾力能報之。」天下且曰：「是直能扶義以晚蓋者也。」及問其名，則曰：「非以仇故戰，而以己私故戰也。」如是則覆敗亂亡而莫之救，不亦宜哉。是故揆以春秋之義，則師雖敗不可謂不榮，而不純於義卒同於不義而已矣。吾又不獨嘆息痛恨於魯莊公也。

〔一〕「蓋」，張本無，從批校本、硯莊二本、徐本補。

秋九月乙丑晉趙盾弑其君夷皋

魯宣公二年，晉趙盾弑其君，董狐親見其事而書之，趙盾卒無辭以解者也。孔子修春秋，因其文而未之有改者也。左丘明、公羊高、穀梁赤傳聞之而不能無異同者也。三子者曲原夫趙盾而歸獄於趙穿，而穀梁且曰：「於盾也見忠臣之至。」是奬亂賊也，是爲趙盾所欺，而其詭譎巧免之計得以售也。

趙穿，盾之族。盾之出亡非其罪，故國人不悦，穿乃起而弑靈公。則是靈公之死爲趙盾也，趙穿之弑爲趙盾弑也。彼其身爲正卿，懷忿懟而去國，而其禍又不足以累趙穿，而趙穿以事外之身，無故舉事而爲之洩其忿恨，則盾必與聞乎弑矣，豈徒聞之，則盾必與謀乎弑矣。且穿既弑靈公，乃逆趙盾而入，與之立於朝，吾有以知穿之爲盾也。趙盾既反〔一〕，又使趙穿逆公子黑臀於周而立之，以使之市德於新君，吾有以知盾之爲穿也。此兩人之訢合無間，何其至也，此以爲趙盾弑其君耳矣。假使宣子既入晉國，即尸趙穿於朝，猶不足解免以謝天下，而況不肯討賊，乃且用賊，既且用賊，乃且曰：「予無罪，予無罪。」爲其實而避其名，是豈知名之不可避哉。

然則孔子之言非歟？孔子之言曰：「董狐，古之良史也，書法不隱。趙宣子，古之良大夫也，爲法受惡，惜也，越境乃免。」吾以爲此非孔子之言也。夫其受惡非爲法受惡也，夫其不能免即越境無以免也。孔子既以直書之經矣，曰「晉趙盾弑其君」，初非有疑似之情，寬恕之旨，而顧賢之，而顧惜之，是與春秋自相戾也。或者聽聞之謬，而左氏遽以入之傳歟？夫此一事也，三傳記載之詞各異，豈無訛焉，學者亦取斷於春秋而已矣。

〔一〕「既」，張本無，從批校本、硯莊二本、徐本補。

春西狩獲麟解

天下之物，類有神奇之産，神奇之産，世所不經見者也。神奇之産往往爲聖人而出，聖人者，世所不經見者也。易曰：「變化云爲，吉事有祥。」豈不然哉。然而聖人遇災而懼〔一〕，而休徵異兆未嘗侈以爲瑞，凡以儆於天戒而不敢流於誣且妄也。蓋天下之物，神奇之産，雖爲聖人而出，而正不必假此以爲聖人重。必假此以爲聖人重而震而驚之，則欲大聖人而適以小聖人矣。昔者河出圖，洛出書，與夫鳳鳥之至，皆爲王者出也。成、康既殁，天下無王者久矣，然則麟胡爲乎來哉，爲孔子來也。且夫孔子之道大矣，春秋者，筆削之一法耳，而説者以爲春秋成而麟至，余竊惑之。

其言曰：「周南關雎之化，而麟趾關雎之應也。召南鵲巢之德，而騶虞鵲巢之應也。」夫詩人之意，不過託物起興，以致其吁嗟歎慕之情，而非必真有此二物者見於成周之際也，而以此擬之，固已傎矣。昔者孔子懼道之失其傳而天下之莫識也，於是删述古文舊説以詔來世，詩、書、易、春秋，其書固皆與天地無終極而存，乃其他皆不能以感召休徵，而獨於春秋而麟應之，亦理之未必然者。

然則獲麟何以書於經？曰：聖人之作春秋，凡有異無不記也。天道之盛衰，人事之得失，物之休徵咎徵，皆不忽而略焉。六鷁退飛，鸜鵒來巢，雖其至乖沴，亦莫不書，而況獲麟之大乎。

然則春秋何以終於獲麟？曰：春秋之終於獲麟亦適然耳。凡一書之成，必有所起，必有所止，而非必其有意而爲之起，有意而爲之止也。有意而爲之起，有意而爲之止，此乃後世儒者穿鑿附會之論，而非聖人之旨也。歐陽子曰：「孔子仕於魯，不用，去之諸侯，又不用，始著書，得詩自關雎至於魯頌，得書自堯典至於費誓，得史記自隱公至於獲麟，遂删修之。」吾以孔子之修春秋，其年亦既老矣，獲麟之書在哀公十四年，越二年而孔子卒，然則春秋之終於獲麟，豈必聖人有意而爲之哉。夫子方著書以教天下萬世，而遽以獲麟輟其業，有可以修而不修焉，其義固無取矣。蓋後世儒者之論，視獲麟甚重，將欲以此大聖人尊春秋，而不知其流於誣且妄也。然則夫子之於獲麟，反袂拭面，涕泗沾袍，曰：「吾道窮矣。」夫子於此豈無意哉？夫子正不能無意云爾。夫麟，仁獸也，有王者則至，無王者則不至。時無王者而至，則是爲孔子至也，孔子之道其已矣夫，故曰「孰爲來哉」，蓋傷之也。然則麟非爲春秋至也。

〔一〕「聖人遇災而懼」，張本「而懼」二字誤倒，今正。

曲阜縣聖廟塑像議

三代以前，天子諸侯之廟皆有主，至於卿大夫士之家，頗不設主，或束帛以依神，或結茅而爲蕝，無有所爲像設也。塑像之設自佛教之入始，孔子之塑像不知始於何時。夫孔子之所以異於人者，聰明睿智，道德之高耳，其形體狀貌不能有異於人也。吾觀諸子中有言孔子之形狀爲特異者，豈以其道不同而詆之耶？抑謬爲張皇而怪言之，以使人驚異耶？自孔子没，歷年久遠，其子孫已杳不知聖人之形體狀貌爲何如，而亦不難誣其祖宗，以爲聖人之生果異於人，而形體狀貌必出於怪也。名世嘗至曲阜，見孔子塑像，其面則黧而黑也，其齒牙則長出至髭也，凡眉目口耳皆爲怪異可駭之形。至於諸賢之侍立者，因顔子之早夭而爲白皙瘦削之形，且短其頤，因子路之好勇而微赭其面，爲糾糾武猛之形。及觀石刻孔子像，則又不必皆同也。然則孔子之像果即毫髮無差，已非神而明之之義，況其所刻所塑者又本非孔子之像耶。

名世嘗奉程子之意而推廣其説曰：人之子孫圖其祖父之形容，必其眉目顴頰口耳髮膚之無一不似，而後可得而指之曰，「此吾之祖父」，於是陳於其上而拜於其下，致其誠而冀受其享。若有幾微之不似，則已非其祖父矣，非其祖父而俎豆薦之，巫史祝之，則其祀之者爲無源之痛，而享於其上者正不知爲誰氏之祖父也。況以聖人爲萬世之師，而顧可使非其像者而冒居其上耶！明洪武中詔建太學，自天子以下，像不土繪，祀以木主，一洗漢、唐以來異教之陋，而昌平曲阜猶像設如故時。嘉靖中乃撤去京師國學塑像，而曲阜之廟其像至今尚存。吾聞今各郡縣亦尚有塑像未盡毁，而郡各殊狀，縣各殊形，其爲怪異可駭大抵皆同，此尊崇聖人者所當盡爲撤去而無疑者也。嗚呼！自孔子像設既立〔一〕，而唐開元中遂出王者衮冕之服以衣之矣；宋祥符中遂加冕九旒，服九章矣；已而改用冕十二旒，服十二章矣。孔子至聖而受此誣僭不韙之冠服，皆自像設啓之。故夫像設一去，而名號亦可以永正，祀典亦可以永清矣。

〔一〕「像設」，張本二字誤倒，今正。

孔廟從祀議

孔廟祀典，釐正於有明之世，一在洪武中，一在嘉靖中，而崇禎元年加周子、二程子、邵子、張子、朱子六人曰「先賢」。凡諸臣所議，可謂遠出前代之上矣。今據會典所載，自「四配」、「十哲」而外，東廡則澹臺滅明、原憲、南宫适、商瞿、漆雕開、司馬耕、有若、巫馬施、顔辛〔一〕、曹卹、公孫龍、秦商、顔高、壤駟赤、石作蜀、公夏首、后處、奚容蒧、顔祖、句井疆、秦祖、縣成、公祖句兹、燕伋、樂欬、狄黑、孔忠、公西蒧、顔之僕、施之常、秦非、申棖、顔噲、穀梁赤、高堂生、毛萇、后蒼、杜子春、韓愈、程顥、邵雍、司馬光、胡安國、楊時、張栻、陸九淵、許衡，胡居仁，西廡則爲宓不齊、公冶長、公皙哀、高柴、樊須、公西赤、梁鱣、冉孺、伯虔、冉季、漆雕徒父、漆雕哆、商澤、任不齊、公良孺、公肩定、鄡單〔三〕、罕父黑、榮旂、左人郢、鄭國、原亢、廉絜、叔仲會、公西輿如、邽巽、陳亢、琴張、步叔乘、左丘明、公羊高、伏勝、孔安國、董仲舒、王通、周敦頤、歐陽修、張載、程頤、胡瑗、朱熹、吕祖謙、蔡沈、真德秀、薛瑄、王守仁、陳獻章，凡九十五人。名世謹案：東廡自穀梁赤而下，西廡自左丘明而下，或以傳經，或以道學，皆得從祀，而孔子弟子如孟懿子、牧皮、琴牢之載於論語、孟子，而不得與從祀，從來未有議及之，何也？家語，琴牢作琴張，而論語，牢曰：「子云，吾不試，故藝。」注字子開，一字子張。恐子張、子開之爲兩人，或未可混而爲一人也。左丘明、公羊高、穀梁赤三人者，觀其議論固未嘗親受業於聖人，而以傳經祀之，固其宜也。第左傳非丘明所作，昔人有疑其别有一左氏，輯諸國史以釋春秋，則左丘明之主當易左氏，而其姓名不必爲之懸定者也。歐陽修文章風節固屬名臣，而於道學實未有所發皇，嘉靖中大禮之議，主之者張璁，與歐陽氏之濮議相合，於是璁建議，以謂修所著本論實能翊衛聖道，遂得與於從祀。此舉非出於萬世之大公，而實出於一人之私意，夫以區區一篇之文而得從祀，則後世之可從祀者不可勝數矣。韓文公當八代之餘，數百年迷惑之際，一旦起而明王道闢異端，昌言排擊，自是天下始曉然於邪正。至有宋之時，而昌黎之教，其行於天下久矣，未可以本論一篇援原道之例而得入也。世徒以歐陽子文章風節爲一代名臣而不敢有異議，而吾以爲在孔廟則言孔廟，在祀典則言祀典，修之傳經不若后蒼、伏勝之流，闡明道學不若程、朱諸賢，則修之祀當移於其鄉，亦修之所心安於九原者也。陸九淵之從祀也〔三〕，以王守仁故也。守仁之徒欲祀守仁則不得不祀九淵，蓋兩人之學，源流無異，而守仁實踵陸氏而又甚焉者也。朱、陸之學如冰炭之不相入，黑白之不相假，此是則彼非，此非則彼是，亦未可調停而中立者也。文中子曰：「太熙之後，述史者幾乎罵矣。」名世以爲守仁之於朱子，豈特罵而已哉。罵朱子者，前有韓侂胄，後有王守仁。夫朱子之學，孔子、顔子、曾子、子思、孟子之學也，罵朱子者，是罵孔子、顔子、曾子、子思、孟子也。今以孔子之廟祀言之，孔子享於其上，顔子、曾子、子思、孟子配於其旁，朱子及諸賢侍於其下，而無端一罵人者闌入其中，罵其同列，罵其堂上，而謂同列之人安乎，堂上之人安乎，即其人亦豈能自安乎。竊以爲王氏者，在有明宜祀之於功臣廟，在今日則宜祀之於其鄉，彼之氣節功名已足以自食其分之所宜得矣，而胡爲文廟之俎豆，亦復睨其旁而欲甘之乎。至於陸氏，倡爲異言以惑誤後世，亦未聞其别有功德之彰顯，又不得援王氏祀於其鄉之例。是則孔廟從祀之中，陸九淵、王守仁所當黜者也。他如胡居仁、陳獻章，其學不能有醇而無疵，或以爲其過尚小，則姑存之而徐以議其去留可也。

程子曰：「四科乃從夫子於陳、蔡者耳，門人之賢者固不止此，曾子傳道而不與焉。故知『十哲』世俗論也。」洪武中羅恢上疏言：「孔廟從祀當以道學論，兩廡中有可增於十哲，而十哲中固有不及兩廡者，獨拘拘於魯論記者所列，何也？」則廟廷之内止以顔、曾、思、孟配，而移十哲於兩廡，於義例亦未爲不可也。左丘明等之從祀則始於唐貞觀中，凡二十二人，爲左丘明、卜子夏、公羊高、穀梁赤、伏勝、高堂生、戴聖、毛萇、孔安國、劉向、鄭衆、杜子春、馬融、盧植、鄭康成、服虔、何休、王肅、王輔嗣、杜元凱、范寧〔四〕、賈逵。而明程敏政謂：「是時聖學不明，議者拘於注疏，謂釋奠先師，如詩有毛公之類，遂以專門訓詁之學爲聖道，而並及馬融等，行之至今，誠不可不考其行與議之可否，而一爲釐定也。」名世按，敏政之言與羅恢之所云，孔廟之從祀當以道學論，其旨雖合，而跡馬融、劉向、賈逵、王弼、何休、戴聖、王肅、杜預之流，或議論學問有所未醇，或立身行己見論於史册，若以道學論，則均之無當於從祀也。敏政又曰：「左丘明、公羊高、穀梁赤之於春秋，伏生、孔安國之於書，毛萇之於詩，高堂生之於儀禮，后蒼之於禮記，杜子春之於周禮，當秦火之後，非此九人則幾乎熄矣，此其功不可泯者，以之從祀可也。若融等不過訓詁此九人所傳者耳，今當理學大明之後，易用程、朱，詩用朱子，書用蔡氏，春秋用胡氏，又何取乎漢、魏以來駁而不正之人，使安享天下之祀哉！夫所以祀之者，非徒使學者讀其書，亦將識其人，而使之尚友也。今學者習其訓詁之文，於其心未必有補，而考其生平之跡，將尤而效之，其爲禍傷義害道，將有不可勝言者。至於鄭衆、盧植、鄭康成、服虔、范寧五人，雖若無過，然其所行亦未能以窺見聖門，所著亦未能以發明聖學。請將戴聖、賈逵、劉向、馬融、何休、王肅、王弼、杜預八人褫爵罷祀，而鄭衆、盧植、鄭康成、服虔、范寧五人，各祀於其鄉。」嘉靖中釐正祀典，卒用敏政等之言焉。名世按，馬端臨之言曰：「左丘明、公羊高、穀梁赤，猶曰受經於聖人而得其大義，至於高堂生以下謂之經師可矣，非人師也。如毛、鄭之釋經，於名物固爲賅洽，而義理間有差舛，若王輔嗣之宗旨老莊，賈景伯之附會讖緯，則其所學已非聖人之學矣。又況戴聖、馬融之貪鄙乎。」端臨之論，實爲敏政等所祖。而名世以爲左氏、公羊高、穀梁赤之於春秋，伏勝、孔安國之於書，毛萇之於詩，高堂生之於儀禮，后蒼之於禮記，杜子春之於周禮，掇拾於秦火之餘，以傳後世，其功可謂大矣，夫是之爲經師也。至若融等之訓詁不盡合於聖人之旨，而其言行又不足以爲世法，是經師人師兩無當也。然能守其遺經，而箋疏注釋流傳不絶，以待宋氏大儒程、朱之徒，起而參互考訂，折衷以歸於一，就經言之，亦未始無功。竊謂從祀固不可，罷其祀亦有所不安也。或孔廟之内别立一祠曰經師祠，祀左氏、公羊高、穀梁赤、伏勝、孔安國、毛萇、高堂生、后蒼、杜子春，亦設兩廡而附祀劉向、戴聖、鄭衆、馬融、盧植、鄭康成、服虔、何休、王肅、王輔嗣、杜元凱、范寧、賈逵，至於元、明以來諸儒講義之有所發明，爲功於經傳者，斟酌詳定，亦得以增入焉。則諸人者不失於從祀，亦不至於罷祀，庶爲兩得之，而於義例亦或有未傷乎。

若夫兩廡之位次，以其德論之，則世代已遠，無由辨明其德也；以年齒言之，亦無由灼知其年也。故開元中定從祀之位，皆循史記仲尼弟子次序。但據有明會典，則時代之前後多有倒置，議禮之家或亦有所未安焉。撰厥所由，則東廡之移祀革祀者凡有九人，而西廡之移祀革祀者凡十有四人。議者拘於商、周宗廟之制，昭穆定位，不以南北互遷，於是東廡之缺不以西廡之主補之，西廡亦然，各就本廡遞遷而愈上，周、漢之儒反居唐儒之後，而唐、宋之儒反居漢儒之前。明瞿九思曰：「七十弟子當依原席東、西互遷，不必更易，而漢、唐、宋之儒則當以時代之前後爲位次之前後。」於是循其世次列爲年表，以待更定。此亦祀典之當爲釐定者也。名世末學寡識，據所聞而參以己意而著其說如此，以待知禮之士考訂焉。

〔一〕「顏幸」，張本及他本皆作「顏辛」，據史記仲尼弟子列傳正。

〔二〕「鄔單」，按史記仲尼弟子列傳作「鄡單」，集解引徐廣曰：一云「鄔單」。戴氏蓋據別本。

〔三〕「從祀」，張本「祀」誤作「事」，今正。

〔四〕「范寧」，張本及他本皆作「范密」，「密」與「寧」形近而訛，今正。下同。

書歸震川文集後

余從事於古文有年矣，雖不能爲古人之文，而竊知之不同於衆人。最後得歸震川之書，有愜於心，余好之。或有問余，震川佳處何在？余心口之間擬議良久，竟不能言其然，嗚呼，此震川之所以爲震川，而余知之爲獨深也歟！

震川好史記，自謂得子長之神。夫子長之神即班固且不能知，吾觀漢書，其於子長文字刪削處，皆失子長旨，而後之學史記者，句句而摹之，字字而擬之，豈復有史記乎。震川獨得其神於百世之下，以自奮於江海之濱，當是時，王、李聲名震動天下，震川幾爲所壓，乃久而其光益著，而是非以明，然後知僞者之勢不長，而真者之精氣照耀人間而不可泯没也。顧今之知震川者少，而今之爲震川者，其孤危又百倍震川，以俟後之爲震川者知耳。

書詠蘭詩後

蘭爲國香，東南山澤間多產之，當春深時，幽巖曲澗，窈然自芳。然往往有蟲嚙之，自其華初生時，輒已被嚙而萎，即幸而能自發榮，亡何又輒萎。其幸得脱者，僅十二三焉，而衆草蒙翳，條達暢遂，無有害之者。歲己未，余讀書山中，每晨起，輒捕蟲投之澗水，漂没以去，於是蘭遂大盛，每卧苔藉草，蓋幽香未嘗不入吾懷也。而産於遐荒絶壑，不遇好事者之愛惜而制於毒蟲惡物以沮其夭者，豈少也夫！余既爲詩以誌之，而復爲書其説如此。

跋趙孟頫畫

右趙孟頫畫一卷，泉石蹊徑，花鳥雲霞，歷歷然點綴誠工妙矣。孟頫畫，世無不寶之，然往往多贋本，此卷友人某所藏，以爲真筆，加愛惜焉，俾余題其後。余以子昂負極惡大罪，後世皆賞其書畫，而不復更知其人。夫書畫雖工，曷足道哉！然今世無不爲子昂者。余又以子昂實書畫累之，彼方揚眉瞬目，以此自名，而陷於極惡大罪而不自知，故小道雖可觀，而君子不爲，聖人之言千載弗可易也。

紀老農夫説

頃余讀書山間，西鄰有農夫，年老矣，猶治田事甚勤，暇則休乎樹下而卧焉。余嘗視之，樸且鄙，然其意有以自得者。一日，余謂之曰：「汝勞苦田間，手足胼胝，顧不識亦有所樂於此乎？」曰：「否也，然吾平生亦不知所爲憂戚。吾儕小人，生僻壤，未嘗見世事，忽忽以老，筋骨之勞與夫風雨暴露之苦，無歲無之，吾豈有樂哉。然而聊且治生，無饑寒之患，平居鮮與往來，終其身未入城市，雖貧且賤，無求於世。縱横荆棘之中，出入麋鹿之侣，以此往往習而自安。」余聞之而嘆曰：「至哉樂乎！何謂不得耶。」老農又曰：「吾幼未學書，曾不識字，其何敢望君，而君若有慕於余者，何也？」余聞其語，愈益慕之，因書其説。

紀夢

余少夢適山間，遇一老父，蒙檞葉於身，坐石上。余異之，問以神仙之術，不答。有頃，天上有紅雲一縷，冉冉下屬地，老父指謂余曰：「食此者，文章冠海内〔一〕。」余以口仰接吞之。老父復與余有所言，既覺忘之矣。自是七八年來，憂沮病廢，曾未嘗學問有所發明，回憶曩者之夢，真可赧也。

壬戌之春，屢夢深山大川，汪洋萬頃，峯巒千疊，又往往登臨樓閣，壯麗閎偉，雲霞草木，變態百出，類非人間所有。余懷遯世之思久矣，力不能買山以隱，而夢豈徒然也乎？然於彼不驗，又豈獨驗於此也。姑記以俟之。

〔一〕「食此者，文章冠海内」，張本「者」、「文」二字誤倒，今正。

紀紅苗事

紅苗介楚、蜀、黔之間，衣帶尚紅，故曰紅苗。其地北至永順保靖土司，南至麻陽縣界，東至辰州府界，西至平茶、平頭、酉陽土司，東南至五寨司，西南至銅仁府，周一千二百里。險阻幽深，寨落稠密，有寨曰天星者，其極險地也。苗性嗜殺而貪利，生男賀者皆以鐵，既長，冶環刀佩之，出入不離。習彍弩藥矢，長矛鳥鎗。其技有曰滚巖者，尤奇。嘗伏草中，攫人爲事。所獲内地人，以木錮其項，仍飲食之，故漏洩於牒者，使其家聞知，以金幣來贖，否則鬻之各土司中。其獲同類亦然。憑險以居，寨落雖多，往往以故相仇殺〔一〕，不相親暱，亦無渠帥統領。或欲有所剽掠，則潛結衆誓於神，椎牛歃血乃出，所獲者，集而瓜分之。性善疑，過夜分乃飲食，不眠，慮爲仇者所害。苗内附者號曰熟苗，内地奸人誘使爲苗嚮道〔二〕，闌入攫取人畜，奸人爲居間，使其家出金幣贖之，往往匿其大半，不盡予苗，苗亦莫之知也。苗盛則虐邊民，苗弱則邊民亦多虐之。其鎮守官兵，利苗之所有，常無故入其境，奪其牛馬。苗忿恨，遂四出爲害，兵民被虜者不絶。有司恐其傷也，出錢贖之，苗益肆無忌矣。歲壬午、癸未間，湖廣提督俞益謨等大發兵攻之，奪天星寨，苗窮蹙，先後就撫者三百一十三寨，計四千七百二十七户，丁八千八百一十七，每丁納雜糧二升，共一百七十六石三斗四升，於是紅苗乃略定。

苗内天時與内地異，每日辰午間，瘴霧瀰漫，咫尺莫辨。冬日寒凍尤不可當，林木冰凝，如椽如柱，如瑩如晶。草木黄落，久不能熱，立春後數日，焚之乃熱。沃土黑墳，種粳稻絶美，餘惟種黍稷麻菽，無他種，亦無葷蔬，採野菜爲食。其占歲之豐歉，以竹榮枯驗之。其地無虎狼，雖雉兔鳥雀亦鮮少。樹多梗楠黄楊，並産藥草，苗皆不知貴也。苗俗男女椎髻赤足，耳貫大環，好綵繪，無論絲布麻枲，輒染絳龍爲衣裳。亦能織紝，所産有苗錦、苗被、苗巾之屬。出門遠近，斵草卜吉兇爲行止。尤信鬼，户外植木爲之，疾則禱，愈則椎牛以祀。所敬祀者，有白帝天王，相傳以三十六人殺苗九千，故畏之；又曰馬伏波征苗常乘白馬，所祀即是。其説皆荒唐，莫可考。人家有榻無几，席地而坐。爨設於中庭，刳木爲槽，置食其中，相與掇而食之。女未嫁與人私不禁，懼有娠，自取藥草佩之。既嫁，除去藥草，所私者不得至門，至門輒殺之，然亦間有守貞者。苗性憨多力，能以背負荷而不能以肩，背能任兩人之所舁，肩不能勝一人之所挈，負重者偶憩，輒傴而不倚，絶無所困也。男女行步皆趫捷如飛，奔馬不能及，棘刺毒螫不能傷。其曰滚巖者，人人皆習，懸崖峭壁，人不能攀躋，但斂手足，縮身如蝟，一呼吸間，已從巔而下，一無損傷，以故入犯者多不捕，恃有此技也。苗不知有歲時支干，其於年月日，但曰鼠年至豬年，虎月至牛月，鼠日至豬日，循環數之而已。稱官曰老皇帝，稱兵曰郎，稱民曰客，相呼爲同年，呼其婦爲同年嫂。貽贈以布帛針線之類則歡甚。其氣習風俗，大較有如此也。

余惟自楚之南，達於滇、黔、巴、蜀迤西，東而爲廣東西、江西之境，綿亘幾萬里，皆近在中國版圖之内，類多奥區沃壤，而爲諸苗所蟠據。名爲羈縻，而王化之所不及，聲教之所不通，標枝野鹿，尚如洪荒之世，未經開闢，此亦天地間之缺陷，而自古以來聖帝明王之所未及用其力者也。不利其所有，而餌之以富貴，化其獷俗，柔其暴心，示之以君臣上下之禮，頒之以冠昏喪祭之制，立之以黨庠術序、旌善罰惡之法，開其蠶叢鳥道，通其百工技藝。百年之内，仁漸義摩，德威並布，次第而郡縣其地。是近在中國之内，闢地萬里，胥標枝野鹿而衣冠文物之，是在命世之王者矣。

〔一〕「以故相仇殺」，張本無「以故」二字，從批校本、硯莊二本。

〔二〕「内地」，張本二字誤倒，今正。

左生生字説

余友左氏子某，恂恂君子也，好古通經學。一日，更其字曰生生，而以告余曰：「人之血氣材質，强弱大小，皆自有其生而已定者〔一〕，惟君子不謂爲生，而變化擬議，以期無負於天之生生之意。余窮於世二十餘年矣，回首兒時迄今兹，其可悔者亦多矣。念前此不足以終吾世，吾將以掃除更張，盡變其所爲，而擇以今年某月日爲吾始生之辰，其若復孩而壯而老，以無蹈曩者之弊，如再世然，故以爲吾字，其可乎？」

戴子曰：易之理微矣。聖人之繫易也，曰「生生之謂易」。吾嘗論著之，以爲數有所起，而數窮則又起；數有所極，而數變則無極。是以新與舊之相乘，盈與虚之相代，古與今之相閱，而消息循環，不可端倪。得是説也，可以知天，亦可以寡過矣。今生之所悔者不過小有得失，無他謬戾，而輒以震動恐懼，豈不賢乎哉。然而生未知余之窮且甚也。余之生也與生同歲，而余之所遭，生百無一二焉。端居深念，將從何悔耶？將從何變耶？豈非以在人者可以自更，而在天者終莫可如何也耶！生之天固已大勝於吾之天矣，其又奚懼焉。雖然，區區者不足較也，請與生論易。

〔一〕「皆自有其生」，張本無「有」字，從硯莊甲本、毅夫鈔本。

鳥説

余讀書之室，其旁有桂一株焉，桂之上日有聲喧喧然者，即而視之，則二鳥巢於其枝幹之間，去地不五六尺，人手能及之。巢大如盞，精密完固，細草盤結而成。鳥雌一雄一，小不能盈掬，色明潔，娟皎可愛，不知其何鳥也。雛且出矣，雌者覆翼之，雄者往取食，每得食，輒息於屋上，不即下。主人戲以手撼其巢，則下瞰而鳴，小撼之小鳴，大撼之即大鳴，手下，鳴乃已。他日，余從外來，見巢墜於地，覓二鳥及鷇無有，問之，則某氏僮奴取以去。嗟乎！以此鳥之羽毛潔而音鳴好也，奚不深山之適而茂林之棲，乃託身非所，見辱於人奴以死。彼其以世路爲甚寬也哉。

盲者說

里中有盲童，操日者術，善鼓琴。鄰有某生，召而弔之曰：「子年幾何矣？」曰：「年十五矣。」「以何時而眇？」曰：「三歲耳。」「然則子之盲也且十二年矣，昏昏然而行，冥冥焉而趨，不知天地之大，日月之光，山川之流峙，容貌之妍醜，宮室之宏麗，無乃甚可悲矣乎，吾方以爲弔也。」盲者笑曰：「若子所言，是第知盲者之爲盲，而不知不盲者之盡爲盲也。夫盲者曷嘗盲哉。吾目雖不見，而四肢百體均自若也，以目無妄動焉。其於人也，聞其音而知其姓氏，審其語而知其是非。其行也，度其平陂以爲步之疾徐，而亦無顛危之患。入其所精業，而不疲其神於不急之務，不用其力於無益之爲，出則售其術以飽其腹。如是者久而習之，吾無病於目之不見也。今夫世之人喜爲非禮之貌，好爲無用之觀，事至而不能見，見而不能遠，賢愚之品不能辨，邪正在前不能釋，利害之來不能審，治亂之故不能識，詩書之陳於前，事物之接於後，終日睹之而不得其義，倒行逆施，倀倀焉躓且蹶而不之悟，卒蹈於網羅入於陷阱者，往往而是。夫天之愛人甚矣，予之以運動知識之具，而人失其所以予之之意，輒假之以陷溺其身者，豈獨目哉。吾將謂昏昏然而行，冥冥然而趨，天下其誰非盲也，盲者獨余耶？余方且睥睨顧盻，謂彼等者不足辱吾之一瞬也。乃子不自悲而悲我，不自弔而弔我，吾方轉而爲子悲，爲子弔也。」某生無以答，聞諧余言。余聞而異之，曰：「古者瞽史教誨，師箴，瞍賦，矇誦，若晉之師曠，鄭之師慧是也。兹之盲者，獨非其倫耶。」爲記其語，庶使覽之者知所愧焉。

鄰女說

西鄰之女陋而善嫁，東鄰有處女，貞淑而美，無聘之者。乃過西鄰而問焉，曰：「若何以得嫁？」西鄰之女曰：「吾有五費。」曰：「可得聞乎？」曰：「髮黄費吾膏，面黠費吾粉，履濶費吾布，垢多費吾藏，人來費吾茶。」曰：「若何以得嫁？」曰：「吾嫁士，吾嫁商，吾嫁工，吾嫁傭保，吾嫁乞丐〔一〕。」曰：「有陋汝者奈何？」西鄰之女竦肩梟頸，粲然捧腹而笑曰：

「處女乃陋余乎，此處女之所以年二十而無聘者也。吾見人家女子多矣，類我，吾見丈夫多矣，無不類我，而孰得陋余而棄余。」處女曰：「亦有不類若者乎？」曰：「有不類我者，則處女已嫁矣。」

處女俯而歎，西鄰之女曰：「處女無歎，吾試數處女之過失。自處女之長也，而鬻賣粉黛者過處女之門而不售。兒女相聚笑樂，處女獨深思不與語，又不能隨時爲巧靡之塗粧。吾觀處女態度類有以自異者，處女將自以爲美乎？世之所艷羨者真爲美矣，而處女無相逢顧盼者，處女將以何時得偶乎？且處女性情恣態如此，又不自媒，而傲然待聘，則處女過矣。處女誠換其故貌，易舊粧爲新粧，倚門而笑，則吾有可以效於處女者，然又恐余門之履且滿處女户外也。」處女變色，拂衣而起，趨而歸，誓終身弗與通。

〔一〕「乞丐」，張本「乞」作「吃」，今正。

疑解

歲辛酉七月，有客過戴子舍館，留一日，將去而告戴子曰：「余竊有疑於子，而未敢以請也。」戴子曰：「可乎哉，子其爲我言之。」

客曰：「操舟渡江者，晏然順流而下，而顧叫號神明，若有風波之恐焉。馳千里之馬於五百里之内，而慮其日之暮，道之遠，捶策之未力也，則人必笑之矣。何者？爲其忘乎所安，而憂夫所不及也。今子年不滿三十，窮古今，討墳典，讀百家之書，而欣欣乎其有所得也。修身潔行，敦厚渾樸，文章贍逸，氣蓋百代，世固未有如子者。宜子之浩浩然而自得，而趦趄憔悴，有出於騷人思士之所不堪者，毋乃忘乎所安，而憂夫所不及者乎？」戴子曰：「吾方没溺於波濤之内，泛泛乎而不知所之，顛覆於險阻之途，膚折而骨離，子且云云若是耶。夫人之患重痼者，其危苦自知之，而不能以告人。而人之在旁者，見其飲食言笑或無異於常人，遂不復知其困，即偶一愁痛呻吟，而人且厭其聲而惡其態矣。世無扁鵲、倉公，則未有知之者也。且子言讀書修行，吾非敢當也。今果如是，則余之憂且滋甚。」

客曰：「夫子之憂，吾不識也，敢請其故。」戴子曰：「昔北宫子造事而窮，西門子造事而達。北宫子謁西門子曰：『余與汝並世也，而余且窮若此，何耶？』西門子曰：『汝不得與余並。』東郭先生曰：『北宫子厚於德，薄於命，汝厚於命，薄於德，若之何其以辱北宫子也。』僕不佞，適有類於北宫子，而世之爲西門子者多矣，相與嗤笑謾侮，非有東郭先生，則其論將誰定耶。余困於世將三十年矣，拂亂顛倒，狼狽決裂，有非宇宙人理之所當然者。初之所患謂困已極矣，繼而加甚，而欲如初而不得，則困又極矣，後又加甚，而欲如其繼而又不得。如是者數焉，輾轉相屬，以至今日，而不知其所終極。舉世之人固莫不勝余也，而豈敢望於西門子者。由東郭先生之言推之，豈其讀書修行之所致耶？既薄於命也，即不讀書修行，其窮猶爾也，吾豈以彼易此乎哉！」「然則胡爲憂之？」曰：「不必憂者，憂之不可也；可憂者，不必不憂也。可憂而不憂，爲矯，爲忍，爲妄，爲忘情，是數者，吾之所不爲也。」

客曰：「嘻！有是哉。吾聞之古人之言，以爲小人多憂，君子則否。吾以是疑子非君子也。」戴子曰：「小人之憂，非有他也，徇於外物而汲汲嗜慾，怪僻險賊而徼倖於不可得，而爲是戚戚也。昔者孔子删詩，自國風、小雅，大半皆勞人、思婦、忠臣、孝子悲悼慘怛之音，其言至深痛不可讀，而夫子存之，而許其能怨，則君子之憂固有不可遽釋者。吾子既不能如扁鵲、倉公之知病，而反咎病者之呻吟，是北宫子之遇比吾多一東郭先生焉，不爲窮矣。子其行乎！」

鸚鵡贊

汝之初生，隴西南海，集於中州，耀其光彩。汝學人言，雖慧不逮，人學汝言，啁啁可駭。我聞悲傷，世由汝壞。此土雖樂，恐生罪悔，一旦摧殘，覓家不在。

筆贊並序

余拙於書，性亦不喜書，鬻筆者至，買數管屬草稿而已。今年余教授江干，於篋中得敝筆數十管，皆禿不能書，因投之江中，爲作贊曰：

吾不世如，人道之恒。世不吾如，有中書君。世亦有之，君冤莫伸。惟余甚駃，得君益傾。傾豈君故，我生不辰。君鋒甚利，余脱其精。君思横溢，余盡其心。君徒以名，余不布聞。人皆去余，曰賤且貧。君寫我憂，寒暑晦明。付爾江流，與水同清。昔在紙上，滔滔有聲。今歸渤海，猶自奔騰。蓬萊瀛洲，神仙所居。其中奇怪，視我何如？

窮鬼傳

窮鬼者，不知所自起，唐元和中，始依昌黎韓愈。愈久與之居，不堪也，爲文逐之，不去，反罵愈。愈死，無所歸，流落人間，求人如韓愈者從之，不得。閲九百餘年，聞江淮之間有被褐先生，其人韓愈流也，乃不介而謁先生於家，曰：「我故韓愈氏客也，竊聞先生之高義，願託於門下，敢有以報先生。」先生避席却行，大驚曰：「汝來，將奈何？」麾之去，曰：「子往矣！昔者韓退之以子故，不容於天下，召笑取侮，窮而無歸，其送汝文可覆視也〔一〕。子往矣，無累我！無已，請從他人。」

窮鬼曰：「先生何棄我甚耶？假而他人可從，從之久矣。凡吾所以從先生者，以不肯從他人故也。先生何棄我甚耶？敢請其罪。」先生曰：「子以窮爲名，其勢固足以窮余也。議論文章，開口觸忌，則窮於言。上下坑坎，前顛後躓，俯仰跼蹐，左支右吾，則窮於行。蒙塵垢，被刺譏，憂衆口，則窮於辨。所爲而拂亂，所往而刺謬，則窮於才。聲勢貨利不足以動衆，磊落孤憤不足以諧俗，則窮於交游。抱其無用之書，負其不羈之氣，挾其空匱之身，入所厭薄之世，則在家而窮，在邦而窮。凡汝之足以窮吾者，吾不能悉數也，而舉其大略焉。」

窮鬼曰：「先生以是爲余罪乎，是則然矣。然余之罪顧有可矜者，而其功亦有不可没也。吾之所在而萬態皆避之，此先生之所以棄余也，然是區區者何足以輕重先生。而吾能使先生歌，使先生泣，使先生激，使先生憤，使先生獨往獨來而游於無窮。凡先生之所云云，固吾之所以效於先生者也，其何傷乎？且韓愈氏迄今不朽者，則余之爲也〔二〕，以故愈亦始疑而終安之。自吾游行天下久矣，無可屬者，數千年而得韓愈，又千年而得先生〔三〕。以先生之道而鄉往者曾無一人，獨余慕而從焉，則余之與先生豈不厚哉。」於是先生與之處，凡數十年，窮甚，不能堪，然頗得其功。

一日，謂先生曰：「自余之歸先生也，而先生不容於天下，召笑取侮，窮而無歸，徒以余故也，余亦憫焉。顧吾之所以效於先生者，皆以爲功於先生也，今已畢致之矣。先生無所用余，余亦無敢久溷先生也。」則起趨而去，不知所終。

〔一〕「送汝文」，張本作「送窮文」，從批校本、硯莊二本、徐本。
〔二〕「余之爲也」，張本「之爲」二字互倒，從批校本、硯莊二本、徐本、王本。
〔三〕「千年」，張本作「千餘年」，從批校本、硯莊二本、徐本、王本。

樊川書院碑記（代）

樊川書院在黄巖縣南一里，故有祠祀朱子，而書院之建則康熙三十三年，縣令劉君、司教周君、司訓平君率其縣人士之所建也。

嗚呼！自孟子没而道術不傳，兩漢及唐雖有一二儒者間出，然而於孔孟之道未嘗聞也。迨宋興而諸儒繼起，朱子之學尤爲純粹以精，距今凡五六百年，而天下莫不奉之爲宗師，即至遐荒僻壤，山陬海澨，非朱子之道不遵也，可謂盛矣。而黄巖之人士獨私之於樊川者何也？蓋朱子提舉浙東常平，而駐節於黄巖獨久，樊川其著書授徒之地也。當是時，台海之間，受業朱子之門稱高弟子凡十有四人，而黄巖一縣遂居十一〔一〕。至於綱目一書則屬筆於趙幾道，十一人中之一人也。一時弟兄師友互相淬勵，其流風餘韻，沿至於元、明而不替。然則黄巖之人士獨私朱子於樊川，不亦宜乎。嗟乎！自古以來，地不必名勝，而一丘一壑曾經大人君子之登臨，則後世遂傳爲遺跡，至於其鄉之人尤私以爲一方之光榮。況朱子者，上接乎孔孟之傳，人人之心皆有一朱子也。人人皆有一朱子之心，以私淑乎朱子之道，登朱子之堂，讀朱子之書，吾見黄巖之人士，其嚮往親切，有倍蓰於他邦者矣。

書院落成於康熙三十五年。又閱數年，余來爲督學，朱子之十九世孫某謁余而請識其麗牲之石，因繫之以銘，銘曰：

書院之興，於昔有取。厥始於唐，宋元繼武。俎豆絃歌，揖讓傴僂。講堂弘開，震聾發瞽。天之牖民，六經忽睹。朱子篤生，爲斯文主。聖學久荒，仔肩撑拄。考亭紫陽，在鄒魯。武夷雲谷，流風未窳。粤若樊川，山區水聚。大賢所臨，流澤甚溥。傳道解惑，邦人鼓舞。歷世數十，淪於宿莽。邦人嗟嘆，請於大府。爰新其堂，爰峻其宇。既改舊觀，亦資攻苦。見羹見牆，趨繩步矩。俗學繁興，舉業訓詁。名遵功令，實滋慢侮。以惰以嬉，群即於蠱。勗爾多士，知所規橅。一登斯堂，矯矯自竪。遺經一編，流風千古。悠悠樊川，無忝斯土。

〔一〕「而黄巖一縣」，張本「而」、「黄」二字誤倒，今正。

永康縣令沈君募助説（代）〔一〕

余同年友沈君某，以康熙某年爲婺之永康令。永康在萬山中，土田磽瘠，人民淳樸。沈君之爲人，和厚而詳明，其爲縣令也，噢咻拊煦，縣父老子弟皆懷其德，上官將欲文章薦之，會以他故掛誤失官。先是庫金因公事挪移凡四千餘金。令甲，官吏去任，庫金不足者必償之，乃得無事，於是沈君遂流滯永康不能歸。沈君家故貧，勢無以得償，縣父老子弟患之，相率謀曰：「以吾侯之賢，而以邑税賦故累侯，其何以安。」於是醵金助侯。而永康故小縣，民又貧，所醵金僅得四分之一，無以紓沈君之急。復相向咨嗟，束手無策。適某巡部至婺，具知其狀，召沈君而謂之曰：力大則任易舉，人多則事易集。今之官茲土者，自持節大吏至於州縣，先後乘權而來者，皆有賑難恤災之責，況以平廉之吏，困躓愁苦而在耳目之近，豈能漫然不爲之計？古人有言，惠不期大小，期於當厄。夫欲甦憔悴之民，當先甦憔悴之官，宜亦仁人君子之所用心也。以先後之分言之，諸君子或爲其上官，或爲其同僚。一客向隅，舉坐爲之不歡，此人人之所同情也。某不敏，當捐俸相助以倡其事。沈君持吾言去，徧告於諸君子，必有起而應者，永康之父老子弟其無患。

〔一〕此篇見於王本、秀野本、印鴻本。

戴名世集卷十六　遺文

王樹民
韓明祥　編校
韓自强

遺文説明

一九九九年冬，收到韓明祥同志函，囑爲所編校之戴名世憂庵集作序。憂庵集爲安徽省博物館收藏之戴氏遺作手稿，九十年代初，有黄山書社點校本行世，點校者學識淺陋，訛誤、遺漏、妄改、破句，觸處可見。明祥同志係當年爲安博收購此稿者，深感不安，于是重加編校，用意深遠，因而于今年初寫一序文復之。後明祥同志以所作之編校稿與戴氏手稿複印本見寄，手稿爲行草體，又多殘損，辨識費力，于是依據手稿複印本分别加以是正、補充，而後展然可觀。

曩者余編定戴名世集，其後于石鍾揚教授之戴氏宗譜尋訪記中得見其轉載之孟庵公傳，又得法國漢學家戴廷杰博士(Dr. Pierre-Henri Durand)通訊中所示之戴氏會試墨卷，因思與憂庵集合爲一編，可補前缺，名之爲戴名世遺文集。明祥同志原有南山先生年譜訂補之作，後見拙作重訂戴南山先生年譜，遂建議以之相代。憂庵集手稿徵集編校始末一文與自强同志之序文，同爲説明憂庵集入藏于安博之重要資料。張昆河同志題憂庵集後一文，闡發戴氏思想及其保存明清之際史料之功，亦爲實事求是之作。附載各文，均爲有助于讀是書者。經自强同志之努力，徵得安博領導同志慨允；並由中華書局承印，得遂多年之夙願，于此並申謝忱！而于本書編校方面有需略作説明者，開列于下。

憂庵集原件既未分卷，亦無標題，惟每條自成段落。第一條爲全書之小序，其下依次編號，共得一百七十四條。並録蘇東坡薄薄酒二首，大部殘缺，而有跋文數語，與憂庵集思想一致，有助于説明憂庵集寫定時之思想情緒，正文據東坡集補齊，而移置于憂庵集遺文之後，藉供參考。殘缺部分用方括號圈出。在所定編號第六二條與一三四條之後，皆有半幅空白，其意似將在此分卷，則每卷約爲六七十條左右。序言稱共得二百餘條，今所存者爲一七四條，約爲三卷，所失者應在一至二卷之間。今存者亦頗多缺損，而原文亦時有脱衍筆誤以及形近而訛、同音代字等情況。如第二七條，「已而有德廣西」，「有德」下脱一動詞，似爲「駐」字。第七〇條之「江侍郎」，謂「姜㯿」，以「江」代「姜」，爲同音借用者。第九七條，「形家之説有之乎？曰有之乎」，下一「乎」字則因上文而衍。第一一二條，「以物攬之」，「攬」應爲「撹」，形近而誤也。凡缺誤之字可由文義推定者，即直書其文，而加校記説明之。校記以〔 〕排號爲標識，列于本條之後。如無須作校記者，則以□示所缺之字，而以應補者加（ ）號附于其下。罕見與停用之字，附加通用之字于其下，亦用（ ）號以别之。殘損無法辨認亦無從推斷者，則以□號代之。手稿凡遇「本朝」或「國朝」一類字樣，皆空一格，以擡頭示敬意；又準備分卷之空白頁，無特殊取義，遺文編校稿皆予消除，俾全書保持一致。

二〇〇〇年七月八日，王樹民識

憂庵集

余歲歲客游，車馬之上，逆旅之間，不便觀書，則往往于困倦之餘，隨筆書一二條，藏之行笥。或志其本日之所講説，或追憶其平生之所見聞，或觸事而有感，草稿數行，頗無倫次，亦不求工雅，聊以度日而已。性懶不自收拾，散軼者頗多。戊子春，翻閲舊書，于其中得二百餘條，因裒而存之。嗣後隨筆有記，亦附入焉。

一

鳥之鳴春也，百舌較後，而收聲又最早，故百舌性好鳴。天將明，咳咳先百鳥鳴不已者，必百舌也。歲壬午，余讀書長干寺中，樹木叢茂，飛禽翔舞，而百舌尤多。既與余習，則往往數步外皆來集。一日，群百舌方鳴，忽黄鸝來爲數囀，于是萬鳥皆喑。少焉，群百舌以嘴及翅擊之使去，復相與音鳴如故。以是知禽鳥之聲，皆莫不自得，而娼嫉忌刻，夫物則有然者矣。

二

余門人廣陵韓生爲余言：「嘗讀書僧舍，一日閒步階下，見草間兩螳螂，其雌者誘雄者而與之合。明日，合如故，熟視之，則雄者已被雌食過半矣。已而驗之他螳螂，皆然。」韓生喟然而嘆曰：「爲螳螂者，何家無之？可不懼哉！可不戒哉！」然余嘗見一書云，螳螂雄者食雌者，非如韓生所云也。

三

海外蠻夷之人，雕題黑齒，魋結文身，中國皆笑之。而中國女子之戕賊肢体以爲容者，亦習而不之異也。莊子曰：「爲天子之諸御，不穿耳，不爪剪。」是則婦人穿耳自晚周已有之矣。纏足不知始于何時。古之詠美人者，顰笑、態色、眉目、齒頰、腰領、膚澤、鬢髮，莫不見之形容，而獨不及于足，蓋是時必無所爲弓步也。毛嬙、西施，其佳麗擅名千古，使生于今日，必以足累其色矣。事固便于所習，而成于所愛，好醜是非烏有一定耶。

四

金陵父老有爲余言曰：「當明弘光時，寺人得志，勢傾朝野，金玉錦繡之遺不絶于道。一閭巷無賴子見而慕之，遂自宮欲求進，瘡未合而國亡，其人遂廢無用，流落乞食以死。」余曰：「此等輩蓋多有之矣！吾讀史至唐之末造，宦官内訌，藩鎮跋扈，盗賊蠭起，天下之勢亦岌岌矣。而士之營營求進者不止，卒之次第斃于亂賊之手。黄巢將逼潼關，士之候舉者賦詩曰：『與君同訪洞中仙，新月如眉拂户前，看取嫦娥攀取桂，便從陵骨一時遷。』時文家無人心一至于此！夫古之盛時，以三公九卿徵天下之士，士固拒而不肯出。及其衰也，苟有一命之獲，不難屈辱而就之。今夫骨之投于地者，當天氣和煖之時，骨皆枯燥，蟲蚋蠅蟻過之而不顧。天將雨，濕氣上蒸，骨爲滋潤，于是蟲蚋蠅蟻群聚而嘬之，雖驅之不去，少焉時雨降，蟻蚋與骨皆飄流不知所在矣。此人之自宮而卒廢無用者，是睨其骨而羡之，而並未嘗一嘬焉者也。當天氣和煖之時，豈復有此等事乎？」

五

莊周、列禦寇之書，滉漾飄忽，若無涯際不可測。白樂天之詩，清高閒放，勃勃有真氣。是二者皆余之所愛也。人情莫不喜生而惡死，而莊、列則以死不足畏，而且以爲可樂，吾以知其畏死之甚，乃矯而爲愛死之言，則是莊、列于生死之際，可謂色厲而内荏矣。樂天曠懷高寄，跌宕于詩酒之間，其視富貴若敝屣然者，然其于得失之故，悲喜之情，往往見乎辭而不能掩，且其辭又若傲之以爲高者。夫其傲之以爲高，吾以知其欲得之以爲樂也。則是樂天于富貴之際，亦不免于色厲而内荏矣。此三人者，皆不世出之才，而所見仍不能脱然于世俗如此，自餘碌碌者，又何足道乎！

六

爲佛之説者，號中國爲東土，而西方則佛之所出也。佛言西方有世界曰「極樂」，佛號無量壽、如來，其國無有三惡八難，其人無有十纏九惱。苟皈心是土者，念足俱足，則往生彼國。此欺誑中國愚民之語耳。近代以來，西方君長聞中國周公、孔子之教，亦頗有向天合掌，願來世生于東土者。康熙四十三年，遣人入佛國觀其風土，自君長以下，通國皆僧衣冠，無不誦經、念佛、膜拜，而無父子兄弟之倫，婦女人人與之合，人止知有母，不知有父，此可謂「極樂世界」乎？ 彼方思爲出谷之遷於木，而此乃欲爲申椒之漸于滫，其亦大惑不可解矣。

七

江之北，有商人出販于外，其畜犬隨之去。 一日，商人泊舟登岸如厠，犬亦隨之。 及商人欲登舟，犬從後啣其衣，商人罵而蹴之，犬往來厠之左右，顧商人往復不止，商人終不悟。 同舟之人不肯待也，遂開忔（帆）去。 行數十里，始悟如厠時解腰間囊置地上，中有數十金焉，商人頓足嘆，已無及矣。 久之，商人歸，至其故泊舟處，登岸徘徊，曰：「此吾失金處也。」地有死犬，皮毛且盡矣，曰：「此豈我家犬耶？」以足蹴之，而囊金在焉，封識如故。蓋其犬恐人得之，而以身覆蓋，遂餓死。 列子有言曰：「七尺之軀，戴髮含齒，倚而趨者，謂之人，而人未必無獸心。 傅翼戴角，分牙布爪，仰飛伏走，謂之禽獸，而禽獸未必無人心。」其此之類也夫！

八

女雖醜，覽鏡必自憐。工雖拙，撫器必自得。蓋人情之于己，未有不自信之深者，愚愈甚，則其自信也亦愈甚。吾嘗見有丐相與争，一丐曰：「吾丐多年，丐江楚，丐淮泗，丐潛六，今子甫行乞而傲我乎？」又嘗見有穿窬之盗二人，各自誇其盗竊之術。嗚呼！世之人揚眉瞬目，顧盼自雄，以爲儕輩莫當，而不自知其飲狂國之泉，而入李赤之厠也，豈不悲哉！

九

「莽大夫揚雄死」，此朱子特筆，大義凛然。然洪容齋以爲，劇秦美新，雄不得已而作，夫誦述新莽之德，止能美于暴秦，其深意固可知矣。序所言「配五帝，冠三王，開闢以來未之聞」，直以戲莽耳。今之布衣寒士稱誦公卿貴人過其實，由容齋之意推之，是亦戲之耳。彼公卿貴人奈何悦其戲己而不悟耶？

一〇

客有論魏晉以後劉聰、石勒之興亡及冉閔之事，曰：「彼等之有天下，非其幸也。夫以殺人而得天下，其亡也，亦必爲人所殺，無噍類焉。曷若逐水草居處，衣皮食肉，子孫世世相保之爲樂乎。」韓子曰：「人道亂，而夷狄禽獸不得其情。」彼雖横行一世，富極貴溢，是亦爲不得其情也。

一一

清節美行，乃人生分内之事，尋常之爲，非有奇怪可以驚人者也。爲吏者，受君之爵，享君之禄，而廉介自持，固天下之通義也。自貪污成風，相習不以爲怪，而遂有一二矯之者，爲不近人情之行，所謂違道干譽，而欲以冀格外之遷擢，是與于貪婪之甚者也，而自張其行，攘臂大呼，詆訐他人，以炫己長，若以爲奇怪驚人莫踰于此者。今夫女子之不淫，乃其常也，若自以不淫而立于路衢，逢人輒叫號漫駡，且曰：「我貞也，烈也。」吾以知此女之淫也必甚矣。

一二

北方多槐，而余寓舍門外有槐一株。春深矣，葉新生，經雨輒有蟲生于葉上，嚙其葉且盡，而槐氣象自是衰颯，絶無生意矣。蟲無所附麗，墮于地，爲螻蟻所制以死。自古蠹國之臣，適以自蠹，未見其計之得也。

一三

五行之相生也，金能生水。余嘗疑其説，夫金經火之力，鎔化而爲水，旋即凝結，非真水也。而自古相傳，以水爲金所生者，何也？嘗聞藏金于地者，歷年久爲人所發，則甕中皆水而金不見。余里有一巨室，其子孫貧，聞其家一老婢言，先世藏金二甕在庭柱下，發之，果得二甕，封識如故。及啓甕視之，則清水也，試烹而飲之，與他水無異。乃信金生水之説，古人其有以驗之矣。嗚呼！安得天下之金盡化爲水，而天下有不平者哉。

一四

方靈皋曰：「人與物並生于天地之間，而天貴人而賤物。羊豕鷄豚之屬，屠割滿街市，日宛轉于刀俎之下，而天不爲之動焉。一人冤死，則或泣鬼神而召變異，其故何哉？蓋以人懷五常之性而物無之也。然則人爲失其五常之性，與禽獸無異，則亦將屠割滿街市，而天不爲之動矣。」由是言觀之，吾爲世之人懼焉。

一五

靈皋又曰：「人終日之間，偶有一念之猜忍，一念之自私，其于君親朋友偶有一念之欺僞，是此一刻已懷禽獸心矣。雖正人君子而不學，則終日間或未免爲數刻之禽獸；合一月計之，則爲禽獸者數日；合終身計之，則爲禽獸者數年。在正人君子且不免此，而况餘人乎！」余聞之，聳然汗下。

一六

余往讀書山中，有雙燕巢梁上。雛將出矣，雄者爲蛇所吞。雌者出良久，偕一雄者而歸，與之配。雌雄皆將㲉啄破之，盡啣之出，復生卵成雛而去。夫非其種者，禽鳥亦知棄之，而人顧有以他姓子名爲己子者，何哉？若雌者之殺其舊子而別育新子，世之婦女頗多似之者矣。

一七

世謂美兆必有吉祥善事之至，余謂不然。余年廿八，家貧授徒，不能讀書，于是日則授徒，夜則讀書于友人趙良治家。每夜三鼓則燒湯盥面就寢，一日晨起，盥面水中輕冰成蓮花二朵，浮于水上，莖幹鬚蕊皆具，花瓣重重包裹，若刻畫而成。觀者無不嘆異，趙氏一門以爲兩人同讀書，異日同取高第之兆。時冬十月也，踰一月而余遭先君子之喪，嗣是流落困頓，垂老無一事之成，而良治至今亦無善狀，未見其爲祥也。

一八

良治讀書，資性甚鈍，不能記，亦不善悟。久之，家貧多事，亦輟其業。而一生行事多暗與古人相合，夫子之所謂「不踐迹」者也。連遭父母之喪，凡五六年不入内寢，無寒暑，衣皆齊衰無細布。其兄貪鄙刻薄，爲父所受資財不啻萬金，悉爲兄所得。父母死，凡喪葬之費，兄不出一錢，悉良治任之。蓋自少至老，債負未嘗一日脱于身也。所分授僅田宅之半，兄扃其己之室不居，而居于弟之宅内。兩人子女皆多，屋又湫隘，良治或至露處。兄日夜詬詈，無一刻之休，意欲逼之去，而無别賃屋之資，夫婦困辱備至，而曾無一言辨答。

當兄之未舉子也，欲移良治室内，以爲其室宜子，遂兩移之。臨移時，兄指其户内謂曰：「此地有物，汝好護之。」蓋攘其父數千金而埋于此。時良治困甚，有知之者曰：「此父母之物，子發之而分其半，未爲不義。」良治不可。越數年，兄拙（掘）之去，封識如故。與朋友交有信，凡所要約，風雨無一或爽。斗米百錢，時時陰濟貧士，不令人知，而囊篋實匱，不知者以爲其家有餘資，非也。嗟乎！善人吾不得而見之矣，如趙君其庶乎。

一九

余嘗由水道自江寧往天津，見糧艘北行，啣尾而去，凡一二千里不絕。嗚呼！此東南民命也，東南之人何罪之有哉？西北之人習于隋（惰）窳，水利不興，種植之法不講，其憂在萬世，而歷代漫不爲意，可不爲痛哭流涕已乎！

二〇

人之記性在顱。人偶有失記者，偈而思之，目輒上瞬，首輒仰，蓋于顱中覓之也。西洋人有于顱内分間之法，某間記事，某間記某書，又某間記某書。其記之法，默書其字之筆畫于内，蓋皆以意爲之也。余嘗試之，蓋有效焉。

二二

種梧之法，用沃土一方爲泥，以梧子數千種之。俟其長尺許，即分開遍栽于藩墻籬落之下，每間四五寸即栽一株，須擇其直者栽之。長至二三尺，又擇灣（彎）曲去之。疎密相稱，大約相離不過尺許，删剪其枝，獨存其最上者。編竹以輔之，勿使爲風所動摇。閲四五年，即長丈許，漸漸緊密如城，而城上之緑蔭參天而散垂，亦一奇觀，不但可防穿窬之盗而已也。

二三

淮安之枳子，購得四五斗，遍種于墻屋之四圍。其幹甚固，其枝葉交錯蔓延，有刺，其葉青，其子赤。久之，高且與人齊，而墻落皆可廢，鷄犬盗賊皆不能入。江南之人多用槿爲籬，取其華葉可觀，然僅可用之于藩籬之内，而以枳爲藩籬，勝于墻壁多矣。或曰，此物斤斧皆不能施而畏火。

二三

移竹之法，擇竹之最大者，鋸去之，止留一節，連根拔起，而于節上鑿一小孔，投硫黄（磺）二三錢于其內，孔上封之以泥，倒埋于土。閱一二年，竹已成林。

二四

遂寧馬紹愉，字成愚，萬曆中舉人。下第留京師，授徒中官田氏。有田弘遇者，賈京師，往來中官家，隨識紹愉。後弘遇得官守備，爲淮安分巡僉事中軍。蜀人左某，巡按淮揚，與紹愉同鄉有舊，紹愉來謁，復遇弘遇于淮安，相得甚歡，約爲兄弟。既，紹愉謁選爲揚州之寶應，而弘遇遷官去，屬紹愉妻子。未幾，弘遇以軍事下獄，謫戍大同。初，弘遇有女，許聘石碌湯九州之子，及歸湯氏，而湯氏子傴僂不能伸，又其性素愚，不辨菽麥，遂不與婚。崇禎初，詔選妃嬪，九州出女，得中選，即田妃也，拜九州官。九州奏：「妃係臣養女，其父田弘遇，得罪戍大同。」于是赦弘遇，授之都督，而以九州爲參將，官至總兵。紹愉令寶應，罷官，又起爲建德，又罷，而弘遇已貴，遂往謁弘遇于京師。是時邊事急，蜀人陳新甲新得君，拜兵部尚書，弘遇往賀，因曰：「吾有故人馬紹愉者，公鄉人也，其才可用。今罷斥，公能庇之乎？」會朝廷欲東和，新甲奏以紹愉爲行人，加兵部主事以往，而參將魯宗孔副之。既而和議爲黨人所敗，斬新甲而下紹愉于獄。甲申之變，紹愉自獄中逃出，至南京。適左懋第復奉詔和議，仍以紹愉爲太僕少卿，副懋第行。懋第死而紹愉放還，遂僑寓儀、揚間。年七十九，卒，葬瓜洲。

二五

娑羅樹，枝幹甚古，而葉之緑他樹皆不得與比，清芬高潔，蒼翠欲滴。金陵諸寺中往往有之，其蔭甚廣，余每徘徊其下不忍去。記往年游于閩，見榕樹甚愛之，耿氏既滅，其廢殿之下有四株，尤可愛。然其品格似遜娑羅遠甚也。

二六

風蘭，福建漳海間甚多，江南徽州亦有之。不用土種，但將蘭懸于屋梁當風處，兩三日即當以鷄魚血水浸之。夜或懸于樹上得露，天雨時亦然。又以銅圈束于根，其葉自茂。花到五六月即開。其性喜風畏日而不須土種，亦異種也。

二七

阮晉，江寧人。其女絶色，弘光元年，禮部尚書錢謙益選爲帝后，未入宫而南京破，謙益獻阮氏于豫王爲贄，豫王以阮氏賜孔有德。阮氏見有德，上坐不爲禮，有德怒之，曰：「此女無禮，吾當殺其一家！」阮氏懼而從之。已而有德〔一〕廣西，阮氏一門皆從之。有德死，妻妾皆逼之從死，舉火焚其宅。阮氏亦自縊，兄嫂皆死。阮晉流落未歸。其群從居虎踞關，與余隣。

〔一〕原稿此處有脱文，似爲「駐」字。

二八

明末，餘姚人孫業釗以舉人爲房縣令，張獻忠破房，囚之營中。時總督熊文燦力主和議，招獻忠入城面决机宜，獻忠請兩監司到營爲質乃就道，熊如約。監司欵賊帳，獻忠宴之，設兩座南向，坐監司，一座西向，坐業釗，北向自座，俱無几席。金鼓迭奏，歌舞襍進。見四美人奉巵酒，各趨座下長跪，頂酒授賓啐酒，美人受巵卻退。復見八美人半持匕箸，半執餚核，如前儀。酒舉，籩（籩）豆百品，美人爵罍（罍），金銀犀玉，無一重見者。飲半酣，獻忠起爲壽，令曰：「除房縣官天性不飲外，侑酒婢子不克酬客，傾觴，視軍法！」每監司謝不勝酒，輒于座隅斬一美人，呈首曳尸，多至十數，熱血波地，霑濡衣襟。兩監司相顧失色，勉强覆杯無算，未終，已嘔噦徧体，冠帶顛越，不能出聲應對，竟未暇稍及諭撫之事。獻忠戟指大笑，復大罵曰：「彼家勳撫兩局，此當事莫大之舉，西南存亡所關，而用人如此，其能辦乎。吾當勒數騎往，熊君豈敢動吾車馬從者乎！」即上馬造熊幕，飲竟日，從容而反（返）。後業釗爲人言其事。

二九

崇禎甲申春，李自成破秦晉，上拜總兵唐通爲定西伯，守居庸關。通以居庸降賊，隨賊入京。賊虞寧遠總兵吴三桂之入關也，遣賊禦之于山海，復慮三桂從河套過河入山西，乃遣唐通守石峽。先是，保德州人陳奇瑜爲五省總督，實縱賊于車箱谷，以成甲申之禍，通故在其麾下。奇瑜好賄，家巨富，恐被禍，陰召通以兵來護其家。而保德臨河，與陝西之府谷一河相望，不一二里，皆有險可守。于是通駐保德，而使其中軍劉汝器駐府谷，時甲申四月下旬也。已而知自成敗走陝西，通知事不成，仍稱定西伯，爲先帝哭靈，沿河數州縣皆據之。自成既走西安，恐邊塞有事，密教通執故總督陳奇瑜、故總兵尤世禄，解赴西安。世禄與尤世威兄弟不相能，既罷官，别居府谷。先是，世威一家盡節于榆林。至是，通使人送奇瑜、世禄于西安，行三十里追還奇瑜，而世禄未至西安即自殺。已，自成知通且叛己，使其兄子一隻虎李過所稱小瞎子者，將兵先圍府谷。府谷守甚嚴，賊前鋒王平不能破，懼誅，乃入城降，後隸洪承疇，爲湖南總兵。李過仍盡力攻之，忽一夕走且盡，蓋聞西安已破，走從自成于襄陽。是時九壬統兵往山西，略沿邊一帶，唐通以其衆降。通兵頗有紀律，保德人多稱之。九壬挾通入京師，解其兵柄，封爲定西侯。居十餘年，意忽忽不樂，仍思出爲大鎮，乃繳還定西侯印，世祖受之，與之一品階級，而不使之出。通以康熙初死，其子廕襲之者，多爲州縣官。通既降清，而劉汝器不願降，自請解兵歸農。後姜瓖（瓖）起大同，全晉皆震動，汝器與高有才據府谷。有才，神木人，故皆賊也，殺神木僉事起事，即僉事道皂隸也。劉化麟據保德，相爲唇齒，大兵圍之，踰數年乃克。有才食盡，盡殺府谷人食之，逃匿者不及數十人，與汝器投河死。化麟爲州人所殺，攜其頭出降。唐通，涇陽人。

三〇

姜給諫爲余言：「張獻忠係膚施諸生，世傳爲兵家子者，非也。」存以備考。孫可望亦延長童生，既降，爲義王，居京師，使人訪其受業師，尚在，厚賚之。

三一

陳奇瑜之從（縱）賊出車箱峽也，死不足贖罪。是時綱紀縱弛，進士尤爲百足之蟲，至死不僵。奇瑜下獄，未幾即歸，窮極奢侈，置買園林田宅，其金錢大抵皆所受賊賄也。清兵既定山西，巡撫某知奇瑜富，逼其獻金免死，奇瑜已許之萬金矣，會某調宣大總督，去太原已遠，奇瑜吝而不與。某大怒，遂上疏言奇瑜故明大臣，恐爲亂。一面上書，一面使人執奇瑜，斬之于太原。嗚呼！奇瑜滔天之罪，漏網不死，至是代明行罰，未爲苛也。奇瑜死在戊子年。

三二

洪承疇之在江寧，登觀象臺，望見孝陵樹木甚茂，氣象鬱葱，恐有再興之事，下令盡伐其樹。樹皆歷二三百年，多海外異種奇香，至是皆盡。人家炊爨悉用之，香氣滿于街衢者一兩月。

三三

馬士英既走，黔兵二三千人尚未行者，被百姓殺之盡，抄没其家。又百姓數百人擒王鐸，數其罪，拔其鬚且盡，批其頰不可勝數，面腫幾不可識認。執送上元獄中，使之守之，曰：「姑勿殺，當徐徐窘辱之。」不數日，清兵已至郊壇，百官出迎。清帥使人迎鐸于獄中，百姓皆驚竄。相傳鐸久已通清，其弟現在營中。鐸哭訴于清帥，執爲首者數人殺之。是時余先曾大父避亂于金陵，有僕陳孝，年不滿二十，亦批鐸頰數十。後孝年老，每言及此事，手舞足蹈，自以爲平生之快。

三四

清水、木瓜、神木、府谷、河曲、保德一帶居民入河套種麥，以牛爲主，每牛一頭，納彼麥二石，布二疋。

三五

陳函輝，字木叔，號寒山，臨海人。乙酉春，山西僉事鄭之尹□□□□江東之役，陳與張國維、朱大典等迎立魯王監國。明年，事不支，國維赴水死，函輝哭入雲峰寺，作絶命八首，又作自祭文一、埋骨記一，扃户自經死。郭圭，會稽人，爲襄府紀善。因先曾自號東湖。歲壬午遭流寇，途依魯王，流寓台州，冀有所爲也。一日過台之東門，有湖，詢之父老，曰：「湖舊無名，建文時一樵夫立節于此，人以是呼樵夫，遂以呼湖。」圭曰：「有是哉，名之不偶也。」悽然泣下。會鼎革，卒于台，返葬會稽廣孝御之鳥石山。任熹，字睡侯；王瑞彩，字薇公；葛純杰，字挺生，皆黄巖隱士。馮喆，字三酉，臨海湧泉人，亦隱士。

三六

康熙中，河南某州有富家，掘地爲池，得一穴，矢發于外，知爲古塚，乃縛草爲人受其矢，仍用多人掘之。矢盡入穴，舉火照之，寬敞如廳堂，一人多髭髯，着王者衣冠，坐堂上。衆大驚以爲怪，揮刀斷之，首隨刃隕。其地多有金銀銅器之類，又往往有枯骨。已，覓得其碑記，乃曹操墓。始知前之所殺者，乃操也，遠近相傳以爲快。余偶失記其地名，他日再訪。

三七

西曆復虞周之舊。有謂西曆但以日月二食分緯道，而日月朔望，四海一跡，不以緯道分遲早，仍爲缺如。他日晤梅定九，當問之。

三八

余家有老僕，少時耕于山中，菽已熟，有一小猴時來盜食之。僕怒，伺其來捕得之，箠之死，復剥其皮，棄之道傍。群猴來視之，見其已死，取藥草捶碎之，敷其體，不能活，乃掘坎埋之。露其尾于外，風吹尾動，以爲活也，掘出視之，如此者四五。已而僕取其藥草收之，遇有皮骨傷者，敷之立愈，不能辨其爲何草也。

三九

余生長江濱，往來江上日久。見洲岸之崩頽者，截削如壁，水痕層層皆露，或爲凸，或爲凹，或深而爲穴；其土自上墜者，或中分如劈，從（縱）横參錯，異態殊狀。益信混沌初開，高山峭石，悉本風水所激，凝而成象，勁氣所貫，土皆成石，不足異也。

四〇

廣西有鳥曰聞香鳥，性更馴于鸚鵡。人家畜之，每焚香，輒繞香而飛，吸取其香氣入腹。至夜宿，則置之帳中，鳥乃吐出香氣，香數倍于日間之香。又有一鳥曰裙帶鳥，尾白而長，有時自伸其尾，則較常又長尺許，似裙帶，故名。

四一

兩廣深山中，猴能作酒。于千年老樹枝幹間有穴可受者，採百花醖釀其中，封固，群猴守之。將熟，徧召群猴來開，而各飲少許，不能多也。人欲得之者，伺其開飲時，集衆鳴金，持火器利刃往奪之，猴猶不肯走，與人搏，既不能勝，乃散。其味香美異常，不知其何法爲之也。

四二

兩廣深山中，有狒狒，勇猛食人，甚于虎豹。其唇長尺許，每得人，則左右手各持人腕而笑，笑輒脣上掩其目，良久，乃食之。土人山行者，鋸竹爲筒，兩手各套其一，又綴一袋于項下，中藏鐵錘及鐵釘。遇狒狒來持其腕，則竹筒也，人從筒中抽手出，而急取鐵釘出，釘其脣于額上，雖血流被面，猶握筒不釋。久之不能忍，釋筒出釘，則人已走久矣。

四三

余友潁州寧輔公云：「曾遇一人于鳳陽，鬚髮皆無，面皮皆脱落，耳目鼻口，略〔一〕存形象而已。問其故，則云：康熙初，四川初靖，有十人者持斧入山伐木，此人亦其一也。山久無人，多蟒，長數十丈，大數十圍，食人，人不能當。山行者結伴而走，持刀，以刀鋒向上，出頭上尺許以自衛。此人前行，偶失忘抽刀出，腥氣忽至，其人已入蟒腹中。後九人先已用刀鋒自衛，蟒飛過其頭上，適逢刃，遂裂其腹。蟒死，流血如波，急從腹中出此人，則漸至銷化。舁〔二〕至人家，醫治數日而活，則人形已漸失矣。」

〔一〕「略」，原稿作「界」，應爲字誤。

〔二〕「舁」，原稿作「羿」，應爲字誤。

四四

瑞安人鄒欽堯，字惟則，世居縣之東郭，補弟子員，贅郡城。明亡，遺書與父訣曰：「知吾父必不以私而深卜子之痛也。」赴永寧江死，時年二十有七。永嘉佯人葉尚高以詩吊之。尚高字而栗，甲申之變，失志佯狂。以語言抵觸有司，繫獄，會五月五日，賦詩有「未吞蒲酒心先醉，弗浴蘭湯骨已香」之句，仰藥卒。

四五

金陵人善爲面具。面具者，糊紙爲鬼魅之面，優人及小兒輩所用爲戲者也。一人負面具數筐貨于郊外，遇雨，面具多濕。會日暮，投人家借宿，主人不許，乃偃息于其門。夜間作火烘面具使乾，兩膝各冒其一，兩手各持其一，又戴其一于面，就火烘之。忽見一黑丈夫自遠來，且前且却，其人知爲魅也，疾呼曰：「汝〔一〕何爲者？」黑丈夫跪曰：「吾與主人女有私，每夜半輒來。不料神明在此，幸恕其罪！」其人曰：「汝家在何處？」曰：「在前路旁池塘中。」其人大聲曰：「速去！」遂不見。明晨，主人開門，爲言之。主人曰：「有物祟吾女久矣，向來踪跡未得，今得其處，幸甚。」乃同往塘畔，謁于塘之主人，遂涸其塘，有黑魚，重近百斤，脯之，怪遂絶。嗟乎！自古以來，以面具而成事者不少，黑魚之怪，何代無之。使黑魚而誠知其爲面具也，何至爲其所脯哉，做便面具者儼然自以爲明神矣。

〔一〕「汝」字殘損，依文義補。

四六

「和氣致祥，乖氣致戾。」古人此語良不我欺也。和，莫和于左氏之所謂「六順」；乖，莫乖于左氏之所謂「六逆」。人家休咎，可于其順逆占之。吾鄉張相國家，「六順」可謂備矣。吾友靈皋氏家，其「六順」庶幾焉。近見山陽劉主政家，一門雍穆無間言，子弟讀書修品，門無褉賓。余羨之，不羨王侯富貴家也。

四七

甚矣哉！僧之僞妄而好有所托也。自建文帝以賢明而失國，重以暴燕之惡，天下之人不欲死建文，而建文于是乎生矣，生建文則不得不僧建文矣。蓋緣正統間，有僧自稱建文，有司鞫之，得其姦狀，遂伏誅。自是天下流傳，遂以爲建文真爲僧也，而從亡録等僞書出矣。爲僧者喜彼家之得帝王爲其徒也，相與誇耀且證明之，曰：「某蹟，建文之遺也。某樹，建文之植也。」至今無知其僞者。然此猶曰其事悉隱而不明也，烈帝之死社稷，赫然章顯，而大悲者冒稱之。其時距烈帝之崩之數月，烈帝之臣滿朝，爲大悲者，夫亦安所希冀耶？隆武時，廣西有僧自稱曰弘光，亦伏誅。鄭氏之起海上，五指山有僧自稱曰隆武，諸舊臣欲往辨之，遂匿不見。順治中，有僧至松江，自稱烈帝太子，愚民信且奉之，已而事覺，死者數百人。然此猶曰其所托者爲帝王也，崇禎時，有僧以嫖受毒，腐去其陰，其將死也，自稱爲魏忠賢。康熙初，有一僧眇一目，其將死也，自稱爲李自成。此二僧者，自托于逆賊，吾更不知其何以爲心也。

四八

「正」字之義甚大，而前代年號多諱之。或曰，「正」字以「一止」爲文。如齊文宣子殷字正道，嘆曰：「吾兒其替乎！」後果不終。梁武帝改元天正，魏齊王芳改元正始，高貴鄉公改元正元，俱不祥。金煬王有正隆、正元之號，金哀帝亡國之年亦曰正大；元順帝終于至正；明正統有北狩之禍，正德有流賊之禍，且無繼嗣。然則「正」字果不可用耶？吾以爲諸人者適逢其亂亡之會，非「正」字之爲厲階也。使開創之君，如漢之高、光，唐之太宗，宋之藝祖，明之高帝；守成之君，如漢之文帝，宋之仁宗，明之孝宗，即用「正」字爲年，何害？

四九

東漢官屬皆稱爲「曹」，後天下篡于曹。明之六部司官皆稱曰「清吏司」，後繼明者爲清。一字而爲興亡之讖，異哉！

五〇

人情之貪，貪今世，並貪所謂來世，而佛皆許之，曰：「爾歸吾，吾有以給爾。」人情惡死而畏灾患，而佛召之，曰：「來，吾能免爾。」于是天之下，地之上，無一處，無一人而非佛之有矣。于是君不能有其臣，父母不能有其子，以至親屬朋友皆不相顧，而獨于佛則出其財而無所靳，崇大其宫，衣食其徒，焚香膜拜，如醉如狂，而自以爲得計。吾見佞佛之家，其家不旋踵而敗，然則舉宇宙而佞佛，宇宙又安得久存哉！

五一

山川草木，去其舊名而被以佛號，如濟南之千佛山，蘇州之觀音山之類，草木如江南觀音柳、羅漢松，福建之佛桑、佛手柑之類。人皆習焉而不察，其實皆非理也。

五二

西北之人習于隋（惰）窳，皆謂其地不宜陂塘，不宜種植。殊不知禹之盡力于溝洫者，皆在西北，而樹木繁茂亦莫盛于西北，三代之遺文可考也。失其法不講，而遂歸其咎于地，可乎？余常過德州，宿于旅店，偶于道傍掘一坎，以盥面之水注之，詰朝視之，水如故。蓋北方土堅厚，盛水不易涸，固勝于東南之多沙地易洩也。

五三

趙高，趙之諸公子。秦滅趙，虜高以爲奄人。及高用事，殺始皇子女殆盡。二世死，諸侯遂滅秦，高之功在劉、項之上。其于趙也，報仇雪恥，可謂趙之孝子順孫矣。後世等高于簒逆之流，蓋亦未考其世，而在高當日，實亦未必知報仇之大義也。

五四

蛇之中有曰虺者，最毒，螫人多不可救。其色類土，江北人謂之土色蛇，以故人多不及防，而被害者多有。然蛇莫毒于虺，而虺之死亦最慘。群子在腹中，嚙其腹皆爛，宛轉斃于地，而子從潰腹中出。此安禄山之所以生安慶緒，史思明之所以生史朝義，朱温之所以生朱友珪也。末世之天道不可盡憑，而亦有不爽者如此。

五五

數學相法及星命之學，以爲無是理，則頗有奇中者；以爲可信，則多有不驗。要其術則雖支離破碎，而亦自有精微要眇者，特習其術者不能精察其所以然耳。近日挾藝以游者皆無異聞〔一〕于世，惟此等術數猶然盛行京師中，每歲或間歲必有一二擅名者。蓋京師朝官無不優禮之，其門如市，然不過數月即去，去則囊篋已滿矣。然余所見，實未有能精妙者，彼不過鈎致機警，淆其術耳。記往時有一道人，年七十餘，來京師，以禄命之學擅名，主一翰林家。會翰林爲考官，既出闈抵家，謂道人曰：「君推算今歲必舉者爲誰？其人果舉否？」道人曰：「吾推算當舉者數人，然無踰于桐城戴田有者。」翰林曰：「戴未舉也，君之目力差矣。」道人曰：「非吾目力差也，公爲考官失此人，乃公目力之差耳。」一時傳者皆以爲笑。

〔一〕「異聞」二字殘損殊甚，據殘形與文義推定。

五六

文章道義，在近日絶不貴重于世。余自年卅以來，頗負虚名，然士大夫中實未有真能知之者，其或號爲知余者，不過出于聲氣之合，意氣之私耳。歲乙酉、丙戌間有兩事，附記于此。一滿洲鉅公家有一僕曰四十七者，年二十餘，略通文墨，平生之志，但一識戴、方之面足矣，戴謂余，方謂靈臯也。丙戌會試，來效僕役之勞，凡數日，私謂兩家從者曰：「吾觀若等事主人不盡心，不知吾寤寐中固願事之而不得者也。」乙酉順天之試，未撤棘，松江楊生訪一友，適賓朋滿座，楊出余文一篇袖中，遍視之，曰：「君等觀此文何如？」衆或曰佳，或曰否，或默然。一僧取視之，既終篇，謂楊曰：「此必戴田有作也。」楊愕然曰：「君何以知之？」僧曰：「吾素聞當今文不雷同者，惟此人。今見此文無一雷同語，以是知之。」此兩人可謂真能知余者矣。

五七

燕京節候甚遲，暮春初夏，楊柳始發條，野有青草，士女挈榼出游，謂之耍青。歲辛未四月二十日，余同一二友以耍青出游郊外，距城四五里，信步至曠野中，草青柳緑，間有流泉，頗多水草，視在塵壒中不啻仙境矣。適一人獨飲樹下，蓋其地蒙師也，見余輩至，邀與同飲。拇戰良久，其人大醉，彼此皆不告姓名而歸。

五八

月華之奇，余于歲丙戌八月十五夜，于吴門寓舍始見之。是日雨，而余性好睡，甫一鼓，余即就寢，謂家人曰：「今夜無月矣。」亡何，天霽月出。方三鼓，有童子呼曰：「天上雲甚奇，豈月華耶？」余即披衣起視之，萬里無纖雲，月光皎潔，照人毫孔皆見，周圍一白暈，月孤懸中間，天色之青，平常亦未有也。暈凡十餘重，或緑或紫，或紅或青，諸色各分淺深，人間渲染繪畫，皆不能得其彷彿。暈外，五色之雲，周迴環繞，奇狀異態。時余已置身瓊宫玉宇中，忘其爲人間世矣。不移時，月華皆成雲，片片散去。

五九

街道之不治，莫甚于燕京。糞皆堆積道上，深且丈餘，雨則泥淖没脛，泥淖皆糞也，晴則塵灰滿面，塵灰皆糞也。滿眼皆濁惡之物，滿鼻皆污穢之氣，人全身浸在糞穢中，飲食寢處其間，又何必笑蜣螂之轉丸，蝍蛆之甘帶乎。即此一事，未見京師之可愛，而何以人多不忍舍之去也？

六〇

葉子之戲，始于萬曆之末，後變而爲馬吊，蓋取小説中所載宋時山東群盗姓名，分爲四十紙，一曰紙牌，人各八紙，蓋明末盗賊群起之象也。其曰馬吊者，馬士英、馬吉翔弄權喪邦之讖也。有曰百子者，畫一人提人頭，而署曰阮小二，爲阮大鋮殺人之讖，大鋮書室曰百子樓。其曰順風旗者，順治統八旗入關之讖也。其曰闖百者，李闖王之讖也。其曰獻百者，張獻忠之讖也。其他如翻青、翻紅等，無不皆驗。其法，四人相鬥，而以三家逼一家，爲關外及張、李三家分裂明土之象。二十年前分爲「京門」、「南門」兩法，近日則又變爲游湖之法，始于京師之輿人，浸尋及于士大夫及婦女，皆好之。其法又有曰飛湖，曰追湖，曰砍湖。其不勝無用者曰臭湖。其法大同小異，大抵以先成者爲勝。鄙俚無義意甚于馬吊，而人之好之亦甚于馬吊矣，此其爲讖恐亦不徒然也。

六一

亡友方改士常謂余曰：「吾輩遭困厄之境，安所得順適者而處之？」又：「世言仙人不可學，余以爲非也。夫仙人者，此心無累無患苦之謂耳。吾輩一月間，或遇好花則賞之，遇好山水則游之，遇良朋勝友則忘機相對，論説古今，是即吾輩順適之境也，是即吾輩爲仙人時也。計終身之内，處順適、爲仙人者，約有數年，少亦數月，所得多矣，但不可當前辜負耳。」改士勝情高致，人多不知其詩文亦高妙，余欲付之雕刻而力尚未能也。

六二

蘭芷之可化而爲茅者，必非真蘭芷也；反而觀之，茅之化而爲蘭芷者，豈可信其爲真蘭芷乎？余之友有一二人者，矯矯自命，才氣絶人，及一登科第而遂其所守，視前日不啻兩人。余常笑曰：「富貴不能淫，貧賤不能移，威武不能屈，古之大丈夫也。富貴而淫，貧賤而移，威武而屈，今之大丈夫也。」以余所見諸人，則直未富貴而淫，未貧賤而移，未威武而屈耳。世道人情，每降益下，良可慨嘆！

六三

諂諛之風在近日爲已極，古未有也。媚之者無所不至，受之者亦無有不安。大抵相習爲欺謾，彼此皆明知之。在受之者徒以苟一時之所得，且姑悦其甘言美辭之入耳；而媚之者亦以苟一時之利，而面則諛之，背則恨之詈之，不但腹誹之而已。

六四

「巧言令色孔壬」，古人儕之于四兇，畏之如猛獸，自古破國敗家，未有不由此者也。而近時則以善媚者爲誠實，以持清議者爲刻薄，亦已異矣！

六五

歲丁卯，余入京師，主一翰林家。翰林一姻親與余同貢太學者也，亦主其家。一日，翰林自外歸，卧余榻上，曰：「今日騎不良，又行路太多，四體憊甚。」其姻親適坐其旁，乃爲按摩其身，且搥其腿，良久不輟。翰林忽呼余，問曰：「世間爲惡之人，以何等爲最？」余曰：「媚人者惡無與倫矣。」翰林曰：「不然，媚人者因好媚者致之，是則好媚者爲惡之最。」其人搥之手漸緩，乃曰：「當今之世，何人不好媚，亦何人不媚人？」余曰：「吾非媚人者。」翰林曰：「吾非好人媚者。」其人斂手退。

六六

明太祖初禁四六文字，可謂深明文章之體要，其所見卓超前代矣。及定取士之法，分爲三場，而第二場用表一篇，于士之初進而教之諂，所謂「作法于涼」者也。然吾嘗觀明時之表，多擬古事以爲題，且表中規諷之辭，隱切時事，無所避忌，亦以見有明之制之寬大也。至于第三場策問五篇，原以觀士之抱負經濟。而近日考官，其策題所問，率含糊不明，不得其旨要所在，第臚列功德贊美稱述而已；士子亦第就其意贊美稱述，略加恢擴而已，是策亦化而爲表也。至于經義，則代聖人賢人而立言，自開講以下，悉聖賢口氣。近日乃有頌聖之一體，爲吉祥冠冕之辭，不必與題相切，大抵多用之于開講，或篇終亦間有之，是經義亦化而爲表也。夫以百世之前之聖賢，預頌百世之後帝王之功德，于理順乎？于文義安乎？初出之時，觀者皆驚駭嗟嘆，久之則相習以爲當然矣。其事始于歲庚午之浙江，然亦不過僅見，後來則甲戌以後，會試往往以此爲定元魁之格矣。此體爲之者既多，遂有不能盡得第，徒喪失其所以爲心而已。

六七

花木之盛衰，各有其時。如洛陽之牡丹，淇水之竹，皆擅名一時。今淇泉之竹無一竿存，而牡丹之盛又移于亳州矣〔一〕。夫土性各有所宜，固然，然而培植之方，澆灌之法，亦各有其道，須彼此講究，互相證驗，乃能得之。閩廣花事最盛，然性喜煖而畏寒，獨不宜他方。江南于閩廣爲近，然其花亦不能留之久存。余嘗自福州還金陵，買得木蘭、佛桑、佛手柑等，共十餘本，載之舟中，余坐其間，適木蘭、佛手次第開花，香氣絪緼，岸上人往往聞香來觀之者。及至金陵，時已仲冬，余如閩人之所教，收置密室中，及春温啓視則皆萎，供晨炊一用而已。余自是不復貴遠方難養之花木也。

〔一〕「亳州」，原作「毫州」，爲筆誤，今逕改。

六八

東南婦女之裝多效蘇州，往往蘇州厭而改换，而他處始行之。吾近見蘇州婦女裝束多效妓家，以貴學賤，不可言也，以良學淫，尤不可言也。

六九

婦女好游，自古已然，顧其情亦有可原者。彼終歲塊處一室，耳一無所聞，目一無所見，幽隱鬱結，亦思偶一發舒。遇風日之美，林花之開，結伴出游，皆子從其母，夫從其婦，女從其父母，桑間陌上之事，在今日萬無此。顧古者婦人出門，必蒙其面，以理論之，游固不可也。佛法入人肺腑，蔽錮已深，不可浣濯，在婦人奉佛尤甚，因佛及僧，則視僧亦佛之流也。入廟燒香，往往動淫僧之目，不可與賞花讌游一例視之，以爲無妨也。

七〇

吴門婦女尤好游，每春秋佳日，則艷粧而出，成群結隊，于是虎邱、觀音山、法螺庵、千尺雪、靈巖、花山等處，望之真如雲矣。士女雜遝，肩摩踵接，絶不避忌。其美者，人或贊之；醜者，人或笑之，聞之皆不以爲絓意。至于人家園林，每遇花時，則婦女往往叩門直入，不問主人姓名，周行廊廡，甚至登堂列坐，雖堂有賓朋集處，若爲不見也者，此則他處之所無也。江（姜）侍郎爲浙江督學時，余在幕中，一日同游靈隱，有司預敕胥役設坐（座）

于冷泉亭。余等既至，茶罷入寺，良久出，則座已爲數婦女所踞，婢子旁列奉茶，有肩輿數乘在亭側。江之從者不敢詰問，侍郎與余輩遂他去以避之。

七一

優人之演戲者，其初有二種盛行于世，曰弋陽腔，曰海鹽腔，其聲音無從容之節，而排場亦鄙俚。自成化以後，崑山人魏良甫創爲崑腔，以絲竹管弦應人之音，每一字必曳其聲使長，從容曲折，悉叶宫商，其排場亦雅。于是弋陽、海鹽僅爲田野人之所好而已。崑腔之于生旦，尤重其選。旦則擇少年子弟之秀者爲之，扮爲婦女，態度纖穠，宛轉嬌媚，人多爲所蠱惑。于是蘇州聲色之名甲天下，近日納妾者必于是焉，買優人者必于是焉。幼男之美者，價數十金至數百金；女子之美者，價數百金至千餘金。父母利其多金，且爲媒妁所誘，遂不顧其遠去。計三四十年以來，北行者何啻數萬。妖冶之風盛，骨肉之恩薄，其中仳傠(離)失所者亦不少，其故始于崑腔。古人戒奇器淫巧之作，豈徒然哉！

七二

今之所爲古董者，皆漢唐宋以來所遺之物，或爲玉器，或爲磁器及法書、名畫之屬，價數十金至數百金及千金不等。「古董」二字之義，不知云何，好之者頗成癖。向時收藏人家不知貴重者，今且無不出，雖贋者亦無不得高價，真者又無論矣。或且惜之，以爲古董盡出，恐有水火之厄。余謂貪污官吏受一古董即顛倒是非曲直，是則蠹國害民，古董亦與有力焉，果其付之煨燼，亦一快也，何惜乎？

七三

宋板書亦在古董之列，然不可與諸古董一概而視。蓋自有明以來，刻板不精，字多錯誤，甚至妄人不諳其義，私行竄改，即如十七史，南北監板皆不善，其爲脱落錯誤者甚多。後常熟毛氏所刊板亦然。誠得宋板書摹刻，使讀書人較對精細，此今日之急務，不然，後人竟不得見此書之全矣，吾竊憂之！然此非有大力者不能爲，欲爲者又無其力，天下事相左往往如此。

七四

讖書之爲禍，烈也，殺人無算，始爲之者，其罪不容于死矣。唐以前託爲孔子閉房記，其書久不傳。唐以後託爲李淳風推背圖，相傳宋藝祖取其次第亂之，然事後往往奇驗，蓋必明于數學者之爲之也。至近日有所謂東明曆者，託于劉基；有所謂乾清宫碑者，託于姚廣孝，吾幼時常見之。此書出于明之末國朝之初，意必舊人退將所爲，欲以此煽惑頑民，于是人多信之，時時起事，思以應其讖，而不旋踵皆被屠戮，累及鄉黨親屬不可以數計。吴三桂之叛也，亦思應其讖，不久敗亡。此外又有一二僞書，言詞鄙俚，雖愚人亦多不之信。然安得盡焚之以息其禍乎？

七五

梅花之盛，莫過于蘇州之玄墓、光福，杭州之西谿。桃花之盛，莫過于江寧之城西北觀音門外。松江一帶之梅，土人稱爲江梅，皆高下參差，數十里不絶。是數處余皆得常游之，每擇其勝處，極目縱觀，飲酒放歌，平生樂事，惟有此耳！

七六

秦淮五月之燈船最擅名，余往見詞人之詩歌樂府所以稱美之者甚至，及僑寓秦淮數載，常得見之，然亦無奇者。其船或十餘，少亦有四五船。船兩傍（旁）各懸琉璃燈數十，燈或皆一色。船尾置一大鼓，船頂覆以白絹。船中凡一二十人，兩旁列坐，各執絲竹奏之，鼓人擊鼓節之。涼棚者，秦淮小舟之名也。是時涼棚無算，來游觀者各集賓客數人，賃涼棚飲酒，隨燈船上下。兩岸河房皆紅燈，簾籠紗窗之間，紅粧隱躍。此沿故時承平之習，父老謂其衰減于曩日已不啻數倍矣。

七七

金陵城郭壯麗，地大而土肥，瓜菜之美，竹樹之盛，甲于他郡，遠方之物畢集，市買甚便，習俗亦儉樸。而近日則有可憂者，游手既衆，民無恒心，市井之中，幾于無一人而不爲偷，言語無一信實，父子兄弟夫婦皆相欺詐，苟可以得利詐財，雖尺寸銖兩之細，傾人家、害人命而不顧。凡無廉恥之事，公然爲之，自以爲得計而無所忌。遠方之人來此，不諳其姦，罔不受其毒害。説者謂金陵自古不被兵，乃樂土也。余謂此輩習染成風，其種何以剷絶，恐有水旱、盜賊之來廓清之也。余仰慕其風土，遂家于此，至是決意歸故里矣。

七八

白果樹大者，處處有之。余所見牛首佛殿下一株最大，以尺量之，其圍大約數十尺。腰腹間一穴，有冬青寄生其中，其大稍殺于本樹，亦一奇也。兩樹之枝，盤旋交錯，蔭蔽可數畝。冬青葉本不黄落，因寄生此樹，其榮其枯亦與此樹俱焉。

七九

明成祖之惡極矣，創爲刳剔割剥之刑，施于忠臣義士；淫污之事，前古未聞，施于忠臣義士之妻女。異日盗賊之禍，即用以施之于其子孫。不然，太祖之功德不小，後嗣何罪？國亡之餘，駢首就戮，十百爲群，時時不絶，而忠臣義士前後糜爛略同，皆成祖啓其端也。然終唐之世，而武塈（曌）之子孫有天下；終明之世，而燕王之子孫有天下，天道之爽又有如此者，何以勸善而警惡乎？

八〇

往讀詩，至齊風有曰：「匪鷄則鳴，蒼蠅之聲。」夫鷄聲之與蠅聲相去豈可數計，而聲相比擬，頗疑其不倫。及客青州數月，時值夏秋之間，蒼蠅之多與人争道，每天欲明，蒼蠅之聲薨薨，幾如雷鳴，不特鷄聲而已也。讀書論事，非身嘗親歷，未可輕相擬議也。

八一

兒時讀論語，至「顏淵季路侍」章，問塾師曰：「願車馬衣輕裘，與朋友共，敝之而無憾，此一小事，子路，聖門高弟，區區僅以此爲志也耶？」塾師曰：「此事亦大難。」及年長，從事于交游，而後知其難也。平日見其群居議論，披肝露膽，指天誓日，人人盡管鮑也。及至緩急之際，偶有以通財之義相商，雖好友數十環列，絶無應者，不須臾間皆漸漸引退，虛無一人在坐矣！子路惟褞（緼）袍不恥，故能輕裘與共，今則人人自私自利，胸襟卑鄙齷齪，安能爲度外之事？其他益無足與有爲矣。故學者克己，當先從此處克也。

八二

海棠有數種，曰垂絲，曰鐵梗，曰西府，而西府爲最美。陸放翁之咏梅花也，曰「此外評花四海空」，余欲以移贈西府，良不愧也。此花江寧最多，往時價直（值）一株數百錢及千錢，近則價直減于前。問其故，則向時栽種之法，以櫻桃接之，生長較難，故貴。近則園丁得一方，試之無不驗，故多，故價少也。其方，樹既大，掘去賣之，其坎之四旁尚有細根在，坎勿填滿，勿鋤其根，任其叢生，未幾輒已數十株矣。無栽接之勞，而長養甚易，余故書其法以告人。

八三

余購得陸放翁詩全集一部，乃常熟毛子晉所刊者也，因聞得一軼事，附記之。始放翁詩萬首，其行世者不及十之一二，子晉聞其全集爲其子聿所定，藏于家，距子晉時踰四百年矣，子晉因至紹興訪之。陸氏子孫世爲農，無讀書者，問其貴（遺）集，果有之，出篋授子晉，開放之，朽蠹特甚，遂逐篇鈔之。歸至家，同縣錢尚書謙益借觀之。一日，子晉同一知堪輿者飲酒于絳雲樓。絳雲樓者，謙益藏書之所也。堪輿者私謂子晉曰：「吾觀絳雲樓當有火灾，君書在彼處者頗多，何不取還？」堪輿術素不甚精，至是子晉獨信之，列一書目送錢氏索之，錢氏先歸放翁集。不數日，而絳雲樓灾，書盡燬，放翁集蓋幾危矣。文人精光靈氣終不可磨滅，豈有鬼神異物來相之耶？抑適然耶？

八四

余至杭州，乘小舟由水門入，河道深廣，無泥沙壅塞之患，往來者皆便之。問之，知爲巡撫趙士麟所疏濬者也。夫水道之壅塞，一由居民之侵佔其地，一由棄糞土于其中，久之遂堙塞。有司者第知攫金錢耳，豈復留意地方之利弊。因嘆蘇州江寧二郡，無趙公其人者爲之疏濬，將來無復所爲水道矣！夫衆可與樂成，難與慮始，爲大事者，豈惜小怨？顧廉吏能爲，貪吏必不能爲也。趙公後官至吏部左侍郎，與余善。

八五

浦口鄭翁好仙，中年即棄其家出游，使其子負囊以從。歷五嶽名山殆遍，所遇異人殊少，其或有所遇，輒屏人密語，其子不得與聞也，凡一二十年。至河南某縣，遇一人，密語良久，其子微聞其人曰：「揚州某旅店，某適在焉，君速往求之。」遂至揚州，宿于逆旅，徧叩諸旅店，得其人如所言。乃相與至曠野中，語良久，其人忽不見矣。翁還至旅舍，語其子曰：「仙可爲也，而吾凡骨，不能飛舉，奈何？今當别爲計耳。我今夜死，死則置我囊中，攜回家，以缸覆之而埋于土。」夜果死，子如其教，置一布囊中，其体輕軟。揚州距浦口甚近，踰一二日抵家，人來觀者甚多。其子縮其体，不盈二尺，伸之則長如其生時，遂以一缸盛之，一缸覆之而埋于山下。適余至浦口訪劉大山，大山曰：「吾子早一二日來，則得見矣。」因屬余爲之傳，余諾之未果爲。今偶憶其事，頗不詳，爲書其梗概于此。

八六

白樂天自屬其友元微之排纘長慶集，又自編後集，爲之序，復爲之記，又以集本付其從子、外孫，又分貯東林、南禪、聖善、香山諸寺，蓋深恐其散軼不傳也。或遂以詩家好名，無過白傅。夫半生精力與其性情之所寄，以及人情物態，身所遭逢，爲諷爲勸，盡在集中，豈可聽其湮没？非好名也。使天假余年，著書有成，在朋友中無微之之排纘，又無從子、外孫之可托，禪林僧寺之分貯，自可師法者已。

八七

日者金錢既盡，萬里皆窮，于是計無復之，相率從事于黄白之術，幾于處處有之矣，而究無一成者，則以不知其道而妄聽術士之言，不惟無利而反害也。大抵其術有真有僞，易成者，真也；難成者，僞也。止用銀鉛砂汞者，真也；襍以他藥草者，僞也。世之術士不過用其僞以惑人詐財而已矣。吾嘗遍考彼家之書，法各不同，而要歸則一，諺所謂「家家有路到長安」也。其扼要在「用鉛」、「不用鉛」四語，及「太陽移向月中明」一語。余嘗略諳其法，術士之真僞，一見而決之矣。或以余不爲此爲高，余曰：「非高也。世不無此理，亦不無其事，第我非其人耳。至于火候，猝難識别，手訣亦未親試，不必費日力以爲之也。」

八八

福州城内烏石山，烏石彌望無窮，長短大小，參差布列，絕可愛。既而其上大書深刻，皆滿洲兵吏名氏官爵也。杭州飛來峰，滿山之石皆刻佛象（像）。夫山川之勝，失其自然，不足動人留連矣，豈不恨哉！

八九

飛來峰嵌空玲瓏，石皆倒垂，自有奇致，但「飛來」二字爲向來假設之辭。余謂靈隱一僧曰：「此山略彷佛浮山之意，稱之曰浮山耳孫可也。」僧曰：「吾未曾到浮山，尋即往看此山鼻祖矣。」因相與一笑。

九〇

福州鼓山之喝水巖，石皆幽隱奇峭，余至其間，留連不忍舍去。其地向日蓋有瀑布經流，後水道他徙，此地遂涸。僧謂余曰：「昔有禪師，日日静坐于此，厭瀑布聲之喧，乃喝而使之往，自是水遂不復至矣。其事載志書，不誣也。」余笑而不答。

九一

順治間，吾鄉有錢伯駁者，游廣東，得一白鸚鵡以歸。鸚鵡聰慧異常，學人言無不能，伯駁愛之甚至。久之，伯駁死，鸚鵡語家人曰：「伯駁死矣乎？伯駁死，吾何忍生！」家人曰：「汝何以得死？」曰：「吾餓死耳。」果不食死。家人附葬于伯駁塚旁，立之碑曰「鸚鵡塚」，塚在繼母山。

九二

山東六府，余嘗徧歷，其傅會古人之蹟，竪碑道上，尤可笑者，泗上則曰「子在川上處」，臨淄則曰「管鮑分金處」，昌樂則曰「伯夷待清處」，登州蓬萊閣則曰「難爲水處」。其地往時皆有聞人，何以不鏟而去之也？

九三

明時，山東青州有武弁，到任未久。一日，閒步堂下，忽見一鬼，中堂而立，長近二丈，大數十圍。武弁急從壁上取弓射之，每發，輒中其腹。每中，鬼輒呼曰「好」！凡二十餘矢，矢且盡，方惺（惶）急，忽聞後堂喧聲，則群鬼擁其母以出。武弁上堂以空弓擊之，奪母出，群鬼皆不見。堂上遍地皆人，即其家人也，人各被一矢以死，武弁母子大號。一郡官吏皆來視之，爲泣下，劇（醵）金棺斂，越一二日，事乃定。武弁乃于屋後覓器物，見空房中有人叢坐，以爲鬼也。集衆入視之，家人咸在。問曰：「汝等人耶？鬼耶？」家人皆曰：「吾等昏迷，不知何以聚此，此刻始知，人耳。」武弁急發棺視之，則皆無人，或爲箕焉，或爲杵焉，或爲帚焉，皆其家中所用物也。武弁乃他移，遂空其署。其家究一無恙，而此鬼之幻化亦甚矣。

九四

鯀之障水也，績用弗成，故舜殛鯀于羽山。禹則惟事疏瀹決排，且棄地以予之，故安瀾之澤被于百世。後世之治水，惟鯀是師，致使河身日高，城郭人民反在其下，百萬生靈，其性命全係于一綫之堤。使淫雨而不終作，洪水而不終至，則自可嘗保以無事矣。

九五

余尺牘皆不存，今檢故紙中，有與友人書稿一通，辭雖簡而意致可悲，因録之。

聞足下南嶽之游，欲修煉不出，僕喜足下之先我，方將蹇（褰）裳相就，偕爲避世之舉，胡乃忽爾遄歸，更易田宅，熱中仕宦，自此時時鑿混沌之天，步步皆崎嶇之境矣。僕本山林麋鹿之性，少遭不偶，百憂爲心，萬苦在體，乃書生弱力，側足人間，幾欲舉隻手以障洪流，啣撮土而填滄海，不自度量，抑亦甚矣。果潦倒之無成，使日月之空逝，浸尋自悔；又欲築意中之園，而著心上之史，亦復貧病因循，恐遂終成廢棄。前日偶游青霞洞天，遺世之志遂決，後至靈峰諸境，則已乘雲馭風，恍惚仙去。嗟乎！俗情難割，濁世易流，二者僕誠自知不可免，收聲息影，故邱可懷，白雲浮渡之間，尋有披簑而釣者，必我也。足下倘初心不負，試一乘槎相訪，僕有道書數卷，當待足下付之。

九六

前時重科第，士一登鄉書，即富且貴，及成進士，入翰林，更不同矣，然未聞以富貴而棄置故人也。今時科第非其所重，士之得之者，窘迫困窮，無異于諸生，然往往得一官則傲睨自得，宿昔朋好棄之如遺矣。以此見世風之衰，而人之不學遂至于此，良可悲嘆。余嘗謂武進白楚惟曰：「吾輩作時文爲秀才，與同輩交甚多，然不二三年，輒死數人。」楚惟驚曰：「何謂也？」余曰：「彼其得鄉舉，則與吾輩落落不相親矣，成進士則蹤跡又更踈（疎）矣。入翰林，爲要津，或出連州郡，則拒之甚至，雖覿面竟不相識矣。屈指交游，竟似未有此人，故曰：『死也。』至于以入貲去者，更不必問矣。」楚惟曰：「彼身死在此日，其實心之死久矣。故交友不可不知人，能知人則豈復有此種死友乎！」余曰：「善。」

九七

形家之説有之乎？曰有之乎〔一〕。古者築臺立國，必擇形勝，審向背，卜吉凶，詩書之文可覆也。葬親而地有美惡，則其家成敗係焉，其説有之乎？曰有之。父母祖宗之與子孫，本一氣也，一體也，不以死生而異也。骸骨安，則其後亦必安，不然者，反是，亦理之固然也。大河以北，講堪輿之術甚少，葬無所擇，而富貴不絶者，何也？曰：骸骨之所以不安者，以水浸之、蟲嚙之故也，不得美地，則有二者之患，彼子孫之同一氣同一體者，安能泰然獨無事乎？大河以北，土厚水深，葬于土者，水不浸其膚，而蟻亦不生，故在在可葬也。東南之地，尺寸之下皆有水蟻，非有靈氣融結，則水之所浸，蟻之所窟，人子忍以其親供蟲蟻之食乎。然以覬覦子孫之富貴而暴露其親，遲久不葬，則不孝莫大乎是，不若速歸土之爲愈矣。大抵山谷間無水蟻者亦多有，不必定求美地爲子孫富貴計也。

〔一〕「乎」，衍文。

九八

闕里之檜如絢索，然望之勃勃有生氣；孔林之楷望之如枯槁，然堅皆如鐵，以指甲刻畫之，毫忽不受。吾意其根必皆活，但老不能發榮耳。

九九

江南之徽州、寧國兩府，人家皆聚族而居，譜系歷歷，傳世多至數十，蓋猶得古宗法之遺，最爲美俗。江寧亦多晉宋舊家，至蘇州則惟范氏家法尚存，自餘多涣無統紀，雖貴顯之家，傳數世，子孫往往迷其所出，或不知先世墳墓所在，或貧掘其先世塚，鬻其地，甚至並其棺鬻之，亦間有矣。士大夫居鄉者，絶不思救其俗，何也？

一〇〇

吾鄉程太常出使安南，得一種花以歸。花似茉莉，香亦如之，葉粗大似薑芥，蟻好集其上。其種易生，叢生，堦砌皆遍。始家家植之，號曰「番茉莉」。後以其葉不足觀，又致蟻，遂盡去之，今求一本不可得矣。花美而爲葉所累，乃不爲世所貴重，是故君子之自修，誠不可以他有所累也。

一〇一

歲丁亥十月，余客江都。一日，在秀水朱竹垞先生寓舍，適江都人卓子任攜一畫軸相示，蓋明烈帝閱武御容也。豐頤白皙，嚴毅有威，但鬚不甚長，微覺如亂絲，觀其貌亦不當亡國者也。子任言此軸爲史閣部所藏，子任叔父某爲閣部部將，揚州破，叔攜此軸以逃。又言其叔親〔二〕閣部于城破日騎馬出城，渡河而歿。此說不然，當時大兵數十萬，環匝圍城，兵民盡死，閣部獨騎出，將安之乎？後來鹽城、廬州有僞閣部出，號召愚民，死者無算，皆此等說流傳之過也。閣部之死，惟史得威所紀良是，滿洲一二大僚言與之合。

〔一〕原稿有脱文，似爲「見」字。

一〇二

燕地冰堅，有拖床者，横木板爲之，可坐數人，一人曳之而行于冰上，快如車馬。徒行者遇窪下處，有拖床，給數錢賃之，可省足力。

一〇三

吾在京師，嘗至西山，見明時諸奄人墳墓、祠宇，窮極壯麗。土人云，當時每一墳費或數萬金，或一二十萬金。佛宫之盛，亦天下所無，其中立奄人牌位，稱爲山主，亦奄人所造也，其額皆曰敕建，計其費亦不訾矣。嗚呼！賄賂安得不盛，國帑安得不匱，民力安得不凋，天下安得不亂乎！

一〇四

明朝亡國之道有三，皆起于永樂之世：棄衛而中國無隱矣；軍衛用以運糧，而東南無兵矣；太監用事典兵，而宦官勢熾矣。有一于此，皆不可以永命，然猶歷二三百年而後亡者，太祖之功德與其他法制之善，猶有相維者也。

一〇五

明之弊政，尤莫甚于廷杖，亦奄人所用以殺諫臣而威制外廷者。人主不悟，乃自壞萬里長城。楊大洪、左蒼嶼之才，使得盡其用，豈非萬里長城乎？「人之云亡，邦國殄瘁。」君子觀于明末之事，而知其亡也决矣。

一〇六

山水記游文字，馬第伯封禪記爲最美矣，柳子厚永州諸記序似尚不逮也。大抵紀山水之勝，必身入其中，躬親探討，習與之親，乃能摹其形容，盡其變態。余之于名山，大率依人往游，其人好事不能如余，不過一覽而去。諺所謂「走馬看花」，安能盡花之勝哉，故余紀游文字亦頗少。至于天臺、雁蕩，雖係盡日一覽，然每遇絶奇處，其狀態默識于心，已乃書之，可得其十六七，故天臺、雁蕩皆有記。記僅一草稿，歸至江寧，一門人付刻工蔡氏者刊之，蔡氏失去，余悵恨良久。復略追所見，得一稿，不能得其彷彿矣。大凡文字，視一時興會所至，過此一時，復作不能滿志矣。

一〇七

宋人謂雷爲陰陽之氣搏擊成聲，以余所聞，則實有物焉。一族人鄉居〔一〕，適自外歸，距家里許，雨將作，乃入一神廟中暫□（避）。□□地上一物，大如鷹，與世所畫雷不遠，忽飛去，一聲震，族人昏□□（厥于）地上。余先人授徒于廬江，歸言：一悖媍（婦）不孝，會生產，數日虐翁姑更甚，雷穿屋擊之死。是時新産，被褥血污狼藉，雷爲其厭不能去。雨如注一二日，鄰人共來祭之，乃相與入室，羿（舁）之而出，置于田中。雷有翅，翅動若欲舉，輒不能。又踰一二日，雨止，雷乃不見。

〔一〕一族人鄉居，「一族」二字全失，「人鄉」二字各存其半，全句依文義推定。

一〇八

滇黔楚粤之間，土司約有數種，曰獞（僮），曰猺（瑶），曰獠（僚），天性嗜殺，好貪利，其餘風俗亦大同小異，至好報仇，則皆其所同也。人以争財相殺傷，死者之家，輒植木〔一〕于門，其子出入視之，以志不忘，伺釁而動，數十年不絶，其人亦防備之甚周，然必乘間殺之乃止。既殺之，歸則伐其木。此家之木既伐，彼家之木又植矣。循環報復，終無已時。嗚呼！報仇者，天下之大義也，惜土司之争者，血氣之私，鬪狠之習耳。彼夫中國之人，于君父之仇不報，且畔而助外人以叛其君父，自土司視之，已禽獸之不若矣。

〔一〕「木」字爲脱文，依文義補。

一〇九

人之自縊死者，其屍之下入土數寸，有物若炭，比即掘出，碎而抛散，散則不爲厲，蓋强死者，其魄化而爲此也。若踰兩三日，則入土愈深，不可掘矣。雷之擊死者，其屍之下，土中亦有物若石，其上鋭若錐鑿然。

一一〇

湖廣洞庭湖中，浮梗、萍根、水草、飛埃之屬，千年結聚，遂成塊土，寬廣或數十丈。漁人往往架屋編茅其上以居，屋多或至數十間，隙地畜鷄豚，種蔬菜，人以魚蝦爲食。有登其上者，腥氣不可聞。隨風東西，居無定處，真所謂浮家泛宅者也。江南涇縣有浮田，號千畝，其實八百餘畝。兩山之間有大溪，水面浮土深丈餘不沉，隨水高下，居人種稻其上，乘桴而上，一人足踏之，則滿地皆動。分秧刈稻者立其上，若足陷淖中，則舒兩手横于土上，可以徐徐漸起。此田水旱無虞，價直亦貴。余門人翟生家有百餘畝。浮屋浮田，真兩奇也。

一二

福建汀、邵之間，有大山甚幽險，明時嘗有盜窟穴其中，已而散去。康熙某年，大吏聞其處有賊，下符汀洲（州）知府，使率兵捕之，兵至其中，虛無人，蓋訛傳也。林木茂密，楠數千株，皆數百年物，一株直可〔一〕百金或二三百金。如是，縣有富人上書知府，願捐家財募人伐之，運至江，可獲大利，利與官吏共之。知府許諾。已而家貲數萬盡費去，運至湖口，關税非數千金不能過。其人已貧，囊橐如洗矣，遂停滯江干，使人覓買者，則無一人。大（夫）梁柱用一楠則其他稱是，非有數千金及萬金之構造，楠無所用也。小民數金即造一屋舍，富家巨室亦無萬金建造之力，人情一切苟且，于居室尤甚，財匱力薄，勢所固然也。嗚呼！當山童木遁之時，奇材名章一旦忽出，顧乃一無所用，棄之荒江之濱，泥沙之上。物有當其時則貴，非其時則賤者，豈獨楠哉！

〔一〕「可」字原稿漫漶，依文義推定。

一一二

近聞無錫一友言以水洗水之法，甚奇。無錫人家注慧泉于缸以備用者，或日久飛塵集焉，水爲之不潔。乃于水之止處畫一墨痕于缸邊以爲記，而傾客水于其中，以物攪（攪）之，俟其定，塵埃浮于水上，乃瀉去之，適至墨痕而止。痕以下皆泉水，痕以上瀉去者，皆客水也，于是泉水清澈如故。大抵水之美者，其分量較他水爲重，而水之性，其輕重不同，則亦不能混而相合，亦理之自然也。

一一三

山谷薹，一曰珊瑚薹，蔬名也，出江南桐城縣，石山臨水者，往往生之，亚山爲盛，龍山次之。當春時，土人于天未明時採之，日出則已萎矣。高二尺餘，其葉自根至杪皆滿，人手稍一振即落，莖上無一枝葉痕也。食其莖，莖綠色，照之通明，其味芳甘香潔，齒頰間彌時香氣不散，蓋絶品也。可生食，入肉汁中亦佳，糟之更美。但其性不能久，採至家，不一二日，輒已爛不可食。土人熾炭于室内，覆以竹籠，置此物其上，烘之使乾。計四五斤烘乾之可得一斤，價直一斤百錢，亦不甚貴也。裹以紙，饋遺遠方之人，風味存者不過十一二耳。往時崑山徐尚書謂余曰：「貴邑青草亦美，豈但人乎？」余曰：「正恐人未必盡能如青草耳！」他處水隙岩石中當亦有之，但人不能識耳。

一一四

麥魚出桐城縣，以麥熟時出，其形亦如麥，故曰麥魚。長僅半寸許，其味鮮美，風致亦甚別，余所最好者也。溪河中僅一二處出之，出數日即無有，不知其何自來，亦不知其何所往也。其出也，叢浮水上，望之如黑雲，取之甚易，故價不高，但亦不耐久。土人曬乾鬻之，價一斤三四十錢，然不踰半年，味漸已減矣。隣縣廬江亦有之。

一一五

近日多有以非毁朱子爲能，往往盛氣毒詬，若以爲共戴天之仇讐也者，其人皆用朱子之説以取科名者也。其説本出于良知家言，彼等吠聲吠影，其實并良知家言亦未窺見。其人皆險賊怪僻，達于面目，見于辭氣，自非至愚陋之人，一見即識其底裏，雖不足責，然亦不可謂非人心世道之憂也。往語亡友劉言潔曰：「今之人不肯學古之君子，而欲學古之小人，于古之小之中〔一〕，尤欲學孔子之桓司馬，朱子之韓陀（侂）胄也，不已異乎！」

〔一〕原稿此處有脱訛，應爲「小」下脱「人」字，或「之」爲「人」字之訛。

一一六

天下各種書板皆刊刻于江寧、蘇州，次則杭州。四方書賈皆集于江寧，往時書坊甚多，書賈亦多有饒裕者。近則士皆困窮，救死不暇，力不能買書，于是乎書賈漸少。而舉家困餓憔悴，朝不保夕，不異于士，是士之窮累及此輩也。余數年在江寧選書爲活，因是與諸書賈相交，其姦詐頃刻百變，豈士之品不立，遂一染及此輩耶？

一一七

古人云，山氣成雲，殊亦未盡然。平原野曠，數百里無岡巒，而未嘗無雲者，凡土氣上蒸皆成雲也。凡雲之興，布護瀰漫，不見其所出。惟泰山不然，雲從罅中出，縷縷而生，冉冉而騰，雖頑石無間隙，亦復如綿如霧，紛出四布，此爲大異。

一一八

鷄好食蜈蚣，見之未有得免者。余家畜十餘鷄雛，大僅踰拳，遇一蜈蚣，追而啄之，不傷，卒吞之。頃一再跳躑，而蜈蚣嚙破鷄之嗉，穿之而出，復走，復追而食之。

一一九

昔人云：「醫者，意也，神而明之，存乎其人。」一野廟中，傭工晨炊，用竹筒吹火，有蜈蚣先伏筒中，傭不之見，誤吸而吞之，腹痛欲死，倉猝無醫。一道士破生鷄卵一餘〔一〕與之食之，腹中稍定，乃使之嘔吐，蜈蚣裹鷄白中而出。蓋此物性本畏鷄，而百足纏縛于白，未能動，遂無害。此用意之妙也。

〔一〕「餘」字似爲「盂」字同音而誤。

一二〇

京師中，士大夫之所萃處，布衣窮士入京，或藉其援引，或資其飲食，輒執質稱門生，至有勢利者，則其門尤奔走如市。夫執質爲弟子者，本以師其文學，師其德行耳。今之諸公貴人，文學德行安在？彼以有勢利而來，則亦以勢利而往，故有得其力則終忘之，或背之，不得其力則怨之，未見其有終也。吾友方百川在京師嘗作師説，譏切時輩，韓尚書甚賞之。

一二一

近日銀少而貴，民之困極矣。余按有明之初，禁用銀，用銀者罪死不赦，民間惟以錢米交易，貢税亦止錢與米，故曰「錢糧」。自正德間，大同巡撫上書，言米多浥爛，而邊外有用銀之處，請以銀代米，于是有本色、折色之〔一〕稱，然不過一年即罷耳。嗣後内地有引其例者，漸行于天下，而勢不可止矣。民窮盜起，此其故也。長老爲余言，官吏貪風起于萬曆之末，此後日增月益，遂至于亡。始也，持節大吏過縣，縣令之餽之者，僅四金而已，後來有長夫一名、二名之説。蓋大吏過其地，夫役已辦于州縣矣，此縣送至彼縣，其夫曰短夫。長夫者，時時不離供役，其傭直十二金，大吏既有短夫供役矣，長夫無所用之，州縣欲餽之而無名，乃設爲長夫之名，送大吏自雇，其實用以充大吏囊橐而已。大吏過縣，縣令庭參畢，或無賄，或大吏不受賄則已，如行賄，則進前一二步，大吏即起，面屏風而立，縣令至案前，出長夫銀于靴中，一名則十二金，二名則二十四金，置案上，微作響，大吏乃轉身，相向一揖，乃退。天啓、崇禎間，則又有「過夜金」之稱，大吏行縣，宿公署，縣預備被褥，甚且褥中藏黄金數兩，其金或作餅狀，或作長條，貪者受之，廉者卻弗受也。涓涓不息，遂成江河，孰知其後之累百、累千、累萬、累十萬，無有已極哉！夫銀用之則貴，不用則賤，銀賤而天下平矣。

〔一〕「之」字空白，依文義補。

一二二

左忠毅公孫未生，常示余以公居官時所寄家問，皆以國事爲憂，無一語及私也。寄太公、太夫人，銀不過一兩或二兩，人參五錢或一兩；諸叔伯兄弟，或銀五錢，或一兩，然亦不常有也。命世之才，清風高節又復如此，每讀其手書，肅然敬嘆良久。

一二三

往者人參出于上黨，今上黨之參既盡，而自邊外來者最多，視上黨往所出者爲更良。

今世莫貴于銀，而參又貴于銀，或四五倍，以致十倍。貧者寄性命于稻粱(粱)，而恒不給；富貴者寄性命于參，而暴殄用之。聞一大僚嘗煮人參爲湯以浴身。又一大僚好食參，計生平所費數十萬金，使出其貲以濟貧困，其活人豈不多哉。嗟乎！彼知食參之養其體，而不知活多人之養其體者更大也。

一二四

爲傭于人者，大抵皆游手惰窳，其中又有貪頑無厭足者，尤不可用也。往余居江寧，常養〔一〕傭工，始至稍勤，後而怠懈，久則呼之不應，且欲他去也。是故此輩有「三珠」之號，其甫至也，不命之動而自動，爲「滚盤珠」；繼則命之動乃動，爲「算盤珠」；後則雖督責之使動亦不動，爲「定盤珠」矣。後余客蘇州，所募傭工，其惰窳略同，而貪頑更甚。一年事數主人，皆無足滿其欲者，不自量其才分與福命，無功食于人，而欲時時充其囊篋，終身無可事之主矣。

〔一〕「養」字似爲「募」字筆誤。

一二五

吾鄉種竹之法，其訣曰：「種竹無時，雨後便移，多留宿土，記取南枝。」竹風甚涼，可以忘暑，放翁詩所謂「赤日行天午不知」也。余性畏熱，欲種竹數千箇（箇），構書室一二間以避暑，而無數畝之地，志久不遂。頃吴門一友人家隙地頗多，家亦有餘貲，勸其種竹，并授以訣，而堅不肯爲，蓋吝惜小費也。人之秉性之不同，一至于此。

一二六

花事莫盛于金陵，買花者往往在春分、秋分前後數日，或于花盛開時亦移之。吴門則不然，移花必在仲冬、季冬，其説曰：「冬深，花木元氣斂藏貞固，及此時移之，元氣不洩，至春暖發榮，彼尚自以爲故土，故無不活。」此説亦有理也。

一二七

接樹之法，去其樹之幹，僅留一二尺許，取他樹嫩枝接之，使彼此之皮脗合附麗，而封之以泥。及其活也，則枝葉花實不從根，而從所接之枝，花既茂盛，實亦繁多。若未接之樹，其所接（結）花實遠不如也。大抵陰陽之氣，取其相襍，襍則榮，若純一則多悴矣。人事物理，如此可悟，不特如此而已也。松柏之下無茂草者，以其地之潔也。雖有名花，必以污泥壅之，糞壤培之，乃茂。然則秉純一之氣，懷潔白之心，而處于清寒之地，欲榮華碩茂，豈可得乎！

一二八

禽鳥顔色之美，聲音之宛轉，至黄鶯無以復加矣。蓋此鳥本黄刺魚所化，故其色尚相近，而魚未有不腥，故黄鶯有臭氣，則其本來者，蓋未盡除也。亦可見物理之無全能，而世事之多缺陷，即禽鳥亦然矣。燕最喜水，時時掠水面而飛，嘗有人于秋深見燕入水不出，或又有于塘中得燕以泥自裹者，然則燕亦能化爲水族，或亦水族所化耶？

一二九

樹上青蟲最可賤而惡者，及其化而爲蝴蝶也，形色皆佳，翩躚可喜，點蒼臺而宿花枝，畫工騷士多愛之。人有不肖之行，謂不可變而爲君子者，無是事也。或曰蟬亦爲蜣螂所化，夫其爲蜣螂也，穴泥土，轉糞丸，至死不舍，與蛆蟲無異，一旦化而爲蟬，飲清露，嘶高槐，何其潔也，斯可謂善變者矣。

一三〇

舟行者或阻于風濤，停泊留滯而不得進，見岸上騎而騁者，倏忽已過，則慕之。陸行者，口倦于叱咤，手疲于啣轡，又有風雨之侵，顛仆之患，見舟行者則慕之。是二者各有其便，而不自知也，舟行有四體之適，陸行無濡滯之慾，舍其己之所至安，而羡他人之所得，此人情之大惑也。

一三一

財者，生人之命也。人之嗜利者，堅忍刻苦，銖積寸累，務欲聚之于一家之中，是戕生人之命以自計也。其生意已剷絶無遺，是以于利而召變，豈能傳之久遠哉。況此等之人，必不能孝養其親，必不能潤及兄弟宗族，必不能賑恤朋友鄉黨，而徒以貽之子孫，賢則損其志，不賢則殺其身，本欲愛之，適以害之，何利之有哉！且子孫亦鮮有念父母艱難拮据之苦者，雖盈千累萬以貽之，不以爲足也。余嘗與一友人飲酒夜坐，友自道其困苦曰：「吾先人用財不知節損，其貽于吾者甚少，以致今日一切不能遂意。」余故知其不貧也，問曰：

「若先人所貽幾何?」曰:「田僅一二三千畝,直不過一二萬金。屋舍僅數區,直不過數千金。奴婢什物直不過千金。吾父生平好聲色,費去者頗多,良可悼恨。」然則人之聚財以貽子孫者,求其一語之感而不得矣,而何苦爲之!

一三二

當富人之經營財産時,衣粗食淡,俯拾仰取,寢食俱廢,凡所以損人利己者,無所不至。財則聚矣,而睨而欲得之者,卒挾以去者,其人已環列左右,而富人不之知也。良田萬頃,食之者未必其子孫也;新完大屋,居之者未必其子孫也。富人一死,而窮巷之博徒,娼家之婦女,便嬖、使令、門客皆相賀于途;邑里之姦人,貪污之官吏,皆相慶于家矣。近日則又有捐貲爲官者,往往費金錢萬千,而爲姦人包攬之所侵漁,卒不得官以死。即得官,而蠻烟瘴雨,舉家淪没,或以官帑之賠累,或以大吏之誅求,家旋破而官亦罷,其得氣者百不得一二焉。天道好還,正見巧妙,不必爲嘆息也。

一三三

列肆于市井闤闠之間者,其貨未必良也,而必號之曰良。其署于門者,如酒則曰美,餚則曰潔，凡所貨之物，無不被之以美名也。其來鬻者，亦未必精粗美惡之能辨也，然而必欲得其精美者，入門則曰：「粗且惡者，吾不之市也」。夫以未必良之物，而此之所須，彼之所賣，必以是爲號，夫亦以見人情本然之好惡，未嘗或乖，而貨之良者必襍出于其間矣。今也不然，賣酒肉者公然曰：「吾家酒或酸，不必美也；吾家餚或濫惡，不必潔也。」之于其肆而市之者曰：「吾欲得酒，美不美非所論也；吾欲得餚，潔不潔非所論也。」甚至彼此競以酸與濫惡爲號，而無所避忌，遂相戒而勿爲其酒之美，勿爲其餚之潔。在飲食之者，亦相戒酒勿取美、而餚勿取潔也，此可異也。

一三四

今之折疊扇，聞自明永樂後始有之，本出于高麗。前時皆用團扇，形略如今之掌扇，或以羽，或以紈爲之，用紙者絶少。

一三五

石笋之奇，無踰于江郎者，百里外即望見之，高撑雲表，或爲一，或爲二，或爲三，或皆不見，頃刻之間，詭態百出。歲癸酉，余過此，坐其趺，仰首望其頂，莫能窮也。土人云：

「秦時有江氏兄弟三人，避秦至此，化爲石。」其説荒唐不經，要不必辨其有無也。余比有詩數首紀其狀，今僅記得一絶句云：「江郎山下看江郎，蔽日參天萬丈長。我亦避秦思化石，與君同作兄弟行。」十餘年來，時時夢見江郎，復得一絶句云：「曾帶江郎過嶺來，夢魂時得共徘徊。江南地小無安處，放在詩腸不教回。」後夢有人和云：「從今莫過仙霞覓，戴氏詩腸是爾家。」

一三六

文字之忌諱，至今日爲已極，亦亘古所未有也。自場屋之文與士大夫往還問答之書及一切酬應之文，皆以吉祥之辭相媚悦，而古人所造之字，其可删去不用者，不可勝數矣。不特字義忌諱也，即字形亦多忌諱。如「函」字從「了」，今人以了爲不祥，改而從「羊」，其不通多類此。一大僚爲余言：「一同寅爲尚書，時時共事，因得熟悉其性情。每閲簿書文卷，望見有字意不吉，如衰、病、死、卒、休、廢、悲、哀、傷、嘆、罰、黜、兇、惡、噫、嘻、嗟吁、嗚呼等字，即以手推遠之，而身作遠避狀，連呼曰：『看不得！看不得！』摇首蹙額，向地嘔吐，痰從喉出，神氣皆辭〔一〕，良久乃定。」其人京師人，歷官至吏部尚書。

〔二〕「辭」字似爲「辟」字筆誤。

一三七

上海周翰林，博學能文，余初入京師，偶見余文一篇，愛之，遂相與來往。後數年，余主其家踰半年，見其讀書不釋手，語言亦不涉塵俗，心竊賢之，而惜其吝于財，爲不能盡脱時習也。嘗與余言山林之樂，欲棄官隱居洞庭之西山，余曰：「君誠往，余亦當覓草舍數間于君之左右，爲君附庸耳。」一日薄暮，至余室中，時天暑，見其所揮掌扇上有字一行云：「日講官起居注司經局洗馬」，蓋其官銜也。余曰：「君不能請告矣。」曰：「何也？」曰：「扇上且不能忘一官，安能棄官入山耶？」相與一笑。踰年，竟請假歸，爲詩數十首，極稱隱居之樂，厭塵囂之苦，辭旨皆可愛玩，且徧求屬和于士大夫，自言飄然長往不復至矣，士大夫頗驚訝其事，雖余亦自悔其失言也。踰四五年，忽入京師補官，余往謁，告余曰：「至尊親征沙漠良苦，余小臣敢安田園自適耶！」居數年，遷官至講讀學士。典試山西，回，病不能興，告歸，旋卒。夫事非出于誠，必不能久，于茲可見矣。

一三八

日照李學士，爲人有才幹，然忠厚朴誠，居家孝友，在當今士大夫中不可多得者。嘗爲余言：少貧困，爲諸生，入場屋不第，輒悲憤不能自持。某年鄉試，揭榜前一夕，自恐不登科，痛飲大醉，嘔吐狼藉，欲借病酒以過此數日。忽聞報得雋，即起，宿酲盡解，往時宿酲，非數日不能解也。後入翰林爲洗馬，督學畿輔。督學爲美官，頗戀之。及事畢入京，忽得衰疾，畏風，居密室中，簾櫳重疊，群醫畢集診視，多相顧不敢決，醫方藥餌滿案上。又畏聞人聲，問疾者緩步行至榻前，或無一語問答即去。一日，見一司閽者立榻前良久，問之曰：「外間有何事？」曰：「内閣王公使人來賀。」曰：「何賀？」曰：「凌晨命下，我公復任督學三年。」即披衣起，召王使入勞之。賀者踵至，迎送笑語，終日不輟。已，騎馬至暢春苑謝恩，往反風雪中數十里不倦。家中賓客滿座，日置酒高會，數日稍定。偶入密室中，見藥裹盈几，始憶前病。因曰：「人心樂則無病，即病，忽有非常之喜，病即除，無所事于藥餌也。」余笑曰：「世間病酒及寒疾者多矣，豈能皆得舉人及督學爲之藥乎？自今本草、醫書中當增一方矣。」

一三九

凡士大夫之卒，必有行狀，其葬也，必有誌銘。行狀則他人代爲，而其子出名；誌銘亦他人代爲，而以貴公出名。據其狀銘，則人人皆大賢君子也，其實未必然，十有二三之真者，則已僅矣。余至京師，聞西北諸公狀銘，多鑿空撰出，并無事實，余頗未信。久之，有以狀銘屬余者，但具官爵、生卒與子女多少而已。問其事實，曰：「唯君爲之。」大約言居家則如此如此，居官則如彼如彼，務期鋪叙繁多，逞意盡辭，無稍缺略，使覽者好看而已。余謝曰：「素性迂拙，不慣作此等文字，未能表章尊先人，以屬他人可也。」自是有以狀銘見屬者，雖有厚贈，皆謝不爲。其有不得已而作者，稿即焚棄不存。鄞縣萬斯同留心史學者，一日告余曰：「此事關繫至大，異日國史皆于此考信，若如此，是史皆鑿空無據，不可信者也。」不可不記之以告來者。夫自義理不明，人皆知以美行榮名奉其親之爲孝，而不知有一毫之失實，即爲不孝也。

一四〇

東南有人滿之患，惰蠹窮民往往攜妻子女投充富貴家爲奴婢，主僕之分一定，歷代不能改易。亦有黠民投充貴顯家，藉其勢以侵漁里閈，主富强則附之，主貧弱則叛而之他。主人之暴悍者，笞撻既所時有，甚至有私其妻女者。平居猶可以名分相維，及變亂則反噬者多有。當鼎革之際，主勢皆孤危，于是叛僕之禍踵作。西北之人投充爲奴婢者甚少，士大夫一旦貴顯，則奴僕林立，中最多忠謹，蓋吃工食者爲多。吃工食者每年酬之以二三金，或七八金，皆量其才力之大小、職任之勞逸授之。彼之去留，亦聽其自便，不之强也。獨有一事大可異者，雖賢士大夫之家亦所不免，習而成俗，莫知其非也。一人爲官抵任，則三黨之親其窮者皆來執奴僕之役，雖族屬之尊者，中表之有服者皆不避，左右給事，叩頭侍立，或有過則怒而撻之，無怨言，一切與諸吃工食者無異，其傭之直亦不能獨多也。此則害教傷義之甚者矣。貨殖傳曰：「富相十則卑下之，千則役，萬則僕。」司馬氏西北人，自是言其鄉之俗如此，豈爾時役僕亦及于三黨耶？東南則三黨之極疎遠者，皆來踞高座，叫囂需索，稍不稱意，則發怒大駡，抑又過矣。

一四一

歲戊辰、己巳以後，十餘年來，江南縉紳之體陵夷極矣。其禍始於一二家之横，致得重罪，他處遂多效之。官吏務以挫辱士大夫爲能，逢迎上官，皆得美擢。里巷姦民以詐財爲生者，不于其黨類而于縉紳，以爲縉紳不敢與我抗且辯也，一抗且辯，則訴之于官，而彼之折辱更甚矣。至于諸生，猶官吏之草芥視之者，而彼等猶自相矜重，偶有一遇挫辱，遂群起告訐，或哭于文廟，或相要約不赴試，卒不能取勝，斥逐者累累，因致死傷者亦多。彼于縉紳視之不啻奴隸，況若輩乎。吾每聞各處諸生與有司鬨者，皆嘆其不識時務也。歲壬申，余自京師還里，入北峽關，見壁上有知縣告示，曰：「示諭生員、監生人等知悉，嗣後有假冒百姓者，察出重究。」余訝之，問里人，里人曰：「生員輩與百姓訟，無問曲直，必百姓勝，遂有自匿其衣衿而詐稱百姓，遂獲直者。後縣官知之，故云云。」此縣令係舉人起家，杭州人，亦復爲此。

一四二

登州海市甚奇，考之傳記，問之土人，皆云：「沙門島有雲氣滃起，頃刻布滿海中，海與諸島皆不見。其氣或爲樓臺殿閣，或爲橋梁市肆，或爲人馬繽紛，變態百出，不可端倪。」余神往多年矣，歲戊辰，余入山東督學幕中，因得往登州。至望海坡，憩于僧舍，余問僧曰：「海市何日起？」曰：「有微風自東南來則起。」余仰視樹枝曰：「此東南風也。」僧曰：「四五月時則有之，今已六月，遲未能見矣。」主人趣余輩上馬，入行署，諸僕役良久乃至，云：「吾等蹇驢瘦馬，行不得速，獲見海市。」余一僕尋亦至，問之，曰：「吾更緩，至望海坡，則海市已漸收，余所見區區，絕無奇者。」余問其狀，曰：「隱躍（約）見一城，雉堞皆具，城門一開一閉。又有若神廟者，竪一大幡竿。」余嘆曰：「余得見此足矣！」試事竣，余與幕中二三友人登蓬萊閣。登州三面皆海，而蓬萊閣直浸海中，諸島參差佈列，遠近浮沉，不必有海市，已自奇絕寰區矣。余嘗謂人曰：「余至福州，未食荔枝。余至登州，未見海市。書生薄命，遇非其時，于兹可見一斑矣。」

一四三

先王之世，道德一而風俗同。浮世徒令科條雖具，而近在郡國已不能盡遵，况遐荒僻壤乎。信豐縣屬贛州，贛于江西爲名郡，乃信豐有大逆無道之俗，相沿不改。官于其土者，獨非人乎，何以知其俗而不禁乎？其地豈無讀書仕宦之人乎？何以習染成風，恬不知怪乎？其俗，親死大抵皆藁葬，或踰一年兩年，度其膚肉腐盡而後掘出，其不盡者，以刀連皮髮俱刮去之，筋之不易斷者，以刀割斷，并剗盡無遺，僅存其骨，而後棺而斂之，埋葬成禮。此夷狄禽獸之所不爲者，而江西文物之邦，乃至有此俗。嗚呼，豈不哀哉！吾友方保羽爲信豐，不久而罷，爲余言如是。此等事要皆不忍書，然不可不記之，以告夫司牧者。

一四四

溺女最爲惡俗，以余所見，江南北則惟廬、鳳有此風，而莫甚于湖南、浙東。此兩處之人皆爲余言，本朝定鼎以來，其地戰争，民間子女爲大兵所俘掠，仳傷（離）戮辱者不可勝計。故事定後，愚民憒不舉女，鄉野之民終身無妻者，比肩皆是。吾以爲溺女之家亦不盡由此，大抵謂其妨母工，費衣食，嫁時又耗金錢耳。然而天性之愛，毛裏之親，非終斷絶不可挽回者，其轉移在其鄉之士大夫與實心爲民牧者耳。

一四五

寧波山多田少，地瘠而民貧。貧家舉女，至三四歲，或不能給衣食，輒有窮民以（一）銀數兩買去爲撫養之。至十五六歲，即配爲夫婦，往往其夫至五六十，而其妻不滿二十者。故配不多年，其夫死，其妻轉嫁他人，得金二三十爲棺殮葬埋之費。其妻號曰「棺材銀」。故其地嫠（嫠）婦甚多，亦有守志不願嫁者。街巷間往往有丈夫抱幼女于懷，不知者以爲其女，其實「棺材銀」也。吾友姚藻如爲鄞縣令，告余其事。

〔一〕「以」字空白，依文義補。

一四六

夢者，人之神明之爲之也，神明清則夢少而應，神明濁則夢多而不應。余之神明極濁，偶假寐，一瞬息間，夢輒萬變，乃知黄粱（粱）之夢不足爲奇，但彼之夢者吉，而余之夢者多惡耳。世有祈夢以卜吉凶者，相傳杭州之于忠肅公祠，北京之吕公堂爲最靈。夫此二公豈沾沾焉司人之夢寐者哉，大抵人信之深而誠心齋宿，故或有夢，夢或有應，皆己之神明所爲也。其間之祈而不夢，夢而不應者，豈可勝道哉，人特傳其夢且應者耳。歲丁卯秋九月，吾縣張相國時爲少宗伯，與余同祈夢於吕公堂，相國有夢且應，而吾夢不應者，則以相國信之誠而余不信故也。

一四七

余每見人家行狀、誌銘，盛稱其能孝養父母者，余竊恨之。夫孝之道，無有窮期者也。大孝如舜，而猶不自以爲盡孝之道。夫即大孝如舜，亦止庸德無奇，豈可以父母受區區奉養，而爲人子行狀、誌銘之具耶？古者子養其親，今之世親養其子。夫子能養其親者，孔子猶以爲不敬則無以異于養犬馬，今之世，求視父母如犬馬者亦少矣。古者子之養其親，或出于服賈力田，或出于代耕，今則子生而父母衣食之，至于終身，自受室之後，即分給田宅産業，飲食日用盡出于父母之所遺者也。夫未析産之前，父母猶得以自主，及析産之後，向其子而求所欲，鮮有克遂者矣。其或稍能遂其所求，不過以父母之物出其十之一二而還以致之父母，遂以是爲孝乎？譬如有人給我以百錢，其人有緩急，我以十錢給之，百錢之惠則置之不言，或猶怨其少，至于十錢之出，則沾沾有德色而侈以爲多。夫以是而待途人且不可，况父母乎！然則今之世父母之養其子者，直養犬馬耳。犬馬而被以孝子之稱，可乎？不可也。

一四八

「孝弟」二字相連。「孝」之一字，世猶有知而言之者，至于「弟」之一字，則幾于舉世而無講論及之者。習其讀而昧其義，將古人「孝弟」並稱者竟缺却「弟」之一字；「父兄」并稱者，竟缺却「兄」之一字矣。世未有孝而不弟者，亦未有不弟而能孝者，今人不知此義，此孝弟之道所以絶也。古人之事其兄也如其父，嚴而尊之，畏而敬之，誠懇惻怛，真愛流露，無異于其父母，未嘗以爲此吾等夷之人也。今人以爲此特吾等夷耳，非有尊卑之分之相凌也，于是乎奪其國，攘其財，袗（紾）其臂，凌犯逆亂，無所不至矣。吾以爲救其禍宜復宗法以漸申其義，他日當作一議，以待後有採擇者。

一四九

松之性喜名（石），松生石隙間，雖無土而蟠根牢固，大風不能拔。海島中千年老松多化爲石，其皮鱗猶松形也，此則其氣類相近，故易相交也。余往聞有人言：「泰山深處，有數人近（進）一石穴，穴中寒氣忽出，前行一人自顧其兩足已成石，瞬息間通身化爲石矣，後行疾走而免。」人多疑其誕，然按圖記，金華山中石羊近萬，其形態無所不具，此必非造化之爲之，更非人鑿之者。羊可以化石，則人亦可以化石，天下固有無其理而有其事者，此類是也。

一五〇

余嘗見西洋一書云，海中有一島，島上有樹，所結之實乃人也，蒂即其頂，附綴于枝間，累累然如桃李之實。其人長數寸，耳目口鼻四體無所不具，見人至，知拍手笑。人試摘其一，絶不動，亦無知，閱一二日，乾且僵，形漸失矣。此事甚荒唐，然天地至大，固無所不有，未可以目前未見而疑之也。

一五一

小說中有殺人之書，人無不好之，須如秦時焚書之禁之嚴，而後乃能除其禍。有天下者，理斯民而正人心，此亦其急務，不可緩者也。如西廂、金瓶梅二書，導淫之書也。痴兒騃女見之，未有不蠱其志而隕其軀者。然此其殺人猶有限也，至于水滸傳一書，則殺人不知其幾千萬。明祚之亡，亦由此也。崇禎八年，吾桐有張儒者，聚衆作亂，已而被擒伏誅，臨死時，袖中尚有硃筆批點水滸傳一本。李卓吾、金聖嘆兩人讀書秀才，乃將此等書大書深刻，爲之贊嘆批評，惑人尤甚。後此兩人皆以凶終，夫亦可以見天道矣。

一五二

近日吏治不修，一官來，人皆恨之，一官去，人皆思之。非思之也，如水益深，如火益熱，猶覺前日之爲寬耳。然每一官必有一德政之碑，去思之碑，竪立于路旁，大抵本地姦人婪其金而爲之，又以醵金爲名，利其贏餘入己。日來則又多立書院，書院者，生祠之別名也，亦有碑記。人之受其害者，見碑則指而罵之，即不受其害者，亦指而哭之，或至鑱

(鏟)去其姓名,夫亦何榮之有乎!

一五三

人之秉性有所喜好畏惡,誠有不解其故者。一友人自津門來,言:「一商人家貲數萬,好飲酒,飲醉即發狂駡座,在座者咸苦之。但其性畏紅棗,人或見其酒狂將發,即以紅棗一盤置案上,一望見即大叫詬詈而去。其或衆人轟飲,不令彼知,彼偵得即趨而至,人即以紅棗羅列户前,彼即發怒去,不敢踰户入也。然其實無他腸,人亦不恨之。一日,有遠客至,諸人畢集,商亦在座。遠客素聞商畏紅棗,不之信,以爲此特詐耳。其人素與商狎,密以綫穿紅棗數十枚,出不意繫其頸上,商即仆地,昏眩欲絶。即急去之,羿(舁)之歸,良久乃甦。滿身皆起紅塊無數,如紅棗形也,踰數日乃平復。」

一五四

卜筊求籤,余生平未嘗爲之,誠不信其事也。夫人有血氣、心思、智慧,區區一身之事,而不能決其吉凶得失,乃乞靈于土木之偶乎? 或曰:「聖人之不廢卜筮者,何也?」曰:「蓍龜者,天下之神物也,所謂生而無知,死而有知者也,觀易辭之所稱可見矣。聖人豈泛泛焉遇一塊之土、數尺之木，而與之問答如響也哉。」吾見之受誤者甚多，其所得吉兆後皆變而爲凶，是豈土木偶欺人？其有偶中者，皆適然耳。以適然之中而遂神其事，篤信不疑，受誤者必有日矣。

一五五

近日術數之學未有精者，以余所見，則惟合肥楊公翰者之卜卦爲最神妙。其法，白布數尺，沿邊圍一太極圖，圖旁分列六十四卦，中間復將六十四卦錯綜布列，以二茭卜之，如此者三，觀其陰陽向背以斷將來，不數日即有奇驗者。余觀其法，不過即設蓍之法而變化之，有秘訣二三十篇，意欲傳余。余自讀書外，于諸家之説皆無慧悟，故不知學，即學之精，而外人傳説，問者紛紛，應接不暇，何爲者也。此君之術素驗，余所見甚多，不可勝書也。歲甲申至今凡四年，余未與見，或言近日言不驗者，十亦有一二矣。

一五六

陽虎曰：「爲富不仁。」誠哉是言也。一富翁將死，其諸子及女婿數輩請問曰：「大人徒手致金錢不訾（貲），固有道乎？」富翁不答。頃之，屏去諸婿，密語其子曰：「致富無他訣，吾授汝兩言，記之勿忘，曰不當取者取，當用者不用耳。」

一五七

休寧徐某，入錢塘籍，舉進士，歷官至漕運總督。生平所歷多美官，家財以數十萬計，顧慳于一錢，雖持節鉞爲大吏，而署中米鹽之事，皆親自操之，一絲一粟不使人侵也。年老無子，群妾七八人，惟舉數女。家中箱篋以數百計，百貨無所不有，鑰數百，盛于一篋中，封鎖置卧室内，惟開此篋之鑰繫于裩帶間。凡開箱取物，皆自己取，不假手于妻妾也。一日，有妾須紅綢五寸，某自查號簿，零細綢帛約有數箱，開視遍閲，紅綢則有三四寸者，有六七寸者，而妾所須五寸，式不合，遂不予，其苛細至此。舉家衣麤食淡，無異寒士，怨詈之聲盈耳，若不聞也。怠（迨）病甚，已昏憒不知人，而棺與衣衾皆未辦。其夫人憂之，適侍湯藥，乘帶于裩帶間，取鑰欲開箱，取金辦後事，而某忽醒，以手遍索腰間，大聲呼曰：「吾鑰安在？」夫人急以鑰置原處，曰：「在此，適脱去，吾仍繫之耳。」某怒曰：「爾輩望我死乎？」大呼曰：「我偏不死！我偏不死！」凡呼十餘聲，聲漸微，遂瞑。不數日，族人及諸婿瓜分其家財遂盡。吾聞此君好爲官，每經營陞擢，費一二十萬金不惜。其未卒時，使人輦金十餘萬于京師，謀陞總憲，卒後此金爲他有矣。

一五八

人心詐僞，愈巧愈毒，如近世之翻板者，所謂「殺越人于貨，凡民罔不憝」者也。書賈之刊一書也，聘請選家者金若干，募寫之者金若干，買板金若干，募刻之者金若干，募刷印之者金若干，其他襍（雜）費多寡不等。既成，而書不行，虧折之患，家遂以破。苟其書盛行而翻板之患作矣，皆江西、福建人爲之。翻板者，木則彼家自有之，不必買也；即以其書糊之于板而刻之，不必募人寫也；刊工潦草，字畫皆訛，不必別募精工也；不須選金，自爲刷印，一切之費無所用之；紙則其土之所出，又用其最惡者，價直無多也；紙過關津則有税，而印之有字則無税，又漏國課也。車船裝載，行之四方，原板價貴，而翻板價輕，如原板一錢，翻板則只須五六分。讀書者多貧□（士），惟價輕者是買，而原板遂廢不行。譬如人持飯皿方食，忽有人奪之飽食，而持飯者坐視其歠饜而自枵腹以死。此其罪在劫奪之上，而當事者曾不肯爲之聽斷，可嘆也！余十餘年以來，自刻其稿行世，欲以自活，而翻板不止江西、福建，并北方亦有之矣。資生無策，奈之何哉！

一五九

爵禄者，所以礪世磨鈍也。然朝廷官人以治天下，人人好官而天下亡，國家有不好官之人而可以永命。

一六〇

人之心之明暗、善惡、厚薄，其著之于辭者，皆不能掩，是故觀其文而可以知其人矣。文中子曰：「謝靈運，小人哉，其文傲，君子則謹。沈休文，小人哉，其文冶，君子則典。鮑照、江淹，古之狷者也，其文急以怨；吴筠、孔珪，古之狂者也，其文〔一〕狂以怒；謝莊、王融，古之纖人也，其文碎；徐陵、庾信，古之夸人也，其文誕；劉孝綽兄弟，鄙人也，其文淫；湘東王兄弟，貪人也，其文繁；謝眺，淺人也，其文捷；江總，詭人也，其文虚：皆古之名利人也。顔延之、王儉、任昉，有君子之心焉，其文約以則。」以今日之時文言之，其最著名之善者有數家：李厚庵則謹，劉大山其派别也。韓慕廬則典，儲禮執其支裔也。方靈臯則約。方文輈、方百川，其古之狂者乎？胡襲參其古之狷者乎？其餘知名者亦頗多有，然已不能無弊。至于衆手雷同，彼鈔此襲者，何從而辨（辨）其人品，然皆今之名利人也〔二〕。

〔一〕「其文」，原稿脱「文」字，依文義補。
〔二〕「名利人也」，原脱「名」字，依文義補。

一六一

淮南子曰：「雍門子以哭見于孟嘗君，已而陳辭通意，撫心發聲，孟嘗君爲之增欷歍唈，流涕交橫。」列子曰：「韓娥曼聲哀哭，一里老幼悲愁，垂涕相對，三日不食。遽而追之，娥還，復爲曼聲長歌，一里老幼喜躍抃舞，弗能自禁，忘向之悲也。」故雍門之人善歌哭，倣娥之遺聲，蓋情之真者，人心之所不言而同然，故易感也。杜子美、白樂天之詩，正復如是。吾以授徒爲生，惜以此伎用之于經義。然當人心不正，文風極敝之時，余又潦倒布衣，而文章流傳，雖荒要海澨，萬里之外，家家諷誦不置，則亦以其真相感也。經義不廢，則吾文必存，後之人其倣吾之遺聲者乎。

一六二

徐州東北二十里，有津曰荆山口，湖流巨浸，風濤甚險，而其地爲南北衢道，操舟者因以爲姦，往來者皆苦之。有州人張膽捐家貲造石橋其上，長四五里，爲費不啻巨萬，行旅往來過是橋者，無不誦其義。居人又稱其樂善好施，嘗賑灾荒，築河隄，修學宫，設義塾，又爲民償積逋，又求大吏疏減丁賦，若此人者，可謂好行其德者矣。頃有其鄉人云：「此君明末爲參將，復降本朝爲副總兵，其家財皆破城屠邑所得者，此等事何足爲貴？」余曰：「人有一善，君子亦不以其他眚而没之，况此君之所造者大矣。彼夫數十年來破城屠邑而富其家者，不可勝數，曾有一人肯出其分毫以濟世者乎？立論太苛是阻人遷善之路也。」

一六三

江南某縣有竹鼠，生于大竹之根上一二節中，僅嚙一孔，大如豆以通氣。鼠身匿竹節中，□□□行者横塞而盡食之，竹日悴而鼠日肥。人見竹悴也，知有鼠，乃破竹取之〔一〕。入湯鑊，肥美之甚，土人以爲佳味。是物也，明時多有之。寺人千百爲群，盜帑受贓，穴于皇城之内，人不敢問。國日瘠而家日富，以致禍亂，盜賊至，悉爲所有。有天下者無使國有竹鼠，孰敢來侮乎。

〔一〕「人見竹悴也，知有鼠，乃破竹取之」，「人見」二字空白，「破」字空白，依文義補。

一六四

道家符籙之術，能役使鬼神，殊有其事，亦未可盡不信也。即如請乩仙者，果得其符，一請即至，其自云某仙某仙者，蓋托名也。世間之好托名，不獨人爲然矣。大抵人之死也，其靈氣游魂之不散者，飄流於天地之間，請乩者符至，一與之值則遂至。其多不言禍福者，彼誠有所不知也。其或百之一二偶有略言禍福，而其後卒果應者，則其靈氣與他又有不同者也。自釋道兩家之興，于是乎人鬼相亂，苟讀書明理之士，雖請仙亦不當爲之。

一六五

順治初，沛、碭間有諸生設乩請仙，仙至，書某處有金若干，掘之果然。已，又書某處有金若干，又掘之果然。不一二年，所掘金以百萬計，乃教之舉大事，恢復中原，某可輔，某可爲相，某可爲將。其人素信之，大喜，如其教，散財聚兵。凡軍機大事，一一決之于仙，仙立至，爲之剖決，無一爽者也。已而大兵來戰，急請仙，仙不至，倉卒接戰，大敗，死者無慮數千人。「國將興，聽于人；將亡，聽于神。」此其驗矣。

一六六

明末一諸生請仙，問：「異日能登科否？」曰：「能。」「能成進士乎？」曰「能。」問：「終于何官？」曰：「知縣。」其人曰：「本朝進士視監司方面皆不屑爲，斷無終于知縣之進士，得無壽有不足乎？」曰：「非也，君尚可得中壽。」問：「爲官在何地？」曰：「山東。」問：「山東六府，吾爲官屬何府？」曰：「兖州。」問：「兖州屬縣甚多，當在何縣？」仙怒曰：「天機不可洩，奈何欲吾盡言！」其人焚香拜禱，祈請不已，仙良久乃書「寧陽」二字，復曰：「吾已盡言矣，不可洩也。」其人後果登進士，明已亡矣。國朝定鼎，久之乃入京謁選，適寧陽縣果出，乃嘆曰：「前定之矣。」及到部掣籤，得定陶。定陶亦屬兖州，蓋「定」字與「寧」字，上皆「宀」，而「陶」字與「陽」字，旁皆「阝」也。于盡洩之中而仍藏蓄不漏，其巧妙至此。其人任十餘年不得遷，遂卒于官。

一六七

太史公謂：「人之致富者，皆誠一之所至。」余謂凡事皆然，不獨求富也。吾見不通秀才之求科第，無賴姦民之求官，後皆無不得者，蓋其不食不寢，憔悴專壹，鑽營奔競，無所不至，如猛獸鸑（鷙）鳥之發，務求必得，不得不止也。淮南子曰：「禹之趣時也，履遺而弗取，冠挂而弗顧。」此二語形容可謂妙絶，惜今人用之不得其當耳。

一六八

人之不可與處者，惟多疑者爲甚。彼既不能開心見誠，而人之開心見誠無一非其可疑之端。彼之群疑滿腹，時時不釋，既已自苦，而人之與處者，避己多端，亦無生人之趣矣。此等之人不但不能爲人謀，即己之事，終身亦無一成者也。頃余授徒山中，一門人之父多疑。適清明日，諸友畢集，余維飲酒，聞其人一日至，諸友先相戒：「勿與多言，止一敘寒暄耳。」未幾至，一友謂之曰：「今見天氣晴煖，可以游山。」其人熟思片晌，答曰：「吾家無騎。」友曰：「何謂也？」其人曰：「君言出游，意或借驢我家耳。」友曰：「無是也。」頃之，又友攜其手仰視曰：「天雖晴而燥熱，恐致雨，奈何？」其人曰：「固然，然吾家傘亦破矣。」衆皆相與暗笑。其人謂其子曰：「衆人耳目非是，恐有他，吾當先去耳。」其人去，衆人乃開懷，語甚歡。□□多疑，而□□以語，蓋不足比于人數耳。

一六九

□□□□□□□□□□勝也，視乎其所托之地與其所托之人耳。虎邱則托之得其地者[一]也，蘭亭、苧蘿則托之得其人者也，絶無奇異者，而人口絶奇[二]彼也。所稱爲名士者，生於吴會之間，游輦轂之下，逢迎炫耀，取悦耳目，則蘇州之虎丘（邱）也。游大人以成名，雄唱雌和，無敢譏議及之，則會稽之蘭亭，諸暨之苧蘿也。若夫抱道潛修之士，深自韜晦，必在于幽隱之區，僻陋之地，此洞天福地之淪于遐荒深谷中者耳。頃在京師，見一人家得矮竹數竿，長不盈二三尺，其人護持甚至。嗚呼！燕山之矮竹，可謂得其所，而江南之修竹，伐以爲薪，可勝嘆哉！

〔一〕「托之得其地者」六字殘缺，依文義補。

〔二〕「奇」字殘缺，依文義補。

一七〇

數十年來，旗下之出外仕宦者，以侈糜相尚，其于嫁娶尤甚。余兒時，見一鄉人自遠歸，爲人言：「一巡撫嫁其女，妝奩之盛，約近十萬金，其他無論矣，即一溲溺之器，以螺甸爲之。」螺甸者，漆器中之最重華美者也。一人答曰：「凡物必取其相稱，不相稱不足言也。若以羅（螺）甸爲溺器，則須以羊脂玉爲臀，而以唵叭香爲之糞，乃稱耳。」聞者皆大笑。

一七一

余年廿一，授徒廬江縣村中，適有他事，至湖濱一居民家住數日，主人日餉余以野鴨，余之所最嗜者也。一日，余問何以致野鴨如是之多。主人導余出門至湖濱，淺水上飄一竹竿，曰：「吾設此機械，其上群鳧好集，一踏機械即不能飛動，其得之絲毫不費人力也。君嗜此物，吾當以術授之。」余惟嗜之，此所以不願學其術也。

一七二

天之生人與人之命相之所具，止以富貴貧賤爲主，而人品心術不與焉。每見推算家謂其人文星朗耀者，不過利達得美官耳。其實文理皆毫不諳者也。謂其人文星不見，或掩蔽遏抑者，不過不得官耳，其實亦未必盡不讀書、不能文者也。安溪李相國嘗謂余曰：「宋之末，有善相人者入都。一日，諸公畢集，召之至，使相。相者曰：『群公皆貴人，相皆略等，不必盡言也。惟舉一最善與一最不善者言之。』因指首坐者曰：『此公富貴壽考，一生無有缺陷破敗，五福俱備者矣，此得天地純粹沖和之氣者也。』指末坐者曰：『此公亦極俱備，一生在流離患難之中，吉祥善事，無一有焉，此得天地否塞凶晦之氣者也。』首坐者爲留夢炎，末坐者爲文文山也。」

一七三

有三人者到肆而市。三家之貨，一良焉，一楛焉，一良楛半焉。人之來市者，之于楛者之家，主人譽其貨，且或飾其貨之容，其有不售焉十之一二耳。之于楛良半者之家，其貨襍陳，人或指其楛以爲良，或指其良以爲楛，于是楛之售者十六七，良之售者十二三耳。若夫已（之）于良者之家，主人無言，而觀者良楛未決，其偶有售者，不過十之一二，然而旋且疑之且悔之。良者之家聞之，閉肆勿復市。久之，楛良半者亦盡化爲楛，于是乎遍天下良貨遂絶。

一七四

隣有叟不欺，且善市物，一日爲人……巾精也，而價亦過高也，叟怒……叟歸以語余，適一門人在……不期于……

（韓明祥編校，王樹民參校）

薄薄〔酒二首并跋文〕

膠〔西先生趙明叔，家貧好飲酒而醉。常云「薄薄酒，〕勝〔茶湯。醜醜婦，勝空房。」其言雖俚而近乎〕達，故推而廣〔之，以補東州之樂府。既又以爲未也，復自〕和一篇，聊〔以發覽者之一噱云耳。〕

〔薄薄酒，勝茶湯。麤麤布，勝無裳。醜妻惡妾勝空房。五更待漏靴滿霜，不如三伏日高睡足北窗涼。珠襦玉柙萬人祖送歸北邙，不如懸鶉百結獨坐負朝陽。生前富貴，死後文章，百年瞬息萬世忙。夷齊盜蹠俱亡羊，不如眼前一醉，是非憂樂都兩忘。〕

〔薄薄酒，飲兩鍾。麤麤布，著兩重。美惡雖異醉暖同，醜妻惡妾壽乃公，隱居求志義之從，本不計較東華塵土北窗風。百年雖長〕要有終，〔富死未必輸生窮，但恐珠玉留君容，〕千載不朽遭樊〔崇。文章〕自足〔欺盲聾，〕誰使一朝富貴面發紅。達人自達酒何功，世間是非憂樂本來空。

右蘇東坡先生七古，甚有意趣，因録於松陵姚樂山之秀讀史樓中，它日或覓善書者以好箋□寫作座右銘，何如？

按：薄薄酒詩，跋文稱其「甚有意趣」，又云欲求善書者寫爲「座右銘」，是與憂庵集之旨趣相同。惟原稿破損殊甚，今據蘇東坡全集（一九九九年中國書店重印世界書局本）補齊全文，而以〔　〕號標出補文。幸跋文基本不缺，而憂庵集之編定，跋文可以略示其由來。

戴南山先生憂庵集序

王樹民

本世紀八十年代中，余輯戴名世集，聞有南山先生遺文憂庵集存世，求之未果。己卯初春，得韓明祥君函，方悉其稿爲韓君任職于皖省博物館時所收購，原收藏于桐城縣徐姓家，并承惠示原稿複印件。其稿破損殊甚，序言爲二百餘條，今僅存百七十餘條。雖爲殘卷，從行文與字迹諸方考之，確爲南山先生遺墨無疑，誠爲最可寶貴之古文獻。

南山先生于康熙三十九年庚辰，作憂庵記一文，略云：「憂庵者，無之而不在也。余好游，時時行役四方，水行乘舟，舟中即憂庵也；陸宿逆旅，逆旅即憂庵也。或授經于人家，必有書室以居其先生，書室即憂庵也。或朋友宦游而從之行，則所駐者爲行臺，爲公署，行臺公署即憂庵也。」而憂庵集之序文則言：「余歲歲客游，車馬之上，逆旅之間，不便觀書，則往往于困倦之餘，隨筆書一二條，藏之行笥。或志其本日之所講説，或追憶其平生之所見聞，或觸事而有感，草稿數行，頗無倫次，亦不求工雅。」以二文相校，足明其作者非南山先生莫屬。更就憂庵集之文而求之，可證爲南山先生之手筆者多處。康熙三十二年癸酉，先生過江郎山，有詩紀之。其後十餘年來，時時夢見江郎，得一絶句：「曾帶江郎過嶺來，夢魂時得共徘徊。江南地小無安處，放在詩腸不教回。」後夢有人和云：「從今莫過仙霞覓，戴氏詩腸是爾家。」康熙四十四年乙酉，在京師，松江楊生袖出「余文一篇」示衆人。一僧視之終篇，謂楊曰：「此必戴田有作也。……吾素聞當今文不雷同者，惟此人。今見此文無一雷同語，以是知之。」文已直接道及南山先生之姓字，則作者決無問題可言矣。

南山先生何爲而憂？憂庵記中道之詳矣：「五行之乖沴入吾之膏肓，陰陽之顛倒蠱吾之智慮，元氣之敗壞毒吾之肺腸。糾紛鬱結，彷徨輾轉，輟耕隴上，行吟澤畔，或歌或哭，而莫得其故，求所以釋之者而未能也。」申言之，是所憂者在國家社會之長期處于病態，且無力以矯之也。故集中所取者多與現實社會政治之病態有關，以隨筆雜記之形式寄託其志，其學術價值更遠在正式文字之外矣。今略舉有關史學者數事以證之。

南山先生有撰明史之志，文集中屢道之，而未見其持論爲何，憂庵集中則有所透露。如云：「明朝亡國之道有三，皆起于永樂之世：棄衛而中國無隱矣；軍衛用以運糧，而東南無兵矣；太監用事典兵，而宦官勢熾矣。有一于此，皆不可以永命，然猶歷二三百年而後亡者，太祖之功德與其他法制之善，猶有相維者也。」又云：「明之弊政尤莫甚于廷杖，亦奄人所用以殺諫臣而威制外臣者。人主不悟，乃自壞萬里長城。楊大洪、左蒼嶼之才，使得盡其用，豈非萬里長城乎？『人之云亡，邦國殄瘁。』君子觀于明末之事，而知其亡也決矣！」關于明代政治，特别譴責朱棣及其後之宦官用事，而于楊漣、左光斗則特予肯定。又一則評朱棣者云：「明成祖之惡極矣，創爲刳剔割剥之刑，施于忠臣義士；淫污之事，前所未聞，施于忠臣義士之妻女。異日盗賊之禍，即用以施之其子孫。不然，太祖之功德不小，後嗣何罪？亡國之餘，駢首就戮，十百爲群，時時不絶，而忠臣義士前後糜爛略同，皆成祖啓其端也。」以朱棣一身承明亡之責，顯爲過甚之言，然子貢已有明言：「君子惡居下流，天下之惡皆歸焉。」南山先生以疾惡如仇之思想視之，尤以忠臣義士慘遭殺害，自難免出過激之語。而先生最後之遭際竟與此同，雖爲論史，而于當世亦有所及也。

在否定朱棣之另一面，則于建文皇帝之失國甚爲同情，而于後世所傳建文潛亡及爲僧諸事，剖析甚精。其説云：「自建文帝以賢明而失國，重以暴燕之惡，天下之人不欲死建文，而建文于是乎生矣，生建文則不得不僧建文矣。蓋緣正統間，有僧自稱建文，有司鞫之，得其奸狀，遂伏誅。自是天下流傳，遂以爲建文真爲僧也，而從亡録等僞書出矣。爲僧者喜彼家之得帝王爲其徒也，相與誇耀且證明之，曰：『某蹟，建文之遺也。某樹，建文之植也。』至今無知其僞者。」寥寥數語，已道盡關于建文僞史之由來。

碑誌銘狀，士大夫幾人人有之，而更多失實者，乃有意爲之，實以自欺欺人。先生自記其經歷云：「余至京師，聞西北諸公狀銘，多鑿空撰出，并無事實……有以銘狀屬余者，但具官爵、生卒與子女多少而已。問其事實，曰：『唯君爲之。』大約言居家則如此如此，居官則如彼如彼，務期鋪叙繁多，逞意盡辭，無稍缺略，使覽者好看而已。余謝曰：『素性迂拙，不慣作此等文字，未能表章尊先人，以屬他人可也。』」更特記萬斯同之言，「一日告余曰：『此事關繫至大，異日國史皆于此考信，若如此，是史皆鑿空無據，不可信者也。』不可不記之以告來者」。其忠于史實，事必徵實之態度，明確無疑。

余以史學爲業，特取有關史學者數則以見例，文中之可取義者，不可縷述也。南山先生屈死于清初文字獄，而在歷史上與學術上，已具有無可動摇之地位。今于誦讀憂庵集全文之後，謹書所感以爲序言。

己卯歲杪，廿世紀末歲之首月，王樹民書于北京和平里寓廬。

戴南山先生憂庵集序

韓自强

戴名世手訂憂庵集稿本，是一九六二年葛介屏、韓明祥兩同志在安徽省博物館庫房編目組工作期間，經手收購入館藏的。中介人是桐城縣政協主委疏通甫先生，出售人是桐城縣徐復華先生，因爲當時是三年經濟困難時期，又是狠抓階級鬥争的年代，對徐復華先生及其先人珍藏戴氏文集的經過，不可能問個明白。後來明祥疑徐復華有可能是清末徐宗亮的後人。徐宗亮字晦甫，曾參幕於湘軍與淮軍，爲李鴻章捉刀，平生喜愛戴氏經藝文章，嘆爲奇絶，並爲同鄉戴鈞衡所編潛虚先生文集增補所購之四篇紀略，詳加校録刊印。這本戴氏憂庵集稿本是否也是徐宗亮收藏的文集，當時未敢刊印？明祥爲了弄清憂庵集的流傳經過，曾自費從濟南赴桐城尋訪故人，無奈事隔三十七年，疏、徐二位先生早已作古，連其後代也未能詢問到，所以憂庵集稿本的流傳經過，現在還有待考定。

據憂庵集自序：「余歲歲客游，車馬之上、逆旅之間，不便觀書，則往往于困倦之餘，隨筆書一二條，藏之行笥。或志其本日之所講説，或追憶其平生之所見聞，或觸事而有感，草稿數行，頗無倫次，亦不求工雅，聊以度日而已。」「戊子春，翻閲舊書，于其中得二百餘條，因哀而存之。」又在扉頁所鈔蘇軾薄薄酒詩後記裏説：「右蘇東坡先生七古，甚有意趣，因録於松陵姚樂山之秀讀史樓中。」因此這本憂庵集，是戴名世中進士和授翰林院編修前一年，即康熙四十七年戊子，戴氏五十六歲，在江蘇吴江縣姚樂山的讀史樓開始將歷年的隨筆草稿，聚集哀輯成册，陸續謄鈔的本子。稿本每頁三十一或三十二行不等，每行二十五至二十八字。文章没有分類編次，也没有篇題與條號，順頁鈔録，頗無倫次。今加新編號，稿本第六十二條和第一百三十四條後面都留有半頁空白，可能是戴氏有意分卷鈔寫的。稿本已殘缺，文章按新編號，得一百七十四條，比自序所言二百餘條，尚缺數十條。

憂庵集是戴氏的隨筆雜記，内容大致可以分爲明史十八條，清史十三條，風俗人情二十七條，議論和文論三十八條，商賈經濟八條，花草樹木自然現象五十一條，宗教巫術等十三條。戴氏一生以維護封建社會的忠孝節義、倫理道德爲己任，所以文章裏對忠臣、孝子、節婦、義士多加褒揚，對殘害忠良、濫殺無辜的罪人，上自朱棣皇帝，下至亂臣賊子，貪官污吏，他都痛加鞭斥。他對明清兩代的南糧北運，耗費無盡的人力而不用來發展西北的農業經濟的統治者，進行了批評；對旗人仕宦者崇尚侈糜，某巡撫嫁女，陪嫁溺器也以螺甸漆器爲之，進行了辛辣的嘲弄；對某大僚煮人參爲湯以浴身，另一大僚平生食參達數十萬金，戴氏不勝感嘆地説：「使出資以濟貧困，其活人豈不多哉！」更爲可貴的是他對中國女子戕殘肢體，以纏足爲美表示反對；對江西信豐縣二次葬的習俗進行了抨擊；對湖南、浙東以及盧（州）鳳（台）一帶的溺女惡俗，進行了譴責；對寧波的貧民舉女賣人成爲「棺材銀」的不幸遭遇，表示了深切的同情和憐憫。這些光輝的民主和人權思想，是戴氏文章中千秋不朽的精華。戴氏是以叛逆罪被刑的，在他的遺著中，我們找不出他有反清復明的言行，近代學者説他一生追求科舉入仕就足以説明他没有反清思想。這一次我們從他的憂庵集稿本中發現更有力的證據，如七十四條「此書出于明之末，國朝之初」。一百四十四條「兩處之人皆爲余言，本朝定鼎以來」。一百六十二條「此君明末爲參將，復降本朝爲副總兵」。文章中凡提及「國朝」和「本朝」的地方，無不空出一格表示對清朝的尊重和認同，這是具有反清復明思想的「叛逆者」做不出來的。

憂庵集稿本入藏安徽省博物館時，曾經該館鑒定組專家葛介屏、徐子鶴、石谷風、羅長銘、姚翁望、龔空萬諸先生認真鑒定，一致認定該稿本爲戴名世手迹無疑。入藏後，館長李天敏當即交給明祥同志研究這一稿本任務。明祥接受任務後，着手將稿本加以過録標點一遍。是時「文革」爆發，研究工作被迫終止。「文革」後期，明祥工作從安徽調回老家濟南市博物館，工暇之餘，每當翻閱這本親手過録的戴氏憂庵集稿本時，心潮激蕩，不能平静。李天敏館長早已故去，三十多年前交給的整理研究任務未能完成，歉疚之心不已，戴氏憂庵集稿本未能整理出版，公諸于世，供學術界研究，殊覺有愧于先賢。前年明祥得到汪慶元先生已有點校本出版的消息，來函要我幫助購買。該書已出版多年，印數很少，已難買到，後來我托在省出版社工作的世侄弄到一本寄給明祥。明祥見到這本黄山書社出版的憂庵集喜出望外，不管是誰點校整理的，憂庵集得以公諸于世，從此不致湮滅，總算了却了一件心事。當他拿起汪本與自己早年經手過録的本子對校時，發現汪本錯誤嚴重，他的心情也隨着沉重了起來。爲了慎重，爲了對今人和古人負責，他請求葛介屏老先生幫助提供稿本的複印件，要求我共同參加點校工作，我們數次聚首濟南和阜陽兩地，經過細心地對校，發現汪本點校的一百七十一條裏，竟有一百三十七條出現不同情況的錯誤，其中錯釋的一百八十七處，漏釋的一百一十八處，衍字的十五處，顛倒辭句的十二處，標點失誤，造成嚴重破句的有二十四處，以及整條或整段遺漏的五處，共一百七十六字。更令人不解的是汪本在吴孟復教授所作序文中已經肯定憂庵集稿本：「楮墨陳舊，明爲百年前物，其爲真品，實無疑義。」並驚呼：「今得此本，真天下之瑰寶也。」然而汪慶元先生在前言中却説「稿本間有誤字，疑爲抄本。」汪氏所説的「間有誤字」，可能是指「習而不知異也」，「知」改爲「之」；「及啓甕視之，皆則清水也」，「皆」字被圈點掉之類，這種誤筆或用字不妥的地方，只有作者本人才能隨手更改，怎麼能看成是别人的傳抄本呢？汪先生不作深入研究就否定稿本爲真迹，實爲不妥。我們依據稿本複印件，參照一九六二年的過録本重新過録點校一遍，並在汪本原編條號的基礎上，去除了重複號，加進未録的條號，重新調整後，編成一百七十四條，在原稿複印件的條目上加了數碼字，以利讀者查閲。我們爲了出版一本完善的戴名世手訂憂庵集，歷經數年的努力和奔波，請教了全國知名的戴名世學術思想研究專家王樹民教授，他賜以熱情的指導，往來書信十數件，並爲本書作序和全部校正。戴氏手澤得以面世，是和許多人的努力與支持分不開的，尤其是安徽博物館原館長朱世力老先生、副館長黄秀英同志的大力支持，又馬彬研究館員、桐城市博物館張澤國館長也鼎力相助，於此敬表謝忱。

戴氏生前曾對自己的文章自信終不沉没。又在憂庵集中第八十三條記明代毛子晉訪求陸放翁詩全集事，感嘆地説：「文人精光靈氣，終不可滅。」戴氏遇害近三百年，到了我們這個文明昌盛，科技發達，民族復興的時代，他被禁錮數百年的未刊手稿，才能够重見天日。戴名世先生地下有知，也可以欣慰地含笑於九泉了。

二〇〇〇年二月十日，韓自强序于阜陽博物館。

題憂庵集後

張昆河

韓明祥同志得見戴名世氏憂庵集原手稿本於安徽省博物館，亟爲複印一册珍藏之。明祥同志假余閲覽，展讀之餘，覺此書在南山集案後，當在燬禁之列，幸免于抄没，流傳至今，頗屬不易，海内孤本，誠足可珍。

此書記載明清間史事數則，可與正史及當時諸家筆記互作考證，且有的記述較詳，可補正史與諸家筆記的缺漏，甚有史料價值。

如：崇禎、弘光間馬紹愉其人，曾在崇禎帝的默許下，爲兵部尚書陳新甲派遣的密使，往滿洲議和。清兵入關後，又爲弘光帝派遣，以太常寺少卿爲副使佐左懋第聘問清朝。兩事均載在正史與諸家筆記中，但對馬紹愉的資歷及其與田弘遇的關係，及其後來如何，史書筆記均付闕如。田弘遇在明史無傳，明史及諸家筆記僅對他有零碎的記載。田妃在明史雖有傳而極簡略。戴氏此書第二四條所記較詳切，可補正史及諸家筆記之不足。

又如：弘光南渡稱帝，在清兵壓境，岌岌可危的情況下，尚大肆選后妃、選淑女以充後宮，諸家筆記多有記載。棗林雜俎即記載曾選中魏國公之女（徐達的後裔），阮大鋮獻其姪女，周書辦獻其兩女。牧齋遺事附趙水部雜誌記載在浙東又選三女子，其中有蘇松巡撫祁彪佳的姪女。鹿樵紀聞記載「選淑女黄氏、郭氏」，「禮部再選淑女，富室宦家有隱匿者，四鄰連坐」。「選淑女於貢院，選中阮姓一名，大鋮之姪女也。」吴梅村詩集中聽女道士卞玉京彈琴歌：「詔書忽下選蛾眉，細馬輕車不知數。……依稀記得祁與阮，同時亦中三宮選。」以上諸記只記爲阮大鋮的姪女應選，獨此書第二七條及戴氏的另一篇文章宏光朝僞東宮僞后及黨禍記略所記，阮女之父名阮晉，阮女等尚未入宮而清兵已渡江，禮部尚書錢謙益迎降，竟獻出被選女阮氏等于豫王，豫王除自留外還分賜諸將，把阮女賜給孔有德。後來阮氏全家隨孔有德入廣西，孔有德兵敗自焚，逼妻妾殉死，阮氏自盡，阮晉亦流落未歸。此書所記詳盡，具見阮大鋮、阮晉之攀附，令人齒冷；錢謙益之卑鄙獻媚尤爲可耻。

至于其記叙王鐸爲南京百姓所擊摑，比鹿樵紀聞所記較詳。記陳奇瑜之被殺是因吝于財，亦他筆記所缺。記張獻忠出身竟是生員；孫可望出身是童生，降清封義王後，還訪得其業師厚賚之，亦皆他筆記所無，這些是可作參考的。

今日讀之，覺戴氏在此書中，尚無明顯詆蔑清朝統治處。但其屢屢嘆世風日下，官吏貪污，諂媚盛行：「今之諸公貴人，文章德行安在？」以及頗多自負自傲之不平憤慨，當不爲其時的官場所容。又第五九條謂燕京街道遍積糞穢，人如蜣螂、蛆蟲在糞穢中生活，何不捨而去之，亟似隱喻北京統治的骯髒。其詠江郎山絶句：「江郎山下看江郎，蔽日參天萬丈長。我亦避秦思化石，與君同作弟兄行。」將當時人頌讚的「盛朝熙世」，他却要避秦。如羅織起來，是可在文字獄中增一大辟罪狀的。

書中多有怪力鬼神的記叙，對西南少數民族也有誣蔑之詞，這些在封建士大夫中，雖通儒亦難免。至其謂婦女穿耳纏足爲戕殘肢體以取容，尚勝于沉醉於三寸金蓮的俗流之見。

據卷首題記，此書爲其積多年的客游隨筆之記，「戊子春（清康熙四十七年，公元一七

○八年)翻閲舊書,於其中得二百餘條,因裒而存之,嗣後隨筆有記,亦附入焉」。是此書成於戴氏晚年。(康熙五十年十月左都御史趙申喬疏劾編修戴名世妄竊文名,恃才放蕩,早年私刻文集,語多狂悖,請予拿問。經刑部審訊,題奏戴名世所著南山集、孑遺録,有大逆等語,應即凌遲。至康熙五十二年御批結案,戴名世寬免凌遲,着即處斬。)現此手稿本只餘一百七十四條,殊爲可惜。雍正朝文字獄被斬的汪景祺所著讀書堂西征隨筆今已出版,此書儻能出版問世,則史料叢刊又得一佚書了,豈非書林的幸事。

張昆河題,二〇〇〇年元旦之翌日

憂庵集手稿徵集編校始末

韓明祥

一九六二年春,安徽省桐城縣政協疏通甫主任介紹徐復華先生持家藏清代戴名世憂庵集未刊手稿本前來安徽省博物館求售。是時余在安徽省博物館庫房部編目組工作,主持接待收藏傳世文物出售者。當時余與葛介屏先生接待了徐復華先生。葛先生是遐邇聞名的書法家、篆刻家、文物鑑定家。戴氏稿本經葛老寓目,從文字内容及書法藝術角度判斷爲戴氏真跡無疑。該稿本爲米黄色毛邊紙質地,書體爲濃墨,在行草之間,以筆記形式記録戴氏平日之講説,追憶所見所聞,或觸事有感等。每一條記録一件事,大約數十字，或百餘字，或數百字不等，計一百七十四條，四萬餘字。稿本長約二十厘米，寬約十七、八厘米。每葉折叠合併裝幀，封面封底污漬頗濃。第一葉首題「憂庵集」三字，次行開始書寫弁言數百餘字。雖無款識，但在文内經常出現戴氏的里籍及姓名。爲此，余同葛先生決定收購此稿。請示館長，經過研究同意收下。與徐先生辦理了收購手續。

安徽省博物館庫房部編目組是一個臨時性的組織，暫管接受存放收進來的傳世文物及出土文物。其制度規定爲每季度或半年將文物集中分類登記，編目製卡，造册，邀請館領導及專家聚集起來進行文物鑑定，而後移交庫房部簽收入藏。館内老一輩文物專家，如石谷風、徐子鶴、羅長銘、姚翁望、龔空萬等提取館内書畫庫房内所藏清代戴名世行草絹地立軸，及戴氏跋周覽繪碧梧束書圖（爲汀翁老先生粲政詩墨跡（二）），與憂庵集手稿本核對無異，該稿本確實爲戴氏遺作。館領導爲了慎重起見，囑余利用業餘時間對戴氏憂庵集稿本做些研究工作。此後，余曾借閲館藏戴氏南山集偶鈔（清康熙尤雲鶚本）以及後人重編的道光版本、光緒版本潛虚先生文集，並將該稿本全部過録，加以標點，參照憂庵集新發現的内容材料會諸以上各種版本，將原訂戴名世年譜增加了部分内容。並於一九六三年在文物月刊第三期發表了報導消息。綜觀戴氏憂庵集稿本内容，涉獵廣泛，字裏行間洋溢着戴氏憤世疾俗的思想感情，熱愛忠良，蔑視姦賊，涇渭分明。諸多追憶亡明逸事，清初社會，風情里俗，官場科舉，名山勝水，文物古跡，植竹養花，農田水利，書肆印刷，授徒教課，訪晤故舊，頗多接觸清初上層官僚、學者、名士，如張英、方苞、朱彝尊、劉大山、萬斯同、梅定九、李光地、錢謙益等名流。是一部研究戴氏生平思想活動及桐城派古文學成就的第一手實物資料，彌足珍貴。一九六六年「文革」爆發，憂庵集的研究工作被迫中斷。去年初夏，偶揀舊書笥，發現憂庵集過録稿本，久久不能平静。回憶「文革」期間，工作組進入文化部門，造反派横掃「四舊」運動禍及全國，余所藏清光緒版本南山集（爲葛老先生出差皖南時代購），部分書畫並戴氏憂庵集過録本一併搜去。一年後，工作組組長將憂庵集過録本退還，幸甚！惟清光緒版南山集一直未還。

欣逢祖國五十華誕，舉國歡騰。戴氏遺稿即將付梓問世，誠爲值得慶幸。徐氏先輩敢冒殺頭之風險將遺稿秘藏至今，功不可没。諒南山先生在天之冤靈，可瞑目矣。

近聞李天敏原副館長及葛介屏先生相繼謝世，無比悲痛，念先生學識淵博，治學嚴謹，德高望重，和藹可親，是我良師益友。今戴氏手稿面世，先生夙願以償，可告慰于九泉矣。

欣蒙趙鍾雲先生校閲初稿，王樹民教授、韓自强研究館員再次復審定稿，多費心力。桐城市博物館張澤國館長提供戴氏墓照片，爲之增輝。戴氏墓於文物普查時發現，由國家文物部門撥款修復，張澤國館長親自設計修復方案，並撰書墓碑，報批安徽省政府公佈爲省級重點文物保護單位。又忘年友甘志田君冒酷暑伏案謄鈔清様稿本數萬餘言，承多方合作相助，得以順利完成此書，謹此一併致以衷心地感謝。

憂庵集的編校工作，限於水平，舛誤難免，祈廣大讀者不吝賜教。

韓明祥謹識於泉城，一九九九年十月二十日

〔一〕樹民識：所稱「戴名世行草絹地立軸」及「跋周覽繪碧梧東書圖」二件，經仔細研究，皆爲冒用戴氏名義之僞品，不足爲證，但僞品亦有近似之處，無妨作爲參照之用。

孟庵公傳

孟庵府君，諱震，字東鮮，默齋公之長子也。府君兄弟四人，府君與仲弟露，叔弟霄，皆年踰弱冠入縣學爲諸生，文名藉甚，豐儀修整，一時比之王氏三珠樹。府君爲人忠厚敦篤，言動必以禮，平生未嘗有跬步之或愆，未嘗有一語之妄發也。當默齋公存時，治家嚴肅，子孫循循恭謹，其或偶有不當默齋公意，往往怒不食，府君率家人環跪，代爲請罪。家人内外百餘口，皆惶懼聳惕，益謹不敢懈。人又以比之萬石君家法云。

崇禎中，流賊闖入江北，府君家破，默齋公亦尋卒。於是府君挈家遷居江寧，尋授徒定遠。值鼎革，府君痛哭，盡去其髮，自號髡僧。還里，與友人孫晥生輩棄諸生服，誓入山不出。後卜居龍眠，築室數楹，極竹木之勝，取唐子西詩「山静似太古」之意，名曰似古山房。又於舍旁搜得懸流千尺，築亭曰響雪亭，蓋自古無闢其境者，至府君而始開。府君衣冠仍明時之舊，間服僧衣，日策杖臨流，賦詩飲酒，見者皆以爲神仙中人。

府君於書無所不讀，手自抄寫者亦不下千卷。所爲詩文，皆飄然無塵。而楷書自王右軍而後，得其神骨惟府君一人而已。當府君在時，有求者輒攜去，及府君殁，藏篋笥者頗無多。余小子方欲遍購臨摹刻石，而未遑也。

府君孝於親，友兄弟，敦睦宗族，篤於故舊，其至行多不勝書。

府君配方孺人，雲南曲靖府司理諱之綱公孫女，文學諱大棟公女。生二子一女，長即吾祖古山公樂安縣知縣。次宗義，早卒。女適文學夏。

府君以康熙庚戌年卒，年七十有五，葬龍眠響雪亭之巔。

曾孫名世敬述

此傳收於戴氏宗譜，安慶師範學院石鍾揚教授提供。

「知者樂水」全章（一）（會試墨卷）

即知仁而極形之，其德有各見者焉。

夫知仁之德，皆備於心，而其所見則固有不同焉，子故取而極形之歟。且吾心之理，固無有具有不具也，而特其意境之形，則不嫌于互出，是故欲極盛德之形容，而得至人之彷彿，正可即其生平而一一想之矣。

吾嘗博觀天下之物，而見有寓意其間者，因以得其人之體之所存。吾嘗遍觀天下之人，而見有所得之不同者，因以得其人之體之所自致，其惟知者仁者乎。

知者之明，不蔽於物，而淵然而悟者與水謀。今夫水，其體主動，而知者類之。夫人情不能于其不相類者而强相悦也，而知者之樂水，亦止是自樂其知而已矣。仁者之心，不役於物，而悠然而會者與山謀。今夫山，其體主静，而仁者似之。夫人情不能與不相似者而兩相得也，而仁者之樂山，亦止是自樂其仁而已矣。

蓋水流而山峙者，天地之知仁也。而仁陽而知陰者，吾心之山水也。

吾於是觀乎其體，則知者動也，變而不居，而神周于無際，流而不息，而機運於無方。在知者萬里澄澈，夫亦何嘗不静，而動之意爲多，故樂水之意，亦見爲多也。則仁者静也，安土爲敦，物自紛而心自一，心存有主，理畢涵而神常凝。在仁者推行各得，夫亦何嘗不動，而静之意爲多，故樂山之意，亦見爲多也。

夫然而知者之樂可知矣。人惟有窒于胸，則困於物而其天機遂淺，宇宙間寬廣之境，獨屬之知者耳。知周萬物，而何物之能傷？行所無事，而何事之能擾？樂出于動，而樂豈有不足耶？夫然而仁者之壽可知矣。人惟有雜於欲，則漓乎天而與氣數難争，宇宙間不敝之身，獨屬之仁者耳。體天行之健，則神與守而俱完，絶物誘之投，斯身與心而常在。壽出於静，而壽豈有不可必耶？

世有曠懷高寄之士，亦能怡情於山水，然止爲玩物之喪志。必出自知仁之動静，則雖登高臨水，皆有關義理之微。世有安常履順之人，亦或兼備夫樂壽，然止是時命之適然。必出自知仁之動静，則凡樂志養身，總莫非聖賢之詣。是故就兩人而論之，則或見爲知，或見爲仁，其所得必至於偏勝。就一人而言之，則一以爲知，一以爲仁，其理亦無悖于並行。世之學知仁者，得其意境而想象之，庶其有獲乎！

右爲戴名世會試墨卷（康熙四十八年己丑科），收于歷代鄉會元魁大成，法國漢學家戴廷杰博士提供。

〔一〕論語雍也：子曰：「知者樂水，仁者樂山，知者動，仁者静。知者樂，仁者壽。」

附録

一　戴南山詩册

康熙間，桐城戴名世南山集之獄，論者冤之。曾翻其全集中，並無可罪語。或曰，以孑遺録命名得罪也；或曰，即爲「南山」之名，取義雄狐，刺内亂故也。然余嘗爲馬通伯跋名世墨迹詩册，乃送其師張相國（英）予告歸里者，五言古八章，所言亦太無顧忌矣。首章有云：「一朝遠引去，誰得繫鱗羽？萬族紛皇皇，悵然緬宗主，飄然不迴顧，竟還舊居處。」隱言其去之得計，不必枉己濟物也。三章有云：「疏逖萬里身，清切千門地，譬陟嵩華顛，跬步虞失墜。洪濤履忠信，浮雲視名利，息機任其真，當軸奚所累。」明言不去危地必將得禍，棄不義之富貴，則履險如夷。四章有云：「不知恩寵專，豈戀台衡貴。正延東閣賓，忽入東門晝。」言見幾而作，不俟終日，恩寵雖專，鄙夷不屑，故方登台衡即求去也。五章有云：「蒼髮初未改，玉顏況無衰，縶維亦奚爲。公去久尅期，五年遂前請，放騁如脱羈。」明言致仕並不因衰老，直不屑而已，雖縶維何用哉。律以曾静、胡中藻諸獄，即此已足供鍛鍊矣。

（陳衍石遺室詩話卷十一）

樹民按：「戴南山詩册」，此題爲編者所加，原文無標題。石遺室文集卷九有戴南山詩册跋一文，在譴責文字獄之外，全同於本文，而未説明詩册來源，亦未引原詩，今即以陳氏所題者爲本文標題。

二　古史詩鍼

褐夫　著

自序

史者，有所爲而作也。傳愚民之統而怪誕興，趨當時之勢而阿諛作，守一家之囿而是非倒，寄隱衷之怨而曲直蒙。必也破統、離勢、毁囿、銷怨，而後史朕乃萌。余幼讀史，未嘗闕疑，長涉世味，漸察其微。始知史者，私也。私之所及，史尚何存？作古史詩鍼，非敢根治膏肓之病，將以待夫來者知余志焉。褐夫自序，時永曆某年也。

涿鹿始戰

涿鹿迷茫逐鹿争，指南車破霧縱横。人間災禍從兹始，競作新奇甲與兵。

洗耳清流

天下本來同敝屣，何須洗耳作佯狂。清清潁水流污毒，泛濫争名奪利場。

干舞平苗

森嚴干戚舞縱横，猶説平苗不用兵。蒙蔽萬年誰識得，善歌文德是書生。

歷山躬耕

躬耕胼胝三年苦，不比鋤犂示意輕。縱息歷山争畔事，大波時起小波平。

怒觸不周

休向共工論敗成，不周一觸地天傾。冲霄怒氣將何補，空使寰球向不平。

父子治水

治水殊途意向同，父遭殺戮子爲雄。因堙疏鑿堤防便，功罪難容隻手蒙。

湯武征誅

湯武征誅説爲民，血流漂杵豈誣人。夏台羑里仇家怨，集結南巢與孟津。

渭濱垂釣

渭濱老叟百年情，偃蹇姑同鷗鷺盟。西伯一來平地起，釣魚未得釣功名。

首陽餓殍

暴暴相承所何歸，可憐餓死首陽薇。恨遺一去同微子，比諫箕奴事更非。

吐哺握髮

常矜吐握得人心，菱月葵陽水向深。堪嘆士林多軟骨，無依半晌即哀吟。

定鼎洛邑

鼎定難教祚不移，早知何必費心思。若真天下成恒産，一姓終昌萬姓夷。

東征管蔡

欲加之罪豈無名，骨肉相殘大動兵。未有董狐蘇管蔡，任憑姬旦賦東征。

周召共和

周召共和禮樂成，載歌載舞頌河清。可憐枷鎖包鱗體，摩戛争誇佩玉聲。

射鈎爲相

射鈎相國兩殊倫，舊怨新恩在一身。不是霸魁雄膽略，豈容管氏展經綸。

管鮑之交

鮑叔身爲貴大夫，眼青偏落賤夷吾。門盈車馬終羅雀，勢力交情用有無。

不擒二毛

不鼓不擒戰陣中，二毛幸遇宋襄公。股傷身殞終無悔，嗜殺風靡怨道窮。

退避三舍

三舍前言耿未忘，晉文履信殺人場。可堪世道江河下，詐雨騙風惡作狂。

陳蔡之厄

縱横列國任周流，出入無憑亦自由。陳蔡偶然遭小厄，何須發憤作春秋。

不飲盜泉

仲尼不飲盜泉水，欲潔其身惡惡名。天下滔滔皆是也，栖栖何處問歸程。

楊朱爲我

真能爲我道真詮，直把人間僞善穿。付出秋毫收泰岱，還須恩德頌連連。

摩頂放踵

一個頭顱雙足踵，問君經得幾回摩。倉皇奔走難黔突，滿地兵戈可奈何。

傳食諸侯

後車賓從氣峥嵘，傳食諸侯豈割烹。指點迷津敷教化，寒酸原不屬書生。

西施飄泊

苧蘿村裏鬻薪姑，獻入吴宫又泛湖。絶色爛糜商賈手，東施翻悔效顰無。

臥薪嘗膽

拔山不忍渡江東，長頸奴歸厚面雄。殺不殺人薪膽酷，大鳥銜血沼吴宫。

韓非囚秦

秦王死願與非游，非入秦廷便作囚。書竟有功人有罪，逆鱗識破説難收。

孫臏刖足

師承鬼谷禍胎萌，足刖書成禍更生。一卷禍書傳後世，蕭牆内外盡刀兵。

合縱連横

縱横連合騁西東，戰伐風生利口中。天地不仁容禍首，尸山骨野立英雄。

商鞅變法

是誰變法促秦强，一統强秦二世亡。慘刻寡恩能久視，殺身禍不及商鞅。

汨羅懷沙

問天底事法彭咸，受寵如何又入讒。反顧郢都寧有補，懷沙賦草倩誰藏。

鷄鳴狗盜

孟嘗門下士如雲，空抱經綸鷄狗群。狗盜鷄鳴能建樹，早知何必博斯文。

完璧歸趙

歸趙相如一璧完，誰知豺虎有心肝。咸陽廣殿容馳騁，賓禮從容更覺難。

坑趙降卒

趙卒降秦卅萬人，可憐一夜盡沉淪。長坑冤氣寧消散，白起到頭亦殺身。

竊符救趙

竊符救趙好如姬，國事親仇兩得之。出此小謀行此事，信陵嬴亥辱鬚眉。

易水送別

不圖强本圖行險，抛卵應知擊石難。幾個義頭拼一刺，蕭蕭易水壯心寒。

博浪椎秦

留侯曠世孰能留，博浪椎空姓氏收。帷幄運籌天下定，掉頭便逐赤松游。

項梁掩口

偶語詩書還棄市，未豐毛羽出狂言。空拳取代逢豪主，一掩差遮失口冤。

篝火狐鳴

叢祠篝火雜狐鳴，萬世王基一夕傾。鋒鏑枉銷城枉築，揭竿也不是儒生。

鴻門雙絶

百餘騎敢赴鴻門，到口肥鮮竟不吞。劉僞項真雙絶代，後來成敗莫須論。

烹翁索羹

心腸不硬事難成，人欲烹翁尚索羹。所斬白蛇曾附母，原來隆準是龍生。

夜半前席

賈生夜半邀前席，驚寵忘形異姓家。遲識死生榮辱理，空留鵩賦在長沙。

口授經傳

人間到底有書無，口授經傳尚有儒。若與後君同日語，始皇何止一籌輸。

罷黜百家

百家罷黜一家尊，欲鎖千秋萬氏魂。惟幸絶無還僅有，未將全祖化猢猻。

北海牧羝

殺戮爲生是暴胡，和親征討兩齟齬。荒涼北海羝羊乳，漢節撑天一丈夫。

史遷受刑

痴心竟欲進忠言，失口鑄成萬古寃。仗義救人何所補，腐身蠶室待誰援。

昭君成美

一曲琵琶萬古馨，獨留青冢鎮邊庭。美人恃美終成美，何似昭陽夜夜刑。

點竄群書

莽移漢祚事尋常，點竄群書罪莫當。酷烈甚於嬴氏火，僞真淆混雜玄黄。

郿塢燃臍

郿塢縱横七丈齊，城名萬歲竟燃臍。痴心董卓元無數，局外清醒局内迷。

卧龍巧遇

六出七擒豈絶踪，三分八陣亦平庸。祇因世上無玄德，不是人間少卧龍。

青梅煮酒

青梅煮酒論非公，玄德何如孟德同。文武全能跨往哲，三分天下屈英雄。

七步成詩

驚才子建竟沉淪，萁豆相煎骨肉親。刀刃尚能留七步，魏文未始不寬仁。

七歲讓梨

幾人逐鹿幾肥私，七歲兒童肯讓梨。應是微芒無足道，紅塵白骨任紛披。

鼓吏玩世

誰言孟德硬心腸，允許彌衡駡一場。鼓吏居然能玩世，更衣裸立大王旁。

途窮痛哭

登山玩水放游踪，静坐著書閉户重。難得途窮容一哭，不須含淚强爲容。

酒德奇文

不頌功名不頌君，偏教酒德有奇文。夫人那解劉伶意，五次三番勸戒勤。

鄧艾伐蜀

蓋世功勛稱伐蜀，囚車繫頸不移時。可憐頭斷還夷族，志士依人萬古悲。

陶令歸田

南山好豆東籬菊，五柳閑拖出岫雲，若是田園歸未得，半升也得折腰筋。

周處除害

蛟虎何如人害深，斬蛟射虎具雄心。屠刀放下登時佛，好個周郎何處尋。

流芳遺臭

攻秦定蜀破姚襄，司馬頹波頓激揚。遺臭流芳緣廢立，寄奴兵起爲誰忙。

淝水之戰

八千淝水氣蒸雲，一掃强胡百萬群。不是漢魂歸故國，何人更説謝將軍。

東山游狎

東山游狎豈逃名，江左風流善養成。藴匱深藏元待價，贏來一出爲蒼生。

撒鹽咏絮

撒鹽似雪拙無加，柳絮因風那足誇。權勢竟靡詩領域，沉淪神物亦堪嗟。

放游棄市

旖旎風華思不群，飄然屐踏萬山雲。放游棄市開奇迹，難絶空靈絶世文。

清談誤國

腐似潰癰濁似泥，内如猛虎外如鷄。滔滔誤國無人問，一席清談萬世迷。

餓死臺城

三度舍身締佛緣，浮雲富貴筆花鮮。從容餓死臺城下，肯向空中乞紙鳶。

景陽宫井

一曲後庭玉樹殘，景陽宫井月荒寒。江山抛却雖無憾，欲作胭脂鬼亦難。

神鴉社鼓

佛貍飲馬入江藩，祠下神鴉社鼓喧。望斷旌旗枯涕淚，胡兒作窟漢遺魂。

南北統一

南北紛紜二百年，群凶翦滅仗楊堅。温良恭儉真明主，大好江山隔代傳。

鑿河泛血

苑冷城荒結綺愁，鑿河泛血戲龍舟。瓊花故戀揚州土，繫絶君王鏡裹頭。

草泥飲恨

庭草何緣隨意緑，空梁底事落芹泥。問尸得意纔彈指，泥落隋宫草没堤。

貞觀稱治

脅父興兵兄弟戮，穢通弟媳九重闈。一時貞觀能稱治，旋踵宫廷雉燕飛。

凌烟畫像

十足奴顔圖閣上，九分婢膝繫階前。喜怒生時功罪定，昧心猶自頌凌烟。

英雄入彀

天下英雄入彀中，盈盈魚貫大王風。笙竽紐械誰家子，科舉焚坑一揆同。

駱丞一檄

誰家天下討妖神，贏得淫魁識異人。赤膽摩雲非爲李，白鷗没海竟逃秦。

孝友三郎

花萼龍樓日月光，醇醇孝友李三郎。功成力却還登極，唯唯歡承太上皇。

驪山禍起

驪山事豈繫興亡，禍起胡兒不在唐。到手反書疑是假，信人千古一明皇。

半世情痴

半世英明半世痴，開元天寶費尋思。江山敝屣蛾眉戀，長願牽牛七夕時。

一籃青黄

一籃櫻顆半青黄，雜種吟成雜種章。顛倒肯教詩有韻，怕先周贄後懷王。

問道麻鞋

問道麻鞋拜拾遺，正逢諫草競焚時。詩人耿耿忠言責，疏觸龍威命若絲。

繫獄潯陽

繫獄潯陽事可嗟，虚誇談笑靖胡沙。未諳逐鹿風波險，紙上文章誤永王。

單騎服敵

奴化難同德化深，汾陽肝膽照人心。單騎免胄群胡拜，一出何須七縱擒。

凝碧心詩

胡宴盛張凝碧池，王郎猶幸有心詩。佯瘖展轉淫威下，何似麻鞋歷險時。

漂湍捉月

漂湍捉月洗塵軀，聯袂同追屈大夫。作證昌黎詩句在，諱言溺死笑迂儒。

諫迎佛骨

疏進十思邀上賞，諫迎佛骨下潮州。難能裴度承張鎬，兩個詩人免斷頭。

香山高蹈

朋黨遷延四十年，冤家牛李逐飛烟。還容高蹈香山上，笑看蠻邊與觸邊。

毁寺還俗

昭陵崇佛國能强，寺毁僧還在會昌。欲挽頽波求一葉，空門未始繫興亡。

五代之亂

五十三年事事非，全忠竟爾肇戎機。奴顔更有兒皇帝，父事强胡獻漢畿。

陳橋兵變

信倚殿前都點檢，誰知乍變起陳橋。忠奸絜矩憑何定，披上黄袍又一朝。

杯酒釋兵

登極淒惶枕未安，得來容易去何難。陰雲低壓一杯酒，脱却戎衣落日寒。

牽機遺恨

拱手稱臣又作囚，牽機遺恨入風流。江南愛共春江水，萬古詞壇拜冕旒。

澶淵之盟

舉世昏昏決策明，六軍重振漢家旌。試看壓境傾巢寇，到了澶淵自請盟。

先憂後樂

先憂後樂肩天下，兵甲藏胸一秀才。屹立西陲成寇戒，群呼老子敢東來。

安石新法

敢於變革啓新元，跋扈長鯨海浪翻。曾幾何時春去也，淒涼風雨半山園。

逼上梁山

刮脂吮血逞凶頑，屈膝强胡益厚顔。不是衣冠皆盜賊，小民那忍上梁山。

春夢胡沙

託生應悔帝王家，絶世風華散落霞。身死荒寒亡國恨，惟餘春夢繞胡沙。

莫須有獄

怒髮危冠劍氣衝，岳家軍直搗黄龍。莫須有獄千秋淚，冰炭忠奸自不容。

厓山一決

二張同種決厓山，胡漢興亡豈等閑。當世榮枯驚俗眼，汗青終古照忠奸。

柴市成仁

土牢正氣衝胡膽，柴市成仁喚漢魂。借使斯人慳一死，黄炎苗裔應無存。

朱明一統

定亂平胡一統功，漢家代有出群雄。龍興虎嘯風雲會，原是濠州小牧童。

徐達勝棋

征略四方汗馬功，揪枰小技識窮通。虧他矯飾蒙豪主，贏得樓台一局雄。

伯巨上書

聞詔直言真直言，誰憐葉伯巨沈冤。由來謗木招忠鬼，難得朱雲折檻存。

正學奇刑

十族何辜同一死，逆人逆命逆來刑，正身正學正罹禍，恨結荒涼血迹亭。

椒山棄市

驅邪扶正氣何雄，棄市椒山繼應龍。十罪五奸容致仕，後人猶唱打嚴嵩。

戚氏平倭

平倭尚許展經綸，老著新書亦足珍。若是早生四百載，莫須有獄應加身。

魏閹生祠

宮廷穢溢忠良盡，黨羽盈朝赫一時。刀下榮名誠敝屣，魏閹遍地有生祠。

自戕同盡

闖王善殺漢家王，一見胡兒便敗亡。西走獻忠摧虜箭，引狼人自作羔羊。

煤山自縊

萬歲山頭泣落霞，一枝垂掛百枝斜。抽刀殺女芳魂去，從此逍遥出帝家。

承疇降虜

松山戰敗尚爲雄，十六壇前一祭空。比節文山差漢史，忠勤爲虜負初衷。

維揚大節

應是天祥一化身，維揚大節泣天神，降書七斥山河壯，懾服胡王羞漢臣。

天下己任

天下興亡一匹夫，四方奔走抗强胡。填平東海深沉願，化作芬芳萬卷書。

鄭氏抗節

大木獨撑天一方，朱明歲月賴延長。鄭家氣節漢家寶，島國孤忠耿未忘。

（原載文學遺産增刊第十五輯）

樹民按：古史詩鍼百一十篇及短序一篇，桐城許永璋先生家藏本，其祖父鈔自吴摯甫先生處，吴先生由何處得來則不可知。詳察原詩序文雖署褐夫之名，實非戴氏所作，而爲清中葉以後，憤世好詩之士假戴氏名義以作者。假託之迹，甚爲明顯，姑揭數端於下。戴名世平生重在文史，自稱不長於作詩，而此咏史之作全爲七言絶句，内容側重詩詞而不在文史。自先秦之汨羅懷沙至北宋之牽機遺恨，言詩詞及詩人者達十餘篇之多，而無一篇及於文史，甚至史遷受刑與諫迎佛骨二篇，亦不言史記撰著及古文興起，顯然與戴氏之學術思想分道揚鑣。此其一。戴氏雖死於清初文字獄，其本人生於清順治十年，已與明朝無涉，故不以遺民自居，其著作亦從無以永曆紀年者。此序則稱：「褐夫自序，時永曆某年也。」作者似爲有意取此形式以寄其憤慨，而與戴氏之言論行事則不合。此其二。詩中表示之年代遠在戴氏之後。如點竄群書一篇指斥劉歆：「酷烈甚於嬴氏火，僞真淆混雜玄黄。」在西漢末年，經今古文派劇烈争論時，曾有「國師公顛倒五經」之説，自東漢古文派得勢後，其説久已銷聲匿迹，直到清中葉經今文派復興，此説方重新提起。作者顯然深受經今文派影響，因而列之爲一題。又如全詩終於天下已任與鄭氏抗節二篇，按顧亭林卒於康熙二十一年，鄭氏亡於二十二年，均爲戴氏青壯年時期之事，更不可入於古史。又怒觸不周篇中有「空使寰球向不平」之句，「寰球」一詞非清初所通用，清中葉以後，海禁大開，寰球之概念方爲國人逐漸接受，是亦其後出之一證。此其三。此外詩義與戴氏思想相矛盾者尚多。如戴氏本持反佛之説，而周處除害篇有「屠刀放下登時佛」之句，餓死臺城有「三度捨身綿佛緣」之句，均與戴氏思想鑿枘不入。又安石新法一篇，雖承認熙寧新法流弊之爲害，而於變法原則及王安石本人皆爲肯定態度，戴氏篤守程朱之説，於王安石改革自無好評，此亦矛盾之較爲明顯者。醉鄉記一文，劉伶已被否定，而酒德奇文一詩則又爲肯定之意。

又明末自戕同盡一篇，稱李自成爲闖王，稱張獻忠爲獻忠，可見作者並不否定明末農民戰爭，而以同室操戈爲憾，與孑遺録等篇稱李、張爲盜賊者，相去不可以道里計。又稱吴三桂爲「引狼人」，而稱入關之清軍爲「胡兒」，承疇降虜一篇則稱清朝爲「虜」，民族意識表現甚爲强烈，戴氏所着重者爲忠於國君之封建道德，此詩與之形雖近而實則甚遠。由上舉諸例，可知此百餘首咏古史詩，絶非戴氏所作，而另有作者，其時代不能早於清中葉，自有其思想懷抱，而非隨戴氏亦步亦趨者。由此進一步推斷，原作者之本意乃假戴氏之名以存其詩，而非有意竄僞戴氏之書。原來作者之反清思想甚强，如直書己名必招殺身之禍，嫁名於前世文字獄中之犧牲者，則既可免禍而其詩亦可傳。是此詩雖非戴氏所作，而已在其名下保存流傳，不能謂與戴氏爲無關，故收爲附録。

三　版本序跋

南山集偶鈔序跋

方苞序〔一〕

壬午之冬，吾友褐夫卜宅於桐之南山而歸隱焉，從游之士刻其所爲古文適成，因名曰南山集。其文多未歸時所作，而以兹所居名焉，著其志也。余自有知識，所見聞當世之士，學成而並於古人者，無有也。其才之可扳以進於古者，僅得數人，而莫先於褐夫。始相見京師，語余曰：「吾非役役於是而求以有得於時也。吾胸中有書數百卷，其出也自忖將有異於人人，非屏居深山，足衣食，使身無所累而一其志於斯，未能誘而出之也。」其後各奔走四方，歷歲踰時，相見必以是爲憂，余亦代爲憂，而自辛未迄今十餘年，而莫遂其所求。吾聞古之著書者必以窮愁，然其所謂窮愁者，或嘉遁不出，仕宦而中跌，名尊身泰，一無所累其心，故得從容著書，以自適也。自科舉之法行，年二十而不得與於諸生之列，則里正得而役之，鄉里之吏鞭笞行焉。又非貴游素封之家，則所以養父母蓄妻子者，常取足於傭書授經，窘若囚拘，終身而不息，尚何暇學古人之學而冀其成耶。故士窮愁則必不能著書，其事若與古異，而以理推之，則固無足怪也。

褐夫少以時文發名於遠近，凡所作，賈人隨購而刊之，故天下皆稱褐夫之時文，而不知此非褐夫之文也。其載筆墨以游四方，喜述舊聞，記山水之勝，而以傳誌序説請者，亦時時應焉，故世復稱其古文，是集所載是也，而亦非褐夫之文也。褐夫之文，蓋至今藏其胸中而未得一出焉。夫立言者不朽之末也，而其道尤難。書傳所記，立功名，守節義，與夫成忠孝而死者，代數十百人，而卓然自成一家之言，自周秦以來，可指數也。豈非其事獨希，故造物者或靳其才，或艱其遇，而使皆不得以有成耶？褐夫之年長矣，其胸中之書，繼自今而不出，則時不贍矣。必待身之一無所累而爲之，則果有其時耶？故余序是集而爲褐夫憂者信切焉，因發其所以，使覽者知褐夫之志，而褐夫亦時自警以亟成其所志也。同學方苞書。

朱書序

五岳之氣，皆能出雲雨，産金玉，而其靈者常鬱結盤魄而發爲偉人，或以德業，或以文章，卓卓自垂於天地而與爲不朽。然其靈亦不能並時而鍾，如寒暑之遞運而以時至，往往積千百年一見。蓋造物之力亦有所惜，未能數數然也。鄒魯之間，闕里在焉，此天地之神靈爲之發育，非止由乎泰岱也。而一時從游之士亦多東國之産，則岳神蓋已有所屬矣。嵩高以生甫、申，誦於詩。楊震、郭子儀諸公多在華山下。惟恒、霍之靈，自古至今未有所洩，而霍更甚。霍山者，今安慶天柱山，古南岳也。安慶，朱邑、陳武、何點三數君子略著史册，其以德業文章見者寥寥。明興以來，直亮之士稍稍出焉，而以配靈霍山，猶未之有也。説者以爲隋唐而後，南岳之祀移於湘南，霍山不列五岳之數，其靈或有所窮。然予嘗游岱山之下，西登華山矣，其爲山也，秩祀雖領於祠官，而開鑿斲削多改其故，童孺女婦踐而越焉。日觀之宫至肖一婦，人以爲神，有司榷金錢網其利。而霍山獨皭然太清之表，石巖泉瀑間，上之爲黄帝、虞舜之所祭告，下亦不失爲漢武之所封，後世淫瀆之物不得而汚之，則霍山之神必能守古制以自樂，而無羨於彼之燔牲瘞玉，相詫以三公之號爲榮於天下也。余與戴君田有名世皆生霍山之麓，東西相距皆二百里而遥，皆迂拙無用於時，而自力於古文，以取正於天下而待於後世，則皆有其志。顧余力薄才弱，爲之而無成，田有年未壯時，出語輒工，至今垂二三十年，稍稍收輯之，得若干篇，名之曰南山集，而命余爲之序。

夫岱之靈發於聖門，嵩之靈發於甫、申，華之靈發於楊震、郭子儀之屬，而霍卒無所洩。在人方以秩祀之不至而疑霍山之窮，在霍山正以不辱於世之三公而有以自樂，而余與田有乃適生其間。余不足道也，田有亦不知果能當霍山之靈與否，然而其文之足以不朽，則余固知其與霍山同永無疑也。五岳與霍或領於祠官，或不領於祠官，譬則一掛仕版而受職於時，一不臣不友而抱奇以志於古，然則今五岳所鍾必多功名之士，而沉冥著書者固於霍山爲宜也歟。今其集名曰南山者，何也？志歸隱之地也，田有自是殆不復出矣。

宿松朱書。

尤雲鶚跋〔二〕

吾師憂庵先生所爲制義數百篇，既已流傳於世，人人皆知誦法矣，而其所爲古文較之制義更工且富，於是四方學者購求先生之古文踵相接也，而先生堅匿不肯出。雲鶚固請先生刊行於世，先生曰：「古文之爲道較之制義難且數倍，吾遭困阨，奔走於衣食，其於工力未能深入閫奥，安能必其傳世而行遠。且古人文字必屢加改易而後有定本，今吾所爲文隨筆直寫，未經鍛鍊，篋中所存皆草稿而已。吾方欲買山深隱，細加擇別更定，而後敢出以問世。其或後來學業有進，文或加工，則向時所爲且將舉而棄之，而何刊行之爲？」蓋先生下筆妙天下，而猶虚懷不自信如此。雲鶚無以塞四方學者之意，乃檢平日所藏鈔本百餘篇，在先生集中僅五之一，爲刊而布之，餘俟後有定本再鋟諸板。昔人稱文章之逸氣，三代以後，司馬子長得之，後惟歐陽永叔得之。余謂歷南宋至元、明迄今日，惟先生得之。先生留心先朝文獻，十餘年來，網羅散軼，次第略備，將欲成一家之言，與史記、五代史相頡頏。而先生平居文字，其風神澹蕩，直接龍門、廬陵，先生雖虚懷不自信，而南豐瓣香，四方學者之所宗仰，其必在是集也夫。辛巳人日，受業尤雲鶚識。

〔一〕「方苞序」，恕谷後集卷三，靈皋曰：「田有文不謹，予責之，後遂背予，梓南山集。予序亦渠作，不知也。」

〔二〕「尤雲鶚跋」，按此跋爲戴氏自作，見獄中供詞。

孑遺録序

王源序

京師遇桐城戴田有，讀其文，超卓有雋氣，無時俗鈔録經傳及柔曼膚滯之態。既又出所著孑遺録示余，蓋紀其邑被兵始末，而旁及江淮、楚豫、秦晉大勢，上自文武大臣賢不肖用舍，廟算得失，下逮匹婦節烈，一介下士之才，莫不觸緒引類，錯綜聯貫，以著其詳。余嘗以爲上下不同心，中外不一體，小人私而君子未必公，使不肖者借口而賢才不得盡其用，天下魚爛癰潰，坐視不可救藥，此明之所以亡，而田有於一邑紀載中具見原委，豈特賞其文筆之工已乎。且夫撫之功大於勦，而和不如戰，所從來矣，然各有時宜，難以例論。賊勢既成，驕獷譎變，未經大創，烏可言撫？己既不能制人，戰不勝，守不固，又有腹心大患，而與己敵者誠心百計請和，指天誓日願休息者數四，何必不聽，蓋與龔遂、宗澤諸人時勢相去不啻天壤。乃大臣無識，不能確見其是非，身任天下之利害，拘牽成説，避文網，畏彈劾，依違拱手，聽社稷自爲安危。而言官冥悍無忌憚，惟陽以大言樹威勢，陰以恩仇報復快其私。嗚呼！使當日諸臣赤心同憂國恤，去門户，任賢才，揆情通變，定和議於外，合力據險，出奇勦賊於内。内外既寧，民得休息，不出十年，天下可以復定，甲申三月之禍何由而成哉。嗚呼！此余讀孑遺録所爲掩卷撫膺長太息者也。北平王源序。

汪灝序

銷卯金于張角，一派黄巾；剗典午于孫恩，幾番白刃。楊花欲落，朱粲肉食萬人；李子將殘，黄巢血流千里。鎗舞梨花雨，宋社全傾；座燒白蓮香，元氛突起。嘗歷徵乎往恨，尤莫慘乎前朝。焰助權璫，殿上聚玄黄之戰；冤沉鉤黨，城中盛水火之争。加以饑饉洊臻，因之兵戈欻動。根株西北，瓜蔓東南，狐嘯滿於河山，狼烟遍於草澤。釁生秦甸，長楊與細柳俱焚；殃及晉關，倒馬及飛狐齊破。驚游魂於灅潤，枯骸高砥柱之峯；泣戰鬼於荆襄，碧血湧洞庭之浪。以暨紛紛操梃，賊火直照畿南；處處揭竿，官軍半摧江右。刀剖紅顔之腹，助彼笑歌；鎗穿黄口之臀，觀其嗁舞。茫茫赤地，四野無烟；蕩蕩青天，千尋少路。渠魁殲而又起，山寨滅而重興。迨至猛極張燕，及乎雄加李特，閭閻盡遭塗炭，宫闕悉化煙灰。出金盌於人間，那知陵寢；倒銅盤於天上，安問神仙。漢上猪多，命歸屠伯；汴中龍起，城付波臣。摧殘玉葉金枝，酒吞福禄；陷徧薇垣椒掖，錢改永昌。地裂天傾，直使妖纏皇極；山崩日蝕，寧徒禍及方隅已哉！

吾友戴君田有，名高虎觀，才匹龍門。熟千古之興亡，探微抉奥；負三長之學業，撮要搜奇。豈僅一邑災殃，直寫普天怨毒。惟兹桐城縣，地屬江淮，界連楚豫。賊烽剽忽，如豕突之難當；寇勢張皇，非狗偷之易測。雖十年之久，力捍千端；而百折之餘，冤沉九死。若者戰，若者守，塗腦何人？誰主糧，誰主兵，抒肝奚自？某某厲睢陽之齒，某某斷巴郡之頭，某某訂飲於黃龍，某某解圍於白馬；他若星占夢兆，無細不收，其餘物怪人妖，有徵必録。蒼凉一帙，洋灑千言。嗚呼！涓涓蟻漏，釀就江河；點點螢光，焚殘梁棟。誰司國柄，徒立户與分門；孰誤軍機，致養癰而流毒。假令當日者，同懷國恥，文臣果不愛錢；仰答君恩，武士盡甘裹革，則單身而擒方臘，豈少其人；八日而破楊么，寧無是事？横刀追擊，千夫辟易於寄奴；匹馬臨戎，百萬迎降乎盆子。三更來洄曲，鵝鴨盡助軍威；萬衆戰昆陽，虎豹齊驚敵愾。用兵止兵而兵無再試，以賊攻賊而賊不患平。又何至赤眉肆虐，碎十五國之山川；黔首罹殃，喪三百年之宗社也耶！然則兹一録也，宇宙劫灰，古今法鑑。防艱危於無象，灼治亂之有原。陰雨綢繆，思廟謨之宜急；悲風雜沓，較國史而加詳云爾。

同學休寧汪灝紫滄拜稿。

方正玉序

褐夫氏以董醇賈茂之才，具盲左腐遷之識。太冲作賦，紙貴洛陽；伯玉碎琴，聲聞輦下。詞場酒社，争傳驚座之名；歌院禪房，咸誦倚樓之句。顧韓昌黎文高八代，不上宰相之書；趙元叔望重一時，直達司空之座。余生同里閈，誼託姻親，不徒八拜之交，兼有耦耕之約。計十年而屈指，總四海以爲家。奚以爲生，都是記室書傭之職；何從得見，不過郵亭馬上之時。頃以萍踪，相逢燕市。年增興減，都非少日之豪狂；耳熱酒酣，各問别來之著作。出囊中之珠玉，驚目底之琳瑯。更捧一編，用申三嘆，蓋孑遺録之所作，而褐夫兄實具苦心也。吾桐界連楚豫，地通舟車。當朱室之衰微，值黄巾之擾亂。三里之荒城如故，不同國破山河；千家之烟火尚存，豈嘆城春草木。諸賢之功績不少，後人之感戴難忘。不有兹編，誰能永頌。余追維先澤，空傷往事之艱；急付梓人，欲備採風之用。至其文心之細，筆力之奇，上自宫中府中興亡得失之機，下至匹夫匹婦死生榮辱之故，大書特書，可傳可久。崑繩固已及之，而小子何多贅矣。同里方正玉撰。

戴鈞衡編潛虚先生文集目録叙

右潛虚先生文集十四卷。編次之法，略仿唐、宋以來諸家之例而變通之。首論説。次文集序，雜著序，書後亦序體也，附入焉。次書。次贈序，附壽序。次傳，附書事文。震川集以書事入雜著，鄙意名異傳而體同，當與傳爲一。先君序略家傳也，故附之。次墓誌。次山水記。窮鬼傳入雜著者，以其爲游戲之文，仿昌黎集毛穎傳入雜文，不與何蕃傳、王承福傳並也。意園、睡鄉等記亦游戲文，無記事之實，名同實判，故不入記。哀祭贊頌，昔人另爲卷，兹僅數首，遂附之。次紀行，陸放翁、范石湖以紀行入外集，錢虞山編震川集從之，兹編無外集，故另爲一卷。次孑遺録一卷，孑遺録者，紀桐城明末兵變之事，先生生平極意之文莫過於是，向自另爲一書，有北平王源、休寧汪灝、同里方正玉序，兹訂爲一卷，而録王源序於後終焉。通計文二百五十餘首。此外文尚六十餘首，妄爲汰去，類皆持議過當，立言太激，行文太率者，使先生存，自訂其集，所删當不惟是。小子謭陋，於先生文未能窺見區奥，何敢肆意大有去取，姑以鄙見所及者，訂之如此云。

編既成，書其後曰：嗚呼，文章之事，豈不難哉！商周以前無專以文章著者，晚周之世乃稍稍有之，至秦、漢而爲之者益專且衆。司馬子長生漢武之朝，以天授之才，承累世之學，通古今書史之祕，窮天下山水之奇，跡其所遭，極人世萬不可堪之境，侘傺抑鬱，感憤悲傷，以其所蓄，發爲文章，遂以雄於天下，傳於後世。自後世言文章稱大家者，所造雖各有不同，要莫不深有得乎子長之義旨。唐之韓、柳，宋之歐、蘇，明之熙甫，其尤著者也。國朝作者間出，海内翕然推爲正宗，莫如吾鄉望溪方氏，而方氏生平極所嘆服者則惟先生。先生與望溪生爲同里，又自少志意相得，迨老不衰，其學力之淺深，文章之得失，知之深而信之篤者，莫如望溪，望溪推之，學者復何説也。顧望溪生爲顯官，身後著作在天下，而先生摧折困抑，垂老搆禍以死，著作脱軼，莫爲之收，而一二藏書家有其稿者，又祕弗敢出，四方學者徒耳先生之名，求讀其書不可得。文章之遭際，幸不幸固如是耶！

余讀先生之文，見其境象如太空之浮雲，變化無迹，又如飛仙御風，莫窺行止。私嘗擬之古人，以爲莊周之文，李白之詩，庶幾相似。而其氣之逸，韻之遠，則直入司馬子長之室而得其神。雲鶚尤氏嘗謂，子長文章之逸氣，歐陽永叔後惟先生得之，非虚語也。余又觀先生文中自叙及望溪先生所作序文，知先生生平每以子長自命，其胸中藏有數百卷書，滔滔欲出，向令克成，必有不同於班固、范蔚宗、陳壽諸人者，豈僅區區文字足見其得子長之神哉。惜乎有子長之才，不能成子長之志，僅此區區而猶阨抑使不得彰行於世，良可悲已！

先生文集名不一，少時著有困學集、蘆中集、天問集、巖居川觀集，皆不復可見。今世所僅存者，惟門人尤雲鶚刊本，所謂南山集是也。南山集載文止百十餘首，里中吴氏藏有寫本，校尤本文多且半，余假而鈔之。復於許君處見先生手稿，又尤本吴本所未載者。吴本未加編次，尤本編次亦無義例，余乃共取編之。嗚呼！以余所見三本異同如此，此外不可見者，其零散知幾何也。道光辛丑十二月二十九日，宗後學鈞衡謹識。

南山集後序

桐城古文之學，自望溪、海峰、惜抱三先生相繼興起，區區一邑間，斯文之緒，若流水續於大川，莫之或息，抑云盛矣。望溪以義勝，海峰以才勝，惜抱以韻勝，其後先名古文者蓋亦多有，而不能不規規三家之域。嗚呼，豈不難哉！南山先生與望溪同時並名，以身觸文網，所作散佚。予往讀先生經義，歎爲奇絶，因購得所謂南山集者，惜其篇目無多。最後見戴君蓉洲補輯先生文至十有四卷，亟喜而校録之。嗚呼！前史歷載文字之禍，至於湛身而赤族者，何可勝數，然其身雖滅，其書具存。後之人猶得藉考其生平致禍之由，爲之悲歌咏嘆於無已。是其名雖屈抑於一時，而可垂諒於天下後世，猶有幸也。若先生生逢聖祖皇帝郅隆之代，身伏上刑，書刊禁目。世之知者，亦不過視爲汪景祺、查嗣庭之屬，而鄉里承學之士，即欲求其遺編斷簡而表章之，亦怵然心悸而爲之止，則甚矣先生之禍之烈也！

夫先生夙以班、馬自命，有志明史，卒之以此得禍，然當時固有稱其文得太史公逸氣者。今觀其放筆立書，不斷斷於行墨字句，而起伏抗墜不稍捩古之所云，蓋具海峰之才，行望溪之義，至其自然之韻，得天者優，又非如惜抱之涵泳資深而出之者。吾竊以爲讀先生之文，不必於三家之中求其同，亦不必於三家之外求其異。傳曰：「君子以同而異。」其先生之文之謂乎。

先生文自戴君補輯，世頗傳其本，然散佚者尚多，即予所購南山集中，四紀略諸關明季史事亦未之載，他可知矣。先生事蹟，予既爲傳見其概，因並發其所以爲文之義，待與治古文學者商焉。邑後學徐宗亮識。（善思齋文續鈔卷一）

重訂南山集序

予秉鐸桐邑，於今十餘年矣。公事暇閒，嘗與都人士游，談及當代著作之家，恨未之見，而其文章德業載在史册以垂爲不朽者，代不乏人，然年遠難稽，書缺有間，或侵蝕於風霜，或凋零於兵燹，甚至篇殘簡斷，隻字無存，可勝慨哉。予性本好古，博訪旁搜，網羅散失，往往購之於書肆，得之於後人，約計於十百中而得其一二，庶稍慰曩昔之志矣。惟戴田有先生所作古文，直追龍門，而氣魄雄厚，有過之無不及也。當世望溪方氏、慕廬韓氏、武曹汪氏亟稱之，以爲深得古人之法乳，駸駸然登作者堂而嚌其胾，不獨子長孟堅之專美於前也。一時盛行海内，而天下翕然，幾致家有其書，可不謂盛歟。先生遭聖明爲侍臣，極千載一時之遇，惜才不自斂抑，卒以此得禍，悲夫！

是集也，不行於世幾百年，即有一二藏書家偶檢一篇，奉爲至寶，不輕出以示人，則千秋後誰復知有先生之文哉。今幸得先生全集，將謀以鋟諸板，因前集係手録，舛錯互見，致滋閱誤，並代爲校訂，不復致别風淮雨之訛。予雖弗能文，學殖荒落，而殫精竭神，詳爲擇别，庶先生之文歷千古而常新，俾後之覽者，見其文如見其人，而得所宗式焉耳。是爲序。光緒十六年三月中旬穀旦，後學王哲鏡堂氏譔。

張仲沅刻本跋

歲庚子夏，沅與二三朋好縱論桐城古文宗派，如望溪、海峰、姬傳諸先輩皆有全書，傳誦海内，迄今不衰，獨南山先生以文字遘禍，書遂散佚不傳，僉爲太息者久之。遡自道光辛丑，先生之宗裔蓉洲先生始不遺餘力，徧爲搜訪，所得較尤刻原本增多，於是排纂編次，訂爲十四卷，惜乎輾轉傳鈔，未有刊本。至光緒庚辰，合淝王公鏡堂秉鐸於桐，始鐫先生之文以行世。事未蒇而王公卒，書成草草，間有脱落謬訛。沅不敏，讀先生之文，竊惓惓而不忍釋，於是乃取舊鈔蓉洲先生訂本，以及友人之所藏，爲之參校，復旁羅十餘首，編爲補遺三卷附後，付之手民。適民教相讐，津沽事起，而家君又遠宦數千里外，南北阻絶，不通音問者兩月於兹，心緒紛如，校事不無訛誤，竊願海内諸君子讀是書者亮察焉。邑後學張仲沅謹識。

南山集序

當康熙朝，吾縣方望溪侍郎以古文名天下，而同時同邑與之齊名最爲侍郎所心折者，則戴先生名世也。先生字田有，一字褐夫，號憂庵，晚歲築室南山岡，學者稱南山先生。侍郎篤於經學，風檢嚴峻，文肖其行。先生則負逸才，生際鼎革，讀太史公書而慕之，網羅放佚，將欲成一家言，於朝章國故，及倫紀義烈，瑰瑋之行，周諮博訪，若耆欲之切於身，唯恐其不當。不幸家貧，賣文四方，無從容一日之暇得就其業也。其邁往不屑之氣，睥睨一切，時時發現於文字，諸公貴人畏其口，尤忌嫉之。年五十七，始中會試第一，殿試一甲二名及第。又二年而南山集禍作，先生之所欲自奮於不朽以頡頏太史公、歐陽永叔之所爲者，豈唯業之未就，並其身而殉之，玆其可爲痛悼者矣。

先是門人尤雲鶚刻先生古文曰南山集，而方侍郎爲之序，集中有與余生書，稱引明季三王年號，又引及方學士孝標所著滇黔紀聞。趙公申喬方掌風憲，奏劾南山集狂悖不道，遂逮下獄。時學士已前卒，侍郎實與之同宗，又序南山集，坐是方氏族人及凡挂名集中者皆獲罪。先生在獄兩載，九卿奏當極刑，猶賴聖祖矜全其宗族，又以安溪李公言，宥侍郎及其全宗。竊嘗究觀是獄而深疑焉，先生雖輕世肆志而雅尚儒術，尤喜推大忠孝之節，既爲清臣，復何所不足而致其怨望，其書具存，可覆按。趙公號爲名臣，又上值仁聖之主，區宇乂安，群萌被澤，先生乃獨以文字受禍如是之烈，至今以爲口實，其故何也？豈非天下初定，文儒學士議論之向背足以移易世風，民情易蕩而難靖。觀近者種族革命之説興，而累世之基涣於一旦，則當時君相之必嚴懲之以遏其萌者，誠計深慮遠，而有所不得已也。雖然，行之而可久者道也，勢則有時而窮。勢之既窮，則前之抑者愈甚，後之動而反也愈力，固不如大同壹納於道者之無所於競也。夫道與勢之勝負，必要其終極而後知，而當其始固未暇恤一人之冤，坐貽宗社傾危之禍，而先生不幸遂罹其殃也，悲夫！

先生既得罪，南山集燬矣，私家間有寫本，隱其姓名曰宋潛虚集。光緒初，禁網大弛，書賈争傳印，訛奪不可讀。先生嘗自言，其文未經鍛鍊，欲細加别擇，更定而後出。今所行率多應俗之篇，既知其不欲存者，惜哉其不自定之也。侍郎亦謂尤氏所刻猶非褐夫之文也，褐夫之文蓋至今藏其胸中而未得一出焉。杭縣邵君伯絅，好先生文特甚，謀欲精刻之，以校訂之役見屬，因本先生别擇更定之義，集録其文百六十四首，爲十四卷，蓋先生文之精者具此矣。至其藏之胸中而未得出者，已終古不可復見，又寧獨先生之不幸也哉。故余頗推論其學行及被禍始末，以待後人考鑒焉。民國乙卯春，桐城馬其昶撰。

吾友邵伯絅近抄得是集，欲謀付梓，屬馬君通伯爲别擇，定爲百六十四篇，馬君爲之序。余既點定是集，并搜遺篇，邵君見之，以重校之役見屬，因手録馬序於此。退舟民國六年三月廿五日記。

樹民按：馬氏序文録自周貞亮本，與抱潤軒集所載南山集序對勘，頗有異文，而大旨無殊。周氏録此文於民國六年，而抱潤軒集刊於民國十二年，是馬氏付刊時已略作删潤，今既取周氏附記之語，故原文亦用周氏所録者。二本異文之有關係者，則周鈔本作「十四卷」，文集本作「十二卷」；周鈔本文末作「民國乙卯春，桐城馬其昶撰」，文集本無之，而於題下注明「甲寅」，此皆小有出入者。周氏又鈔有徐宗亮後序，而未作附識，本書已别收爲附録，故不具。

周貞亮題記

南山集舊得袖珍刻本十四卷，爲桐城戴存莊先生所編輯，題曰宋潛虚集。以爲南山被禍，書遭焚燬，刊集者特諱其名，後讀蕭敬孚所撰戴憂庵先生事略，乃知桐城鄉人於南山本有此稱，蓋戴出於宋，非諱之也。其書久置案頭，不知何時爲人攜出，復見大字活本，亦十四卷，後多紀事文四首，則訛脱百出，不及刻本遠甚。此本近時所出，亦活印本，校大字本多文數首，喜多未見之篇，因勉留之。乃一展卷，則訛謬之多較大字本又加甚，因歎近時活版盛行，舊籍名編無不遭其壞亂，真書妖也。南山文學下中，生平以古文自負，其實眼光識力不出時文當家，以視方、姚兩家，未能並駕。特其下筆超逸，雅有雋才，而得禍之奇，爲古今文人所罕有，故海内咸深惜之。而其鄉人遂爲搜輯遺編，寶愛流傳於無已，以此見公道之在人心，而文人之不幸而以文得禍者，其精氣卒不可泯滅，有如此也。余得此集，既喜其多文數首，回憶舊藏刻本已不可得，因假大字活本細加校勘，正其訛脱，居然改觀。中間有目無文者六首，從大字本抄出三首，附於簡末。持較近時國光社所印戴褐夫集，又得未見之文三首，當并補入，庶幾此集亦可讀矣。然吾聞戴氏編此集時，删去文八十餘首，而蕭氏於戴本外得文百餘首，并詩三十首，今皆不知流落何所。海内好事者倘并得之，用以編成全集，重刊以廣流傳，豈非藝林盛事耶，書以俟之。民國四年十月國慶日，退舟識。（見北京圖書館藏周氏手校本）

樹民按：周子幹題記稱，南山集袖珍本十四卷，題曰宋潛虚集，應爲戴存莊編定後較早之刻本。存莊死於太平軍之難，其書亦燬，故所編之潛虚集惟有鈔本流傳，其後雖有刻本而訛誤脱略甚爲嚴重，不知周氏所稱之袖珍本是否即光緒二十一年之印鴻堂本，抑更在其前？又戴存莊所編之全集，自稱删去文六十餘首，今題記作八十餘首，蓋一時筆誤。

戴南山集序

戴南山集十四卷，爲道光時戴蓉洲所編，云：「計文二百五十餘篇，汰去立言太激者六十餘篇。」書成未刊。光緒時，王鏡堂始爲鐫版，補遺三卷，則爲張仲沅輯刊。按戴名世，桐城人，字田有，一字褐夫，别號憂庵，康熙己丑進士，官編修。早年聰穎，才思艷發，好讀左氏及太史公書，尤留心有明一代史事。網羅放佚，時訪遺老，考求故實，冀訂成一書，藏之名山。後以南山集所載與余生書，語涉永曆，爲左都御史趙申喬參劾，事下刑部，竟坐大逆伏法，株連獲譴者數十人，論者至今冤之。嗚呼！專制時代文字之獄至慘酷矣。南潯莊氏史案，凡託名者不少研核，一皆淫刑以逞，何異祖龍坑儒，此最爲清朝莫大罪案，歷史上留一污點。而南山一案，實趙氏造成之，不識趙之於戴有何嫌怨，甘冒天下之不韙，諂媚異族，出此毒計，竟不顧一切，衹以惡一人而累及方氏等數十人，不太酷且冤乎。趙氏武進人，俗謂其論學以不欺爲本，今觀南山一案，所謂不欺者安在？既欺士類，又欺君父，又以自欺，天下後世謂之何哉！夫身爲御史，其他政績全無，而獨以好摧殘士流、詆排善類聞，竊爲趙氏不取也。欲以害之，適以成其名。身可殺，而名不可殺，書雖禁，而南山集依然流傳於千載，至此又不得不笑趙氏之愚也。集中魏其論云：「夫君子處亂世，不幸而遇小人，遠之亦死，近之亦死，而吾謂遠之猶可以得生。彼小人見君子一切與己乖異，固已欲殺君子。」先大人詩序云：「嘗以謂小子曰：『吾其死於憂乎。吾死，禍必及子，然毋效我憂也。』」困學集自序云：「余多憂之人也，又生而遭多難，惴惴莫必其命。」與劉大山書云：「僕古文多憤世嫉俗之作，不敢示世人，恐以言語獲罪。」小人之欲殺先生，先生固自知之，惜乎能知之能言之，而仍不能遠之改之，此其所以不免。集中罵世之語曰：「苟有毫髮之不同於世俗，則必受毫髮之困折，以至不同於世俗者愈甚，則困折亦愈多。而昏庸之極者，則樂安亦處其極，苟有毫髮之昏，則亦必享毫髮之福焉。」又云：「嗚呼！士之能自竪立而不與世披靡者，抑已少矣。」又云：「彼妄庸人者，如今之所謂名士。」又云：「是爲今之名士tried低就一格，以爲其妄庸地也。」戴氏生於順治十年，原非明之遺老，身應科第，服官朝列，亦非有仇滿之心。祇以天性高傲嫉俗，眷懷祖國，傾慕忠義，欲以揚清激濁爲己任，好駡世而仍不忘於世，貪圖富貴，與小人同朝，此亦有自取之咎。吾恐爲趙氏者定非一人，不得專咎趙氏別有肺肝，不過趙氏終不免爲小人之尤耳。

明、清之制義盛極一時，而有識之士獨非之。先生少以時文著，顧所作諸制義序，即借制義以駡制義，斥之爲腐爛，爲臭敗，爲蕪穢，甚至云：「欲天下之平，必自廢舉業之文始。」然則舉業之文久廢，今且提倡語文，而天下仍不治，何也？古文之制義與腐爛之時文，相去幾何？臭敗之制義似尚高出於今之語文，而今之語文豈非盛極一時者乎，設使先生見之，其痛詆之又當如何耶！虞初新志有方亨咸所撰老神仙傳，甚奇，今閱此集，亦載之，方知老神仙爲陳士慶，其事信而有徵，真妖人也。

集中烈婦、節婦之傳竟至十九篇之多，爲從來文集中所罕見，發潛闡幽，無微不至。以關心忠義節烈之事如此其塞淵愷惻者，而世之人忍甘心焉，其自待誠居何等哉！詩云：「憂心悄悄，慍於群小。」此「憂庵」之所以爲號，誦莊子「直木先伐，甘井先竭」之語，亶可悲矣。予尤服膺兩語，如闕里紀言序云：「故佛之佛易去也，儒之佛不易去也。明心見性之佛易去，福田利益輪廻死生之佛不易去也。」與弟書云：「宇宙間物，人盡取之，獨讀書一事留遺我輩，此固人之所不能奪，而忌且怒焉固無傷者也。」皆如予意之所欲云，是以於其文頗能契入。尤氏原刻祇文一百餘篇，序言係戴自撰。所謂余生，即其門人舒城余湛，字石民，瘐死獄中。觀日本風土記一篇「洗街」之舉，最爲殘忍，好殺之風，自古已然。予未讀是集以前，意南山是一名士，今既誦習以後，乃知南山萬非尋常名士所能概，是故讀其書悲其人，爲尚論如右。至其文章之美，前人論之已詳，何贅爲。民國二十三年九月上澣，南匯朱太忙撰序。（上海大達書局印行戴南山集）

四　傳記資料

清史稿戴名世傳

戴名世，字田有，桐城人。生而才辨雋逸，課徒自給。以制舉業發名廩生，考得貢，補正藍旗教習。授知縣，棄去。自是往來燕趙、齊魯、河洛、吴越之間，賣文爲活。喜讀太史公書，考求前代奇節瑋行，時時著文以自抒湮鬱，氣逸發不可控御。諸公貴人畏其口，尤忌嫉之。嘗遇方苞京師，言曰：「吾非役役求有得於時也。吾胸中有書數百卷，其出也自忖將有異於人人，然非屏居深山，足衣食，使身無所累，未能誘而出之也。」因太息别去。康熙四十八年，年五十七，始中會試第一，殿試一甲二名及第，授編修。又二年而南山集禍作。

先是門人尤雲鶚刻名世所著南山集，集中有與余生書，稱明季三王年號，又引及方孝標滇黔紀聞。當是時文字禁網嚴，都御史趙申喬劾南山集語悖逆，遂逮下獄。孝標已前卒，而苞與之同宗，又序南山集，坐是方氏族人及掛名集中者皆獲罪，繫獄兩載。九卿覆奏，名世、雲鶚俱論死，親族當連坐，聖祖矜全之。又以大學士李光地言，宥苞及其全宗。

申喬有清節，惟興此獄獲世譏云。名世爲文善叙事。又著有孑遺録，紀明末桐城兵變事，皆燬禁，後乃始傳云。

戴先生傳

戴先生諱名世，字田有，一字褐夫，世居桐城南山，以孝弟力田聞。先生少負奇氣，不可一世，文章學行，争與古人相後先，尤以史才自負，喜網羅明代逸事。既窮而游，多憤時嫉俗之論，以是積學之士皆慕其才與之交，而馳聲利挾權勢者則畏其口而忌其能，先生由是益困。康熙己丑，年五十七，始成進士，及第第二人，授翰林院編修。

當是時，詔修明史數十年矣，以史館徵求遺書，凡事涉革除之際，民間多諱不録，屢裁稿而未告成。先生心竊痛之，嘗著孑遺録以見其概，又有與余生書〔一〕。先生是書並載南山集，世久序而行之。先生及第後二年，左都御史趙申喬追論其事，坐擬淩遲，聖祖皇帝特恩減等論死，而余生先瘐死獄中，因連獲譴者凡數十人，所著南山集遂禁不出。後百餘年，邑後學戴鈞衡搜輯逸稿，編爲十四卷。先生死年六十一，無子，弟輔世歸葬之南山硯莊。

論曰：伏讀高宗皇帝御批通鑑輯覽，以福、唐、桂三王終明代焉。大哉王言，非以著萬世之公哉！趙申喬疏摘南山集有狂悖語，世傳即指與余生書，故備著於編，以俟榷史者考之。嗚呼，可悲也夫！邑後學徐宗亮謹撰。（善思齋文續鈔卷二）

〔一〕「又有與余生書」，下以「曰」字起録其全文，已見本書卷一，今從略。

戴憂庵先生事略

康熙五十二年歲在癸巳，二月初十日，戴憂庵先生伏法於京師，其從弟輔世扶櫬歸葬桐城南山岡硯莊之陽。當時以先生觸忌諱得罪，傳狀銘幽之文闕焉，迄今百四十餘年，墓道荒蕪，父老過客且有不識爲誰氏之冢，特其文名尚爲四方學者所稱道。然其淺者但知先生舉業之文，稍深者亦僅知先生之古文而已，至其生平留心先朝文獻，嘗以有明一代之史事爲己任，與其遺事，概未嘗聞，且多有附會謬妄失實之説。予年十六七，曾得先生四書文及古文百餘篇，時時心摹手追，稍知古文時文塗轍。稍長，乃徧搜輯先生遺書與文。今又幸逢聖天子久除文字之禁，乃據遺書及家乘，並鄉先輩遺集遺言，先生生平文字最精粹者酌裁數篇，輯爲事略，以示鄉邦後進焉。

謹案，先生姓戴氏，諱名世，字田有，一字褐夫，號藥身，又自號憂庵，身後鄉先輩及四方學者皆稱之曰宋潛虚先生，以宋爲戴族所自出也。先世洪武初自徽州之婺源徙居桐城，家世孝弟力田，至南居府君族始大，尤多隱德，所居地曰南灣，因以爲號，繼乃遷於縣治之城東〔一〕。面峰之幼子曰默齋，爲處州經歷〔二〕。祖古山先生官江西，回侍養山中，後因家焉。父碩，字孔萬，邑博士弟子，爲人醇謹忠厚，與人語輒以爲善相勸勉，無賢愚皆服其長者，尤喜詩，辭多悲楚，凡百餘卷。先生幼聰穎，六歲從塾師受學，中間以疾未能專讀，凡五年而四書五經畢。自是窺探經史百家，即善爲古文辭。年二十，授徒養親，事里中潘蜀藻先生江，且多借其藏書觀之。是時長洲韓文懿公菼，以雄峻古雅之文登高第，爲天下宗仰。先生少好爲妙遠不測之文，頗爲鄉里姍笑，惟縣司教王先生我建及潘先生奇之，且以宗伯韓公相擬，先生大父古山先生亦勉勿怠，不以窮困爲嫌。

康熙庚申，先生年二十八，入縣學爲諸生。是冬，父霜巖先生卒，先生明年乃編訂其遺詩及自訂古文初集、周易文稿。又四年乙丑，以廩生得選拔貢生，督學使者爲諸城劉公木齋、吉水李公振玉，咸以國士相目。丙寅冬入京師。明年，以選貢生考取補正藍旗教習，考授知縣，應京兆試，被放。戊辰、己巳之間，應山東學使某公之聘，自燕踰濟，游於渤海之濱，徧歷齊魯之境。己巳夏，自河濟入京師，居三年，授經於李太常愚庵家。壬申冬十月，祖古山先生卒。明年，元配李孺人卒。是年乃客福建，明年游淮上，又明年入京師，居二年。丁丑之春，自京師返金陵。明年秋九月，母方孺人卒。庚辰之春，操房書選政。夏五月，應浙江學使姜公之聘，姜公詩文教令多出其手。冬十二月，仍回金陵。明年，再赴姜公之約往浙江，且游覽爛柯、雁蕩、大龍湫、赤城、天台諸勝，次第爲文記之。而金陵門人尤雲鶚以平日所藏先生古文百餘首雕刻行世，名曰南山集偶鈔，是時先生已買宅里中之南山，將歸隱，故取以名其集，志歸隱之地也。壬午之冬，乃自江寧歸里，居南山所謂硯莊者。又二年甲申，復客游姑蘇。明年乙酉，應順天鄉試，中式舉人。又明年，會試被黜，乃自京師復客吴門，操房書之選。又明年秋，乃客江都並淮上，又客南陵。先生嘗編訂四書朱子大全，是年冬告成。明年，過淮上入京師，錢塘友人程逢儀鳳來爲鋟板以廣其傳，先生序之，略曰〔三〕。明年己丑，會試，中式第一名貢士，殿試欽點一甲二名進士，授職翰林院編修，時先生春秋已五十有七矣。又二年，以南山集獲罪。獄辭具於辛卯之冬，又二年論死。蓋先生少即以明史自任，嘗徧訪遺書，網羅故老傳聞，欲以成一家之言。時鄉先輩方學士孝標，故翰林，失職游滇中，陷而歸，著有鈍齋文集滇黔紀聞等書〔四〕，先生日記中頗采其語，姓而不名。且與余生書曰〔五〕。蓋年少氣盛，擇言不精，輕論史事，實非熙朝臣子所宜出此，然至是已二十餘年矣。至康熙辛卯冬，武進趙都諫申喬據南山集題參，而同時又多忌先生名者，力擠之，故當時仁廟方拔起天下英偉之才，相國安溪李公雅重先生，欲疏救於萬死一生之地，卒不可得。然尚賴仁廟寬仁，減吏議極刑，改死罪而已。牽連三百餘人，悉爲保全，而先生宗族及子弟悉蒙寬宥。方氏遺戍及隸旗籍者，雍正元年，恩詔均爲宥赦焉。

桐城經學文章之端，開自錢先生田間，其後望溪方侍郎昌而大之。先生亦自幼殫精經史，得禍後，多所未究，其緒論惟見之於遺文。嘗曰〔六〕。先生於經持論平允多類此。而平生最精者尤在史學，嘗著論曰〔七〕。先生於文，幼有天授，才氣汪洋浩瀚，縱横飄逸，雄渾悲壯，深得左、史、莊、騷神髓。嘗以其所得暢發之於書曰〔八〕。又曰〔九〕。又嘗論曰〔一〇〕。蓋先生之論文如此。先生生於國朝昌隆之際，人才極盛之秋，所與交游砥礪學業，四方豪傑英偉莫不傾倒。尤留心先朝文獻，蒐求討論，自以爲此古今大事，不敢聊且爲之，欲入名山中，滌洗心神，餐吸沆瀣，息慮屏氣，久之乃敢發凡起例，次第命筆。而不幸死喪相繼，家益落，衣食於奔走，又以奇禍困躓顛倒，含恨而歿。千秋大業，卒未能顯於世，徒以區區文字爲世所稱道，豈先生之本意哉！

先生堅苦力學，晚益深造自得，不肯一刻離書。在獄中約計一載餘，以昔所編訂四書朱子大全鐫板行世，尚以爲未盡也，復取原書增損，條記簡端，硃墨淋漓，蓋此書羽翼經傳，爲程朱功臣，故慇懃爲後學計尤切。其史學可見者，則孑遺録一卷及集中紀略並忠義諸傳而已。往者戴存莊孝廉鈞衡嘗搜輯先生散軼之文，合偶鈔本編爲潛虚先生全集，成十四卷。予又搜求得紀略四首及他雜文百餘首，詩三十首，俟他日訪求更有所得，乃合存莊所編本細加采擇，别分卷帙，今姑記其大略如此。

先生生於順治十年癸巳三月十八日，年六十有一。母方太孺人，生二子，先生居長。元配李孺人，無子。弟平世，歲貢生，亦以學行見稱於世。咸豐庚申冬十月，邑後學蕭穆謹狀。（敬孚類稿卷九）

〔一〕「遷於縣治之城東」，此下録先世遺事記南居訓誡其子面峰不取金寶事，見本書卷六，今從略。

〔二〕「爲處州經歷」，此下録先君序略高祖默齋與曾祖孟蕣之事，見本書卷六，今從略。

〔三〕「先生序之，略曰」，此下節録四書朱子大全序之文，見本書卷三，今從略。

〔四〕「鈍齋文集滇黔紀聞等書」，按滇黔紀聞爲鈍齋文集中之篇目，非單獨成書。此用全祖望之語，全氏則據傳聞之辭而書者。

〔五〕「與余生書曰」，此下録其全文，見本書卷一，今從略。

〔六〕「嘗曰」，此下取自周易文稿序之文，即「易之道大矣，夫子以爲可以寡過」云云。又讀易質疑序之文，即「九師興而易道微，三傳作而春秋散」云云。皆見本書卷三，今從略。

〔七〕「嘗著論曰」，此下録史論之文，見本書卷十四，今從略。

〔八〕「嘗以其所得暢發之於書曰」，此下取自答伍張兩生書之文，即「蓋予嘗讀道家之書矣」云云，見本書卷一，今從略。

〔九〕「又曰」，此下取自與劉言潔書之文，即「文章之爲道，雖變化不同，而其旨非有他也，在率其自然而行其所無事」云云，見本書卷一，今從略。

〔一〇〕「又嘗論曰」，此下取自章泰占稿序之文，即「質者，天下之至文者也。平者，天之至奇者也」云云，見本書卷三，今從略。

南山先生軼事

戴南山既死於清初文字獄，世人皆務去其事，故當時人之文集筆記中其事極罕見，今輯録有關者數條於此。樹民記。

此亡友宋潛虛作也。潛虛少時文清雋朗暢，中歲稍廉悍，晚而告余曰：「吾今而知優柔平中，文之盛也，惟有道者幾此，吾心慕焉而未能然。」世所見潛虛文多率爾應酬之作，其稱意者每櫝而藏之，曰：「吾豈求知於並世之人哉，度所言果不可棄，終無沈没也。」是編其中歲所作，自謂稱意櫝而藏之者。潛虛無子，其家人言櫝藏之文近尺許，淮陰某人持去，或曰尚存，或曰已失之矣。嗚呼！是潛虛所自信爲終不沈没者，其果然也耶？（方苞

望溪先生文集集外文卷四書先君子家傳後）

戴名世以南山集下獄，上震怒，吏議身磔族夷，集中掛名者皆死。他日，上言汪霦死，無能古文者。公曰，惟戴名世案内方苞能，叩其次，即以名世對。左右聞者無不代公股栗，而上亦不以此罪公。（同上集外文卷六安溪李相國逸事）

余每戒潛虛當棄聲利，與未生歸老浮山，而潛虛不能用，余甚恨之。辛卯之秋，未生自燕南附漕船東下，至淮陰，始知南山集禍作。（同上卷七送左未生南歸序）

壬辰聞方靈皋以戴田有事被逮，癸巳事解，抵今甲午十月乃過存。……問曩事，靈皋曰：「田有文不謹，予責之，後遂背予，梓南山集。予序亦渠作，不知也。」（李塨恕谷後集卷三甲午如京紀事）

丁丑夏，余讀書長干僧舍，書肆間人以評定是科小題之役爲請，余却去之。入秋，游樅川，其間有所謂浮山者，山之最小而奇者也。……書肆間復以前之役爲請，余曰：「嘻！余浸假而使天下之人之心皆化而爲浮山之勝者，其將在此乎。」今夫人心之靈，其嵌空玲瓏而多竅也，奚特浮山，窮其心之所入也，其微茫幽渺之境以千萬數而有不能盡者焉。殫其心之所出也，其恢奇怪偉之狀以千萬數而有不能盡者焉。然而人之塞其途，堙其域，終古爲塵沙泥淖壅閼乎其中，茫茫乎若渾沌然者，固皆是也。戴子田有家樅川間，心飫乎浮山之勝者也，曰：「顧安得儵與忽爲彼渾沌者鑿而開之，使心之靈披豁而呈露，則其奇豈特一卷石之多已乎。」余曰：「然。然而余之於斯役也，固已甚樂乎作者之心，人人搜奇探奥如浮山也，而特不能必讀書者之心果披豁呈露如浮山抑否也。則斯役也，或者其可以已乎。」田有笑曰：「子姑爲儵與忽可也。」（劉巖匪莪堂文集卷二小題立誠集序）

江浙兩大獄記

本朝江、浙有兩大獄，一爲莊廷鑨史禍，一爲戴名世南山集之禍，予備記其始末，蓋爲妄作者戒也。（莊案從略）

桐城方孝標，嘗以科第起，官至學士。後以族人方猷丁酉主江南試，與之有私，並去官遣戍。遇赦歸，入滇，受吴逆僞翰林承旨。吴逆敗，孝標先迎降，得免死，因著鈍齋文集滇黔紀聞，極多悖逆語。戴名世見而喜之，所著南山集多采録孝標所紀事（一），尤雲鶚、方正玉爲之捐貲刊行，雲鶚、正玉及同官汪灝、朱書、劉巖、余生、王源皆有序，板則寄藏於方苞家。都諫趙申喬奏其事，九卿會鞫，擬戴名世大逆，法至寸磔，族皆棄市，未及冠笄者發邊，朱書、王源已故免議，尤雲鶚、方正玉、汪灝、劉巖、余生、方苞，以謗論罪絞。時方孝標已死，以戴名世之罪罪之，子登嶧、雲旅，孫世樵並斬，方氏有服者皆坐死，且剉孝標尸。

尚書韓菼，侍郎趙士麟、御史劉灝，淮揚道王英謨，庶吉士汪份等三十二人，並別議降謫。疏奏，聖祖惻然，凡議絞者改編戍，汪灝以曾效力書局，赦出獄，方苞編旗下，尤雲鶚、方正玉免死，徙其家，方氏族屬止謫黑龍江，韓菼以下平日與戴名世論文牽連者，俱免議。是案也，得恩旨全活者三百餘人。康熙辛卯、壬辰間事也。（全祖望鮚埼亭集外編卷二十二）

〔一〕「所著南山集多采録孝標所紀事」，此説不符合事實。全氏蓋未見南山集與滇黔紀聞，惟憑傳聞而記事，故記桐城方戴兩家書案作者稱其「既失之疏略，又失之無據」也。

記桐城方戴兩家書案〔一〕

鄞人全氏祖望江浙兩大獄記，既失之疏略，又失之無據，此等文不作可也。湖州莊氏史案，各書記載疏舛互見，惟歸安楊氏鳳苞及陳氏培根兩君所記最得其真，首尾詳備，足以信今傳後。惟吾鄉方、戴兩家書案原委，外間至今有不得其底，非誣即疏也。今春夏之間，在家養疴，本鄉荒歉，待哺嗷嗷，無法一一周濟，中心抑鬱無聊，雜檢家中舊藏記載，病間之餘，聊以遣悶。適有客來訪，詢及吾鄉故事，並及鄉先生戴編修名世南山集及方學士孝標滇黔紀聞之書有何大逆不道，爲武進趙刑部申喬所劾。余既據兩家原書大旨，并參鄉先輩相傳，暨趙公參摺，聖祖仁皇帝諭旨，及記載所有，一一答之，客即請所語隨筆録出，以訂外間流傳失真之故。此案雖發之戴氏，然非方氏先有滇黔紀聞之書爲戴氏所見，則戴氏之書可以無作，故先從方氏之書説起。而方氏書案之前，已有順治丁酉江南科場一案，因波及牽連，先書於首，以著方氏祖孫父子先後遣戍始末云。

方玄成，字孝標，後避諱以字行，别號樓岡，爲明代太僕寺少卿方黄中先生大美之孫，國朝少詹事方坦菴先生拱乾之長子。順治丙戌舉人，己丑進士，改庶吉士，歷任内弘文院侍讀學士，兩充會試同考官。順治十一年，詔舉詞臣之品學兼優者十一人侍帷幄備顧問，世祖章皇帝親選其七，玄成與焉。明年，舉行經筵，講官例用閣部大臣，孝標以學士被簡用，稱異數。世祖嘗呼樓岡而不名。一日顧謂曰：「方學士面冷，可作吏部尚書。」

十四年丁酉，江南鄉試，正考官方猶，副考官錢開宗，孝標第五弟章鉞中式。場後外間以此科闈中取不公，物議紛起。旋經給事中陰應節參奏：「江南主考方猶等弊竇多端，物議沸騰，其彰著者，如取中之方章鉞，係少詹事方拱乾第五子，孝標、亨咸、膏茂之弟，與方猶聯宗有素，乘機滋弊，冒濫賢書，請皇上立賜提究嚴訊」云云。世祖赫然震怒，先將方猶、錢開宗及同考試等官革職，並中式舉人方章鉞刑部差員役速拿來京，嚴行詳審，方拱乾著明白回奏。十二月乙亥，少詹事方拱乾回奏：「臣籍江南，與主考方猶從未同宗，故臣子章鉞不在回避之例，有丁亥、己丑、甲午三科齒録可據。」下所司查議。至十五年戊戌春三月庚戌，世祖親覆試丁酉科江南舉人。戊午，先將本科准作舉人七十五人，其餘罰停會試二科二十四人，文理不通革去舉人十四名。至十一月辛酉，世祖親定方猶、錢開宗兩主考官即行正法，同考試官均即處絞，方章鉞等八人俱着責四十板，家産籍没入官，父母兄弟妻子併流寧古塔。居二年，世祖每見方孝標舊講章必稱曰才人，以子嘉貞上書訟冤，故詹事拱乾，學士孝標，祖孫父子乃得釋歸。

至康熙十二年，有所親某官貴州貴陽府，孝標夙慕滇黔山水，乃往訪所親，藉資游覽彼處風景。未幾，吴三桂反滇中，黔撫叛附，凡外間游客之在雲、貴者均被拘留。孝標乃佯狂不省人事，方食，忽自嚼椀，嫠面，坐卧不避污穢。月餘後，守者以爲風顛，防之稍疏，孝標乘間逸去，剃髮爲僧，名方空。間道奔湖南衡州，以僧服見大將軍裕親王，王深嘉之，欲聞於朝，孝標辭曰：「老母年八十餘，日夜望兒歸，今得以不辱之身歸見老母足矣。」王曰：「方先生可謂忠孝兩全矣。」授以國書龍牌。歸至江寧，繳牌督署。時總督麻勒吉手書致公，有云：「惟有將老先生一片忠誠，逢人説不置耳。」孝標歸，乃追記在滇黔時所聞所見明季國初以來彼邦時事，刊入生平所撰鈍齋文集中，其書當時約有流布。此孝標晚年著此書原委如是也。

時邑人戴名世亦與孝標晚年相接。名世字田有，號褐夫，别號憂庵。早年聰穎，才思豔發，好讀左氏、太史公書，尤留心有明一代史事，網羅放失，時訪明季遺老，考求故事，兼訪求明季野史，參互考訂，以冀後來成書，仿太史公之意，藏之名山。嘗見方氏所撰滇黔紀聞之書，未及深考。康熙某年，其門人有舒城余湛字石民者，偶與釋氏犂支相晤，談桂王時事，蓋犂支本宦者，後因桂王爲吴三桂所害，此宦者乃皈依釋氏，改名犂支。時名世聞之，乃往余生處訪問，而犂支已去，不及相見，名世歸，乃屬余生將所聞於犂支者一一書示。逾年名世得余生所記，後得方氏滇黔紀聞，考其同異，并以所疑致書於余生〔二〕。乃康熙二十二年癸亥時事也。

至三十九年庚辰，至四十年辛巳，戴氏均膺浙江學使保德姜侍郎橚之聘。姜公稍助買山之資，又以前此十五六年幕囊存於友人趙良治所，趙爲買田五十畝，屋一區，於故里南山岡。以四十一年壬午冬由江寧卜居於此。時其門人尤雲鶚生平所鈔戴氏文百餘首，爲之付梓，因卜居南山岡，即以南山集命名，此與余生書即刊入集中，自云此集僅得全集五股之一，其集頗流行外省。至四十八年己丑，會試中式第一名，進士殿試第一甲第二名，授翰林院編修，年已五十有七，在京供職。

至五十年辛卯冬十月丁卯，左都御史武進趙申喬據南山集奏參〔三〕。得旨：「這所參事情，該部嚴察審明具奏。」旋據九卿議：「戴名世一案。我朝定鼎燕京，剿除流寇，順天應人，得天下之正，千古之所未有也。七十載萬國朝宗，車書一統，薄海內外，咸奉正朔。皇上御極以來，隆禮前朝，軼古越今，天下人民咸戴生全義育之恩，淪肌浹髓。方孝標喪心狂逆，倡作滇黔紀聞，以至戴名世摭飾其間，送書流布，多屬悖亂之語，罔識君親之大義，國法之所不宥，天理之所不容也。」又刑部：「爲題參事。今看得左部趙參戴名世一案，夾訊戴名世供：『南山集，孑遺録方正玉刻的，南山集係尤雲鶚刻的。雲鶚是我門生，我作了序，放他名字。汪灝、方苞、方正玉、朱書、王源序是他們自己作的。劉巖未有作序。我與余生書內有方學士名，即方孝標。他作的滇黔紀聞內載永曆年號，我見此書即混寫悖亂之語，罪該萬死』等語。訊問方登嶧供：『我自幼繼與方兆及爲子。我生父方孝標的滇黔紀聞，我聽見戴名世被參之説，書內有方學士書，我問我姪方世樵，説家中有鈍齋文選板，我叫世樵寄信燒燬』等語。據方世樵供：『我寄信燒燬板是實，那滇黔紀聞即鈍齋文選內二篇書』等語。據方苞供：『我不合與戴名世作序收板，罪該萬死』等語。據方正玉供：『孑遺録是我銀子刻的，序文是我的名字，有何辨處』等語。套訊尤雲鶚供：『我先生戴名世書是我銀子刻的，序文是我先生作的，放我名字』等語。查戴名世書內欲將本朝年號削除，寫入永曆大逆等語。據此戴名世照律凌遲處死。伊弟戴平世斬決。其祖父父子兄弟、異姓伯叔兄弟之子，俱解部立斬。其母女妻妾、姊妹子之妻妾、伯叔父兄弟之子，給功臣爲奴。方孝標身受國恩，尊崇弘光、隆武、永曆年號，大逆已極，依律凌遲，今已身故，應剉骨，財産入官。伊子方登嶧、方雲旅、方世樵，照律斬決。孝標族人不論已否孝服盡，除已嫁之女外，一應放黑龍江。汪灝、方苞應絞立決。方正玉、尤雲鄂妻子放寧古塔。劉巖僉妻流三千里，至配所責四十。原任尚書韓菼三十七人，俱係時文，毋庸議。余生等六人，至拿到日再結。王源、朱書已經病故，毋庸議。南山集板燒燬，行文各省，將方孝標、戴名世所造之書，查出燒燬。」

五十一年壬辰春正月丙午，刑部等衙門奏：「察審戴名世所著南山集、孑遺録内有大逆等語，應即行凌遲。已故方孝標所著滇黔紀聞内亦有大逆等語，應剉其屍骸。戴名世、方孝標之祖父子孫兄弟及伯叔父兄弟之子年十六歲以上者，俱查出解部，即行立斬。其母女妻妾、姊妹子之妻妾、十五歲以下子孫伯叔父兄弟之子，亦俱查出，給功臣家爲奴。方孝標歸順吴逆，身受僞官，迨其投誠，又蒙恩免罪，仍不改悖逆之心，書大逆之言，令該撫將方孝標同族人，不論服之已盡未盡，逐一嚴查，有職銜者盡皆革退，除已嫁女外，子女一并即解到部，發與烏喇、寧古塔、伯都納等處安插。汪灝、方苞爲戴名世悖逆書作序，俱應立斬。方正玉、尤雲鄂聞拿自首，應將伊等妻子一并發寧古塔安插。編修劉巖雖不曾作序，然不將書出首，亦應革職，僉妻流三千里。」上曰：「此事著問九卿具奏。」案内方姓人俱係惡亂之輩，方光琛投順吴三桂，曾爲僞相，方孝標亦曾爲吴三桂大吏，伊等族人不可留本地。」

夏四月壬戌，刑部等衙門議覆戴名世等一案，上諭大學士等：「案内擬絞之汪灝，在内廷纂修年久，已經革職，着從寬免死，但令家口入旗。方登嶧之父曾爲吴逆僞學士，吴三桂之叛，係伊從中慫慂，僞朱三太子一案亦有其名，今又犯法妄行，方氏族人若留本處則爲亂階矣，將伊等或入八旗，或即正法，始爲允當。此事所關甚大，本交内閣收貯，另行啓奏。」

五十二年癸巳春二月乙卯，大學士等以刑部等衙門審擬戴名世私造南山集照大逆例凌遲一案請旨，上諭：「戴名世從寬免凌遲，著即處斬。方登嶧、方雲旅、方世樵俱從寬免死，并伊妻子充發黑龍江。此案内干連人犯，俱從寬免治罪，著入旗。」

謹案，戴名世伏法，其家人等均蒙聖祖仁皇帝恩，不惟免死，亦未從方登嶧遣戍。名世死後，其弟輔世即自京師扶櫬回里，葬於所居南山岡硯莊之南。世宗皇帝在潛邸時，洞悉此案情形，凡前所牽連隸旗籍者，於雍正元年特詔盡得釋歸。時方登嶧尚未蒙赦，以雍正六年歿於卜魁城。而戴氏所與余生書即余湛，先於壬辰四月遘疾死於獄中。劉巖並未曾爲戴名世作序，部議以南山集中有與劉大山書，波及其不將南山集出首，僉妻均隸旗籍，劉巖以丙申夏六月先卒於旗，雍正元年詔並赦其妻女歸原籍。

又，聖祖所諭案内方姓人俱係惡亂之輩，方光琛投順吴三桂曾爲僞相，方孝標亦曾爲吴三桂大吏，伊等族人不可留本處。又諭方登嶧之父曾爲吴逆僞學士，吴三桂之叛係伊從中慫慂，僞朱三太子一案亦有其名，今又犯法云云。蓋當時歙人有方光琛者，吴逆僞相也，有子姪九人受僞職，其最著者名學詩、學禮，吴逆敗皆伏法，惟學詩在逃。而此案部疏據南山集原文稱方學士不復具名，北方「士」與「詩」同音，國書又同爲一字，聖祖閲清字疏曰：「是非漏網之方學詩耶？」廷臣不能曉，聖祖因爲語往事甚悉。蓋聖祖彼時實誤以方學士即前此漏網之方學詩，又誤以方光琛亦爲方孝標之族人，彼時尚未一一分曉，故有此諭，最後乃覺其非也。其實方孝標不過因閒居無事，有所親宦游雲南，乃往訪之，藉得縱觀滇黔山水，未久即遭三桂之叛，間關歸里。晚年無事，編定生平著述，追録在滇黔時所見所聞，刊入所著鈍齋文選中。其書只記滇黔風景，兼及桂王時事，書中亦僅有永曆等年號，刊集時失察，未及删除。且據鄉先輩故老相傳，其書兼有頌揚熙朝恩典，實無悖逆之語，已可想而知。即據刑部當時覆旨，亦只云「方孝標身受國恩，尊崇弘光、隆武、永曆年號，大逆已極，依律凌遲」云云，亦可見其書别無違礙之詞也。蓋當順治、康熙之間，凡明季遺老及當時文人著述，凡有涉明季三藩之事及年號者，均有干厲禁，戴名世南山集與余生書中間有弘光之帝南京一段，實非本朝臣子所宜敢言，大干厲禁。至孑遺録只記明季桐城被兵始末，並無一語有干國朝忌諱，亦不過有弘光年號耳，所以王源、汪灝、方正玉只爲孑遺録作序牽連，王源時已故免議，汪灝、方正玉亦得先後蒙赦也。

又，乾隆四年詔修明史成。又數年，高宗純皇帝復特諭，甲申以後存福王年號，丙戌以後存唐王年號，戊子以後存桂王年號，改修明史，已公然教後人修史神而明之之至意，實隱與方、戴兩家之書有載三藩年號之意義相合云。

〔一〕「記桐城方戴兩家書案」，原載古學彙刊第一集雜記類，原爲鈔本，不具撰人名氏。

〔二〕「致書於余生」句下原有附注，具録與余生書全文，今從略。

〔三〕「據南山集奏參」句下原有附注，具録原奏，其文如下：

題爲特參狂妄不謹之詞臣，以肅官方，以昭法紀事。欽惟我皇上崇儒右文，敦尚正學，訓飭士子，天語周詳，培養人材，隆恩曲至，普天下沾濡德化者，無不恪循坊檢，懍畏章程矣。乃有翰林院編修戴名世，妄竊文名，恃才放蕩。前爲諸生時，私刻文集，肆口游談，倒置是非，語多狂悖，逞一時之私見，爲不經之亂道，徒使市井書坊，翻刻貿鬻，射利營生。識者嗤爲妄人，士林責其乖謬，聖明無微不察，諒俱在洞鑒之中。今名世身膺異數，叨列巍科，猶不追悔前非，焚削書板，似此狂誕之徒，豈容濫厠清華！臣與名世素無嫌怨，但法紀所關，何敢徇隱不言？

爲此特疏糾參，仰祈勅部嚴加議處，以爲狂妄不謹之戒，而人心咸知悚惕矣。伏候皇上睿鑒施行！

又周貞亮收藏本南山先生全集，在書前全録此篇記事部分，並附有下列識語：

戴氏南山集一案，見於後世紀載者，言人人殊，此記不著撰人，所載獨較諸家爲詳，而語亦特異，當得其實，特從古學彙刊中節録卷端，用資考證。至趙恭毅參戴一疏，趙集不載，亦見此記。而南山集中有與趙少宰書一首，即與恭毅之書，此書爲田有先生爲諸生時作。據老輩相傳，戴爲諸生，以古文負當世重名，趙極推崇之，刻集請爲作序，戴諾之，未及爲而出京，趙不及待，乃自作一文，用戴名刊出，戴知其事大詬，致書請削去其文。以一諸生，恃才而干冒公卿如此，其狂可想，其以此開罪趙氏亦可知矣。其後戴以會試名列榜首，既負重名，士林咸以狀頭屬之，及殿試揭曉，乃爲趙子熊詔所得，而戴抑居第二。熊詔才名遠不及戴，當時頗有謂趙以賄得之者，其事甚祕，趙恐人發其事，乃特疏參戴，藉以報私怨，而箝制人口。疏中聲明「臣與名世素無嫌怨」等語，其實嫌怨甚深，特飾此語以掩其迹耳。但趙在當時負抗直名，頗有名臣之目，其特疏參戴，只云「祈敕部嚴加議處」，並非有意死之。迨諸臣議罪竟坐大逆，處以極刑，則迴非趙氏初意，即趙亦自悔其多事矣。故趙刊奏議，竟削參戴之疏不載，蓋亦恐以此得罪士林也。余所聞於老輩者如此，特附志之，以補此記所不及。退舟識。

按：戴氏與趙少宰書謂趙士麟，非趙申喬，周氏所言不確。但戴氏之狂生行徑確爲其致禍之由，趙申喬與戴氏亦非無嫌怨，特疏參之，正以掩護其子熊詔奪魁之隱私，周氏所説皆不虛。

方玄成傳〔一〕

方玄成，字孝標，桐城人。祖大美，字黄中，明太僕寺少卿。父拱乾，字肅之，明天啓進士，官左諭德兼侍讀。李自成陷北京，被執。入清，官少詹事。嘗取文頭武脚命諸子名，曰玄成、亨咸、膏茂、章鉞。世祖聞而戲之曰，「於戲哀哉」亦文頭武脚也。語傳於京師，咸謂爲方氏昆季不吉之兆。

玄成以順治六年成進士，改庶吉士，授編修，累官内宏文院侍讀學士，兩充會試同考官。十一年，詔舉詞臣品學兼優者十一人侍帷幄，備顧問，世祖親選其七，玄成與焉。明年舉經筵，講官例爲閣部大臣，玄成獨以學士被簡用，稱異數。世祖嘗呼樓岡而不名，樓岡者，玄成之别字也。十四年丁酉，江南鄉試，玄成弟章鉞中式。先是尤侗、湯傳楹隱名爲沈白、楊雲作鈞天樂、萬金記傳奇，描繪是科通賄狀，窮形盡姸，流播禁中，世祖已默識之。及十一月壬戌，給事中陰應節疏參江南主考方猶、副主考錢開宗等弊竇多端，物議沸騰，其彰著者，如方章鉞爲少詹事方拱乾第五子，玄成、膏茂之弟，與方猶聯宗有素，乘機滋弊，冒濫賢書，請賜提究嚴訊。疏上，世祖震怒，諭將方猶、錢開宗及同考官革職，與中式舉人方章鉞均解京詳審，並着方拱乾明白回奏。十二月乙亥，拱乾奏：「臣籍江南，與主考方猶從未同宗，故臣子章鉞不在迴避之例，有丁亥、己丑、甲午三科齒録可據。」奏入，下所司議。總督郎廷佐復採訪中式之顯有情弊者方章鉞等八人上於朝。十五年三月庚戌，世祖從御史上官鉉奏，親臨覆試丁酉科江南舉人。戊午，諭禮部，吴鳴珂三次試卷，文理獨優，特准同今科會試，中式一體殿試，其汪溥勳等七十四名，仍准作舉人，史繼佚等四十二名，亦准作舉人，罰停會試二科，方域等十四名，文理不通，革去舉人，方章鉞等九名不與焉。十一月辛酉，世祖復親裁，方猶、錢開宗即行正法，十八房考處絞，家産籍没入官，父母兄弟妻子並流寧古塔。程度淵在逃，責令嚴緝。此即世所謂江南闈科場案也。瀟定，玄成昆季侍拱乾居寧古塔二年。世祖每見玄成舊講章，必稱曰才人。聖祖即位，玄成避諱，改以字行。子嘉貞上書訟冤，會以登極恩詔，闔族得赦歸。

康熙元年，拱乾在京撰寧古塔志成。拱乾初號坦庵，戍還後改甦庵，有甦庵集。十二年，孝標年五十七，夙慕滇黔山水，會有所親某知貴陽，乃往游。未幾，吴三桂反滇中，黔撫曹申吉亦叛附，凡外籍之寓滇、黔者悉拘留。孝標故爲佯狂，方食，忽自嚙椀，剺面，坐臥不避污穢。歷月餘，守者以爲有癲疾，防之稍疏，孝標乃逸去，削髮爲僧，名方空。間道奔衡州，以僧服謁大將軍裕親王，王深嘉之，欲聞於朝，孝標辭曰：「老母年八十餘，日夜望兒歸，今得以不辱之身歸見老母足矣。」王曰：「方先生可謂忠孝兩全矣。」授以國書龍牌。歸至江寧，繳牌督署。時總督麻勒吉手書致孝標，有云：「惟將老先生一片忠誠，逢人語不置耳。」孝標歸，乃追記所聞明季國初事爲滇黔紀聞一編，刊入所撰鈍齋文集中。邑人戴名世與孝標晚年相接，孝標既卒，名世有志於明史。康熙二十一年，其門人有舒城余湛字石民者，記釋犂支所言明桂王時事貽名世。二十二年，名世致書於湛，謂嘗取所記以校滇黔紀聞，知孝標書頗爲確核，因據以撰晚明史事。四十一年，門人尤雲鶚爲刊於南山集中。五十年十月壬午，左都御史趙申喬據南山集參翰林院編修戴名世，倒置是非，語多狂悖。得旨，下九卿議。因涉孝標，謂其喪心狂逆，倡作滇黔紀聞，以致戴名世摭拾其間，刊書流布，於是文字之獄大興。爰有歙人方光琛者，從吴三桂叛，三桂寵以爲相，其子侄九人亦俱受僞職，最著名者名學詩、學禮，三桂敗皆伏法，惟學詩在逃。而戴名世案部疏據南山集原文稱孝標爲方學士，不復具名，北音「士」與「詩」同，滿文又同爲一字，聖祖閲清字疏，曰：「是非漏網之方學詩耶？」廷臣不能曉，聖祖因爲語往事甚悉，蓋聖祖誤以方學士即前此漏網之方學詩，又誤以方光琛爲孝標族人。先是孝標有論事詩，謂出塞時，聞山海關西地藏庵僧法乘言，親見李自成兵敗後，殺莊烈太子及定王，而永王還京師亦爲劉宗敏所戕。其事既爲孝標所獨聞，朝議頗疑其爲陰解之辭。故戴名世案發，聖祖五十年正月諭曰：「案内方姓人俱係惡亂之輩，方光琛投順吴三桂，曾爲僞相，方孝標亦曾爲吴三桂大吏，伊等族人不可留本處。」四月又諭：「方孝標曾爲吴逆僞學士，逆三桂之叛，係伊從中慫慂，僞朱三太子一案亦有其名，今又犯法」云云。故此案牽連極廣，而方氏一族被刑爲最酷。五十二年二月乙卯，大學士等以刑部等衙門審擬戴名世私造南山集，照大逆例凌遲一案請旨，上諭：「戴名世從寛免凌遲，著即處斬。方孝標斵棺剉屍。其弟御史亨咸，孝標子工部主事方登嶧，登嶧子内閣中書方世濟等，俱從寛免死，並伊妻子充發黑龍江。此案内干連人犯，俱從寛免治罪，著入旗。孝標、名世所著書皆禁燬。」南山集，光緒初有重輯刊行者，而鈍齋集終不出，惟詩選鄂中有鈔本耳。（下略）

世宗在潛邸時，以滇黔紀聞中尊崇弘光、隆武、永曆年號，南山集與余生書中有「弘光之帝南京」數句，雖皆非臣子之所宜言，實無悖逆之語，當時刑部覆旨，亦未謂此外更有違礙之詞，故亦以爲冤。及即位，凡此案牽連隸旗籍者，雍正元年，特詔盡得釋歸，獨方登嶧未蒙赦。……以雍正六年没於卜魁城。子世濟旋亦鬱鬱死遼東。（下略）

〔一〕「方玄成傳」，見臺灣有關方面編印之清史第四八三卷文苑傳一，與記桐方戴兩家書案一文同爲記載南山集案之重要資料。

戴文繫年

王樹民

尤雲鶚氏所刻之南山集偶鈔及戴鈞衡氏所編之潛虛先生年譜，均記載各篇之寫作年代，年譜並説明以南山集及吴氏鈔本所記者爲依據，但年譜與南山集所記者或有不同，即同爲年譜而秀野軒刊本與張仲沅刊本亦有出入，其故莫詳。今作戴文繫年，凡南山集所收者，概照其所記年代編入，年譜所記者，參照各本及原文内容而定之，其無從推定者則附列於篇末，有須説明者附注於其年之後。今日所見戴氏之文本遭嚴重摧殘之餘，後人著録者未必可靠，惟原文所記年代最可信據，南山集爲其生前所刻，亦較可信據，然亦有可疑者。如與余生書記在戊午，即康熙十七年，而記桐城方戴兩家書案記在二十二年，按吴三桂反清在十二年冬十一月，方孝標被扣留，經月餘方逃出，其著書時間最早不過十三年，而與余生書中明言六七年前曾見其書，如爲十七年作則不足六七年之數，是其一例。至年譜所記更多未可必者，然已無從一一考定，姑列之以備參考而已。

康熙十五年丙辰，二十四歲。

濤山先生詩序，訂交序，響雪亭記，意園記，田字説，范增論，錢神問對，金正希稿序，陳大士稿序，左忠毅公傳，竇成傳，答朱生書。（按：響雪亭記，年譜記在九年庚戌十八歲時，不可據，今從南山集偶鈔。）

康熙十七年戊午，二十六歲。

答某書，贈葉蒼巖序，芝石記，老子論二首。

康熙十八年己未，二十七歲。

與方靈皋書，與王静齋先生書，再與王静齋先生書，贈趙良冶序，先世遺事記，褐夫字説，與趙良冶書，窮鬼傳，書咏蘭詩後。（按：與方靈皋書見偶鈔本目録而無其文。）

康熙十九年庚申，二十八歲。

贈僧師孔序，唐西浦記，藥身説。

康熙二十年辛酉，二十九歲。

游浮山記，魏其論，討夏二子檄，書貨殖傳後，先大人詩序，初集原序，自訂周易文稿序，與弟書，先君序略，汪河發墓誌銘，祭錢雲瞻文，春秋經解三首，疑解，鸚鵡贊。

康熙二十一年壬戌，三十歲。

石門冲記，撫盜論，郭生詩序，潘木崖先生詩序，青布潭記，温泉記，河墅記，紀老農夫説，紀夢，筆贊。

康熙二十二年癸亥，三十一歲。

周烈婦傳，醉鄉記，讀揚雄傳，左生生字説，與余生書。

康熙二十三年甲子，三十二歲。

贈許亦士序，贈釋鍾山序，送朱字緑序，西園記，沈壽民傳，陳士慶傳，李逢亨傳，楊維嶽傳，曹先生傳，楊劉二王合傳，薛大觀傳，上劉木齋先生書。

康熙二十四年乙丑，三十三歲。

睡鄉記，與王雲濤書，書許翁事，書許榮事，書歸震川文集後。

康熙二十五年丙寅，三十四歲。

答伍張兩生書，跋趙孟頫書。

康熙二十六年丁卯，三十五歲。

送蕭端木序，兔兒山記，游西山記，與白藍生書，蕭翁壽序，艱貞叟傳，書光給諫軼事。

康熙二十七年戊辰，三十六歲。

齊游詩百餘章，代山東學政作條約數則。（按：齊游詩見齊謳集自序，代山東學政所作條約爲桐城吴氏收藏，見年譜，今皆有目無文。）

康熙二十八年己巳，三十七歲。

齊謳集自序，劉陂千庶常詩序，與何屺瞻書。

康熙二十九年庚午，三十八歲。

與劉言潔書，送蔣玉度還毘陵序，李縣圃唱和詩序，送劉繼莊還洞庭序，贈劉言潔序，孑遺録，孑遺録自序，王養正傳，劉孔暉傳，徐節婦傳，戴節婦傳，桃山鏡石記，四逸園集序，畫石跋。（按：畫石跋爲年譜所載，今有目無文。）

康熙三十年辛未，三十九歲。

狄向濤稿序，戴氏宗譜序，王烈婦傳，李節婦傳，四家詩義合刻序，黄崑圃稿序，李潮進稿序。

康熙三十一年壬申，四十歲。

李太常案牘序，送王序綸之任婺源序，張天間先生八十壽序，一壺先生傳，李烈婦傳，郭烈婦傳，西河婦荏山女合傳，代李太常愚菴作胡以温家傳。

康熙三十二年癸酉，四十一歲。

陳某詩序，代孫檢討子未作閩闈墨卷序。

康熙三十三年甲戌，四十二歲。

甲戌房書序，甲戌房書小題文序，書閻寧前墓誌後，慶曆文讀本序。

康熙三十四年乙亥，四十三歲。

徐文虎稿序，方百川稿序，乙亥北行日紀，書全上選事。

康熙三十五年丙子，四十四歲。

朱翁詩序，吴文煒傳，種樹説，孫檢討課兒草序，送韓某序，李庶常家傳，謝烈婦傳，曹氏怪石記。

康熙三十六年丁丑，四十五歲。

答趙少宰書，闕里紀言序，丁丑房書序，袁烈婦傳，吴江兩節婦傳，野香亭詩集序，馬宛來稿序，贈顧君原序，張翁家傳，丁丑南還日紀。（按：丁丑南還日紀，原稿存汪獻其處，汪卒稿失，見北行日紀序。）

小學論選序，儀真四貞烈合傳，詹烈婦傳，命説示鄭叟，吴七雲制義序，弘光朝僞東宫僞后及黨禍紀略。

康熙三十七年戊寅，四十六歲。

中西經星同異考序，程偕柳淮南游草序，己卯科鄉試墨卷序，方靈皋稿序，天籟集序，朱烈女傳，己卯房書小題文序，鄭允石制義序，左尚子制義序，史某制義序，宋嵩南制義序，王氏墓表，崇禎癸未榆林城守紀略，崇禎甲申保定城守紀略，弘光乙酉揚州城守紀略。

康熙三十八年己卯，四十七歲。

上大宗伯韓慕廬先生書，與劉大山書，北行日紀序，徐詒孫遺稿序，方逸巢先生詩序，杜溪稿序，汪武曹稿序，庚辰會試墨卷序，有明歷朝小題文選序，九科大題文序，庚辰小題文選序，游吼山記，憂庵記，李烈婦傳，庚辰浙行日紀。

康熙三十九年庚辰，四十八歲。

康熙四十年辛巳，四十九歲。

再上韓慕廬大宗伯書，游爛柯山記，古樟記，游天台山記，雁蕩記，龍鼻泉記，畫網巾先生傳，辛巳浙行日紀，代姜公橚作以下各篇：德政詩序，春秋正業序，課業初編序，浙江試牘本序，樊川書院碑記，永康縣令沈君募助説。

康熙四十一年壬午，五十歲。

三山存業序，送趙驂期序，游大龍湫記，唐允隆傳，節孝唐孺人傳，壬午墨卷序。

康熙四十二年癸未，五十一歲。

道墟圖詩序，姚符御詩序，贈芥舟翁壽序。

康熙四十三年甲申，五十二歲。

吴他山詩序，讀易質疑序，唐宋八大家文選序，自訂時文全集序，趙傳舟制義序，戴母湯太孺人壽序，緑蔭齋古桂記。

康熙四十四年乙酉，五十三歲。

窮河源記，成周卜詩序，傳天集序，和陶詩序，張貢五文集序，送王雲衢之任新津序，朱太孺人壽序，金知州傳，蓼莊圖記，代某氏作禹貢錐指序。

康熙四十五年丙戌，五十四歲。

倪生詩序，劉退菴先生稿序，楊千木稿序，辨苗紀略序，洪崑霞制義序，儲禮執制義序，繆太翁遺稿序，恭紀睿賜慈教額序，温濼家傳，張驗封家傳，方舟傳，成烈婦傳，邵生家傳，紀紅苗事，丙戌南還日紀。

康熙四十六年丁亥，五十五歲。

章泰占稿序，蔡阜亭稿序，程偕柳稿序，梅文常稿序，高工部兩世遺稿序，齊天霞稿序，種杉説序，戴母唐孺人壽序，凌母嚴太安人壽序，何翁家傳，慧慶寺玉蘭記。

康熙四十七年戊子，五十六歲。

程爽林稿序，四書朱子大全序。

康熙四十九年庚寅，五十八歲。

王孝子詩。

年代未定。

答張氏二生書，與洪孝儀書，困學集自序，蔡瞻岷文集序，章泰占文稿序，兒易序，意園制義自序，吴弘表稿序，劉光禄墨卷序，代某氏作巢青閣集序，楊允正傳，岳薦傳，朱銘德傳，王學箕傳，程之藩傳，李月桂家傳，吴烈婦傳，汪節婦傳，程孝子傳，誥封光禄大夫又封榮禄大夫驃騎將軍副總兵官都督同知張公墓誌銘。孫宜人墓誌銘，鄭允惠墓誌銘，敕授承德郎工部屯田清吏司主事劉公墓誌銘，贊理河務僉事陳君墓表，硯莊記，數峰亭記，日本風土記，史論，左氏辨，曲阜縣聖廟塑像議，孔廟從祀議，烏説，盲者説，隣女説，蔣度臣詞序。（按：蔣度臣詞序，年譜二十七年戊辰引用其文，而集中無此篇。）

重訂戴南山先生年譜

王樹民

小引

昔者編校戴名世集，於戴鈞衡所輯之潛虚先生年譜略作訂補，題爲戴南山先生年譜（訂補），附於全書之後。今得見戴氏佚作憂庵集，可補充有關事實及糾正前失之處甚多。爰更加審定，冠以「重訂」二字，而仍取訂補之形式，凡有年代可舉者，書之於其年之内，無年代可舉者，則附於相類之事項下。

一九九一年四月七日樹民記

【原譜】先生行略，世多不傳，所僅見者，文中自道，里中吴氏弆手寫本，及尤刻南山集偶鈔，文目之下多繫以年。爰推甲乙，以證終始，於其家乘亦兼采焉，纂爲年譜，以示來哲。

【訂補】戴鈞衡氏所編潛虚先生年譜，附於所輯潛虚先生文集中，取材以本集爲主，甚爲簡略，於其交游事跡尤闕，惟據南山集偶鈔及吴氏寫本記其文目於每年之内，並於記事之下詳引本集之文爲證。今别作戴文繫年，提出於年譜之外，略去所引本集爲證之文，惟存其事跡及所見之篇目（秀野軒及王哲刊本已如此改訂，今從之），並訂補有關交游言行等活動事跡。

順治十年癸巳

【原譜】先生生於是年三月十八日吉時。先生曾祖孟庵先生猶在堂，年五十八。祖古山先生，年四十。父霜崖先生，年二十一。

友人曰：「余少從戴皋亭師游。皋亭，南山先生玄孫也。家藏南山先生年譜，少時見之，戴先生一歲能言。今皋亭師之子孫無復存，其書不復可得也。」

【訂補】霜崖先生名碩，字孔萬，一號茶道人，見集中先君序略。

十一年甲午

【原譜】先生二歲。父霜崖先生以是年補縣學生，見集中先君序略。

十五年戊戌

【原譜】先生六歲。是年初從塾師受學。按先生時文全集自序云：「余自六歲從塾師受學，凡五年而四書、五經讀已畢。」

十八年辛丑

【原譜】先生九歲。弟平世以是年六月十九日生，時霜崖先生授徒廬江，見集中先君序略。

【訂補】是歲，永曆帝失敗，南明政權覆滅。

康熙九年庚戌

【原譜】先生十八歲。曾祖孟庵先生以是年二月十二日卒，年七十有五。按先生響雪亭記：「曾大父爲之銘，有曰『不陰常雨，盛暑猶雪』，遂以名其亭，而命小子記之。」據此，是文作於孟庵先生在時，當在十八歲以前，集中所載是篇爲最早。

【訂補】集中齊天霞稿序云：「余年十七八時，即好交游，集里中秀出之士凡二十人，置酒高會，相與砥礪以名行，商榷文章之事。」

南山集偶鈔記響雪亭記作於丙辰，即康熙十五年，先生二十四歲時。按本文雖言受命於曾祖爲之記，其後可能一再修改，而南山集刊本爲其最後改定之稿，故記在其曾祖歿後數年。

十一年壬子

【原譜】先生二十歲。是年開始授徒，見集中時文全集自序。

【訂補】集中左尚子制義序云：「忠毅所爲文，超然獨出塵壒，蓋其生平好爲清真切實之文，深入骨理，盡落皮毛，而剛勁之氣不可遏抑。余少從事於制舉之文，輒取忠毅之遺編，時時誦法之不倦。而忠毅之孫曰未生，與余同學相善，兩人心慕手追，未嘗不歎忠毅之文之不可及也。」又云：「方余與未生誦法忠毅之時，兩人年甫二十，傷俗學之日非，追前賢之遺緒，自謂舉世莫當。」按左光斗爲明末名臣，又爲桐城人，先生受其思想行事影響之大，於此可見。

憂庵集第一二二條：「左忠毅公孫未生，常示余以公居官時所寄家問，皆以國事爲憂，無一語及私也。寄太公太夫人，銀不過一兩或二兩，人參五錢或一兩；諸叔伯、兄弟，或銀五錢，或一兩，然亦不常有也。命世之才，清風高節又復如此，每讀其手書，肅然敬嘆良久。」

十二年癸丑

【訂補】憂庵集第一七一條：「余年二十一，授徒廬江縣村中。」

十五年丙辰

【原譜】先生二十四歲。

【訂補】是年先生作左忠毅公傳，附及史公可法之事，用伸欽仰之意，但所據者似出於鄉人傳聞，有略違於事實之處。望溪集中之左忠毅公逸事，爲輾轉聞自史公者，應較此爲可信。此傳言忠毅召史公讀書其邸第，「一日，光斗夜歸，風寒雨雪，入可法室，見可法隱几假寐，二童子侍立於旁，光斗解衣覆之，勿令覺，其憐愛之如此」。而逸事云：「左忠毅公視學京畿，一日，風雪嚴寒，從數騎出微行，入古寺，廡下一生伏案卧，文方成草，公閱畢，即解裘覆生，爲掩户。叩之寺僧，則史公可法也。」又此傳言：「見光斗肢體已裂，抱之而泣，乃飯光斗。光斗呼可法而字之曰：『道隣宜厚自愛，異日天下有事，吾望子爲國柱石。自吾被禍，門生故吏，逆黨日邏而捕之。今子出身犯難，徇硜硜之小節，而攖奸人之鋒，我死，子必隨之，是再戮我也。』可法拜且泣，解帶束光斗之腰而出。」逸事云：「史前跪抱公膝而嗚咽。公辨其聲而目不可開，乃奮臂以指撥眥，目光如炬，怒曰：『庸奴！此何地也，而汝來前。國家之事糜爛至此，老夫已矣，汝復輕身而昧大義，天下事誰可支拄者？不速去，無俟奸人構陷，吾今即撲殺汝！』因摸地上刑械，作投擊勢。史噤不敢發聲，趨而出。」二事皆應以方氏所記者爲正。

十七年戊午

【原譜】先生二十六歲。

【訂補】先生之與余生書，南山集偶鈔記在是年，記桐城方戴兩家書案記在二十二年癸亥。按先生與余生通訊不止一次，南山集偶鈔所記之年份或爲較早之一次通訊，今此書中明言，六七年前曾見到滇黔紀聞，方孝標於康熙十三年方自貴州逃回，著書不能早於是年，言十七年，時間顯不符合，至於二十二年則無此矛盾。

十八年己未

【原譜】先生二十七歲。始受知於督學使者劉木齋先生。按先生時文全集「隱居以求其志」二句題文後自記云：「此與子游、子夏二段題文係己未年督學使者劉木齋先生月課首取之作也，二義極蒙先生咨賞，明年遂入縣學，距今踰二十年矣。偶定舊稿，頗欲棄去，念當年文風卑弱特甚，余以文不諧俗蒙訴厲，而外間之知吾文自兹始。後來督學知余者惟今大司農李公，此外小試乃塲屋之文無一不落者，存此志知己之感也。」

集中載與王静齋書二首，論一首，鈔自吴氏寫本，下注己未作。其短篇鈔自尤氏刊本，不知作於何時，當亦己未作也。

【訂補】集中自訂時文全集序云：「先君子束脩之入不足以給饔飧，余亦謀授徒以養親，而生徒來學惟時文之是師，余乃學爲時文。而見近日所雕刻流傳習熟人口者，卑弱不振，私竊歎之，因以其平日所窺探於經史及諸子者，條貫融釋，自闢一徑而行。先君子曰：『此所謂爲於舉世不爲之時者，得無不免於困乎？』先大父曰：『困何傷。』因撫余項而勉之曰：『是在勿怠而止耳。』里中有潘木崖先生，博雅君子也，家多藏書，余往往從借觀，因師事之，而縣司教爲王君我建，兩人皆奇余曰：『此文章風氣之所繫，其在韓公伯仲間乎。』韓公者，即故大宗伯慕廬先生，是時適以雄駿古雅之文登高第，所謂爲於舉世不爲之時者也。」又云：「余自年二十以來，於時文一事耗精敝神，雖頗爲世所稱許，而曾無得於己，亦無用於世。回首曩昔之志，輾轉未遂，必有高人逸士相與竊笑於窮巖斷壑之中者矣。」觀此可知先生之時文多爲早年迫於生活而作者，而非其本志所在。按潘木崖名江，字蜀藻，退隱之士，先生頗受其思想影響。又按原譜所稱鈔自尤氏刊本之短篇，謂先世遺事記、贈趙良治序、褐夫字説等篇。

十九年庚申

【原譜】先生二十八歲。正月，讀書於唐西浦。補縣學生。是秋，謁劉木齋先生於句曲，見集中送朱字綠序。父霜崖先生以是年冬十一月十九日卒於陳家洲館次，年四十八，詳集中先君序略。

【訂補】憂庵集第十七條：「余年廿八，家貧授徒，不能讀書，於是，日則授徒，夜則讀書於友人趙良治家。每夜三鼓則燒湯盥面就寢，一日晨起，盥面水中輕冰成蓮花二朵，浮於水上，莖幹鬚蕊皆具，花瓣重重包裹，若刻畫而成。觀者無不歎異，趙氏一門以爲兩人同讀書，異日同取高第之兆。時冬十月也，踰一月，而余遭先君子之喪，嗣是流落困頓，垂老無一事之成，而良治至今亦無善狀，未見其爲祥也。」

是歲，顧景范（祖禹）卒。

二十年辛酉

【原譜】先生二十九歲。授徒陳家洲。按先生初集原序云：「歲辛酉，余教江濱，洲渚之上，菰蘆之中，無可以度日。」又汪河發墓誌云：「余辭出山來江濱，時時憂念。」蓋即仍霜崖先生館地也。是年編訂霜崖先生遺詩，自訂古文初集、周易文稿。

二十一年壬戌

【原譜】先生三十歲。授徒舒城郭氏。按先生郭生詩序云：「今年春，余踰岐嶺，浴於湯泉。有郭生者，遣其二子受學於余。」

【訂補】是歲，顧亭林（炎武）卒。

二十二年癸亥

【原譜】先生三十一歲。仍客舒城，得交許亦士。按先生送許亦士序云：「乃者客於舒城，尤荒陋，而亦士獨爲有志於道者。」

【訂補】送許亦士序云：「天下之士非科舉之文無由進，而科舉之文非宋氏諸儒之説輒斥不收。……而學者第假其説以爲進取之階，……則即其始學之日而固已叛於宋氏諸儒之道矣。」可知所謂「有志於道者」，謂宋儒之道也。

是歲八月，施琅破臺灣，鄭氏亡。

呂晚村（留良）卒。

二十三年甲子

【原譜】先生三十二歲。仍客舒城。秋，應鄉試，遇宿松朱書於舊縣，遂訂交。按先生送朱字緑序云：「歲在甲子，余浮江往金陵，舟次舊縣，登岸與舟子相與語。有兩生攜手立江干，聞余言，前問曰：『子得非桐城人乎？』余曰：『是也。』一生曰：『桐城有某秀才，子豈嘗識之？』蓋余姓名也。余曰：『足下何郡人？乃識秀才。』生曰：『吾宿松人也，素知秀才，故問之。』余曰：『足下家宿松，亦知有朱字緑者乎？』生曰：『我是也。』余曰：『某秀才即我也。』因相視一笑。至余舟趺坐，各道平生，則皆大喜過望。」

二十四年乙丑

【原譜】先生三十三歲。仍客舒城，館於許氏，見集中書許翁事、與王雲濤書及周烈婦傳等篇。先生以是歲得選貢生。按邑志，順治初，題准府州縣學將文行兼優考取送入監肄業，名曰貢監。順治八年、康熙十年、二十四年皆舉行。雍正十一年乃分貢監名色，廪生准貢所謂優貢也。先生是時以廪生選貢，則食餼當在庚申、壬戌、癸亥三歲，不可考矣。時督學使者爲吉水李公振玉。

【訂補】清祕述聞卷九記康熙二十四年江南學使李振裕，字維饒，江西吉水人，則「玉」字應作「裕」。

是歲，何焯貢入太學，見沈彤何義門先生行狀。

二十五年丙寅

【原譜】先生三十四歲。是冬，入京師，見集中北行日記序。

按先生與劉言潔書云：「偶料檢篋中文字，自丙辰至於丙寅十年間，所著有蘆中集、天問集、困學集、巖居川觀集，爲删其十之二三，彙爲一集。」則先生是時著作已多矣。

【訂補】是歲，朱書貢入太學，見望溪集朱字綠墓表。

二十六年丁卯

【原譜】先生三十五歲。是年，至京師。以選貢生考取補正藍旗教習，考授知縣，應京兆試，被放。

【訂補】集中徐詒孫遺稿序云：「當丙寅、丁卯之間，余與詒孫先後貢入太學。」又云：「此數人者，持論斷斷，務以古人相砥礪，一時太學諸生皆號此數人爲『狂士』。」數人者，謂劉言潔、徐詒孫、方靈皋及先生。望溪集四君子傳云：「劉齊，字言潔，無錫人，康熙丙寅以選貢入太學。」又云：「齊與其友數人爲清議所從出。自齊歸，其友亦次第歸，太學生雖有潔己自好者，而氣概不足動人，清議由是消萎云。」按徐詒孫名念祖，江南青陽人，後以家庭變故精神錯亂，投水自殺。

集中送蕭端木序云：「歲丁卯，余與蕭君試於京兆，皆被放，而分校黜余文者亦閩人也。蕭君告余曰：『某某至愚極污，余鄉人也，余知之。吾子脱不幸出其門，辱吾子不可湔矣，幸而被放，甚善。』」蕭端木與先生聲氣相通，而以被放爲可慶幸，説明清議與官場之格格不入。

憂庵集第六十五條云：「歲丁卯，余入京師，主一翰林家。」未詳此翰林爲何人。

又第一四六條云：「歲丁卯秋九月，吾縣張相國時爲少宗伯，與余同祈夢於吕公堂。」張相國即張英，字敦復，先生師事之。

又第一〇三條云：「吾在京師，嘗至西山，見明時諸奄人墳墓、祠宇，窮極壯麗。土人云，當時每一人墳費，或數萬金，或一二十萬金。佛宫之盛，亦天下所無，其中立奄人牌位，稱爲山主，亦奄人所造也，其額皆曰敕建，計其費亦不訾矣。嗚呼！賄賂安得不盛，國帑安得不匱，民力安得不凋，天下安得不亂乎！」按先生游西山記作於是年，此事應爲當時所見者也。

二十七年戊辰

【原譜】先生三十六歲。是年，自京師客游山東。按先生齊謳集自序云：「戊辰、己巳之間，自燕踰濟，游於渤海之濱，遍歷齊魯之境。同游者數人，與余皆困不得志。」又云：「數人者，爲無錫劉齊，武進白賓，宿松朱書，溧陽史騏生，常熟翁振翼，華亭畢大生，山陰胡賡昌。」按吴氏寫本載先生是年有代山東學政作條約數則，兹記同游凡八人，時蓋同膺山東學使之聘，而學使不可稽爲何人矣。

【訂補】按清秘述聞卷十一記康熙二十七年任山東學使者爲任塾，字鶴峰，江南懷寧人，康熙丁未進士。

憂庵集第九十二條：「山東六府，余嘗偏歷，其傅會古人之蹟，竪碑道上，尤可笑者，泗上則曰『子在川上處』，臨淄則曰『管鮑分金處』，昌樂則曰『伯夷待清處』，登州蓬萊閣則曰『難爲水處』。

其地往時皆有聞人，何以不鏟而去之也？」

又第一四二條：「歲戊辰，余入山東督學幕中，因得往登州。……試事竣，余與幕中二三友人登蓬萊閣。登州三面皆海，而蓬萊閣直浸海中，諸島參差佈列，遠近浮沉，不必有海市，已自奇絶寰區矣。余嘗謂人曰：『余至福州，未食荔枝。余至登州，未見海市。書生薄命，遇非其時，于茲可見一斑矣。』」

二十八年己巳

【原譜】先生三十七歲。仍客山東。是夏，自濟南入京師。按先生李庶常家傳贊曰：「余以己巳之夏自濟南入京師。」又先生蔣度臣詞序云：「歲己巳秋，余自河濟之間入燕。」按二文所紀夏秋不同者，蓋啓行於夏，税駕於秋也。

【訂補】是年，先生有與何屺瞻書，云：「僕好交游，孳孳求之，惟恐不及。然其於當世之故不無感慨忿懟，而其辭有稍稍過當者。世且以僕爲罵人，僕豈真好罵人哉，而世遂争罵僕以爲快。」又云：「今夫文章之陋久矣，妄庸相授，日日已甚。僕嘗以爲文章者非一家之私事，至今日而不得不引爲一家之私事，默守其是而已。彼妄庸人者，如今之所謂名士，開口説書，執筆屬文，天下之人皆其流輩，以故從而稱之，雖語以是非之故皆不省。」雖一再聲稱不罵人，而開口即罵矣，是先生召禍之機也。

二十九年庚午

【原譜】先生三十八歲。居京師，客吉水李少宰邸第，見集中桃山鏡石記。

【訂補】是年，劉繼莊自京師攜書還洞庭，先生有贈序送之。劉坊萬季野先生行狀云：「繼莊以館俸之得鈔史館祕書無算，持歸蘇之洞庭，將約同志爲一代之業。既歸吴，不久身殁，其書散失於門人交友處，予與先生扼腕久之。」結埼亭集劉繼莊傳亦載此事。萬季野、王崑繩及先生均有參加繼莊修史大業之願望，而終未實現，繼莊一死，則其書作廣陵散矣。

三十年辛未

【原譜】先生三十九歲。居京師，授經太常李愚庵先生家，見集中李太常案牘序。

【訂補】憂庵集第五十七條云：「歲辛未四月二十日，余同一二友以要青出游郊外，距城四五里，信步至曠野中，草青柳緑，間有流泉，頗多水草，視在塵壒中不啻仙境矣。適一人獨飲樹下，蓋其地蒙師也，見余輩至，邀與同飲。拇戰良久，其人大醉，彼此皆不告姓名而歸。」

望溪集書時文稿歲寒章四義後云：「辛未秋，余初至京師，偶思此題成四義，言潔、潛虚、詒孫三君子深許之，遂訂交。」

三十一年壬申

【原譜】先生四十歲。祖古山先生以是冬十月初一日卒。

【訂補】是歲，先生仍在京師李愚庵太常家授經，是年所作之胡以温家傳有云：「余至宣府，欲一見先生不可得。」即代李太常作者。按李太常，名應薦，字諫臣，號愚庵，山東日照人，康熙丙辰進士，自二十三年甲子至二十八年己巳，三任畿輔學使。

是年冬，先生離京返里，奔古山先生之喪也。憂庵集第一四一條云：「歲壬申，余自京師還里，入北峽關。」即記此行。又，劉言潔還無錫。

三十二年癸酉

【原譜】先生四十一歲。元配李孺人卒。是年，客福建。按先生意園制義自序云：「歲癸酉秋，余自福建還江鄉。」又己卯作鄭允石制義序云：「往余自浙東踰仙霞，經建寧、延平而至福州……是時余友孫檢討子未爲福建考官。」今考吴氏寫本載先生是年有代作閩闈墨卷序，是必代孫檢討作者，先生是年客福建無疑。第考是年所作陳某詩序云：「今年春，來京師謁選天官，出其詩示余。」則先生春日猶在京師，合證以意園制義自序云云，則秋末又還里，客福建乃夏秋間耳。

【訂補】憂庵集第六十七條：「余嘗自福州還金陵……及至金陵，時已仲冬」，時間較意園制義自序所言者更爲明確。

又第一三五條：「石笋之奇，無踰於江郎者，百里外即望見之，高撑雲表，或爲一，或爲二，或爲三，或皆不見，頃刻之間，詭態百出。歲癸酉，余過此，坐其趺，仰首望其頂，莫能窮也。土人云：『秦時有江氏兄弟三人避秦至此，化爲石。』其説荒唐不經，要不必辨其有無也。余比有詩數首紀其狀，今僅記得一絶句云：『江郎山下看江郎，蔽日參天萬丈長。我亦避秦思化石，與君同作弟兄行。』十餘年來，時時夢見江郎，後得一絶句云：『曾帶江郎過嶺來，夢魂時得共徘徊。江南地小無安處，放在詩腸不教回。』後夢有人和云：『從今莫過仙霞覓，戴氏詩腸是爾家。』」

是年秋，徐詒孫還青陽。

三十三年甲戌

【原譜】先生四十二歲。是年，客淮上、吴門間。按先生書閻寧前墓誌後云：「癸酉之秋，余客榕城……明年夏，余游淮上。」慶曆文讀本序云：「吾友汪君武曹既舉其平日所藏隆慶、萬曆兩朝文讀本雕刻之以行於世，刻且成，適余過吴門，武曹悉舉以示余，且屬爲之序焉。」又甲戌房書序云：「余與武曹論定甲戌新科進士之文。」又有甲戌房書小題文序。又庚辰小題文選序云：「歲甲戌、丁丑，吾友汪君武曹從事房書之選，余實襄其役。」蓋武曹是時在吴門操選政，先生亦客是與商榷也。

【訂補】汪武曹，名份，長洲人，與何屺瞻（焯）齊名，相友善，同游太學，先生因武曹而交於屺瞻。

三十四年乙亥

【原譜】先生四十三歲。是年，復入京師，有北行日記。云：「余之入京師，至是凡四。」考先生初入京師爲丙寅冬，再入京爲己巳夏，此爲四入京，而三入京之年不可考。余意壬申南還，癸酉春復入京，夏客福建，秋季旋里，甲戌客淮上、吴門，遂移居金陵，至此復入京耳。

按先生蔡阜亭稿序云：「往余僑居金陵九載。」先生以壬午冬自金陵歸居南山，逆推九載，當爲甲戌，則移居在甲戌明矣。

【訂補】是歲，黄梨洲（宗羲）卒。

三十五年丙子

【原譜】先生四十四歲。居京師。

【訂補】望溪集載方苞祭左未生文云：「余於故里，兄事者三，宋、劉賫志，今君亦熸。」劉爲劉輝祖，字北固；宋即先生，時在康熙五十九年，二人歿已久矣。方文又云：「乙亥、丙子間，潛虛、北固客京師，未生繼至，與余一見如故交。」左未生名待，明名臣左光斗之季孫，好老莊之學，與劉北固、方靈臯均爲先生之摯友。

是歲，劉言潔卒於無錫。

三十六年丁丑

【原譜】先生四十五歲。是春，自京師返金陵。按北行日紀序云：「乙亥之夏，自金陵至燕山，有北行日紀，付宿松朱字緑。丁丑之春，自燕山返金陵，有南還日紀，付祁門汪獻其，已而獻其卒於客舍，其稿無從尋覓。」

【訂補】是年，先生作答趙少宰書，否認以先生名義所作之序文。望溪集四君子傳劉齊傳稱：「某爲少宰，自謂起荒陬至大僚，尤欲擅風雅之譽，使人禮先於齊曰：『吾久知君，可來見，必爲選首。』齊謝不往。」即道其人之事，謂趙士麟也。按趙士麟，雲南河陽人，宗奉宋學，清史稿有傳。欲效徐乾學、翁叔元等結合士人以自重，反一再受辱。在位高官優禮普通士人，目的在互相標榜提攜，别有懷抱之士人拒之，則因以導致兇終隙末，何焯告絶於翁叔元即其顯例，劉齊亦因此被抑不仕。士麟次年即死，否則先生殆難幸免也。

三十七年戊寅

【原譜】先生四十六歲。居金陵。母方孺人以秋九月十二日卒。

【訂補】是年冬十一月，徐詒孫於青陽投水自盡。

三十八年己卯

【原譜】先生四十七歲。居金陵。友人方望溪以是秋領解江南，刊其制義，先生爲作靈皋稿序。

【訂補】是年，先生作中西經星同異考序，用知先生與梅定九（文鼎）及爾素（文鼐）兄弟皆爲深交，並有學習曆算之志。憂庵集第三十七條云：「西曆復虞周之舊。有謂西曆但以日月二食分緯道，而日月朔望，四海一跡，不以緯道分遲早，仍爲缺如。他日晤梅定九，當問之。」是先生注意曆法之一例。

三十九年庚辰

【原譜】先生四十八歲。春，操房書選政。夏五月，膺浙江學使保德姜公之聘，遂往焉。詳庚辰浙行日紀，姜公詩文教令多出其手。冬十二月，回金陵。

按姜公名橚，字崑麓，望溪集有吏部侍郎姜公墓表。

【訂補】憂庵集第八十四條：「余至杭州，乘小舟由水門入，河道深廣，無泥沙壅塞之患，往來者皆便之。問之，知爲巡撫趙士麟所疏濬者也。」又云：「趙公後官至吏部左侍郎，與余善。」按趙士麟即南山集偶鈔中致答書之趙少宰，雖否認其假用名義所作之序文，而亦不掩其善政。

是年先生與劉大山書中有云：「生平尤留意先朝文獻，二十年來，搜求遺編，討論掌故，胸中覺有百卷書，怪怪奇奇，滔滔汩汩，欲觸喉而出。而僕以爲此古今大事，不敢聊且爲之，將欲入名山中，洗滌心神，餐吸沆瀣，息慮屏氣，久之乃敢發凡起例，次第命筆。」是先生欲撰明史，此時已有成稿在胸，惜其終未寫出。憂庵集所載有關明史者數事，可以略窺先生之見解：

「自建文帝以賢明而失國，重以暴燕之惡，天下之人不欲死建文，而建文于是乎生矣，生建文則不得不僧建文矣。蓋緣正統間，有僧自稱建文，有司鞫之，得其姦狀，遂伏誅。自是天下流傳，遂以爲建文真爲僧也，而從亡録等僞書出矣。」（第四十七條）

「明成祖之惡極矣，創爲刳剔割剥之刑，施於忠臣義士；淫污之事，前古未聞，施於忠臣義士之妻女。異日盜賊之禍，即用以施於其子孫。不然，太祖之功德不小，後嗣何罪？國亡之餘，駢首就戮，十百爲群，時時不絶，而忠臣義士前後糜爛略同，皆成祖啓其端也。」（第七十九條）

「明朝亡國之道有三，皆起於永樂之世。棄衛，而中國無隱矣。軍衛用以運糧，而東南無兵矣。太監用事典兵，而宦官勢熾矣。有一于此，皆不可以永命，然猶歷二三百年而後亡者，太祖之功德與其他法制之善猶有相維者也。」（第一〇四條）

「明之弊政，尤莫甚於廷杖，亦閹人所用以殺諫臣而威制外廷者。人主不悟，乃自壞萬里長城。楊大洪、左蒼嶼之才，使得盡其用，豈非萬里長城乎？『人之云亡，邦國殄瘁。』君子觀于明末之事，而知其亡也決矣。」（第一〇五條）是年，徐詒孫遺稿、杜溪文稿刊行，先生皆有序。

四十年辛巳

【原譜】先生四十九歲。正月，復往浙江，有辛巳浙行日紀。集中浙中山水諸記，悉以是年作。是年，門人尤雲鶚爲刻先生古文，凡百有十餘篇，名曰南山集，是時先生已買宅里中之南山，將歸隱矣。曰「南山」，著其志也。友人方百川是冬卒。

【訂補】望溪集書先君子家傳後云：「此亡友宋潛虚作也。潛虚少時文清雋朗暢，中歲少廉悍，晚而告余曰：『吾今而知優柔平中，文之盛也，惟有道者幾此，吾心慕焉而未能然。』世所見潛虚文多率爾應酬之作，其稱意者每櫝而藏之。曰：『吾豈求知於並世之人哉，度所言果不可棄，終無沉没也。』是編其中歲所作，自謂稱意櫝而藏之者。潛虚無子，其家人言，櫝藏之文近尺許，淮陰某人持去，或曰尚存，或曰已失之矣。」按南山集所收爲其當時已成文稿五分之一，在其櫝藏盈尺之存稿中更爲不足數，而後知先生之文所亡佚者多矣。

憂庵集第一〇六條：「余紀游文字亦頗少，至於天台、雁蕩，雖係盡日一覽，然每遇絶奇處，其狀態默識于心，已乃書之，可得其十六七，故天台、雁蕩皆有記。記僅一草稿，歸至江寧，一門人付刻工蔡氏者刊之，蔡氏失去。余悵恨良久，復略追所見，得一稿，不能得其彷彿矣。大凡文字，視一時興會所至，過此一時，後作不能滿志矣。」按，集中之游大龍湫記文末云：「今追而記之，不能詳也。」即爲後作之證。游天台山記等篇雖未言明，實同爲後作之筆。

又第一五八條：「人心詐僞，愈巧愈毒。如近世之翻板者，所謂『殺越人于貨，凡民罔不憝』者也。……原板價貴，而翻板價輕，如原板一錢，翻板則只須五六分。讀書者多貧士，惟價輕者是買，而原板遂廢不行。譬如人持飯皿方食，忽有人奪之飽食，而持飯者坐視其歙餍，而自枵腹以死。此其罪在劫奪之上，而當事者曾不肯爲之聽斷，可歎也。余十餘年來，自刻其稿行世，欲以自活，而翻板不止江西、福建，並北方亦有之矣。資生無策，奈之何哉！」可知南山集行世後，已爲先生招來無限煩惱。

四十一年壬午

【原譜】先生五十歲。冬，自江寧歸居南山，見集中硯莊記。

硯莊距余居八九里許，先生之墓在其左近。予嘗過先生墓訪求硯莊故址，問之土人皆不知。至一地，曠然夷衍，平岡環後，繡陌交前，證以先生所作數峰亭記，左右皆合，惟無宅可證，而其後高地又爲懷寧楊氏墳。余徘徊久之，有老者笑謂余曰：「此勝地也，墳中人乃尚書，其前空地，昔戴榜眼居住。」乃知即硯莊所在，蓋先生子孫售之楊氏爲葬地焉耳。

【訂補】是歲，萬季野卒於京師明史館中。集中蔡瞻岷文集序云：「余客游四方，與士大夫交游，而求學者於時文之外，求功名於制科之外，頗得數人焉。於浙江則得萬君季野，於燕京則得劉君繼莊、王君崑繩，於吾同郡則得蔡君瞻岷。」又云：「繼莊則早死吴市，季野亦旅卒燕山。久之，瞻岷亦没於江都，而余與崑繩南北間隔，皆躑躅行吟，落寞無所嚮，其亦不能無慨也已。」此序當寫於此後數年，其影響於先生思想情緒者，則於繼莊、季野之卒蓋已見之矣。憂庵集第一三九條：「余至京師，聞西北諸公狀銘，多鑿空撰出，並無事實，余頗未信。久之，有以狀銘屬余者，但具官爵、生卒與子女多少而已，問其事實，曰，『唯君爲之』，大約言居家則如此如此，居官則如彼如彼，務期鋪叙繁多，逞意盡辭，無稍缺略，使覽者好看而已。余謝曰：『素性迂拙，不慣作此等文字，未能表章尊先人，以屬他人可也。』自是有以狀銘見屬者，雖有厚贈，皆謝不爲。其有不得已而作者，稿即焚棄不存。鄞縣萬斯同，留心史學者，一日告余曰：『此事關繫至大，異日國史皆于此考信，若如此，是史皆鑿空無據，不可信者也。』不可不記之以告來者。」

四十二年癸未

【原譜】先生五十一歲。

【訂補】是歲，先生居南山硯莊及金陵二地。道墟圖詩序云：「今年夏，余讀書長干。」硯莊記云：「余遂不能常居硯莊，每居不過二三閱月，即出游於外。」是先生夏季已不在硯莊也。姚符御詩序云：「歲癸未秋，余自金陵歸南山。」至秋季即又回居硯莊。

四十三年甲申

【原譜】先生五十二歲。是年，客姑蘇。按先生時文全集刻本序文末行有「康熙甲申秋日書於姑蘇寓齋」云云。又吴他山詩序云：「他山吴氏，年近八十矣，杖而訪我於姑蘇寓舍。」又戴母湯太孺人壽序云：「余所居去官山十餘里，欲徒步往爲壽，適有吴門之役，乃書此使諸弟持往太孺人所。」據此，先生客姑蘇明矣。考先生窮河源記云：「康熙四十三年遣使尋河源，得其處，與元史合。是年余入京師，聞其事，訪得其詳，乃爲記之。」則是先生春夏秋客姑蘇，冬蓋由姑蘇入京矣。

【訂補】按集中工部主事劉公墓誌云：「歲乙酉，余適京師，過淮上。」是先生入京乃在明年，窮河源記所稱「是年余入京師」爲言其記事之年，實在探尋河源之次年。

是年，刊行自訂時文集，序文云：「同縣方百川、靈皋、劉北固，長洲汪武曹，無錫劉言潔，江浦劉大山，同郡朱字緑，此數人者，好余文特甚。靈皋年少於余而經術深湛，每有所得，必以告余，余往往多推論而得之。言潔好言波瀾意度，而武曹精於法律。余之文多折衷於此三人者而後存，今集中所載者是也。」按劉大山，名巖，號無垢，與先生同在太學相結識者。憂庵集第一六〇條：「以今日之時文言之，其最著名之善者有數家：李厚庵則謹，劉大山其派别也。韓慕廬則典，儲禮執其支裔也。方靈皋則約。方文輈、方百川，其古之狂者乎？胡襲參，其古之狷者乎？」

是年，韓慕廬（菼）卒於京師。

四十四年乙酉

【原譜】先生五十三歲。應順天鄉試，中式第五十九名舉人。里中同榜者四人：何隆遇、吴總、吴紹芳、齊芳起。主試者爲錢塘汪公霦、同里姚公士藟。四書題，首題「吾嘗終日不食」一章，次題「君子之道譬如行遠必自邇」三句，三題「禹惡旨酒」一節。是年，始採朱子語録纂四書大全。

【訂補】憂庵集載乙酉鄉試後衆人論文，「楊出余文一篇袖中，徧視之，曰：『君等觀此文何如？』衆或曰佳，或曰否，或默然，一僧取視之，既終篇，謂楊曰：『此必戴田有作也。』楊愕然曰：『君何以知之？』僧曰：『吾素聞當今文不雷同者惟此人，今見此文無一雷同語，以是知之。』」（第五十六條）

是歲，王雲衢爲新津縣令，先生作序贈之，云「王君以太學循資當爲縣令，得蜀之新津以去，笑之者固非矣，惜之者又豈知王君哉。」按何焯與友人書云：「王雲衢遂謁選，弟力勸之再就秋試，不肯俯聽，殊可惜。」又按劉巖匪莪堂文集偶存稿序云：「王子雲衢，以例選新津令。余喜其得官而悲其文之不遇者，雲衢也。」又云：「雲衢已就官，刻其文曰虛牝集，謂黄金擲虛牝，蓋自悲也。」隱示其間有文人之幽怨，而先生與劉大山皆深致其同情者。

四十五年丙戌

【原譜】先生五十四歲。會試被黜，遂自京師客吴門，操房書之選。按先生丙戌南還日紀云：「（五月）二十八日，抵蘇州寓舍。」程爽林稿序云：「歲乙酉，余在京師。……明年春夏之間，余自京師南還，客吴門……時余方從事房書之役。」劉退庵先生稿序云：「歲丙戌冬，余客吴門。」先生亦客吴門爲日甚久。蓋是冬亦未嘗旋里也。

【訂補】憂庵集第五十八條云：「月華之奇，余於歲丙戌八月十五夜，於吴門寓舍始見之。」是亦居吴門之一證。

劉退庵名愈，字文起，淮安人，爲先生之前輩，集中有工部主事劉公墓誌銘，云：「名世與公伯子永禎爲同年生，因得辱交於公。」永禎號紫函，望溪集劉紫函墓誌云：「丁卯、戊辰間，公卿中有以收召後進爲名者，於是諸生皆尚聲華，急干謁，其務質行，學修聞彰而閉户絶交游者二人，一無錫劉齊言潔，一紫函也。太學嘗取高等生教習官學生，二人併與焉，期滿試吏部，皆見絀，於時吏部主此者皆負惡聲，而二人名重士友間。」吏部主此者即趙少宰也。可知紫函之思想行事與先生深爲一致。

四十六年丁亥

【原譜】先生五十五歲。是年春夏，仍客吴門。按先生慧慶寺玉蘭記云：「慧慶寺距閶門四五里而遥……歲丁亥春二月，余閒晝無事，獨行野外，因叩門而入。」凌母嚴太安人壽序云：「歲丁亥四月，吴門凌君某介余族婿姜君賦三而來謁。」秋，辭吴門，客江都，又客淮上，又客南陵。按先生程偕柳稿序云：「今年秋，余游江都，偕柳亦適授徒於此。」齊天霞稿序云：「歲乙酉，天霞舉於京師。明年，成進士。又踰一年，其同年生方君靈皋爲刊行其稿於金陵，而取蘇署所作若干篇附之。時余方客淮上，天霞以書來，曰，『願有言也』。」按梅文常稿序云：「歲丁亥秋，吾來南陵，客劉氏之慕園，而文常亦適自郡至。」先生所著四書大全，以是冬告成。

【訂補】憂庵集第一〇一條：「歲丁亥十月，余客江都。一日，在秀水朱竹垞先生寓舍，適江都人卓子任攜一畫軸相示，蓋明烈帝閲武御容也。」

四十七年戊子

【原譜】先生五十六歲。是年，入京師。按程爽林稿序云：「歲戊子，余將北適京師，過淮上，主爽林家，因得盡見爽林全稿。」先生四書朱子大全成，友人程鳳來以是春二月鐫版行世，有四書朱子大全序。

四書朱子大全一書，余向未之見。庚子春，先生之族孫□□以是示余，刻本甚精好，上下方有硃筆批識，或塗乙，或增補，皆先生親手寫，蓋刻既成後，先生逐年加校，有未安者，仍復審訂，將以重梓也。先生獲罪，此書遂不行於世。乾隆時，金壇王步青爲四書彙參，所採録朱子書與先生略同，不知王氏曾見此書耶？抑先後適相合耶？又此本簡首朱筆識曰，「另換他人名亦可」，亦先生親手寫者，悲夫！

【訂補】四書朱子大全一書今猶存世，刻印甚精，而已無先生之名，序文亦無。

編定憂庵集。其自序云：「余歲歲客游，車馬之上，逆旅之間，不便觀書，則往往于困倦之餘，隨筆書一二條，藏之行笥。或志其本日之所講説，或追憶其平生之所見聞，或觸事而有感，草稿數行，頗無倫次，亦不求工雅，聊以度日而已。性懶不自收拾，散軼者頗多。戊子春，翻閲舊書，於其中得二百餘條，因裒而存之。嗣後隨筆有記，亦附入焉。」

四十八年己丑

是歲，張敦復（英）卒。又劉北固自廣東回桐城，卒於途中。

【原譜】先生五十七歲。是年，會試中式第一名，進士殿試授一甲第二名。里中同榜者有方式濟。總裁爲福建李公光地、陝西趙公廷樞。會試四書題，首題「知者樂水」一章，次題「今夫天」二段，三題「孔子之謂集大成」二節。

【訂補】先生中進士後，授翰林院編修。

四十九年庚寅

【原譜】先生五十八歲。自後數年，先生著作不傳。

【訂補】是年秋，王崑繩（源）卒於淮安。

五十年辛卯

【原譜】先生五十九歲。是年，獲罪。按方望溪文集兩朝聖恩恭紀云：「始戴田有本案牽連人罪有末減，而方族附從尤重。獄辭具於辛卯之冬，五上摺本。」又按全紹衣鮚埼亭集前侍郎桐城方公神道碑文云：「宗人方孝標者，故翰林，失職游滇中，陷賊而歸，怨望，語多不遜。里人戴田有日記多採其言，姓而不名。事發，吏遂以爲公也，及訊得知爲孝標。」先生獲罪，世傳以與余生書，據此則另有日記矣。按望溪集教忠祠祭田序云：「康熙辛卯，余以南山集序牽連赴詔獄。」則全言未足據也。

【訂補】左都御史趙申喬參疏云：「題爲特參狂妄不謹之詞臣，以肅官方以昭法紀事。……翰林院編修戴名世，妄竊文名，恃才放蕩。前爲諸生時，私刻文集，肆口游談，倒置是非，語多狂悖，逞一時之私見，爲不經之亂道。……今名世身膺異數，叨列巍科，猶不追悔前非，焚削書板。似此狂誕之徒，豈容濫厠清華！……」望溪集送左未生南歸序云：「余每戒潛虚當棄聲利，與未生歸老浮山，而潛虚不能用。」先生獲罪之由，於此可見，至于與余生書及滇黔紀聞云云者，不過爲欲加之罪而作之鍛煉之辭而已。

是年，朱字緑卒於京師。

五十一年壬辰

【訂補】先生六十歲。在刑部獄中，修訂四書朱子大全。

五十二年癸巳

【原譜】先生六十一歲。是年二月初十日，卒。弟輔世自京師扶櫬歸葬於所居南山硯莊之南。

【訂補】先生被刑後，友人楊千木收其屍。望溪集楊千木墓誌云：「有司以大逆當名世極刑，聖祖仁皇帝寬法改大辟，而衆猶蕩恐，刻日行刑。親戚奴僕皆避匿。君曰：『孰謂上必使人覘視者，其然固無傷。』獨賃棧車與名世同載，捧其首而棺殮焉。用是名動京師。」千木名三炯，浙江諸暨人，集中有楊千木稿序。